吉中仁桥梁工程文集

吉中仁 著

重庆大学出版社

图书在版编目(CIP)数据

吉中仁桥梁工程文集/吉中仁著. -- 重庆:重庆
大学出版社,2021.11

ISBN 978-7-5689-3055-0

Ⅰ.①吉… Ⅱ.①吉… Ⅲ.①桥梁工程—文集 Ⅳ.
①U44-53

中国版本图书馆 CIP 数据核字(2021)第 238016 号

吉中仁桥梁工程文集

吉中仁 著

责任编辑:肖乾泉 版式设计:肖乾泉
责任校对:邹 忌 责任印制:赵 晟

*

重庆大学出版社出版发行

出版人:饶帮华

社址:重庆市沙坪坝区大学城西路 21 号

邮编:401331

电话:(023)88617190 88617185(中小学)

传真:(023)88617186 88617166

网址:http://www.cqup.com.cn

邮箱:fxk@ cqup.com.cn(营销中心)

全国新华书店经销

重庆升光电力印务有限公司印刷

*

开本:787mm×1092mm 1/16 印张:22.25 字数:557 千

2021 年 11 月第 1 版 2021 年 11 月第 1 次印刷

ISBN 978-7-5689-3055-0 定价:79.00 元

序　言

　　在各类桥梁中,90% 以上采用混凝土结构。作为一种非理想弹性体,徐变是混凝土的固有特性,在持续荷载作用下的变形会随着时间不断增长,导致结构内力(应力)重分布,从而引起结构刚度降低、裂缝开展及预应力损失等问题,因此一直是混凝土桥梁设计中所关心的理论问题之一。本书第 1 章介绍了桥梁设计中的混凝土徐变问题、组合构件与组合构件体系中混凝土徐变变形与内力重分配计算以及混凝土组合构件徐变应力重分布计算等,主要包括混凝土徐变系数影响因素、徐变理论、徐变数学表达方式、徐变变形与内力重分布分析计算、结构在强迫位移时的内力衰减、徐变变形与内力有限单元求解、钢筋混凝土受压构件应力重分配计算、预应力混凝土轴心受压构件应力重分配计算等的研究、分析与讨论,对进一步认识桥梁结构混凝土徐变特性具有启发作用,对开展混凝土徐变问题的进一步深化研究与工程应用具有重要意义。

　　桥梁结构分析是桥梁设计中最基本、最重要的内容之一。本书第 2 章介绍了双重对称结构分析、矩阵位移法求解平面刚架与平面梁格时的相似关系及其应用、斜拉桥的索力调整计算、钢筋混凝土受弯构件的应力计算与承载力研究以及预应力混凝土受弯构件的强度设计理论研究等,对促进我国桥梁建设大发展初期(20 世纪八九十年代)的桥梁结构分析理论与方法进步以及当前桥梁钢筋混凝土、预应力混凝土受弯构件精细化分析计算具有重要的参考价值。

　　本书第 3 章介绍了十余年前对我国圬工拱桥、钢筋混凝土拱桥及钢拱桥建设的思考,并介绍了斜拉桥桥塔首创采用滑升翻模施工方法,为促进我国拱桥建设发展及斜拉桥施工技术发展起到了积极作用。

　　本书涉及的 12 篇文章均为吉中仁先生自 1981 年至 2019 年间发表和撰写的部分研究文章。吉中仁(1943—2020),江苏丹阳人,1965 年毕业于重庆交通学院。先后在交通运输部第二公路勘察设计院、四川省公路局、四川省交通运输厅公路规划勘察设计研究院等单位工作。享受国务院政府特殊津贴,重庆交通大学兼职教授。吉中仁先生长期从事公路桥梁的设计与施工技术工作,曾主持重庆马桑溪长江大桥、彭水乌江大桥等十余座特大桥设计,指导、参加广西茅岭江大桥、四川犍为岷江大桥、湖北郧阳汉江大桥等多座特大桥施工。首创了钢筋混凝土高塔高墩滑升翻模施工工艺和全自锚式钢筋混凝土挂篮施工工艺,在国内《土木工程学报》《桥梁建设》等发表多篇学术论文,为我国桥梁设计理论与施工技术进步做出了重要贡献。

本书是吉中仁先生直到生命最后一刻还在撰写并张罗出版的遗著。2020年8月,吉中仁先生在病床上将相关资料发给向中富,由向中富负责整理成稿。2020年9月11日,吉中仁先生取下呼吸机再次关心书稿出版事宜后,于2020年9月13日与世长辞。

向中富是吉中仁先生校友,郑皆连是吉中仁先生大学同班同学,我们亲身感受到吉中仁先生天生聪慧,毕生勤奋学习,精通3门外语,刻苦专研桥梁理论,创新桥梁施工方法,用40年时间撰写、修改、完善此本专著核心内容。吉中仁先生的治学精神和毅力值得我们学习,希望本书的出版能对我国桥梁研究工作起到一定推动作用,也能安慰吉中仁先生的在天之灵。

向中富　郑皆连
2021年3月

目　录

第1章 混凝土的徐变问题

1.1 桥梁设计中的混凝土徐变问题

混凝土材料不是一种理想的弹性体,其塑性特征主要表现为构件在持续荷载作用下变形会随时间而不断增长,或者在强迫位移作用下内力(应力)会随时间而不断衰减,前者称为徐变,后者即所谓的衰减或松弛问题。变形随时间增长或内力随时间衰减的本质都是由于混凝土的徐变特性所引起的,只不过在不同条件下表现为问题的两个方面。在混凝土结构分析中,徐变有可能导致很复杂的内力或应力重分配问题,可以使构件的刚度降低、裂缝不断开展,引起预应力损失,这些都是徐变对结构的不利影响。徐变有时也会有利于结构的受力或工作,它可以减少支座沉降给构件带来的内力,也可削减温度、挤压等应力峰值对结构的不利影响。在混凝土结构的受力分析中,徐变问题是一个不能回避的问题。

混凝土的收缩与徐变密不可分,有时甚至是共生共长的一种现象。收缩与徐变的发生都与时间有关,但收缩的发生与受力无关,而徐变发生的前提是构件受持续作用的力。以下的分析中凡涉及收缩的问题,将结合对徐变效应的分析一并予以讨论。

1.1.1 与徐变问题有关的几个术语及其定义

1)徐变系数 φ

设在 τ_0 时对某混凝土试件施加一个不变荷载 P,试件的断面应力为 σ_0,试件在荷载作用下发生弹性变形 $\varepsilon_e = \sigma_0/E_c$,$\tau_0$ 至时间 t 试件将继续变形即发生徐变 ε_c,徐变系数 φ 定义为 $\tau_0 \to t$ 时段徐变变形与 τ_0 时加载后发生的弹性变形的比值(图 1.1)。

$$\varphi(t, \tau_0) = \varepsilon_c/\varepsilon_e \tag{1.1}$$

$t \to \infty$ 时,φ 将取得最大值 $\varphi(\infty, \tau_0)$ 并终止徐变的发展,此时 φ 也可计为 $\varphi_\infty = \varphi(\infty, \tau_0)$,通常在分析中如无特别的说明,$\varphi$ 一般就是指 φ_∞。对于图 1.1 所示悬臂式受压单元,式(1.1)也可写为:

$$\varphi(t, \tau_0) = \Delta_c/\Delta_e$$

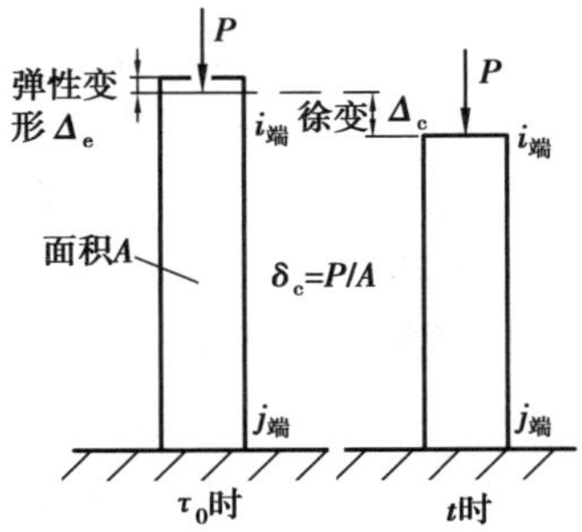

式中,徐变变形 $\Delta_c = l_{ij}\varepsilon_c$、弹性变形 $\Delta_e = l_{ij}\varepsilon_e$。分时段计算在 P 作用下的徐变系数 $\varphi(\infty, \tau_0)$ 时,该值可以拆分为多个分时段徐变系数之和,即以下关系应该成立:

$$\varphi(\infty, \tau_0) = \varphi(t_1, \tau_0) + \overline{\varphi}(t_2, t_1) + \cdots + \overline{\varphi}(t_n, t_{n-1}) + \overline{\varphi}(\infty, t_n) \tag{1.2}$$

式中,$t_1 < t_2 < \cdots < t_n$,符号 $\overline{\varphi}(t_2, t_1)$、$\cdots$、$\overline{\varphi}(t_n, t_{n-1})$、$\overline{\varphi}(\infty, t_n)$ 中的 $t_k(k = 1 \sim n)$ 不是某个荷载的加载龄期,而仅为拆分 $\varphi(\infty, \tau_0)$ 时在加载龄期 τ_0 以后的某个中间时间点,本书以

图 1.1 受压悬臂单元

后将在符号 φ 上加上划线"–"以与正常定义的徐变系数符号相区分;只有当 t_k 为加载龄期时,关系 $\varphi(t_{k+1},t_k)=\overline{\varphi}(t_{k+1},t_k)$ 才能成立,例如 $\varphi(t_1,\tau_0)=\overline{\varphi}(t_1,\tau_0)$,其余除老化理论以外都没有这种对应的相等关系。老化理论拆分 $\varphi(\infty,\tau_0)$ 时,则恒有关系 $\varphi(t_{k+1},t_k)=\overline{\varphi}(t_{k+1},t_k)$。即使 t_k 不是加载龄期,这个关系也能成立,后文对此还会加以讨论。φ 为无量纲系数,对于桥梁工程中通常使用的混凝土,φ 的取值范围一般为 $1.0\sim3.0$。τ_0 时刻加载的混凝土徐变系数曲线一般如图 1.2 所示。

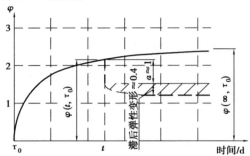

图 1.2　混凝土的徐变曲线

绝大多数有关徐变问题的文献中都有"徐变度"这个术语或概念,徐变度 $c(t,\tau_0)$ 定义为单位应力作用下的徐变,量纲为 1/MPa,徐变度与徐变系数之间的关系恒为 $c(t,\tau_0)=\varphi(t,\tau_0)/E_c$,无论设弹性模量 E_c 为常量还是变量,徐变曲线与徐变度曲线的形状都完全相同。另外,很多文献中还引入了单位应力作用下的总变形这个概念,即 $\delta(t,\tau_0)=1/E_c+c(t,\tau_0)$。笔者认为徐变度 $c(t,\tau_0)$ 与总变形 $\delta(t,\tau_0)$ 对于徐变问题分析都是可以不用的概念,引入这两个概念只会使问题复杂化,新旧桥规都没有引入这两个术语,本书也不用这两个概念。

徐变系数是衡量混凝土徐变特性最主要的指标。就某种确定的混凝土材料而言,影响其徐变的内在材质因素可以归结为水泥品种、粗细骨料的品质、使用何种外掺剂、具体的配合比设计 4 个方面,有关论述可详见相关文献[3,4]。但所有这些内在材质影响因素也有一个共同点,这就是有利于提高混凝土强度的因素一般就会有利于减少混凝土的徐变。对于桥梁工程中使用的用硅酸盐水泥或普通硅酸盐水泥制作的混凝土,其混凝土材质之间的差异一般不是太大,在徐变分析中主要都可以根据混凝土强度等级的差异来反映这些内在因素对徐变发展的影响,至于构件尺寸、工作环境相对湿度、加载龄期等影响徐变发展的因素可以归结为与材质无关的外部影响因素,这也是徐变分析计算中需要重点考虑的问题,可详见后文的分析。

2) 可复徐变变形

图 1.2 所示试件在 τ_0 时加载,如在 t 时卸载,试件先发生弹性恢复变形 $\varepsilon_e(t)$,以后将继续发生随时间而发展的徐变恢复变形 ε_d,后者简称"可复徐变",也可称为"滞后弹变"或"徐变恢复"。由于 t 时混凝土的 E_c 将略高于 τ_0 时的弹性模量,故 $\varepsilon_e(t)$ 将略小于 τ_0 时加载发生的 ε_e,因此图 1.2 中的 $a=\varepsilon_e(t)/\varepsilon_e$ 也一定略小于 1。如设混凝土的 E_c 为常量,则图 1.2 中的 $a=1$。可复徐变早期发展较快,对于实验室里通常采用的小断面试件,一般在 $1\sim2$ 月后就逐渐停止发展达到最大值。构件尺寸较大时发展时间也会加长,该值可用符号 $\varphi_d(t,\tau_0)=\varepsilon_d/\varepsilon_e$ 表示。可复徐变是徐变力学问题中一个很重要的概念,所有徐变计算分析理论之间的区别都与这个概念有关。由于可复徐变发展较快,通常我们只关心它的终值,后文如

无特别的说明,符号 φ_d 一般就指的是 $\varphi_d(\infty,\tau_0)$。另外,τ_0 时加载 t 时卸载到 $t_1(t<t_1)$ 时的可复徐变值可标记为 $\varphi_d(t_1,t,\tau_0)$,但这个概念一般不需要用,显然本书中的 $\varphi_d = \varphi_d(t,\tau_0) = \varphi_d(\infty,t,\tau_0)$。

设 τ_0 时加载到 t 时的混凝土徐变系数为 $\varphi(t,\tau_0)$,t 时卸载以后的可复徐变为 $\varphi_d(t,\tau_0)$,由于卸载后徐变不可能完全恢复,故恒有关系 $\varphi(t,\tau_0) > \varphi_d(t,\tau_0)$。一般认为 φ_d 的取值与加载龄期 τ_0 和卸载龄期 t 的关系不大,其值在大部分情况下近似等于 0.4 并与环境湿度也无太大关系[3]。基于这种认识,1978 年国际预应力协会(FIP)[2]、我国交通部的《公路钢筋混凝土及预应力混凝土桥涵设计规范》(JTJ 023—85)(后文简称"85 桥规")附录四[10]以及我国铁路部门发布的两个最新桥涵设计规范均取 $\varphi_d = 0.4$。但取 $\varphi_d = 0.4$ 只是一个近似的假定,根据试验资料[3],当加载龄期 $\tau_0 = 7$ d 且卸载龄期 $t = 10 \sim 28$ d 时,φ_d 接近 0.6。这就是说,当徐变系数很大卸载龄期较早时的 φ_d 有可能达到 0.5 ~ 0.7;其次,对于很老的混凝土 τ_0 很大,t 时卸载的 $\varphi(t,\tau_0)$ 本身有可能只有 0.2 ~ 0.4,此时的 φ_d 仍取为 0.4 就有问题;第三,可复徐变是与卸载相联系的概念,没有卸载就没有可复徐变,即理论上 φ_d 也有可能为 0。由以上分析可见,取 $\varphi_d = 0.4$ 虽然简单但在理论上是有缺陷的。

由于在一般情况下徐变系数 $\varphi(t,\tau_0)$ 较大时 φ_d 才有可能较大,$\varphi(t,\tau_0)$ 很小时 φ_d 也一定较小,因此笔者认为,取 φ_d 为常数 0.4 还不如取 $\varphi_d(t,\tau_0)/\varphi(t,\tau_0)$ 为在一定范围内变化的固定比值更为合理,《公路钢筋混凝土及预应力混凝土桥涵设计规范》(JTG D62—2004)[11](后文简称"04 桥规")在有关徐变问题的规定中不再取 $\varphi_d = 0.4$ 也应该有基于这方面的考虑。φ_d/φ 的取值区间为 $0 < \varphi_d/\varphi < 1$,一般范围为 0.2 ~ 0.6,如何确定其取值后文还要加以讨论。

令 $\varphi_f(t,\tau_0) = \varphi(t,\tau_0) - \varphi_d(t,\tau_0)$,为 t 时卸载后不可恢复的徐变,简写为 φ_f,则混凝土的徐变或徐变系数都可表示为可复徐变与不可恢复徐变两部分之和。

$$\varphi(t,\tau_0) = \varphi_d(t,\tau_0) + \varphi_f(t,\tau_0)(简写为 \varphi = \varphi_d + \varphi_f) \qquad (1.3)$$

国外有资料表明,从 50 年前老桥墩混凝土中取得的试件做试验也会发生徐变,而且其中还有不可恢复的徐变 φ_f,这说明某些徐变理论假定老混凝土的徐变完全可以恢复也只是一种很粗略的假定。

诸多相关文献[3,4]的试验数据都验证了滞后弹变发展很快,其随时间发展的关系大致应如图 1.2 所示。85 桥规附录四用函数 $\beta_d(t-\tau_0)$ 来描述卸载后滞后弹变随时间而发展的关系。根据 85 桥规附图 4.1 所绘制的这种关系,2 ~ 3 年后滞后弹变才能完成,这显然与试验的结果不相符合。卸载后 φ_d 随时间而变化的关系对徐变计算分析而言并不重要,一般只关心其终值 φ_d,本书及 04 桥规都不再引入这个 φ_d 随时间而发展的函数或发展关系。

2018 年,交通运输部发布的《公路钢筋混凝土及预应力混凝土桥梁设计规范》(JTG 3362—2018)[12](后文简称"18 桥规")与徐变和收缩相关部分的规定完全与 04 桥规部分相同。为叙述方便,后文涉及对 04 桥规徐变收缩部分的讨论,实际也是对 18 桥规的讨论,对此一般不再予以说明。

3)两类强迫位移

对结构施加的强迫位移一般指用千斤顶调整结构内力和结构支座发生沉陷,前者可假定在瞬间完成,且位移发生后立即固结节点,本书定义为第一类瞬时强迫位移。结构支座沉陷可以在瞬间发生,这就是第一类瞬时强迫位移;也可以随时间缓慢发生并假定支座沉陷的发展速率近似与混凝土徐变的增长规律相同,即先快后慢并在 1~3 或 5 年内趋于稳定,将这类强迫位移定义为第二类随时间变化的强迫位移。如无特别地指明,以后所述的支座沉陷都是指这类随时间缓慢发生的沉陷,都可认为是对结构施加的第二类强迫位移。这个概念可推广为:一切使结构发生变形或位移的作用因素都可以理解为对结构施加的第一类强迫位移或第二类强迫位移。

按照以上理解,对结构施加荷载就等于对结构施加强迫位移。图 1.1 中,τ_0 时对结构(单元)施加荷载 P 使结构发生弹性变形,这弹性变形就是荷载 P 对结构施加的第一类强迫位移;如果荷载是持续荷载(如 P 为恒载),在 $\tau_0 \to t$ 时段结构(单元)发生徐变,这就是荷载 P 引起的徐变对结构施加的第二类强迫位移。一切徐变变形都是对结构施加的第二类强迫位移,而且是本书定义作为标准的第二类强迫位移。如果假定混凝土的收缩速率与徐变的发展速率相同,收缩就可理解为对结构施加的第二类强迫位移;一年季节之间的均匀温度上升或下降,可近似假定其变化是渐进的,也可近似理解为对结构施加的第二类强迫位移。

大部分施工过程中结构受力体系的转换都可理解为对结构施加的第一类强迫位移。如图 1.3 所示结构,后期结构图 1.3(a)为三跨连续梁,先期结构图 1.3(b)为跨中合龙前状态,合龙前对先期结构施以图示一对第一类强迫位移(一对 M_E),合龙后即可转化为图中所示的后期结构。以上过程也可描述为(b)状态 =(a)状态 -(c)状态,(c)状态即是对结构施加的某种第一类强迫位移。图 1.3 所示过程是具有普遍意义的,即一般情况下所有超静定结构在施工过程中的体系转换都可理解为是对先期结构体系在转换时刻 τ_0 施加了某个或某组第一类强迫位移。设某超静定结构施工过程中是在某任意 1—1 断面合龙后形成后期结构的,刚合龙后 1—1 断面的内力为零,按后期结构计算 1—1 断面内力为 $\boldsymbol{S}_{ij} = \begin{bmatrix} N_{ij} & Q_{ij} & M_{ij} \end{bmatrix}^{\mathrm{T}}$,合龙前在 1—1 断面断开处两端分别施以一对内力 S_{ij}(施加第一类强迫位移),合龙后即可回到后期结构体系的受力状态;如果体系转换是拆除某个临时支点 A,按前期结构计算该支点反力(如为 N_A),拆除支点并对 A 点施以一个反向的力 $-N_A$(施加第一类强迫位移)即可回到后期结构体系的受力状态。这就证明,这类结构受力体系的转换都可理解为对结构施加的第一类强迫位移。对于超静定混凝土结构,无论结构各部件或单元的徐变特性相同或是不同,对其施加任意第一类强迫位移后一般都会引起结构的内力重分配。

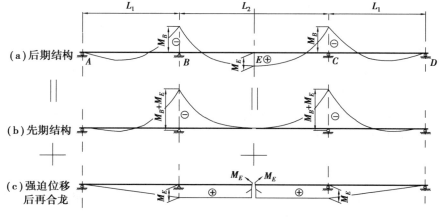

图 1.3　结构受力体系转换示意图

引入强迫位移的概念且将其划分为两类,这是本书分析方法与历来文献方法的最大区别。但要注意,结构受力体系的转换并不意味着一定会相当于对结构施加了某个或某组第一类强迫位移,可详见后文算例中的说明。

4）两类内力衰减系数 η_0 与 η_t

图 1.1 所示单元在 P 作用下 τ_0 时发生弹性变形 Δ_e,此时断面应力为 σ_0,如果在 τ_0 后固结单元的 i 端使应变保持为常量,由于混凝土的徐变效应,经过 $\tau_0 \rightarrow t$ 时段混凝土的应力将逐渐由 σ_0 衰减到 σ_t,在 $\tau_0 \rightarrow t$ 时间段内在第一类强迫位移作用下的内力衰减系数则可定义为：

$$\eta_0(t, \tau_0) = \sigma_t / \sigma_0 \tag{1.4}$$

$\eta_0(t, \tau_0)$ 简称"内力衰减系数",在其他文献中一般称为松弛系数。式（1.4）中的 τ_0 只能是加载 σ_0 时的混凝土龄期,当 $\tau_0 \rightarrow \infty$ 时 $\eta_0(\infty, \tau_0)$ 可简写为 η_0。下文如无特别指明,η_0 一般就是指 $\eta_0(\infty, \tau_0)$。η_0 可通过实验测定或按某种徐变理论计算确定,其值恒小于 1。在某个第一类强迫位移作用下分时段计算 η_0 时,各时段的内力衰减系数之间恒有关系：

$$\eta_0(\infty, \tau_0) = \overline{\eta}_0(\infty, t_n)\overline{\eta}_0(t_n, t_{n-1})\cdots\overline{\eta}_0(t_2, t_1)\eta_0(t_1, \tau_0) \tag{1.5}$$

式中,只有关系 $\eta_0(t_1, \tau_0) = \overline{\eta}_0(t_1, \tau_0)$ 是成立的,$\overline{\eta}_0(t_n, t_{n-1})$ 的含义不同于 $\eta_0(t_n, t_{n-1})$,因为前者中的 t_{n-1} 不是加载时间而是内力衰减过程的一个中间时间点,故在符号 η_0 加上划线"－",以与正常定义的内力衰减系数符号相区分。$\overline{\eta}_0(t_n, t_{n-1})$ 在一般情况下只能由式（1.5）推算而不能根据式（1.2）中的 $\overline{\varphi}(t_n, t_{n-1})$ 直接计算,但采用老化理论计算时是个例外。式（1.5）在分时段计算结构的徐变效应时是很有用处的,可详见后文说明。

如在 τ_0 后对单元 i 端继续施加向下的第二类强迫位移（图 1.1 中为在 P 作用下发生徐变）。设在 $\tau_0 \rightarrow t$ 时间段内混凝土的徐变系数为 $\varphi(t, \tau_0)$,$\tau_0 \rightarrow t$ 时,如果不计混凝土的徐变效应,则单元的相应虚拟弹性应力应为 $\varphi(t, \tau_0)\sigma_0$。由于混凝土的徐变效应,该项虚拟弹性应力要发生衰减,设 $\tau_0 \rightarrow t$ 时因第二类强迫位移（徐变）在混凝土中产生的最终实际应力为 σ_t,则此期间的混凝土在第二类强迫位移作用下的徐变内力衰减系数定义为：

$$\eta_t(t, \tau_0) = \sigma_t / [\varphi(t, \tau_0)\sigma_0] \tag{1.6}$$

$\eta_t(t, \tau_0)$ 称"徐变内力衰减系数",当 $t \rightarrow \infty$ 时 $\eta_t(\infty, \tau_0)$ 可简写为 η_t,本书如无特别说明,η_t 一般就是指 $\eta_t(\infty, \tau_0)$。理论上,该值是可以测定的但非常困难,因为时间至少应在几个月,其间还要保持试件的应变不断按徐变的发展规律不断增长,故 η_t 似乎从来没有人在实验室测定过。η_t 是本书分析方法提出的一个特有的概念,其值也恒小于 1。分时段计算 η_t 时,与 η_0 的关系类似,徐变内力衰减系数之间也恒有如下关系：

$$\eta_t(\infty, \tau_0) = \overline{\eta}_t(\infty, t_n)\overline{\eta}_t(t_n, t_{n-1})\cdots\overline{\eta}_t(t_2, t_1)\eta_1(t_1, \tau_0) \tag{1.7}$$

符号 $\overline{\eta}_t(t_n, t_{n-1})$ 上加"－"是为了与正常的符号 $\eta_t(t_n, t_{n-1})$ 相区分。与 $\overline{\eta}_0(t_n, t_{n-1})$ 不同的是,式（1.7）在一般情况下只具有理论上的意义,分时段考虑结构的徐变效应时,一般还是应采用式（1.8）计算而不按式（1.7）推算,可详见后文"复杂徐变变形与内力重分配问题的分时段计算"部分。

η_t 测定太困难,通常也不需要测定,因为其值可唯一由 η_0 与 φ 确定。计算 η_t 的方法可简单描述为：对于图 1.1 所示的受压试件,在 τ_0 时持续荷载 P 对试件施以第一类强迫位移,此时应力为 σ_0；时间 $\tau_0 \rightarrow \infty$ 后,σ_0 将衰减到 $\eta_0\sigma_0$,σ_0 的衰减将导致产生一个与 P 同方向的

徐变不平衡荷载 $P' = (1 - \eta_0)P$，在 P' 作用下就会发生随时间而增长的徐变变形，这就是对试件施加了第二类强迫位移。徐变变形终止后不考虑徐变效应的相应虚拟弹性应力为 $\varphi(t, \tau_0)\sigma_0$，考虑徐变效应后，$\varphi(t, \tau_0)\sigma_0$ 将衰减到 $\eta_t\varphi(t, \tau_0)\sigma_0$。根据叠加原理两部分应力衰减后之和仍应为 σ_c，于是可得 $\eta_0\sigma_0 + \eta_t\varphi\sigma_0 = \sigma_0$。

$$\eta_t(t, \tau_0) = \frac{1 - \eta_0(t, \tau_0)}{\varphi(t, \tau_0)} \left(\text{或 } \eta_t = \frac{1 - \eta_0}{\varphi}\right) \tag{1.8}$$

η_0、η_t 与 φ 之间恒有式(1.8)的关系，与徐变系数 φ 一样，η_0 与 η_t 同样可以反映出混凝土材料的徐变特性。至于徐变不平衡荷载 P' 的一般生成规律以及在 P' 作用下单元的变形如何发展，本书后面再作详细讨论。

5) 徐变的收敛时间 T

徐变的收敛时间 T 定义为在持续荷载作用下混凝土的徐变从开始发生到基本稳定或终止发展的时间，这是一个众多有关徐变问题研究文献中都被忽视了的概念。早期的徐变研究文献中都有这样的结论，即一般情况下徐变的收敛时间为 1～3 年，有大量的徐变试验结果数据可以支持这个观点。《混凝土结构设计规范》(GB 50010—2010)[13]（后文简称"建筑规范"）规定，在计算预应力损失时徐变的收敛时间取为 3 年。在我国的桥梁设计领域，大跨径混凝土桥梁在考虑收缩与徐变的长期效应时，大部分情况下也只计算到成桥后的 3 年，依据可能就与建筑规范的这条规定有关。

徐变的发展在 1～3 年内就会稳定这个结论主要来自徐变试验，因为全世界的徐变试验采用的混凝土试件基本都是小断面试件，其理论厚度极少有超过 10～15 cm 的，试验的应力水平一般都不会超过 $0.3f_{ck}$。采用理论厚度超过 15～30 cm 的圆形或矩形断面试件，加载后再持荷 3～5 年，这种试验是不太现实的，将来恐怕也不会有人做，因为成本太高，而从小断面试件的徐变试验得出的结论都是徐变的发展在 1～3 年内就会稳定。20 世纪 70 年代，美国首先观测到某座超高层钢筋混凝土楼房的楼顶标高在建成十余年后还在因混凝土的徐变而不断下降，与此时间相差无几。在德国发现 1961 年建成的当时全世界跨径最大的混凝土桥梁（本多夫桥）的跨中挠度也仍在超预期增长。我国近几十年来修建的很多大跨径混凝土刚构桥梁，在建成 5～10 年后跨中挠度大部分也都有不同程度的超预期增长。上述这些现象都说明徐变的收敛时间在一定的条件下是有可能达到或超过一二十年的。徐变超预期增长的混凝土结构都有一个共同的特点，这就是构件的尺寸或体量（理论厚度）足够大、恒载在全部荷载中的占比很大且应力水平又相对较高。当混凝土构件的受力具备这些条件时，徐变往往就会超预期增长并且伴随着徐变收敛时间大幅延长。

影响徐变收敛时间 t 的因素主要有 3 个：首先是施加持续荷载的应力水平，应力水平越低收敛时间越短；当应力水平 σ_c 接近 $0.5f_{ck}$ 时，徐变会超预期地增长且收敛时间也会明显加长。当 σ_c 大于或等于 $(0.7～0.8)f_{ck}$ 时，徐变可能不收敛，即此时可能徐变不停增长（T 很大）最后直至构件破坏。其次是构件的尺寸，理论厚度 h 越大，徐变的发展越缓慢或收敛时间越长。85 桥规中并未明确提出徐变收敛时间这个概念，但在附录四计算徐变系数的第（二）部分中，列有一张徐变系数 $\varphi(t, \tau_0)$ 与 $\varphi(\infty, \tau_0)$ 比值 β 曲线图（附图 4.5）。由该图可以直接反映出构件的理论厚度越大，则完成徐变所需的时间越长（同样时间对应的 β 越小）。04 桥规在附录 F 中用函数 $\beta_c(t - \tau_0)$ 来表示加载后徐变随时间发展的系数，明确了 β_c。

$(t-\tau_0)$ 的计算与构件的理论厚度与环境的相对湿度相关,由此也可看出规范在对徐变问题认识上的进步。第三个因素是环境相对湿度,环境相对湿度越低则徐变的发展速度越快,这个规律是众多徐变试验得出的,在 04 桥规 $\beta_c(t-\tau_0)$ 的计算中也已经得到了部分的反映。

一般说来,16 ~ 30 m 跨径范围内的钢筋混凝土和预应力混凝土空心板或 T 梁,理论厚度 h 为 20 ~ 30 cm,在换算持续荷载[恒载 + (0.2 ~ 0.3) × 活载]作用下控制设计断面的应力水平一般均小于 $0.3f_{ck}$[12]。这类桥梁的徐变收敛时间一般也都不会超过 3 年;200 ~ 240 m 连续刚构主梁的平均理论厚度为 60 ~ 80 cm,在换算持续荷载作用下的应力水平在控制断面处一般会达到 $(0.4 ~ 0.45)f_{ck}$,这类大跨桥梁的混凝土徐变收敛时间 T 几乎都在 15 ~ 20 年或以上,而且往往还会伴随着徐变超预期增长。徐变的收敛时间是一个相对的概念,在涉及结构的徐变问题力学计算中,大多数情况下只有徐变发展的终值可以影响分析的最终结果(如预应力损失计算),而徐变的收敛时间长短对分析结果的影响却相当有限。从这个角度来看,徐变的收敛时间并不重要。但问题是徐变的超预期增长与徐变的收敛时间超预期加长总是联系在一起的,而这往往又意味着设计对徐变的严重低估。从改进设计避免对徐变现象低估的角度来看,有必要深入地了解混凝土徐变收敛时间与徐变增长规律之间的关系。

1.1.2　影响徐变系数计算的主要因素

桥梁工程中,一般均使用硅酸盐水泥或普通硅酸盐水泥制作混凝土,影响这类混凝土徐变除上文提到的材质本身的内部因素以外,尚有外部大气环境、构件形状尺寸与加载龄期等因素可以影响徐变的大小。计算与徐变有关的结构内力与变形问题时,首先是要计算或估算在某一特定持续荷载(或强迫位移)作用下混凝土的徐变系数终值 φ_∞。这种计算或估算的方法很多,对此新旧桥规都有比较详细的规定或取值建议,现对这些主要影响徐变系数终值 φ_∞ 计算的因素分析与讨论如下。

1) 环境相对湿度的影响

混凝土的徐变机理与早期混凝土中的水分散逸(导致发生干徐变的主因)以及混凝土凝胶粒子表面凝聚水在压力作用下的渗出效应有一定关系,因此环境相对湿度对混凝土的徐变影响很大。不少研究徐变问题的文献及有关实验数据都指出,在很干燥环境下(相对湿度为 40% 左右或以下)实验室测得的徐变值可达到很潮湿环境下(相对湿度 90% 左右)的 3 倍左右[3,4,8]。注意,实验室测定徐变值为了节省费用,一般用的都是 10 cm × 10 cm ~ 20 cm × 20 cm 或 $\phi10 ~ \phi20$ cm 的小断面试件,其理论厚度 h 为 5 ~ 10 cm,故以上结论也仅适用于小断面的构件。断面尺寸越大,环境相对湿度对徐变和干缩的影响越小。大坝混凝土的体量很大,环境相对湿度对它的徐变基本就没有影响,故测定大坝混凝土徐变的试件应采用防止水分散逸的"密封试件"。有研究者认为,当构件厚度大于 90 cm 时,环境相对湿度对徐变的影响就可以忽略不计[4]。这里的"构件厚度"是指实际矩形断面构件的短边尺寸,其值通常应略大于该构件的理论厚度 h。该结论应是有依据的,可以作为分析问题时的参考。另外,环境相对湿度对徐变的影响主要表现在 τ_0 加载以后的早期,1 ~ 2 年混凝土完全成熟以后,环境相对湿度对后期的徐变发展基本就没有什么影响。此时的环境湿度变化虽然可以导致混凝土的含水量发生微小的变化,但这种变化已与环境相对湿度处于动态的平衡状态,不会再导致混凝土体积的不可逆转变化,因此也不会影响或缓减徐变的发生。

一年四季甚至一天之内空气湿度都有变化,故一般文献认为可以用环境年平均相对湿度 RH 来考虑其对徐变的影响。04 桥规附录 F.2.1 条公式(F.2.1-3)规定混凝土的名义徐变系数 φ_0(也即 φ_∞)与 φ_{RH} 成正比,而 φ_{RH} 与相对湿度 RH 与理论厚度 h 之间有如下相互影响的关系:

$$\varphi_{RH} = 1 + \frac{1 - RH/RH_0}{0.46(h/h_0)^{1/3}} \tag{1.9}$$

式(1.9)即 04 桥规附录公式(F.2.1-3)或 18 桥规附录公式(C.2.1-3)。以理论厚度 $h = 300$ mm 的构件为例,当 $RH = 50\%$(65%、80%)时可算得 $\varphi_{RH} = 1.75(1.52、1.30)$,如以 $RH = 65\%$ 时的徐变终值为基准值 1,$RH = 50\%$ 时的徐变相当于在 $RH = 65\%$ 时算得徐变值的基础上应乘以修正系数 1.15,$RH = 80\%$ 时则应乘以修正系数 0.85。仿照以上分析过程,可以算得理论厚度 $h = 100$、500、600 或 800 mm 在 $RH = 50\%$、65%、80% 时的计算徐变值修正系数,结果可见表 1.1 中前 4 行括号外的数据。由表 1.1 可以看出,当 RH 取 $50\% \sim 80\%$ 之间任意值时,每行与 h 对应的徐变值修正系数可用内插法求得。注意表 1.1 中所列比值关系实际还应与加载龄期有关,04 桥规方法对这项影响单独设有一个系数来加以考虑,故表 1.1 中的数据可以理解为是在某个确定的基准加载龄期(一般取 28 d)条件下得出的相对比值关系。

表 1.1　不同 RH 与 h 时徐变的相对比值关系

年平均相对湿度 RH	50%	65%	80%
理论厚度 $h = 100$ mm	1.19(1.16)	1.0(1.0)	0.81(0.77)
理论厚度 $h = 300$ mm	1.15(1.15)	1.0(1.0)	0.85(0.80)
理论厚度 $h = 500$ mm	1.13(1.14)	1.0(1.0)	0.87(0.84)
理论厚度 $h = 600$ mm	1.13(1.14)	1.0(1.0)	0.88(0.84)
理论厚度 $h = 800$ mm	1.11(1.14)	1.0(1.0)	0.89(0.84)
ACI(1978 年)方法	1.1	1.0	0.9

按英国混凝土学会 CS(1978 年)方法算得的在加载龄期为 28 d 条件下不同理论厚度与相对湿度的徐变相对比值关系见表 1.1 中前 4 行括号内的数据。该法实际是对欧洲混凝土委员会和国际预应力联合会 CEB/FIP 1970 年提出方法的简化或图表化。根据构件不同的环境相对湿度、有效理论厚度与加载龄期即可在一张关系图中直接查得构件与该加载龄期相对应的徐变系数终值 φ_∞,因此使用起来非常方便。CS(1978 年)方法用查图取值的方法求徐变系数虽然简单但稍显粗略,也不利于计算机编程计算,方法的详细情况可参见相关文献[4]。

世界各国有关规范中还有不少其他计算或估算徐变系数的方法或建议公式,例如美国混凝土学会 ACI(1978 年)方法,在计算 φ_∞ 时引入了一个独立的修正系数 k_1 来考虑环境相对湿度对计算 φ_∞ 的影响,$k_1 = 1.27 - 0.6RH (RH \geqslant 40\%)$[4]。按该公式计算,当 RH 分别为 0.50、0.65、0.80 时,$k_1 = 0.97$、0.88、0.79。如以 $RH = 0.65$ 时的 0.88 为比较基准 1.0,则徐变终值的相对比值关系(修正系数)分别为 1.10、1.0、0.90(见表 1.1 第 5 行),这与 04 桥规

的方法中理论厚度 $h \geqslant 600$ mm 时算得的结果比较接近但修正幅度要稍小。ACI（1978 年）方法在计算徐变系数时共引入了 6 个修正系数（环境湿度、加载龄期、混凝土坍落度、理论厚度、砂率、含气量），桥梁工程用结构混凝土似乎不需要这么多修正系数，有时修正系数太多反而可能会造成计算误差的积累。另外相关文献[3,4]中均指出，虽然在很潮湿的大气环境（$RH = 99\% \sim 100\%$）与很干燥的环境（$RH = 40\%$）相比，前者的终极徐变大约是后者的 3 倍，但在徐变的初期前者的徐变也只有后者的 2 倍，只有当 $t \to \infty$ 时才可能达到 3 倍。这些试验数据结果说明，当考虑的加载历程不是太长时（如 $0.25 \sim 1.0$ 年）或试件尺寸较大时，环境湿度对徐变值的影响按 ACI（1978 年）方法的估算结果还是可能比较准确的。注意表 1.1 中的徐变相对比值关系只有横向一行中的数据对比才是对的，一列中的数据对比没有意义但其变化应有规律，即在相同的相对湿度 RH 条件下，理论厚度 h 越大，徐变系数越小，详见表 1.2 中构件尺寸对计算徐变值影响的相对比值关系。

表 1.2　不同断面尺寸构件徐变的相对比值关系（$RH = 65\%$）

理论厚度 h/cm	5.0	10	20	30	40	60	80
相关文献[4]中试件徐变的相对比值	1.44	1.25	1.0	0.875	0.688	0.5	—
ACI（1978 年）方法	1.31	1.15	1.0	0.93	0.86	—	—
CEB/FIP（1970 年）方法	—	1.20	1.0	0.88	0.84	(0.82)	—
04 桥规方法计算的相对比值（以 $h = 30$ 为基准的相对比值）	1.22 (1.28)	1.10 (1.16)	(1.05)	0.95 (1.0)	0.92 (0.97)	0.88 (0.93)	(0.86) (0.91)

　　仅考虑年平均 RH 来反映环境相对湿度对徐变的影响是有很大局限性的，但考虑到环境湿度变化的复杂性，除此之外似乎也没有其他更好的办法。图 1.4 所示粗实线为某桥梁工程用混凝土由实验室提供的在 τ_0 时刻加载的徐变系数曲线，这是在恒温（$20\ ℃ \pm 2\ ℃$）恒湿（相对湿度 $65\% \pm 5\%$）的标准实验室条件下求得的。设该桥址处的环境年平均相对湿度就是实验室测定 φ_∞ 时采用的 65%，年平均气温也是 $20\ ℃$ 左右，实际桥梁混凝土也是平均在浇筑 τ_0 天后加载，但实桥混凝土的实际徐变系数却很难就等于实验室的测定 φ_∞。如果该桥是一座大跨连续刚构，浇筑上部结构 $0 \sim 2$ 号块件时适逢雨季，这部分混凝土的实际徐变曲线一定在标准曲线的下方，如图 1.4 细虚线所示，其徐变系数的终值也一定小于 φ_∞；几个月后悬臂浇筑另一部分箱梁块件时如果进入旱季，这部分混凝土的实际徐变曲线就一定是在实验曲线的上方，其徐变系数的终值也一定会大于测得的 φ_∞。如果桥址区雨季旱季气候分明，不同季节时间浇筑混凝土的终极徐变系数就可能与实验室提供的 φ_∞ 产生较大的差异，即使发生 $\pm(10\% \sim 20\%)$ 甚至以上的误差也应在情理之中；如果主梁的悬臂浇筑作业半年就完成了，这半年期间的平均环境相对湿度就有可能与年平均 RH 相差很多。另外，混凝土浇筑后的养生质量也要影响徐变的发展，良好的早期浇水养生等同于提高了环境相对湿度，同时也有利于提高混凝土的强度，强度提高了理论上也就可以减少徐变。温度对徐变也有影响，环境湿度、温度以及养生等因素对徐变的交叉影响是很复杂的。这几个因素很难在计算 φ_∞ 时得到完整反映，由此也可得知，在具体的混凝土结构的徐变力学计算中，事实上很难

求得一个非常准确的 φ_∞。

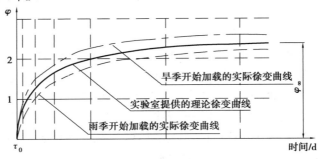

图 1.4 τ_0 开始季节湿度对 φ_∞ 的影响

2）构件尺寸与形状的影响

构件尺寸与形状也会影响水分的散逸和混凝土内凝胶水的渗出从而影响徐变的大小，其影响程度严格说来应与混凝土的体积 V 与表面积 S 之比相关。对于桥梁工程中的梁式受力构件，略去 S 中占比很小的梁端断面积，$V/S \approx A/u$，故桥梁和结构工程中通常可用断面的理论厚度 $h = 2A/u$ 来衡量这项影响，式中 A、u 分别为构件的断面积与周长。将 A/u 乘以 2 倍只是为了使理论厚度 h 更为接近构件通常意义上的厚度概念。例如，板的理论厚度 $h \approx$ 实际板厚，但对于板类构件理论厚度 h 将恒小于构件的板厚，板厚（或矩形断面构件的短边尺寸）越大，二者的差异也就越大。表 1.2 列出了 4 组不同断面尺寸在其他加载等条件基本相同时测得或算得的不同徐变值之间的相对比值关系，现将制表的依据简单说明如下：

第一行为根据相关文献[4]中提供的一组徐变试验数据换算后得出的结果，原数据以最小厚度 $h' = 20$ cm 的试件为基准，试件最小厚度分别为 10、20、40、60、80、120 cm 时，其徐变值分别为最小厚度为 20 cm 试件的 1.15 倍、1.0 倍、80%、70%、55%、40%。这里的最小厚度 h' 不等于理论厚度 h，例如试件采用的是 20 cm×20 cm 的正方形断面或 ϕ20 cm 的圆形断面，其最小厚度 h' 即为 20 cm，但理论厚度 $h = 10$ cm。将上述最小厚度除以 2 换算为理论厚度 h，改用 $h = 20$ cm 为基准即可得到表 1.2 第一行徐变大小的相对比值关系。

第二行为根据 ACI（1978 年）方法算得的一组数据，该法在计算 φ_∞ 时引入了一个独立的构件尺寸修正系数 k_4，其值分两种情况按以下方法计算：

①当 $h = 50$、100 mm 时，可查表求得 $k_4 = 1.30$、1.11；

②当 $h = 150 \sim 380$ mm 且持荷时间大于 1 年时，按公式 $k_4 = 1.10 - 0.000\,67h$ 计算，据此可算得当 $h = 200$、300、400 mm 时，$k_4 = 0.966$、0.899、0.832（$h = 400$ mm 时按此公式外推）。以 $h = 200$ mm 时的 0.966 为基准 1，以上算得各值除以 0.966 即可得第二行所列的比值关系。

第三行为根据 CEB/FIP（1970 年）方法算得的一组数据，该法在计算 φ_∞ 时引入了 4 个独立的修正系数（混凝土配合比修正系数 k_b、环境湿度修正系数 k_c、加载龄期修正系数 k_d、构件尺寸修正系数 k_e），其中构件尺寸修正系数 k_e 可以在一个图表中查取，可以直观看出理论厚度 h 与徐变终值之间的关系[4]。根据该法查表可得，当 $h = 10$、20、30、40、50 cm 时，k_e 分别为 1.02、0.85、0.75、0.72、0.70，以 $k_e = 0.85$ 作为基准 1 即可求得第三行中的比值数据。CEB/FIP（1978 年）方法对该徐变计算方法做了改进（即 85 桥规与相关文献采用的方法），但不便于直接找出理论厚度 h 与徐变终值之间的关系,故这里仍采用了 CEB/FIP(1970 年)方法算出一组数据,以方便与 04 桥规方法进行对比。CEB/FIP(1970 年)方法制作的构件理论厚度对计算徐变系数的修正系数 k_c 没有超过 $h = 50$ cm,故该行与 $h = 60$ cm 对应的修正系数是按外推法估计的,因此加了括号以示区别。

　　第四行为根据 04 桥规附录 F.2.1 条规定算得的数据,04 桥规方法实际就是 CEB/FIP(1990 年)的方法,RH 取 65%(即 0.65)代入式(1.9)得 $\varphi_{RH} = 1 + \dfrac{1 - 0.65}{0.46h^{1/3}}$,按此可以算出在 $RH = 0.65$ 条件下各种理论厚度构件在相同持续荷载作用下的徐变终值相对比值关系。当 $h \geqslant$ 60 cm 时,按 04 桥规附录 F.2.1 条中计算徐变系数的一组公式,理论上可以计算出此时徐变与构件尺寸之间的变化关系,但在附录 F.2.2 条表 F.2.2 中却认为当 $h \geqslant 60$ cm 时就不再需要考虑构件尺寸对减少徐变系数的影响,因此 $h = 80$ cm 那列比值关系也加了括号以示区别。另外,按照英国混凝土学会 CS(1978 年)的估算徐变系数方法,当 $h \geqslant 40$ cm 时也就可以不再考虑构件尺寸对徐变系数的影响。为什么这些计算(估算)徐变系数终值的方法均回避了当理论厚度 $h \geqslant 40$ cm 或 $h \geqslant 60$ cm 时构件尺寸增加对减小徐变值的影响,笔者认为也许是因为大尺寸试件的徐变试验做起来特别困难且费用高,有关这方面的资料在 1978 年以前特别欠缺所致。另外就桥梁工程而言,20 世纪 70 年代以前,全世界修建过的理论厚度 h 达到 80 cm 左右或以上的大跨混凝土桥梁也非常少见,这也导致了对这个问题研究的疏忽。随着近二三十年来大跨混凝土桥梁修建得越来越多,很多大跨桥梁的主梁断面理论厚度 h 都达到或超过了 60 ~ 80 cm,故桥规应当作出明确规定,当 $h > 60$ cm 时,还是应该要考虑构件尺寸增加后对减少徐变的影响。

　　表 1.2 中第一行按相关文献[4]中试件数据算得结果与 04 桥规方法计算结果差异很大,这是因为相关文献[4]中提供的一组数据没有提供持荷时间,也没有明确说明实验室对空气相对湿度的控制。不说明相对湿度,就可以认为是采用的标准相对湿度 65%,但持荷时间却是对试验结果影响很大的因素。这组试验的持荷时间是不可能太长的,否则费用会太高(一般应为 90 ~ 180 d),故这组数据提供的不是徐变系数终值 φ_∞ 之间的比值关系,而其他方法计算的都是终值 φ_∞ 之间的比值关系。试件尺寸越大徐变的收敛时间越长,在相同时间内完成的徐变量与 φ_∞ 的比值越低,因此在表 1.2 第一行数据中,对于 $h > 200$ mm 的试件断面,表 1.2 比值关系一定偏低,反之,$h < 200$ mm 的试件断面表 1.2 比值关系一定偏高,故这组数据也有它的重要参考价值。从研究构件断面尺寸对计算徐变值的影响角度来看,无疑 04 桥规与 18 桥规提供的方法还是比较合适的,但相关文献[4]中提供的这组数据从侧面却是可以印证前述的一个现象:构件尺寸(理论厚度 h)越大,徐变的发展越缓慢或徐变的收敛时间越长。

　　现对有代表性的几种跨径桥梁的构件理论厚度取值范围分析如下:

　　跨径 30 m 的预应力混凝土简支 T 梁(通用图):跨中断面 $h = 22$ cm,支点处 $h = 32$ cm,平均 27 cm;如果计算理论厚度时将后期 8 cm 厚的铺装混凝土的一半计入面积 A_c,则 30 m T 梁的平均理论厚度 h 应为 30 cm;16 ~ 30 m 跨径的预应力混凝土空心板的 h 为 20 ~ 30 cm。

　　(16 + 20 + 16)m 钢筋混凝土箱形断面连续梁(某设计院通用图):中跨与边跨跨中断面的 $h = 24$ cm,靠近支点处 $h = 38$ cm,平均 31 cm;如果梁顶有 8 cm 厚的后期混凝土铺装并将它部分计入理论厚度时,平均理论厚度应为 34 cm。某跨径 225 m 预应力混凝土连续刚构主梁:断面为单箱单室结构,中跨与边跨跨中断面的 $h = 52$ cm,靠近主墩 0 号块处 $h = 100$ cm 左右,平均理论厚度为 76 cm,因此 220 ~ 230 m 连续刚构主梁的平均理论厚度 h 值都应为 70 ~ 80 cm。如果主梁断面采用单箱双室结构的设计,其理论厚度应该稍许降低一些。如果连续刚构跨径大于 230 m 无论计算平均 h 超过 80 cm 多少,主梁的理论厚度 h 都可取为 80 cm (超过 80 cm 已无意义)。铺装混凝土或沥青混凝土理论上都可以加大构件断面的理论厚度,但因为它只在后期对混凝土断面起保护或密封作用,计算 h 时,笔者建议可将 20% ~ 50% 的混凝土铺装面积计入梁体的混凝土断面积 A_c。施工周期较长时可取较低值,沥青混凝土铺装的作用建议可以略去。由此可见,按公式 $h = 2A/u$ 计算桥梁主梁构件的平均理论厚度也只能是一项相对比较可行的评价指标。

需要尽可能准确考虑徐变效应对结构内力变化影响的结构都是跨径比较大的超静定混凝土结构,因为只有超静定结构才有因徐变而带来的内力重分配问题,这类结构以混凝土连续梁和连续刚构桥梁为代表;大跨径静定混凝土结构通常需要仔细考虑的是徐变效应引起的变形问题,如在我国曾经修建过很多的混凝土 T 形刚构或悬臂梁桥。根据以上分析可知,这类桥梁主梁的平均理论厚度全部应为 30 ~ 80 cm。$h < 30$ cm 的桥梁上部梁板结构,一般不存在需要仔细考虑混凝土徐变效应的设计问题,因此在分析构件尺寸对徐变的影响时,有时采用理论厚度 $h = 30$ cm 的构件徐变值作为比较的基准。表 1.2 中,按 04 桥规方法算得结果中括号内的数据即是按此换算过来的比值关系。以理论厚度 $h = 30$ cm 为基准有利于在 $h = 30 ~ 80$ cm 内求得比较符合实际的桥梁构件的混凝土徐变系数。

3) 减水剂的影响

现代混凝土工程在浇筑时,几乎都要根据作业的需要掺加各种可以改善或提高混凝土性能的外加剂。

外加剂的种类很多,如引气剂、防冻剂、缓凝剂以及各种类型的减水剂等,本书只讨论减水剂对混凝土徐变特性的影响。减水剂通常指一般减水剂与各类高效减水剂,前者以木质素磺酸钙(木钙)为代表,后者主要是指各种萘磺酸盐系的高效减水剂以及较为后期开发的各种聚羧酸盐系的高效减水剂。在混凝土工程中,减水剂的使用历史并不是太长,以木质素磺酸盐为主要成分的减水剂于 1937 年在美国问世并获得专利,但直到 20 世纪 50 年代才在美国的大坝混凝土和冬季施工等工程中得到推广使用;R 型的萘系高效减水剂于 1962 年才首次在日本的花王石碱公司开发成功,随后 1964 年联邦德国也研究成功了另外一种磺化三聚氰胺甲醛树脂类的高效减水剂。木质素磺酸钙类的普通减水剂在我国的大规模推广使用始于 20 世纪 70 年代葛洲坝大坝混凝土的浇筑作业。萘系类的高效减水剂在我国桥梁工程中的使用始于改革开放以后,20 世纪 80 年代初在广东湛江才开始有企业生产并销售商品名为 FDN 的萘系减水剂。我国内地桥梁工程中使用萘系类高效减水剂的时间就更晚些,这里面也有经济方面的考虑。例如,直到 1991 年,四川的施工单位修建湖北郧阳汉江大桥以前,在四川省境内的桥梁工地基本还没有过使用萘系高效减水剂(如 FDN)的工程实例。

减水剂顾名思义,可以在拌制混凝土时减少用水量(减小水灰比),因此就可以在保证工作度不变的条件下提高混凝土的强度或减少水泥的用量以取得经济的效益。在现代的混凝土工程中,已经离不开掺加各种外加剂或减水剂,只有这样才可以拌制出高流动性、高强度并且能够适应泵送施工需要的高性能混凝土。这里所谓的高性能混凝土,除了强度等级高与高流动性可以满足泵送施工要求外,一般还可以提高早期强度和满足施工需要的缓凝要求,从而可以达到提高工效节省人力,并使混凝土的施工技术水平得到大大地提升。

掺加减水剂或高效减水剂对混凝土徐变特性的影响主要表现在以下 3 个方面:

①通过影响混凝土的强度从而影响徐变。当使用了减水剂可以提高混凝土的内在质量或强度等级时,就可以减少混凝土的徐变。如以节约水泥为目的并在大体保持强度不变的条件下使用减水剂,因为并未提高强度,故此时也基本不会影响混凝土的徐变。以上两种情况不需要单独加以考虑,其对徐变的影响均可归结为后文所述的混凝土强度等级对徐变的影响。

②为提高混凝土的流动性和满足泵送要求而使用减水剂,此时使用的这类复合型高效减水剂和外加剂通常又称为"泵送剂"。提高流动性就等于加大了混凝土的坍落度,这将稍许加大混凝土的徐变,美国 ACI(1978 年)方法在估算徐变系数时专门引入了一个混凝土坍落度修正系数就是这个意思。但为满足泵送要求而使用减水剂通常并不需要提高混凝土的强度等级,此时因掺加了减水剂的高流动性混凝土的水泥胶浆含量(灰浆率)总是要比不掺加时稍有增加,故徐变也会稍许增加。这个因素也不需要单独加以考虑,其对徐变的影响可归结为后文所述的采用泵送混凝土时对计算徐变系数的影响。

③由于使用减水剂后提高了混凝土的早期强度,此时如在早龄期对混凝土加载时就会减少混凝土的徐变。此处的早龄期是指 3 ~ 14 d,所谓可以减少徐变是指与同样是在龄期 3 ~ 14 d 加载但未掺加减水剂的普通混凝土比较而言。这是一个被很多研究人员所忽视了的问题,也是本书以下需要重点讨论的问题。掺用减水剂的混凝土都会提高混凝土的早期强度,但一般不会影响其最终的设计强度,因为混凝土的设计强度或 28 d 龄期强度是设计确定的,这与施工单位在拌制时是否使用减水剂并无关系,因此对于加载龄期大于或等于 28 d 的这些加载情况,可以不考虑掺用了减水剂后对计算(与这些加载情况相对应的)混凝土徐变系数的影响。

85 桥规附录四"徐变系数 $\varphi(t,\tau)$ 的计算"规定中就完全没有考虑混凝土中是否掺加有减水剂的影响。例如,按其附图 4.2"混凝土龄期与强度"关系查得加载龄期为 10 d 时的混凝土强度 $R(10)$ 只有其最终强度 R_∞ 的 52%,这很明显就是按不掺加减水剂得出的结果。考虑到现在减水剂的普遍使用,附图 4.2 实际已经变成了一个完全过时了的关系图。04 桥规附录 F 中,计算徐变系数的公式也没有考虑是否使用了减水剂,其加载龄期的概念与 85 桥规附录四中的概念是相同的。在世界范围内,人们研究徐变问题的历史远远要早于推广使用减水剂的历史,在所有研究徐变问题的试验报告中已经形成了一个约定,即在混凝土试件的制作过程中如果掺加有任何外加剂(或粉煤灰、硅粉、减水剂之类其他材料),则报告中必须要对这些外掺材料的品名和掺加剂量予以详细的说明,否则就只能认为试件是按传统的(水泥 + 粗细骨料 + 水)混凝土材料制作的。04 桥规附录 F 中未说明对混凝土是否掺加有外加剂,这实际就应理解为没有掺加任何外加剂,这与混凝土中没有说明掺加粉煤灰就一定是没有掺加粉煤灰的道理是一样的。由于忽略了因早期强度更高可以减少早期加载所对应的混凝土徐变系数,因此现在按 04 桥规附录 F 算得的加载龄期为 3 ~ 14 d 的徐变系数终值就一定会偏高。85 桥规方法即 CEB/FIP(1978 年)方法,编制该方法时,全世界都还没有在混凝土中大量推广使用减水剂;04 桥规方法即 CEB/FIP(1990 年)方法,编制该方法时应在 20 世纪 80 年代后期,该时期也仍然有大量的国家和地区没有推广使用高效减水剂。CEB/FIP(1990 年)方法是在 CEB/FIP(1978 年)方法的基础上补充修改完善的,在其制订的过程中所引用的徐变试验资料必然要大量依赖于较早时期(不加减水剂)的那部分徐变试验资料。另外,还要考虑到与 CEB/FIP(1978 年)方法的衔接问题,故新引用的资料也应该是与早期同等试验条件下(不加减水剂)取得的徐变试验资料。由于现代桥梁工程中使用的混凝土几乎都会掺用各类减水剂,因此,04 桥规附录 F.2.2 及表 F.2.2 中在计算或确定早龄期加载混凝土的徐变系数时是有缺陷的。这个问题在本书提到的另外几种计算(估算)混凝土徐变系数的方法中也都存在,例如在美国 ACI(1978 年)方法与英国 CS(1978 年)方法中当按加载龄期为 3 ~ 14 d 计算徐变系数时都有这个问题。

对于第 3 个问题,迄今为止笔者尚未在有关文献中见到对这个问题的讨论。笔者认为,掺加减水剂对早龄期加载时,计算徐变系数的影响可以按以下的方法近似予以估算:

先引入一个"干徐变"的概念。干徐变 = 总徐变 - 基本徐变,总徐变就是通常意义上的徐变,也即徐变试验所测得的总徐变值。测定该值时试件不密封,故其值与环境相对湿度有关;基本徐变为在此相同条件下测得的对应密封试件的徐变值,因试件密封故其值与环境相对湿度无关,这就排除了试件中水分的散逸对徐变的影响。由以上定义可知,干徐变是与水分的散逸条件密切相关但又不属于与荷载无关的收缩,无论是否掺用减水剂,其值都可假定为只与加载时混凝土的龄期有关。基本徐变部分表面上也是加载龄期的函数,但其实质却是与混凝土的强度发展程度有关。根据相关文献[3]中提供的数据,在普通湿度条件下(即 $RH = 65\%$ 左右)干徐变占总徐变的比例一般为 50% ~ 70%,取其中间值为 60%,即可假定总徐变中的 60% 为干徐变,其值只与加载龄期相关。

再设掺加了减水剂的混凝土在加载龄期为 3 d 时的实际强度已达到设计强度的 75%,这大约与不掺加减水剂的混凝土在 14 ~ 18 d 或 16 d 龄期的强度相当,考虑加载龄期 $\tau_0 = 3$ d、$\tau_0 = 16$ d 及 $\tau_0 = 28$ d 3 种情况,按 04 桥规公式(F.2.1-5)或后文的式(1.11)计算加载龄期对徐变的修正系数 $\beta(\tau_0)$ 可得:

$$\beta(3) = 0.743, \ \beta(16) = 0.543, \beta(28) = 0.488$$
$$\beta(3)/\beta(28) = 1.52, \ \beta(16)/\beta(28) = 1.11$$

式中,$\beta(\tau_0)$ 的定义见式(1.11)或 04 桥规附录 F。以上结果表示,当不考虑减水剂的影响时,加载龄期为 3 d、16 d 时的徐变值分别应为加载龄期为 28 d(无论是否掺用减水剂)时的 1.52 倍、1.11 倍。考虑掺加减水剂后,60% 干徐变仍应为 28 d 加载时徐变值的 1.52 倍,40% 基本徐变因早期强度的提高相当于是在 16 d 时加载,其值应为 28 d 加载时徐变的 1.11 倍。由此可得,掺用减水剂后 3 d 加载龄期的徐变值就应为 28 d 加载龄期时的 1.36 倍(1.52 × 0.6 + 1.12 × 0.4),附加条件为加载龄期为 3 d 时混凝土的强度已达到了设计强度的 75%。以上计算虽然不够十分精确,但笔者认为在缺乏进一步的试验数据论证以前,这个结果还是可以接受的,可以作为修改 04 桥规公式(F.2.1-5)的一个依据。

减水剂对早龄期加载计算徐变值的影响实际也是为下文"加载龄期的影响"部分预做的一个铺垫,如何具体考虑减水剂对计算徐变值的影响可详见下文对这个问题的讨论。

4) 加载龄期的影响

加载龄期是影响徐变系数计算的最重要因素之一,先讨论实际桥梁工程中有可能涉及混凝土徐变计算问题的加载龄期大致有哪些范围。首先,对于预制预应力混凝土 T 梁,现行通用图均要求混凝土强度达到设计强度的 85%～95% 或以上方可张拉,为提高预制场的周转效率,混凝土配制时都要掺用各类减水剂以提高早期强度,故对梁体张拉预应力时混凝土的加载龄期按设计要求一般不会少于 5～7 d,对应的混凝土强度至少应达到设计强度的85%～95%。其次,所有支架现浇桥梁主梁落架受力时的混凝土龄期一般都不会少于 7～30 d;施工二期恒载时主梁的混凝土龄期一般会大于 30～90 d,当跨径很大时甚至有可能超过 180～365 d。第三种情况,采用挂篮悬臂施工连续刚构或连续梁主梁时,为了加快工期有可能在浇筑一个节段混凝土 3 d 以后就张拉钢束同时也施加了该节段的自重,这几乎就是唯一可能出现加载龄期为 3 d 的情况,但按照施工技术规范与设计单位的要求,此时混凝土的强度至少应达到设计强度的 75% 或 80%;对于先施工的混凝土节段,其后随着施工的进展直至全桥竣工(二期恒载施工完毕),还会不断对它施加荷载,全部荷载的加载龄期均应在3 d 到完成全桥施工所需时间以内,最后的二期恒载加载龄期则有可能超过 365 d。对于采用悬臂浇筑法施工的主梁,加载龄期为 3 d 的首次加载内力与该节段的全部恒载内力相比所占比值一般较小,跨径越大该比值也就越小。以主梁的 0# 或 1# 节段为例,分阶段对其施加荷载(包括预应力)的平均加载龄期一般都会超过 60～90 d。第四种情况,支架现浇拱桥在落架时的混凝土龄期一般不会少于 7～14 d;大跨径混凝土拱桥分阶段逐步形成主拱圈时,两道浇筑工序之间的间隔时间也需要 7～14 d,其后逐步增加的恒载加载龄期应在 14 d以上直到完成全桥的施工,其最大的混凝土加载龄期也有可能超过 180～365 d。综上所述,最短的加载龄期应以 7～14 d 最有代表性,3～5 d 只有悬臂浇筑施工时才有可能出现;对大跨径桥梁而言,最长的混凝土加载龄期则有可能在施加二期恒载时超过 180～365 d。

对于桥梁工程中的混凝土结构而言,只有大跨径混凝土桥梁的上下部施工才有可能出现加载龄期为 365 d 左右或以上这种情况。以混凝土连续刚构桥梁为例,从主梁开始用悬臂挂篮法施工到二期恒载施加完毕,一般的大跨桥梁都需要半年到 1 年左右或以上的时间,故设计中出现加载龄期为 180～365 d 或以上的情况应该是很多的。加载龄期为 180～365 d的混凝土徐变试验做起来是非常困难和费时费钱的,因为这种试验的持荷时间还不能太少,仅就耗费的时间而言,一般的大跨桥梁工地都无法满足这个要求。正是因为这方面的研究资料太少,故新旧桥规所列计算徐变系数的有关图表所取的加载龄期最大也只有 60～90 d,这说明 04 桥规在这方面也确实需要改进。

在现代桥梁主体混凝土结构施工中,几乎已经再也找不到不掺加任何外加剂或减水剂的混凝土配合比设计,而几乎一切减水剂又都有提高混凝土早期强度的作用。混凝土早强是施工单位都希望达到的效果,因为这样可以加快施工进度。在考虑减水剂对徐变的影响时,不可能直接考虑具体掺用减水剂的品种与剂量对计算徐变值的影响,但却可以通过因掺加了减水剂而对混凝土早期强度的提高来间接反映减水剂对徐变的影响。以上分析中,加载龄期为 3 d 或 7 d 两种情况其实都是附加有对混凝土的强度要求的。该要求可以简单归结为:当加载龄期为 3 d 或 7 d 时,混凝土的强度不得小于其设计强度的 75% 或 85%,这个强度要求只有掺加了减水剂后的混凝土才可能达到,也比较符合我国现在的桥梁施工实际情况。由于减水剂对混凝土的后期强度影响很小,故对于加载龄期大于或等于 28 d 的情况,就可以不考虑是否掺加减水剂对计算徐变系数的影响。

先讨论不掺用减水剂时加载龄期对计算徐变系数的影响,这部分世界各国都有人做了大量的试验工作,其研究成果应该都是比较可靠的。减水剂对徐变计算的影响仅局限在早龄期加载时,故对其影响的研究也只有在已有的加载龄期对徐变影响的基础上进行。以下叙述中如无特别的说明,引用的国内外几种计算或估算混凝土徐变系数的方法中,均没有考虑掺用了减水剂的影响。

表1.3列出了5种计算方法所算得的加载龄期对徐变系数终值影响的相对比例关系,计算的假定为构件的理论厚度、环境相对湿度、混凝土品质等其他影响因素完全相同。

表1.3   不同加载龄期时徐变系数终值的相对比值关系

加载龄期 τ_0/d	3	7	14	28	60	90	180	365
ACI方法按式(1.11)计算	1.30	1.18	1.09	1.0	0.91	0.87	0.80	(0.73)
CEB/FIP(1970年)方法相对比值	1.6	1.4	1.2	1.0	0.8	0.7	(0.6)	(0.5)
CS(1978年)方法相对比值	—	1.2	—	1.0	—	0.75	—	(0.5)
04桥规方法计算的徐变相对比值	1.52	1.30	1.14	1.0	0.86	0.80	(0.70)	(0.60)
笔者建议的修改公式相对比值	1.36	1.22	1.11	1.0	0.89	0.84	0.75	0.67

20世纪70年代初,美国混凝土学会ACI曾推荐过一个考虑加载龄期对徐变系数计算影响的经验公式[5]:

$$\varphi(\infty,\tau_0) = \varphi(\infty,7)1.25\tau_0^{-0.118} \quad (1.10)$$

ACI(1978年)推荐的方法仍然保留了式(1.10),但将符号 $\varphi(\infty,\tau_0)/\varphi(\infty,7)$ 换为了一个独立的修正系数 k_2。该系数是以加载龄期为 $\tau_0=7$ d时算得的 $\varphi(\infty,7)$ 为基准的修正系数。修正系数以7 d龄期加载求得的 $\varphi(\infty,7)$ 为基准说明制订该公式时没有考虑减水剂的影响,以加载龄期 $\tau_0=28$ d的混凝土徐变系数 $\varphi(\infty,28)$ 作为比较的基准则可回避是否掺加有减水剂的影响,故加载龄期的修正系数宜采用 $\varphi(\infty,28)$ 作为比较的基准。根据式(1.10)即可将该修正系数改写为:

$$\varphi(\infty,\tau_0)/\varphi(\infty,28) = 1.25\tau_0^{-0.118}/1.2528^{-0.118} = 1.482\tau_0^{-0.118} \quad (1.11)$$

表1.3中第一行数据即为按上式算得的结果。

表1.3中第二行为根据CEB/FIP(1970年)方法算得的一组数据,第三行为按英国混凝土学会CS(1978年)方法查表得出的一组数据,第四行为按04桥规方法算得的数据。04桥规方法认为,徐变系数的终值 φ_∞ 与函数 $\beta(\tau_0)$ 呈正比关系,$\beta(\tau_0)$ 为反映加载龄期 τ_0 对徐变系数终值 φ_∞ 影响的一个小于1的系数,其值按下式计算:

$$\beta(\tau_0) = \frac{1}{0.1+\tau_0^{0.2}} \quad (1.12)$$

式(1.12)即04桥规公式(F.2.1-5),式中 τ_0 为加载时的混凝土龄期,以无量纲天数计;如以 $\varphi(\infty,28)$ 作为比较的基准,其他 τ_0 时刻加载时徐变系数的加载龄期修正系数 $k(\tau_0)$ 则可定义为:

$$k(\tau_0) = \varphi(\infty,\tau_0)/\varphi(\infty,28) \quad (1.13)$$

按 04 桥规的规定,其值可按下式计算:

$$k(\tau_0) = \frac{\beta(\tau_0)}{\beta(28)} = \frac{0.1 + 28^{0.2}}{0.1 + \tau_0^{0.2}} = \frac{2.05}{0.1 + \tau_0^{0.2}} \qquad (1.14)$$

表 1.3 中第四行的数据就是按上式计算的。

04 桥规方法[即 CEB/FIP(1990 年)方法]对 85 桥规方法[即 CEB/FIP(1978 年)方法]的改进主要是用一系列公式取代了图表,理论上看起来更加严密也更适合于编程计算。CEB/FIP(1970 年)方法的计算依据详见相关文献[4],列出这组计算结果可以反映出 CEB/FIP 当时对这个问题的认识。85 桥规方法不便直接列出计算徐变值与加载龄期的关系,故表中没有列出该法的比值关系。由于所有这类公式都是建立在试验或观测数据基础之上的经验公式,理论上不存在哪种方法精度绝对更高的问题,之所以有差异主要可能还是来自行业上的差异。另外,试验所用的材料、试件尺寸和观测持荷时间等也不会相同,编制者所掌握资料的差异都可能带来分析结果的差异,因此那些早期建立的估算计算公式现在看起来仍然是有一定的参考意义。但在这些不同的方法中,时间越后的方法在制订时总是要参考前人的方法与研究成果,因此总的说来也应该更为可信一些。

由表 1.3 中前四行数据可以看出,如以加载龄期 $\tau_0 = 28$ d 的 $\varphi(\infty,28)$ 作为比较的基准,$\tau_0 = 7$ d 时的徐变终值为 $\tau_0 = 28$ d 徐变终值的 $1.18 \sim 1.4$ 倍,$\tau_0 = 90$ d 时的徐变终值为 $\tau_0 = 28$ d 徐变终值的 $70\% \sim 87\%$。前 3 种方法均未明确是否适用于 $\tau_0 \geqslant 180$ d 的情况,85 桥规方法在查附表 4.2 求 φ_∞ 时表中加载龄期 τ_0 的取值范围只有 $\tau_0 \leqslant 60$ d,04 桥规方法在查表 F.2.2 求 φ_∞ 时也只有 $\tau_0 \leqslant 90$ d 这种情况。表 1.3 中加载龄期为 $\tau_0 = 180$ d 及 365 d 时的比值关系是笔者根据各对应方法提供的计算公式按简单的外推法算得的结果,并在表 1.3 中加了括号以示区别。加括号内数字所反映的比值关系应该是没有经过足够徐变试验加以验证的,否则 04 桥规在制订表 F.2.2 时也不会将加载龄期限定在范围 $\tau_0 \leqslant 90$ d。将 04 桥规方法与表 1.3 中前 3 种计算方法对比后可以看出,在加载龄期不大于 90 d 及不考虑掺用减水剂的条件下,04 桥规方法的计算结果还是比较适中可信的,但对于 $\tau_0 > 90$ d 的这部分结果,笔者认为其计算结果的比值关系稍许偏低,还有进一步研究与改善的必要。

第五行为笔者建议的修改公式算得的数据,只有这组数据才考虑了减水剂的影响。修改只针对 04 桥规计算方法中加载龄期的影响部分,主要有以下两处修改建议:

①对于早龄期加载时计入了减水剂对提高混凝土早期强度的影响,为此适当调低了算得的这部分徐变系数。调整以早龄期 $\tau_0 = 3$ d 时加载算得的 $\varphi(\infty,3)$ 为控制点,并按条件 $\varphi(\infty,3)/\varphi(\infty,28) = 1.36$ 作为控制调整幅度的依据,理由见上文减水剂的影响部分说明。作为比较基准的 $\varphi(\infty,28)$ 仍按 04 桥规的方法计算。引入加载龄期修正系数 $k(\tau_0)$ 后,任意龄期 τ_0 时加载的徐变系数则可按关系 $\varphi(\infty,\tau_0) = k(\tau_0)\varphi(\infty,28)$ 计算,计算早龄期 $\tau_0 = 3$ d 或 7 d 加载徐变系数时的附加条件为此时混凝土强度不得小于设计强度的 75% 或 85%,这就相当于考虑了减水剂对计算徐变值的影响。

②对于加载龄期 $\tau_0 \geqslant 60$ d 部分的徐变系数计算,笔者认为 04 桥规方法算得的结果稍许偏低,为此应适当调高计算这部分徐变系数时的加载龄期修正系数 $k(\tau_0)$。调整以加载龄期 $\tau_0 = 365$ d 时算得的徐变系数为控制点,将按 04 桥规算得的 $\varphi(\infty,365)/\varphi(\infty,28) = 0.60$ 提高到 0.67。这样调整的理由可简述为以下 4 点:

a. 首先是试验数据的验证方面。迄今为止能查阅到的加载龄期为 365 d 或以上的混凝土徐变试验资料是非常有限的,笔者在相关文献[4]中曾见到某水电站 165 m 高坝工程中有加载龄期 $\tau_0 = 365$ d 与 744 d 且持荷时间分别达到 365 d 与 180 d 的 2 组试验数据,试件均为不掺加粉煤灰的 C25 混凝土(略低于公路部门的 C25 混凝土)。第 1 组 $\tau_0 = 365$ d 最长持荷时间达到 365 d,当加载龄期为 365 d 持荷时间分别为 7 d、30 d、90 d、180 d、365 d 时测得的徐变值分别为加载龄期为 28 d 相应持荷时间徐变值的 48%、52%、59%、63%、67%;第 2 组 $\tau_0 = 744$ d 最长持荷时间达到 180 d,当加载龄期为 744 d 持荷时间分别为 7 d、30 d、90 d、180 d 时测得的徐变值分别为加载龄期为 28 d 相应持荷时间徐变值的 38%、47%、48%、52%。持荷时间越长,两组试件的上述比值均有明显增加的趋势并最终会收敛于某个固定值,该固定值也就是希望求得的最终比值 $\varphi(\infty, 365)/\varphi(\infty, 28)$ 或 $\varphi(\infty, 744)/\varphi(\infty, 28)$。由这两组数据可以看出以下徐变发展规律:其一,加载龄期 τ_0 越大,比值关系 $\varphi(\infty, \tau_0)/\varphi(\infty, 28)$ 越小,这可以从以下两个方面加以解释:龄期越大混凝土的收缩完成得越多,大部分水已经散逸,故徐变中干徐变更小;龄期越大混凝土的强度越高,基本徐变也因此会减少,故总的徐变就会减少。徐变随加载龄期的增加而减小,这个结论并无特别之处,但说明这两组试验数据是比较可信的。其二,这两组试件的数据也可说明这批 C25 混凝土加载龄期为 365 d(或 744 d)的徐变系数终值与加载龄期为 28 d 时的徐变系数终值之比应该要略大于 0.67(或 0.55),即这两组试验数据支持结论 $k(\tau_0)_{\tau_0=365} > 0.67$ 与 $k(\tau_0)_{\tau_0=744} > 0.55$。此处第 2 组持荷时间为 365 d 时的徐变值为加载龄期为 28 d 相应持荷时间徐变值的 55% 是根据 $(0.52/0.63) \times 0.67$ 估算的,实际并无这个试验数据。

b. 按 85 桥规附录四方法计算 τ_0 分别为 28 d 与 365 d 时的徐变系数终值 $\varphi(\infty, 365)$ 与 $\varphi(\infty, 28)$,再计算 $k_{\tau_0=365} = \varphi(\infty, 365)/\varphi(\infty, 28)$ 与 04 桥规算得的结果比较。注意 85 桥规方法在求比值关系 $k_{\tau_0=365}$ 时,其值与构件的理论厚度 h 是有关的,而 04 桥规方法认为比值 k_{τ_0} 与 h 无关。85 桥规计算徐变系数终值 $\varphi(\infty, \tau_0)$ 的公式为:

$$\varphi(\infty, \tau_0) = \beta_a(\tau_0) + 0.4 + \varphi_{f1}\varphi_{f2}[\beta_f(\infty) - \beta_f(\tau_0)] \tag{1.15}$$

$$\beta_a(\tau_0) = 0.8 \times \left(1 - \frac{R_{(\tau_0)}}{R_{(\infty)}}\right) \quad 或 \quad \beta_a(\tau_0) = 0.8\left[1 - 0.784 \times \left(\frac{\tau_0}{4.2 + 0.85\tau_0}\right)^{1.5}\right]$$

$$\tag{1.16}$$

式(1.15)与 85 桥规附录四的公式(附 4.1)在写法上稍有不同,式(1.16)括号内公式的出处见相关文献[4],τ_0 为加载龄期以 d 计,其余符号含义同 85 桥规,此处不再赘述。

设为 C40 混凝土(85 桥规方法认为徐变系数大小与混凝土强度等级无关),对于野外一般条件,相对湿度为 0.70,查 04 桥规附表 4.1 得徐变基本系数为 $\varphi_{f1} = 2.0$,$\lambda = 1.5$。设构件按 85 桥规方法算得的理论厚度 $h' = \lambda\frac{2A_h}{u} = 800$ mm(相当于 04 桥规中的 $h = 533$ mm),查 04 桥规附图 4.3 得当 $h' = 800$ mm 时,$\varphi_{f2} = 1.26$。根据式(1.16)中括号内公式可求得 $\beta_a(28) = 0.173$,$\beta_a(365) = 0.016$,这里的算法与 85 桥规稍有不同。再查 04 桥规附图 4.4 可得当 $h' = 800$ mm 时,$\beta_f(28) = 0.28$、$\beta_f(365) = 0.56$、$\beta_f(\infty) = 1.0$。最后按式(1.15)计算徐变系数终值 $\varphi_{\infty,28}$ 与 $\varphi_{\infty,365}$ 分别为:

$$\varphi(\infty, 28) = 0.173 + 0.4 + 2 \times 1.26(1 - 0.28) = 2.387$$

$$\varphi(\infty,365) = 0.016 + 0.4 + 2 \times 1.26(1 - 0.55) = 1.550$$

加载龄期为 365 d 与 28 d 的徐变系数终值比值 $k(\tau_0)_{\tau_0=365} = \varphi(\infty,365)/\varphi(\infty,28) = 0.65$（这是按理论厚度 $h = 533$ mm 计算的）。

04 桥规的 $h = 533$ mm 大约就是一般大跨混凝土刚构桥梁主梁的平均理论厚度。如果按 $h' = 300$ mm（相当于 $h = 200$ mm）计算，这个计算结果是不相同的，此时 $\varphi_{f1} = 2.0$、$\varphi_{f2} = 1.45$、$\beta_f(28) = 0.37$、$\beta_f(365) = 0.74$，其余符号取值不变，代入式(1.15)可得：

$$\varphi(\infty,28) = 0.173 + 0.4 + 2 \times 1.45(1 - 0.37) = 2.40$$

$$\varphi(\infty,365) = 0.016 + 0.4 + 2 \times 1.45(1 - 0.74) = 1.17$$

$$k(\tau_0)_{\tau_0=365} = \varphi(\infty,365)/\varphi(\infty,28) = 0.49 \approx 0.50（按理论厚度 h = 200 \text{ mm} 计算）$$

04 桥规中理论厚度 $h = 200$ mm 左右的构件，正是在工业与民用建筑领域最有代表性的需要考虑徐变问题的构件，因此在表 1.3 中第二行 CEB/FIP(1970 年)方法中取 $\varphi_{\infty,365}/\varphi_{\infty,28} = 0.50$ 就应该是有一定依据的，但其适用范围有可能主要是针对理论厚度 $h = 100 \sim 300$ mm 的工业与民用混凝土构件。以上算例说明，按 85 桥规附录四的方法计算徐变系数的加载龄期修正系数 $k(\tau_0) = \varphi(\infty,\tau_0)/\varphi(\infty,28)$，当加载龄期 τ_0 与其他环境条件相同时，构件的理论厚度 h 越大，$k(\tau_0)$ 也应该越大。这个结论是合理的，因为在同样的晚龄期加载的试件中（如上例中取 $\tau_0 = 365$ d），尺寸 h 越大，干徐变越小（$h > 800$ mm 时，干徐变→0），而基本徐变却大体是与加载时混凝土的强度相关的。根据修正系数 $k(\tau_0)$ 的定义可知，$k(\tau_0) = \{\tau_0$ 加载时的(干徐变 + 基本徐变)$\}/\{28$ d 加载时的(干徐变 + 基本徐变)$\}$。当 h 很大时，(τ_0 加载时的干徐变)≈(28 d 加载时的干徐变)，由此自然可以得出理论厚度 h 越大，$k(\tau_0)$ 也应该越大，这一结论也符合徐变试验所得出的观察结果。从这个角度来看，85 桥规计算徐变系数的方法有比 04 桥规更合理的地方，但 85 桥规的方法使用很不方便且查图取值的误差也较大。该法无论加载龄期为多少，恒取可复徐变为 0.4 也与很多实际情况不符。04 桥规方法假定 $k(\tau_0)$ 与构件尺寸无关，从国际上大部分估算徐变系数的方法，应该在总体上还是要优于 85 桥规方法。

以上分析说明，无论是 1970 年、1978 年还是 1990 年的 CEB/FIP 计算徐变系数方法都有各自的优缺点。对试验数据的收集、整理与归纳的依据不同，都有可能造成分析结果的差异。CEB/FIP(1990 年)方法可以认为是对 CEB/FIP(1978 年)方法的改进，改进的重点放在用一组计算公式代替了烦琐的查表查图取值。对于桥梁工程领域内的徐变问题，按 85 桥规方法取理论厚度 $h = 533$ mm 时计算的徐变系数比值 $k_{\tau_0=365} = 0.65$，如取 $h = 800$ mm 则 $k_{\tau_0=365}$ 应为 0.68 左右。考虑到在桥梁工程领域需要作详细徐变计算的都是大跨的 $h = 400 \sim 800$ mm 的混凝土结构，按 85 桥规计算并取 $\varphi(\infty,365)/\varphi(\infty,28) = 0.65 \sim 0.67$ 也许更对修改 04 桥规公式(F.2.1-5)具有参考价值。

c. 按 ACI 方法的式(1.11)计算 $\varphi(\infty,\tau_0)/\varphi(\infty,28) = 0.73$，该比值关系虽然并不十分可靠，但参考价值不容忽视。如将比值 $k(\tau_0)_{\tau_0=365}$ 修改为 0.67，该值位于 04 桥规方法 0.60 与 ACI 方法 0.73 的平均值附近，这也可以说明修改的合理性，见表 1.3 中第 1 行的数据。如此看来，表 1.3 中第 2—4 行的 3 种方法算得的加载龄期为 $90 \sim 365$ d 的徐变终值与 28 d 加载龄期徐变终值的比值关系，对于尺寸较大的大跨桥梁工程构件都可能偏低。

d. 还应该要考虑的情况就是,全世界所有已建成的大跨或特大跨径混凝土悬臂梁桥或连续刚构桥梁,在建成运营以后 10 ~ 15 年大多都会出现主跨跨中挠度超预期地增长,这种现象的实质就是对 10 ~ 15 年后混凝土徐变效应的低估。造成这一现象的原因是多方面的,但其中应该有一个原因就是,这类桥梁的理论厚度 h 都很大,二期恒载(还有活载)对于主梁混凝土的加载龄期均在 365 d 左右甚至以上,现有的计算理论低估了这部分荷载的徐变效应。因此笔者认为,用表 1.3 中第 2—4 行 3 种方法都不能适应于计算加载龄期为 180 ~ 365 d 的桥梁工程混凝土的徐变系数。

为达到以上两点修改目的,笔者建议将式(1.12)或 04 桥规的式(F.2.1-5)修改为:

$$\beta(\tau_0) = \frac{1}{0.7 + \tau_0^{0.2}} \tag{1.17}$$

由于并不需要改变作为计算基准的 $\varphi(\infty, 28)$ 计算值,即在计算 $\varphi(\infty, 28)$ 时函数 $\beta(\tau_0)$ 仍按式(1.12)计算,其他 τ_0 时刻加载的徐变系数的加载龄期修正系数 $k(\tau_0)$ 则可按下式计算:

$$k(\tau_0) = \beta(\tau_0)/\beta(28) = \frac{0.7 + 28^{0.2}}{0.7 + \tau_0^{0.2}} = \frac{2.65}{0.7 + \tau_0^{0.2}} \tag{1.18}$$

对于表 1.3 中第五行,笔者建议方法中的各项对比值关系就是按式(1.18)计算的。当 $\tau_0 = 3$ d 时,算得的修正系数 $k(\tau_0)_{\tau_0=3}$ 刚好为 1.36,这说明按式(1.18)计算可以达到对早龄期加载时的修改预期。当 $\tau_0 = 365$ d 与 744 d 时,代入式(1.18)可得 $k(\tau_0)_{\tau_0=365} = 0.67$ 与 $k(\tau_0)_{\tau_0=744} = 0.59 > 0.55$,这说明按式(1.18)计算的结果也可以满足前述的希望将 $k(\tau_0)_{\tau_0=365}$ 由 0.60 提升到 0.67 的目的。将 04 桥规公式(F.2.1-5)即式(1.12)修改为式(1.17),这样就可在计算徐变系数时将加载龄期由 90 d 拓展到 180 ~ 365 d 或者以上。由表 1.3 中数据可以看出,对于加载龄期为 3 ~ 7 d 且强度达到设计强度 75% ~ 85% 或者以上的混凝土,按笔者修改公式计算徐变终值将比 04 桥规方法分别减少 6% ~ 11%;对于加载龄期为 180 ~ 365 d 的混凝土,按修改公式计算徐变终值将比 04 桥规方法外延算的结果分别增加 7% ~ 11%,加载龄期为 365 d 时取用的 $k(\tau_0)_{\tau_0=365} = 0.67$ 与相关文献[4]中试验实测的持荷时间为 365 d 的比值关系大体吻合,但仍低于 ACI 方法公式(1.11)的计算结果 0.73,这说明还是留有余地的。建议修改公式计算的加载龄期为 14 ~ 90 d 部分的计算结果与 04 桥规方法相比误差均在 2% ~ 5% 以内,加载龄期为 28 d 算得的结果则与 04 桥规方法完全相同。笔者建议的完整计算徐变系数的方法可详见本节最后对 04 桥规附录 F 的讨论部分。

如何假定加载龄期对徐变的影响实际也是早期徐变计算理论的主要区别和研究对象。早期的徐变老化理论与先天理论为了简化分析,在加载龄期对计算徐变系数的影响问题上往往都做了一些非常简单的假定,现在一般都不应再按照这些简化假定来考虑加载龄期对徐变系数计算的影响。关于这个问题,后文在讨论不同的徐变计算理论时还会加以说明。

5)混凝土坍落度对徐变的影响

现代桥梁工程中大量使用的是泵送混凝土,其特点是流动性好、坍落度高,故这里讨论的问题实际为使用泵送混凝土时应该增加多少徐变的计算终值 φ_∞。一般说来,非泵送混凝土的施工坍落度多为 6 ~ 12 cm,而泵送混凝土的坍落度一般为 12 ~ 18 cm,可以认为大约较普通混凝土要提高 6 cm 的坍落度。按 ACI(1978 年)计算方法,混凝土坍落度对徐变的修正系数按下式计算：

$$k_3 = 0.82 + 0.026S_t \tag{1.19}$$

式中，S_t 为坍落度，以 cm 计。取一般混凝土与泵送混凝土的平均坍落度分别为 9 cm 和 15 cm，代入式(1.19)可得 $k_{3,9\,cm}=1.054$，$k_{3,15\,cm}=1.210$，按此计算泵送混凝土较一般非泵送混凝土的徐变值应该要提高 14% 左右，或者是每提高坍落度 1 cm，徐变大约要提高 2.3% 左右。

式(1.19)很少被采用，尤其是近二三十年来随着在施工中高效减水剂的大量推广使用，高坍落度混凝土的使用已经逐渐成为常态，非泵送混凝土的坍落度常常也达到 10～12 cm 或者以上，但水泥的用量却并无明显的增加趋势，因此按式(1.19)计算在使用高效减水剂的条件下有可能对徐变作出高估，但该式在现在仍具有一定的参考价值。

可以换一个角度来讨论坍落度对徐变的影响。众多徐变的试验研究均表明，如混凝土的强度等级不变(即假定水灰比不变)，徐变的大小近似与混凝土的灰浆率成正比，灰浆率定义为单位体积混凝土内水泥浆的含量，它间接反映单位体积混凝土内的水泥用量。混凝土内骨料发生的徐变是很小的，如果略去骨料徐变的影响就可得出以上的结论。按此思路分析，问题可以近似转化为在使用高效减水剂的条件下，将混凝土的流动性(坍落度)提高到满足泵送的要求，大约需要提高百分之几的水泥用量。

根据笔者的了解，在一般情况下，同强度等级泵送混凝土的水泥用量较之非泵送混凝土大约需要提高 5% 即可满足要求。如果混凝土在入模前的坍落度损失较多(运距长)或者要求泵送的高度很大(超过 100 m)，此时可能会要求混凝土的设计坍落度接近 20 cm，但这种情况比较少见。

通过以上分析，笔者建议 04 桥规应明确规定，对于施工采用泵送的混凝土，按 04 桥规有关规定计算的混凝土徐变终值应该提高 5%。当施工要求混凝土的设计坍落度为 20 cm 左右或以上时，根据施工现场混凝土在入模前停留时间的长短，还可考虑在此基础上再提高 2.0%。对比 ACI(1978 年)方法的公式(1.14)，这一提高幅度应该还是比较保守的。在现代工程普遍使用泵送混凝土的背景下，如果 04 桥规对此不作出规定，按现行规定办法算得的混凝土徐变系数，可能存在着普遍偏低的结果。

桥梁设计时，通常并不知道具体的施工设备情况。鉴于在现代的我国桥梁施工中，除个别偏远地区以外，采用集中拌制的混凝土配合泵送技术入模浇筑已经逐渐成为主流的施工工艺，因此除工厂化预制构件而外，对于采用现浇法施工的大跨桥梁主体结构，一般情况下都应该按泵送混凝土考虑，即在按 04 桥规附录 F 第 F.2.2 条表 F.2.2 查表计算徐变系数时，都应乘以系数 1.05；对于特大桥梁的主梁和高塔结构，必要时还应额外再乘以一个考虑运距以后的增大系数 1.02。

6) 混凝土强度等级对徐变的影响

混凝土强度等级对徐变的影响一般表现为强度等级越高，徐变越小，不同强度等级之间的徐变差异还是比较明显的。85 桥规附录四中的公式(附 4.1)计算徐变系数的终值时没有考虑强度等级对计算徐变的影响，但 85 桥规的这个公式主要是为计算预应力混凝土徐变损失时使用的(见 85 桥规附录九)。考虑到在 20 世纪 80 年代我国桥梁工程中的预应力混凝土结构基本都是采用的相当于现在的 C40 及 C50 混凝土，故可以认为 85 桥规实际是做了这样一个近似的假定:在强度等级为 C40～C50 内均不需要考虑混凝土强度差异对计算徐变系数的影响。

参照相关文献[4]中列举的多种国外混凝土徐变系数估算公式,多数都是通过一些与强度相关的指标间接反映了强度等级对计算徐变系数的影响。ACI(1978 年)方法在计算 φ_∞ 时,除考虑湿度、理论厚度和加载龄期 3 个主要因素而外,还引入了混凝土坍落度、砂率和含气量 3 个计算徐变系数的修正系数。此后 3 个都可以归结为是与混凝土材料本身品质有关的影响因素,也可认为是与混凝土的配合比设计问题有关的影响因素。上文已讨论了坍落度对徐变的影响,ACI(1978 年)方法认为砂率越高或含气量越大,徐变都会越大。砂率对徐变的影响主要反映在它对强度的影响上,按照 20 世纪 80 年代左右或以前的经典混凝土配合比理论,配合比中砂率越低则强度越高,故 ACI(1978 年)方法认为砂率越高徐变越大。但低砂率配合比会影响混凝土的流动性和密实度,反过来又会影响混凝土的强度(增加徐变)。高砂率混凝土的流动性好便于混凝土振捣密实也便于泵送,故现代结构工程中使用的高强度等级混凝土一般都采用砂率为 40% 左右的高砂率配合比设计。"砂率越低强度越高"这个结论已经不再适用于现代混凝土的配合比设计理论,因此现在已没有必要再将砂率再作为一个独立的因素在估算徐变值时加以考虑。理论上,混凝土的含气量越大徐变也会越大,其对徐变的影响也可归结为材质中含气对强度的影响。对于桥梁工程中常用的结构混凝土,即使配合比设计中使用了微引气型的减水剂(如木钙),只要振捣密实混凝土的含气量一般都不会超过 1.5%。在这个范围内含气量对强度的影响极小,但反过来却可以提高混凝土的和易性有利于混凝土的振捣密实,因此对于结构混凝土而言,在计算徐变系数时没有必要再将含气量作为一个独立的影响因素加以考虑。考虑到坍落度、砂率和含气量对徐变影响的实质都是通过影响强度再对计算徐变施加影响,故可以认为 ACI(1978 年)方法实际上已经间接考虑了混凝土强度等级对徐变的影响。顺便指出,ACI(1978 年)方法中有关坍落度的式(1.14)与砂率对徐变的影响系数计算方法都已经过时,但该法中的含气量修正系数适用于含气量超过 2% 甚至 10% 的多孔混凝土的徐变系数值的估算,故该法对于在工业与民用领域内的部分混凝土徐变系数的估算仍然具有一定的参考意义。

水泥品种对徐变的影响不大,其对徐变的影响主要是通过影响强度来影响徐变。粗骨料对徐变的影响规律为:骨料的弹性模量越高或强度越高则徐变越小,这种差异有时还很大;品质越好(针片状越少)则徐变越小。在桥梁工程中使用的结构混凝土,当强度等级为 C30 及其以上时,粗骨料只要能满足有关施工技术规范的要求就一定是用石灰岩、火成岩或其他变质岩类硬质石材制作,其抗压强度通常都要求为配制混凝土强度等级的两倍左右(C50 以上等级为 1.5 倍左右),一般可以假定这类骨料不会发生徐变,且石材的强度越高这项因素的影响就越可以忽略不计,但对于用砂岩类石材配置低强度等级混凝土时,这项因素的影响也可能很大。细骨料对徐变的影响与粗骨料类似,一般用质地坚硬、颗粒洁净、含泥量低的细骨料配制的混凝土徐变也会较低。另外,粗细骨料的级配情况也会影响混凝土的强度,并通过强度影响混凝土的徐变。

以上讨论的所有因素以及是否掺加了减水剂和其他外掺料(如硅粉)等混凝土的配合比设计问题都可以归结为与混凝土内在质量有关的因素。由于这些因素最终都会影响混凝土的强度,因此用混凝土的强度指标间接反映出这些因素对徐变的影响应该是可行的。对于桥梁工程中结构混凝土的徐变系数计算,这样处理尤其显得合理。

04 桥规附录 F 计算徐变系数的方法中,F.2.1 条与 F.2.2 条中关于混凝土强度对计算徐变系数的影响规定是有含糊或相互矛盾之处的。关于这个问题,笔者认为有如下几点值得讨论:

①关于函数 $\beta(f_{cm})$。按 04 桥规 F.2.1 条的规定,式(F.2.1-4)中的 $\beta(f_{cm})$ 为反映混凝土强度等级对徐变系数终值 $\varphi(\infty,\tau_0)$ 影响的一个调整系数,即 $\varphi(\infty,\tau_0)$ 与函数 $\beta(f_{cm})$ 呈正比关系,函数 $\beta(f_{cm})$ 可表示为:

$$\beta(f_{cm}) = \sqrt{\frac{281}{f_{cm}}} \tag{1.20}$$

式(1.20)即 $\beta(f_{cm}) = \dfrac{5.3}{(f_{cm}/f_{cm0})^{0.5}}$,也即 04 桥规的式(F.2.1-4),写法稍有不同。式中,$f_{cm} = 0.8f_{cu,k} + 8$ MPa,$f_{cu,k}$ 定义为"龄期为 28 d,具有 95% 保证率的混凝土立方体抗压强度标准值(MPa)"。这里 $f_{cu,k}$ 的定义虽然准确,但在看了 04 桥规第 3.1 条的条文说明以后反而容易混淆,因为文中有一大段 $f_{cu,k}$ 与 f_{ck} 的关系推导公式,即 $f_{cu,k}$ 也可按公式 $f_{cu,k} = 1.136f_{ck}/\alpha$ 计算。由于混凝土的强度等级就是边长为 150 mm 立方体试件具有 95% 保证率的抗压强度标准值,建议在 $f_{cu,k}$ 的定义后加上"例如 C40 混凝土的 $f_{cu,k}$ 就是 40 MPa",这样可能更为清楚。另外,04 桥规正文中并无符号 f_{cm},也无符号 $f_{cu,k}$,笔者认为没有必要在这里把问题复杂化,其实是可以不用这两个符号的,见后文说明。

根据公式(1.20),$\beta(f_{cm})$ 应是混凝土强度等级的连续变化函数,这是合理的。对于 C20、C30、C40、C50、C60、C70 混凝土,代入式(1.20)后可算得 $\beta(f_{cm})$,分别为 3.42、2.96、2.65、2.42、2.24、2.10,如以 C40 混凝土的 $\beta(f_{cm}) = 2.65$ 为基准 1,其他强度等级混凝土计算徐变系数时的强度等级修正系数可表示为:

$$k_q = \sqrt{\frac{40}{f_{cm}}} \tag{1.21}$$

按式(1.21)计算,以 C40 混凝土计算所得的徐变系数终值 $\varphi(\infty,\tau_0)$ 为基准 1,C20、C30、C40、C50、C60、C70 混凝土考虑强度差异的强度修正系数 k_q 分别为 1.29、1.12、1.0、0.90、0.82、0.79,这说明按 04 桥规式(F.2.1-4)计算 $\varphi(\infty,\tau_0)$ 时,强度等级差异的影响还是比较大的。C20 与 C70 混凝土相比,前者徐变可能是后者的 1.63 倍。k_q 的折减规律为,强度级别越高,其相邻差异越小。例如,C20 与 C30 之间 k_q 相差达 0.17,C60 与 C70 之间相差只有 0.03。问题是:式(1.20)、式(1.21)的适用范围是多少级混凝土 04 桥规没有交代,除了适用于 C40 混凝土外,式(1.20)却似乎是一个 04 桥规根本不想采用的公式。

②公式(F.2.1-4)反映了混凝土强度等级对计算徐变系数影响的研究成果,但如果它只适用于 C40 混凝土,则这个公式还不如用常数 2.65 取代。按 04 桥规 F.2.2 条的规定,式(1.20)似乎就只能用它计算 C40 混凝土的徐变系数,这两条的内容是很矛盾的。另外,联系到 85 桥规方法与英国 CS(1978 年)方法都是不考虑混凝土强度等级对计算徐变系数影响的,按式(1.20)计算,C70 混凝土的徐变系数只有 C40 混凝土的 79%,似有折减过多之嫌。也许是基于同样的认识,因此才有了 04 桥规附录 F 第 F.2.2 条表 F.2.2 中注(3)的如下说明:本表数值按 C40 混凝土计算所得,对强度等级为 C50 及以上时,表列数值应乘以

$\sqrt{\dfrac{32.4}{f_{ck}}}$,式中 f_{ck} 为混凝土的轴心抗压强度标准值。

04 桥规 F.2.2 条规定是没有任何含糊之处的,如以此条为准,公式(F.2.1-4)就只能适用于 C40 混凝土的徐变系数计算。

04 桥规第 F.2.2 条表 F.2.2 中注(3)的规定是:C40~C50 混凝土的徐变系数可按表 F.2.2 采用,即在此范围内可不考虑强度对徐变的影响(这继承了 85 桥规的规定);当强度等级大于 C50 时,表列数值应乘以一个小于 1 的系数 $\sqrt{\dfrac{32.4}{f_{ck}}}$。这就是说如以 C40、C50 级混凝土算得的徐变值为基准 1,混凝土强度等级分别为 C20、C30、C40、C50、C60、C70 时计算徐变系数的强度修正系数 k_q,分别为 1.0、1.0、1.0、1.0、0.92、0.85,此时函数 $k_q(f_{ck})$ 不是一个可以用混凝土强度等级描述的连续变化函数。

第 F.2.2 条规定的优点是抛弃了符号 f_{cm} 而改用了大家熟悉的符号 f_{ck},纠正了 C70 等高强混凝土计算徐变系数时的过分折减问题,但笔者认为这样也带来了以下 3 个问题或不足:首先,C40、C50 混凝土之间不考虑混凝土强度等级对计算徐变的影响,这与事实严重不符,这实际又基本回到了 85 桥规对强度影响徐变的规定;其次,完全不能用于或近似用于 C20~C35 混凝土的徐变系数计算,桥梁工程中有时还是需要计算这类等级混凝土的徐变的;第三,不能用一个连续变化的函数来反映混凝土强度等级对徐变的影响,而这种连续变化的影响关系在理论上应该是成立的。

③混凝土强度对徐变的影响取为一个计算复杂的 f_{cm} 还是 f_{ck} 的函数都应该是可以的,但取为符号 f_{ck} 的函数无疑更加简明,建议用函数 $\beta(f_{ck})$ 替代 $\beta(f_{cm})$。如果用一个连续变化的函数 $\beta(f_{ck})$ 来反映混凝土强度等级对徐变的影响,这个函数 $\beta(f_{ck})$ 可按以下方法构建:

对于 C40 混凝土,令 $\beta(f_{ck}) = \sqrt{\dfrac{x}{f_{ck}+20}} = 2.65$,式中 $f_{ck}=26.8$,求解可得 $x=328.7 \approx 330$,公式(F.2.1-4)即可改写为:

$$\beta(f_{ck}) = \sqrt{\dfrac{330}{f_{ck}+20}} \tag{1.22}$$

如按式(1.22)计算,C20、C30、C40、C50、C60、C70 混凝土的 $\beta(f_{ck})$ 分别为 3.14、2.87、2.65、2.51、2.38、2.26,如以 C40 混凝土的 $\beta(f_{ck})$ 值 2.65 为基准,其他强度等级混凝土计算徐变系数时的强度修正系数可表示为:

$$k_q = \sqrt{\dfrac{330}{f_{ck}+20}}/2.65 = \sqrt{\dfrac{47}{f_{ck}+20}} \tag{1.23}$$

按式(1.23)计算,C20、C30、C40、C50、C60、C70 混凝土的强度修正系数 k_q 分别为 1.19、1.08、1.0、0.95、0.90、0.85;C70 混凝土的徐变系数为 C40 混凝土的 85%,这与 04 桥规第 F.2.2 条表 F.2.2 中注(3)中规定算得的结果是一致的,而式(1.23)中的常数 20 就是按这个控制条件试算出来的。

建议以 C40 混凝土算得的徐变系数作为基准徐变系数,引入按式(1.23)计算的强度修正系数可以简化混凝土的徐变系数计算。式(1.23)也可适用于求解 C20~C35 混凝土的徐变系数,这样就可以充分体现出不同强度等级混凝土之间的徐变特性差异。关于这个问题可详见后文对 04 桥规附录 F2 的讨论部分,此处不再重复。

7)温度对混凝土徐变的影响

温度也要影响混凝土的徐变。在 0 ~ 70 ℃环境气温范围内,构件的工作环境气温越高徐变越大,徐变的发展速率越快,但当气温高于 70 ℃及低于 0 ℃左右时,徐变的发展规律会变得甚为复杂并倾向于减小徐变。温度影响徐变发展的规律还与环境的相对湿度有关,早期养生时的高温高湿环境可以提高混凝土的早期强度从而减少徐变。例如,采用蒸汽养生的混凝土就可以降低徐变与干缩30% ~ 50%甚至还多;严格按施工规范做好早期保湿养生,混凝土在养生期间气温越高理论上也可以减少混凝土的徐变。混凝土在遭受冻融循环后徐变会增加(如冻融后梁的挠度会加大),其增加程度与混凝土的含水饱和度与含气量有关。混凝土含气量大会增加徐变,但可以提高混凝土的抗冻性能,反过来又可以降低在冻融循环作用下的徐变,因此其中的关系比较复杂。实际的大气环境温度在一年或一天之内都是变化的,即温度对实际工程中混凝土构件徐变的影响实际都是循环变化气温对徐变的影响,但在试验室内研究温度对徐变的影响却很难模拟实际大气温度的变化情况,这又增加了问题的研究难度。但总的说来,现在比较一致的看法是认为可以用环境变化温度的平均值来近似反映这种温度对徐变的影响,同时也都认为这种影响不及环境相对湿度与构件尺寸对徐变的影响大。在我国的绝大多数地区,对于结构混凝土而言,环境气温这个因素是可以忽略的。例如,85 桥规提供的计算徐变系数终值与发展速率的方法就没有考虑温度这项影响因素,上文提到的国外在 20 世纪 80 年代及以前提出的各种估算混凝土徐变系数的方法中也都没有考虑温度对徐变的影响。

根据相关文献[4]提供的数据,在试验室气温 20 ℃左右的条件下,气温每升高 1 ℃,徐变速率将提高 2% ~ 4%。但气温对徐变终值的影响却比较有限,由此可见其影响主要是对徐变发展速率的影响。04 桥规第 6.2.7 条的条文说明第 4 点有如下的关于温度影响徐变系数计算的叙述:"本条和附录 F 表列数据,可近似适用于 - 20 ~ + 40 ℃之间季节性变化混凝土,如果要更精确地考虑,所有(计算徐变系数的公式或)表列数值只适用于混凝土平均气温10 ~ 20 ℃之间,否则应按下列方法从 0 ~ 80 ℃的范围对混凝土平均温度 20 ℃的实际偏差的影响进行修正。"04 桥规提供的徐变系数修正公式为:

$$\varphi_{RH,T} = \varphi_T + (\varphi_{RH} - 1)\varphi_T^{1.2} \tag{1.24}$$

$$\varphi_T = e^{0.015(T-20)} \tag{1.25}$$

式(1.24)、式(1.25)即 04 桥规条文说明中的公式(6-15)与公式(6-16),但式(1.25)写法稍有不同;式中 $\varphi_{RH,T}$ 为依温度而定的系数,用来代替 04 桥规附录 F 公式(F.2.1-2)与公式(F.2.1-3)中的 φ_{RH},其值与按 04 桥规附录公式(F.2.1-3)算得 φ_{RH} 之比即为计算徐变系数时考虑混凝土平均温度 20 ℃实际偏差后的温度影响修正系数 k_w。04 桥规的这段说明或规定是有问题的,本文认为有以下 3 个问题需要讨论:

①符号 T 为实际温度(℃),但什么是实际温度却是含糊的。如果是指徐变实验室内的不变实际温度,这样的定义可以成立但对设计工作没有意义;如果是指构件工作所处环境的年平均气温,在有较长霜冻期的地区又肯定是不对的。例如,可以查得哈尔滨市的年平均气温为 3.5 ℃,其间 1 月平均气温约为 - 22 ℃,7 月的平均气温约为 21 ℃,如取 T 为 3.5 ℃,

代入式(1.24)、式(1.25)可算得 $\varphi_T = 0.781$, $\varphi_T^{1.2} = 0.743$, 取 $\varphi_{RH} = 1.4$ (其实计算结果与 φ_{RH} 基本无关), 可算得 $\varphi_{RH,T} = 1.078$, 最后可求得哈尔滨市区的温度影响修正系数 $k_w = 1.078/1.4 = 0.77 \approx \varphi_T$, 但折减23%这个结果是不能被接受的。再举个例子, 北京市主城区的年平均气温约为14 ℃, 其间1月、12月的平均气温为 -1 ℃ (其间可能出现霜冻), 此时式(1.25)中的 T 如果取14 ℃, 代入式(1.24)、式(1.25)可算得 $\varphi_T = 0.914$, $\varphi_T^{1.2} = 0.898$, 取 $\varphi_{RH} = 1.4$ (计算结果也与 φ_{RH} 无关), 可算得 $\varphi_{RH,T} = 1.27$, 最后可求得北京市区的温度影响修正系数 $k_w = 1.27/1.4 = 0.91 \approx \varphi_T$。这就是说, 按04桥规条文说明提供的这两个公式计算, 北京市区按04桥规正文方法算得的徐变系数应乘以0.91的温度修正系数, 但这又明显与(正文方法)"可近似适用于 -20 ~ +40 ℃ 之间季节性变化混凝土"的叙述矛盾, 也与相关文献[4]中指出的气温对徐变终值的影响比较有限的结论不符。笔者认为, 北京市区在计算徐变系数时是可以不考虑温度影响的, 否则我国大部分北方地区都要做温度修正。这个算例说明, 在我国有明显霜冻期的一般北方地区式(1.25)中的 T 如取为该地区的年平均气温也是有问题的。

迄今为止, 研究在长期0 ℃以下环境中混凝土徐变发展规律的资料是非常欠缺的, 如果忽略混凝土在遭受冻融后徐变可能会增加的因素, 笔者建议可以引入在长期0 ℃以下的环境中徐变不会增加也不会减少的假定。按照这个假定, 式(1.25)中的 T 就可以近似取为扣除霜冻期间0 ℃以下全部时间以后的全年气温平均值, 这样对于气候温暖的无霜冻地区 T 就是年平均气温。但这样也有问题, 因为气象部门一般不能提供这样的数据。气象部门一般可以提供7月份的月平均气温, 笔者认为在有明显霜冻期的地方, T 可以近似取值为7月平均气温的一半(即7月平均气温与0 ℃的平均值), 因为只有在0 ℃至7月最高气温这个范围内才与04桥规条文说明中的"大约从0 ℃至80 ℃的范围"相吻合, 这实际也是上述式(1.24)与式(1.25)成立的基础。按此解释, 前述 T 即可取为21 ℃/2 = 10.5 ℃, 将此值代入上两式可算得 $\varphi_T = 0.867$, $\varphi_T^{1.2} = 0.843$, 取 $\varphi_{RH} = 1.4$ (计算结果与 φ_{RH} 的取值无关)可算得 $\varphi_{RH,T} = 1.204$, 最后可求得哈尔滨市的温度修正系数 $k_w = 1.204/1.4 = 0.860 \approx \varphi_T$。笔者认为这个结果有可信的地方但也不可用, 因为似乎折减得太多, 哈尔滨市有那么长的霜冻期, 实践证明冻融循环是会增加徐变的。

式(1.24)与式(1.25)也有勉强可以使用的地方。例如, 查我国海南岛的年平均气温为22 ~ 26 ℃, 22 ℃对应的是中部山区, 只有三亚等海边最热地区的年平均气温才会达到25 ~ 26 ℃。如以取 $T = 25$ ℃计, 代入上两式可算得 $\varphi_T = 1.078$, $\varphi_T^{1.2} = 1.094$, 任意取 $\varphi_{RH} = 1.44$ (结果与 φ_{RH} 无关)代入可算得 $\varphi_{RH,T} = 1.559$, 最后可求得海南该地的温度修正系数 $k_w = 1.559/1.44 = 1.08 \approx \varphi_T$。笔者认为, 这里将计算徐变系数提高8%的结果仍然显得稍许偏大。

②式(1.24)与式(1.25)的推导依据不详, 其推导的结果公式也令人难于理解。实际上将式(1.24)两端同除以 φ_{RH} 即可得:

$$k_w = \varphi_{RH,T}/\varphi_{RH} = (\varphi_T + \varphi_{RH}\varphi_T^{1.2} - \varphi_T^{1.2})/\varphi_{RH} = \varphi_T^{1.2} + (\varphi_T - \varphi_T^{1.2})/\varphi_{RH}$$

上式中, φ_{RH} 的取值范围通常为1.2 ≈ 1.5, 取平均值1.35; φ_T 的取值范围一般应为1.0 ± 0.1, $\varphi_T^{1.2} = \varphi_T + \Delta\varphi_T$, 代入上式可得 $k_w = (\varphi_T + \Delta\varphi_T) - \Delta\varphi_T \times 0.74 = \varphi_T + 0.26\Delta\varphi_T \approx \varphi_T$。即使 φ_T 取可能的极值 ±1.10, 代入可得 $\Delta\varphi_T = \pm (1.12 - 1.10) = \pm 0.02$, 即 $0.26 \times \Delta\varphi_T = \pm 0.006$, 这就证明了 $0.26\Delta\varphi_T$ 是一个可以略去的高阶微量。φ_{RH} 的取值可以改变 $0.26\Delta\varphi_T$

中的常数 0.26,但改变不了该项仍是一个高阶微量,这也就证明了计算的结果与 φ_{RH} 实际是无关的。以上 3 个算例的计算结果也可验证笔者的以上分析。

③条文说明认为"如果要更精确地考虑,04 桥规正文所有计算徐变系数的公式或表列数值只适用于混凝土平均气温在 10 ~ 20 ℃",这句话也是有问题的,因为什么是"混凝土的平均气温"没有交代。猜想这应该是指混凝土构件所在地区的多年平均气温,如果这样理解,则年平均气温在 10 ~ 20 ℃的地区都不需要在计算徐变系数时作温度修正。笔者认为这样理解应该是成立的,但此时式(1.20)即应修改为:

$$\begin{cases} \varphi_{T} = e^{0.015(T-20)} & (T > 20 \ ℃) \\ \varphi_{T} = e^{0.015(T-10)} & (T < 10 \ ℃) \end{cases} \tag{1.26}$$

仍以哈尔滨市为例,取 $T = 3.5$ ℃按此计算可得 $\varphi_{T} = 0.907$,温度修正系数 $k_{w} \approx \varphi_{T} = 0.91$,这个结果笔者认为仍然折减稍许偏多。通过以上几个具体的算例似可得出结论,即 04 桥规条文说明中的式(6.15)与式(6.16)基本是不可用的,因为无论 T 取用何值,算得的温度修正系数都可能使徐变系数增加过多或折减过分,即便将式(1.25)修改为式(1.26),算得的结果也只有一定的参考意义。

本书提到过的多种国内外混凝土徐变系数估算公式以及 85 桥规和 04 桥规的正文部分均未考虑温度对徐变的影响,国内的建筑设计等类似混凝土规范中也从未考虑温度对徐变的影响。这说明温度对混凝土徐变的影响应是非常有限的,即便要更精确地考虑,在我国的少数气温较高和严寒地区,笔者认为也只宜作 ±5% 左右的调整,否则就很难做到与众多国内外有关设计规范的内容保持衔接或统一。另外,温度对混凝土徐变的影响也可以不需要用式(1.24)、式(1.25)那样复杂的形式来表达。受以上几个实例计算结果的启发,笔者建议如果要更精确地考虑温度对徐变的影响,调整计算的方法可简化为:当结构所在地区的年平均气温 $T > 20$ ℃时,气温每升高 1 ℃,徐变系数可以提高 1%;当 $T < 14$ ℃时,气温每降低 2 ℃徐变系数可以减少 1%;14 ℃ ≤ T ≤ 20 ℃的地区则不需要作出调整。按照这个规定,我国大部分地区(包括北京市区)按 04 桥规算得的徐变系数都不需要修正,哈尔滨市可以减少 5% 而不是按式(1.26)算得的减少 9%,海南三亚市可以增加 5% 而不是按式(1.25)算得的增加 8%,这样可能更加简明和符合我国的具体国情。

全世界的标准徐变试验都是采用的(20 ± 2)℃左右的控制室温,即试验容许有 ±2 ℃的温度误差,故即使是按照以上规定,容许在取用 T 时出现 ±2 ℃以内的偏差也应该是可以容许的;查一个地区的(多)年平均气温,不同的年份或统计方法的差异都可能使查得的 T 指出现 ±(1 ~ 2)℃的误差,因此在衡量气温对徐变的影响时也不可过分拘泥于气温 1 ~ 2 ℃的差异,有时追求对计算徐变系数值作 1% ~ 2% 的调整其实并无什么意义。另外,理论上温度对徐变的影响主要是对徐变发展速率的影响,但在考虑徐变效应对结构的内力(应力)和变形影响时,起决定作用的往往都是徐变系数的终值而非徐变的发展速率或过程。因此,在进行徐变问题分析时,建议可以不必考虑温度对徐变发展速率的影响。

8)应力水平对徐变的影响

持续荷载作用下的应力水平也是影响混凝土徐变计算大小的一个重要因素。一般来说,混凝土的应力水平越高徐变系数也就越大,两者之间有着非常明显的非线性关系,只有在较低的应力水平下徐变变形与应力水平之间才有比较严格的正比关系。在一定的应力水平以下近似假定徐变与应力成正比,这就是徐变分析的线性徐变计算理论;如果要计入徐变与应力水平之间的非线性关系,这就是所谓的非线性徐变计算理论。一般文献认为,当混凝土的压应力水平 $\overline{\sigma} \leqslant 0.5 f_{ck}$ 时就可以近似假定徐变与应力水平之间成正比,这里的符号 $\overline{\sigma}$ 笔者认为不应仅限于恒载引起的应力而还应包括活载的影响,因为在一定的条件下活载也会引起结构的徐变。条件 $\overline{\sigma} \leqslant 0.5 f_{ck}$ 是很宽松的,按照这个假定在计算某些特大跨径混凝土桥梁的长期变形时就有可能产生较大的误差。关于这个问题,在后文线性徐变计算理论的基本假定中还要详细予以讨论。

1.1.3　对徐变数学表达公式的讨论

所谓的徐变数学表达公式,是指根据徐变的试验资料和对徐变长期观测结果总结出来的徐变随时间而增长的发展规律,也可称为徐变的发展系数函数。这些表达公式原则上都是建立在数学回归分析方法基础之上的经验公式,有时也可以用一个简单的表格关系来反映这种变化规律。现对一些有代表性的徐变表达公式简单讨论如下。

1）指数表达公式

最有代表性最简单的指数表达公式如下式:

$$\varphi(t,\tau_0) = \varphi_\infty \left[1 - e^{-\gamma_1(t-\tau_0)} \right] \tag{1.27}$$

式中,γ_1 为某反映徐变发展速率的待定系数,φ_∞ 为 τ_0 时加载的徐变系数终值。式(1.27)表明 t 时的徐变系数 $\varphi(t,\tau_0)$ 唯一可由持荷时间 $(t-\tau_0)$ 确定。20 世纪六七十年代计算机普及使用以前,式(1.27)由于简单在世界范围内都曾得到过广泛的采用。当采用老化理论求解徐变问题时,这样的表达式使用起来更是特别简单。建立具体的式(1.27)时可先按某个条件确定 γ_1,例如当按持荷时间 $(t-\tau_0) = 180$ d 时徐变已经完成了 75% 的试验数据控制,可得 $e^{-180\gamma_1} = 0.25$,由此可确定系数 $\gamma_1 = 0.007\ 7$,代入式(1.27)后可得:

$$\varphi(t,\tau_0) = \varphi_\infty \left[1 - e^{-0.007\ 7(t-\tau_0)} \right] \tag{1.28}$$

这就是一个可供实用的徐变表达式。式(1.28)的缺点是当 $(t-\tau_0) = 30$ d 时徐变才完成了 21%(实际应为 30% ~ 40%),当 $(t-\tau_0) = 365$ d 时已完成了 94%(实际可能在 85% 左右),1 年半左右就已经完全收敛(实际有可能达到 2 ~ 3 年或以上)。如果将 γ_1 减小一半控制徐变在 3 年左右收敛,则 1 年左右徐变才完成 75%,这样描述的早期徐变发展速率将更为偏低。如果只考虑时间 $t \rightarrow \infty$ 时的最终徐变效应而对其中间的发展过程不太关注时,式(1.27)及式(1.28)仍然是一个可用的表达式,在早期的老化理论计算方法中,这类公式都曾经得到过广泛的采用。

可以将式(1.27)右端项改进为几项指数函数之和来弥补以上的缺点。

$$\varphi(t,\tau_0) = \sum \varphi_i \left[1 - e^{-\gamma_i(t-\tau_0)} \right] \tag{1.29}$$

式(1.29)也称狄里克勒(Dirichlet)级数,对于式中 $\sum \varphi_i = \varphi_\infty$,当 $i = 2$ 取两项和的表达式时,就可以较好地控制徐变曲线上两点处的竖标,但此时仍难使徐变的收敛时间符合预期;或者要控制收敛时间,一般就只能控制住徐变曲线上一点处的竖标。理论上取的项数越多(如取 $i = 3 ~ 5$),式(1.29)就越能符合预期的一条试验徐变曲线,但计算(求 γ_i)也就越复杂。γ_i 很难直接求解,一般可采用数值逼近的试算方法在计算机上逐步求得满足某些特定要求的近似解答。式(1.29)中无论 i 取何值,均可保证它所描述的曲线是一条递增且收敛良好的连续圆滑曲线,但不能保证这条曲线上不出现拐点。

2)多项指数和表达公式

多项指数和表达式是指将徐变表示为可复徐变 φ_d 与不可恢复徐变 φ_f 两部分之和,再分别用指数和公式(1.29)来表示。

$$\varphi(t,\tau_0) = \sum \varphi_i[1 - e^{-\gamma_i(t-\tau_0)}] + \sum \varphi_j[1 - e^{-\gamma_j(t-\tau_0)}] \tag{1.30}$$

式中,$\varphi_\infty = \varphi_d + \varphi_f$,$\sum \varphi_i = \varphi_d$,$\sum \varphi_j = \varphi_f$。这类公式在我国水电部门大坝工程中采用较多,由于需要根据试验资料确定至少 4 个待定系数,这类公式一般都比较复杂。配合编程计算也可将加载龄期 τ_0 也设定为变量,这样即可对某些特定的大型结构在全加载过程中的混凝土徐变效应进行连续的综合分析,但此时的徐变表达式也就更为复杂,需要确定的待定参数有时甚至会达到 10 个[3,4]。

笔者认为,对于一般桥梁工程中的徐变问题,取可复徐变 $\varphi_d = 0.2\varphi_\infty$,式(1.30)的右端第一项取单项指数表达式,第二项取两项指数和表达式,再将 $\varphi_f = 0.8\varphi_\infty$ 按3:5的比例拆分,即将上式简化为:

$$\varphi(t,\tau_0) = \varphi_\infty \{0.2[1 - e^{-\gamma_1(t-\tau_0)}] + 0.3[1 - e^{-\gamma_2(t-\tau_0)}] + 0.5[1 - e^{-\gamma_3(t-\tau_0)}]\} \tag{1.31}$$

这样已经足可满足计算需要。上式也可认为是 $i=3$ 的式(1.29),取 $\varphi_d = 0.2\varphi_\infty$,这第一项对应的是可复徐变,当 $\varphi_\infty = 2$ 左右时 $\varphi_d = 0.4$ 左右,这比较符合85桥规的规定。可复徐变发展很快,故 γ_1 的取值应该较大,第三项占 $0.5\varphi_\infty$ 权重最大,通常用它控制徐变的收敛时间,故 γ_3 取值应该较小,γ_2 的取值则应在 γ_1 与 γ_3 之间。笔者曾在某钢筋混凝土拱桥的加固设计中使用过式(1.31),经过试算与对比,最后确定取 $\gamma_1 = 0.1$、$\gamma_2 = 0.01$、$\gamma_3 = 0.003$。

$$\varphi(t,\tau_0) = \varphi_\infty \{0.2[1 - e^{-0.1(t-\tau_0)}] + 0.3[1 - e^{-0.01(t-\tau_0)}] + 0.5[1 - e^{-0.003(t-\tau_0)}]\} \tag{1.32}$$

式(1.32)也可较好地反映部分混凝土构件在一般大气条件下的徐变发展规律。

3)双曲线-幂函数表达公式

这类函数表达式在近几十年国外用得比较多,其通式可写为:

$$\varphi(t,\tau_0) = \varphi_\infty \frac{(t-\tau_0)^d}{A + (t-\tau_0)^d} \tag{1.33}$$

式中,A、d 均为待定系数,d 的取值范围一般为 $0.3 \sim 1$,当 $d=1$ 时上式简化为了双曲线函数。例如,取 $d=1$ 与 $A=60$,式(1.33)可变为:

$$\varphi(t,\tau_0) = \varphi_\infty \frac{(t-\tau_0)}{60 + (t-\tau_0)} \tag{1.34}$$

如上式那样的双曲线函数表达式在 20 世纪 30 年代的欧洲就有人采用过[4]。式(1.34)描述的徐变发展规律大部分还是可以与试验结果相符的,缺点是反映的早期徐变发展速率偏低。例如,对于式(1.34),当 $(t-\tau_0) = 7$ d 时徐变才完成了10%。20 世纪 70 年代初,美国混凝土学会 ACI 在提出式(1.10)的同时还曾推荐过一个描述徐变与持荷时间之间关系的如下双曲线-幂函数表达公式[5]:

29

$$\varphi(t,\tau_0) = \varphi_\infty \frac{(t - \tau_0)^{0.6}}{10 + (t - \tau_0)^{0.6}} \tag{1.35}$$

ACI(1978 年)推荐的徐变计算方法仍保留式(1.35)。式(1.35)改善了早期徐变发展速率偏低的问题。例如,当$(t - \tau_0) = 7$ d 时徐变已完成了 24% ,其他方面与式(1.34)相比都甚为接近。

笔者曾对式(1.33)中 A、d 的取值进行过研究,d 在 0.3、0.4、…、0.7 的取值范围内都可以构建出一条比较满意的与式(1.35)类似的徐变发展曲线,d 越小,A 也应该越小;d 选为 0.5 时最简单,因为这对应的是开平方运算。双曲线-幂函数表达式的共同特点是它们反映的徐变增长规律基本都能与某些特定的徐变试验结果相符,描述的徐变曲线单调增长且圆滑无拐点。这类函数反映徐变的收敛时间都较长,符合近年来人们对徐变现象深入研究后的了解。

4)《混凝土结构设计规范》(GB 50010—2010)(以下简称"建筑规范")方法

建筑规范规定,在考虑时间影响的预应力收缩徐变损失值计算时可按其终极值乘以一个相应的系数确定,这些系数见表 1.4 中的最后一行。

这是一个用表格形式反映的收缩和徐变的增长与时间之间的函数关系,表中时间即$(t - \tau_0)$。04 桥规与建筑规范的预应力收缩徐变损失值都合在一起计算,这实际就隐含了一个假定,即收缩的发展速率近似与徐变的发展速率相等,故表 1.4 的规定也可认为也就是徐变的发展与时间之间的函数关系。这组数据是非常有代表性的,直到现在仍有众多建筑部门以外的行业或文献在使用这组数据关系,如我国铁路部门的现行桥涵设计规范。如前所述,徐变的收敛时间只有 2~3 年这个结论是建立在大量小断面试件的徐变试验基础上的,只要构件的理论厚度不是太大,在考虑因收缩徐变而引起的其他应力(内力)重分配计算问题时,都可以采用这组用表格形式表达的随时间而增长的 $\varphi(t,\tau_0)$ 与徐变终值 φ_∞ 的比值关系。

桥梁结构分析的发展方向是计算机化,在编程处理表 1.4 所反映的函数关系时,采用一元 n 点插值的数值计算方法处理是很方便和有效的,其计算效率一般不会低于用显式表达的函数关系。即使如 85 桥规规定那样,在计算徐变系数时要查很多图表,预先查出这些图表中的若干组控制对应数据,采用多元插值的数值计算方法仍然是很容易在编程计算中处理的。

表 1.4　随时间 $(t - \tau_0)$ 而增长的 $\varphi(t,\tau_0)$ 与徐变终值 φ_∞ 的比值关系

时间 $(t - \tau_0)$/d	10	30	60	90	180	365	1 095	1 825	3 650	7 300
指数函数式(1.28)	0.07	0.21	0.37	0.50	0.75	0.94	1.00	—	—	—
指数函数式(1.32)	0.17	0.31	0.42	0.50	0.67	0.82	0.98	1.00	—	—
双曲线-幂函数式(1.34)	0.10	0.33	0.50	0.75	0.86	0.92	0.95	0.97	0.98	0.99
美国 ACI 式(1.35)	0.28	0.43	0.54	0.60	0.69	0.78	0.87	0.90	0.93	0.95
我国建筑规范	0.33	0.40	0.50	0.60	0.75	0.85	1.00	—	—	—

现将上述前 4 种函数关系所表达的徐变随时间而增长的比值关系与建筑规范的规定比值关系一并在表 1.4 中列出。由于计算技术的进步,早期的式(1.28)与式(1.34)现在已经很少有人用,其余的 3 种公式现在仍使用较多。由表 1.4 中数据还可以看出,式(1.31)最接近建筑规范的规定,但将徐变的收敛时间由 3 年延长到了 5 年;美国 ACI 式(1.35)最接近 04 桥规规定的函数关系,具体可对比表 1.5 中的数据。

5)04 桥规方法与笔者建议的改进方法

以上采用的 5 种徐变表达公式都比较简单,即认为徐变的发展规律与加载龄期 τ_0、构件尺寸、环境相对湿度和徐变系数的终值 φ_∞ 均无关系,其发展速率唯一只与持荷时间 $(t - \tau_0)$ 相关。随着对徐变问题的深入研究,人们逐渐意识到徐变的发展速率不仅与持荷时间 $(t - \tau_0)$ 有关,同时也与构件的形状尺寸与环境相对湿度(即影响徐变系数终值 φ_∞ 的有关因素)有关,由此也构建出了一些比较复杂的徐变表达公式。这类公式中最有代表性的是 CEB/FIP(1990 年)提出的一组公式(04 桥规附录 F 采用的就是这组公式,18 桥规未做改变),其数学表达式为:

$$\varphi(t,\tau_0) = \varphi_\infty \beta_c(t - \tau_0) \quad (3 - 10) \quad \beta_c(t - \tau_0) = \left[\frac{(t - \tau_0)}{\beta_H + (t - \tau_0)} \right]^{0.3} \qquad (1.36)$$

$$\beta_H = 1.5 [1 + (1.2RH)^{18}] h + 250 \leqslant 1\ 500 \qquad (1.37)$$

以上三式就是 04 桥规附录 F 中的式(F.2.1-1)、式(F.2.1-6)及式(F.2.1-7),本书将符号稍做改动以与本书统一,式中理论厚度 $h = 2A/u(\text{mm})$,RH 为环境相对湿度。式(1.36)是最典型的双曲线-幂函数表达式,即先在式(1.33)中取 $d = 1$,然后再做 0.3 次幂运算,其所反映的徐变增长规律与式(1.35)比较接近,区别在于式中引入了变量 β_H,因此可以反映理论厚度与环境相对湿度对徐变增长速率的影响。按照式(1.36)所反映的关系,理论厚度 h 越大或相对湿度 RH 越高,徐变的发展速率越慢,收敛时间也就越长。在这种情况下,现有的大部分计算理论如果只考虑桥梁建成后 3 年以内的徐变效应,往往也就最容易对多年以后的最终徐变效应(终值 φ_∞ 的计算)作出低估。β_H 在实际工程结构设计工作中的取值范围为:

①β_H 取最小值 400:对应构件的 $h = 100$ mm,$RH = 0.4 \sim 0.65$,此时 $\beta_H = 400 \sim 402$,均等于或近似等于 400。

②β_H 取中间值 880:对应构件的 $h = 400 \sim 420$ mm,$RH = 0.65 \sim 0.70$(一般大气环境),这应是桥梁设计中比较多的情况。

③β_H 取最大值 1 500:对应构件的 $h = 600 \sim 800$ mm、$RH = 0.8$ 时,$\beta_H = 1\ 500$;当 $h = 800$ mm、$RH = 0.7$ 时,$\beta_H = 1\ 500$。这大约对应的是我国南方湿润地区的一般大跨混凝土箱形断面桥梁或在一般大气环境下的跨径大于 200 m 的特大混凝土箱形断面构件桥梁。

按照 3 种有代表性的情况,按式(1.36)算得的徐变随时间的增长规律如表 1.5 所示。表中括号内的理论厚度 h 为这种情况下大约对应的 h。

表 1.5　随时间$(t-\tau_0)$而增长的$\varphi(t,\tau_0)$与徐变终值φ_∞的比值关系

时间$(t-\tau_0)$/d		10	30	60	90	180	365	1 095	1 825	3 650	7 300
04桥规公式	$\beta_H=400(h=100\ \text{mm})$	0.33	0.45	0.54	0.60	0.70	0.80	0.91	0.94	0.97	0.98
	$\beta_H=880(h=400\ \text{mm})$	0.26	0.36	0.44	0.49	0.59	0.69	0.84	0.89	0.94	0.97
	$\beta_H=1\ 500(h=800\ \text{mm})$	0.22	0.31	0.38	0.42	0.51	0.61	0.77	0.84	0.90	0.95
我国建筑规范		0.33	0.40	0.50	0.60	0.75	0.85	1.00	—	—	—
本文建议公式	$k_{hR}=0.25(h=100\ \text{mm})$	0.31	0.46	0.59	0.69	0.85	0.95	0.99	—	—	—
	$k_{hR}=1.96(h=400\ \text{mm})$	0.28	0.40	0.50	0.57	0.69	0.83	0.96	0.99	—	—
	$k_{hR}=5.12(h=800\ \text{mm})$	0.21	0.31	0.39	0.45	0.55	0.67	0.87	0.93	0.98	1.00

式(1.36)与式(1.37)存在一定问题,这主要表现在以下两个方面:

①由式(1.37)可以看出,当$RH=0.4\sim0.65$时,$[1+(1.2RH)^{18}]$的取值范围为$1\sim$1.01,代入式(1.36)可知,无论h取何值,在$RH=0.4\sim0.65$的取值范围内相对湿度对β_H的计算基本没有影响。这表示在气候很干燥的大气环境下($RH=0.4$或0.5)和在一般大气环境下($RH=0.65$或0.70)徐变的增长规律基本相同。这与徐变试验的结果严重不相符的,在干燥的大气环境下徐变的发展速率应远快于在一般大气环境下的发展速率。

②由表1.5数据可以看出,按04桥规函数$\beta_c(t-\tau_0)$算得的徐变收敛时间太长,几乎在任何条件下徐变的发展都会延续到20年左右或以上,这与事实不符。尤其是对于$\beta_H=400$时(相当于$h=100$ mm,气候很干燥或一般时),有大量的徐变试验可以证明此时的徐变一定会在$2\sim3$年以内收敛,这与表1.4中建筑规范规定的徐变随时间$(t-\tau_0)$而增长的规律相差太远。笔者认为,对于小断面构件建筑规范的规定的徐变发展速率应该更符合实际情况。

鉴于以上认识,建议用以下公式来取代CEB/FIP在1990年提出的上述两个徐变发展系数函数:

$$\beta_c(t-\tau_0)=\frac{0.000\ 2(t-\tau_0)^2/k_{hR}+(t-\tau_0)^{0.5}}{[7+k_{hR}+0.000\ 2(t-\tau_0)^2/k_{hR}+(t-\tau_0)^{0.5}]} \tag{1.38}$$

$$k_{hR}=0.01h\times RH^2 \tag{1.39}$$

式中,k_{hR}为与构件理论厚度和环境相对湿度有关的调整徐变收敛时间的系数,其取值范围一般为$0.25\sim5.12$。以下是与h和RH相关的最有代表性的3种情况下的取值:

①当$h=100$ mm、$RH=0.50$时,$k_{hR}=0.25$(对应04桥规方法中的$\beta_H=400$);

②当$h=400$ mm、$RH=0.70$时,$k_{hR}=1.96$(对应04桥规方法中的$\beta_H=880$);

③当$h=800$ mm、$RH=0.80$时,$k_{hR}=5.12$(对应04桥规方法中的$\beta_H=1\ 500$)。

将这3个有代表性的k_{hR}代入式(1.38),算得各控制时间$(t-\tau_0)$完成徐变$\varphi(t,\tau_0)$与徐变终值φ_∞的比值关系,结果见表1.5中后三行的本文建议公式部分,其中括号内的理论厚度h也为这种情况下构件对应的h。这样即可对比出本文公式与桥规方法的差异。表1.5中同时也列出了建筑规范的规定比值关系。对比结果后可以得知,建筑规范方法与本文建议公式取$k_{hR}=0.25$附近时算得的结果较为接近,这也与建筑部门的混凝土构件尺寸一

般较小的情况是相符的。

式(1.38)仍是属于一种非典型的双曲线-幂函数表达公式,取$(t-\tau_0)$的 0.5 次幂只是为了开平方运算方便。如果取 0.3 ~ 0.7 次幂运算,只要适当调整分母的常数项值都可以构建出与上式类似的表达公式。式(1.38)与式(1.33)相比,只是在表达式的分子与分母项同时增加了一个二次项$(t-\tau_0)^2/k_{hR}$,其作用就是调整函数的收敛性,k_{hR}越大,徐变的收敛时间越长。式(1.38)看似比较复杂,但现在都是编程计算,对于计算机这就仍是一个很简单的公式。将本书方法的计算结果与表 1.4 中数据对比可以看出,对于小断面的构件,本书算法的结果与建筑规范的算法非常接近;对于桥梁工程中的一般大跨混凝土构件($\beta_H = 880$ 或 $k_{hR} = 1.96$ 左右),本书算法可将徐变的收敛时间控制在 5 年左右,其结果与指数函数式(1.32)的计算结果比较接近;对于大跨与特大跨径的混凝土桥主梁构件($\beta_H = 1\ 500$ 或 $k_{hR} = 4 \sim 5$),本书算法与 04 桥规的计算结果比较接近,但又稍许改善了 04 桥规方法中徐变发展的收敛性。特大跨径混凝土桥梁的徐变之所以可以发展到 15 ~ 20 年还不能完全稳定,其原因主要是由于构件的应力水平较高所导致的非线性徐变效应与活载所引起的徐变这两种效应叠加所造成的。排除掉这两个因素(应力水平 $\leqslant 0.3f_{ck}$),徐变的收敛时间一般都不应该超过 5 ~ 10 年。从这个角度来看,04 桥规选用 CEB/FIP(1990 年)提出的式(1.36)与式(1.37)两个公式来反映徐变随时间的发展关系并不十分恰当。

图 1.5 为按 04 桥规附录 F 中公式与本文建议公式绘制的部分构件徐变随时间发展的关系曲线对比图。由图 1.5 中也可看出,对于较小断面的混凝土构件,桥规方法明显不妥。

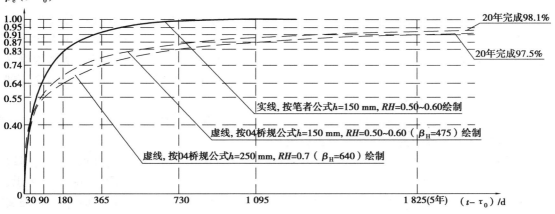

图 1.5　徐变随时间发展的关系曲线

6)关于徐变的发展系数函数 $L(x)$

笔者在相关文献[14]中曾引入过一个一元 n 次拉格朗日插值函数 $L(x)$ 并使其满足以下关系:

$$L(x) = \varphi(t,\tau_0)/\varphi(\infty,\tau_0) = \varphi(t+\Delta t,\tau_0+\Delta t)/\varphi(\infty,\tau_0+\Delta t)(x = t - \tau_0) \quad (1.40)$$

这里 $L(x)$ 的含义为 τ_0 时加载经过 $x = (t-\tau_0)$ 天后完成的徐变与徐变终极值之比,也即表 1.4 与表 1.5 中所反映的徐变随时间$(t-\tau_0)$而增长的函数关系,但增加了徐变的发展速率只与加载历程有关而与加载时的混凝土龄期无关这一假定。式(1.36)、式(1.38)以及我国建筑规范用表格形式表达的徐变发展速率关系实际都隐含了这个假定,本文只是明确地指出这是个假定,因为严格说来表 1.4 与表 1.5 所反映的所有 $\varphi(t,\tau_0)$ 与徐变终值 φ_∞ 之间的比值关系实际只适用于新建结构的加载情况(τ_0、Δt 都不能太大)。对于旧桥加固过程中 20 年以上的老混凝土,对其加载时也会发生徐变(徐变系数通常可达 0.4 左右),但此时的徐变发展速率却很快,即当 Δt 取值为数年或 20 年以上时,严格说来,式(1.40)是不能成立的。求解具体的分时段加载的徐变问题时,可以根据上文提到的任一种徐变随时间而发展的数学表达公式直接构建函数 $L(x)$;也可以在表 1.4 与表 1.5 中任选一行(组)与时间 $(t-\tau_0)$ 对应的 $\varphi(t,\tau_0)/\varphi(\infty,\tau_0)$ 比值数据(只需要 7～10 个),在一个很小的子程序中用一元 n 次拉格朗日插值方法来构建函数 $L(x)$。$L(x)$ 可以取用式(1.36)与式(1.38)中的函数 $\beta_c(t-\tau_0)$,但也可按其他的徐变发展函数关系定义。例如,也可按建筑规范规定的发展速率定义,此时只需输入与 7 个与 $x=10$ d、30 d、…、365 d、1 095 d 对应的 7 个 0.33、0.4、…、0.85、1.0 数据即可按插值公式构建函数 $L(x)$;如按式(1.38)构建,当 $k_{hR}=1.96$ 时,可知 $L(10)=0.28$、$L(30)=0.40$、……

函数 $L(x)$ 是很有用的,可详见本书后面的算例。函数 $L(x)$ 一般只在编程计算时才会用到,因此其表达式应该力求完善,建议按推荐的式(1.38)构建函数 $L(x)$;也可以用表 1.5 中的最后三行数据根据具体问题的 k_{hR} 采用双向一元 n 次插值方法来构建函数 $L(x)$。对于复杂的分阶段形成结构的徐变问题,函数 $L(x)$ 的选用对最终内力与变形的计算结果影响不是太大,但对中间过程变形控制的影响却比较大。

1.1.4 线性徐变计算理论的基本假定

对徐变发生的机理以及影响徐变大小的内部外部因素的研究都属于广义的徐变理论的研究范围,一般文献中所说的徐变理论是指狭义的徐变计算理论,即如何将简单应力状态下的徐变试验成果用于计算复杂加载条件下的实际结构的徐变内力与变形问题。从结构设计人员的角度来看,通常只需要对狭义的徐变理论了解就已足够使用,本文以后所说的徐变理论一般就是指的这种狭义的线性徐变计算理论。

所有的实用线性徐变计算理论都是建立在以下几点假定基础上的:

1)假定徐变与应力的增长之间有正比关系

该假定成立的前提是混凝土的压应力不得超过某一限值水平,这是线性徐变理论得以成立的一个最根本的假定。设构件包含有活载影响在内的持续压应力水平用符号 $\bar{\sigma}$ 表示,一般认为这个应力的限值条件为 $\bar{\sigma} \leq 0.5 f_{ck}$,也有相关文献认为条件应为 $\bar{\sigma} \leq 0.4 f_{ck}$。相关文献[4]中甚至引用了国外某学者的试验研究结论,认为只有当加载应力低于 $0.20 f_{ck}$～$0.26 f_{ck}$ 时,徐变与应力之间才有较好的线性关系。笔者认为这些观点都能成立,区别仅在于分析问题的过程中容许出现多大的计算误差。理论上,混凝土的徐变增长总是要快过应力的增长,应力水平越高,二者的差异越大,故徐变与应力之间的关系本质上是非线性的。在试验室做徐变试验,对这类测试数据分析后一般都倾向于认为只有当 $\bar{\sigma} \leq 0.3 f_{ck}$ 左右时,徐变与应力之间才有比较严格的线性关系;但对于具体工程结构的徐变问题分析,如假定 $\bar{\sigma} \leq 0.5 f_{ck}$ 时徐变与应力之间有正比关系,由此引起的分析误差通常也都并不太大,这是因为徐变试验所用的是短柱受压试件,而工程结构中的构件通常为受弯或压弯构件,二者在受力上还是有较大差异的。$0.5 f_{ck}$ 几乎是所有各国相关设计规范规定的混凝土结构在使用期间的最大容许压应力,将应力限值放宽到 $0.5f_{ck}$ 可以使几乎一切混凝土构件的徐变问题分析都能满足线性徐变理论的基本假定要求,这样就可以大大简化问题的分析。符号 $\bar{\sigma}$ 在大多数情况下就是持续荷载或恒载引起的断面压应力。对于较大跨径的桥梁构件,笔者认为其中还应当计入部分活载的影响,因为在频繁的活载作用下构件也会发生徐变。

笔者做过调查,各种桥梁结构的上部构造在使用期间的最大混凝土恒载压应力绝大部分都不会超过 $0.3f_{ck}$,即使是对于大跨结构按(恒载 $+0.3$ 倍活载)计算,大部分的断面应力也不会超过 $0.3f_{ck}$,这包括部分受力构件的控制设计断面和绝大部分的非控制设计断面,下部构造的混凝土构件应力水平一般就更低。主梁控制断面的恒载混凝土应力水平超过 $0.3f_{ck}$ 的一般只可能出现在大跨或特大跨径的桥梁中,但对于这类主梁梁体的绝大部分非控制断面的应力水平仍然是很低的。可以说,大部分桥梁结构中的混凝土徐变计算问题,实际上都能够近似满足应力 $\bar{\sigma}\leqslant0.3f_{ck}$ 的这条最严格的线性徐变理论假定,因此,按照 $\bar{\sigma}\leqslant0.5f_{ck}$ 这个限值要求其分析结果在一般情况下的计算精度都应该是比较好的。需要注意的是,如果结构的恒载应力水平超过 $0.3f_{ck}$ 较多,或者是对于较大跨径桥梁结构主梁的(恒载 $+0.3$ 倍活载)应力水平超过 $0.4f_{ck}$ 左右较多时,现有的线性徐变分析理论就可能会对徐变效应作出较大的低估,并且将会因为这条近似假定而可能带来高达 10% 以上的主要是变形方面的计算误差。

2)叠加原理适用于线性徐变问题的分析

设有某混凝土构件,其在复杂加载条件下的变化应力由在不同时间τ加载引起的一系列应力增量 $\sum_{\tau_0}^t\Delta\sigma(\tau)$ 组成,按照叠加原理则变化应力作用下在时间 t 的总应变 $\varepsilon(t)$ 可按下式计算:

$$\varepsilon(t) = \sigma(\tau_0)\frac{1+\varphi(t,\tau_0)}{E_c} + \sum_{\tau=\tau_0}^t\left[\frac{1+\varphi(t,\tau)}{E_c}\right]\Delta\sigma(\tau) \tag{1.41}$$

式中,$\varepsilon(t)=\varepsilon_e(t)+\varepsilon_c(t)$ 为从时间 τ_0 到 t 产生的累计弹性应变与徐变应变之和;$\sigma(\tau_0)=\sigma_0$,为 τ_0 时的混凝土初始应力;$\varphi(t,\tau)$ 为在时间τ加载到时间 t 的混凝土徐变系数;$\Delta\sigma(\tau)$ 为在τ时施加的应力增量;E_c 为混凝土的弹性模量。

式(1.41)中的 $\Delta\sigma(\tau)$ 可以为正值也可以为负值,当 $\Delta\sigma(\tau)$ 全部为正值时,该式算得的结果与采用的徐变理论无关。只要按 04 桥规的规定算法求得各加载阶段的 $\varphi(t,\tau)$,构件总应变 $\varepsilon(t)$ 的计算即可转化为一系列简单的累计加法与乘除法运算,最终的断面应力 σ_t 则可按下式计算:

$$\sigma_t = \sigma(\tau_0) + \sum_{\tau=\tau_0}^t\Delta\sigma(\tau) \tag{1.42}$$

以上两式的适用条件仅限于构件断面不发生应力(内力)重分配的单一素混凝土构件。例如,在恒载作用下,轴心受压的素混凝土桥墩各部分断面的受力与变形就可按此法计算。直接使用式(1.41)能解决的徐变问题非常有限。对于复杂结构的徐变问题分析,式(1.41)所反映的叠加原理实际应该这样更准确地描述:当作用在结构上的荷载由多个不同时间施加的荷载分量组成时,荷载在结构上引起的最终效应等于所有单个荷载分量逐次在结构上引起的弹变与徐变效应之总和;当结构分阶段形成时,单个荷载分量的徐变效应只作用于荷载施加时的结构体系而与后期形成的结构单元无关。比较复杂的徐变问题总是出现在大型桥梁结构的新建或改建施工计算中,此时徐变发生的过程也就是结构恒载或自重不断增加直至结构建成或改建完成的过程,因此对结构增加的恒载分量一般均为正值,负值一般只出现在施工设备的移动或拆除这种情况。正值的荷载分量(恒载增加)也可能导致结构部分构件断面的应力增量为负值。例如,弯矩将导致断面的受拉侧出现拉应力,这表示在实用的算例中式(1.41)的 $\Delta\sigma(\tau)$ 都几乎不可能全部为正值。应力增量 $\Delta\sigma(\tau)$ 为负值就表示卸载,卸载时采用叠加原理按式(1.41)计算,不同的徐变理论则会产生不同的计算结果。对于同一个徐变问题,实际就是采用徐变理论之间的差异,这个问题后文还要予以讨论。

3)混凝土拉伸徐变与受压徐变大小相等而方向相反

设拉伸徐变与拉伸弹性变形之比为拉伸徐变系数,该假定认为其值就等于混凝土的受压徐变系数。拉伸徐变试验是很难做的,有限的研究资料表明,二者并不完全相等但差异不大,该假定可以简化很多问题的分析。全预应力与部分预应力混凝土构件断面在施工与使用阶段都有可能出现很小的拉应力。引入这条假定后,即便断面出现了拉应力,也可仍然将其视为理想的弹塑性体按照线性徐变理论进行分析。当断面拉应力小于混凝土的抗拉强度标准值 f_{tk} 时,这个假定几乎不会带来什么分析的误差;当有部分断面拉应力大于 f_{tk} 甚至出现开裂时(如施工或使用中的钢筋混凝土受弯构件),仍然可以近似假定这部分断面并不开裂继续按徐变理论对结构进行内力计算分析,新面开裂处的混凝土拉应力则可近似认为由断面受拉区的受拉钢筋应力替代。04桥规第4.2.12条并未将该条的规定适用范围限定为全预应力混凝土连续梁,实际也就是引用以上分析的这条假定。

弯矩引起的断面转角变形是断面受压侧压应变与受拉侧拉应变的函数。根据这条假定并略去剪力对变形的影响,就可将杆件的简单受压徐变关系推广运用到受弯与偏心受压构件。对于图1.1所示的混凝土悬臂式单元 ij,设 τ_0 时在 i 端施加持续荷载 $\boldsymbol{P}_i = \begin{bmatrix} \boldsymbol{P}_{xi} & \boldsymbol{P}_{yi} & \boldsymbol{M}_i \end{bmatrix}^{\mathrm{T}}$ 使 i 端产生弹性位移 $\boldsymbol{V}_{ij,0} = \begin{bmatrix} \boldsymbol{u}_{ij} & \boldsymbol{v}_{ij} & \boldsymbol{\theta}_{ij} \end{bmatrix}^{\mathrm{T}}$,单元的徐变系数为 $\varphi(t,\tau_0)$,经过时间 $\tau_0 \to t$,i 端的徐变变形 $\boldsymbol{V}'_{ij,t}$ 也将为 $\boldsymbol{V}_{ij,0}$ 的 φ 倍。

$$\boldsymbol{V}'_{ij,t} = \varphi(t,\tau_0)\boldsymbol{V}_{ij,0} \tag{1.43}$$

显然,上式成立的前提是单元由一种徐变特性相同的混凝土材料组成,并且引用了拉伸徐变与受压徐变大小相等、方向相反的这条假定。

4)假定混凝土的弹性模量 E_c 为常量

一般文献均不将这点作为一项基本假定单独提出,但所有的实用计算公式(包括各种桥梁设计分析软件)都实际是将 E_c 作为常量来处理,因此本文觉得不如单独将它列出。混凝土的弹性模量是随时间而缓慢增长的,其值是混凝土龄期 τ 的函数,因此可准确记为 $E_c(\tau)$。美国混凝土学会ACI(1970年)曾推荐过一个描述混凝土的弹性模量随时间增长关系的一个公式[5]:

$$E_c(\tau) = E_c(28)\sqrt{\frac{\tau}{4 + 0.85\tau}} \tag{1.44}$$

式中,$E_c(28)$ 为混凝土28天龄期时的弹性模量,也就应是规范中查得的弹性模量 E_c。当 τ 分别为7 d、14 d、28 d、60 d、180 d、365 d时,$E_c(\tau)$ 按式(1.44)计算分别为 $0.90E_c$、$0.94E_c$、$1.00E_c$、$1.04E_c$、$1.07E_c$、$1.08E_c$。这表示如假定 E_c 为常量并取为 $E_c(28)$,当加载时

混凝土龄期小于 28 天,则计算所得的变形值可能会稍许偏低,反之,龄期如大于 28 天则算得的变形可能会稍许偏高,极限情况下其弹性变形计算误差也不会大于 ±(8% ~ 10%)。试验室按式(1.1)求徐变系数时,ε_c 与 ε_e 都是实测的,故此时 $\varepsilon_e = \sigma_0/E_c$ 中的 E_c 如按关系 $E_c = \sigma_0/\varepsilon_e$ 反算应为试验加载 τ 时的混凝土变形模量或割线模量,而徐变系数则仍是恒按式(1.1)计算。在一个具体的徐变问题分析中,加载历程往往会从小于 28 天开始直到几个月甚至一两年以后才结束。这个假定所产生的变形计算误差因此也会部分地相互抵消,由此可见,假定混凝土的弹性模量 E_c 为常量对计算结果的精度影响应该是极小的。

如果一定有这种加载历程全部小于或大于 28 天的徐变与弹性变形计算问题,建议可以按式(1.44)对 $E_c(28)$ 进行修正,式中 τ 可取平均加载龄期,此时仍然可以认为是引用混凝土的弹性模量为常量这个假定,只是此时采用的 E_c 不是 $E_c(28)$ 而是按式(1.44)计算的不变 $E_c(\tau)$。理论上分析中,可以假定混凝土的弹性模量为加载龄期 τ 的变量,不少文献在有关公式中出现弹性模量时用的符号就是 $E_c(\tau)$,但这样并无实际意义,据笔者所知也没有人采用此假定解决过有价值的实际徐变分析问题。本文以后如无特别的说明,所用符号 E_c 就是表示其取值为 $E_c = E_c(28)$。

5)徐变发展系数函数 $L(x)$ 的取值与加载龄期无关

该假定就是本文在定义函数 $L(x)$ 时所作出的,其含义可以准确地由式(1.40)描述。本书在第 3 章"对徐变数学表达公式"的讨论中,可以认为式(1.27)至式(1.36)都实际隐含这个假定。以 04 桥规的式(1.36)为例,该式还可改写为:

$$\varphi(t,\tau_0)/\varphi_\infty = \beta_c(t - \tau_0) \tag{1.45}$$

式中,函数 $\beta_c(t - \tau_0)$ 的定义应该是与本文定义的函数 $L(x)$ 相同的,但也有区别,因为式(1.45)并未明确当 φ_∞ 不同而 $(t - \tau_0)$ 相同时函数 $\beta_c(t - \tau_0)$ 是否也相等,这也是本书要定义一个函数 $L(x)$ 而不采用符号 $\beta_c(t - \tau_0)$ 的原因所在。这是一个近似的假定,从常识上即可看出加载龄期很大的混凝土一年后徐变完成的百分比一定会大于加载龄期很小混凝土所完成的百分比,当构件的断面尺寸很小时尤为如此。但根据这个假定,对于同部位的混凝土,加载龄期为 3 d、φ_∞ =2.8 的徐变发展如果一年后完成了 80%,加载龄期为 400 d、φ = 1.2 的徐变在一年后也同样假定完成 80%,并且这个发展系数与构件的理论厚度与环境的相对湿度无关。一般文献均不提这个假定,但笔者认为应该把这个假定明确提出。在比较复杂的分阶段形成结构的徐变问题分析中,严格说来没有这个假定计算将很难进行。徐变问题分析中,从首次加载到最后一次加载的整个历程时间与混凝土的徐变收敛时间相比通常很小,所以这个假定对分析结果的影响一般也是可以忽略的。

对于大跨混凝土连续刚构桥梁的过程分析(或施工监控计算),采用不同的徐变发展系数函数将会影响中间过程的内力(应力)和变形计算结果,因此应该仔细选定一个比较符合实际情况的函数 $L(x)$。04 桥规公式(F.2.1-6)反映的徐变收敛时间太长,对于某些大型结构体系选用它可能不利于施工过程中的内力与变形控制。笔者建议,编程计算时构建函数 $L(x)$ 可选用式(1.38),手算则可选用第 3 章中的一些比较简单的公式。在这个问题上,笔者认为可以不必受 04 桥规公式(F.2.1-6)的限制。

内力衰减系数 η_0 及徐变内力衰减系数 η_t 随时间 $(t - \tau_0)$ 而增长的发展规律也可近似用函数 $L(x)$ 加以描述。η_0 与 η_t 是 φ 的函数,其随时间的发展规律也应是 φ 的发展规律。

1.1.5 3种最基本的徐变计算理论

徐变的计算理论或计算的方法很多[1-6]。实际上徐变计算理论只有3种,这就是老化理论、先天理论以及间于二者之间的混合理论[9]。区别这些方法繁多的徐变计算理论实际只有以下两点:

①加载龄期与徐变系数终值之间的关系,即已知在τ_0时加载的徐变系数$\varphi(t,\tau_0)$,如何求解在τ_0之后t_1时加载的徐变系数$\varphi(t,t_1)$,早期不同徐变理论之间的差异主要就反映在这里。20世纪70年代以后,随着计算技术的发展,世界各国的设计规范在已知$\varphi(t,\tau_0)$求解$\varphi(t,t_1)$的问题上都已抛弃早期徐变理论的那些简单方法,现在建议采用的计算方法或考虑的影响徐变系数计算的主要因素见第2章中相关讨论。早期徐变理论在已知$\varphi(t,\tau_0)$求解$\varphi(t,t_1)$时,采用的简化假定主要就是指老化理论与先天理论的假定。这些都属于是徐变计算理论中的最基本的假定,即使现在不直接采用它但在理论研究中却仍离不开它,因此还必须仔细了解早期这些最基本的徐变理论假定。

②如何考虑卸载以后的徐变弹性恢复。早期的徐变理论比较看重第一点假定的区别,随着对徐变问题研究的深入,现在不同徐变理论的区别主要反映在第二点上。例如,老化理论假定徐变完全不可恢复,先天理论假定徐变完全可以恢复,混合徐变理论则是假定徐变部分可以恢复。对徐变弹性恢复的不同考虑可以反映出计算内力衰减系数η_0的差异,也就是说,所有不同徐变理论的区别都可以最终反映在计算内力衰减系数η_0的区别。

1)老化理论

老化理论又称为徐变率法(RCM法),老化理论是沿袭苏联文献中的称谓。该理论由英国人格兰维尔(Glanville)在1930年首先提出,德国人狄辛盖尔(Dischinger)在1939年最早将它用于复杂结构中的计算,故在德国又称为Dischinger法。该理论是使用时间最长、运用范围最广的徐变计算理论,直到现在04桥规中还有个别条文仍在直接引用这种理论的研究成果,如其中第4.2.12条的规定。

(1)老化理论的基本假定

老化理论有两个基本假定。第一个假定为:不同加载龄期的混凝土徐变曲线具有沿徐变系数竖轴彼此平行的性质,基准徐变曲线的发展速率只与纵轴上的时间坐标有关而与加载龄期无关,只要从试验室得到一根完整的徐变系数曲线,就可以根据曲线彼此平行的性质推算出此后任意加载龄期的徐变系数曲线(图1.6)。这个假定也可描述为:如已知τ_0时加载的基准徐变系数曲线,在大于τ_0的t时以后的这段徐变系数曲线等于在t时加载的徐变系数曲线。

在图1.6(a)中,如已知$\varphi(t,\tau_0)$这条基准徐变系数曲线,则有关系$\varphi(t,\tau_0)=\varphi(t_1,\tau_0)+\varphi(t_2,t_1)+\varphi(t,t_2)$,这里的$t_1$与$t_2$是在$\tau_0$与$t$之间的两个时间点。如在时间$t_1$与$t_2$加载,根据老化理论就可在图1.6中轻松求得这两根徐变曲线,如图1.6所示,且$\varphi(t,t_1)=a$与$\varphi(t,t_2)=b$可按下列公式计算:

$$\varphi(t,t_1)=\varphi(t,\tau_0)-\varphi(t_1,\tau_0),\varphi(t,t_2)=\varphi(t,\tau_0)-\varphi(t_2,\tau_0)$$

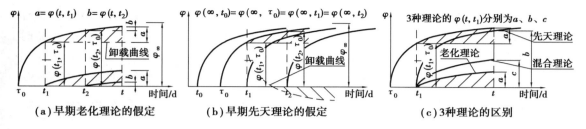

$$(a) 早期老化理论的假定 \qquad (b) 早期先天理论的假定 \qquad (c) 3 种理论的区别$$

图 1.6　3 种基本徐变理论的徐变曲线差异

由图 1.6(a)可知,根据老化理论假定求得的在 τ_0 之后加载的徐变系数 $\varphi(t,t_1)$ 与 $\varphi(t,t_2)$ 将低于实际的徐变系数值,这将对后期加载所引起的徐变效应作出比较大的低估。关于加载龄期对计算徐变系数的影响,在本章 1.1.2 节中已有详细的讨论,很明显现在已经不宜再采用这种方法求在 τ_0 之后加载的徐变系数。例如,设某混凝土构件 $h = 30\ \text{cm}$,工作环境的 $RH = 55\%$,首次加载龄期 $\tau_0 = 7\ \text{d}$,第 2 与第 3 次加载的龄期为 $t_1 = 28\ \text{d}$ 与 $t_2 = 90\ \text{d}$,按 04 桥规对此的规定计算方法,查表 F.2.2 可得 $\varphi(\infty,\tau_0) = 2.82$,$\varphi(\infty,t_1) = 2.17$ 与 $\varphi(\infty,t_2) = 1.74$。如按老化理论的第一个假定已知 $\varphi(\infty,\tau_0) = 2.82$,选取一种加载后徐变随时间发展的函数。例如,按建筑规范的规定,加载后 28 d 徐变完成 39%,90 d 徐变完成 60%,由此可推算得 $\varphi(\infty,t_1) = 2.82 \times (1-0.39) = 1.72$,$\varphi(\infty,t_2) = 2.82 \times (1-0.60) = 1.13$。对比这两种算法的结果可知,老化理论求在 τ_0 之后加载徐变系数的方法确实会对后期荷载的徐变效应低估较多。

老化理论的第二个假定为卸载以后徐变不可恢复。这点可以根据第一个假定与叠加原理推算出来:设 τ_0 时加载某个荷载使断面产生应力 σ_0,此时的徐变系数为 $\varphi(\infty,\tau_0)$,经过一段时间后在 τ 时完全卸载使断面产生应力 σ_0,卸载时的徐变系数按老化理论的第一个假定计算为 $\varphi(\infty,\tau) = \varphi(\infty,\tau_0) - \varphi(\tau,\tau_0)$。因取 E_c 为常量,所以加载与卸载引起的弹变相互抵消,按叠加原理的式(1.41)计算,最终残留永久应变为 $\dfrac{\varphi(\infty,\tau_0) - \varphi(\infty,\tau)}{E_c}\sigma_0 = \dfrac{\varphi(\tau,\tau_0)}{E_c}\sigma_0$。该值正是在 τ 以前已经发生的全部徐变应变部分。结论是:按照老化理论的徐变曲线彼此竖向平行假定卸载以后因之前的徐变变形固定下来,故徐变曲线将变为一条水平的直线,如图 1.5 虚线部分所示。或者可描述为,老化理论假定卸载以后之前已发生的徐变不会增加也不会减少,这就是徐变的不可恢复性。

同理,根据叠加原理与卸载以后徐变完全不可恢复的假定,也可推导出徐变曲线必然彼此竖向平行的结论。由此可以看出,老化理论的这两个假定是彼此相互依存的。从这个角度来看,这两个假定也可认为是一个假定。但这两个假定又都可以单独使用,现在一般文献中所述的老化理论,就是仅指假定卸载以后的徐变完全不可恢复的徐变计算理论。由于老化理论的第一个假定现在有时也还在使用,故凡是涉及还同时引用这两个假定的老化理论称为早期的老化理论。

(2)根据老化理论求内力衰减系数 η_0

根据老化理论卸载以后徐变完全不可恢复的假定,若已知混凝土的徐变系数 φ 就可以求得在第一类强迫位移作用下的内力衰减系数 η_0。这里 $\varphi = \varphi(t,\tau_0)$、$\eta_0 = \eta_0(t,\tau_0)$,都是时间 t 的函数;t 可取大于加载时间 τ_0 的任意值,也可取 $t = \infty$。

设某单一混凝土轴心受压杆件，τ_0 时在荷载 P 作用下断面应力为 σ_0，其后立即固结杆件的两端使其发生第一类强迫位移，求τ_0 以后 t 时的杆件断面实际应力 σ_t。这里 σ_t 也是时间 t 的函数。

在τ_0 以后的任一 dt 微小时段内，如果松开杆件两端约束在 σ_t 作用下杆件将发生因混凝土徐变而产生的应变$\dfrac{\sigma_t}{E}\mathrm{d}\varphi$ 并使杆件缩短，这里 dφ 是在 dt 时段内徐变系数的相应增量。但由于杆件的两端实际是固结的，这相当于在 dt 时段内杆件的应力还必须发生变化并产生一个负的应力增量 dσ_t。dσ_t 将使杆件弹性伸长$\dfrac{\mathrm{d}\sigma_t}{E}$以与缩短的应变$\dfrac{\sigma_t}{E}\mathrm{d}\varphi$ 相互抵消，据此可以建立如下微分平衡方程：

$$\frac{\sigma_t}{E}\mathrm{d}\varphi + \frac{\mathrm{d}\sigma_t}{E} = 0$$

这里已经引用了混凝土的弹性模量 E 为常量的这个假定，消去 E 上式可化简为：

$$\frac{\mathrm{d}\sigma_t}{d\varphi} + \sigma_t = 0 \tag{1.46}$$

这是一个最简单的一阶齐次线性微分方程，其通解为 $\sigma_t = C_1 \mathrm{e}^{-\int \mathrm{d}\varphi} = C_1 \mathrm{e}^{-\varphi}$，解答的初始条件为在$\tau_0$ 时 $\varphi = \varphi(\tau_0, \tau_0) = 0$ 且 $\sigma_t = \sigma_0$，代入通解可求得常数 $C_1 = \sigma_0$，于是可得式（1.46）满足初始受力条件的解答为：

$$\sigma_t = \sigma_0 \mathrm{e}^{-\varphi} \quad (\boldsymbol{X}_t = \boldsymbol{X}_0 \mathrm{e}^{-\varphi}) \tag{1.47}$$

式（1.47）就是已经在世界范围内使用近 80 年并且现在还在继续使用的公式，有些文献称它为狄辛盖尔公式。只要将 σ_0 换为在τ_0 时发生第一类强迫位移后的断面初始内力矩阵 $\boldsymbol{X}_0$，用 $\boldsymbol{X}_t$ 表示其后 t 时衰减后的内力矩阵，经过完全相同的推导过程即可得到上式括号内的公式。这两个公式虽然写法不一样，但在本质上却是相同的公式。根据对 η_0 的定义自然可得：

$$\eta_0 = \mathrm{e}^{-\varphi} \tag{1.48}$$

（3）对式（1.47）的讨论

考察式（1.47）的推导过程有下列几点值得注意：

①负应力增量 dσ_t 发生就是有卸载，卸载只引起弹性伸长但在平衡方程中却没有 dσ_t 所引起的徐变恢复，即式（1.47）的推导前提是卸载后徐变完全不可恢复，因此这是老化理论的计算公式。注意，推导过程中并没有引用徐变系数曲线彼此平行的假定，即徐变系数是如何计算出来的与解答的结果无关。这说明虽然老化理论的第一个假定和叠加原理的运用可以得出卸载后徐变完全不可恢复的第二个假定结论，但这第二个假定却可以不依赖于第一个假定而独立存在，本文以后所述的老化理论实际就是指仅以卸载后徐变完全不可恢复为假定的老化理论。

②式中 σ_t、φ、η_0 都是时间 t 的函数，当 $\varphi = \varphi(t, \tau_0)$ 时算得的 σ_t 为 t 时的实际应力，此时的内力衰减系数 $\eta_0 = \sigma_t/\sigma_0$；当 $\varphi = \varphi(\infty, \tau_0)$ 时算得的 σ_t 为衰减后的最终实际应力 $\sigma_{t=\infty}$。如无特别的说明，内力衰减系数 η_0 一般是指 $\eta_0 = \sigma_{t=\infty}/\sigma_0$。这段解释适用于后文所有采用其他徐变理论已知 φ 求 η_0 时的有关符号说明。

③η_0 的计算结果与混凝土的弹性模量大小无关,也与徐变系数 $\varphi(t,\tau_0)$ 的发展速率无关。无论徐变 φ 是在 3 min 内完成还是在 3 年内完成计算结果都是一样的,甚至徐变是断续地发生,计算结果也是一样的。只要在时间 $\tau_0 \to t$ 期间发生不可恢复的徐变并且徐变系数达到 φ,t 时的杆件实际应力(内力)就可按式(1.47)计算。下面将利用该式的该特性解决混合徐变理论的 η_0 计算。

(4)对早期徐变老化理论的讨论

早期老化理论的第一个假定为不同加载龄期的徐变系数曲线彼此竖向平行,可以根据 τ_0 时加载的一根徐变曲线推算出此后任意加载龄期的徐变系数曲线。这样虽然会低估后期加载部分的徐变效应,但从计算技术的角度来看却有它特别的方便之处。计算机逐步进入工程设计单位是 20 世纪 70 年代左右以后的事情,之前全世界徐变问题的计算主要还依赖手算。早期设计人员为了简化计算,往往对徐变系数的发展规律采用如式(1.27)那样简单的指数表达公式。这种表达公式与按老化理论求解的 $\eta_0 = e^{-\varphi}$ 配合使用,可以大大简化问题的分析。例如,按式(1.27)设 $\varphi(t,\tau_0) = \varphi_\infty(1 - e^{-\gamma_1(t-\tau_0)})$,则有 $\eta_0(t,\tau_0) = e^{-\varphi(t,\tau_0)}$,再设 $\tau_0 < t_1 < t$,分为两个时段计算徐变效应时可得:

$$\varphi(t,t_1) = \varphi(t,\tau_0) - \varphi(t_1,\tau_0) = \varphi_\infty[1 - e^{-\gamma_1(t-\tau_0)}] - \varphi_\infty[1 - e^{-\gamma_1(t_1-\tau_0)}]$$
$$= \varphi_\infty[e^{-\gamma_1(t_1-\tau_0)} - e^{-\gamma_1(t-\tau_0)}]$$

一般 τ_0 很小,例如 $\tau_0 = 3 \sim 7$ d 而 γ_1 也很小,如通常 $\gamma_1 \leqslant 0.008$,上式即可简写为:

$$\varphi(t,t_1) = \varphi'_\infty(e^{-\gamma_1 t_1} - e^{-\gamma_1 t}) \tag{1.49}$$

式中,$\varphi'_\infty = \varphi_\infty e^{\gamma_1 \tau_0} \approx \varphi_\infty$。利用上式,如已知一根基本的 τ_0 时加载的徐变曲线 $\varphi(t,\tau_0)$,可以很方便地求得其后任意 τ 时加载的徐变系数 $\varphi(t,t_1)$。分两个时段计算的内力衰减系数之间则有关系:

$$\eta_0(t_1,\tau_0) \times \eta_0(t,t_1) = e^{-\varphi(t_1,\tau_0)} \times e^{-\varphi(t,t_1)} = e^{-\varphi(t,\tau_0)} = \eta_0(t,\tau_0) \tag{1.50}$$

式(1.50)完全满足式(1.5)对分时段计算内力衰减系数的要求,表达方式也特别简明。利用徐变系数曲线彼此竖向平行的假定,加载龄期为 t_1 的荷载增量对应的徐变系数也为 $\varphi(t,t_1)$,其值与 $\varphi(t,\tau_0)$ 在经过时间 $\tau_0 \to t_1$ 后剩余的徐变系数在数值上相等,内力衰减系数也都为 $\eta_0(t,t_1) = e^{-\varphi(t,t_1)}$。这样两次施加的荷载徐变效应在第二阶段就可以合并计算,又可以极大地减少问题的计算工作量,使得部分复杂徐变问题的计算成为可能。因此,在一个很长的时期内,早期老化理论都因为其简便而在世界各国得到了广泛的采用。

采用早期老化理论求解新建结构混凝土的徐变问题在部分情况下仍能得到比较满意的解答,但对于多次加载且加载历程较长的复杂问题,该法通常会对徐变的效应作出低估。随着人们对徐变问题研究的深入与计算技术的进步(主要是计算机的使用),各国的设计规范都已经抛弃不同加载龄期徐变系数曲线彼此竖向平行的假定。例如,根据不同加载龄期按 04 桥规表 F.2.2 求徐变系数的方法就不是老化理论的方法;但求得徐变系数 φ_∞ 以后仍可采用卸载以后的徐变完全不可恢复的假定求得 $\eta_0 = e^{-\varphi}$,这又是一个最典型的老化理论计算公式。这种用法现在还比较普遍,如 04 桥规第 4.2.12 条的规定。

2)先天理论

先天理论也可称为继效理论,欧美和日本有关徐变的文献中均未见这个术语。"继效"

一词"辞海"与"现代汉语词典"皆未收录,科技文献[1]中最早有"继效方程""继效理论"(有译文为"继承理论")的提法,"继效"二字拆开来理解含义就有继承或先天的意思,因此本文认为先天理论就是继效理论,这与相关文献[9]的看法是相同的。先天理论在相关文献中有介绍,但比较简单[9]。笔者认为,先天理论与老化理论一样都是最重要的徐变理论,以下本文将赋予先天理论一些新的含义并对此予以详细讨论。

(1)先天理论的基本假定

先天理论也有两个基本假定。第一个假定为:不同加载龄期的混凝土徐变曲线具有沿徐变系数时间纵轴彼此平行的性质,徐变系数的大小与加载龄期无关,只要从试验室得到一根或选定一根完整的基本徐变系数曲线,之前与此后任意加载龄期的徐变系数曲线都与这根徐变曲线相同。这个假定也可描述为:如已知 τ_0 时加载的徐变系数 $\varphi(t,\tau_0)$,在小于或大于 τ_0 的 t_1 时加载的徐变系数如为 $\varphi(t-\tau_0+t_1,t_1)$,则恒有关系 $\varphi(t,\tau_0)=\varphi(t_1+t-\tau_0,t_1)$;或者简单描述为:任意加载龄期的徐变系数曲线均等于某一条在 τ_0 时加载的基本徐变系数曲线,如图 1.6(b)所示。

注意:本文对第一假定的解释拓展到在 τ_0 之前 t_1[图 1.6(b)中为 t_0]时加载的徐变系数曲线也等于在 τ_0 时加载的徐变系数曲线。如果 $\varphi(t,\tau_0)$ 是由试验确定的徐变系数,当 $t_1<\tau_0$ 时先天理论无疑将对 t_1 时加载的徐变效应作出低估;如果如图 1.6(b)那样在 τ_0 之后的 t_1 时加载(即 $t_1>\tau_0$),此假定将会对 t_1 时加载的徐变效应作出高估。例如,仍取上述老化理论中的混凝土构件算例,$h=30$ cm,工作环境的 $RH=55\%$,首次加载龄期 $t_0=7$ d,第 2 与第 3 次加载的龄期为 $t_1=28$ d 与 $t_2=90$ d,查 04 桥规表 F.2.2 得 $\varphi(\infty,\tau_0)=2.82$、$\varphi(\infty,t_1)=2.17$、$\varphi(\infty,t_2)=1.74$,这 3 个可以认为是比较准确的徐变系数值。

按先天理论的第一个假定,取 $\tau_0=t_0$ 时可得 $\varphi(\infty,t_0)=\varphi(\infty,t_1)=\varphi(\infty,t_2)=2.82$,取 $\tau_0=t_1$ 时可得 $\varphi(\infty,t_0)=\varphi(\infty,t_1)=\varphi(\infty,t_2)=2.17$,取 $\tau_0=t_2$ 时可得 $\varphi(\infty,t_0)=\varphi(\infty,t_1)=\varphi(\infty,t_2)=1.74$,这里 τ_0 为所取基本徐变曲线的加载龄期。本例 3 个结果中,φ_∞ 全部取 2.82 显然将高估徐变的效应,全部取 1.74 将低估徐变的效应,取 2.17 则很难确定是高估还是低估,因为这还与每次加载时的荷载大小有关。由本例也可看出,这第一个假定的含义在某种程度上也可理解为就是取一个大致的平均徐变系数值来代替其他所有不同加载龄期的徐变系数。从这个角度来看,只要这个基本徐变系数曲线取得恰当,先天理论的这个假定还是很有用处的。

与老化理论相同的是,先天理论的这个假定在求解具体的问题时一般不直接这样用。在讨论加载龄期对计算徐变系数的影响时,就没有一个方法或规定推荐可以如此简单地计算不同加载龄期的徐变系数。但在实践中又经常在使用第一个假定,在一个历时较长的加载过程中,例如该过程可能是连续浇筑混凝土 3 d,也可能是断续浇筑混凝土半年,取该加载历程中一个时段的混凝土平均徐变系数计算构件的徐变效应可以简化问题的计算,理论上这就是引用了先天理论的第一个假定。例如,某高墩混凝土断续浇筑历时近一年,分为两个时段计算因混凝土的收缩徐变在高墩断面引起的应力重分配效应。每个时段视为一个加载过程,计算取由平均加载龄期确定的徐变系数(这又引用了先天理论),一般就可以获得较好的分析结果,可详见相关文献中的部分算例[14]。

先天理论也有第二个更重要的假定。仍设 τ_0 时加载某个荷载使断面产生应力 σ_0,此时

的徐变系数为 $\varphi(\infty,\tau_0)$，经过一段时间后在 τ 时完全卸载使断面产生应力 σ_0，卸载时的徐变系数按先天理论的第一个假定 $\varphi(\infty,\tau)=\varphi(\infty,\tau_0)$，加载与卸载引起的弹变相互抵消，按叠加原理公式(1.41)计算最终残留永久应变为 $\dfrac{\varphi(\infty,\tau_0)-\varphi(\infty,\tau)}{E_c}\sigma_0=0$，即两者产生的徐变效应将完全抵消。结论是：按照先天理论的徐变系数曲线彼此沿纵轴平行且其值与加载龄期无关的假定，卸载以后的徐变曲线与加载时的徐变曲线形状相同但符号相反，如图 1.6(b) 中虚线部分所示；加载与卸载的徐变效应也将完全抵消，如图 1.6(b) 中阴影部分面积所示。这第二个假定也可简述为：卸载以后的徐变完全可以恢复，因此先天理论在早期文献中也有人称之为徐变的弹性理论，即假定徐变是一种延迟的弹性变形，一旦卸载这些徐变就会全部慢慢恢复。

同理，根据叠加原理与卸载以后徐变完全可恢复的假定，也可推导出徐变曲线必然彼此纵向平行，如图 1.6(b) 所示。由此可以看出，先天理论的这两个假定也是彼此相互依存的。与老化理论相似的是，这两个假定也都可以单独引用。如果将平均徐变系数的概念归结为是引用了先天理论的这第一个假定，先天理论的使用场合实际还是很多的，只是一般并不需要这样指明。一般文献中所述的先天理论，通常都是指假定卸载以后的徐变完全可以恢复的徐变计算理论。它与其他徐变理论的差异主要反映在 η_0 计算上的差异。采用先天理论求解老混凝土结构的简单徐变问题一般都能得到比较满意的解答，但对于多次加载的复杂新建结构的徐变分析问题，采用先天理论的计算精度可能会不如老化理论，有时甚至会产生比较大的计算误差。

（2）根据先天理论求内力衰减系数 η_0

根据先天理论卸载以后徐变完全可以恢复的假定，若已知混凝土的徐变系数 $\varphi=\varphi(t,\tau_0)$，就可以求得内力衰减系数 $\eta_0=\eta_0(t,\tau_0)$。与老化理论求 η_0 时的符号含义相同，这里 φ 与 η_0 都是时间 t 的函数，t 可取大于 τ_0 的任意值，也可取 $t=\infty$。

仍设某单一混凝土轴心受压杆件，τ_0 时在荷载 P 作用下对杆件施加第一类强迫位移并使断面产生应力 σ_0，此时杆件的应变只有弹性变形 $\dfrac{\sigma_0}{E}$。设 t 时的杆件断面应力为 σ_t，在 $\tau_0\rightarrow t$ 时段内断面应力减少值为 $(\sigma_0-\sigma_t)$，根据先天理论卸载以后徐变完全可以恢复的假定，卸载应力 $(\sigma_0-\sigma_t)$ 部分既不会使断面发生弹性变形也不会残留下徐变，只有应力 σ_t 部分才会对杆件保留下弹性变形 $\dfrac{\sigma_t}{E}$ 和在 $\tau_0\rightarrow t$ 时段产生徐变 $\dfrac{\sigma_t}{E}\varphi(t,\tau_0)$。由于发生的是第一类强迫位移，应变 $\dfrac{\sigma_0}{E}$ 将会保持为常量，其值必等于 $\dfrac{\sigma_t}{E}+\dfrac{\sigma_t}{E}\varphi(t,\tau_0)$，据此可得平衡方程 $\dfrac{\sigma_0}{E}=\dfrac{\sigma_t}{E}+\dfrac{\sigma_t}{E}\varphi(t,\tau_0)$ 或 $\sigma_0=\sigma_t+\sigma_t\varphi$，求解后可得：

$$\sigma_t=\frac{\sigma_0}{1+\varphi}\left(X_t=\frac{X_0}{1+\varphi}\right) \tag{1.51}$$

或

$$\eta_0=\frac{\sigma_t}{\sigma_0}=\frac{1}{1+\varphi} \tag{1.52}$$

式(1.52)即为按先天理论在已知徐变系数 φ 的条件下求内力衰减系数 η_0 的计算公式。

（3）对式（1.51）的讨论

可以证明，在 φ 的所有可能取值范围内恒有关系 $e^{-\varphi} < \dfrac{1}{1+\varphi}$。老化理论假定徐变完全不可恢复，这与实际情况不符，先天理论假定徐变完全可以恢复，这也与实际情况不符，但这两种理论算得的两个内力衰减系数 η_0 却正是其真解的下限与上限。这就是说，无论采用什么更精确的徐变理论求解 η_0，其解答都必然在 $e^{-\varphi}$ 与 $\dfrac{1}{1+\varphi}$ 之间。由式（1.51）的推导过程也可以得出以下两点与老化理论非常类似的结论。

①式（1.51）的推导前提是卸载后徐变完全恢复，推导过程中也与徐变系数是如何计算出来的无关。这说明虽然先天理论的第一个假定和叠加原理的运用可以得出卸载后徐变完全可以恢复的第二个假定结论，但这第二个假定却可以不依赖于第一个假定而独立存在。以后如无特别的说明，所述的先天理论就是仅指以卸载以后徐变完全可以恢复为假定的这个徐变计算理论。

②式（1.51）中 σ_t、φ、η_0 都是时间 t 的函数，η_0 的计算结果与混凝土的弹性模量与徐变系数 $\varphi(t,\tau_0)$ 的发展速率均无关系，也与 σ_0 如何衰减到 σ_t 的这个具体过程无关。只要在时间 $\tau_0 \rightarrow t$ 内混凝土的可复徐变系数达到 φ，t 时的杆件实际应力（内力）就可按式（1.51）计算。即使这个可复徐变是突然发生或是断断续续地发生都不会影响计算的结果，后文将利用该式的这个特性。

3）改进混合理论

老化理论认为徐变完全不可恢复，先天理论认为徐变完全可以恢复，这都与试验结果不符。混合理论是指假定卸载后徐变部分可以恢复的理论，因为其假定介于老化理论与先天理论之间，故可以称为混合理论。理论上，除老化理论和先天理论以外的一切徐变理论都可以归结为混合理论。本书这里提出的改进混合理论是指除假定卸载后徐变部分可复而外，不同加载龄期的徐变系数应按我国现行有关桥涵设计规范（或与此类似的）有关规定计算并按本书方法求解 η_0 值的徐变理论。85 桥规与 04 桥规或 18 桥规有关确定徐变系数的规定部分虽然方法不同，但计算的最终结果都是基本接近的，都可以反映国内外理论界对混凝土徐变问题的研究现状，因此根据这些规范确定的徐变系数都可以认为采用的是混合徐变理论。求得徐变系数以后，如果确定可复徐变所占的比例，据此就可以根据徐变系数 φ 求解内力衰减系数 η_0。本书提出的求 η_0 的算法与历来的各种混合徐变理论方法是有区别的，确定徐变系数以后再按本书方法求解 η_0 的算法就是这里所定义的"改进混合徐变理论"。

（1）改进混合理论的基本假定

本书的改进混合理论同样有两个基本假定，这两个假定也与老化理论和先天理论的两个假定分别对应，现将这两个假定说明如下。

第一个假定为不同加载龄期的混凝土徐变系数的终值 $\varphi(\infty,\tau_0)$ 为加载龄期 τ_0、环境相对湿度 RH 与构件理论厚度 h 的函数，其值由试验或桥规规定的方法确定。桥规方法实际就是以大量试验数据为基础总结归纳出的半经验半理论的计算方法，详见 04 桥规附录 F。按此计算不同加载龄期的混凝土徐变曲线既不沿徐变系数竖轴彼此平行，也不沿徐变系数时间水平轴线彼此平行。只要由试验室或查阅 04 桥规的有关规定求得 τ_0 时加载的徐变系数

终值 $\varphi(\infty,\tau_0)$，根据式（1.11）或 04 桥规有关公式就可以推算出此后任意加载龄期的徐变系数终值。如果已知一条由试验室提供的徐变曲线 $\varphi(\infty,\tau_0)$，在 τ_0 以后时间 t_1 加载的徐变系数 $\varphi(t,t_1)$ 永远会介于老化理论与先天内力算的 $\varphi(t,t_1)$ 之间，如图 1.6（c）所示。

第二个假定是混合理论都有的假定，即徐变系数由可复徐变 φ_d 与不可恢复徐变 φ_f 两部分组成，见式（1.3）$\varphi = \varphi_d + \varphi_f$，但假定式中有：

$$\varphi = \varphi(t,\tau_0), \varphi_d = k\varphi(t,\tau_0), \varphi_f = (1-k)\varphi(t,\tau_0) \tag{1.53}$$

式中，$1 \geqslant k \geqslant 0$。显然，当 $k=0$ 时，只有不可恢复徐变 φ_f 混合理论将退变为老化理论；当 $k=1$ 时，只有可复徐变 φ_d 将退变为先天理论。k 的取值通常应为 $0.2 \sim 0.8$，可详见后文的讨论。

以上两个假定中，第一个假定就是 04 桥规或其他类似设计规范的规定，第二个假定是基于一般混合理论的基本假定，但与 85 桥规规定的并不完全相符。与老化理论与先天理论相似的是这两个假定也是相互依存的。第一个假定实际已经隐含了第二个假定，前提是叠加原理适用，现将这个关系简单分析如下。

可复徐变是与卸载相联系的概念，没有卸载就没有可复徐变。仍设 τ_0 时加载产生应力 σ_0，此时的徐变系数为 $\varphi(\infty,\tau_0)$，$\tau_0 \to \tau$ 时后完全卸载，卸载 τ 时的徐变系数为 $\varphi(\infty,\tau)$。加载与卸载引起的弹变相互抵消，按叠加原理的式（1.41）计算最终的残留应变为 $\dfrac{\varphi(\infty,\tau_0) - \varphi(\infty,\tau)}{E_c}\sigma_0$，$\tau$ 时已经发生的徐变部分应变为 $\dfrac{\varphi(\tau,\tau_0)}{E_c}\sigma_0$，式中 $\varphi(\infty,\tau_0) = \varphi(\tau,\tau_0) + \varphi(\infty,\tau)'$。$\varphi(\infty,\tau)'$ 为 $\varphi(\infty,\tau_0)$ 经过时间 $\tau_0 \to \tau$ 后尚未完成的徐变系数部分，加"'"是为了与 τ 时加载或卸载的徐变系数 $\varphi(\infty,\tau)$ 相区分。卸载以后应变恢复了 $\dfrac{\varphi(\tau,\tau_0)}{E_c}\sigma_0 - \dfrac{\varphi(\infty,\tau_0) - \varphi(\infty,\tau)}{E_c}\sigma_0 = \dfrac{\varphi(\tau,\tau_0) - \varphi(\infty,\tau_0) + \varphi(\infty,\tau)}{E_c}\sigma_0 = \dfrac{\varphi(\infty,\tau) - \varphi(\infty,\tau)'}{E_c}\sigma_0$，该恢复部分与 τ 时已经发生的徐变应变之比为 $\dfrac{\varphi(\infty,\tau) - \varphi(\infty,\tau)'}{E_c}\sigma_0 \Big/ \dfrac{\varphi(\tau,\tau_0)}{E_c}\sigma_0$。

$$k = \frac{\varphi(\infty,\tau) - \varphi(\infty,\tau)'}{\varphi(\tau,\tau_0)} \tag{1.54}$$

式（1.54）中，当 $\varphi(\infty,\tau) = \varphi(\infty,\tau)'$ 时 $k=0$，徐变完全不可恢复，这就是老化理论；当 $\varphi(\infty,\tau) = \varphi(\infty,\tau_0)$ 时，$\varphi(\infty,\tau) - \varphi(\infty,\tau)' = \varphi(\infty,\tau_0) - \varphi(\infty,\tau)' = \varphi(\tau,\tau_0)$、$k=1$，徐变完全可复，这就是先天理论。按 04 桥规方法计算的徐变系数恒有关系 $\varphi(\infty,\tau) > \varphi(\infty,\tau)'$ 与 $\varphi(\infty,\tau_0) > \varphi(\infty,\tau)$，徐变试验也可证明在任何情况下这种关系成立（这实际是引用了第一个假定）；$\varphi(\infty,\tau_0) > \varphi(\infty,\tau)$ 尚可改写为 $\varphi(\tau,\tau_0) > \varphi(\infty,\tau) - \varphi(\infty,\tau)'$，这就保证了按式（1.54）计算 k 的取值范围为 $0 < k < 1$；根据 k 的定义，徐变系数 $\varphi(\tau,\tau_0)$ 就一定是由 $\varphi_d + \varphi_f$ 两部分组成，这也就证明了第一个假定隐含了上述的第二个假定。

关系 $\varphi(\infty,\tau_0) > \varphi(\infty,\tau)$ 表示徐变系数是加载龄期的减函数，由于恒有条件 $\varphi(\infty,\tau) > \varphi(\infty,\tau)'$，于是在叠加原理适用的前提下还可得出以下结论：徐变系数只要取加载龄期的减函数且能大于按老化理论推算的徐变系数 $\varphi(\infty,\tau)'$，则该徐变系数中就必然包含有可复徐变，其在已发生徐变中所占的比值 k 则可按式（1.54）计算。这个结论说明，没有必要如 85 桥规那样规定在徐变系数 $\varphi(\infty,\tau_0)$ 中有 $\varphi_d = 0.4$ 部分是属于可复徐变的，见 85 桥规附录四公式(附4.1)。那样规定在很多情况下是与事实不符的,估计04桥规取消了这条规定有可能也是出于这方面的考虑。只要结合试验资料恰当地归纳出不同情况下徐变系数与加载龄期的关系,这样求得的徐变系数在卸载时自然就有部分徐变可以恢复。

由式(1.54)还可以得出另一个结论:$(\tau-\tau_0)$越大,$\varphi(\tau,\tau_0)$越大或$\varphi(\infty,\tau)$越小,则k越小;反之$(\tau-\tau_0)$越小,则k越大。这与试验结果是相符的,当$\tau\to\infty$时$(\tau-\tau_0)\to\infty$,$k\to0$,这表示如果十几年以后才卸载,此时的可复徐变也极小。

式(1.54)还可写为$k=\dfrac{\varphi(\infty,\tau)-\varphi(\infty,\tau)'}{\varphi(\infty,\tau_0)-\varphi(\infty,\tau)}$,由此可以看出,在$(\tau-\tau_0)$相同的条件下,混凝土的加载龄期$\tau_0$越大,$\varphi(\infty,\tau)$就越接近$\varphi(\infty,\tau_0)$,$k$也就越大。于是,以下的结论也应成立:加载龄期$\tau_0$越大,徐变系数中的可复徐变占比也就越大。这与试验结果也是相符的,τ_0很大表示混凝土很老;当$\tau_0\to\infty$时,$\varphi(\infty,\tau)\to\varphi(\infty,\tau_0)$、$k\to1$,徐变接近全部可复。这与早期研究徐变问题中的所谓"鲍尔茨曼继效方程"所得出的结论是大体一致的。

现按04桥规方法举一个实例计算某个徐变系数中可复徐变所占的比例。设某构件理论厚度$h=30$ cm,环境相对湿度$RH=80\%$,加载时间$\tau_0=7$ d,卸载时间τ分别取37 d、97 d,查04桥规表F.2.2可得$\varphi(\infty,\tau_0)=\varphi(\infty,7)=2.19$,$\varphi(\infty,37)=1.62$、$\varphi(\infty,97)=1.35$;假定$\varphi(37,\tau_0)$与$\varphi(97,\tau_0)$分别按完成$\varphi(\infty,\tau_0)$的40%与60%(建筑规范规定),则有$\varphi(37,\tau_0)=0.88$、$\varphi(97,\tau_0)=1.31$。代入式(1.54)可得:卸载时间$\tau=37$ d时,$k=(1.62-2.19+0.88)/0.88=0.35(\varphi_d=0.88\times0.35=0.31)$;卸载时间$\tau=97$ d时,$k=(1.35-2.19+1.31)/1.31=0.36(\varphi_d=1.31\times0.36=0.47)$。

以上算例表明,在叠加原理适用的前提下,对于同样在早龄期加载的徐变系数$\varphi(\infty,\tau_0)=2.19$,卸载龄期不同,可复徐变$\varphi_d$与$\varphi(\tau,\tau_0)$的比值$k$大体都在0.35左右。本例的加载龄期$\tau_0$只有7 d,当$\tau_0$较大时$k$也会较大。由于影响计算$k$或$\varphi_d$的因素很多,追求过分精确的计算实际并无意义。对于不同加载龄期的徐变系数,取k为某一个固定值或如85桥规那样取φ_d为某一个常数值0.4都各有利弊。对于复杂的徐变分析问题,笔者倾向于在k的可能取值范围内取一个大致的平均比值可能更为合理,当加载龄期τ_0的平均取值较大时尤为如此。

(2)根据混合理论求内力衰减系数η_0

考虑到按老化理论和先天理论求η_0时其计算结果均与φ的发展速率无关且容许徐变断续地发生,再考虑到可复徐变的发展要远快于不可复徐变的发展,因此可以假定对构件施加第一类强迫位移以后,混凝土先发生可复徐变φ_d然后再发生不可复徐变φ_f,这样在按混合理论求内力衰减系数η_0时即可避免一个复杂微分方程的求解。只要利用老化理论和先天理论求η_0的计算成果,按混合理论求解η_0的问题可以变得十分简单,具体计算过程如下:

同样设某单一混凝土轴心受压杆件在发生第一类强迫位移τ_0时的断面应力为σ_0,假定混凝土先发生可复徐变φ_d,根据按先天理论求φ_d完成以后的断面应力的式(1.51)可得$\sigma_t'=\dfrac{\sigma_0}{1+\varphi_d}$。$\sigma_t'$是一个中间计算值,故加"'"以与式(1.51)中的σ_t暂作区分。徐变φ_d完成以后再发生不可复徐变φ_f,根据老化理论的式(1.47),并注意到此时式(1.47)中的σ_0应为σ_t',

代入可得全部徐变完成后的截面应力为：

$$\sigma_t = \sigma_0 \frac{1}{1+\varphi_d} e^{-\varphi_f} \left(X_t = X_0 \frac{1}{1+\varphi_d} e^{-\varphi_f} \right) \tag{1.55}$$

内力衰减系数 $\eta_0 = \dfrac{\sigma_t}{\sigma_0}$，代入 φ_d 与 φ_f 的表达式可得：

$$\eta_0 = \frac{1}{1+\varphi_d} e^{-\varphi_f} = \frac{1}{1+k\varphi} e^{-(1-k)\varphi} \tag{1.56}$$

当 $k=0$ 时，式(1.56)将退化为老化理论的式(1.48)；当 $k=1$ 时，式(1.58)将退化为先天理论的式(1.52)。注意上式是假定先发生可复徐变 φ_d 再发生不可复徐变 φ_f 推导出的。如果假定先发生 φ_f 再发生 φ_d，仿照以上推导过程最后的结果仍然是式(1.56)，这说明按混合理论求 η_0 时其计算结果不但与徐变系数 $\varphi(t,\tau_0)$ 的发展速率无关，也与其可复部分 φ_d 和不可复部分 φ_f 的发展速率无关。只要在时间 $\tau_0 \to t$ 内混凝土的徐变完成了 $\varphi_d + \varphi_f$，t 时衰减后的杆件应力(内力)就可按式(1.56)计算。

对于新建桥梁和新浇混凝土结构的一般徐变分析问题，建议取 $k=0.3$，代入式(1.56)可得：

$$\eta_0 = \frac{1}{1+0.3\varphi} e^{-0.7\varphi} \tag{1.57}$$

对于较为复杂的徐变问题，加载历程在半年左右(或以上)的大跨混凝土结构，以及是龄期很大的老混凝土结构，建议可取 $k=0.7$，此时式(1.56)可写为：

$$\eta_0 = \frac{1}{1+0.7\varphi} e^{-0.3\varphi} \tag{1.58}$$

也可按先天理论和老化理论算得 η_0 的平均值来确定 η_0。

$$\eta_0 = 0.5 \left(\frac{1}{1+\varphi} + e^{-\varphi} \right) \tag{1.59}$$

由于式(1.58)与式(1.59)的计算结果高度一致(见下文算例)，故可以认为这两个公式是相通的。式(1.59)更为简单，概念也更清楚，故笔者推荐采用式(1.59)。

(3)对式(1.56)至式(1.59)的讨论

在结构分析求解混凝土徐变问题的理论中，尽管曾经出现过多种不同的混合理论，但这些理论或方法在已知 φ 求 η_0 时的区别都可以归结为按式(1.56)计算时 k 取值的差异。理论上对于不同加载龄期的混凝土，徐变系数的终值 φ 越大(加载龄期越小)，式(1.56)中的 k 就应该越小。85 桥规取可复徐变的终值 $\varphi_d = 0.4$，这只是一个很粗略的近似假定，且 0.4 对应的 φ 是徐变系数的终值，这在概念上也是不够严密的。如果加载历程很短(如 $\tau - \tau_0$ 只有几天)就卸载，或者加载龄期 τ_0 很大时，$\varphi(\tau,\tau_0)$ 有可能很小甚至低于 0.4，此时 φ_d 仍取 0.4 就明显有问题。当 $\varphi(\tau,\tau_0)$ 较小时，可以按 85 桥规的办法引入一个复杂的函数 $\beta_d(t-\tau_0)$ 来确定此时卸载后的 $\varphi_d(t,\tau_0)$，但这样就把问题复杂化，而且这里的符号 t 与本书的卸载龄期 τ 是有区别的，故笔者认为 85 桥规的方法并不可取。

对于某个特定的徐变分析问题，无论加载历程 $t-\tau_0$ 取何值 k 均取一个固定的值比较合理，也可以简化问题的分析。需要进行详细徐变分析的一般都是大跨桥梁，这类理论厚度在 30~50 cm 以上的新浇筑混凝土结构，早期 3~28 d 加载时的 φ 取值范围一般为 2.0~2.5，

对应的 k 大体应取 $0.2 \sim 0.3$；当加载龄期接近半年左右时 φ 一般为 1.3 左右，对应的 k 大体应为 0.4 左右。综合全加载过程考虑，对于加载历程小于半年的一般混凝土徐变分析问题，取 $k = 0.3$ 大约就是一个稍许偏大的平均值。后文的算例表明，按式（1.57）计算的 η_0 值较一些以试验为依据的经验公式算得的结果稍许偏低。正是考虑到这些经验公式的计算结果，故笔者认为平均 k 应该取得稍许偏大，这是式（1.57）中 k 的取值依据。

对于加载历程在半年以上的大跨混凝土结构，由于在晚龄期（半年或以上）加载的荷载效应所占的权重往往较大（如二期恒载），加载龄期大于半年时的 φ 一般为 $1.2 \sim 0.8$，对应的 k 应为 $0.4 \sim 0.7$。对于大跨桥梁的主墩结构，加载历程一般都会大于半年至一年，且后期加载（上部结构恒载）效应所占的权重一般都很大。如果计算这类钢筋混凝土桥墩根部断面的应力（内力）重分配问题，取 $k = 0.7$ 左右应该是比较合理的。同理，对于加载龄期很大的老混凝土结构（如桥梁的加固计算），按接近先天理论计算取 $k = 0.7 \sim 0.8$ 也应该是合理的。综合以上 3 种情况，合并取一个稍许偏大的值 0.7，这样有利于简化问题的分析。η_0 的计算差异并不是徐变问题分析的最终结果差异，同一个徐变问题即使采用老化理论与先天理论这两种方法计算，其差异有时也是很有限的。在很多情况下，这两种计算结果也都是可以接受的，详见相关文献[14]及后文的算例。考虑到 $k = 0.3$、0.7 占据了其所有可能取值 $0 \sim 1.0$ 内的两个三分点位置，这两个取值应能概括所有徐变问题的分析。过分追求 k 的精度实际并无意义，这就是式（1.58）中合并以上几种情况统一取 $k = 0.7$ 的依据。

k 的取值相差 $0.1 \sim 0.2$ 对计算结果的影响是极小的，计算精度的控制主要还依靠徐变系数 φ 的取值。式（1.58）与式（1.59）的计算结果高度一致是试算出来的，但这却赋予式（1.59）与式（1.56）取 $k = 0.7$ 时具有相同的理论意义。采用式（1.59）计算 η_0 更能体现混合理论的含义，因此对于复杂一些的大跨径分析问题，本文更倾向于采用该公式。

1.1.6 其他混合徐变理论

其他混合徐变理论，是指除上述 3 种徐变计算理论之外的理论，相关文献中有关徐变的计算理论或计算的方法很多，现择其主要的进行简单讨论。

1）有效模量法（Effective Modulus Method）

有效模量法就是换算模量法，很多文献都提到了这种方法[3-5]。有效模量法就是换算截面法，将有效模量法作为一种处理混凝土徐变问题的理论或方法其实存在问题。在结构分析理论中，处理非线性问题除可采用迭代的解法之外，通常都是将它化解为一个相应的线弹性问题来直接求解。化解的手段可以是对单元的截面特性加以修正，也可以是对单元材料的弹性模量 E_c 加以修正，前者称为换算截面法，后者就是换算模量法。在不变应力 σ_0 作用下，徐变问题可取有效模量 E_h 为：

$$E_h = \frac{E_c}{1 + \varphi} \tag{1.60}$$

然后按线弹性问题求解结构的变形，设 $\dfrac{\sigma_0}{E_h} = \varepsilon_c + \varepsilon_e =$ 总应变，符号含义同式（1.1）。用应力 σ_0 除以式（1.60）左右端可得 $\varepsilon_c + \varepsilon_e = \dfrac{\sigma_0(1 + \varphi)}{E_c} = \varepsilon_e(1 + \varphi)$，由此可得 $\varepsilon_c = \varepsilon_e \varphi$，即

$\varphi = \varepsilon_c/\varepsilon_e$,这就回到了徐变系数的定义式(1.1)。因此,式(1.60)实际就是 φ 定义的另一种写法,徐变系数的定义式(1.1)不能解决的徐变计算问题,式(1.60)也解决不了。

用有效模量法不能解决内力衰减系数 η_0 的求解问题,正如从徐变系数的定义出发不能算得 η_0 是一样的道理。按有效模量法可以求得 $\eta_0 = \dfrac{1}{1+\varphi}$[4],推导过程为有效模量法的总变形方程为:

$$\varepsilon_t = \frac{\sigma_t}{E_h} = \frac{\sigma_t}{E_c}(1+\varphi)\ (\text{式中 } \varepsilon_t \text{ 为 } t \text{ 时的总应变,即 } \varepsilon_c + \varepsilon_e) \tag{1.61}$$

这一步没有问题,但未对 σ_t 加以说明,σ_t 此处应为任意 t 时的不变应力。令

$$\varepsilon_t = \varepsilon(\tau_0) = \frac{\sigma_0}{E_c} = \text{常量} \tag{1.62}$$

由以上两式可得 $\dfrac{\sigma_t}{E_c}(1+\varphi) = \dfrac{\sigma_0}{E_c}$,于是可求得 $\eta_0 = \dfrac{\sigma_t}{\sigma_0} = \dfrac{1}{1+\varphi}$。这个推导过程的问题出在式(1.62),式中的 ε_t 是 τ_0 时(受压单元)发生的弹性变形 ε_e 即 $\varepsilon(\tau_0)$,其含义与式(1.61)中的 ε_t 是不一样的,因此 $\varepsilon_t = \varepsilon(\tau_0)$ 没有依据,或者说式(1.61)与式(1.62)之间此时并无关系。如果要满足条件 $\varepsilon_t = \varepsilon(\tau_0)$ 也可以,其含义应为:τ_0 时发生弹性变形 $\varepsilon(\tau_0)$ 并令弹性变形固定不变(为常量),此刻的应力为 $\sigma_0 = (\sigma_0 - \sigma_t) + \sigma_t$;时间 $\tau_0 \to t$ 后应力由 σ_0 衰减到 σ_t(卸载了应力 $\sigma_0 - \sigma_t$)。如果假定应力$(\sigma_0 - \sigma_t)$卸载后与 τ_0 时施加的应力$(\sigma_0 - \sigma_t)$对应变毫无影响(徐变完全可复,注意这是先天理论的假定),τ_0 时施加的应力 σ_t 部分将在时间 $\tau_0 \to t$ 产生如式(1.61)所示的总应变,其值将等于式(1.62)所示的 $\varepsilon(\tau_0)$,即 $\dfrac{\sigma_0}{E_c} = \dfrac{\sigma_t}{E_c}(1+\varphi)$,消去 E_c 后可得 $\eta_0 = \dfrac{\sigma_t}{\sigma_0} = \dfrac{1}{1+\varphi}$,这实际是重复了按先天理论求解 η_0 的过程。由此也可证明,用有效模量法求解不出内力衰减系数 η_0。

2)弹性徐变理论

这是被很多早期文献引用或介绍过的一种徐变理论[3,4]。该理论在1962年最早由相关文献[1]引入我国,是苏联阿鲁秋年等在20世纪首先提出的。阿鲁秋年取徐变度的表达形式为:

$$c(t,\tau) = \left(c + \frac{A}{\tau}\right)(1 - e^{-\gamma(t-\tau)})$$

式中,τ 为加载龄期,c、A、γ 均为由试验决定的常数,上式两端乘 E_c 后可改写为:

$$\varphi(t,\tau) = \left(c' + \frac{A'}{\tau}\right)(1 - e^{-\gamma(t-\tau)}) \tag{1.63}$$

式中,$c' = cE_c$ 与 $A' = AE_c$ 均为待定常数。弹性徐变理论作为在我国较早引入的一种徐变理论,虽然现在已经没有使用,但它在徐变理论发展的过程中的意义主要有以下3点:

①在我国,该理论较早明确叠加原理适用于徐变计算,故在早期的文献中有人称为叠加法,但现在仍称为叠加法显然不妥,因为所有的线性徐变理论都适用于叠加原理,这已成为一般徐变计算理论的一个最基本的假定。

②由式(1.63)可知,当 $t \to \infty$ 时,该式可转化为 $\varphi(\infty,\tau) = \left(c' + \dfrac{A'}{\tau}\right)$,即该理论认为徐变

系数的终值是加载龄期 τ 的减函数。利用上述的推导结论可知,其实这就是一种包含有徐变部分可复概念的混合理论,理论上较老化理论与先天理论前进了一步。

③由式(1.63)可知,当加载龄期 τ 很大时,$\varphi(\infty,\tau)$ 将趋于某一个较小的常量值 c',即对于龄期很大的老混凝土结构,该理论认为徐变接近完全可复。龄期很大的老混凝土徐变完全可复与事实不符,但此时可复徐变占的比例很高。从这个角度来看,在计算老混凝土的徐变问题时,弹性徐变理论(此时已接近先天理论)比老化理论更为可取。

但几十年来,弹性徐变理论在我国始终只停留在概念上,多年来甚至未见有一篇文献对式(1.63)中的常数 c 与 A 的取值有一个具体的解答,因此谈不上该理论的具体运用,也无法根据该理论计算 η_0。关于徐变系数与加载龄期之间的关系上文已作了较多的讨论,无论哪种方法也不可能像式(1.63)这样简单,因此可以认为该理论在现在已无实用价值。

一般文献中,凡提到弹性徐变理论大都有以下描述,即当"应力连续变化"时总应变可写为:

$$\varepsilon(t) = \frac{\sigma(\tau_0)}{E_c}[1+\varphi(t,\tau_0)] + \frac{1}{E_c}\int_{\tau_0}^{t}[1+\varphi(t,\tau)]\mathrm{d}\sigma(\tau) \tag{1.64}$$

式(1.64)做分部积分可得[前提是函数 $\sigma(\tau)$ 连续可微]:

$$\varepsilon(t) = \frac{\sigma_t}{E_c} - \frac{1}{E_c}\int_{\tau_0}^{t}\sigma(\tau)\frac{\partial}{\partial\tau}(1+\varphi(t,\tau))\mathrm{d}\tau \tag{1.65}$$

几乎所有研究徐变问题的文献都有类似于以上式(1.64)及式(1.65)的描述,如弹性老化理论与继效流动理论,但这两个公式其实一点用处也没有。注意上两式中的 $\sigma(\tau)$ 不可能是指施工过程中逐渐增加恒载所引起的变化应力,因为这种应力的变化在任何情况下都不应该假定为连续的,即使是连续浇筑混凝土的作业计算时也毫无例外地应将它作为断续的加载过程处理,故对施工加载引起的应力变化只能用应力增量的形式来表示,即叠加原理公式(1.41)。如式(1.64)那样的混凝土"应力连续变化"只能出现在因徐变而发生的应力(内力)重分配过程中,即只有因第一类强迫位移或第二类强迫位移所引起的徐变变化应力才可以用式(1.64)或式(1.65)描述,前者 $\sigma(\tau)$ 是连续的减函数,后者 $\sigma(\tau)$ 是连续的增函数,后文在"龄期调整有效弹模法"中对此还要讨论。如果将问题限定为因强迫位移而引起的徐变应力重分配问题,式(1.64)或式(1.65)的答案其实都是已知的,即 $\varepsilon(t)$ 就等于施加的已知强迫应变,这样这些方程也就变得没有意义。另外,式(1.65)中的偏微分 $\frac{\partial}{\partial\tau}[1+\varphi(t,\tau)]$ 理论上都是可以计算的,其计算难度取决于函数 $\varphi(t,\tau)$ 的表达形式,如采用先天理论这个偏微分就是一个最简单的 0 常数。

3)弹性老化理论

弹性老化理论又称为流动率法(RFM 法)。弹性老化理论最早由苏联的普罗科维奇(Prokopvich)或欧洲的恩格南德(England)等提出,其基本假定为将徐变划分为如式(1.3)所示的两部分:第一部分为可复徐变,这部分不同的学者有不同的表达形式;第二部分为用老化理论表示的不可恢复徐变。从这个角度来看,除老化理论与先天理论以外的一切混合理论也都可称为弹性老化理论。苏联及我国的部分学者曾采用过如下的徐变系数表达公式,这在弹性老化理论中是比较有代表性的:

$$\varphi(t,\tau) = \left(c' + \frac{A'}{\tau}\right)\left[1 - e^{-\gamma_1(t-\tau)}\right] + A\left(e^{-\gamma_2\tau} - e^{-\gamma_2 t}\right) \tag{1.66}$$

式中，c'、A'、γ_1 与 A、γ_2 均为待定常数。上式右端的第一项就是弹性徐变理论的式（1.63），第二项就是老化理论的式（1.49），因此弹性老化理论又可称为弹性徐变理论与老化理论的联合运用。如上文的分析，上式弹性徐变理论的第一项并不完全是可复徐变，其中也包含有部分的不可复徐变，但总的说来，式（1.66）仍反映了 $\varphi(t,\tau)$ 中包含可复与不可复两部分徐变。上式右端第一部分以可复徐变为主的徐变值取为龄期 τ 的减函数，这与徐变试验的结果比较相符，第二部分可以充分反映出徐变不可恢复的老化特性，由于综合吸收了弹性徐变理论与老化理论的优点，因此无论对于新混凝土还是旧混凝土，采用弹性老化理论求解徐变问题都可以得到比较接近实际的结果。

85 桥规附录四公式（附4.1）规定徐变系数可按下列公式计算：

$$\varphi(t,\tau) = \beta_a(\tau) + 0.4\beta_d(t-\tau) + \varphi_f[\beta_f(t) - \beta_f(\tau)] \tag{1.67}$$

上式表明徐变系数由 3 部分组成，式中右端第一项 $\beta_a(\tau)$ 为与加载龄期 τ 时混凝土强度有关的徐变系数部分，其值为 τ 的减函数，这说明其中包含有可复徐变也包含有不可复徐变。$\beta_a(\tau) = 0.8[1 - R(\tau)/R_\infty]$，当 $\tau > 28$ d 时，该项将小于 0.06，因此可以略去不计。第二项 $0.4\beta_d(t-\tau)$ 为随持荷时间而增长的徐变部分，其值与加载龄期 τ 无关，这符合先天理论的假定，故这部分徐变属于可复徐变。85 桥规规定函数 $\beta_d(t-\tau)$ 按附图 4.1 查取，附图 4.1 就是这第二部分徐变系数（最大值为 0.4）随 $(t-\tau)$ 而增长的徐变曲线。第三项 $\varphi_f[\beta_f(t) - \beta_f(\tau)]$ 中的流塑系数 φ_f 仅与环境相对湿度与构件的理论厚度有关，函数 $[\beta_f(t) - \beta_f(\tau)]$ 按附图 4.4 查取。对于确定的问题（确定的理论厚度），附图 4.4 中只有一根曲线可用，不同加载龄期的徐变曲线都能共用这条曲线。这就等于这些徐变曲线符合彼此竖向平行的假定，因此这部分就是不可恢复的徐变（符合老化理论假定）。合并以上 3 项，徐变系数 $\varphi(t,\tau)$ 由可复徐变与不可复徐变两部分组成，这说明该法在理论上属于弹性老化理论。

式（1.67）也可简写为式（1.3），即 $\varphi(\infty,\tau) = \varphi = \varphi_d + \varphi_f$。将第一项 $\beta_a(\tau)$ 近似归并入不可复徐变 φ_f 中，可得 $\varphi_d = 0.4$ 及 $\varphi_f = \varphi - 0.4$，代入式（1.56）即可得到 85 桥规方法内力衰减系数的计算公式：

$$\eta_0 = \frac{1}{1 + 0.4}e^{-(\varphi-0.4)} = 0.714e^{-(\varphi-0.4)} \tag{1.68}$$

国外规范（DIN—4227）及有部分学者均直接假定 $\varphi = 0.4 + \varphi_f$，因此 η_0 的解答也为上式。老化理论的狄辛盖尔公式假定徐变完全不可恢复，这与实际情况不符，假定徐变系数中有部分属于可复徐变是有试验数据支持的，因此假定 $\varphi = 0.4 + \varphi_f$ 的求解徐变问题方法部分文献也称为改进的狄辛盖尔方法。式（1.68）是个典型的按弹性老化理论求解 η_0 的公式，一般情况下都可以求得与试验数据比较接近的解答，缺点是不太适用于很老或加载龄期很大的混凝土结构。因为当 $\varphi = 0.4$ 时，式（1.68）将回归到先天理论；当 $\varphi < 0.4$ 时，该式的解答会失真；当 $\varphi = 0$ 时，该式的解答不能回归到 $\eta_0 = 1$。

4）继效流动理论

"继效"含义同"先天"，"流动理论"即徐变完全不可复的老化理论或流变理论，因此继效流动理论含义就是先天理论与老化理论的联合运用，其实质也可归纳为弹性老化理论中的一种。该理论在我国水电部门运用较多，已经形成了自己的特色，故可单独作为一种理论列出[3]。

继效流动理论也是假定徐变可以划分为可复徐变与不可复徐变，即 $\varphi = \varphi_d + \varphi_f$，区别在于分析具体问题时的徐变曲线和可复徐变曲线均由试验得出。根据相关文献的介绍[3,4]，在水工大坝混凝土结构中采用该理论无论计算变形还是内力（应力）重分配问题都能取得与试验甚为相符的结果。但继效流动理论的推导过于烦琐难懂[3]，笔者怀疑引入了那么多的微分积分运算是否都有必要。采用继效流动理论求解内力衰减系数 η_0 的计算公式为：

$$\eta_0 = \frac{1}{1 + \varphi_d} e^{-\frac{1}{1+\varphi_d}\varphi_f} \tag{1.69}$$

式（1.69）与本书的解答式（1.56）相比，指数 φ_f 多乘一个系数 $\frac{1}{1 + \varphi_d}$，详见相关文献[3,4]。式（1.69）使用起来效果很好，缺点是已知 φ 后还要根据试验成果确定 φ_d 或 φ_f，有时这两部分还是很难区分的。实用计算中可取 $\varphi_d = 0.4$，当取 $\varphi_d = 0.4$ 时其解答与式（1.59）较为接近。但作为理论推导的公式（即便有近似的处理），其解答与式（1.56）相比在指数 φ_f 前不应有一个系数的差别，除非是式（1.56）的推导有误。

5）龄期调整有效弹模法

龄期调整有效弹模法也称为 AEMM 法，由特拉思特（Trost）等人首先提出并用于徐变计算，相关文献对该理论有介绍[4,9,15]。综合以上文献对它的介绍，该理论可描述为在 τ_0 时假定对某构件断面施加初始应力 $\sigma(\tau_0)$，其后应力连续变化，τ_0 时加载的混凝土徐变系数为 $\varphi(t,\tau_0)$，则 t 时该断面处的总应变可以用下式表示：

$$\varepsilon(t) = \frac{\sigma(\tau_0)}{E_c}\big[1 + \varphi(t,\tau_0)\big] + \frac{1}{E_c}\int_{\tau_0}^{t}\big[1 + \varphi(t,\tau)\big]\frac{\partial\sigma(\tau)}{\partial\tau}\mathrm{d}\tau \tag{1.70}$$

上式与式（1.64）实际是一回事，只不过写法上稍有差异。注意，式中 $\sigma(\tau_0)$ 只有相关文献[9]中明确说明这就是因混凝土徐变而引起的连续变化应力，但也未明确 $\sigma(\tau_0)$ 就是应力松弛问题（即第一类强迫位移）的初始应力。第二类强迫位移导致的连续变化应力也能用上式描述，但这里的 $\sigma(\tau_0)$ 只能是应力松弛问题的初始应力，除此之外不应有其他的解释。上式中的积分 $\int_{\tau_0}^{t}\frac{\partial\sigma(\tau)}{\partial\tau}\mathrm{d}\tau$ 可表示为：

$$\int_{\tau_0}^{t}\frac{\partial\sigma(\tau)}{\partial\tau}\mathrm{d}\tau = \sigma(t) - \sigma(\tau_0) \tag{1.71}$$

上式成立的前提是函数 $\sigma(\tau)$ 连续可微且在区间 $\tau_0 \to t$ 无拐点，即 $\sigma(\tau)$ 必须是单调的减函数或增函数上式才能成立，这又验证了这里的 $\sigma(\tau)$ 一定不是因荷载增量引起的变化应力而只能是两类强迫位移引起的连续变化应力。现在考察式（1.70）右端第二项 $\frac{1}{E_c}\int_{\tau_0}^{t}\big[1 + \varphi(t,\tau)\big]\frac{\partial\sigma(\tau)}{\partial\tau}\mathrm{d}\tau$，在积分区间 $\tau_0 \to t$ 因恒有关系 $\varphi(t,\tau_0) \geqslant \varphi(t,\tau)$ 及 $\varphi(t,\tau) > 0$。如果用常量 $\varphi(t,\tau_0)$ 代替函数 $\varphi(t,\tau)$，则一定会对该项积分结果高估，如用 0 代替 $\varphi(t,\tau)$ 又一定会对该项积分结果低估，因此总有一个在 0 与 1 之间的常量 $\rho(t,\tau_0)$ 与 $\varphi(t,\tau_0)$ 的乘积可以替代该项积分中的函数 $\varphi(t,\tau)$，再将式（1.71）的结果代入，于是式（1.70）可变换为：

$$\varepsilon(t) = \frac{\sigma(\tau_0)}{E_c}[1 + \varphi(t,\tau_0)] + \frac{\sigma(t) - \sigma(\tau_0)}{E_c}[1 + \rho(t,\tau_0)\varphi(t,\tau_0]) \qquad (1.72)$$

式(1.70)右端第二项还可写为$\frac{\sigma(t) - \sigma(\tau_0)}{E_c} + \frac{1}{E_c}\int_{\tau_0}^{t}\varphi(t,\tau)\frac{\partial\sigma(\tau)}{\partial\tau}d\tau$,其值应与上式右端第二项相等,于是可得:

$$\rho(t,\tau_0) = \frac{\int_{\tau_0}^{t}\varphi(t,\tau)\frac{\partial\sigma(\tau)}{\partial\tau}d\tau}{[\sigma(t) - \sigma(\tau_0)]\varphi(t,\tau_0)} < 1 \qquad (1.73)$$

式中,$\rho(t,\tau_0)$称为龄期系数[15]或老化系数[4],也可称为时效系数[9],其值主要与加载龄期或徐变系数$\varphi(t,\tau_0)$、持荷时间、假定的徐变发展表达公式以及混凝土的性质有关。

巴扎特(Bazant)假定式(1.73)中$\sigma(t) = \sigma(\tau_0)R(t,\tau_0)$,式中$R(t,\tau_0)$为松弛系数,也即在第一类强迫位移作用下的内力衰减系数$\eta_0(t,\tau_0)$,得出龄期系数的另一个表达公式:

$$\rho(t,\tau_0) = \frac{1}{1 - R(t,\tau_0)} - \frac{1}{\varphi(t,\tau_0)} \qquad (1.74)$$

式(1.74)是很难从式(1.73)推导得出的,有关文献也未见对该式的来历加以说明。笔者可简单对式(1.74)的来历说明如下,由此即可证明假定$\sigma(t) = \sigma(\tau_0)R(t,\tau_0)$及式(1.70)描述的问题只能是松弛问题,而不可能是因第二类强迫位移导致的连续应力变化问题:

只要将问题限定为松弛问题(第一类强迫位移问题),这样式(1.70)及式(1.72)的解答实际都是已知的,即总应变都应等于τ_0时施加的瞬时强迫应变$\varepsilon(t) = \frac{\sigma(\tau_0)}{E_c}$,代入式(1.72)化简后可得:

$$\sigma(\tau_0)\varphi(t,\tau_0) + \sigma(t) - \sigma(\tau_0) + [\sigma(t) - \sigma(\tau_0)]\rho(t,\tau_0)\varphi(t,\tau_0) = 0$$

上式两端同除以$\sigma(\tau_0)\varphi(t,\tau_0)$并注意到$R(t,\tau_0) = \sigma(t)/\sigma(\tau_0)$,于是可得:

$$1 - [1 - R(t,\tau_0)]/\varphi(t,\tau_0) - [1 - R(t,\tau_0)]\rho(t,\tau_0) = 0$$

上式两端再同除以$[1 - R(t,\tau_0)]$后即可得式(1.74)。国外有人用式(1.74)及有关试验数据制有大量图表,可以根据具体的徐变问题查取这些相应的$\rho(t,\tau_0)$,这些图表也可参见相关文献[4]。

理论上,式(1.70)及式(1.72)也可反映在第二类强迫位移作用下应力随时间不断增加时的徐变应力应变关系,此时两式左端总应变$\varepsilon(t)$也是一个确定的量且τ_0时的$\sigma(\tau_0) = 0$。在第二类强迫位移作用下,连续增长的应力关系不能导出式(1.74)的结果,这就证明了以上讨论的问题实际仅只限于一个非常简单的松弛问题(第一类强迫位移问题)。令

$$\gamma(t,\tau_0) = \frac{1}{1 + \rho(t,\tau_0)\varphi(t,\tau_0)} \quad 及 \quad E_\varphi = \gamma(t,\tau_0)E_c \qquad (1.75)$$

E_φ即考虑龄期调整以后的混凝土有效弹性模量,将这些关系及$\varepsilon(t) = \frac{\sigma(\tau_0)}{E_c}$代入式(1.72)可得:

$$\frac{\sigma(\tau_0)}{E_c}\varphi(t,\tau_0) = \frac{\sigma(\tau_0) - \sigma(t)}{E_\varphi} \qquad (1.76)$$

上式在松弛问题中是很难理解它的力学含义的,但可换一个角度来理解。将式(1.74)

的 $\rho(t,\tau_0)$ 表达式代入式(1.75)中的 $\gamma(t,\tau_0)$ 表达式可得：

$$\gamma(t,\tau_0) = 1/[1 + \rho(t,\tau_0)\varphi(t,\tau_0)] = \frac{1 - R(t,\tau_0)}{\varphi(t,\tau_0)} = \eta_t(t,\tau_0) \qquad (1.77)$$

即 $\gamma(t,\tau_0)$ 就是"徐变内力衰减系数 $\eta_t(t,\tau_0)$"。该法用 $\gamma(t,\tau_0)$ 对弹性模量修正。笔者的方法是用 $\eta(t,\tau_0)$ 对截面特性修正(也可仅对弹性模量加以修正)。从这个角度来看,二者是一致的。这样式(1.76)中的 $\sigma(\tau_0) - \sigma(t)$ 即可理解为徐变不平衡应力,其值除以 E_φ 后应等于在 τ_0 后释放约束并维持 $\sigma(\tau_0)$ 不变时最终的徐变应变值。

式(1.77)的结果实际就是式(1.8)的结果,导出式(1.8)的结果是可以比较简单,但 Trost、Bazant 等却从式(1.70)到式(1.75)反复推导得到式(1.75)。另外,既然有式(1.74),式(1.73)的推导就已毫无意义;所有介绍龄期调整有效弹模法的文献都是从式(1.70)开始的,但似乎没有一篇文献明确说明式(1.70)描述的就是松弛问题且其左端项 $\varepsilon(t) = \dfrac{\sigma(\tau_0)}{E_c}$ 是已知的,将问题限定为松弛问题其实就已经变成一个很简单的问题。龄期系数 $\rho(t,\tau_0)$ 这个概念就是多余的。式(1.76)与式(1.77)才是有用的, $\eta_t(t,\tau_0)$ 或 $\gamma(t,\tau_0)$ 仅与 $\varphi(t,\tau_0)$、$\eta_0(t,\tau_0)$ 或 $R(t,\tau_0)$ 相关,完全不需要由式(1.75)计算。

1.1.7 对各种计算 η_0 方法的比较与讨论

在因徐变而导致的内力与应力重分配计算中,内力衰减系数 η_0 是与徐变系数 φ 同样重要的衡量混凝土徐变特性的指标,因此对于 η_0 的各种计算方法值得认真予以比较和讨论。内力衰减系数 η_0 可以用试验方法测定,但测定 η_0 比较困难。20 世纪 70 年代,列维尔(A. M. Neville)与布鲁克思(J. J. Brooks)统计了 210 组内力衰减系数 η_0 与徐变系数 φ 之间关系的试验数据,总结出了 $1/\eta_0$ 的对数与 φ 之间有如下的近似直线关系。

$$\ln \frac{1}{\eta_0} = 0.09 + 0.686\varphi \text{ 或 } \eta_0 = 0.914e^{-0.686\varphi} \qquad (1.78)$$

式(1.78)可称为列维尔经验公式。惠荣炎、金学龙等在 20 世纪 80 年代对刘家峡、丹江口等 5 个水电大坝混凝土曾进行过 133 组松弛系数试验。根据这些试验数据归纳出了 η_0 与 φ 之间有与式(1.78)类似的关系[4]：

$$\ln \frac{1}{\eta_0} = 0.066 + 0.638\varphi \text{ 或 } \eta_0 = 0.936e^{-0.638\varphi} \qquad (1.79)$$

这两个经验公式的计算结果比较接近,式(1.79)中的 η_0 的计算结果要稍高于式(1.78)。影响松弛系数试验结果的因素很多,混凝土的配合比与试件尺寸的大小、试验室的环境相等湿度、温度、试验设备的测定精度、卸载时间以及试验进行的时间长短都会影响最终的试验成果,因此很难评价这两个经验公式的精度哪个更好。由于开展松弛试验研究的单位与数量都非常有限,笔者不建议直接采用这些经验公式,但可以作为评价 η_0 不同计算方法是否合理的重要参考依据。现将已知 $\varphi = \varphi(\infty,\tau_0)$ 采用不同计算方法算得的 η_0 与按两个经验公式算得的 η_0 一并列表对比,如表 1.6 所示。

表 1.6　不同方法算得的 η_0 对比表

徐变系数 φ　$\eta_0(\eta_t)$　计算方法	2.6	2.0	1.5	1.0	0.6	0.3	0.1
老化理论式(1.48)（相应的 η_t）	0.074 (0.355)	0.135 (0.432)	0.223 (0.518)	0.368 (0.632)	0.549 (0.752)	0.740 (0.864)	0.900 (0.952)
混合理论式(1.57)（$k=0.3$）	0.091	0.154	0.241	0.382	0.557	0.744	0.905
混合理论式(1.58)（$k=0.7$）	0.163	0.229	0.311	0.436	0.588	0.755	0.907
式(1.59)（取上下限平均值）	0.176	0.234	0.311	0.434	0.587	0.755	0.905
先天理论式(1.52)（相应的 η_t）	**0.278** (0.278)	**0.333** (0.333)	**0.400** (0.400)	**0.500** (0.500)	**0.625** (0.625)	**0.769** (0.769)	**0.909** (0.909)
式(1.68)（取 $\varphi_d=0.4$）	0.079	0.144	0.238	0.392	0.585	0.789	0.964
继效流动理论式(1.69)	0.148	0.228	0.326	0.465	0.619	0.767	0.884
式(1.78)（列维尔经验公式）	0.154	0.232	0.327	0.460	0.606	0.744	0.853
式(1.79)（惠荣炎等人公式）	0.178	0.261	0.359	0.495	0.638	0.773	0.878

现对表 1.6 的计算成果简单说明如下：

①老化理论与先天理论算得的 η_0 分别为该值的理论下限与上限，表中数据用加黑字体表示。表中这两行内带括号的数字为相应的徐变内力衰减系数 η_t，其值按 $\eta_t=(1-\eta_0)/\varphi$ 计算。用老化理论与先天理论算得的 η_t 分别为该值的理论上限与下限，用式(1.57)、式(1.58)算得的 η_0 与 η_t 分别位于其间，k 越大，计算结果就越与先天理论的结果接近。按先天理论算得的 $\eta_0=\eta_t$。

②式(1.57)与式(1.68)比较。式(1.57)较式(1.68)更为合理，这主要表现在当 $\varphi<0.4$ 时，式(1.69)的 η_0 计算结果是失真的，因为 η_0 不应大于先天理论的计算值，除此之外，两式计算结果高度接近。式(1.68)取 $\varphi_d=0.4$ 是很多学者已经用过的公式，式(1.57)可以改正式(1.68)的缺点。式(1.57)的计算结果与老化理论的式(1.48)是比较接近的，故也可认为是对老化理论计算公式的改进。对于一般的新浇筑混凝土的简单徐变问题，本书推荐使用式(1.57)。

③式(1.58)与式(1.59)的计算结果均高度一致，这里似乎没有什么理论依据，就是计算后对比出来的，因此可以近似认为这两个公式是等价的。式(1.59)取老化和先天理论两个结果的平均值更直观地贴近于混合理论的概念，其计算公式简单且都与列维尔经验公式

的计算结果比较相符。对于一般的混凝土结构或加载历程在 3 个月以上的较为复杂的徐变问题,这两个公式都可以用,但推荐使用式(1.59)。

④对于后四行的 4 个公式,当取 $\varphi = 0$ 时,η_0 不能归于 1,在理论上都可认为是有缺陷的公式。继效流动理论公式(1.69)主要是根据大坝混凝土的设计实践与试验数据得出的,在此列出仅作参考。另外,这 4 个公式都没有考虑新混凝土和老混凝土在徐变恢复特性上的区别,用一个公式计算这两种情况的内力衰减系数 η_0 就显得不够合理。后两个经验公式主要依赖于比较有限的试验数据,所进行的具体试验条件也不太明确,因此也只能列出供参考。式(1.59)的计算结果与这几个公式的计算结果是比较相符的,这也是本书推荐使用式(1.59)的一个原因。

⑤松弛试验要做得准确是很耗费时间和费钱的工作,要探明加载龄期 1 个月与半年的区别,再加上固定强迫应变以后的观测时间,单是这观测时间一般的试验室就很难坚持到半年以上。实际操作时,为了节省时间和费用,通常可采取两个措施:首先取较小尺寸的试件,这样对设备要求低也省钱,小断面试件徐变发展速度较快,这样也可以节省时间,但成果还要换算为较大断面的实际构件,这会增加一个换算误差;其次是缩短观测时间,根据短期观测数据按一定的徐变计算理论推算长期的观测结果,这又会增加一个推算误差。因此,最后两行的经验公式,看似根据试验资料总结,但实际必然也包含有所采用徐变计算理论与其他影响因素所带来的多重分析误差。

⑥表 1.6 前 5 行计算方法中,以当 $\varphi = 2.6$ 时老化理论和先天理论算得的 η_0 相差最大(0.074 与 0.278),φ 越小,各种方法之间的差异也越小。徐变计算时,选用 η_0 的差异并不代表就是最终分析结果的差异。以新浇结构徐变所导致的混凝土应力向钢筋转移的应力重分配问题为例,一般情况下采用老化理论就可以得到比较满意的计算结果;先天理论只要基本徐变曲线(平均徐变系数)选择恰当,也可获得很好的计算精度。一般说来,在应力重分配计算中老化理论和先天理论算得的结果彼此之间相差也不会超过 5% ~ 10%,且真解往往就介于其中,详见相关文献中的算例[14]。

1.1.8 徐变变形与内力重分配问题的求解方法

内力重分配与应力重分配是两类不同性质但又相互关联的问题。静定结构的内力计算与材质的徐变特性无关,因此不会发生所谓的内力重分配问题。但静定结构构件的断面只要是由不同徐变特性的材质组成,其断面受力以后不同材质之间就会发生所谓的应力重分配问题,如钢筋混凝土与预应力混凝土简支构件断面。一般来说,在混凝土超静定结构中都有可能发生所谓的内力重分配问题,由于内力就是断面应力的合力,故内力重分配问题总是要伴随着构件断面应力的改变或应力的重分配。

混凝土超静定结构中,有可能发生的内力重分配问题实际上可以划分为两类:第一类为结构所有的单元或部件的徐变特性完全相同,但由于施工过程中受力体系的转换或支座的沉降等因素对结构施加了第一类或第二类强迫位移,这就将导致结构发生内力重分配,本书称之为第一类内力重分配问题。这类内力重分配问题的计算可以根据本书对 η_0 及 η_t 的定义直接算出,即第一类强迫位移引起的内力最终将衰减到原来的 η_0 倍,04 桥规第 4.2.12 条实际解决的就是这类问题的计算;第二类强迫位移引起的内力最终将衰减到不计徐变效应相应虚拟弹性内力的 η_t 倍,如支座缓慢沉降所引起的计算问题。本书在两类强迫位移的定义中已经指出,大部分施工过程中的结构体系转换都可理解为对结构施加的第一类强迫位移,因此也将导致发生本书所定义的第一类内力重分配问题。但并不是所有施工过程中的结构体系转换都能引起第一类内力重分配问题,可详见后文算例中的说明。

第二类内力重分配问题是指因超静定结构单元或部件的徐变特性不同而引起的内力重分配。一般来说,结构分阶段浇筑成形,由于混凝土的加载龄期不同而导致单元徐变特性的不同都将引起这类内力重分配问题。例如,超静定结构中大跨径混凝土桥梁在分阶段建造的过程中都存在这类问题。本书以后如果没有特别说明,所述的内力重分配问题都将是指第二类内力重分配问题。

徐变变形计算与内力重分配计算是密不可分的两个问题,一般需要先求得变形后才可以求得内力,因此这两个问题需要联合起来讨论。后文为了简化问题的分析,先作如下假定:结构所有的单元或部件都是由一种相同的混凝土材料组成,单元或部件的浇筑龄期有可能存在差异,即徐变特性不一定相同;钢材可以视为徐变系数为零的混凝土材料。讨论中暂不考虑混凝土收缩与温度的影响,不考虑支座沉陷,也不涉及具体采用的徐变理论。略去钢筋和预应力筋对混凝土徐变特性的约束影响,由同种混凝土浇筑的钢筋混凝土或预应力混凝土超静定结构都可以近似认为是本节讨论的对象。

由于复杂徐变问题的计算一般都只能采用有限元法编程计算,而用有限元法求解问题的特点是无论对于复杂结构还是简单结构都具有大体相同的分析程序,因此有关徐变变形与内力重分配计算公式的推导也可以从研究最简单的静定结构问题开始。

1)简单静定结构的徐变变形与内力计算

对于图 1.7 所示的悬臂式单元 ij,设在 τ_0 时对 i 端施加节点荷载 P_{ij} 使 i 端发生第一类强迫位移(即荷载引起的弹变)$V_{ij,0} = \begin{bmatrix} u_{ij} & v_{ij} & \theta_{ij} \end{bmatrix}^T$,相应的 i 端内力为 $S_{ij,0} = \begin{bmatrix} N_{ij} & Q_{ij} & M_{ij} \end{bmatrix}^T$,悬臂式单元弹性变形与内力的关系为:

$$S_{ij,0} = kV_{ij,0} \tag{1.80}$$

式中,k 为单元 ij i 端的刚度因式:

$$k = \begin{vmatrix} \dfrac{EA}{l} & 0 & 0 \\ 0 & \dfrac{12EI}{l^3} & \dfrac{6EI}{l^2} \\ 0 & \dfrac{6EI}{l^2} & \dfrac{4EI}{l} \end{vmatrix} \tag{1.81}$$

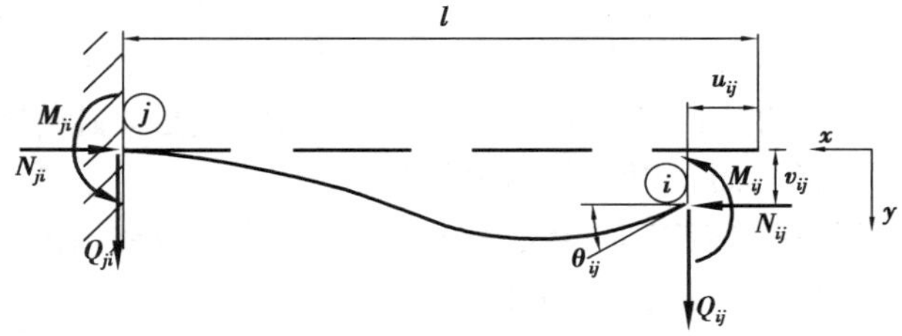

图 1.7　悬臂式单元

既然对 i 端施加的是第一类强迫位移,这表示在时间 τ_0 以后假定固结 i 端的变形,时间 $\tau_0 \to \infty$ 后 i 端的内力将衰减到 $\eta_0 S_{ij,0}$。这里 η_0 即混凝土单元 ij 的内力衰减系数;i 端因 $S_{ij,0}$ 衰减将会引起随时间而变化的次内力 $S_{ij,t} = -(1-\eta_0)S_{ij,0}$。由于 i 端实际并未固结,该次内力将转化为作用在 i 端的随时间而变化的徐变不平衡荷载 P'_{ij} 但符号相反。

$$P'_{ij} = (1-\eta_0)S_{ij,0} \tag{1.82}$$

在 P'_{ij} 作用下单元的 i 端将会发生徐变 $V'_{ij,t}$。徐变是对结构施加的第二类强迫位移,根据第二类强迫位移及 η_t 的定义可知,发生徐变变形 $V'_{ij,t}$ 后在 i 端引起的最终实际内力为:

$$S'_{ij,t} = \eta_t k V'_{ij,t} \tag{1.83}$$

式中,$kV'_{ij,t}$ 为不计徐变效应时因 $V'_{ij,t}$ 在 i 端引起的相应虚拟弹性内力。按式(1.83)计算的 $S'_{ij,t}$ 将会与 P'_{ij} 保持平衡,于是可得:

$$P'_{ij} = \eta_t k V'_{ij,t} = k' V'_{ij,t} \tag{1.84}$$

式中,$k' = \eta_t k$,为单元 ij 的徐变刚度因式。对于由单一混凝土材料组成的单元,其值与 k 之间仅相差一个乘数 η_t。式(1.84)也可理解为在徐变不平衡荷载作用下求徐变变形时,单元的刚度因式 k(或刚度)应乘以系数 η_t 予以折减。求解式(1.84)可得最终单元 ij 的徐变变形为:

$$V'_{ij,t} = k'^{-1} P'_{ij} \tag{1.85}$$

式中,徐变不平衡荷载 P'_{ij} 按式(1.83)计算。算得 $V'_{ij,t}$ 后单元 ij i 端的最终内力 $\hat{S}_{ij,t}$ 为两部分之和,第一部分为荷载 P_{ij} 在 τ_0 时引起的弹性内力衰减后的实际内力 $\eta_0 S_{ij,0}$,第二部分为因徐变(第二类强迫位移)在 i 端引起的实际内力 $S'_{ij,t} = \eta_t k V'_{ij,t}$。

$$\hat{S}_{ij,t} = S^0_{ij,t} + S'_{ij,t} = \eta_0 S_{ij,0} + \eta_t k V'_{ij,t} \text{ 或 } \hat{S}_{ij,t} = \eta_0 k V_{ij,0} + \eta_t k V'_{ij,t} \tag{1.86}$$

式中,$S^0_{ij,t} = \eta_0 S_{ij,0}$,为上述的所谓"第一部分内力"。根据线性徐变计算理论的基本假定并由式(1.44)的结论可知 $V'_{ij,t} = \varphi(\infty,\tau_0) V_{ij,0}$,由式(1.8)中的关系可知 $\eta_0 + \eta_t \varphi(\infty,\tau_0) = 1$,将这两个关系代入上式可得:

$$\hat{S}_{ij,t} = \eta_0 k V_{ij,0} + \eta_t k \varphi(\infty,\tau_0) V_{ij,0} = k V_{ij,0}[\eta_0 + \eta_t \varphi(\infty,\tau_0)] = S_{ij,0}$$

上式说明,图1.7所示悬臂梁在荷载 P_{ij} 作用下 i 端发生徐变以后的最终内力仍然是 τ_0 时的 $S_{ij,0}$。

本例是一个最简单的静定悬臂式单元,静定结构本来就没有内力重分配问题,故直接可得发生徐变以后的最终内力 $\hat{S}_{ij,t} = S_{ij,0}$;由式(1.44)的推导过程已经得知,对于静定的悬臂式单元,有关系 $V'_{ij,t} = \varphi(\infty,\tau_0) V_{ij,0}$。以上的计算推导过程对于静定结构显然是多余的,但这个分析程序所导出的式(1.86)却是可以适用于一切复杂的超静定结构的徐变变形与内力重分配计算,即任何经过内力重分配以后的结构最终内力都可以由式(1.86)所表示的两部分组成。式(1.80)至式(1.86)的分析程特别适宜于采用有限元法编制程序。编程计算可以机械地套用该分析步骤,这样反而可以简化问题的分析。

2)有限元法求解结构的徐变变形与经内力重分配以后的最终内力

以上最简单的静定悬臂式混凝土单元的徐变变形与内力计算程序,可以推广用于求解一切其他静定结构和复杂超静定结构的徐变变形与内力重分配计算。求解的步骤具体可以归结为以下6步,这也是采用有限元法求解这类问题的编程要点。

①设在 τ_0 时对结构施加某个第一类强迫位移(如施加恒载 P),按弹性理论求解结构所有单元(杆件)的内力 S 与节点位移 Δ,此时结构任一 ij 单元 i 端算得的内力为 $S_{ij,0}$。注意采用有限元法分析计算 $S_{ij,0}$ 时,应扣除作用在单元 ij 上非节点荷载所引起的局部效应。

②设结构有 m 个单元相交在节点 i,在时段 $\tau_0 \to \infty$ ij 单元 i 端的内力将衰减到 $S_{ij,t}^0 = \eta_0 S_{ij,0}$ 并将产生一个按式(1.82)计算的徐变不平衡荷载 $P_{ij}' = (1 - \eta_0)S_{ij,0}$,所有与节点 i 相交的 m 个单元在 i 端产生的徐变不平衡荷载叠加以后,即可生成作用在结构节点 i 上的徐变不平衡荷载 P_i'。

$$P_i' = \sum_{j=1}^{m} (1 - \eta_0)S_{ij,0} \tag{1.87}$$

式中,η_0 为 ij 单元的内力衰减系数,不同单元的 η_0 有可能并不相同。注意 $(1 - \eta_0)S_{ij,0}$ 一般是对单元局部坐标系而言的内力,叠加到节点 i 上形成的节点徐变不平衡荷载应为对结构总体坐标系而言的荷载,式(1.87)中略去了其中的坐标体系转换关系。对于某些简单的连续梁计算问题,也有可能不需要这种转换。逐节点按式(1.87)求得结构所有节点的 P_i',由此即可形成结构的总体徐变不平衡荷载 P'。

③在 P' 作用下结构将发生第二类强迫位移(徐变),根据式(1.84)可知,徐变变形时所有单元的刚度都要乘以单元自身的徐变内力衰减系数 η_t,即 $k' = \eta_t k$,写成任一 ij 单元的徐变刚度矩阵形式即为 $[k']_e = \eta_t [k]_e$。$[k]_e$ 为弹性系统中单元 ij 的刚度矩阵,其值可由单元 i 端的 k 与 $\boldsymbol{D}_i$ 确定,即 $[k]_e = \begin{bmatrix} k & kD_i^{\mathrm{T}} \\ D_i k & D_i k D_i^{\mathrm{T}} \end{bmatrix}_e$; $\boldsymbol{D}_i = \begin{bmatrix} -1 & 0 & 0 \\ 0 & -1 & 0 \\ 0 & l & -1 \end{bmatrix}$,为单元 i 端的内力传递系数矩阵。根据全部 $[k']_e$ 即可生成结构的总体徐变刚度矩阵 $\boldsymbol{K}'$。

④结构的徐变刚度方程为:

$$\boldsymbol{P}' = \boldsymbol{K}'\boldsymbol{\Delta}'(\text{或} \boldsymbol{\Delta}' = \boldsymbol{K}'^{-1}\boldsymbol{P}') \tag{1.88}$$

式中,$\boldsymbol{\Delta}'$ 为由结构全部节点徐变变形组成的结构总体徐变位移矩阵。在时段 $\tau_0 \to \infty$ 终了时的结构总变形等于 τ_0 时发生的弹性变形 Δ 加徐变 Δ'。

⑤由 $\boldsymbol{\Delta}'$ 可以求得任意 ij 单元对局部坐标系而言的位移 $\{\delta_i'\}_e = \begin{bmatrix} V_{ij,t}' & V_{ji,t}' \end{bmatrix}^{\mathrm{T}}$,式中 $V_{ij,t}'$、$V_{ji,t}'$ 分别为单元在 i 端与 j 端的徐变变形,此处略去了由 $\boldsymbol{\Delta}'$ 求 $\{\delta_i'\}_e$ 这一步中的坐标体系转换问题。结构中任一 ij 单元 i 端在计算时段 $\tau_0 \to \infty$ 终了的实际内力 $\hat{S}_{ij,t}$ 可按下式计算:

$$\hat{S}_{ij,t} = S_{ij,t}^0 + S_{ij,t}' = \eta_0 S_{ij,0} + \eta_t k V_{ij,t}' + \eta_t k D_i^{\mathrm{T}} V_{ji,t}' \tag{1.89}$$

式中,右端第一项为 ij 单元 i 端在 τ_0 时的内力 $S_{ij,0}$ 衰减后残剩的内力。设 ij 单元 i 端、j 端的弹性变形分别为 $V_{ij,0}$ 与 $V_{ji,0}$,则 $S_{ij,0}$ 也可写为 $S_{ij,0} = kV_{ij,0} + kD_i^{\mathrm{T}} V_{ji,0}$;第二项 $S_{ij,t}' = \eta_t k V_{ij,t}' + \eta_t k D_i^{\mathrm{T}} V_{ji,t}'$,该式第一项为单元 i 端发生的徐变 $V_{ij,t}'$ 在 i 端引起的实际内力,第二项为单元 j 端发生的徐变 $V_{ji,t}'$ 在单元 i 端引起的实际内力;式中 D_i^{T} 为单元 i 端内力传递系数矩阵 $\boldsymbol{D}_i$ 之转置。对于悬臂式单元 $V_{ji,0} = 0$、$V_{ji,t}' = 0$,式(1.89)将蜕化为式(1.86)。

无论对于静定结构还是超静定结构,也无论是否发生过内力重分配的问题,结构任一单元的最终实际内力 $\hat{S}_{ij,t}$ 都可以按式(1.89)的 $S_{ij,t}^0 + S_{ij,t}'$ 两部分计算。

⑥非节点荷载所引起的局部效应与单元的徐变特性无关,也与结构的内力重分配无关,

计算 $S_{ij,0}$ 时如扣除了单元的这部分内力,最终单元的实际内力还应在 $\hat{S}_{ij,t}$ 的基础上加上这部分内力。

本书的分析方法认为一切徐变都是结构在徐变不平衡荷载 P' 作用下发生的第二类强迫位移 Δ'。任何复杂结构的徐变变形与内力重分配问题原则上都可以按以上 6 个步骤求解,要点是如何求得在每个加载计算阶段的徐变不平衡荷载 P' 和如何建立该阶段结构的徐变刚度矩阵 K'。有关以上公式的详细推导过程,可参见相关文献[13]。

3)发生内力重分配问题的判别条件

只有持续作用下的荷载才可以使结构发生徐变和可能导致结构发生内力重分配问题。设某超静定混凝土结构在 τ_0 时施加恒载,如果该结构所有单元(部件)的徐变特性都完全相同,则该结构在此恒载作用下按弹性体系算得的断面内力在以后任何时间都不会发生改变,也即不会发生所谓的内力重分配问题。徐变特性相同表示所有单元的 φ、η_0 与 η_t 值都完全相同,现对该结论进行简单证明。

设该结构有 n 个节点,在 τ_0 时施加的恒载可表示为 $\boldsymbol{P} = \begin{bmatrix} P_1 & P_2 & \cdots & P_i & & P_n \end{bmatrix}^{\mathrm{T}}$,式中 P_i 为作用在节点 i 上的节点荷载。τ_0 时在 P 作用下结构的刚度方程为:

$$\boldsymbol{P} = \boldsymbol{K}\boldsymbol{\Delta}(\text{或}\ \boldsymbol{\Delta} = \boldsymbol{K}^{-1}\boldsymbol{P}) \tag{1.90}$$

解得位移 Δ 后即可求得此时的弹性内力 S,写成任一 ij 单元 i 端的内力形式即为 $S_{ij,0}$。对于节点 i 在 τ_0 时应有平衡关系 $P_i = \sum\limits_{j=1}^{m} S_{ij,0}$,即 P_i 应与所有 ij 单元 i 端的内力保持平衡(P_i 可以为 0)。在时段 $\tau_0 \to \infty$ $S_{ij,0}$ 将衰减到 $\eta_0 S_{ij,0}$,根据式(1.87)节点 i 上将产生的徐变不平衡荷载为 $P'_i = \sum\limits_{j=1}^{m} (1 - \eta_0) S_{ij,0}$。由于所有单元的 $(1 - \eta_0)$、η_t 全部相同,故 P'_i 可改写为 $P'_i = (1 - \eta_0) \sum\limits_{j=1}^{m} S_{ij,0} = (1 - \eta_0) P_i$,$P'$ 为 P'_i 之集合,由此可得 $\boldsymbol{P}' = (1 - \eta_0)\boldsymbol{P}$;再将结构整体徐变刚度矩阵 $\boldsymbol{K}'$ 中的所有相同常数 η_t 提出可得 $\boldsymbol{K}' = \eta_t \boldsymbol{K}$,此时的徐变刚度方程式(1.88)可改写为:

$$(1 - \eta_0)\boldsymbol{P} = \eta_t \boldsymbol{K}\boldsymbol{\Delta}'\left(\text{或}\ \boldsymbol{\Delta}' = \frac{1 - \eta_0}{\eta_t}\boldsymbol{K}^{-1}\boldsymbol{P} = \varphi\boldsymbol{\Delta}\right) \tag{1.91}$$

由式(1.91)可得出以下结论:全部由单一混凝土单元组成的徐变特性相同的结构体系,在持续荷载作用下徐变变形为弹性变形的 φ 倍,即 $\Delta' = \varphi\Delta$。这就是说,由一种相同龄期混凝土组成的钢筋混凝土或预应力混凝土结构(无论它是静定还是超静定结构),如果不计混凝土的收缩效应并略去普通钢筋和预应力钢筋对徐变的约束影响,长期恒载作用下任意断面处的徐变变形恒为该处弹性变形的 φ 倍。

在 $\tau_0 \to \infty$ 时结构的最终内力 $\hat{S}$ 由两部分组成,第一部分为弹性内力 S 衰减后变成的 $\eta_0 S$,第二部分为徐变(第二类强迫位移)引起的最终内力 $\eta_t \varphi S$,式中 φS 为不考虑徐变效应时因徐变 $\Delta' = \varphi\Delta$ 在结构中产生的虚拟弹性内力。这二部分相加后可得:

$$\hat{S} = \eta_0 S + \eta_t \varphi S = (\eta_0 + \eta_t \varphi) S = S \tag{1.92}$$

这就证明了结构的所有断面在 τ_0 以后的内力都不会发生改变。

反之,只要结构任一单元的 η_0 或 η_t 与其他单元不一致,$P'_i = (1 - \eta_0)P_i$ 和 $P' = (1 - \eta_0)P$ 的关系就不能成立,结构的整体徐变刚度矩阵 K' 也没有 $K' = \eta_t K$ 这样简单的关系,式(1.91)与式(1.92)均不能成立,此时结构就必然会发生所谓的内力重分配问题。

在加载过程中,结构所有单元(构件)的徐变特性完全相同是一个非常苛刻的条件。只有在满堂支架上一次完成全部同种混凝土结构的混凝土浇筑,并且在其后的某个时刻同时拆除全部支架才能满足这个条件。例如,采用现浇法施工钢筋混凝土连续梁,在不计混凝土的收缩效应并略去钢筋对徐变约束影响的前提下,再假定所有混凝土桥墩与桥台支座都不发生压缩变形,一次浇筑完梁体混凝土并且在其后一次拆除全部支架才能满足这一条件。拆除支架分两次进行间隔了一段时间就不能满足这个条件,因为后拆支架其上梁体混凝土的加载龄期将会大于先落架受力梁体混凝土的加载龄期,这两部分混凝土的徐变特性就会产生差异;梁体两次分段浇筑间隔时间太长也不行,因为在同时落架时先浇筑梁段混凝土的加载龄期将会大于后浇筑梁体混凝土的加载龄期,两部分梁段混凝土的徐变系数也会有差异。按一次全部加载时结构所有单元徐变特性完全相同这一假定条件算得的混凝土超静定结构内力在有些文献中称之为"一次落架内力",这通常就是指在一次浇筑完连续梁后再一次性拆除全部满堂支架后算得的结构内力。只要在分段浇筑连续梁梁体时的间隔时间不要拖得太长并略去钢筋对徐变的约束影响,这种情况下一般就可以近似认为符合"一次落架内力"的计算条件,即认为不会发生所谓的内力重分配问题。

大跨连续混凝土刚构桥梁采用悬臂法施工时,主梁合龙以前逐节段悬臂浇筑。主梁由于是静定结构,此时没有内力重分配问题,但有徐变变形的计算问题、断面内还有钢材与混凝土之间的应力重分配问题。合龙(对体系施加强迫位移)及以后施加二期恒载时,因为主墩墩壁及所有主梁各节段混凝土的加载龄期都不相同,故徐变特性也都不同,因此对结构就会产生很复杂的内力重分配问题。对于较大跨径的混凝土超静定结构体系桥梁,一般都不可能采用满堂支架法一次浇筑完全部梁体混凝土,因此都会有比较复杂的内力重分配问题。求解这类问题如果不采用有限单元法编程计算通常都会非常烦琐,人工手算如果不作出进一步的近似简化假定往往很难完成。

4) 适合于人工手算的分析方法

本节前述部分及相关文献[13]中介绍的分析步骤适合于采用有限单元法或矩阵位移法编程计算,理论上都属于位移法的求解方法。对于部分比较简单的徐变变形与内力重分配计算问题,可以采用以上 6 步求解程序人工手算。手算有手算的特点,虽然基本解题思路与上文所述的方法相同,但部分程序为了适应手算还是应做稍许修改或进一步简化。先通过计算实例研究手算时在持续荷载(恒载)作用下生成徐变不平衡荷载的一些特点或规律,这样有利于对本文分析方法的理解。

图 1.8(a)所示为一任意混凝土梁式静定结构,持续集中力 P_j 在 τ_0 时作用在结构的 j 点,ik 梁段的截面特性为 EI、$\varphi_1 = \varphi_1(\infty, \tau_0)$,$\eta_{1,0}$、$\eta_{1,t}$ 为根据 φ_1 算得的该梁段混凝土的内力衰减系数与徐变内力衰减系数,其他梁段的截面特性可以与 ik 梁段不同。集中力 P_j 作用在 ik 梁段之间,其值应与 j 点的左剪力与右剪力保持平衡,在 $\tau_0 \to \infty$ 时 ik 梁段的内力(含所有剪力)将衰减到原来的 $\eta_{1,0}$ 倍,这相当于将集中力 P_j 乘以 $\eta_{1,0}$ 后在原弹性体系中算得的内力,如图 1.8(a2)所示。这就是说,手算可以直接处理非节点荷载,该荷载在结构中引起的内力衰减后的最终值在一定的条件下(如本例)等于该荷载乘以 $\eta_{1,0}$ 后在原弹性体系中算得的内力。根据力的平衡条件,作用在徐变体系中的徐变不平衡荷载必然为 $(1 - \eta_{1,0})P_j$,此时 ik 梁段的弹性截面特性应替换为徐变换算截面特性,即惯性矩 I 应乘以 $\eta_{1,t}$ 折减,如图1.8(a3)

所示。结构的最终内力为按图1.8(a2)、(a3)图示算得的两部分内力之和,按图1.8(a1)算得的变形为结构在τ_0时发生的弹性变形,按图1.8(c)算得的变形则为在$\tau_0 \rightarrow \infty$时结构的徐变。

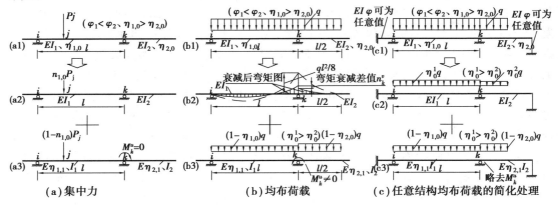

图1.8 徐变不平衡荷载的生成示意图

图1.8(a)为静定结构,在P_j作用下本不需要如此复杂的分解计算,但它可以说明手算方法与编程计算方法之间的区别,因为编程计算一般要将非节点荷载先处理为节点荷载,手算则可以直接处理。图1.8(b1)结构在τ_0时施加了作用在两跨范围内的均布荷载q,按照本书方法可以先求τ_0时在q作用下的结构内力,如图1.8(b2)虚线所示弯矩图。该内力衰减后的弯矩图如图1.8(b2)中实线所示,可以简称为衰减后的第一部分内力。注意本例在k点左右梁体的徐变特性并不相同,衰减后的第一部分内力沿梁长的变化因此也不会连续,其左右断面弯矩衰减后将生成一个随时间而变化的不平衡弯矩M_k^u(如果在恒载q作用下k点处有轴力,k点处还将生成一个不平衡轴力N_k^u,本算例$N_k^u = 0$)。如果k点不是支承节点且该处剪力不为零,理论上k点处还将生成一个不平衡剪力Q_k^u。由于计算位移时不需要考虑剪力的影响,因此自然也不需要考虑这个不平衡剪力。

本例算法的第二步为求结构徐变体系中的徐变内力与徐变变形,计算如图1.8(b3)所示。均布荷载可以理解为数值较小的无数集中力的集合,故图1.8(a3)徐变不平衡集中力的生成原则可以推广到均布荷载的情况,即荷载q衰减后将生成的徐变不平衡荷载为$(1-\eta_{1,0})q$或$(1-\eta_{2,0})q$。注意本阶段计算还要加上上一阶段生成的徐变不平衡弯矩M_k^u,此时的截面特性也应改用徐变换算截面特性,即用$\eta_{1,t}$、$\eta_{2,t}$分别乘以I后替换原来的I。按图1.8(b3)与按图1.8(b2)算得的内力之和就是经过内力重分配以后结构的最终内力,按图1.8(b3)算得的变形则为在$\tau_0 \rightarrow \infty$时结构的徐变。

图1.8(b)的算例仍是可以简单算出内力来的静定结构,其ik梁段的徐变变形实际可以简单判定为等于τ_0时在q作用下ik梁段弹性变形的φ_1倍,但其他梁段的徐变变形仍可以取图1.8(b3)图示计算。上述解题步骤说明,思路与上述有限元法的6个解题步骤实际是一致的,可以相互参照。注意本例按图1.8(b2)求得的第一部分衰减内力不等于将荷载q分别衰减(乘以)$\eta_{1,0}$与$\eta_{2,0}$后作用在弹性体系中算得的内力,这与图1.8(a2)的算法是有区别的。本例的M_k^u对计算结果的影响极小,略去M_k^u的影响,图1.8(b2)方法算得的第一部分衰减内力就可以按将荷载q分别乘以$\eta_{1,0}$与$\eta_{2,0}$后在弹性体系中直接算出。图1.8(c)中的算

例可以说明这种手算的简化处理方法。将荷载乘以各自作用梁体对应的内力衰减系数 $\eta_{i,0}$ 后作用于原结构,算得的内力即为第一部分衰减内力,如图 1.8(c2)所示;徐变不平衡荷载按全部荷载乘以各自的 $(1-\eta_{i,0})$ 计算,梁体的弹性截面特性全部用徐变换算截面特性代替,算得的内力为第二部分徐变内力。经过内力重分配以后的结构最终内力为以上算得的两部分内力之和,与第二部分徐变内力相对应算得的变形即为结构的最终徐变变形。

图 1.8(c)算例的处理方法只是提供一种有可能减少计算工作量的简化方法,但不一定对每个问题都可以使手算工作量减少。一般说来,按图 1.8(c)方式处理的计算精度是很高的。当两种不同徐变特性材料交接点处的恒载弯矩为零时,该法就没有误差。该处弯矩越小或相邻材料的徐变特性差异越小,该法的计算精度就越高。图 1.8(c)所示的简化处理方法只适用于简单徐变问题的手算,分阶段形成结构的复杂徐变问题一般不能采用这样的简化处理方法。

5)组合构件体系中的徐变变形与内力重分配计算

如果要精确考虑钢筋和预应力筋对混凝土徐变特性的影响,可以将钢材视为徐变系数为零的混凝土材料,这样就可以将这类单元定义为由几种不同性质彼此平行的混凝土材料组成的混凝土组合构件单元。钢筋混凝土与预应力混凝土构件单元、混凝土叠合梁、施工阶段分多次逐渐形成的拱箱构件单元都可认为是这样的组合单元。求解组合构件体系中的徐变不平衡荷载 P' 与建立结构的徐变总刚 K' 就远不会如上文所列的公式那样简单。关于在超静定混凝土组合构件体系中如何采用有限单元法精确求解结构的徐变变形与内力重分配问题,可参见相关文献[13]。

1.1.9　简单徐变变形与内力重分配问题的计算

静定结构没有内力重分配问题,但有徐变变形的计算问题。超静定结构的徐变变形与内力重分配计算一般都很烦琐,很多情况下不可能用手算精准计算,因此简单问题一般指不涉及受力体系的改变并且原则上都可以用手算完成的计算问题。以下先通过一个单跨固端梁的内力重分配问题来说明求解方法,这个算例在某种程度上并无太大实用价值,但通过这个例子可以了解求解方法的具体步骤,也可了解编程计算与手算在计算方法上有可能存在的一些差别。为了简化问题的分析,这里仍只讨论结构所有的单元或部件都是由一种相同混凝土材料组成的受力体系(即略去钢筋材料对混凝土徐变特性的影响),但单元之间的徐变特性则可能有较大的差异。

图 1.9 所示为一单跨固端梁,满堂支架上浇筑,左半跨浇筑 2 个月后才浇筑右半跨,其后 7 天一次性落架。梁的弹性刚度为 EI,τ_0 落架时左半跨混凝土的徐变系数 $\varphi_1=1.7$,右半跨的 $\varphi_2=2.6$,求在自重 q 作用下两固端与跨中断面在 $t\to\infty$ 时的最终弯矩与跨中的徐变位移,计算图示如图 1.9(a1)所示。为了节省篇幅,最终内力只考虑断面弯矩的重分配计算。

这是一个比较典型的因混凝土浇筑时间差而导致的内力重分配问题。查有关手册可知,τ_0 落架时按弹性理论计算两固端弯矩为 $M_1=M_3=-\dfrac{ql^2}{12}$,跨中弯矩为 $M_2=\dfrac{ql^2}{24}$,跨中挠度为 $\dfrac{ql^4}{384EI}$。先按本书推荐采用的混合徐变理论式(1.59)求左右半跨混凝土的内力衰减系数。

左半跨：
$$\eta_{1,0} = 0.5\left(\frac{1}{1+1.7} + e^{-1.7}\right) = 0.2765$$

右半跨：
$$\eta_{2,0} = 0.5\left(\frac{1}{1+2.6} + e^{-2.6}\right) = 0.1760$$

再按本书式(1.6)求左右半跨混凝土的徐变内力衰减系数。

左半跨：$\quad\quad\quad\quad\eta_{1,t} = (1-0.277)/1.7 = 0.4256$

右半跨：$\quad\quad\quad\quad\eta_{2,t} = (1-0.176)/2.6 = 0.3169$

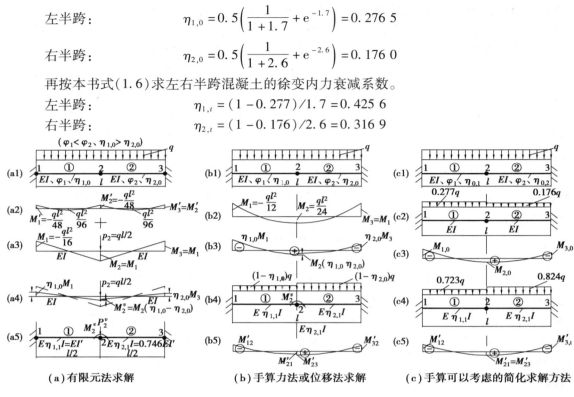

（a）有限元法求解　　　　（b）手算力法或位移法求解　　　（c）手算可以考虑的简化求解方法

图 1.9　固端梁的内力重分配问题

1)按有限元法与手算的混合方法计算

图 1.9(a1)为本问题的基本计算图示。将结构划分为①、②两个单元,1、2、3 三个节点,先将均布荷载 q 向节点移置,荷载对两单元的局部效应为 $M_1' = M_2' = M_3' = -\dfrac{ql^2}{48} = -0.02083ql^2$,如图 1.9(a2)所示;换算节点荷载为 $P_2 = 0.5ql$,τ_0 时作用在结构上的弯矩图如图 1.9(a3)所示,这部分弯矩经过时间 $\tau_0 \to \infty$ 衰减后的第一部分弯矩值为:

①单元:$\eta_{1,0}M_{12} = -0.277 \times \dfrac{ql^2}{16} = -0.0173ql^2$,$\eta_{1,0}M_{21} = +0.0173ql^2(0.1728)$

②单元:$\eta_{2,0}M_{23} = 0.176 \times \dfrac{ql^2}{16} = +0.0110ql^2$,$\eta_{2,0}M_{32} = -0.0110ql^2$

以上步骤都是按上一节所述的分析程序计算的,以下的步骤如果再套用有限元法的程序建立结构的徐变刚度方程求解问题完全没有必要。因节点 2 左右断面弯矩衰减差而产生的 $M_2^u = 0.0173ql^2 - 0.0110ql^2 = 0.0063ql^2$;节点 2 左右断面剪力衰减后生成的徐变不平衡竖直荷载为 $P_2^u = 0.5 \times 0.5ql[(1-0.2765) + (1-0.176)] = 0.3868ql$;$P_2^u$ 与 M_2^u 作用于图 1.9(a5)所示的徐变受力体系,此时①单元的惯性矩应乘以 $\eta_{1,t} = 0.425$ 折减,②单元惯性矩乘以 $\eta_{2,t} = 0.317$ 折减。设此时①单元的换算徐变刚度为 $EI' = 0.425EI$,②单元的换算徐变刚度为 $0.317EI = 0.746EI'$。至此,结构的徐变变形与第二部分徐变内力的计算已经转化为一个如图 1.9(a5)所示的结构力学求解问题。

这是一个 2 次超静定问题,手算时可以采用力法或位移法,本例用位移法求解比较方便。设节点 2 的转角位移为 Δ_1,竖向位移为 Δ_2,位移法求解的正则方程式可以写为:

$$\left.\begin{array}{l} k_{11}\Delta_1 + k_{12}\Delta_2 + F_{1p} = 0 \\ k_{21}\Delta_1 + k_{22}\Delta_2 + F_{2p} = 0 \end{array}\right\} \tag{1.93}$$

式中,k_{11}、k_{21} 分别为 $\Delta_1 = 1$ 时在节点 2 处引起的弯矩与反力,k_{12}、k_{22} 分别为 $\Delta_2 = 1$ 时在节点 2 处引起的弯矩与反力,$F_{1p} = M_2^u = 0.006\ 3ql^2$,$F_{2p} = P_2^u = 0.387ql$。用位移法求解问题可以利用有关单跨梁内力与变形关系的计算成果,这样可以很方便地求得上述正则方程式的刚度系数 k_{ij}。图 1.10 摘录了与本算例有关的几个单跨固端梁的已有计算成果,根据图 1.10(a)、(b)可以算得:

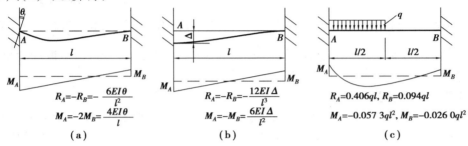

图 1.10　摘录的部分固端梁内力计算图表

$$k_{11} = -\frac{4EI'}{0.5l} - 0.746 \times \frac{4EI'}{0.5l}, k_{12} = \frac{6EI'}{0.25l^2} - 0.746 \times \frac{6EI'}{0.25l^2}$$

$$k_{21} = k_{12}, k_{22} = -\frac{12EI'}{0.125l^3} - 0.746 \times \frac{12EI'}{0.125l^3}$$

代入式(1.93)化简后可得:

$$\left.\begin{array}{l} -13.968l\Delta_1 + 6.096\Delta_2 + 0.006\ 3ql^4/EI' = 0 \\ 6.096l\Delta_1 - 167.62\Delta_2 + 0.386\ 8ql^4/EI' = 0 \end{array}\right\} \tag{1.94}$$

求解后可得:$\Delta_1 = 0.001\ 49\dfrac{ql^3}{EI'}\left(0.003\ 5\dfrac{ql^3}{EI}\right)$,$\Delta_2 = 0.002\ 36\dfrac{ql^4}{EI'}\left(0.005\ 55\dfrac{ql^4}{EI}\right)$。

Δ_2 就是 $\tau_0 \to \infty$ 时跨中 2 点的向下徐变位移值,相应的弹性位移为 $\dfrac{ql^4}{384EI} = 0.002\ 6\dfrac{ql^4}{EI}$,2 点徐变位移为弹性位移的 2.13 倍。

以下求单元因徐变而产生的第二部分弯矩:

①单元:$M'_{12} = \dfrac{2EI'}{0.5l} \times \Delta_1 - \dfrac{6EI'}{0.25l^2}\Delta_2 = 0.005\ 96ql^2 - 0.056\ 6ql^2 = -0.050\ 6ql^2$

$M'_{21} = -\dfrac{4EI'}{0.5l} \times \Delta_1 + \dfrac{6EI'}{0.25l^2}\Delta_2 = -0.011\ 9ql^2 + 0.056\ 6ql^2 = +0.044\ 7ql^2$

②单元:$M'_{23} = 0.746 \times \dfrac{4EI'}{0.5l} \times \Delta_1 + 0.746 \times \dfrac{6EI'}{0.25l^2}\Delta_2 = 0.008\ 9ql^2 + 0.042\ 6ql^2 = +0.051\ 1ql^2$

$M'_{32} = -0.746 \times \dfrac{2EI'}{0.5l} \times \Delta_1 - 0.746 \times \dfrac{6EI'}{0.25l^2}\Delta_2 = -0.004\ 45ql^2 - 0.042\ 2ql^2 = -0.046\ 7ql^2$

$\tau_0 \to \infty$ 时,各断面的最终弯矩 $\hat{M}(\hat{M}_{ij,t})$ 为衰减后的第一部分弯矩与因徐变而产生的第二部分弯矩之和,再加上单元的局部荷载效应 M_1'、M_2' 或 M_3'。

$$\hat{M}_1 = \eta_{1,0}M_{12} + M_{12}' + M_1' = -0.017\,3ql^2 - 0.050\,6ql^2 - 0.020\,8ql^2 = -0.088\,7ql^2$$

$$\hat{M}_{2(左截面)} = 0.017\,3ql^2 + 0.044\,7ql^2 - 0.020\,8ql^2 = 0.041\,2ql^2$$

$$\hat{M}_{2(右截面)} = 0.011\,0 + 0.051\,1ql^2 - 0.020\,8ql^2 = 0.041\,3ql^2 \approx \hat{M}_{2(左截面)}$$

$$\hat{M}_3 = -0.011\,0ql^2 - 0.046\,7ql^2 - 0.020\,8ql^2 = -0.078\,5ql^2$$

断面的最终剪力可仿照以上过程计算,此处不再具体算出结果。计算中要注意弯矩的符号规定,式(1.93)中的弯矩以顺时针旋转方向为正,算得的弯矩则从材料力学规定。如果不考虑内力的重分配,则 $M_1 = M_3 = -\dfrac{ql^2}{12} = -0.083\,3ql^2$,$M_2 = \dfrac{ql^2}{24} = 0.041\,7ql^2$。由于左右半跨混凝土的徐变特性不同,左端断面弯矩 M_1 的绝对值将增加约 6.5%,右端断面弯矩 M_3 的绝对值将减少约 5.8%,跨中弯矩 M_2 将减少接近 1.0%。

2)按完全的手算步骤计算

计算步骤如图 1.9(b1)至(b5)所示。手算可以很方便地直接处理作用在构件或单元上的非节点荷载,因此在程序上可以省掉有关将荷载向节点移置和最后加上局部效应的计算部分。第一步按图 1.9(b1)的基本计算图示直接计算结构内力与变形,结果如图 1.9(b2)所示。这部分内力衰减后为(只计算两固端弯矩):

$$\eta_{1,0}M_1 = -0.277 \times \frac{ql^2}{12} = -0.023\,1ql^2, \quad \eta_{2,0}M_3 = -0.176 \times \frac{ql^2}{12} = -0.014\,7ql^2$$

衰减后的第一部分内力如图 1.9(b3)所示。由于结构两部分的徐变特性不同,故衰减后的弯矩差将形成一个徐变不平衡弯矩 M_2^u,其值按下式计算:

$$M_2^u = \frac{ql^2}{24}(0.277 - 0.176) = 0.004\,2ql^2(不等于上个算法中的 M_2^u)$$

徐变体系中的计算图示如图 1.9(b4)所示,两段徐变均布荷载分别为 $(1 - 0.277)q$ 与 $(1 - 0.176)q$;注意此阶段计算荷载还要加上 M_2^u;截面特性取徐变换算截面特性,这与图 1.9(a5)的取值相同。按图 1.9(b4)算得的结构变形为最终的徐变变形,因徐变而产生的第二部分弯矩图如图 1.9(b5)所示,因为有荷载 M_2^u 的存在,故图 1.9(b5)所示的弯矩图也不是连续变化的。

经过内力重分配以后的结构最终弯矩为图 1.9(b3)、(b5)所示两部分弯矩之和,其结果应与按图 1.9(a1)至(a5)算得的结果完全一致。

3)按简化的手算步骤计算

该法的要点是将全部 τ_0 时作用的持续荷载 P_i(集中力或均布荷载)分解为两部分。

$$\sum P_i = \sum \eta_{i,0}P_i + \sum(1 - \eta_{i,0})P_i \tag{1.95}$$

用荷载 $\sum \eta_{i,0}P_i$ 作用在 τ_0 时弹性结构体系中算得的内力来代替在 $\sum P_i$ 作用下算得的第一部分衰减内力,用荷载 $\sum(1 - \eta_{i,0})P_i$ 作为作用在徐变结构体系中的徐变不平衡荷载,这样算得的内力即为结构的第二部分徐变内力,算得的变形即为结构的最终徐变变形。结构

在 $\tau_0 \to \infty$ 时的最终内力仍为以上算得的两部分内力之和,徐变体系中全部构件的截面特性取徐变换算截面特性。该法的处理方式也即图 1.9(a)、(c)中算例的处理方式,但假定在第一部分计算中可能出现的 M_i^u 全部为零。

用图 1.9(c)中相同算例来说明这种方法的计算程序与计算精度。由于问题与上例相同,左右梁段的有关断面徐变特性也可全部取前面已经算得的数据。图 1.9(c2)为求第一部分衰减内力的计算图示,根据 $\eta_{1,0} = 0.277$ 与 $\eta_{2,0} = 0.176$ 可得此时作用在左右半跨的荷载分别为图中所示的 $0.277q$ 与 $0.176q$。由图 1.10(c)中数据可以算得第一部分衰减后内力为(以下只计算两固端弯矩经内力重分配后的变化,其他计算略):

$$M_{1,0[相当于图1.9(b)中的\eta_{1,0}M_1]} = -0.277 \times 0.057\,3ql^2 - 0.176 \times 0.026\,0ql^2 = -0.020\,4ql^2$$

$$M_{3,0[相当于图1.9(b)中的\eta_{2,0}M_3]} = -0.277 \times 0.026\,0ql^2 - 0.176 \times 0.057\,3ql^2 = -0.017\,3ql^2$$

结果如图 1.9(c3)所示,该弯矩图的变化是连续的,这是与前两种算法最大的不同处。注意以上 $M_{1,0}$ 和 $M_{3,0}$ 与第 2 种算法中算得的 $\eta_{1,0}M_1$ 与 $\eta_{2,0}M_3$ 有差异,但第 2 种算法中要多一个作用在徐变体系中的 M_2^u,在 M_2^u 作用下将会减少两种算法之间的差异。

计算第二部分徐变所引起的内力的计算图示如图 1.9(c4)所示,此时仍需用位移法建立式(1.93)才能求解。方程中未知位移变量 Δ_1、Δ_2 仍为节点 2 的转角位移和竖向位移,所有刚度系数 k_{ij} 均与式(1.93)相同,区别仅在于荷载项系数的计算不同。根据有关静力计算手册,可以直接算得荷载在节点 2 引起的弯矩为:

$$F_{1p} = -(1 - 0.277) \times \frac{ql^2}{48} + (1 - 0.176) \times \frac{ql^2}{48} = 0.002\,1ql^2$$

在节点 2 引起的节点力为 $F_{2p} = 0.25 \times 0.723ql + 0.25 \times 0.824ql = 0.387ql$。将 F_{1p} 与 F_{2p} 及上文计算的 4 个 k_{ij} 代入式(1.93)可得与式(1.94)类似的联立方程:

$$\left.\begin{array}{l} -13.968l\Delta_1 + 6.096\Delta_2 + 0.002\,1ql^4/EI' = 0 \\ 6.096l\Delta_1 - 167.62\Delta_2 + 0.387ql^4/EI' = 0 \end{array}\right\} \tag{1.96}$$

式(1.96)与式(1.94)相比只有 F_{1p} 不同。求解后可得 $\Delta_1 = 0.001\,2\dfrac{ql^3}{EI'}$ (上文算法为 $0.001\,49\dfrac{ql^3}{EI'}$),$\Delta_2 = 0.002\,35\dfrac{ql^4}{EI'}$ (上文算法为 $0.002\,36\dfrac{ql^4}{EI'}$)。与前述算法相比,$\Delta_1$ 的差异稍大,但 Δ_1 的绝对值很小,其值对内力与位移的影响均很小。Δ_1 计算结果的差异可以用略去 M_i^u 的原因解释,节点 2 处的最终徐变位移 Δ_2 则几乎与上文中的算法完全一致。

两固端因徐变而产生的第二部分弯矩为:

左端:$M'_{12} = \dfrac{2EI'}{0.5l} \times \Delta_1 - \dfrac{6EI'}{0.25l^2}\Delta_2 + 0.723 \times \dfrac{ql^2}{48} = 0.004\,8ql^2 - 0.056\,5ql^2 - 0.015\,1ql^2 = -0.066\,8ql^2$

右端:$M'_{32} = -0.746 \times \dfrac{2EI'}{0.5l} \times \Delta_1 - 0.746 \times \dfrac{6EI'}{0.25l^2}\Delta_2 + 0.824 \times \dfrac{ql^2}{48} = -0.003\,6ql^2 - 0.042\,1ql^2 - 0.017\,1ql^2 = -0.062\,8ql^2$

上两式右端最后一项分别为图 1.9(c4)中荷载对固端弯矩的局部效应,其值也应该加入第二部分弯矩。$\tau_0 \to \infty$ 时，两固端断面的最终弯矩 $\hat{M}$ 为第一部分衰减后弯矩与以上算得第二部分弯矩之和。

左端：$\hat{M}_1 = M_{1,0} + M'_{12} = -0.020\,4ql^2 - 0.066\,8ql^2 = -0.087\,2ql^2$（上文算法为 $-0.088\,7ql^2$）

右端：$\hat{M}_3 = M_{3,0} + M'_{32} = -0.017\,3ql^2 - 0.062\,8ql^2 = -0.080\,1ql^2$（上文算法为 $-0.078\,5ql^2$）

如果不考虑内力的重分配，则 $M_1 = M_3 = -0.083\,3ql^2$。由于左右半跨混凝土的徐变特性不同，左端断面 M_1 的弯矩绝对值将增加约 5%，右端断面 M_3 弯矩绝对值将减少约 4%。结果与上文算法所产生的差异，也可以很好地用略去 M_i^u 的原因加以解释。本例简化处理手算方法的计算误差与上文算法相比约为 2%。这说明，这种方法在一般情况下都能满足徐变分析所要求的计算精度。

为节省篇幅，本例只计算了最终的 Δ_2、$\hat{M}_1$ 与 $\hat{M}_3$，其他断面的最终内力与变形均可仿照以上过程计算，此处不再具体算出。本算例介绍的第 3 种简化手算计算步骤不能保证对每一个分析问题都能起到简化的效果。例如，在图 1.9(c2) 的计算图示中，当左右部分的梁段不相等时，计算第一部分衰减后的内力简化方法反而不如第 2 种方法简单，因此是否有必要采用这种简化分析方法应根据具体的问题而定。当构件材质的徐变特性变化点处在持续荷载作用下的弯矩值接近零时，这种方法就越是倾向于是与上文方法同精度的方法。对于某些特定的手算分析问题，这种简化分析方法非常好用，如后文中的算例。

1.1.10　复杂徐变变形与内力重分配问题的计算

复杂的徐变计算问题一般发生在需要分期修建的大跨超静定混凝土结构中，在施工的全过程中往往还会发生受力体系的改变。求解这类徐变问题需要按结构的建造过程分阶段进行计算，由此就可引发出一系列分阶段考虑徐变效应时特有的计算问题。为了简化问题的分析，这里仍只讨论结构所有的单元或部件都是由一种相同混凝土材料组成的受力体系，但结构的单元是分期建立的，因此其徐变特性有所差异。

图 1.11 所示为一等截面单跨梁，浇筑后在 $\tau_0 = 7\,\text{d}$ 时拆除支架成悬臂梁受力状态，如图 1.11(a) 所示，随后立即又在梁的 B 端嵌入支座将梁转换为一端固结一端简支状态，如图 1.11(b) 所示。求 $\tau_0 \to \tau_1 = 37\,\text{d}$、$\tau_0 \to \tau_2 = 67\,\text{d}$ 与 $\tau_0 \to \infty$ 时，梁体任一断面处的内力与徐变变形。

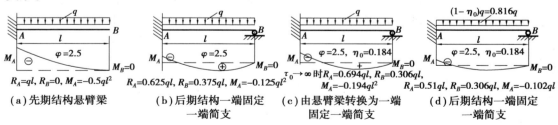

（a）先期结构悬臂梁　　（b）后期结构一端固定　　（c）由悬臂梁转换为一端　　（d）后期结构一端固定
　　　　　　　　　　　　　　 一端简支　　　　　　　固定一端简支　　　　　　　　一端简支

图 1.11　某单跨梁的第一类内力重分配问题

1）一阶段计算法

这是最简单的第一类内力重分配问题，先求 $\tau_0 \to \infty$ 时梁体 A 端的实际弯矩，求得 A 端的弯矩后，根据梁体的内力平衡条件即可求得任一断面处的内力和 B 端的支座反力。设 τ_0 时梁体混凝土的徐变系数 $\varphi(\infty,7)=2.50$,按改进混合徐变理论公式(1.59)求对应的内力衰减系数 η_0,再按式(1.8)求徐变内力衰减系数 η_t。后文算例中如不加以特别说明,η_0 与 η_t 都将采用这两个改进混合理论的公式计算,对此不再加以说明。

$$\eta_0 = \eta_0(\infty,7) = 0.5\left(\frac{1}{1+2.5} + e^{-2.5}\right) = 0.184, \eta_t = \eta_t(\infty,7) = (1-0.184)/2.5 = 0.326$$

先期结构自重作用下内力如图 1.11(a)所示,此时 A 点弯矩为 $M_A = M_{1g} = -0.5ql^2$;后期结构自重作用下内力如图 1.11(b)所示,此时 A 点弯矩为 $M_A = M_{2g} = -0.125ql^2$。在 τ_0 以后结构受力体系发生转换,转换后的状态相当于对图 1.11(b)后期受力状态在 B 端点处施加一个向下的第一类强迫位移(支座瞬间下沉)使该处的反力为零[即回到图 1.11(a)先期受力状态]。该强迫位移在图 1.11(b)A 端引起的弯矩为:

$$M_{1g} - M_{2g} = -0.5ql^2 + 0.125ql^2 = -0.375ql^2$$

因为是第一类强迫位移引起的内力,$\tau_0 \to \infty$ 时上式内力(弯矩)将衰减到 $(M_{ig,A} - M_{2g,A})\eta_0$。该值与图 1.11(b)中的 $M_A = M_{2g}$ 相加,即为 $\tau_0 \to \infty$ 时 A 端处的最终弯矩 $M_{A,t=\infty}$。

$$M_{A,t=\infty} = M_{2g} + (M_{1g} - M_{2g})\eta_0 \tag{1.97}$$

式(1.97)与 04 桥规第 4.2.12 条公式(4.2.12-1)所规定的算法是一致的,区别在于 04 桥规方法是用老化理论求解式中的 η_0,而此处采用混合徐变理论求解 η_0。将具体数值代入可得 $M_{A,t=\infty} = -0.125ql^2 - (0.5ql^2 - 0.125ql^2) \times 0.184 = -0.194ql^2$。此时 B 端支座的反力可根据梁体的内力平衡条件求得,$N_{B,t=\infty} = 0.306ql$,最终 $\tau_0 \to \infty$ 时的内力图如图 1.11(c)所示。

本例梁的变形(挠度,向下为正)计算比较特殊,拆除支架以后的弹性变形按先期结构悬臂梁计算,B 点的挠度为 $\delta_e = 0.125ql^4/EI$,距 B 点 0.422l 处的挠度为 $0.056ql^4/EI$;$\tau_0 \to \infty$ 时的徐变挠度按后期结构计算,其值为相应弹性变形的 2.5 倍,即 A、B 点为零,距 B 点 0.422l 处的徐变挠度为 $2.5 \times 0.00544ql^4/EI = 0.0136ql^4/EI$;以上两部分之和为 $\tau_0 \to \infty$ 时梁体的总挠度,即 B 点的挠度仍为 $0.125ql^4/EI$,距 B 点 0.422l 处的总挠度为 $0.0696ql^4/EI$,这是以先期结构自重施加前的梁体 AB 基线为标准计算的。如以后期结构安装 B 点支座以后的 AB 基线为标准计算,A、B 点的总挠度为零,距 B 点 0.422l 处的弹性变形加徐变总挠度为 $[0.056 - 0.125 \times (1-0.422) + 0.0136]ql^4/EI = -0.0027ql^4/EI$。该点的上拱值最大,其余各点的总挠度也全部为向上的负值。

仿照上述的计算过程就可以直接算得 $\tau_0 \to \tau_1 = 37$ d 时或 $\tau_0 \to \tau_2 = 67$ d 时的梁体内力状态。设本例按式(1.39)构建徐变的发展系数函数(即按表 1.5 倒数第二行取值),$L(\tau_1 - \tau_0) = L(30) = 0.40, L(\tau_2 - \tau_0) = L(60) = 0.50$,即假定 τ_0 后 30 d、60 d,徐变完成最终徐变的 40%、50%,由式(1.40)直接可得 $\varphi(37,7) = L(30)\varphi(\infty,7) = 0.4 \times 2.5 = 1.0$,据此计算 $\tau_0 \to \tau_1$ 时段的内力衰减系数 $\eta_0(37,7) = 0.5\left(\frac{1}{1+1.0} + e^{-1.0}\right) = 0.434$,再计算 $\eta_t(37,7) = (1-0.434)/1.0 = 0.566$[不计算徐变变形就可以不用计算 $\eta_t(37,7)$]。当时间 $\tau_0 \to \tau_1$ 时,A 点的实际弯矩为:

$$M_{A,t=\tau_1} = -0.125ql^2 - (0.5ql^2 - 0.125ql^2) \times 0.434 = -0.288ql^2$$

B 端支座的反力为 $N_{B,t=\tau_1} = 0.212ql$。为节省篇幅,以下将不再讨论梁体徐变变形的计算。

同理，可以求得 $\varphi(67,7) = L(60)\varphi(\infty,7) = 0.5 \times 2.5 = 1.25$，$\eta_0(67,7) = 0.5$ $\left(\dfrac{1}{1+1.25} + e^{-1.25}\right) = 0.365$，$\tau_0 \to \tau_2$ 时 A 点的实际弯矩为：

$$M_{A,t=\tau_2} = -0.125ql^2 - (0.5ql^2 - 0.125ql^2) \times 0.365 = -0.262ql^2$$

B 端支座的反力为 $N_{B,t=\tau_2} = 0.238ql$。

一阶段计算法与采用的徐变理论无关，以上算例是按式(1.59)计算的 η_0，因此，采用改进混合徐变理论（后文有时也简称为"混合理论"）。当然，也可以采用其他理论的公式计算 η_0 值，只是这样算得的最终结果会与以上结果不同。例如，按 04 桥规第 4.2.12 条的规定，本例的 $\eta_0 = e^{-2.5} = 0.082$，再按式(1.97)可求得 $M_{A,t=\infty} = -0.156ql^2$，比上文的结果 $-0.194ql^2$ 相差近 20%，原因在于计算 η_0 采用的是老化理论。同理也可按老化理论的一阶段法算得 $M_{A,t=\tau_1} = -0.263ql^2$ 与 $M_{A,t=\tau_2} = -0.232ql^2$，与混合理论的一阶段法算得结果相比，误差分别为 8.7% 与 11.5%。

以上的求解方法是从第一类强迫位移的定义直接导出的，也可认为是对 04 桥规第 4.2.12 条公式(4.2.12-1)来历的一个解释。本书前述有限元法的求解步骤是可以求解任何类型徐变问题的，编程计算时不需要先区分属于第一类还是第二类徐变问题。按混合徐变理论编程计算时其步骤为：先按图 1.11(a)求 τ_0 时在荷载 q 作用下的单元内力，算得 $M_{A,t=\tau_0} = -0.5ql^2$；$\tau_0 \to \infty$ 期间，$M_{A,t=\tau_0}$ 要衰减到 $\eta_0(\infty,7)M_{A,t=\tau_0} = -0.5ql^2 \times 0.184 = -0.092ql^2$，同时又会生成新的徐变不平衡荷载 $q' = (1-0.184)q = 0.816q$。τ_0 以后结构在 B 点处嵌入支座，受力体系改变，徐变不平衡荷载 q' 自然只能作用在所谓的后期结构上，由此可算得因 q' 在后期结构 A 点引起的弯矩为 $-0.102ql^2$，如图 1.11(d)所示。最终 A 点的弯矩为以上两部分算得弯矩之和，即 $M_{A,t=\infty} = -0.092ql^2 - 0.102ql^2 = -0.194ql^2$，这与以上按对后期结构施加了第一类强迫位移后算得的结果是一致的。$M_{A,t=\infty} = -0.092ql^2 - 0.102ql^2$ 可以说明为经内力重分配以后的最终内力是由两部分组成的：第一部分 $-0.092ql^2$ 为衰减后的内力，第二部分 $-0.102ql^2$ 为因徐变不平衡荷载在结构中产生的最终实际徐变内力，这实际也就是式(1.89)所表达的含义。

无论是第一类还是第二类内力重分配问题，一阶段计算法都要从加载时刻 τ_0 开始计算。如要计算 τ_0 之后 τ_i 时刻结构的实际内力与徐变变形，都只能将 $\tau_0 \to \tau_i$ 视为一个计算阶段。一阶段法是最基本的计算方法，前述部分算例中采用的也都可以认为是一阶段计算法。这种方法理论上严密计算过程简单，但如果计算时段内结构的受力体系发生了改变或又生成了新的单元，此方法将不再适用，此时还必须寻求以下其他的求解方法。

2)分时段考虑徐变效应的计算方法

无论采用何种分时段计算徐变效应的方法，对于一个在 τ_0 时的加载过程，都要将徐变系数 $\varphi(\infty,\tau_0)$ 按在 τ_0 以后所划分的时段加以拆分。对于图 1.11 所示算例，可将时段做如下划分：第 1 计算时段为 $\tau_0 \to \tau_1$，第 2 计算时段为 $\tau_1 \to \tau_2$，第 3 计算时段为 $\tau_2 \to \infty$。设徐变随时间的发展系数函数 $L(x)$ 与上文假定的相同，根据函数 $L(x)$ 即可将混凝土徐变系数 $\varphi(\infty,7) = 2.5$ 拆分为：

$$\varphi(\infty,7) = \varphi(\tau_1,\tau_0) + \overline{\varphi}(\tau_2,\tau_1) + \overline{\varphi}(\infty,\tau_2) \tag{1.98}$$

式中，第 1 时段 $\varphi(\tau_1,\tau_0) = \varphi(37,7) = 1.0$，第 2 时段 $\overline{\varphi}(\tau_2,\tau_1) = \overline{\varphi}(67,37) = \varphi(67,7) -$

$\varphi(37,7) = 1.25 - 1.0 = 0.25$，第 3 时段 $\overline{\varphi}(\infty,\tau_2) = \overline{\varphi}(\infty,67) = \varphi(\infty,7) - \varphi(67,7) = 2.5 - 1.25 = 1.25$。式（1.98）即式（1.2），符号 φ 上加上划线是为与正常定义的徐变系数符号相区分。

分时段计算时，采用不同的徐变理论就会有不同的方法，所有方法都需要将徐变系数按式（1.2）或式（1.98）先行拆分。以下将结合这个算例对这些方法分别加以说明，这些方法是否可行或评价这种方法的计算精度，结合本例的判定标准就是其每个时段末算得的实际 $M_{A,t=\tau_i}$ 能否与按混合理论的一阶段法算得的结果一致。

（1）采用改进混合徐变理论求徐变系数的求解方法（混合理论方法）

这类方法采用改进混合理论求徐变系数，即对同一混凝土单元不同加载龄期荷载所对应的徐变系数应按 04 桥规附录 F 第 F.2 条的规定或类似的方法计算，因此按式（1.98）拆分在任意时刻 τ_0 加载的徐变系数 $\varphi(\infty,\tau_0)$ 时，只有关系 $\varphi(\tau_i,\tau_0) = \overline{\varphi}(\tau_i,\tau_0)$ 才能成立，其余的恒有关系 $\overline{\varphi}(\tau_{i+1},\tau_i) < \varphi(\tau_{i+1},\tau_i)$。计算过程中求 η_0 可以按混合理论即本书推荐的公式（1.59）计算，也可以按老化理论式（1.48）计算 η_0，按照这个思路在理论上可以形成 3 种不同的具体求解方法。现结合算例对这 3 种方法分别说明如下。

①混合理论方法 1：拆分 φ 后直接按混合理论求解 η_0 的方法。该法按混合理论求得与某个在 τ_0 时加载相对应的徐变系数 $\varphi(\infty,\tau_0)$ 后，先按式（1.98）将 $\varphi(\infty,\tau_0)$ 拆分。对于每一个计算时段 $\tau_i \to \tau_{i+1}$，虽然 $\overline{\varphi}(\tau_{i+1},\tau_i)$ 不是在 τ_i 时加载所求得的徐变系数，但可以近似将其视为是在 τ_i 时加载所求得的徐变系数 $\varphi(\tau_{i+1},\tau_i)$。这样任一时段 $\tau_i \to \tau_{i+1}$ 的 $\overline{\eta}_0(\tau_{i+1},\tau_i)$ 与 $\overline{\eta}_t(\tau_{i+1},\tau_i)$ 计算公式则可直接由式（1.59）与式（1.8）改写为：

$$\left.\begin{array}{l} \overline{\eta}_0(\tau_{i+1},\tau_i) = 0.5\left[\dfrac{1}{1 + \overline{\varphi}(\tau_{i+1},\tau_i)} + \mathrm{e}^{-\overline{\varphi}(\tau_{i+1},\tau_i)}\right] \\[4mm] \overline{\eta}_t(\tau_{i+1},\tau_i) = \dfrac{1 - \overline{\eta}_0(\tau_{i+1},\tau_i)}{\overline{\varphi}(\tau_{i+1},\tau_i)} \end{array}\right\} \tag{1.99}$$

确定徐变的发展系数函数 $L(x)$ 后，式中的 $\overline{\varphi}(\tau_{i+1},\tau_i)$ 则可按下式计算：

$$\overline{\varphi}(\tau_{i+1},\tau_i) = \varphi(\infty,\tau_0)\left[L(\tau_{i+1} - \tau_0) - L(\tau_i - \tau_0)\right] \tag{1.100}$$

只要近似认为上面两式中的 τ_i 就是加载龄期，即可按一阶段法完成本时段的近似计算。式中的 $\overline{\eta}_0(\tau_{i+1},\tau_i)$ 与 $\overline{\eta}_t(\tau_{i+1},\tau_i)$ 因符号中的 τ_i 不是真正的加载龄期，故这两个符号上也都要加上划线，以与正常定义的符号 $\eta_0(\tau_{i+1},\tau_i)$ 与 $\eta_t(\tau_{i+1},\tau_i)$ 相区分。以下为本例按以上方法的具体求解过程，求解的方法仍采用 04 桥规第 4.2.12 条的方法，以与上文统一。

第 1 时段直接采用一阶段计算法，计算的结果见上文。注意计算的假定是 τ_0 时的内力状态为先期结构的受力状态，后期结构为图 1.11（b）所示的受力状态。时段末了 τ_1 时 A 点的实际弯矩为 $M_{A,t=\tau_1} = -0.288ql^2$，这是按改进混合理论的计算结果。

第 2 时段在第 1 时段末了 τ_1 时受力状态的基础上继续计算，因此上一阶段 τ_1 时的受力状态在本阶段计算中可视为先期结构的受力状态，后期结构则仍为图 1.11（b）所示结构不变，近似将 $\overline{\varphi}(\tau_2,\tau_1)$ 视为 $\varphi(\tau_2,\tau_1)$。根据 $\overline{\varphi}(67,37) = 0.25$，可按下式求本阶段相应的 $\overline{\eta}_0(67,37)$。

$$\overline{\eta}_0(67,37) = 0.5\left(\frac{1}{1 + 0.25} + \mathrm{e}^{-0.25}\right) = 0.789$$

这里 $\overline{\eta}_0(67,37)$ 是与 $\overline{\varphi}(67,37)$ 对应算得的值,即 $\overline{\eta}_0(67,37)$ 不是在龄期为 37 d 时加载至 67 d 时算得(或测得)的内力衰减系数,是该值的一个近似值。为节省篇幅,以下不再求 $\overline{\eta}_t(67,37)$ 和徐变变形。

仿照以上的一阶段计算法直接可得本时段末了 $\tau_1 \rightarrow \tau_2$ 时 A 点的(近似)实际弯矩为:

$$M_{A,t=\tau_2} = -0.125ql^2 - (0.288ql^2 - 0.125ql^2) \times 0.789 = -0.253ql^2$$

以混合理论的一阶段法结果 $-0.262ql^2$ 为准,上述结果绝对值偏小,误差为 3%。

第 3 时段计算以上阶段 τ_2 时的受力状态为先期结构的受力状态,后期结构仍为图 1.11(b)结构。仿照以上第 2 时段的计算方法,根据 $\overline{\varphi}(\infty,67) = 1.25$ 可求得本阶段相应的结果。

$$\overline{\eta}_0(\infty,67) = 0.5\left(\frac{1}{1+1.25} + e^{-1.25}\right) = 0.365$$

本时段末了 $\tau_2 \rightarrow \infty$ 时 A 点的(近似)实际弯矩为:

$$M_{A,t=\infty} = -0.125ql^2 - (0.253ql^2 - 0.125ql^2) \times 0.365 = -0.172ql^2$$

以混合理论的一阶段法结果 $-0.194ql^2$ 为准,上述结果绝对值偏小,误差为 11%,但仍比采用老化理论的一阶段法算得的结果 $-0.156ql^2$ 更为准确。

以上采用混合理论方法 1 对于第一类内力重分配问题,一般最终会稍高估徐变的效应,这是因为除第 1 时段外之外,每一步计算 $\overline{\eta}_0(\tau_{i+1},\tau_i)$ 时都是近似将 $\overline{\varphi}(\tau_{i+1},\tau_i)$ 视为 $\varphi(\tau_{i+1},\tau_i)$ 算得的结果。本例中 $\eta_0(37,7)\overline{\eta}_0(67,37)\overline{\eta}_0(\infty,67) = 0.434 \times 0.789 \times 0.365 = 0.125 < \eta_0(\infty,7) = 0.184$,不能满足式(1.5)的要求,这是产生计算误差的主要原因。另外,按式(1.99)求得的所有 $\overline{\eta}_t(\tau_{i+1},\tau_i)$ 也不能满足式(1.7)的要求。在分时段计算收缩等第二类强迫位移引起的徐变效应时就有可能会带来一些分析误差,这类误差时段分得越细往往越大,但在编程时只要注意规避该因素的影响,该因素带来的影响可以减少到可以忽略不计。从另一个角度来看,用式(1.99)计算的 $\overline{\eta}_t(\tau_{i+1},\tau_i)$ 修正该时段单元的弹性刚度又是必需的,因为这样可以在理论上保证求得的徐变变形为该时段弹性变形的 $\overline{\varphi}(\tau_{i+1},\tau_i)$ 倍。后文的所有其他算法都有这个问题,以后就不再对此再加说明。

注意以上分析都是针对一个在 τ_0 时加载的单一混凝土单元而言的徐变内力重分配计算。当为多单元组成的结构且各单元的徐变特性不相同时(混凝土的浇筑时间有先有后),在 τ_0 时加载的荷载作用下,首先应当按混合徐变理论计算各个单元对应的徐变系数,然后每个单元都要按以上公式计算该单元在同一时段里对应的 $\overline{\eta}_0(\tau_{i+1},\tau_i)$ 与 $\overline{\eta}_t(\tau_{i+1},\tau_i)$,作用在该时段结构上的整体徐变不平衡荷载 P' 可按本书有关公式计算。组装结构在本时段的整体徐变刚度矩阵 K' 时,每一个单元的刚度都应乘以其对应的 $\overline{\eta}_t(\tau_{i+1},\tau_i)$ 予以折减,这样就可以求得结构在该时段(在 τ_0 时作用的荷载 P 作用下)所发生的徐变变形 $\Delta' = K'^{-1}P'$。这里的符号 P'、K' 与 Δ' 都是指在时段 $\tau_i \rightarrow \tau_{i+1}$ 里的相应值,其含义与 1.1.8 节中的符号含义相同。关于多单元体系的徐变分时段计算问题,后文介绍的其他方法都与本方法相同,以后就不再另加说明。

如果在 τ_0 以后的 τ_i 时结构新生成了单元并由此产生了一个新的加载过程,由于采用的是改进混合徐变理论,对于旧的同一单元而言的徐变系数 $\varphi(\infty,\tau_i)$,应按混合理论的方法计算(此处的 τ_i 为加载龄期),其值将恒大于按式(1.98)拆分出来的 $\overline{\varphi}(\infty,\tau_i)$(此处的 τ_i 不是加载龄期)。在其后的同一计算时段里,同一单元在不同荷载作用下将具有不同的徐变特性,计算也就将不能合并进行。这就意味着,严格按照上述混合理论方法 1 的方法求解多次加载的复杂徐变问题,每一个加载过程都必须独立求解,最后再根据叠加原理将所有荷载效应相加才能求得最终的计算结果,这样就势必大大地增加求解结构徐变刚度方程的次数与计算工作量。该法由于计算烦琐且增加的工作量很大,一般只能适用于编程用计算机求解,关于这个问题后文还会加以讨论。

②混合理论方法 2:拆分 φ 后按混合理论反算 η_0 的方法。将 $\varphi(\infty,\tau_0)$ 按式(1.98)拆分后在任意计算时段 $\tau_i \rightarrow \tau_{i+1}$ 中,既然按上文方法 1 算得的各 $\overline{\eta}_0(\tau_{i+1},\tau_i)$ 不能满足式(1.5)的要求是产生计算误差的主要原因,可以在一阶段法求得 $\eta_0(\tau_{i+1},\tau_0)$ 的基础上按满足式(1.5)要求的条件逐阶段反算每个计算时段的 $\overline{\eta}_0(\tau_{i+1},\tau_i)$,即将式(1.99)改写为如下的形式:

$$\left.\begin{aligned}
\eta_0(\tau_i,\tau_0) &= 0.5\left[\frac{1}{1+\varphi(\tau_i,\tau_0)} + e^{-\varphi(\tau_i,\tau_0)}\right] \\
\eta_0(\tau_{i+1},\tau_0) &= 0.5\left[\frac{1}{1+\varphi(\tau_{i+1},\tau_0)} + e^{-\varphi(\tau_{i+1},\tau_0)}\right] \\
\overline{\eta}_0(\tau_{i+1},\tau_i) &= \frac{\eta_0(\tau_{i+1},\tau_0)}{\eta_0(\tau_i,\tau_0)} \\
\overline{\eta}_t(\tau_{i+1},\tau_i) &= \frac{1-\overline{\eta}_0(\tau_{i+1},\tau_i)}{\overline{\varphi}(\tau_{i+1},\tau_i)}
\end{aligned}\right\} \tag{1.101}$$

式中的 $\varphi(\tau_i,\tau_0)$ 与 $\varphi(\tau_{i+1},\tau_0)$ 则可按下式计算:

$$\left.\begin{aligned}
\varphi(\tau_i,\tau_0) &= \varphi(\infty,\tau_0)L(\tau_i-\tau_0) \\
\varphi(\tau_{i+1},\tau_0) &= \varphi(\infty,\tau_0)L(\tau_{i+1}-\tau_0)
\end{aligned}\right\} \tag{1.102}$$

按式(1.101)求得 $\overline{\eta}_0(\tau_{i+1},\tau_i)$ 中的 τ_i 也不是某个荷载的加载时间,故符号 $\overline{\eta}_0(\tau_{i+1},\tau_i)$ 上也要加上划线。这里 $\overline{\eta}_0(\tau_{i+1},\tau_i)$ 的含义虽不同于正常定义的符号 $\eta_0(\tau_{i+1},\tau_i)$,但却具有明确的力学含义,即其值为 τ_0 时施加荷载 q 在结构中经过内力重分配以后)τ_i 时的真实内力 $S_{A,t=\tau_i}$ 在 $\tau_i \rightarrow \tau_{i+1}$ 时段内继续衰减的衰减系数。很容易证明,按式(1.101)求得的所有 $\overline{\eta}_0(\tau_{i+1},\tau_i)$ 将会满足式(1.5)的要求。注意按式(1.101)求得的所有 $\overline{\eta}_t(\tau_{i+1},\tau_i)$ 也不能满足式(1.7)的要求,理论上仿照上述对 $\overline{\eta}_0(\tau_{i+1},\tau_i)$ 的处理,也可以求得一组 $\overline{\eta}_t(\tau_{i+1},\tau_i)$ 使其能满足式(1.7)的要求,但这样会严重丢失最重要的徐变变形计算精度,理由同上文方法 1 中所述,因此各时段的 $\overline{\eta}_t(\tau_{i+1},\tau_i)$ 还必须仍按这样的公式计算。以下就仍以上文的这个算例为例,说明这种方法的具体求解过程,但求解的方法不再采用 04 桥规第 4.2.12 条的方法而是按本书提出的基于有限元的手算方法进行。

第 1 时段 $\tau_0 \rightarrow \tau_1$ 的计算同前,仍取 $\varphi(37,7)=1.0$,$\eta_0(37,7)=0.434$,经过第 1 时段后,$M_{A,t=\tau_0}$ 将由 $-0.5ql^2$ 变化为 $M_{A,t=\tau_1}=-0.288ql^2$。按有限元法的计算程序,本阶段的徐变不平衡荷载为 $q'(1)=(1-0.434)q=0.566q$,q' 后圆括号内的数字表示计算时段。在 $q'(1)$ 作用下梁体的刚度按 $\eta_t(37,7)=0.566$ 折减,这将保证在本时段内算得的徐变变形为相应弹性变形的 $\varphi(37,7)=1.0$ 倍。

第 2 时段 $\tau_1 \to \tau_2$ 的计算,先可引用上文 $\tau_0 \to \tau_2$ 一阶段计算法中的部分计算成果,即 $\varphi(67,7) = 1.25, \overline{\varphi}(67,37) = 0.25, \eta_0(67,7) = 0.365$,但本时段的 $\overline{\eta}_0(67,37)$ 不由 $\overline{\varphi}(67,37)$ 计算而由条件 $\eta_0(67,7) = \overline{\eta}_0(67,37)\eta_0(37,7)$ 确定。

$$\overline{\eta}_0(67,37) = \eta_0(67,7)/\eta_0(37,7) = 0.365/0.434 = 0.841$$

根据 $\overline{\eta}_0(67,37)$、$\overline{\varphi}(67,37)$ 按式(1.101)求相应时段的 $\overline{\eta}_t(67,37)$。

$$\overline{\eta}_t(67,37) = [1 - \overline{\eta}_0(67,37)]/\overline{\varphi}(67,37) = (1 - 0.841)/0.25 = 0.636$$

第 1 时段末 A 点的弯矩 $M_{A,t=\tau_1}$ 在本时段将继续衰减到 $M_{A,t=\tau_1}\overline{\eta}_0(67,37) = -0.288ql^2 \times 0.841 = -0.242ql^2$,同时生成的徐变不平衡荷载为:

$$q'(2) = [1 - \overline{\eta}_0(67,37)]q = (1 - 0.841)q = 0.159q$$

在 $q'(2)$ 作用下,A 点的弯矩为 $-0.125ql^2 \times 0.159 = -0.020ql^2$,第 2 时段末 A 点的弯矩为以上两部分计算弯矩之和。

$$M_{A,t=\tau_2} = -0.242ql^2 - 0.020ql^2 = -0.262ql^2$$

这与按混合理论一阶段法算得的结果一致。在 $q'(2)$ 作用下梁体的刚度应乘以 $\overline{\eta}_t(67,37) = 0.636$ 折减,因为 $\overline{\eta}_t(67,37)$ 是按 $[1 - \overline{\eta}_0(67,37)]/\overline{\varphi}(67,37)$ 计算的,这将保证在本时段内算得的徐变变形为相应弹性变形的 $\overline{\varphi}(67,37)$($= 0.25\%$)。

第 3 时段 $\tau_2 \to \infty$ 的计算与第 2 时段类似,先求 $\varphi(\infty,67) = 1.25$,按条件 $\eta_0(\infty,67)\eta_0(67,7) = \eta_0(\infty,7)$ 可求得 $\eta_0(\infty,67) = 0.184/0.365 = 0.504$,再求 $\overline{\eta}_t(\infty,67) = (1 - 0.504)/1.25 = 0.397$。在本时段 A 点的弯矩将衰减到 $\eta_0(\infty,67)M_{A,t=\tau_2} = -0.504 \times 0.262ql^2 = -0.132ql^2$,同时生成的 $q'(3) = (1 - 0.504)q = 0.496q$;$q'(3)$ 是作用在后期结构上的,由此引起 A 点的弯矩为 $-0.125ql^2 \times 0.496 = -0.062ql^2$。第 3 时段末 A 点的弯矩为以上两部分计算弯矩之和。

$$M_{A,t=\infty} = -0.132ql^2 - 0.062ql^2 = -0.194ql^2$$

以上结果与按混合理论一阶段法 $\tau_0 \to \infty$ 时算得的最终弯矩值是相同的,徐变变形的计算结果也应是与一阶段法算得的结果相同,读者可以自行加以证明。通过以上的计算结果,可以看出这种分时段反算 η_0 的计算方法比上文方法 1 在一般情况下应有更好的计算精度。

混合理论方法 2 与混合理论方法 1 的区别在于:前者的 η_0 不是根据拆分出来的 φ 直接按式(1.59)或式(1.99)计算的,而后者是;前者各计算时段算得的 $\overline{\eta}_0(\tau_{i+1},\tau_i)$ 满足式(1.5)的要求,后者不能满足;就计算工作量而言,两种方法虽然前者计算 $\overline{\eta}_0(\tau_{i+1},\tau_i)$ 的步骤烦琐,但二者并无本质的区别,对于较为复杂的徐变分析问题,两种方法都有可能大大地增加计算的工作量,理由与混合理论方法 1 中所述相同。由于混合理论方法 2 较方法 1 明显具有更好的计算精度且增加的计算工作量十分有限,故对于编程计算而言混合理论方法 1 实际已经没有太多采用的价值。对于一阶段法不能解决的复杂徐变分析问题,如果要用严格的混合徐变理论求解,笔者推荐采用混合理论方法 2,即对每一个加载过程都按混合理论计算对应的 φ,拆分 φ 后再按混合理论反算这个加载过程中各时段对应 η_0 的求解方法。

③混合理论方法 3:拆分 φ 后按老化理论求解 η_0 的方法(混合 + 老化理论方法)。该方法按混合理论求徐变系数 $\varphi(\infty,\tau_0)$,按式(1.98)拆分 $\varphi(\infty,\tau_0)$,对于每一个计算时段近似将 $\overline{\varphi}(\tau_{i+1},\tau_i)$ 视为在 τ_i 时加载所求得的徐变系数 $\varphi(\tau_{i+1},\tau_i)$,再按老化理论的式(1.48)求任一计算时段 $\tau_i \to \tau_{i+1}$ 的 $\overline{\eta}_0(\tau_{i+1},\tau_i)$ 与 $\overline{\eta}_t(\tau_{i+1},\tau_i)$,即将式(1.99)改写为:

$$\left.\begin{array}{l} \overline{\eta}_0(\tau_{i+1},\tau_i) = \mathrm{e}^{-\overline{\varphi}(\tau_{i+1},\tau_i)} \\[2mm] \overline{\eta}_t(\tau_{i+1},\tau_i) = \dfrac{1-\overline{\eta}_0(\tau_{i+1},\tau_i)}{\overline{\varphi}(\tau_{i+1},\tau_i)} \end{array}\right\} \tag{1.103}$$

式中, $\overline{\varphi}(\tau_{i+1},\tau_i)$ 的计算仍用式(1.100)。由于采用了老化理论计算 η_0 ,很容易证明以下关系成立：

$$\eta_0(\infty,\tau_0) = \eta_0(\tau_1,\tau_0)\overline{\eta}_0(\tau_2,\tau_1)\overline{\eta}_0(\infty,\tau_2) \tag{1.104}$$

该法对于一个具体的加载过程而言,拆分后的徐变系数按式(1.103)求得的各时段 η_0 可以满足式(1.5)对 η_0 的拆分要求。将本算例的具体数据代入: $\eta_0(\tau_1,\tau_0) = \mathrm{e}^{-1.0} = 0.368$, $\eta_0(\tau_2,\tau_1) = \mathrm{e}^{-0.25} = 0.779$, $\eta_0(\infty,\tau_2) = \mathrm{e}^{-1.25} = 0.287$,代入式(1.104)可得 $\eta_0(\infty,\tau_0) = \mathrm{e}^{-2.5} = 0.082 = 0.368 \times 0.779 \times 0.287$,这就验证了式(1.104)的成立。

仍用前述同一个算例,采用混合理论方法 3 的具体求解过程如下(也可视为是按 04 桥规方法)：

第 1 时段末 τ_1 时 A 点的实际弯矩为：

$$M_{A,t=\tau_1} = -0.125ql^2 - (0.5ql^2 - 0.125ql^2) \times \mathrm{e}^{-1.0} = -0.263ql^2$$

以混合理论的一阶段法结果 $-0.288ql^2$ 为准,上述结果绝对值偏小,误差为 8.7%。

第 2 时段是在第 1 时段末 τ_1 时受力状态的基础上继续计算的,因此第 2 时段末 A 点的实际弯矩可写为：

$$M_{A,t=\tau_2} = -0.125ql^2 - (0.263ql^2 - 0.125ql^2) \times \mathrm{e}^{-0.25} = -0.232ql^2$$

与混合理论的一阶段法结果 $-0.262ql^2$ 相比,上述结果绝对值偏小 11.5%。

第 3 时段末 A 点的实际弯矩仿照以上计算程序可写为：

$$M_{A,t=\infty} = -0.125ql^2 - (0.232ql^2 - 0.125ql^2) \times \mathrm{e}^{-1.25} = -0.156ql^2$$

与混合理论的一阶段法计算结果 $-0.194ql^2$ 相比,上述结果的绝对值偏小近 20%。注意以上 3 个时段末的计算结果与采用老化理论的一阶段法算得的结果是完全一致的,但这仅是对在 τ_0 时加载的一个荷载效应而言。与混合理论方法 1 与方法 2 相同的是,由于采用了混合理论求在 τ_0 以后 τ_i 时刻加载的混凝土徐变系数,故每一个加载过程都必须要独立求解出一条对应的徐变系数曲线,其增加的计算工作量因此也与混合理论方法 1 与方法 2 是大体相当的,因此一般也只能适用于编程计算。本方法与混合理论方法 1、2 的区别仅在于 η_0 的计算公式不同,由于采用混合理论的计算公式求 η_0 的计算精度要好于按老化理论公式求解 η_0 的计算精度,故笔者不推荐使用这种求解方法。

(2)采用老化理论求徐变系数的求解方法(老化理论或改进老化理论方法)

由于采用严格的改进混合徐变理论增加的计算工作量太大或过于烦琐,有时也有必要引用老化徐变理论中求徐变系数的方法来简化问题的分析。根据老化理论的第一个假定即不同加载龄期的混凝土徐变曲线具有沿徐变系数图形竖轴彼此平行的性质,只需要由试验提供或按 04 桥规方法计算出一条基本的徐变系数曲线,其后在任意时刻 τ_i 加载的徐变系数曲线都可以在这根徐变系数曲线上截取。也就是说,基本徐变系数 $\varphi(\infty,\tau_0)$ 曲线按式(1.2)与式(1.98)拆分时,式中所有上划线都可去掉,算例中的式(1.98)就可以改写为：

$$\varphi(\infty,\tau_0) = \varphi(\tau_1,\tau_0) + \varphi(\tau_2,\tau_1) + \varphi(\infty,\tau_2) \tag{1.105}$$

对于老化理论恒有关系 $\overline{\varphi}(\tau_{i+1},\tau_i) = \varphi(\tau_{i+1},\tau_i)$，故式（1.105）中的 τ_i 都可以是加载龄期。老化理论处理徐变问题从计算技术的角度来看有特别简便之处，因为对一个在 τ_0 以后有多个加载过程的徐变问题而言，在 τ_0 后的任意 $\tau_i \to \tau_{i+1}$ 计算时段，计算在 τ_0 及其以后任意时刻加载荷载的徐变效应时该单元都具有相同的徐变特性，即此时段的徐变系数都等于从 $\varphi(\infty,\tau_0)$ 中截取或拆分出的 $\varphi(\tau_{i+1},\tau_i)$，因此多个加载过程的徐变刚度方程在一个计算时段可以合并求解，可以简化问题分析。下文介绍的 3 种老化理论或改进老化理论的求解方法都是用老化理论求徐变系数的方法，但根据由拆分出的徐变系数求 η_0 方法的不同，又可以区分出 3 种不同的方法。

①改进老化理论方法 1：用混合理论直接求解 η_0 的方法（方法 4）。该法采用老化理论求不同加载龄期混凝土的徐变系数，在 τ_0 时加载的徐变系数确定后按式（1.105）将 $\varphi(\infty,\tau_0)$ 拆分，求得 $\varphi(\tau_{i+1},\tau_i)$ 后直接按以下混合理论的计算公式求得相应计算时段的 $\eta_0(\tau_{i+1},\tau_i)$ 与 $\eta_t(\tau_{i+1},\tau_i)$。

$$\left.\begin{array}{l} \eta_0(\tau_{i+1},\tau_i) = 0.5\left[\dfrac{1}{1+\varphi(\tau_{i+1},\tau_i)} + \mathrm{e}^{-\varphi(\tau_{i+1},\tau_i)}\right] \\[4mm] \eta_t(\tau_{i+1},\tau_i) = \dfrac{1-\eta_0(\tau_{i+1},\tau_i)}{\varphi(\tau_{i+1},\tau_i)} \end{array}\right\} \qquad (1.106)$$

式（1.106）与式（1.99）的区别仅在于去掉式（1.99）中的全部上划线。因老化理论有关系 $\overline{\varphi}(\tau_{i+1},\tau_i) = \varphi(\tau_{i+1},\tau_i)$，故式中的 $\varphi(\tau_{i+1},\tau_i)$ 也可直接用"方法 1"中的式（1.100）计算，此处不再列出。这就是说，"方法 4"与"方法 1"的区别仅在于求不同加载龄期混凝土徐变系数的方法不同。对于图 1.11 所述的只有一次加载过程的算例，只要 $\varphi(\infty,\tau_0)$ 与函数 $L(x)$ 的取值与所划分的计算时段相同，计算的结果也将必然是与上文"方法 1"计算的结果完全相同，即按照方法 4 的计算结果仍是：

$$M_{A,t=\tau_1} = -0.288ql^2, M_{A,t=\tau_2} = -0.253ql^2, M_{A,t=\infty} = -0.172ql^2$$

历来文献中有"改进老化理论"的提法，其实质都是采用老化理论求混凝土的徐变系数，但对本书后面"方法 6"中求 η_0（或 η_t）的计算公式或方法做了改进，故"方法 4"与后文的"方法 5"都可以称为改进的老化理论方法。"方法 4"是与"方法 1"相对应的分析方法，只有当为多单元组成的多次加载结构且各单元的徐变特性不相同时，这两种方法才有区别。

这种分析方法计算工作量较小，手算时可以考虑采用这种方法。由于按式（1.106）计算的各分时段的 $\eta_0(\tau_{i+1},\tau_i)$ 不能满足本书式（1.5）对 $\eta_0(\infty,\tau_0)$ 的拆分要求，这个问题与"方法 1"中的问题是相同的，因此可以认为其计算精度在理论上不如后文的"方法 5"，但应略高于后文的"方法 6"。本书一般不推荐采用这种方法求解比较复杂的徐变问题。

②改进老化理论方法 2：用混合理论反算求解 η_0 的方法（方法 5）。该法可以认为是对上述"方法 4"的再次改进，要点是吸取了"方法 2"中用混合理论反算或拆分 η_0 方法中的优点，使各个计算时段算得的 $\eta_0(\tau_{i+1},\tau_i)$ 能够满足本书式（1.5）对 $\eta_0(\infty,\tau_0)$ 的拆分要求。求解问题时先按式（1.105）将徐变系数 $\eta_0(\infty,\tau_0)$ 拆分，每一个计算时段的 $\eta_0(\tau_{i+1},\tau_i)$ 与 $\eta_t(\tau_{i+1},\tau_i)$ 根据式（1.101）可修改为按以下公式计算：

$$\left.\begin{array}{l}
\eta_0(\tau_i,\tau_0) = 0.5\left[\dfrac{1}{1+\varphi(\tau_i,\tau_0)}+e^{-\varphi(\tau_i,\tau_0)}\right] \\[2mm]
\eta_0(\tau_{i+1},\tau_0) = 0.5\left[\dfrac{1}{1+\varphi(\tau_{i+1},\tau_0)}+e^{-\varphi(\tau_{i+1},\tau_0)}\right] \\[2mm]
\eta_0(\tau_{i+1},\tau_i) = \dfrac{\eta_0(\tau_{i+1},\tau_0)}{\eta_0(\tau_i,\tau_0)} \\[2mm]
\eta_t(\tau_{i+1},\tau_i) = \dfrac{1-\eta_0(\tau_{i+1},\tau_i)}{\varphi(\tau_{i+1},\tau_i)}
\end{array}\right\}\tag{1.107}$$

式中，$\varphi(\tau_i,\tau_0)$ 与 $\varphi(\tau_{i+1},\tau_i)$ 的计算方法同"方法 2"，此处不再重复。式（1.107）与"方法 2"中式（1.101）的区别仅在于去掉了式（1.101）中的全部上划线，因此也可认为"方法 5"也是与"方法 2"相对应的分析方法。区别仅在于前者采用老化理论求徐变系数，后者采用混合理论求徐变系数。

对于图 1.11 单一加载过程的算例而言，因有关系 $\bar\varphi(\tau_{i+1},\tau_i)=\varphi(\tau_{i+1},\tau_i)$ 与 $\bar\eta_0(\tau_{i+1},\tau_i)=\eta_0(\tau_{i+1},\tau_i)$，式（1.101）与式（1.107）实质上也完全相同，故计算的结果也会是与上文"混合理论方法 2"中所算得的结果完全一致。

$$M_{A,t=\tau_1}=-0.288ql^2,\ M_{A,t=\tau_2}=-0.262ql^2,\ M_{A,t=\infty}=-0.194ql^2$$

本方法也可认为是老化理论与混合理论联合使用得比较好的一种分时段的计算方法，上述算例的计算结果也表示这种方法具有较好的计算精度。该方法与"方法 2"的区别仍是仅在于多个加载过程时的计算，理由同上文"方法 4"中所述。在不需要特别精确考虑徐变效应的复杂问题计算中，如果因为某种原因又不能采用上文所述的"混合理论方法 2"求解，笔者推荐采用"方法 5"这种在理论上比较完整的改进后的老化理论方法。

③老化理论方法：用老化理论求解 η_0 的方法（方法 6）。该法也是采用老化理论求徐变系数，其与前两种改进老化理论方法的区别仅在于将一个加载过程的徐变系数 $\varphi(\infty,\tau_0)$ 按式（1.105）拆分后，直接按本书式（1.48）求解各计算时段的 η_0 与相应的 η_t，计算公式可表示为：

$$\left.\begin{array}{l}
\eta_0(\tau_{i+1},\tau_i) = e^{-\varphi(\tau_{i+1},\tau_i)} \\[2mm]
\eta_t(\tau_{i+1},\tau_i) = \dfrac{1-\eta_0(\tau_{i+1},\tau_i)}{\varphi(\tau_{i+1},\tau_i)}
\end{array}\right\}\tag{1.108}$$

式（1.108）与式（1.103）的区别也仅在于去掉了式（1.103）中的全部上划线，故这是与"方法 3"相对应的一种分析方法，区别仅在于求徐变系数时不同。显然，按式（1.108）算得的各 $\eta_0(\tau_{i+1},\tau_i)$ 也能满足式（1.104）的要求。如仍用图 1.11 的同一个算例，由于这是一次加载过程的第一类内力重分配问题，故按本方法求解的结果与上文"混合理论方法 3"的结果必然一致，即最终结果仍为：

$$M_{A,t=\tau_1}=-0.263ql^2,\ M_{A,t=\tau_2}=-0.232ql^2,\ M_{A,t=\infty}=-0.156ql^2$$

一般说来，对于一次加载过程的第一类内力重分配问题，采用老化理论算得的 $\eta_0(\infty,\tau_0)$ 总是偏小（徐变不平衡，荷载会偏大），因此都会对最终的徐变效应作出稍许的高估，如本算例的计算结果。对于一个复杂的多次加载过程，因后期加载的徐变系数如按老化理论取值为 $\varphi(\infty,\tau_i)$，其值总是要小于在 τ_i 时加载所实际测得的或按混合理论求得的徐变系数，因此又会对结构总的徐变效应作出一些低估。由于这两个分析误差在一个问题中往往又会部分相互抵消,因此在很多情况下采用老化理论的方法(包括本书"方法4、5"以及文献中的其他老化理论的方法)仍然可以对徐变问题的分析得出一些较为满意的计算结果,但与同属于老化理论方法的"方法4、5"相比,"方法6"在理论上计算精度应该最低。这主要是因为其求η_0的计算公式通常不如按混合理论求得的结果更符合实际。

采用"方法6"的老化理论方法求解问题概念清楚,计算工作量最小,因此是人们采用得最多的处理复杂徐变计算问题的方法。在20世纪70年代计算机进入设计部门工作之前,这种分析方法几乎就是设计部门唯一可以采用的分析徐变问题的手算方法,因此也可称为早期老化理论的求解方法。用式(1.108)计算η_0的前提是假定徐变完全不可恢复,这与试验结果不符。目前世界各国的有关设计规范都已舍弃了这个假定,因此笔者不建议再使用这种方法求解徐变问题。

(3)采用先天理论求徐变系数的求解方法(先天理论方法)

理论上也有采用先天徐变理论的简化分析问题方法,设有某混凝土构件,其在复杂加载条件下的变化应力由在不同时间τ加载引起的一系列应力增量$\sum_{\tau_0}^{t}\Delta\sigma(\tau)$组成,按照叠加原理则变化应力作用下在时间$t$的总应变$\varepsilon(t)$可按本书式(1.41)计算。式中$\varepsilon(t)=\varepsilon_e(t)+\varepsilon_c(t)$为从时间$\tau_0$到时间$t$产生的累计弹性应变与徐变应变之和,$\sigma(\tau_0)=\sigma_0$为$\tau_0$时的混凝土初始应力,$\varphi(t,\tau)$为在时间$\tau$加载到时间$t$的混凝土徐变系数,$\Delta\sigma(\tau)$为在$\tau$时施加的应力增量,$E_c$为混凝土的弹性模量。式(1.41)中的$\Delta\sigma(\tau)$可以为正值也可以为负值,当$\Delta\sigma(\tau)$全部为正值时,该式算得的结果与采用的徐变理论无关,只要按04桥规的规定算法求得各加载阶段的$\varphi(t,\tau)$,构件总应变$\varepsilon(t)$的计算即可转化为一系列简单的累计加法与乘除法运算,最终的断面应力σ_t则可按本书式(1.42)计算。

式(1.41)、式(1.42)的适用条件仅限于构件断面不发生应力(内力)重分配的单一素混凝土构件,例如在恒载作用下轴心受压的素混凝土桥墩各部分断面的受力与变形就可按此法计算。直接使用式(1.41)能解决的徐变问题是非常有限的,对于复杂结构的徐变问题分析,式(1.41)所反映的叠加原理实际应该这样更准确地描述:当作用在结构上的荷载由多个不同时间施加的荷载分量组成时,荷载在结构上引起的最终效应等于所有单个荷载分量逐次在结构上引起的弹性变形与徐变效应之总和;当结构分阶段形成时,单个荷载分量的徐变效应只作用于荷载施加时的结构体系而与后期形成的结构单元无关。比较复杂的徐变问题总是出现在大型桥梁结构的新建或改建施工计算中,此时徐变发生的过程也就是结构恒载或自重不断增加直至结构建成或改建完成的过程。因此,对结构增加的恒载分量一般均为正值,负值一般只出现在施工设备的移动或拆除时。正值的荷载分量(恒载增加)也可能导致结构部分构件断面的应力增量为负值。例如,弯矩将导致断面的受拉侧出现拉应力,这表示在实用的算例中式(1.41)的$\Delta\sigma(\tau)$都几乎不可能全部为正值。应力增量$\Delta\sigma(\tau)$为负值就表示是卸载,卸载时采用叠加原理按式(1.41)计算,不同的徐变理论则会产生不同的计算结果。对于同一个徐变问题,这实际就是采用徐变理论之间的差异,这个问题后文还要予以讨论。

3)对分时段计算方法的讨论

如果在τ_0时对结构施加某持续荷载q且在$\tau_0\to\infty$持荷过程中结构的受力体系没有发生

改变,则在其任一中间时刻τ_i考虑徐变内力重分配以后某位置A处的实际内力(弯矩)可按下式计算:

$$M_{A,t=\tau_i} = \eta_0(\tau_i,\tau_0)M_{A,t=\tau_0} + M'_{A,t=\tau_i} \tag{1.109}$$

式中,$\eta_0(\tau_i,\tau_0)$为根据$\varphi(\tau_i,\tau_0)$计算的内力衰减系数,$M'_{A,t=\tau_i}$为在徐变不平衡荷载q'作用下结构发生第二类强迫位移(徐变)后在结构A处引起的实际内力(弯矩)。徐变不平衡荷载q'则可按下式计算:

$$q' = [1 - \overline{\eta}_0(\tau_{i+1},\tau_i)]q \{ \text{或} \ q' = [1 - \eta_0(\tau_{i+1},\tau_i)]q \} \tag{1.110}$$

式中,q'仍作用在q的原位置。注意式(1.110)仅是一个适用于图1.11具体算例的计算公式。当采用有限元法求解时,如在τ_0时对结构施加的是P,式(1.110)中的q'就应替换为徐变不平衡荷载P',其值应按本书1.1.8节中有关公式计算。求解$M'_{A,t=\tau_i}$及徐变变形时结构单元的刚度应乘以$\eta_t(\tau_i,\tau_0)$折减。$\eta_0(\tau_i,\tau_0)$可采用任何有依据的徐变理论计算,如按本书推荐的式(1.59)计算就是采用的混合徐变理论,按式(1.48)计算就是采用的老化徐变理论;$\eta_t(\tau_i,\tau_0)$则恒应采用本书式(1.8)计算。

式(1.109)实际就是本书式(1.92)或式(1.86)的另一种写法,$\eta_0(\tau_i,\tau_0)M_{A,t=\tau_0}$即式(1.86)右端的第一项$S_{ij,t}^0$或$\eta_0 S_{ij,0}$,$M'_{A,t=\tau_i}$即右端的第二项$S'_{ij,t}$或$\eta_t k V'_{ij,t}$。式(1.109)为一阶段法求任意时刻$\tau_i$经内力重分配以后结构实际内力的通用计算公式,求解该式右端第二项$M'_{A,t=\tau_i}$时理论上只需要解一次形如本书式(1.88)那样的徐变刚度方程。

设结构在τ_i以后改变了受力体系或增加单元,τ_{i+1}为τ_i以后的任一时间点,如果要求在q作用下τ_{i+1}时刻经徐变内力重分配以后结构的实际内力就不能再采用式(1.109)计算。这是因为虽然可以求得方程右端第一项$\eta_0(\tau_i,\tau_0)M_{A,t=\tau_0}$(即假定内力的衰减不因结构受力体系的改变而改变),但如要求解第二项$M'_{A,t=\tau_{i+1}}$就必须将徐变不平衡荷载q'分为两个阶段计算:第一阶段的$q'_{\tau_0\to\tau_i}$用于计算τ_i以前的结构,这是上述一阶段法已经解决了的问题,即用式(1.109)即可算得τ_i时的$M_{A,t=\tau_i}$与之前发生的徐变变形;第二阶段的$q'_{\tau_i\to\tau_{i+1}}$用于计算τ_i以后变化了的结构,于是问题转化为在这种情况下如何求解$\tau_i\to\tau_{i+1}$时段的$\overline{\eta}_0(\tau_{i+1},\tau_i)$和$\overline{\eta}_t(\tau_{i+1},\tau_i)$,前者用于计算式(1.109)的第一项和生成$q'_{\tau_i\to\tau_{i+1}}$,后者在求解徐变刚度方程时用于对结构单元刚度的修正。

要解决以上问题第一步必须先根据计算需要将时间划分为若干个时段,按式(1.2)或式(1.98)拆分$\varphi(\infty,\tau_0)$并求解出各计算时段的$\overline{\varphi}(\tau_{i+1},\tau_i)$。按混合理论计算拆分出的$\overline{\varphi}(\tau_{i+1},\tau_i)$不是在$\tau_i$时加载所求得的徐变系数,按老化理论拆分出的$\overline{\varphi}(\tau_{i+1},\tau_i) = \varphi(\tau_{i+1},\tau_i)$可以是在$\tau_i$时加载所求得的徐变系数。这点对于复杂徐变问题的分析很重要,因为对于前者每一次加载过程都必须独立地分时段计算,后者则可以将多次加载的徐变效应合并在一个时段里计算。本书介绍的前3种采用混合理论的分时段计算方法与后3种采用老化或改进老化理论的计算方法的计算工作量有可能是相差很大的,二者相比究竟要增加多少计算工作量,可以大致通过以下的分析来作出一个估计。

大跨混凝土桥梁通常需要分多个阶段完成施工建造,这类复杂的徐变变形与内力计算问题通常每一个计算时段都对应一次加载过程。如果采用混合理论并按本书推荐的公式计算徐变效应,N个加载过程的徐变效应可按力的叠加原理分N次独立完成计算再将其效应叠加,这还只是针对一个时段的计算工作量。设某大跨混凝土刚构桥梁设计时按N个时段逐次建模完成设计计算,一般这就应该对应有 N 次左右的加载过程。理论上采用混合理论完成一次这样的全过程计算分析最多就需要大约求解 $N!$ 次不同的结构整体徐变刚度方程,但 N 个计算时段求弹性内力却只需要求解 N 次弹性刚度方程。如果采用老化理论的 3 种方法求解这同一个问题,求解弹性刚度方程与徐变刚度方程都只各需要 N 次。有些大跨混凝土桥梁在设计时,计算时段的划分数 N 常常会大于 $100 \sim 150$ 次。对于这类桥梁,通常求解弹性刚度方程的次数就需要 N 次,但如果每个计算时段都要考虑徐变的影响,求解徐变刚度方程的次数理论上就会增加到 $N!$ 次。这在很多情况下是不能被接受的,因为这样编程后在通常使用的个人计算机上有可能需要计算的时间太长。

实际编程计算中,采用混合理论并不需要增加这么多的徐变计算工作量,因为徐变计算的时段划分不需要像设计建模时那么细,时段划分得太细有时反而会带来计算误差的积累。以连续刚构桥梁的设计为例,对于主梁悬臂施工阶段,可以在浇筑、张拉和前移挂篮一个施工周期以后再考虑进行一次徐变效应的计算,这样就可以大大减少求解徐变刚度方程的次数。编制这样的计算机计算程序,实际还有很多其他的技巧可以减少求解徐变刚度方程的次数。例如,对于采用节段法悬臂施工的悬臂梁桥计算,可以采用虚梁法一次完成一次加载在全部节段处的徐变变形计算;当徐变的计算时段划分得较长时,可以用内插法求得其间计算时段发生的徐变变形。这就是说,采用严格的混合理论编程求解徐变问题,其所增加的计算工作量与计算时间主要还可以由具体编程的方法确定,较之采用老化理论的方法求解徐变问题需要增加机器数倍以上的计算时间应该是正常的。随着计算机硬件性能的改进,笔者认为在有条件时就应该采用更为准确的"混合理论方法 2"求解比较复杂的徐变问题。

关于这几种分析方法的计算精度问题。计算混凝土的徐变效应通常只有两个目的:一是计算出结构各施工与工作阶段的徐变变形;二是对结构有可能发生的内力(应力)重分配进行计算。如果说某种计算方法或计算公式对徐变效应会作出高估,通常就是指这种方法算得的徐变变形或算得的因内力重分配在结构中转移的内力比实际发生的偏大,反之就可认为是所谓的低估。影响徐变问题计算准确度的因素很多,所谓高估和低估都是一个相对的概念。例如,采用早期老化理论计算徐变问题,对于一次加载过程会对徐变的效应作出高估(如上文算例),但对多次加载过程又会对徐变的效应作出低估,最终的结果是高估还是低估往往还与分析的具体问题有关。连续梁的徐变变形与内力重分配问题计算(后文有算例),跨径不大时,无论采用什么方法计算结果都相差不多。这是因为徐变问题对这类中小跨径的连续梁桥设计根本就不重要,很多情况下这个因素甚至可以忽略;大跨径混凝土悬臂梁桥的徐变挠度计算就对采用的计算理论和方法非常敏感。另外,不同计算方法的计算精度还与具体设计人员的设计风格有关,同样一个预应力混凝土悬臂梁桥,理论上加大根部梁高和提高预应力度可以做到梁体各点的零挠度设计。在这种情况下就很难分清哪种方法的徐变挠度计算更为准确,因为结论可能是都很准确。

老化理论国外也称为狄辛格尔方法,我国公路铁路部门目前用于设计桥梁结构的计算机软件虽然种类很多,但这些软件处理徐变问题所采用的计算理论原则上都属于老化或改进的老化理论。有关文献上所谓的龄期系数调整有效模量法、扩展(改进)狄辛格尔法以及本书的"方法 4"与"方法 5",原则上都是一种改进的老化理论方法。这类方法的共同特点是采用老化理论求不同加载龄期混凝土的徐变系数。对于复杂的多次加载的问题,这类方法都会对徐变效应作出低估,因为对后期加载的荷载而言,按老化理论算得的徐变系数会明显偏低。但问题还有另外的一面,我国设计部门一般在考虑徐变效应的计算中习惯于忽略预应力混凝土和钢筋混凝土结构中普通钢筋对徐变(与收缩)的约束影响,这样又会对徐变的效应作出高估。这两个因素的影响会相互抵消,这也许就是现在很多采用老化或改进老化理论编制的程序仍然可以算出比较满意结果的一个重要原因。从这个角度来看,如果采用本书混合理论方法 2 求解复杂的徐变问题,就应该考虑普通钢筋对混凝土徐变与收缩的约束影响,考虑的方法可参见相关文献[13],否则计算的结果就有可能对徐变的效应作出高估。至于采用改进老化理论的各种计算方法,考虑到在这方面很多设计部门虽然都已积累有一定的计算数据与设计经验,建议计算时还是应当考虑普通钢筋配置对混凝土徐变与收缩的影响。

　　本书介绍了 6 种分时段考虑徐变效应的计算方法,在编制计算机程序时建议同时将这 6 种方法都纳入一个程序之中并用开关语句实现对不同计算方法的调用;建议对同一种方法还应区分是否考虑普通钢筋影响。也许只有编制出这样的程序并经过了大量的对比计算以后,我们才能最终确定究竟哪种计算方法更适用于哪类结构的徐变问题计算分析。如仅从计算理论的角度来看,目前求解徐变问题仍只推荐采用混合理论方法 2 与改进老化理论的方法 5。

1.1.11　采用逐孔现浇法施工连续梁桥的混凝土徐变问题

　　本书推荐采用的混合理论方法 2 的计算很烦琐,以下将通过一个具体的算例进一步对该法加以说明。算例为采用逐孔现浇法施工的混凝土连续梁桥,该类桥梁的施工特点为每浇筑完成一跨结构后的受力体系就会发生一次改变,因此特别适宜采用混合理论方法 2 分析,也更利于对比出混合理论方法 2 与改进老化理论方法 5 之间的区别。虽然本算例的实用意义并不太大,但它反映了一类典型的混凝土桥梁在设计中可能遇到的徐变问题,最终得出的若干计算结论在理论上也有一定参考意义,因此有必要加以研究。

　　图 1.12 所示某等截面三跨连续梁分三阶段逐孔浇筑成形,这种采用逐孔浇筑方法施工的连续梁桥在实际工程中常有采用。其施工程序以图 1.12(a)为例,大致为:第一步在图 1.12 中 AC 梁段下搭设支架,一次浇筑 AC 梁段(即一孔长 $l+dl$)并假定养生 7 d 左右,然后在 $\tau_0=7$ d 时拆除第一孔 AB 梁段下的支架但保留 BC 梁段的支架,如图 1.12(a1)所示;第二步搭设 CE 梁段下支架,23 d 后浇筑 CE 梁段混凝土并养生相同的 7 d 左右后,在 $\tau_1=37$ d 时拆除第二孔 BD 梁段下的支架但保留 DE 梁段的支架,如图 1.12(a2)所示;第三步搭设第三孔 EF 梁段下支架,浇筑剩余 EF 梁段完成连续梁的浇筑,养生 7 d 左右后在 $\tau_2=67$ d 时拆除第三孔 DF 梁段下的全部支架,如图 1.12(a3)所示。图 1.12 中没有绘出落地的支架,q 为梁体的自重密度,第一步浇筑的梁段长通常取 $dl=0.1l\sim0.2l$,最后一次浇筑的梁段长则较一孔长度小 dl。dl 长度不能太短,太短梁的接头距墩顶设计负弯矩的最大断面太近受力不利,构造上也难处理;dl 也不能太长,太长支架费用会上升。当 $dl=0.1l\sim0.2l$ 时,成桥后的主梁恒载弯矩零点断面通常也在这个范围,这样受力较好。这类桥梁通常跨径取 $20\sim40$ m,每联 $3\sim5$ 孔。当一联的孔数多于 3 孔时,以上描述的第一、三步不变,只需重复以上的第二步。本例为了减少分析的篇幅,所以只取 3 孔。这类桥梁还可以采用大型移动式支架法逐

孔浇筑,其分析步骤也基本与上述描述的支架法相同。以上三步实际只完成了连续梁体的浇筑,这里暂不讨论以后施加二期恒载时最后一个阶段的受力计算。

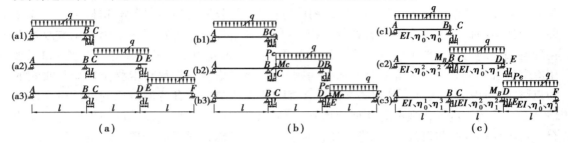

图 1.12   3 种可供选择的逐孔现浇连续梁的计算图示

1)关于本算例的计算图示问题

分析这类结构的最终受力状态有可能采用如图 1.12 所示的 3 种计算图示。选择图1.12(a)这样的计算图示看似合理但实际是不严密的。第一步施加 q 时,AB 梁段下支架已拆除,dl 梁段下虽然有支架,但只要 dl<0.35l 左右,按图 1.12(a1)的计算图示,C 点的挠度就一定会为负值即梁底会向上离开支架,C 断面也会同时发生一个反时针方向旋转的微小转角。第二步浇筑 CE 梁段后结构体系由静定结构转换为一次超静定结构,但 AC 梁段上作用的 q 按先期结构体系图 1.12(a1)计算的弯矩不等于按后期结构体系图 1.12(a2)计算的弯矩。这就是说,即使假定第二次浇筑的 CE 梁段混凝土的徐变特性完全与先期浇筑 AC 梁段的徐变特性相同,由于 AC 与 CE 梁段合龙时左边梁段的右端面有位移与转角,相当于一次连续浇筑 AE 梁段后对梁段在 C 点处施加了一组第一类强迫位移,其后果将导致图 1.12(a2)梁体内还将发生一次"第一类内力重分配问题"。其分配结果可以按 04 桥规[10]中第 4.2.12条计算,这将使问题变得复杂化(第三步也有这个问题)。另外,在第一步和第二步的图示中,dl 梁段的模板一般不会拆除,其上还会有施工设备的压重,故梁右端 C 或 E 点在图示的加载过程中向上的位移是多少无从估计。如果按图 1.12(a)这样的计算图示分析,通常可以略去上述"第一类内力重分配问题"的影响(因为此项影响很小)。这样的计算图示分析也可以采用,但在理论上却是不严密的。

为了避免以上问题,可以采用图 1.12(b)所示的一组计算图示:第一步在时间 τ_1 施加荷载 q 时临时固结右梁端 C 节点,在第二步体系转换后在时间 τ_2 加载时解除 C 节点的约束,但同时临时固结梁端节点 E,第三步 τ_3 加载时再最终解除 E 节点的约束,如图 1.12(b1)至(b3)所示。整个过程经历了两次体系转换,但却不会引发"第一类内力重分配问题"。如前所述,这类桥梁的施工受力情况实际介于图 1.12(a)与图 1.12(b)之间,图 1.12(b)计算图示理论上较图 1.12(a)更为严密。当采用有限元法编程计算时,笔者推荐采用图 1.12(b)计算图示对结构进行分析。

图 1.12(b)计算图示不会引发第一类内力重分配问题的原因在于:在生成结构新单元(体系转换)的过程中,由于先固结了 C 或 E 点,新老单元的连接是平顺的,与设计要求的梁轴线相比,连接点处没有发生折角或错位,即没有发生本书所定义的第一类强迫位移,因此也就不会引发所谓的第一类内力重分配问题。在以上的图 1.12(a)、(b)计算图示中,实际并没有严格意义上的"先期结构受力体系",只有最后一步成桥后的图 1.12(a3)、(b3)计算

图示才可以称为本桥的"最终(或后期)结构受力体系"。按图 1.12(a)计算图示分析时,如果要考虑第一类内力重分配问题的影响,04 桥规中第 4.2.12 条的规定实际没法用。对于本例这类问题,有结构受力体系转换但不会引发第一类内力重分配问题的判别条件实际还可以严格地表述为:混凝土结构在分阶段施工形成过程中,如果不计徐变效应时,按实际加载过程算得的结构内力不等于按最终(或后期)结构受力体系一次加载全部恒载所算得的内力,结构将会引发本书所定义的"第一类内力重分配问题",其引起的徐变效应相当于对结构施加一个或一组第一类强迫位移。该强迫位移在结构中引起的弹性内力应等于上述两种内力计算方法之差值。可以用这个方法对图 1.12(a)、(b)中的两种计算图示进行判别。以图 1.12(b)计算图示为例,按图 1.12(b1)、(b2)、(b3)3 步骤算得的弹性内力叠加后,其值与按结构最终的计算图 1.12(b3)一次加载全部主梁自重 q 后算得的内力相等,后者就是该连续梁的"一次落架内力",因此按图 1.12(b)一组图示计算不会发生第一类内力重分配问题。分阶段计算的弹性内力叠加后等于该结构的"一次落架内力"。这个性质对手算求解问题很重要,因为这样可以简化问题的分析。

　　如果用手算方法求解这类问题,本书建议采用图 1.12(c)所示一组计算图示。按图 1.12(c)的程序计算不会引发第一类内力重分配问题,理由同对图 1.12(b)的分析。该组计算图示的实质是将图 1.12(b)中的临时固结点左移 dl 到支点断面。另外,可以假定 BC(DE)梁段的徐变特性与 CD(EF)梁段的徐变特性相同,这样即可在用位移法求解问题时将每跨主梁都视为一个单元,从而可以大大简化问题的分析。由于 dl 梁段很短,其与右侧相邻梁段的加载龄期相差也不可能太大,故该假定对手算计算结果的影响也不会太大。采用计算机编程计算时没有必要这样简化,此时为了求得连续梁的全部最终控制断面内力,每跨主梁至少都还要划分为 2～3 个单元,而这对编程计算来说并不会增加太多工作量。

　　本例可以采用手算,以下的手算程序将采用图 1.12(c)所示的一组计算图示。采用的计算理论主要为本书的混合理论方法 2,计算完成以后再用改进老化理论的方法 5 就两种方法的区别进行对比。

2)用混合理论方法 2 计算需用的基本计算数据

　　设本例 τ_0 时 AB 梁段混凝土的加载龄期为 7 d,查 04 桥规附录表 F.2.2 可求得此时的徐变系数 $\varphi_1 = \varphi_1(\infty,7) = 2.50$。这是本算例的基本徐变系数,该值也可由试验提供。已知 $\varphi_1(\infty,7) = 2.50$,可根据式(1.13)按以下公式求 $\varphi_2(\infty,37)$ 与 $\varphi_3(\infty,67)$。

$$\beta(7) = \frac{1}{0.7 + 7^{0.2}} = 0.46, \beta(37) = \frac{1}{0.7 + 37^{0.2}} = 0.36, \beta(67) = \frac{1}{0.7 + 67^{0.2}} = 0.33$$

$$\varphi_2(\infty,37) = \varphi_1(\infty,7) \times \beta(37)/\beta(7) = 1.96, \varphi_3(\infty,67) = \varphi_1(\infty,7) \times \beta(67)/\beta(7) = 1.79$$

　　以上结果与按 04 桥规的推算式(1.12)算出的结果非常接近。

　　本例的计算时段划分为:第 1 时段为 $\tau_0 \rightarrow \tau_1$,第 2 时段为 $\tau_1 \rightarrow \tau_2$,第 3 时段为 $\tau_2 \rightarrow \infty$。第一次浇筑第 1 孔时间为 $\tau_0 = 7$ d,$\varphi_1(\infty,7) = 2.50$;$\tau_1 = 37$ d 时第二次浇筑第 2 孔,此时 AB 梁段混凝土的徐变系数为 $\varphi_2 = \varphi_2(\infty,37) = 1.96$,BD 梁段的混凝土徐变系数仍为 $\varphi_1(\infty,7) = 2.50$;再过 30 d 左右后即 $\tau_2 = 67$ d 时第三次浇筑第 3 孔,此时 AB 梁段混凝土的徐变系数为 $\varphi_3 = \varphi_3(\infty,67) = 1.79$,BD 梁段的混凝土徐变系数为 $\varphi_2 = 1.96$,DF 梁段的混凝土徐变系数仍为 $\varphi_1 = 2.50$。这里推算 φ_2、φ_3 的计算公式采用混合徐变理论。

以下按本书推荐的混合理论公式(1.59)求与 3 个徐变系数相对应的有关内力衰减系数 $\eta_{i,0}$ 与徐变内力衰减系数 $\eta_{i,t}$，下标 $i = 1、2、3$，分别与加载龄期为 7 d、37 d、67 d 的徐变系数 φ_i 对应。假定本例梁体的 $k_{HR} = 1.96$ 左右，按式(1.39)构建徐变的发展系数函数(即按表 1.5 倒数第二行取值)可得: $L(\tau_1 - \tau_0) = L(30) = 0.40, L(\tau_2 - \tau_0) = L(60) = 0.50$，即假定梁体加载后 30 d、60 d 徐变完成最终徐变的 40%、50%。

①求与 φ_1 有关的计算数据。按本书式(1.2)或式(1.98)将 $\varphi_1(\infty, 7) = 2.50$ 拆分为:
$$\varphi_1(\infty, 7) = \varphi_1(37, 7) + \overline{\varphi}_1(67, 37) + \overline{\varphi}_1(\infty, 67) = 2.5$$

再按式(1.100)算得以上拆分后的各值分别为:
$$\varphi_1(37, 7) = 1.0, \overline{\varphi}_1(67, 37) = 0.25, \overline{\varphi}_1(\infty, 67) = 1.25$$

根据以上算得各 φ_1 按式(1.101)求以下相应的 $\eta_{1,0}$ 与 $\eta_{1,t}$:

$$\eta_{1,0}(37, 7) = 0.5\left(\frac{1}{1 + 1.0} + e^{-1.0}\right) = \underline{0.434}, \eta_{1,t}(37, 7) = (1 - 0.434)/1.0 = \underline{0.566}$$

$$\eta_{1,0}(67, 7) = 0.5\left(\frac{1}{1 + 1.25} + e^{-1.25}\right) = 0.365, \eta_{1,t}(67, 7) = (1 - 0.365)/1.25 = 0.508$$

$$\eta_{1,0}(\infty, 7) = 0.5\left(\frac{1}{1 + 2.50} + e^{-2.50}\right) = 0.184, \eta_{1,t}(\infty, 7) = (1 - 0.184)/2.5 = 0.326$$

$$\overline{\eta}_{1,0}(67, 37) = \eta_{1,0}(67, 7)/\eta_{1,0}(37, 7) = 0.365/0.434 = \underline{0.841}$$

$$\overline{\eta}_{1,t}(67, 37) = [1 - \overline{\eta}_{1,0}(67, 37)]/\overline{\varphi}_1(67, 37) = (1 - 0.841)/0.25 = \underline{0.636}$$

$$\overline{\eta}_{1,0}(\infty, 37) = \eta_{1,0}(\infty, 7)/\eta_{1,0}(37, 7) = 0.184/0.434 = \underline{0.424}$$

$$\overline{\eta}_{1,t}(\infty, 37) = [1 - \overline{\eta}_{1,0}(\infty, 37)]/\overline{\varphi}_1(\infty, 37) = (1 - 0.424)/1.5 = \underline{0.384}$$

$$\overline{\eta}_{1,0}(\infty, 67) = \eta_{1,0}(\infty, 7)/\eta_{1,0}(67, 7) = 0.184/0.365 = \underline{0.504}$$

$$\overline{\eta}_{1,t}(\infty, 67) = [1 - \overline{\eta}_{1,0}(\infty, 67)]/\overline{\varphi}_1(\infty, 67) = (1 - 0.504)/1.25 = \underline{0.397}$$

以上算得各带下划线的 $\eta_{1,0}$ 是下文计算中要用的，这 3 个值满足式(1.5)关系。
$$\eta_{1,0}(\infty, 7) = \eta_{1,0}(37, 7)\overline{\eta}_{1,0}(67, 37)\overline{\eta}_{1,0}(\infty, 67) = 0.184$$

②求与 φ_2 有关的计算数据。拆分 $\varphi_2(\infty, 37) = \varphi_2(67, 37) + \overline{\varphi}_2(\infty, 67) = 1.96$，这里 $\tau_1 = 37$ d 是第 2 孔加载 q 时对于第 1 孔梁体混凝土而言的加载龄期，求解得 $\varphi_2(67, 37) = 1.96 \times 0.4 = 0.784, \overline{\varphi}_2(\infty, 67) = 1.96 - 0.784 = 1.176$。按式(1.101)可算得:

$$\eta_{2,0}(67, 37) = 0.5\left(\frac{1}{1 + 0.784} + e^{-0.784}\right) = \underline{0.509}$$

$$\eta_{2,t}(67, 37) = (1 - 0.509)/0.784 = \underline{0.627}$$

$$\eta_{2,0}(\infty, 37) = 0.5\left(\frac{1}{1 + 1.96} + e^{-1.96}\right) = 0.239$$

$$\eta_{2,t}(\infty, 37) = (1 - 0.239)/1.96 = 0.388$$

$$\overline{\eta}_{2,0}(\infty, 67) = \eta_{2,0}(\infty, 37)/\eta_{2,c}(67, 37) = 0.239/0.509 = \underline{0.470}$$

$$\overline{\eta}_{2,t}(\infty, 67) = (1 - 0.470)/1.176 = \underline{0.451}$$

本算例计算过程中数据较多，为便于阅读，下文中比较重要的或结果数据都加了下划线，以示区分。

③与 φ_3 有关的计算数据只有 $\varphi_3(\infty, 67) = 1.79$，这里 $\tau_2 = 67$ d 是第 3 孔加载 q 时对第 1 孔混凝土而言的加载龄期，按式(1.101)可算得:

$$\eta_{3,0}(\infty, 67) = 0.5\left(\frac{1}{1 + 1.79} + e^{-1.79}\right) = \underline{0.263}$$

$$\eta_{3,t}(\infty, 67) = (1 - 0.263)/1.79 = \underline{0.412}$$

3）用混合理论方法 2 求解（手算方法）

本例有 3 次加载过程，按照力的叠加原理，将每次加载过程在结构中引起的最终内力分开计算，结构的最终内力为 3 次计算结果之和。

（1）$\tau_0 = 7$ d 时在第 1 孔上加载 $q(1)$ 的荷载效应

这里 $q(1) = q$，"（1）"表示是在第 1 孔梁段上施加的 q。以下分 3 个时段分别计算考虑徐变内力重分配效应以后结构的实际内力。

①第 1 时段 $\tau_0 \to \tau_1$。先计算 τ_0 时施加 $q(1)$ 在结构中产生的弹性内力，计算图示如图 1.13（a）所示。用弯矩分配法可求得在 $q(1)$ 作用下 B 点的弹性弯矩为 $M_{B,t=\tau_0}(1) = \underline{-0.125ql^2}$，弯矩符号正负从材料力学规定。对于连续梁的内力计算，只需要算得各支点断面的弯矩，其他断面的弯矩与剪力均可通过单跨主梁的内力平衡条件求得，因此以后的内力计算只计算 B、D 两点处的弯矩。

本时段 $M_{B,t=\tau_0}(1)$ 将衰减到 $-0.125ql^2 \times \eta_{1,0}(37,7) = -0.125ql^2 \times 0.434 = \underline{-0.0543ql^2}$，因 $M_{B,t=\tau_0}(1)$ 的衰减将产生徐变不平衡荷载，其值为：

$$q_1'(1) = [1 - \eta_{1,0}(37,7)]q = (1 - 0.434)q = \underline{0.566q}$$

q_1' 中下标"1"表示是在第 1 时段产生的徐变不平衡荷载。在 $q_1'(1)$ 作用下结构（只有一孔）将发生徐变，计算图示如图 1.13（c）所示，此时的梁体刚度应乘以 $\eta_{1,t}(37,7) = 0.566$ 折减。本时段内没有内力重分配问题，故在时段末尾 τ_1 时 B 点实际弯矩仍为 $M_{B,t=\tau_1}(1) = -0.125ql^2$。这个时段计算的意义在于通过解一次徐变刚度方程可以求得 AB 梁体在 τ_1 时已经发生的徐变。

②第 2 时段 $\tau_1 \to \tau_2$。本时段结构先要增加一跨并解除 B 节点的约束再将 D 节点固结，解除 B 节点的约束等于在 $\tau_1 + \Delta$ 时对节点施加一个反方的弯矩 $-M_{B,t=\tau_1}(1) = 0.125ql^2$，此时的计算图示如图 1.13（b）所示。按弹性理论计算后再叠加上阶段算得的 $M_{B,t=\tau_1}(1)$，可得本时段开始 $\tau_1 + \Delta$ 时 B、D 两点处的实际弯矩为（过程略）：

$$M_{B,t=\tau_1+\Delta}(1) = \underline{-0.0714ql^2}, M_{D,t=\tau_1+\Delta}(1) = \underline{0.0357ql^2}$$

这里下标"$t = \tau_1 + \Delta$"中的 Δ 是表示在时间 τ_1 以后增加的某一微小完成体系转换的时间，这样即可与上一计算时段的末尾 τ_1 时刻相区分。

本时段内 B 节点左端面的 $M_{B,t=\tau_1+\Delta}(1)$ 将衰减到 $M_{B,t=\tau_1+\Delta}(1) \times \overline{\eta}_{1,0}(67,37) = -0.0714ql^2 \times 0.841 = \underline{-0.0600ql^2}$；第 2 孔的混凝土龄期为 7～37 d，故右端面的 $M_{B,t=\tau_1+\Delta}(1)$ 将会衰减到 $M_{B,t=\tau_1+\Delta}(1) \times \eta_{1,0}(37,7) = -0.0714ql^2 \times 0.434 = \underline{-0.0310ql^2}$，$M_{D,t=\tau_1+\Delta}(1)$ 将会衰减到 $M_{D,t=\tau_1+\Delta}(1) \times \eta_{1,0}(37,7) = +0.0357ql^2 \times 0.434 = \underline{+0.0155ql^2}$。本阶段的两孔内力是与第 1 孔上作用的 q 保持平衡的，梁体内力的衰减将会生成作用在第 1 孔上的徐变不平衡荷载，其值为：

$$q_2'(1) = [1 - \overline{\eta}_{1,0}(67,37)]q = (1 - 0.841)q = \underline{0.159q}$$

上式成立的前提是 B 点右端面的 $M_{B,t=\tau_1+\Delta}(1)$ 也将衰减到 $-0.0600ql^2$（即两孔梁的徐变特性相同），由于事实上 B 点左右梁段的徐变特性不同，故本时段还将在节点 B 生成一个附加的徐变不平衡弯矩 $M_{B,t=\tau_1\sim\tau_2}^u$，其值为：

$$M_{B,t=\tau_1\sim\tau_2}^u = 0.060ql^2 - 0.031ql^2 = \underline{+0.029ql^2}（符号以反时针方向旋转为正）$$

按有限元法的式(1.87)也可得出上式的结论,即 B、D 两节点还都会生成徐变不平衡弯矩与剪力(本例轴力为0),但只有 B 点处的 $M^u_{B,t=\tau_1\sim\tau_2}$ 是有意义的。在 $q'_2(1)$ 作用下结构(有两孔)将发生徐变,完整的计算图示如图 1.13(d)所示,此时的梁体刚度第 1 孔应乘以 $\overline{\eta}_{1,t}$ $(67,37)=0.636$ 折减,第 2 孔在本时段内的内力衰减系数为 $\eta_{1,0}(37,7)$,故对梁体刚度应乘以 $\eta_{1,t}(37,7)=0.566$ 折减。求解后可得 τ_2 时 B、D 两点处第二部分徐变引起的弯矩分别为(过程略):

$$左端面\ M'_{B,t=\tau_2}(1)=\underline{+0.002\ 3ql^2}$$
$$右端面\ M'_{B,t=\tau_2}(1)=\underline{-0.026\ 7ql^2}$$
$$M'_{D,t=\tau_2}(1)=\underline{+0.013\ 3ql^2}$$

$t=\tau_2$ 时,B、D 两点处的实际弯矩为衰减后弯矩与以上算得弯矩值两部分之和:

$$左端面\ M_{B,t=\tau_2}(1)=-0.060\ 0ql^2+0.002\ 3ql^2=\underline{-0.057\ 7ql^2}$$
$$右端面\ M_{B,t=\tau_2}(1)=-0.031\ 0ql^2-0.026\ 7ql^2=\underline{-0.057\ 7ql^2}=左端面\ M_{B,t=\tau_2}(计算正确)$$

$$M_{D,t=\tau_2}(1)=0.015\ 5ql^2+0.013\ 3ql^2=\underline{+0.028\ 8ql^2}$$

③第 3 时段 $\tau_2\to\infty$。$\tau_2+\Delta$ 时,结构又增加了一跨并解除 D 点约束回到结构的最终三跨连续梁受力状态。解除 D 点约束等于对节点施加一个反向的弯矩 $-M_{D,t=\tau_2}(1)=-0.028\ 8ql^2$,此时的计算图示如图 1.13(e)所示。按弹性理论计算后再叠加上阶段算得的弯矩值,可得本时段开始 $\tau_2+\Delta$ 时 B、D 两点处的实际弯矩为(过程略):

$$M_{B,t=\tau_2+\Delta}(1)=\underline{-0.053\ 8ql^2}$$
$$M_{D,t=\tau_2+\Delta}(1)=\underline{+0.013\ 5ql^2}$$

在时段 $\tau_2\to\infty$ 内 B 节点左端面的 $M_{B,t=\tau_2+\Delta}(1)$ 将衰减到 $M_{B,t=\tau_2+\Delta}(1)\times\overline{\eta}_{1,0}(\infty,67)=-0.053\ 8ql^2\times0.504=\underline{-0.027\ 1ql^2}$,本时段第 2 孔混凝土的龄期为 37 d～∞,故 B 节点右端面的 $M_{B,t=\tau_2+\Delta}(1)$ 将会衰减到 $M_{B,t=\tau_2+\Delta}(1)\times\overline{\eta}_{1,0}(\infty,37)=-0.053\ 8ql^2\times0.424=\underline{-0.022\ 8ql^2}$。$D$ 节点左端面的 $M_{D,t=\tau_2+\Delta}(1)$ 将会衰减到 $M_{D,t=\tau_2+\Delta}(1)\times\overline{\eta}_{1,0}(\infty,37)=0.013\ 5ql^2\times0.424=\underline{+0.005\ 7ql^2}$,本时段第 3 孔混凝土的龄期为 7 d～∞,故 D 节点右端面的 $M_{D,t=\tau_2+\Delta}(1)$ 将会衰减到 $M_{D,t=\tau_2+\Delta}(1)\times\overline{\eta}_{1,0}(\infty,7)=0.013\ 5ql^2\times0.184=\underline{+0.002\ 5ql^2}$。

第 1 孔上作用有 q,因梁体内力的衰减将会生成徐变不平衡荷载,其值为:

$$q'_3(1)=[1-\overline{\eta}_{1,0}(\infty,67)]q=(1-0.504)q=\underline{0.496q}$$

因 B、D 点左右梁段的徐变特性不同,本时段还将生成两个附加的徐变不平衡弯矩,其值分别为:

$$M^u_{B,t=\tau_2\sim\infty}=0.027\ 1ql^2-0.022\ 8ql^2=\underline{+0.004\ 3ql^2}$$
$$M^u_{D,t=\tau_2\sim\infty}=0.002\ 5ql^2-0.005\ 7ql^2=\underline{-0.003\ 2ql^2}$$

解本时段的徐变刚度方程时,梁体的刚度第 1 孔应乘以 $\overline{\eta}_{1,t}(\infty,67)=0.397$ 折减,第 2 孔应乘以 $\overline{\eta}_{1,t}(\infty,37)=0.384$ 折减,第 3 孔应乘以 $\eta_{1,t}(\infty,7)=0.326$ 折减,完整的计算图示如图 1.13(f)所示。本算例为梁式结构,采用渐进的弯矩分配法求解很方便。图 1.13 中的所有问题都用弯矩分配法求解,只有部分问题列出了采用该法的详细求解过程供读者参考。求解后可得 $t=\infty$ 时 B、D 两点处因徐变而引起的第二部分弯矩分别为:

B 点处:左端面 $M'_{B,t=\infty}(1)=\underline{-0.029\ 9ql^2}$,右端面 $M'_{B,t=\infty}(1)=\underline{-0.034\ 2ql^2}$

D 点处：左端面 $M'_{D,t=\infty}(1) = \underline{+0.006\,0ql^2}$，右端面 $M'_{D,t=\infty}(1) = \underline{+0.009\,2ql^2}$

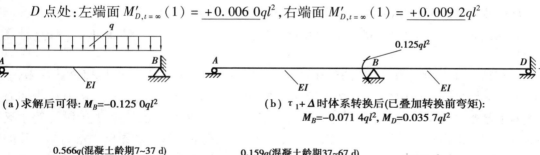

（a）求解后可得：$M_B=-0.125\,0ql^2$

（b）$\tau_1+\Delta$ 时体系转换后（已叠加转换前弯矩）：
$M_B=-0.071\,4ql^2$，$M_D=0.035\,7ql^2$

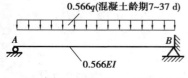

（c）求解后可得：$M_B=-0.070\,75ql^2$

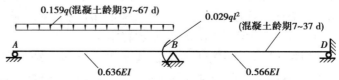

（d）求解后可得：左端面 $M_B=+0.002\,3ql^2$，右端面 $M_B=-0.026\,7ql^2$，$M_D=0.013\,3ql^2$

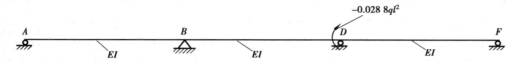

（e）$\tau_2+\Delta$ 时体系转换后（已叠加转换前弯矩）：$M_B=-0.053\,8ql^2$，$M_D=0.013\,5ql^2$

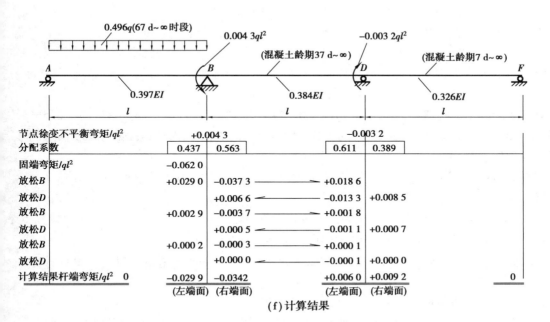

节点徐变不平衡弯矩/ql^2		+0.004 3			-0.003 2		
分配系数		0.437	0.563		0.611	0.389	
固端弯矩/ql^2		-0.062 0					
放松 B		+0.029 0	-0.037 3	+0.018 6			
放松 D			+0.006 6	-0.013 3	+0.008 5		
放松 B		+0.002 9	-0.003 7	+0.001 8			
放松 D			+0.000 5	-0.001 1	+0.000 7		
放松 B		+0.000 2	-0.000 3	+0.000 1			
放松 D			+0.000 0	-0.000 1	+0.000 0		
计算结果杆端弯矩/ql^2　0		-0.029 9	-0.0342	+0.006 0	+0.009 2		0
		（左端面）	（右端面）	（左端面）	（右端面）		

（f）计算结果

图 1.13　计算图示

本时段末即 $t=\infty$ 时，B、D 两点处的实际弯矩为以上算得两部分之和：

B 点处左端面 $M_{B,t=\infty}(1) = -0.027\,1ql^2 - 0.029\,9ql^2 = \underline{-0.057\,0ql^2}$

右端面 $M_{B,t=\infty}(1) = -0.022\,8ql^2 - 0.034\,2ql^2 = \underline{-0.057\,0ql^2} = $ 左端面 $M_{B,t=\tau_2}(1)$（计算正确）

D 点处左端面 $M_{D,t=\infty}(1) = +0.005\,7ql^2 + 0.006\,0ql^2 = \underline{+0.011\,7ql^2}$

右端面 $M_{D,t=\infty}(1) = +0.002\,5ql^2 + 0.009\,2ql^2 = \underline{+0.011\,7ql^2} = $ 左端面 $M_{D,t=\infty}(1)$（计算正确）

计算结果分析：如果不考虑混凝土的徐变效应，在 $q(1)$ 作用下，按弹性理论计算 $M_B = -0.066\,7ql^2$，$M_D = +0.016\,6ql^2$。对比 $-0.057\,0ql^2$ 与 $+0.011\,7ql^2$ 的结果，B、D 两点的弯矩绝对值都略有减少。由于结构是分 3 个阶段逐步建立的，在内力的传递过程中，三跨主梁的徐变刚度依次递减，这将弱化内力由第一孔向第二、三孔的传递。如果略去最后第三孔的作用（变为两跨连续梁），不计徐变效应的 M_B 应为 $-0.063\,3ql^2$（更接近 $-0.057\,0ql^2$），这说明用第二、三孔主梁作用的弱化来解释本例在 $q(1)$ 作用下的最终计算结果是成立的。

(2) $\tau_1 = 37\,\mathrm{d}$ 时在第 2 孔上加载 $q(2) = q$ 的荷载效应

以下分两个时段分别计算考虑徐变内力重分配效应以后因 $q(2)$ 在结构中产生的最终实际内力。

① 第 2 时段 $\tau_1 \to \tau_2$。先计算 τ_1 时施加 $q(2)$ 在结构中产生的弹性内力，计算图示如图 1.14(a) 所示，求解后可得 $M_{B,t=\tau_1}(2) = \underline{-0.035\,7ql^2}$，$M_{D,t=\tau_1}(2) = \underline{-0.107\,1ql^2}$。

本时段内 B 节点左端面的 $M_{B,t=\tau_1}(2)$ 将衰减到 $M_{B,t=\tau_1}(2) \times \eta_{2,0}(67,37) = -0.035\,7ql^2 \times 0.509 = \underline{-0.018\,2ql^2}$，注意这里不是乘以 $\overline{\eta}_{1,0}(67,37) = 0.841$ 折减。右端面的 $M_{B,t=\tau_1}(2)$ 将衰减到 $M_{B,t=\tau_1}(2) \times \eta_{1,0}(37,7) = -0.035\,7ql^2 \times 0.434 = \underline{-0.015\,5ql^2}$；$M_{D,t=\tau_1}(2)$ 将衰减到 $M_{B,t=\tau_1}(2) \times \eta_{1,0}(37,7) = -0.107\,1ql^2 \times 0.434 = \underline{-0.046\,5ql^2}$。

第 2 孔上作用有 q，因梁体内力衰减而生成的徐变不平衡荷载为：

$$q_2'(2) = [1 - \eta_{1,0}(37,7)]q = (1 - 0.434)q = \underline{0.566q}$$

因节点 B 左右端面不平衡弯矩衰减而生成的徐变不平衡弯矩为：

$$M_{B,t=\tau_1 \sim \tau_2}^u = 0.018\,2ql^2 - 0.015\,5ql^2 = \underline{+0.002\,7ql^2}$$

梁体的刚度第 1 孔应乘以 $\eta_{2,t}(67,37) = 0.627$ 折减，第 2 孔应乘以 $\eta_{1,t}(37,7) = 0.566$ 折减，完整的计算图示如图 1.14(b) 所示，求解后可得 τ_2 时 B、D 两点处第二部分徐变引起的弯矩分别为（过程略）：

左端面 $M_{B,t=\tau_2}'(2) = \underline{-0.020\,2ql^2}$，右端面 $M_{B,t=\tau_2}'(2) = \underline{-0.022\,9ql^2}$，$M_{D,t=\tau_2}'(2) = \underline{-0.059\,4ql^2}$

$t = \tau_2$ 时，B、D 两点处的实际弯矩为以上算得两部分之和：

左端面 $M_{B,t=\tau_2}(2) = -0.018\,2ql^2 + 0.020\,2ql^2 = \underline{-0.038\,4ql^2}$

右端面 $M_{B,t=\tau_2}(2) = -0.015\,5ql^2 - 0.022\,9ql^2 = \underline{-0.038\,4ql^2} = $ 左端面 $M_{B,t=\tau_2}(2)$（计算正确）

$M_{D,t=\tau_2}(2) = -0.046\,5ql^2 - 0.059\,4ql^2 = \underline{-0.105\,9ql^2}$

② 第 3 时段 $\tau_2 \to \infty$。本时段结构要先增加一跨并解除 D 节点的约束回到结构的最终三跨连续梁受力状态，在 $\tau_2 + \Delta$ 时对节点施加一个反方的弯矩 $-M_{D,t=\tau_2}(2) = 0.105\,9ql^2$，计算图示如图 1.14(c) 所示。按弹性理论计算后再叠加上阶段算得的 $M_{B,t=\tau_2}(2)$ 与 $M_{D,t=\tau_2}(2)$，可得本时段开始 $\tau_2 + \Delta$ 时 B、D 两点处的实际弯矩为（过程略）：

$$M_{B,t=\tau_2+\Delta}(2) = \underline{-0.052\,6ql^2}, \quad M_{D,t=\tau_2+\Delta}(2) = \underline{-0.049\,4ql^2}$$

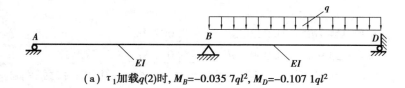

（a）τ_1 加载 $q(2)$ 时，$M_B=-0.035\,7ql^2$，$M_D=-0.107\,1ql^2$

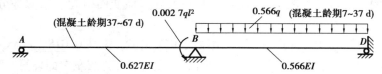

（b）求解后可得：左端面 $M_B=-0.020\,2ql^2$，右端面 $M_B=-0.022\,9ql^2$，$M_D=-0.059\,4ql^2$

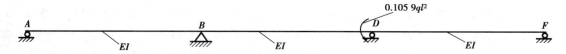

（c）$\tau_2+\Delta$ 时体系转换后（已叠加转换前弯矩）：$M_B=-0.052\,6ql^2$，$M_D=-0.049\,4ql^2$

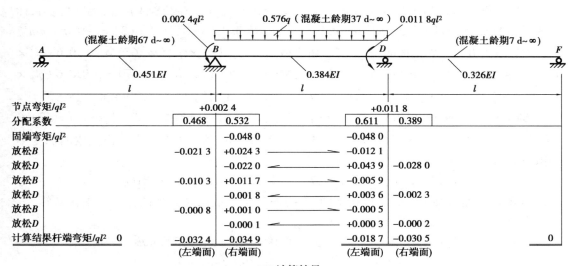

节点弯矩/ql^2		+0.002 4		+0.011 8	
分配系数		0.468	0.532	0.611	0.389
固端弯矩/ql^2			−0.048 0	−0.048 0	
放松 B		−0.021 3	+0.024 3 ——→	−0.012 1	
放松 D			−0.022 0 ←——	+0.043 9	−0.028 0
放松 B		−0.010 3	+0.011 7 ——→	−0.005 9	
放松 D			−0.001 8 ←——	+0.003 6	−0.002 3
放松 B		−0.000 8	+0.001 0 ——→	−0.000 5	
放松 D			−0.000 1 ←——	+0.000 3	−0.000 2
计算结果杆端弯矩/ql^2 0		−0.032 4	−0.034 9	−0.018 7	−0.030 5 0
		（左端面）	（右端面）	（左端面）	（右端面）

（d）计算结果

图 1.14 计算图示

在时段 $\tau_2\to\infty$ 内，B 节点左端面的 $M_{B,t=\tau_2+\Delta}(2)$ 将衰减到 $M_{B,t=\tau_2+\Delta}(2)\times\overline{\eta}_{2,0}(\infty,67)=-0.052\,6ql^2\times0.470=\underline{-0.024\,7ql^2}$，右端面的 $M_{B,t=\tau_2+\Delta}(2)$ 将会衰减到 $M_{B,t=\tau_2+\Delta}(2)\times\overline{\eta}_{1,0}(\infty,37)=-0.052\,6ql^2\times0.424=\underline{-0.022\,3ql^2}$。$D$ 节点左端面的 $M_{D,t=\tau_2+\Delta}(2)$ 将会衰减到 $M_{D,t=\tau_2+\Delta}(2)\times\overline{\eta}_{1,0}(\infty,37)=-0.049\,4ql^2\times0.424=\underline{-0.020\,9ql^2}$；右端面的 $M_{D,t=\tau_2+\Delta}(2)$ 将会衰减到 $M_{D,t=\tau_2+\Delta}(2)\times\overline{\eta}_{1,0}(\infty,7)=-0.049\,4ql^2\times0.184=\underline{-0.009\,1ql^2}$。

第 2 孔上作用有 q，因梁体内力的衰减将会生成徐变不平衡荷载，其值为：

$$q_3'(2)=[1-\overline{\eta}_{1,0}(\infty,37)]q=(1-0.424)q=\underline{0.576q}$$

因 B、D 点左右梁段的徐变特性不同，本时段还将生成两个附加的徐变不平衡弯矩，其值分别为：
$$M^u_{B,t=\tau_2\sim\infty} = 0.024\ 7ql^2 - 0.022\ 3ql^2 = \underline{+0.002\ 4ql^2}$$
$$M^u_{D,t=\tau_2\sim\infty} = 0.020\ 9ql^2 - 0.009\ 1ql^2 = \underline{+0.011\ 8ql^2}$$

解本时段的徐变刚度方程时，梁体的刚度第 1 孔应乘以 $\overline{\eta_{2,t}}(\infty,67)=0.451$ 折减，第 2 孔应乘以 $\overline{\eta_{1,t}}(\infty,37)=0.384$ 折减，第 3 孔应乘以 $\eta_{1,t}(\infty,7)=0.326$ 折减，完整的计算图示如图 1.14（d）所示，求解的详细过程如图 1.14 所示。A、B 点处因徐变而引起的第二部分弯矩为（略去右端面的计算）：

B 点处左端面 $M'_{B,t=\tau_2}(2) = \underline{-0.032\ 4ql^2}$，$D$ 点处左端面 $M'_{D,t=\tau_2}(2) = \underline{-0.018\ 7ql^2}$

本时段末即 $t=\infty$ 时，B、D 两点处的实际弯矩为以上算得两部分之和（按左端面计算）：

B 点处 $M_{B,t=\infty}(2) = -0.024\ 7ql^2 - 0.032\ 4ql^2 = \underline{-0.057\ 1ql^2}$

D 点处 $M_{D,t=\infty}(2) = -0.020\ 9ql^2 - 0.018\ 7ql^2 = \underline{-0.039\ 6ql^2}$

计算结果分析：如果不考虑混凝土的徐变效应，在 $q(2)$ 作用下，按弹性理论计算 $M_B = M_D = -0.050\ 0ql^2$。B 点左右梁段的徐变刚度大于 D 点左右梁段的徐变刚度，故计算结果 $M_{B,t=\infty}(2) > M_{D,t=\infty}(2)$ 是合理的。也可以用第二、三孔主梁作用的弱化来解释计算结果。

（3）$\tau_2 = 67$ d 时在第 3 孔上加载 $q(3)=q$ 的荷载效应

本次计算只涉及第 3 时段 $\tau_2\to\infty$。先计算 τ_2 时施加 $q(3)$ 在结构中产生的弹性内力，计算图示如图 1.15（a）所示，求解后可得 $M_{B,t=\tau_2}(3) = \underline{+0.016\ 6ql^2}$，$M_{D,t=\tau_2}(3) = \underline{-0.066\ 7ql^2}$。

本时段内 B 节点左端面的 $M_{B,t=\tau_2}(3)$ 将衰减到 $M_{B,t=\tau_2}(3)\times\eta_{3,0}(\infty,67) = +0.016\ 6ql^2\times 0.263 = \underline{+0.004\ 4ql^2}$，右端面的 $M_{B,t=\tau_2}(3)$ 将衰减到 $M_{B,t=\tau_2}(3)\times\eta_{2,0}(\infty,37) = +0.016\ 6ql^2\times 0.239 = \underline{+0.004\ 0ql^2}$；D 节点左端面的 $M_{D,t=\tau_2}(3)$ 将衰减到 $M_{D,t=\tau_2}(3)\times\eta_{2,0}(\infty,37) = -0.066\ 7ql^2\times 0.239 = \underline{-0.015\ 9ql^2}$，右端面的 $M_{D,t=\tau_2}(3)$ 将衰减到 $M_{D,t=\tau_2}(3)\times\eta_{1,0}(\infty,7) = -0.066\ 7ql^2\times 0.184 = \underline{-0.012\ 3ql^2}$。第 3 孔上作用有 q，因梁体内力衰减而生成的徐变不平衡荷载为：

$$q'_3(3) = [1-\eta_{1,0}(\infty,7)]q = (1-0.184)q = \underline{0.816q}$$

因 B、D 点左右梁段的徐变特性不同，本时段还将生成两个附加的徐变不平衡弯矩，其值分别为：
$$M^u_{B,t=\tau_2\sim\infty} = 0.004\ 0ql^2 - 0.004\ 4ql^2 = \underline{-0.000\ 4ql^2}$$
$$M^u_{D,t=\tau_2\sim\infty} = 0.015\ 9ql^2 - 0.012\ 3ql^2 = \underline{+0.003\ 6ql^2}$$

梁体的刚度第 1 孔应乘以 $\eta_{3,t}(\infty,67)=0.412$ 折减，第 2 孔应乘以 $\eta_{2,t}(\infty,37)=0.388$ 折减，第 3 孔应乘以 $\eta_{1,t}(\infty,7)=0.326$，完整的计算图示及求解的详细过程如图 1.15（b）所示。A、B 点处因徐变而引起的第二部分弯矩为：

B 点处左端面 $M'_{B,t=\infty}(3) = \underline{+0.014\ 4ql^2}$，$D$ 点处左端面 $M'_{D,t=\infty}(3) = \underline{-0.056\ 8ql^2}$（略去右端面的计算）

本时段末即 $t=\infty$ 时，B、D 两点处的实际弯矩为以上算得两部分之和（按左端面计算）：

B 点处 $M_{B,t=\infty}(3) = +0.004\ 4ql^2 + 0.014\ 4ql^2 = +0.018\ 8ql^2$

D 点处 $M_{D,t=\infty}(3) = -0.015\ 9ql^2 - 0.056\ 8ql^2 = -0.039\ 6ql^2 - 0.072\ 7ql^2$

计算结果分析:如果不考虑混凝土的徐变效应,在 $q(3)$ 作用下按弹性理论计算 $M_B=+0.016\,6ql^2$,$M_D=-0.066\,7ql^2$。$q(3)$ 作用时结构三跨已经完全成形,如果每孔主梁的"弹塑性换算刚度"近似取弹性刚度与徐变换算刚度的平均值,计算结果将与本例的这个结果接近,这就可以间接证明解答正确。也可以用第三孔主梁刚度的弱化来解释计算结果的 $M_{D,t=\infty}(3)$ 必然大于 M_D,第二孔的刚度越大,$M_{D,t=\infty}(3)$ 也越大于 M_D。当第二孔的刚度接近无穷大时,$M_{D,t=\infty}(3)$ 将逼近 $-0.125ql^2$。

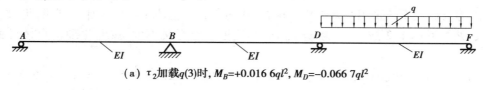

（a）τ_2 加载 $q(3)$ 时,$M_B=+0.016\,6ql^2$,$M_D=-0.066\,7ql^2$

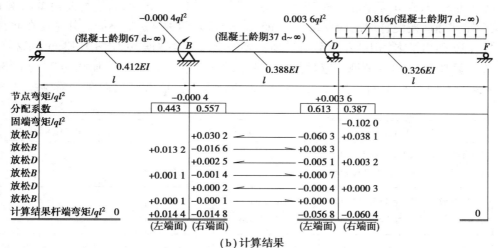

	A	B(左端面)	B(右端面)	D(左端面)	D(右端面)	F
节点弯矩/ql^2			$-0.000\,4$		$+0.003\,6$	
分配系数		0.443	0.557	0.613	0.387	
固端弯矩/ql^2					$-0.102\,0$	
放松D			$+0.030\,2$	$-0.060\,3$	$+0.038\,1$	
放松B		$+0.013\,2$	$-0.016\,6$	$+0.008\,3$		
放松D			$+0.002\,5$	$-0.005\,1$	$+0.003\,2$	
放松B		$+0.001\,1$	$-0.001\,4$	$+0.000\,7$		
放松D			$+0.000\,2$	$-0.000\,4$	$+0.000\,3$	
放松B		$+0.000\,1$	$-0.000\,1$	$+0.000\,0$		
计算结果杆端弯矩/ql^2	0	$+0.014\,4$	$-0.014\,8$	$-0.056\,8$	$-0.060\,4$	0

（b）计算结果

图 1.15　计算图示

（4）$t=\infty$ 时,因 $q(1)+q(2)+q(3)$ 在连续梁中引起的最终荷载效应

根据内力的叠加原理,B、D 两点处的最终实际弯矩为以上算得的 3 部分之和。

B 点处 $M_{B,t=\infty}=M_{B,t=\infty}(1)+M_{B,t=\infty}(2)+M_{B,t=\infty}(3)=-0.057\,0ql^2-0.057\,1ql^2+0.018\,8ql^2=\underline{-0.095\,3ql^2}$

D 点处 $M_{D,t=\infty}=M_{D,t=\infty}(1)+M_{D,t=\infty}(2)+M_{D,t=\infty}(3)=+0.011\,7ql^2-0.039\,6ql^2-0.072\,6ql^2=\underline{-0.100\,5ql^2}$

计算结果分析:如果不考虑混凝土的徐变效应,三跨连续梁在一次施加的 $q(1)+q(2)+q(3)$ 作用下按弹性理论计算的结果为 $M_B=M_D=\underline{-0.100\,0ql^2}$,这与考虑施工顺序与徐变内力重分配以后的最终内力解答值相差没有超过 5%。这个最终计算结果说明,中小跨径连续梁采用逐孔浇筑方法施工时,无论浇筑的孔数多少,均可以忽略掉徐变内力重分配对主梁内力的影响。我国公路设计部门在考虑这类桥梁的设计时,一直都未曾考虑过此项内力重分配因素对主梁内力的影响,本算例可以为此提供计算依据。按照极限状态法的设计理论,连续梁的内力重分配一般都不会影响连续梁各控制断面的极限强度安全,但断面的开裂控制却是与最终的内力(应力)状态有关的。对于可能发生较大内力重分配的超静定混凝土结构,有条件时,还是应当尽量计算清楚构件各控制断面经过内力重分配以后的最终内力和应力状态。

4)用改进老化理论方法 5 求解

需用的基本计算数据全部可以采用以上"方法 2"中与 φ_1 有关的部分,如对 φ_1 的拆分:

$$\varphi_1 = \varphi_1(\infty,7) = \varphi_1(37,7) + \varphi_1(67,37) + \varphi_1(\infty,67)$$
$$= \varphi(\infty,7) = \varphi(37,7) + \varphi(67,37) + \varphi(\infty,67) = 1.0 + 0.25 + 1.25 = 2.5$$

因为求徐变系数采用的是老化理论,上式的所有 φ 值均不需要再加上划线,也没有必要再在 φ 处加下标 1、2 或 3,因为 φ_2 与 φ_3 在这里已经意义不大,按老化理论直接可由上式算得:

$$\varphi_2 = \varphi(\infty,37) = \varphi(67,37) + \varphi(\infty,67) = 0.25 + 1.25 = 1.5, \varphi_3 = \varphi(\infty,67) = 1.25$$

这里的 37 d、67 d 都是加载龄期。"方法 5"徐变系数 φ_2、φ_3 的取值均要稍微低于上文"方法 2"的取值(按混合理论计算,$\varphi_2 = 1.96$,$\varphi_3 = 1.79$,两种算法的不同之处主要在此)。

图 1.16 列出了本例用"方法 5"计算所需要的全部计算数据,对比图 1.13,可知这是"方法 2"中计算加载 $q(1)$ 的荷载效应时所需要的全部计算数据,"方法 2"加载 $q(2)$ 与 $q(3)$ 时计算数据的不同仅在于图中用虚线圈出的那部分数据。这就是这两种计算方法的不同之处。

	第一孔主梁	第二孔主梁	第三孔主梁
第一时段	(龄期7~37 d时段),$\varphi(37,7)$=1.0 $\eta_0(37,7)$=0.434, $\eta_t(37,7)$=0.566		
第二时段	(龄期37~67 d时段),$\varphi(67,37)$=0.25 $\eta_0(67,37)$=0.841, $\eta_t(367,37)$=0.636	(龄期7~37 d时段),$\varphi(37,7)$=1.0 $\eta_0(37,7)$=0.434, $\eta_t(37,7)$=0.566	
第三时段	(龄期67 d~∞时段),$\varphi(\infty,67)$=1.25 $\eta_0(\infty,67)$=0.504, $\eta_t(\infty,67)$=0.397	(龄期37 d~∞),$\varphi(\infty,37)$=1.50 $\eta_0(\infty,37)$=0.424, $\eta_t(\infty,37)$=0.384	(龄期7 d~∞),$\varphi(\infty,7)$=2.50 $\eta_0(\infty,7)$=0.184, $\eta_t(\infty,7)$=0.326

注:图中各 η_0 满足关系0.434 × 0.841 × 0.504=0.434 × 0.424=0.184= $\eta_0(\infty,7)$。

图 1.16 改进老化理论方法 5 解题的基本计算数据

(1)第 1 时段 $\tau_0 \rightarrow \tau_1$ 的计算

本时段内没有内力重分配问题,计算结果同"方法 2"加载 $q(1) = q$ 第 1 时段部分,即 τ_1 时 B 点实际弯矩仍为 $M_{B,t=\tau_1} = \underline{-0.125ql^2}$,如图 1.17(a)所示。第 1 时段产生的徐变不平衡荷载为 $q'_1(1) = \underline{0.566q}$,求本时段的徐变变形梁体刚度应乘以 $\eta_{1,t}(37,7) = 0.566$ 折减,如图 1.17(c)所示。

(2) 第 2 时段 $\tau_1 \rightarrow \tau_2$ 的计算

本时段先增加一跨将 D 节点固结,解除 B 节点约束再在第二跨施加 $q(2) = q$,解除 B 节点的约束等于对节点施加反方弯矩 $-M_{B,t=\tau_1}$。由于上阶段没有内力重分配,故本时段开始 $\tau_1 + \Delta$ 时在 $q(1) + q(2)$ 联合作用下 B、D 两点处的实际弯矩可直接按图 1.17(b)计算,结果为(过程略):

$$M_{B,t=\tau_1+\Delta} = \underline{-0.1071ql^2}, M_{D,t=\tau_1+\Delta} = \underline{-0.0714ql^2}$$

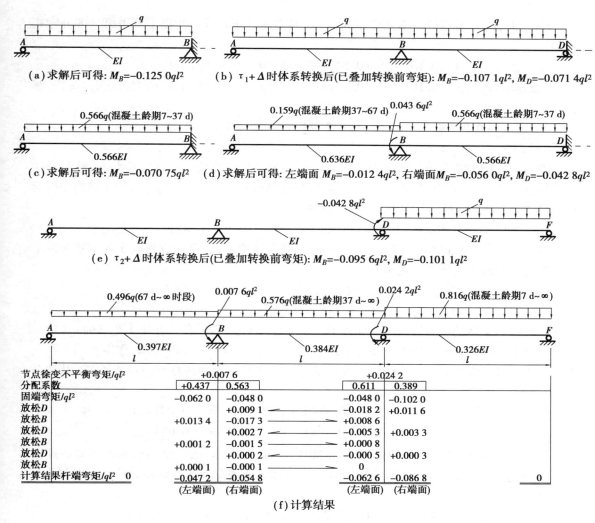

图 1.17　采用改进老化理论方法 5 的计算图示与部分求解过程

这个结果应等于图 1.13(b)与图 1.14(a)两图式算得结果之和。

本时段第一孔梁体应力将衰减并生成作用在第 1 孔上的徐变不平衡荷载 $q'_2(1) = 0.159q$,这一步的计算与上文"方法 2"中在 $q(1)$ 作用的部分是相同的。由于是采用老化理论求徐变系数,在 $q(2)$ 作用下第一孔梁体在本时段内的徐变系数与 $q(1)$ 作用下同一时段内的徐变系数是相等的,其值都等于 $\varphi(67,37) = 0.25$,因此本时段在 $q(1) + q(2)$ 作用下的徐变刚度方程可以合并起来求解,这是"方法 5"与"方法 2"的区别。

本时段第二孔梁体应力衰减后生成作用在第 2 孔上的徐变不平衡荷载 $q'_2(2) = [1 - \eta_0(37,7)]q = (1 - 0.434)q = 0.566q$。因 B 点左右梁段的徐变特性不同,本时段还将生成一个附加的徐变不平衡弯矩,其值为 $M^u_{B,t=\tau_1\sim\tau_2} = (0.841 - 0.434) \times 0.107 \ 1ql^2 = \underline{+0.043 \ 6ql^2}$。本时段梁体徐变刚度方程的计算图示如图 1.17(d)所示,图中梁体的刚度折减值如图 1.16 中各对应的 η_t。计算结果为因徐变而引起的第二部分弯矩(过程略):

左端面 $M'_{B,t=\tau_2} = \underline{-0.012 \ 4ql^2}$,右端面 $M'_{B,t=\tau_2} = \underline{-0.056 \ 0ql^2}$,$M'_{D,t=\tau_2} = \underline{-0.042 \ 8ql^2}$

$t=\tau_2$ 时，B、D 两点处的实际弯矩为 $\tau_1+\Delta$ 时实际弯矩衰减后与以上算得第二部分弯矩之和：

左端面 $M_{B,t=\tau_2} = -0.107\ 1ql^2 \times 0.841 - 0.012\ 4ql^2 = \underline{-0.102\ 5ql^2}$

右端面 $M_{B,t=\tau_2} = -0.107\ 1ql^2 \times 0.434 - 0.056\ 0ql^2 = \underline{-0.102\ 5ql^2} =$ 左端面 $M_{B,t=\tau_2}$（计算正确）

$M_{D,t=\tau_2} = -0.071\ 4ql^2 \times 0.434 - 0.042\ 8ql^2 = \underline{-0.073\ 7ql^2}$

（3）第 3 时段 $\tau_2 \to \infty$ 的计算

本时段先增加第三跨再解除 D 节点约束转换为结构最终的三跨连续梁状态，然后在第三跨施加 $q(3)=q$，解除 D 节点的约束等于对节点施加反方弯矩 $-M_{D,t=\tau_2}$，与在结构中引起的弹性内力按图 1.17(e) 计算，结果为（过程略）：

$$M_B = +0.006\ 9ql^2, M_D = -0.027\ 3ql^2（左端面）$$

本时段开始 $\tau_2+\Delta$ 时在 $q(1)+q(2)+q(3)$ 联合作用下，B、D 两点处的实际弯矩为以上计算值与上时段末实际弯矩之和。

$$M_{B,t=\tau_2+\Delta} = -0.102\ 5ql^2 + 0.006\ 9ql^2 = -0.095\ 6ql^2$$
$$M_{D,t=\tau_2+\Delta} = -0.073\ 7ql^2 - 0.027\ 3ql^2 = -0.101\ 0ql^2$$

本时段内梁体的应力衰减将生成以下 3 个徐变不平衡荷载：作用在第 1 孔上的 $q'_3(1) = (1-0.504)q = \underline{0.496q}$，作用在第 2 孔上的 $q'_3(2) = (1-0.424)q = \underline{0.576q}$，作用在第 3 孔上的 $q'_3(3) = (1-0.184)q = \underline{0.816q}$。本时段还将生成两个附加的徐变不平衡弯矩，其值分别为：

$$M^u_{B,t=\tau_2\sim\infty} = (0.504 - 0.424) \times 0.095\ 6ql^2 = \underline{+0.007\ 6ql^2}$$
$$M^u_{D,t=\tau_2\sim\infty} = (0.424 - 0.184) \times 0.101\ 1ql^2 = \underline{+0.024\ 2ql^2}$$

完整的梁体徐变刚度方程的计算图示如图 1.17(f) 所示，图中梁体的刚度折减值如图 1.16 中各对应的 η_t，求解的详细过程如图 1.16 所示。计算结果为本时段因徐变而引起的第二部分弯矩：

左端面 $M'_{B,t=\infty} = \underline{-0.047\ 2ql^2}$，右端面 $M'_{B,t=\infty} = \underline{-0.054\ 8ql^2}$

左端面 $M'_{D,t=\infty} = \underline{-0.062\ 6ql^2}$，右端面 $M'_{D,t=\infty} = \underline{-0.086\ 8ql^2}$

本时段末 $t=\infty$ 时，B、D 两点处的最终弯矩为 $t=\tau_2+\Delta$ 时实际弯矩衰减后与以上算得徐变引起的第二部分弯矩之和。

左端面 $M_{B,t=\infty} = -0.095\ 6ql^2 \times 0.504 - 0.047\ 2ql^2 = \underline{-0.095\ 4ql^2}$

右端面 $M_{B,t=\infty} = -0.095\ 6ql^2 \times 0.424 - 0.054\ 8ql^2 = \underline{-0.095\ 4ql^2} =$ 左端面 $M_{B,t=\infty}$（计算正确）

左端面 $M_{D,t=\infty} = -0.101\ 0ql^2 \times 0.424 - 0.062\ 6ql^2 = \underline{-0.105\ 4ql^2}$

右端面 $M_{D,t=\infty} = -0.101\ 0ql^2 \times 0.184 - 0.086\ 8ql^2 = \underline{-0.105\ 4ql^2} =$ 左端面 $M_{D,t=\infty}$（计算正确）

计算结果分析：通过本例的计算可以看出"方法 5"的计算程序确实是比"方法 2"要简洁很多，这就是迄今为止改进的老化理论方法能够在国内外都得到广泛采用的理由。本例按混合理论方法 2 的计算结果为 $M_{B,t=\infty} = -0.095\ 3ql^2$、$M_{D,t=\infty} = -0.100\ 5ql^2$，这与"方法 5"的计算结果基本一致或非常接近，说明这两种计算方法的分析结果都是可信的。

对于这种徐变内力重分配对结构最终内力与变形影响比较小的问题,无论采用"方法2"还是"方法5"进行分析最终的结果差异都不会大,最典型的例子就是本例两种算法的结果对比;如果徐变对结构的最终内力与变形影响比较大时,采用"方法2"还是"方法5"分析就有可能得出差异比较大的结果,如在大跨悬臂梁桥的徐变变形计算中就有可能出现这种情况。逐孔浇筑混凝土连续梁桥的内力重分配问题可以忽略不计,这个结论可以用于简化对大跨混凝土斜拉桥的徐变问题分析,对此本书后面还要加以讨论。

本节参考文献

[1] 瓦西里耶夫,普勒格波维奇,阿鲁秋年,等. 混凝土的徐变问题(中译文集)[M]. 北京:科学出版社,1962.

[2] 袁伦一. 1978 年国际预应力协会(FIP)关于混凝土徐变系数及收缩应变的研究[J]. 国外公路,1981(6):12-15.

[3] 唐崇钊. 混凝土的徐变力学与试验技术[M]. 北京:水利电力出版社,1982.

[4] 黄国兴,惠荣炎,王秀军. 混凝土徐变与收缩[M]. 北京:中国电力出版社,2012.

[5] Z. P. Bazant and L. J. Najjar, Comparison of Approximate Linear Methods for Concete Creep, jounal of the Structural Divison, Proceedings of ASCE. V. 99 ,September 1973.

[6] 若狭忠雄,伊沢閑. 遅れ弾性を考慮した場合のコンケリートのクリープより発生する不静定力の計算方法について(Ⅰ)、(Ⅱ)[J]. 桥梁,1980:4-5.

[7] 叶见曙. 结构设计原理[M]. 北京:人民交通出版社,2001.

[8] 曹双寅. 工程结构设计原理[M]. 南京:东南大学出版社,2008.

[9] 范立础. 桥梁工程(上册)[M]. 北京:人民交通出版社,2005.

[10] 中华人民共和国交通运输部. 公路钢筋混凝土及预应力混凝土桥涵设计规范:JTJ 023—85[S]. 北京:人民交通出版社,1985.

[11] 中华人民共和国交通运输部. 公路钢筋混凝土及预应力混凝土桥涵设计规范:JTG D62—2004[S]. 北京:人民交通出版社,2004.

[12] 中华人民共和国交通运输部. 公路钢筋混凝土及预应力混凝土桥涵设计规范:JTG 3362—2018[S]. 北京:人民交通出版社,2018.

[13] 中华人民共和国住房和城乡建设部. 混凝土结构设计规范:GB 50010—2010[S]. 北京:中国建筑工业出版社,2010.

[14] 吉中仁. 组合构件与组合构件体系中混凝土徐变变形与内力重分配计算[J]. 土木工程学报,1986(2):63-74 +61.

[15] 四川省公路学会. 1996 年四川省公路学会桥梁学术研讨会论文集[M]. 成都:西南交通大学出版社,1996.

[16] 金成棣. 混凝土徐变对超静定结构变形及内力的影响——考虑分段加载龄期差异及延迟弹性影响[J]. 土木工程学报,1981(3):21-35.

[17] 吉中仁. 对"考虑滞后弹性由混凝土徐变引起的连续梁次内力计算方法"的讨论[J]. 同济大学学报:自然科学版,1986(4):140-144.

1.2　组合构件与组合构件体系中混凝土徐变变形与内力重分配计算

在混凝土结构中,由于持续荷载与强迫位移而产生的徐变效应不尽相同。对由一种混凝土组成的结构,当各部件的加载龄期相同时,在持续荷载作用下,混凝土徐变效应表现为变形随时间增长;在强迫位移作用下,结构由此产生的弹性内力会随时间衰减。因此,对由同一种混凝土组成且各部件加载龄期相同的结构,一切与徐变有关的内力重分配计算均可归结为结构在强迫位移作用下的内力衰减计算。

通常结构所受强迫位移,是指结构支座沉陷、用千斤顶调整结构内力等。而在其他各种因素作用下对结构所造成的位移,如施工过程中结构受力体系的转换、混凝土的收缩、温度影响、结构在持续荷载作用下的弹变与徐变等,也可推广理解为对结构施加的强迫位移。全部强迫位移可划分为两类:第一类为瞬时强迫位移,即位移发生后立即固结节点;第二类为随时间变化的强迫位移,其增长规律可近似地认为与徐变增长成比例。因此,运用有限单元理论可将混凝土徐变引起的内力重分配计算归结为两个问题:

①各单元在强迫位作用下的内力衰减计算;

②单元之间因内力衰减而产生的徐变不平衡内力的再平衡问题。

本节重点对混凝土组合构件在任意强迫位移作用下的实际内力计算公式进行讨论。当该法运用于一个复杂超静定组合构件体系中因混凝土徐变而产生的变形与内力重分配计算时,可同时计入包括收缩在内的各项因素影响。

1.2.1　基本关系式的推导

某混凝土悬臂式单元 ij(图 1.18),其 i 端的位移与内力分别可记为:

$$\boldsymbol{V}_{ij} = \begin{bmatrix} \boldsymbol{u}_{ij} & \boldsymbol{v}_{ij} & \boldsymbol{\theta}_{ij} \end{bmatrix}^{\mathrm{T}}, \boldsymbol{S}_{ij} = \begin{bmatrix} \boldsymbol{N}_{ij} & \boldsymbol{Q}_{ij} & \boldsymbol{M}_{ij} \end{bmatrix}^{\mathrm{T}}$$

在时间 τ_0 由于某一外因在杆端 i 产生第一类瞬时强迫位移 $V_{ij,0}$,相应引起弹性杆端内力为 $S_{ij,0}$,由于徐变效应,在时间 τ_0 以后的任一时间 t,$S_{ij,0}$ 将发生衰减,衰减后的 i 端实际内力为:

$$\hat{S}_{ij,t} = \eta_0(t,\tau_0)S_{ij,0} \tag{1.111}$$

式中,η_0 为混凝土在 $\tau_0 \to t$ 时间段内受瞬时强迫位移作用的内力衰减系数,其值可通过实验或计算确定。显然,与徐变系数 φ 相同,η_0 也反映了混凝土材料的徐变特性。支座的忽然沉陷、用千斤顶调整结构内力、对结构施加预应力、施工过程中结构受力体系的转换、温度剧变、结构在持续荷载作用下的弹性变形都可理解为对结构施加的第一类强迫位移。在本节中如无特别指明,$V_{ij,0}$ 一般指在 τ_0 时持续荷载引起的弹性变形。

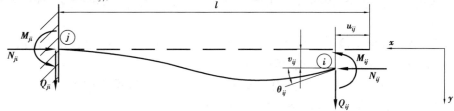

图 1.18　悬臂式单元

第二类强迫位移 $V_{ij,t}$，一般只有 3 种情况：其一为支座的缓慢沉陷，其沉陷规律为先快后慢，有可能持续数年，且一般是在桥梁建成后发生，简称为支座沉陷；其二为混凝土的收缩，这是一种比较特殊的第二类强迫位移；最后一种是徐变变形。如在 τ_0 时刻对单元 ij 的 i 端施加第二类强迫位移 $V_{ij,t}$，严格假定 $\mathrm{d}V_{ij,t} = V_{ij,t}\mathrm{d}\varphi/\varphi$，$\varphi$ 为从施加 $V_{ij,t}$ 的开始时间 τ_0 至 t 时间段内混凝土的徐变系数，则考虑徐变效应后在时间 t 因 $V_{ji,t}$ 而引起的 i 端实际内力为：

$$\hat{S}_{ij,t} = \eta_t(t,\tau_0)\overline{S}_{ij,t} \tag{1.112}$$

式中，η_t 为混凝土在 $\tau_0 \to t$ 时间段内的徐变内力衰减系数，其值可由 η_0 与 φ 确定；$\overline{S}_{ij,t} = kV_{ij,t}$，为不计徐变效应时因 $V_{ji,t}$ 在 i 端引起的相应弹性内力，k 为悬臂式单元 ij 的刚度因式[1]。

$$k = \begin{vmatrix} \dfrac{EA}{l} & 0 & 0 \\[2mm] 0 & \dfrac{12EI}{l^3} & \dfrac{6EI}{l^2} \\[2mm] 0 & \dfrac{6EI}{l^2} & \dfrac{4EI}{l} \end{vmatrix} \tag{1.113}$$

设在时间 τ_0 与时间段 $\tau_0 \to t$ 中对 i 端同时施以 $V_{ij,0}$ 与 $V_{ij,t}$，由式(1.111)与式(1.112)，i 端因 $S_{ij,0}$ 衰减而引起次内力与 $V_{ij,t}$ 引起的实际内力之和为：

$$S_{ij,t} = -(1-\eta_0)S_{ij,0} + \eta_t\overline{S}_{ij,t} \tag{1.114}$$

徐变引起的构件变形也可理解为第二类强迫位移，由此产生的杆端内力也可按式(1.115)计算：

$$\hat{S}'_{ij,t} = \eta_t(t,\tau_0)\overline{S}'_{ij,t} \tag{1.115}$$

上标"′"表示由徐变所引起，以区别其他第二类强迫位移。

当单元 ij 因某种外因产生瞬时或（和）随时间而变化的强迫位移时，i 端将产生按式(1.114)计算的随时间变化的徐变次内力和实际内力。当 i 端不受约束时，此两项内力就将转化为一个随时间而变化的节点荷载 $P'_{ij} = -S_{ij,t}$：

$$P'_{ij} = (1-\eta_0)S_{ij,0} - \eta_t\overline{S}_{ij,t} \tag{1.116}$$

在 P'_{ij} 作用下单元将发生徐变，并在时刻 t 产生一个按式(1.115)计算的杆端力 $\hat{S}'_{ij,t}$ 与 P'_{ij} 相平衡，故有：

$$P'_{ij} = \hat{S}'_{ij,t} = \eta_t(t,\tau_0)\overline{S}'_{ij,t}$$

注意到 $\overline{S}'_{ij,t} = kV'_{ij,t}$，$V'_{ij,t}$ 为 i 端的徐变变形，上式即可写为：

$$P'_{ij} = \eta_t kV'_{ij,t} \tag{1.117}$$

根据叠加原理，在 τ_0 以后的任意时间 t，由于混凝土徐变效应，单元实际内力 $\hat{S}_{ij,t}$ 为因 $V_{ij,0}$、$V_{ij,t}$ 与 $V'_{ij,t}$ 引起的实际内力之和。

$$\hat{S}_{ij,t} = \eta_0 S_{ij,0} + \eta_t\overline{S}_{ij,t} + \eta_t\overline{S}'_{ij,t} \tag{1.118}$$

或
$$\hat{S}_{ij,t} = \eta_0 kV_{ij,0} + \eta_t k(V_{ij,t} + V'_{ij,t}) \tag{1.119}$$

这里 $S_{ij,0}$ 一般指在荷载作用下单元 i 端的弹性变形，支座沉陷一般单独计算，故上列各

式中的 $\bar{S}_{ij,t}(V_{ij,t})$ 通常只有因收缩引起的 $V_{ij,t}^s$ 和 $\bar{S}_{ij,t}^s$，这里用上标"s"表示由收缩引起的第二类强迫位移和相应的弹性内力。以上两式不考虑支座沉陷时即可改写为：

$$\hat{S}_{ij,t} = \eta_0 S_{ij,0} + \eta_t \bar{S}_{ij,t}^s + \eta_t \bar{S}_{ij,t}' \tag{1.120}$$

或

$$\hat{S}_{ij,t} = \eta_0 k V_{ij,0} + \eta_t k (V_{ij,t}^s + V_{ij,t}') \tag{1.121}$$

收缩是一种比较特殊的第二类强迫位移。对于图 1.18 所示悬臂单元，分析方法是：如 i 端自由单元缩短 $\Delta_s = \varepsilon_s l$，$\varepsilon_s$ 为单元 $\tau_0 \to t$ 时间段的收缩率，则在时间 $\tau_0 \to t$ 固结 i 端就相当于对 i 端施加一个随时间而变化的反向位移 $-\Delta_s$ 并使单元产生拉力，因单一的单元收缩只产生轴力，故 $\bar{S}_{ij,t}^s = [-\varepsilon_s EA \quad 0 \quad 0]^T$，式（1.120）中的 $\eta_t \bar{S}_{ij,t}^s = [-\eta_t \varepsilon_s EA \quad 0 \quad 0]^T$。当 i 端不受约束时，$\eta_t \bar{S}_{ij,t}^s$ 将直接转化为一个按式（1.116）右端第二项计算的随时间而变化的节点荷载 $-\eta_t \bar{S}_{ij,t}^s$，但符合相反。如果结构只有一个 ij 单元，两者抵消后即收缩不会在单元中产生内力；如果 i 端是结构体系中的一个节点，该节点荷载则有可能导致整个结构的内力重分配。

如果只考虑持续荷载作用这种最简单的情况，分析方法是：在荷载作用下，单元 ij 的 i 端在 τ_0 时先发生第一类强迫位移（即弹性变形）产生内力 $S_{ij,0}$，$\tau_0 \to t$ 时间段后实际内力按式（1.111）计算即衰减到 $\eta_t(t,\tau_0)S_{ij,0}$，但同时 i 端要产生一个按式（1.116）右端第一项计算的不平衡荷载 $P_{ij}' = (1-\eta_0)S_{ij,0}$。这个节点不平衡荷载施加在结构体系中将会使单元的 i 端发生徐变 $V_{ij,t}'$，由此再按 $\hat{S}_{ij,t} = \eta_0 k V_{ij,0} + \eta_t k V_{ij,t}'$ 计算单元的最终实际内力。这样的分析方法看似复杂，但却是特别适用于采用有限元法对复杂结构的分析。

由几种混凝土部件组成且各部件混凝土加载龄期不同的结构，均可将其离散为许多加载龄期相同的单一混凝土单元，任一单元的受力与徐变过程均可用图 1.18 所示的悬臂式单元来描述，经内力重分配后的单元最终内力也均可按式（1.118）或式（1.119）计算。求解顺序为：按式（1.116）求 P_{ij}'，建立并求解结构体系的徐变刚度方程求得 $V_{ij,t}'$，再按式（1.118）或式（1.119）计算 $\hat{S}_{ij,t}$。对于其他复杂的组合构件结构体系，将其离散后求解方法可依此类推。

1.2.2 混凝土组合构件在强迫位移作用下的内力衰减计算

混凝土组合构件可视为由两个或两个以上彼此平行的不同混凝土单元组成的内部超静定结构，各平行单元之间沿整个接触界面相互连接，并且假定彼此黏结良好，在变形过程中遵从整体构件所确定的变形协调条件和平截面假定。首先导出悬臂混凝土组合单元的徐变刚度因式，再对单元在第一、二类强迫位移作用下的内力衰减计算加以讨论。

1)悬臂式组合构件单元的徐变刚度因式与徐变柔度因式

图 1.19（a）所示悬臂式组合构件由两种不同混凝土组成，其间黏结良好，弹性模量分别为 E_1 与 E_2。在 $\tau_0 \to t$ 时间段内，构件 i 端仅考虑弹性模量差异后的换算截面（以下称弹性换算截面）重心处有一徐变不平衡荷载 $P_{ij}' = [P_{xi}' \quad P_{yi}' \quad M_i']^T$，徐变内力衰减系数分别为 $\eta_{1,t}(t,\tau_0)$ 与 $\eta_{2,t}(t,\tau_0)$，求在 P_{ij}' 作用下构件的徐变变形 $V_{ij,t}'$。

暂不考虑 P_{yi}' 对变形的影响，并设构件长度为单位 1，如图 1.19（b）所示，则徐变变形可用徐变在构件轴线上产生的应变 ε_φ 与曲率 ρ_φ 代替。在 M_i' 与 P_{xi}' 作用下，不同混凝土之间界面上无剪应力出现，各平行单元因徐变引起的内力衰减可各自独立计算。将各部分混凝土产生的徐变实际内力移到构件的弹性换算截面重心处，根据变形协调条件，在时间 t 的徐变

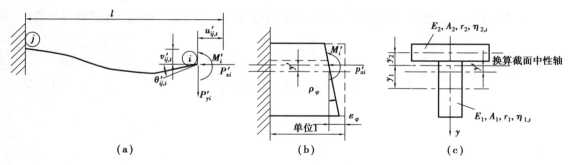

图 1.19　悬臂式组合构件

内力平衡方程式可改写为：

$$P'_{xi} = (\eta_{1,t}E_1A_1 + \eta_{2,t}E_2A_2)\varepsilon_\varphi - (\eta_{1,t}E_1A_1y_1 + \eta_{2,t}E_2A_2y_2)\rho_\varphi \left.\right\}$$
$$M'_i = -(\eta_{1,t}E_1A_1y_1 + \eta_{2,t}E_2A_2y_2)\varepsilon_\varphi + [\eta_{1,t}E_1A_1(r_1^2 + y_1^2) + \eta_{2,t}E_2A_2(r_2^2 + y_2^2)]\rho_\varphi$$

$$(1.122)$$

式中，A_1、A_2 分别为两部分混凝土的截面积，r_1、r_2 为 A_1、A_2 截面的回转半径，y_1、y_2 为 A_1、A_2 截面重心至组合构件弹性换算截面中性轴的距离，图示中性轴以下取正值。ε_φ 与 ρ_φ 的正负与 P'_{xi}、M'_i 方向一致，图 1.19 所示均为正值。式(1.122)中第一式右端的两项分别为因轴线上应变 ε_φ 与因曲率 ρ_φ 在断面上产生的轴力；第二式右端第一项为应变 ε_φ 产生的弯矩，第二项为因曲率 ρ_φ 产生的弯矩。注意到关系 $[E_1A_1(r_1^2 + y_1^2) + E_2A_2(r_2^2 + y_2^2)]\rho_\varphi = EI\rho_\varphi$，为不考虑徐变内力衰减时因曲率 ρ_φ 在断面产生的弹性弯矩，考虑徐变内力衰减系数 $\eta_{i,t}$ 时，可以认为其对内力的折减是对组成部件弹性模量 E_i（或 E_iA_i）的折减，由此即可推导得出第二式的第二项。令

$$E'A' = \sum \eta_{i,t}E_iA_i \left.\right\}$$
$$y' = \frac{\sum \eta_{i,t}E_iA_iy_i}{E'A'}$$
$$E'I' = \sum \eta_{i,t}E_iA_i(r_i^2 + y_i^2) - E'A'y'^2$$

$$(1.123)$$

$E'A'$ 和 $E'I'$ 分别为构件截面的徐变换算抗压刚度与徐变换算抗弯刚度，y' 表示截面在内力衰减后的实际中性轴至原中性轴距离。引入以上符号后，式(1.122)可简化为：

第一式：$P'_{xi} = E'A'\varepsilon_\varphi - E'A'y'\rho_\varphi$

第二式：$M'_i = -E'A'\dfrac{(\eta_{1,t}E_1A_1y_1 + \eta_{2,t}E_2A_2y_2)}{E'A'}\varepsilon_\varphi +$

$$E'I'\frac{[\eta_{1,t}E_1A_1(r_1^2 + y_1^2) + \eta_{2,t}E_2A_2(r_2^2 + y_2^2)] - E'A'y'^2}{E'I'}\rho_\varphi + E'A'y'^2\rho_\varphi$$

$$= -E'A'y'\varepsilon_\varphi + (E'I' + E'A'y'^2)\rho_\varphi$$

联立求解 ε_φ 与 ρ_φ 可得：

$$\varepsilon_\varphi = \frac{P'_{xi}}{E'A'} + \frac{M'_i + P'_{xi}y'}{E'I'}y' \left.\right\}$$
$$\rho_\varphi = \frac{M'_i + P'_{xi}y'}{E'I'}$$

$$(1.124)$$

对图 1.19(a)长度为 l 的单元,如略去剪力对变形的影响,在 P'_{xi} 作用下 i 端的变形为:

$$\left.\begin{array}{r} u'_{ij,t} = \int_0^t \varepsilon_\varphi(x)\,\mathrm{d}x \\[2mm] v'_{ij,t} = -\int_0^{\bar{t}} \mathrm{d}x \int \rho_\varphi(x)\,\mathrm{d}x \\[2mm] \theta'_{ij,t} = \int_0^t \rho_\varphi(x)\,\mathrm{d}x \end{array}\right\} \tag{1.125}$$

式中

$$\left.\begin{array}{r} \varepsilon_\varphi(x) = \dfrac{P'_{xi}}{E'A'} + \dfrac{M'_i - P'_{yi}x + P_{xi}y'}{E'I'}y' \\[3mm] \rho_\varphi(x) = \dfrac{M'_i - P'^i_{yi}x + P_{xi}y'}{E'I'} \end{array}\right\} \tag{1.126}$$

注意,此处单元的长度为 l,计算单元断面弯矩时应当计入 i 端 P'_{yi} 的影响,故 $\varepsilon_\varphi(x)$ 与 $\rho_\varphi(x)$ 的表达式与式(1.124)稍有区别。将 $\varepsilon_\varphi(x)$ 与 $\rho_\varphi(x)$ 代入式(1.125)得:

$$u'_{ij,t} = \int_0^t \left[\left(\frac{1}{E'A'} + \frac{y'^2}{E'I'} \right) P'_{xi} - \frac{xy'}{E'I'}P'_{yi} + \frac{y'_i}{E'I'}M' \right]\mathrm{d}x = \frac{1}{E'A'}P'_{xi} + \frac{y'^2 l}{E'I'}P'_{xi} - \frac{y'l^2}{2E'I'}P'_{yi} + \frac{y'l}{E'I'}M'$$

$$v'_{ij,t} = -\int_0^t \mathrm{d}x\int \frac{P_{xi}y'}{E'I'}\mathrm{d}x + \int_0^t \mathrm{d}x\int \frac{P'_{yi}x}{E'I'}\mathrm{d}x - \int_0^t \mathrm{d}x\int \frac{M'_i}{E'I'}\mathrm{d}x = -\frac{y'l^2}{2E'I'}P_{xi} + \frac{l^3}{3E'I'}P'_{yi} - \frac{l^2}{2E'I'}M'_i$$

$$\theta'_{ij,t} = \int_0^t \frac{M'_i - P'_{yi}x + P_{xi}y'}{E'I'}\mathrm{d}x = \frac{y'l}{E'I'}P_{xi} - \frac{l^2}{2E'I'}P'_{yi} + \frac{l}{E'I'}M'_i$$

以上三式可简写为:

$$\begin{bmatrix} u'_{ij,t} \\[3mm] v'_{ij,t} \\[3mm] \theta'_{ij,t} \end{bmatrix} = \begin{bmatrix} \dfrac{l}{E'A'} + \dfrac{y'^2 l}{E'I'}y' & -\dfrac{y'l^2}{2E'I'} & \dfrac{y'l}{E'I'} \\[4mm] -\dfrac{y'l^2}{2E'I'} & \dfrac{l^3}{3E'I'} & -\dfrac{l^2}{2E'I'} \\[4mm] \dfrac{y'l}{E'I'} & -\dfrac{l^2}{2E'I'} & \dfrac{l}{E'I'} \end{bmatrix} \begin{bmatrix} P'_{xi} \\[3mm] P'_{yi} \\[3mm] M'_i \end{bmatrix} \tag{1.127}$$

或

$$\boldsymbol{V}'_{ij,t} = \boldsymbol{f}'\boldsymbol{P}'_{ij} \tag{1.128}$$

式中

$$\boldsymbol{f}' = \begin{bmatrix} \dfrac{l}{E'A'} + \dfrac{y'^2 l}{E'I'}y' & -\dfrac{y'l^2}{2E'I'} & \dfrac{y'l}{E'I'} \\[4mm] -\dfrac{y'l^2}{2E'I'} & \dfrac{l^3}{3E'I'} & -\dfrac{l^2}{2E'I'} \\[4mm] \dfrac{y'l}{E'I'} & -\dfrac{l^2}{2E'I'} & \dfrac{l}{E'I'} \end{bmatrix} \tag{1.129}$$

为悬臂式组合单元的徐变柔度因式。当单元只有一种单一混凝土材料时,式(1.127)中 $y' = 0$,$E'A' = \eta_t EA$,$E'I' = \eta_t EI$,式(1.129)中的 f' 即可蜕化为:

$$f' = \frac{1}{\eta_t}\begin{bmatrix} \dfrac{l}{EA} & 0 & 0 \\[3mm] 0 & \dfrac{l^3}{3EI} & -\dfrac{l^2}{2EI} \\[3mm] 0 & -\dfrac{l^2}{2EI} & \dfrac{l}{EI} \end{bmatrix} \qquad (1.130)$$

式(1.127)还可逆写为：

$$\begin{bmatrix} P'_{xi} \\[3mm] P'_{yi} \\[3mm] M'_i \end{bmatrix} = \begin{bmatrix} \dfrac{E'A'}{l} & 0 & -\dfrac{E'A'y'}{l} \\[3mm] 0 & \dfrac{12E'I'}{l^3} & \dfrac{6E'I'}{l^2} \\[3mm] -\dfrac{E'A'y'}{l} & \dfrac{6E'I'}{l^2} & \dfrac{4E'I' + E'A'y'^2}{l} \end{bmatrix}\begin{bmatrix} u'_{ij,t} \\[3mm] v'_{ij,t} \\[3mm] \theta'_{ij,t} \end{bmatrix} \qquad (1.131)$$

或

$$\boldsymbol{P}'_{ij} = \boldsymbol{k}'\boldsymbol{V}'_{ij,t} \qquad (1.132)$$

式中

$$\boldsymbol{k}' = \boldsymbol{f}'^{-1} = \begin{bmatrix} \dfrac{E'A'}{l} & 0 & -\dfrac{E'A'y'}{l} \\[3mm] 0 & \dfrac{12E'I'}{l^3} & \dfrac{6E'I'}{l^2} \\[3mm] -\dfrac{E'A'y'}{l} & \dfrac{6E'I'}{l^2} & \dfrac{4E'I' + E'A'y'^2}{l} \end{bmatrix} \qquad (1.133)$$

为悬臂式组合单元的徐变刚度因式，k'可由f'的求逆运算直接算出。当单元只有一种混凝土材料时，式(1.133)中的k'将蜕化为$\eta_t k$，k见式(1.124)，即此时式(1.133)又回到式(1.128)。

以上推导的结论是，对于图1.18或图1.19所示的悬臂单元ij，如对i端施加一个随时间而变化的徐变不平衡荷载P'_{ij}，按式(1.123)求得组合断面的徐变换算截面特性以后，其i端的徐变变形$V'_{ij,t}$可按式(1.127)或式(1.128)计算；或者反之，已知i端的徐变变形$V'_{ij,t}$，可以按式(1.131)或式(1.132)计算i端的徐变不平衡荷载P'_{ij}。

2) 组合构件单元在第一类强迫位移作用下的内力衰减系数矩阵

设图1.19(a)中悬臂单元i端由于某外因产生了第一类强迫位移$V_{ij,0}$，由此引起的弹性内力为$\boldsymbol{S}_{ij,0} = [\,N_{ij,0} \quad Q_{ij,0} \quad M_{ij,0}\,]^{\mathrm{T}}$。在$N_{ij,0}$、$M_{ij,0}$作用下，单元不同混凝土之间内力衰减互不相关，故在$i$端的次内力可各自独立计算。将次内力移到单元的弹性换算截面重心处，由式(1.125)，相应于$N_{ij,0}$衰减后在i端引起的次内力为：

$$\left.\begin{aligned} N^N_{ij,t} &= -\left(1 - \sum \eta_{i,0}\frac{E_i A_i}{EA}\right)N_{ij,0} \\[2mm] Q^N_{ij,t} &= 0 \\[2mm] M^N_{ij,t} &= -\sum \eta_{i,0}\frac{E_i A_i y_i}{EA}N_{ij,0} \end{aligned}\right\} \qquad (1.134)$$

式中，$\dfrac{E_i A_i}{EA} N_{ij,0}$ 为第 i 个子单元断面 A_i 上原承担的轴力。相应于 $M_{ij,0}$ 衰减后在 i 端引起的次内力为：

$$\left. \begin{aligned} N_{ij,t}^{M} &= - \sum \eta_{i,0} \frac{E_i A_i y_i}{EI} M_{ij,0} \\ Q_{ij,t}^{M} &= 0 \\ M_{ij,t}^{M} &= - \left[1 - \sum \eta_{i,0} \frac{E_i A_i}{EI} (r_i^2 + y_i^2) \right] M_{ij,0} \end{aligned} \right\} \qquad (1.135)$$

上两式中，$EA = \sum E_i A_i$，$EI = \sum E_i A_i (r_i^2 + y_i^2)$，分别为单元的弹性抗压刚度与抗弯刚度；$\eta_{i,0}$ 为单元中第 i 种混凝土的内力衰减系数。式(1.134)说明，组合构件断面在 $N_{ij,0}$ 作用下发生第一类轴向强迫位移时，i 端不仅会产生轴向的次内力 $N_{ij,t}^{N}$，还会因各子单元内力衰减的差异，其重心偏离原中性轴后引起的一个按第三式计算的次弯矩 $M_{ij,t}^{N}$，显然当 $\eta_{i,0}$ 全部为1与 $E = E_i$ 时，式(1.134)中的 $M_{ij,t}^{N} = 0$。同理式(1.135)说明，在 $M_{ij,0}$ 作用下除会发生次弯矩 $M_{ij,t}^{M}$ 外，还会发生一个次轴力 $N_{ij,t}^{M}$。令

$$\left. \begin{aligned} E''A'' &= \sum \eta_{i,0} E_i A_i \\ y'' &= \frac{\sum \eta_{i,0} E_i A_i y_i}{E''A''} \\ E''I'' &= \sum \eta_{i,0} E_i A_i (r_i^2 + y_i^2) - E''A'' y''^2 \end{aligned} \right\} \qquad (1.136)$$

式中，$E''A''$ 和 $E''I''$ 分别为单元截面的衰减换算抗压刚度与衰减换算抗弯刚度，y'' 为截面经内力衰减后的实际中性轴至原弹性换算截面中性轴距离。引入以上符号后，式(1.134)可改写为：

$$N_{ij,t}^{N} = - \left(1 - \frac{E''A''}{EA} \right) N_{ij,0}, \quad Q_{ij,t}^{N} = 0$$

$$M_{ij,t}^{N} = - \frac{\sum \eta_{i,0} E_i A_i y_i}{EA E''A''} E''A'' N_{ij,0} = - \frac{E''A'' y''}{EA} N_{ij,0}$$

式(1.135)可改写为：

$$N_{ij,t}^{M} = - \frac{E''A'' y''}{EI} M_{ij,0}, \quad Q_{ij,t}^{M} = 0$$

$$\begin{aligned} M_{ij,t}^{M} &= - \left[1 - \frac{\sum \eta_{i,0} E_i A_i (r_i^2 + y_i^2) - E''A'' y''^2}{EI} + \frac{E''A'' y''^2}{EI} \right] M_{ij,0} \\ &= - \left(1 - \frac{E''I'' + E''A'' y''^2}{EI} \right) M_{ij,0} \end{aligned}$$

式(1.134)、式(1.135)即可合并为：

$$\left. \begin{aligned} S_{ij,t}^{N} &= \left[- \left(1 - \frac{E''A''}{EA} \right) \quad 0 \quad - \frac{E''A'' y''}{EA} \right]^{\mathrm{T}} N_{ij,0} \\ S_{ij,t}^{M} &= \left[- \frac{E''A'' y''}{EI} \quad 0 \quad - \left(1 - \frac{E''I'' + E''A'' y''^2}{EI} \right) \right]^{\mathrm{T}} M_{ij,0} \end{aligned} \right\} \qquad (1.137)$$

略去剪力对变形的影响后,因 $Q_{ij,0}$ 衰减后在 i 端也会引起次轴力、次剪力与次弯矩,其次剪力部分理论上应等于各子单元断面分担的剪力与各自 $(1-\eta_{i,0})$ 乘积之和,但这样计算很困难,故此项次内力不必由上法计算。剪力的效应会在单元各断面间产生弯矩的增量,故可以用考察这部分弯矩的衰减计算来代替 i 端剪力 $Q_{ij,0}$ 的衰减计算。现对由于 $Q_{ij,0}$ 在距 i 端 $\mathrm{d}x$ 处引起的弹性弯矩 $\mathrm{d}M_{ij,0}=Q_{ij,0}\mathrm{d}x$ 的衰减情况考察如下(图 1.20)。

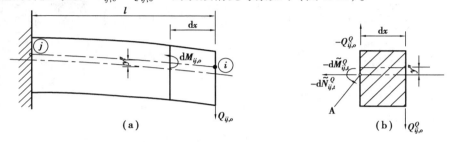

图 1.20　i 端弹性弯矩的衰减情况

距 i 端 $\mathrm{d}x$ 截面处因 $\mathrm{d}M_{ij,0}$ 产生的相应次内力由式(1.137)可表示为:

$$\mathrm{d}N_{ij,t}^{Q}=-\frac{E''A''y''}{EI}\mathrm{d}M_{ij,0}=\frac{E''A''y''}{EI}Q_{ij,0}\mathrm{d}x,\mathrm{d}Q_{ij,t}^{Q}=0$$

$$\mathrm{d}M_{ij,t}^{Q}=-\Big(1-\frac{E''I''+E''A''y''^{2}}{EI}\Big)\mathrm{d}M_{ij,0}=\Big(1-\frac{E''I''+E''A''y''^{2}}{EI}\Big)Q_{ij,0}\mathrm{d}x$$

将此次内力移到衰减换算截面重心处得:

$$\mathrm{d}\widetilde{N}_{ij,t}^{Q}=\mathrm{d}N_{ij,t}^{Q}=\frac{E''A''y''}{EI}Q_{ij,0}\mathrm{d}x,\mathrm{d}\widetilde{Q}_{ij,t}^{Q}=0$$

$$\mathrm{d}\widetilde{M}_{ij,t}^{Q}=\mathrm{d}M_{ij,t}^{Q}+\mathrm{d}N_{ij,t}^{Q}\cdot y''=-\Big(1-\frac{E''I''}{EI}\Big)Q_{ij,0}\mathrm{d}x$$

式中,$\mathrm{d}\widetilde{N}_{ij,t}^{Q}$、$\mathrm{d}\widetilde{M}_{ij,t}^{Q}$ 分别表示已移到衰减换算截面重心处,这样可与符号 $\mathrm{d}N_{ij,t}^{Q}$、$\mathrm{d}M_{ij,t}^{Q}$ 相区别。取单元右端 $\mathrm{d}x$ 段部分为脱离体,如图 1.20(b)所示。该脱离体上的所有次内力应相互平衡,由对脱离体左端面衰减换算截面中性轴 A 点(弹性截面重心以下 y'' 处)次内力力矩总和为零的平衡条件得:

$$Q_{ij,t}^{Q}=-\mathrm{d}\widetilde{M}_{ij,t}^{Q}/\mathrm{d}x=-\Big(1-\frac{E''I''}{EI}\Big)Q_{ij,0} \tag{1.138}$$

这就是因 $Q_{ij,0}$ 衰减在 i 端形成的与 $\mathrm{d}N_{ij,t}^{Q}$ 和 $\mathrm{d}M_{ij,t}^{Q}$ 对应的第一部分次内力。

现在讨论与 $\mathrm{d}N_{ij,t}^{Q}$ 和 $\mathrm{d}M_{ij,t}^{Q}$ 对应的第二部分次内力。$\mathrm{d}N_{ij,t}^{Q}$ 为由于单元各部分混凝土之间因 $\mathrm{d}M_{ij,0}$ 弯曲正应力的衰减差异而形成的不稳定内力,其值等于单元内部各层混凝土界面上形成的直接剪应力代数总和,释放各部分混凝土之间界面对 $\mathrm{d}N_{ij,t}^{Q}$ 的约束,$\mathrm{d}N_{ij,t}^{Q}$ 将转化为徐变不平衡荷载,但符号相反。同理,$\mathrm{d}M_{ij,t}^{Q}$ 也会转化为徐变不平衡荷载,符号也相反。如果单元的 i 端是自由的,整个单元由于 $-\mathrm{d}\widetilde{N}_{ij,t}^{Q}$、$-\mathrm{d}M_{ij,t}^{Q}$ 和 $Q_{ij,t}^{Q}$ 将在 i 端产生的变形可按式(1.125)、式(1.126)计算,此时式(1.126)中的 P'_{xi} 为:

$$P'_{xi}=-\mathrm{d}N_{ij,t}^{Q}=-\frac{E''A''y''}{EI}Q_{ij,0}x,P'_{yi}=-\Big(1-\frac{E''I''}{EI}\Big)Q_{ij,0}$$

$$M'_i = -\,\mathrm{d}M^Q_{ij,t} = -\left(1 - \frac{E''I'' + E''A''y''^2}{EI}\right)\mathrm{d}M_{ij,0} = -\left(1 - \frac{E''I'' + E''A''y''^2}{EI}\right)Q_{ij,0}x$$

代入式(1.126)中第一式可得:

$$\varepsilon_\varphi(x) = \frac{P'_{xi}}{E'A'} + \frac{M'_i - P'_{yi}x + P_{xi}y'}{E'I'}y'$$

$$= -\frac{E''A''y''}{E'A'EI}Q_{ij,0}x + \left[\left(-1 + \frac{E''I'' + E''A''y''^2}{EI}\right) + \left(1 - \frac{E''I''}{EI}\right) - \frac{E''A''y''}{EI}y'\right]\frac{y'}{E'I'}Q_{ij,0}x$$

$$= -\frac{E''A''y''}{E'A'EI}Q_{ij,0}x + \left(E''A''y''^2 - E''A''y''y'\right)\frac{y'}{E'I'EI}Q_{ij,0}x$$

$$= -\frac{E''A''y''}{E'A'EI}Q_{ij,0}x + \frac{E''A''y''}{E'I'EI}(y'' - y')y'Q_{ij,0}x$$

代入式(1.126)中第二式可得:

$$\rho_\varphi(x) = \frac{M'_i - P'_{yi}x + P_{xi}y'}{E'I'} = \frac{E''A''y''}{E'I'EI}(y'' - y')Q_{ij,0}x$$

再将以上结果代入式(1.125)经积分运算后最终可得:

$$\boldsymbol{V}'_{ij,t} = \begin{bmatrix} u'_{ij,t} \\ v'_{ij,t} \\ \theta'_{ij,t} \end{bmatrix} = \begin{bmatrix} -\dfrac{E''A''y''l^2}{2E'A'EI} + \dfrac{E''A''y''y'(y''-y')l^2}{2E'I'EI} \\ -\dfrac{E''A''y''(y''-y')l^3}{3E'I'EI} \\ \dfrac{E''A''y''(y''-y')l^2}{2E'I'EI} \end{bmatrix} \boldsymbol{Q}_{ij,0}$$

但 i 端实际并未发生按上式计算的变形 $V'_{ij,t}$。根据 i 端发生 $V_{ij,0}$ 以后固结的变形协调条件,在该处必作用有一组徐变不平衡次内力以抵消 i 端的变形,其值可按式(1.132)计算即 $\boldsymbol{S}'_{ij,t} = -k'V'_{ij,t}$,代入 k' 与 $V'_{ij,t}$ 可得:

$$\boldsymbol{S}'_{ij,t} = -\begin{bmatrix} \dfrac{E'A'}{l} & 0 & -\dfrac{E'A'y'}{l} \\ 0 & \dfrac{12E'I'}{l^3} & \dfrac{6E'I'}{l^2} \\ -\dfrac{E'A'y'}{l} & \dfrac{6E'I'}{l^2} & \dfrac{4E'I' + E'A'y'^2}{l} \end{bmatrix} \begin{bmatrix} -\dfrac{E''A''y''l^2}{2E'A'EI} + \dfrac{E''A''y''y'(y''-y')l^2}{2E'I'EI} \\ -\dfrac{E''A''y''(y''-y')l^3}{3E'I'EI} \\ \dfrac{E''A''y''(y''-y')l^2}{2E'I'EI} \end{bmatrix} \boldsymbol{Q}_{ij,0}$$

$$= -\begin{bmatrix} -\dfrac{E''A''y''l}{2EI} + \dfrac{E''A''y''y'(y''-y')lE'A'}{2E'I'EI} - \dfrac{E''A''y''y'(y''-y')lE'A'}{2E'I'EI} \\ -\dfrac{12E''A''y''(y''-y')}{3EI} + \dfrac{6E''A''y''(y''-y')}{2EI} \\ \dfrac{E''A''y''y'l}{2EI} - \dfrac{E'A''E'A'y'y''^2(y''-y')l}{2E'I'EI} - \dfrac{6E''A''y''(y''-y')l}{3EI} + \dfrac{4E''A''y''(y''-y')l}{2EI} + \dfrac{4E'A''E'A'y'y''^2(y''-y')l}{2E'I'EI} \end{bmatrix} \boldsymbol{Q}_{ij,0}$$

略去同类项上式最终可简写为:

$$\boldsymbol{S}'_{ij,t} = \left[\frac{E''A''y''l}{2EI} \times \frac{E''A''y''(y''-y')}{EI} - \frac{E''A''y''y'l}{2EI}\right]^{\mathrm{T}}\boldsymbol{Q}_{ij,0} \tag{1.139}$$

此次内力的出现与 $\mathrm{d}N^Q_{ij,t}$ 因放松各部分混凝土界面之间约束而消失的过程,即为单元在第一类强迫位移作用下,各部分混凝土的内力除单纯衰减外,彼此之间发生应力重分配的过

104

程。$Q_{ij,0}$ 衰减后在单元 i 端引起的实际次内力为式（1.138）、式（1.139）两式之和，相加后可得：

$$S_{ij,t}^{Q} = \left[\frac{E''A''y''l}{2EI} - 1 + \frac{E''I'' + E''A''y''(y'' - y')}{EI} - \frac{E''A''y''y'l}{2EI} \right] Q_{ij,0} \tag{1.140}$$

i 端在发生 $V_{ij,0}$ 后因徐变引起的次内力 $S_{ij,t}$ 为式（1.137）中 $S_{ij,t}^{N}$、$S_{ij,t}^{M}$ 与式（1.140）中 $S_{ij,t}^{Q}$ 之和，相加并整理后可得：

$$\begin{bmatrix} N_{ij,t} \\[2em] Q_{ij,t} \\[2em] M_{ij,t} \end{bmatrix} = \begin{bmatrix} -1 + \dfrac{E''A''}{EA} & \dfrac{E''A''y''l}{2EI} & -\dfrac{E''A''y''}{EI} \\[1.5em] 0 & -1 + \dfrac{E''I'' + E''A''y''(y'' - y')}{EI} & 0 \\[1.5em] -\dfrac{E''A''y''}{EI} & -\dfrac{E''A''y''y'l}{2EI} & -1 + \dfrac{E''I'' + E''A''y''^2}{EI} \end{bmatrix} \begin{bmatrix} N_{ij,0} \\[2em] Q_{ij,0} \\[2em] M_{ij,0} \end{bmatrix}$$

或

$$\boldsymbol{S}_{ij,t} = -(\boldsymbol{I} - \boldsymbol{H}_0)\boldsymbol{S}_{ij,0} \tag{1.141}$$

式中

$$\boldsymbol{H}_0 = \begin{bmatrix} \dfrac{E''A''}{EA} & \dfrac{E''A''y''l}{2EI} & -\dfrac{E''A''y''}{EI} \\[1.5em] 0 & \dfrac{E''I'' + E''A''y''(y'' - y')}{EI} & 0 \\[1.5em] -\dfrac{E''A''y''}{EA} & -\dfrac{E''A''y''y'l}{2EI} & \dfrac{E''I'' + E''A''y''^2}{EI} \end{bmatrix} \tag{1.142}$$

称为悬臂式组合单元 i 端的内力衰减系数矩阵，$\boldsymbol{I} = \begin{bmatrix} 1 & 0 & 0 \\ 0 & 1 & 0 \\ 0 & 0 & 1 \end{bmatrix}$ 为单位方阵。在发生瞬时强迫位移 $V_{ij,0}$ 后，$S_{ij,0}$ 经衰减后的实际内力为：

$$\hat{S}_{ij,t} = H_0 S_{ij,0} = H_0 k V_{ij,0} = k_0 V_{ij,0} \tag{1.143}$$

式中，k 见式（1.113），$k_0 = H_0 k$，相乘后可得：

$$\boldsymbol{k}_0 = \begin{bmatrix} \dfrac{E''A''}{l} & 0 & -\dfrac{E''A''y''}{l} \\[1.5em] 0 & \dfrac{12E''I'' + 12E''A''y''(y'' - y')}{l^3} & \dfrac{6E''I'' + 6E''A''y''(y'' - y')}{l^2} \\[1.5em] -\dfrac{E''A''y''}{l} & \dfrac{6E''I'' + 6E''A''y''(y'' - y')}{l^2} & \dfrac{4E''I'' + 4E''A''y''^2 - 3E''y''y'}{l} \end{bmatrix}$$

$$\tag{1.144}$$

称为悬臂式组合单元的衰减刚度因式。

当单元由一种混凝土材料组成时，由式（1.136）可知，此时 $y'' = 0$，$y' = 0$，$E''A''/EA = \eta_{i,0} = \eta_0$，$E''I''/EI = \eta_{i,0} = \eta_0$，$\boldsymbol{H}_0$ 将蜕化为由 η_0 组成的对角线矩阵，式（1.143）将回归到 $\hat{S}_{ij,t} = \eta_0 S_{ij,0}$，$k_0$ 也将蜕化为 $k_0 = \eta_0 k$。

3）组合构件单元在第二类强迫位移作用下的徐变内力衰减系数矩阵

对于图 1.19 所示的悬臂式组合单元,由于 i 端是自由的,在 P'_{ij} 作用下其 i 端内力增量必等于 P'_{ij},因此由式(1.132)直接可得 $\hat{S}_{ij,t} = k'V'_{ij,t}$;又因 i 端发生任意第二类强迫位移 $V_{ij,t}$ 时,$V_{ij,t}$ 与徐变引起的 $V'_{ij,t}$ 性质相同,由此可知在发生 $V_{ij,t}$ 后 $\tau_0 \to t$ 时的 i 端实际内力 $\hat{S}_{ij,t} = k'V_{ij,t}$。令 $\overline{S}_{ij,t} = kV_{ij,t}$,为不计徐变效应时因 $V_{ij,t}$ 在悬臂式组合单元 i 端引起的相应弹性内力。令

$$\hat{S}_{ij,t} = H_t \overline{S}_{ij,t} （\text{或 } \hat{S}_{ij,t} = k'V_{ij,t}） \tag{1.145}$$

式中,H_t 称为悬臂式组合单元的徐变内力衰减系数矩阵,由关系 $H_t \overline{S}_{ij,t} = H_t kV_{ij,t} = k'V_{ij,t}$ 可得 $H_t = k'k^{-1}$,将式(1.133)中 k' 与式(1.113)中 k 代入经运算后直接可得:

$$H_t = k'k^{-1} = \begin{bmatrix} \dfrac{E'A'}{EA} & \dfrac{E'A'y'l}{2EI} & -\dfrac{E'A'y'}{EI} \\[3mm] 0 & \dfrac{E'I'}{EI} & 0 \\[3mm] -\dfrac{E'A'y'}{EA} & \dfrac{E'A'y'^2 l}{2EI} & \dfrac{E'I' + E'A'y'^2}{EI} \end{bmatrix} \tag{1.146}$$

式中,k^{-1} 为 k 的逆阵,为悬臂式单元 ij 的柔度因式,其值在式(1.130)中已出现过一次。

$$k^{-1} = \begin{bmatrix} \dfrac{l}{EA} & 0 & 0 \\[3mm] 0 & \dfrac{l^3}{3EI} & -\dfrac{l^2}{2EI} \\[3mm] 0 & -\dfrac{l^2}{2EI} & \dfrac{l}{EI} \end{bmatrix} \tag{1.147}$$

当单元由一种混凝土材料组成时,由式(1.123)可知,此时 $y' = 0$,$E'A'/EA = \eta_{i,t} = \eta_t$,$E'I'/EI = \eta_{i,t} = \eta_t$,$H_t$ 将蜕化为由 η_t 组成的对角线矩阵,式(1.145)将回归到式(1.123) $\hat{S}_{ij,t} = \eta_t \overline{S}_{ij,t}$,$k'$ 也将蜕化为 $k' = \eta_t k$。

1.2.3 超静定混凝土组合构件体系徐变变形与内力的有限单元法解

应当指出,钢材也可视为 $\eta_0 = \eta_t = 1$ 的混凝土,故一切钢筋混凝土和预应力混凝土结构均可视为混凝土组合构件体系。简支预应力混凝土组合梁计入非预应力筋的影响即可视为由 4 种材料组成的组合构件,其子单元的材料分别为预制混凝土部分、后期现浇混凝土部分、普通钢筋以及预应力钢筋。因此,在超静定组合构件体系中,全面地计算徐变效应对结构变形与内力的影响将十分烦琐。采用有限单元法进行分析可有效地解决此类问题,此时结构可按部件的类型离散为多种形式的单元。如单元为单一的混凝土,则应使它只包含一种加载龄期的混凝土;如单元为组合单元,该单元的各部分子单元混凝土也都分别只应是一种加载龄期的混凝土,也容许内力衰减系数 η_0 为 1 的其他材料组成的单元。采用有限元法的分析要点如下文所述。

1）结构整体徐变刚度矩阵 K' 的建立

已建或在建的混凝土结构由于持续荷载的作用会发生徐变,先不考虑该结构体系的现有内力与变形状态,只要在持续荷载(恒载)作用下有徐变(第二类强迫位移)发生,则 $\tau_0 \rightarrow t$ 时间段内徐变体系中任一组合单元 ij 的内力(结点力)与位移的关系为(图 1.21):

$$\{S'_{ij,t}\}_e = [k']_e \{\delta'_t\}_e \tag{1.148}$$

式中,$\{S'_{ij,t}\}_e = [S'_{ij,t} \quad S'_{ji,t}]^{\mathrm{T}}$,$S'_{ij,t}$ 与 $S'_{ji,t}$ 分别为单元在 i 端与 j 端的内力;$\{\delta'_t\}_e = [V'_{ij,t} \quad V'_{ji,t}]^{\mathrm{T}}$,$V'_{ij,t}$、$V'_{ji,t}$ 分别为单元在 i 端与 j 端的徐变变形,$\{S'_{ij,t}\}_e$ 与 $\{\delta'_t\}_e$ 的符号全部以图 1.21 所示为正; $[k']_e$ 为组合单元的徐变刚度矩阵,其值为 $[k']_e = \begin{bmatrix} k'_{ii} & k'_{ij} \\ k'_{ji} & k'_{jj} \end{bmatrix}$,因此式(1.148)也可详写为:

$$\begin{bmatrix} S'_{ij,t} \\ S'_{ji,t} \end{bmatrix} = \begin{bmatrix} k'_{ii} & k'_{ij} \\ k'_{ji} & k'_{jj} \end{bmatrix}_e \begin{bmatrix} V'_{ij,t} \\ V'_{ji,t} \end{bmatrix} \tag{1.149}$$

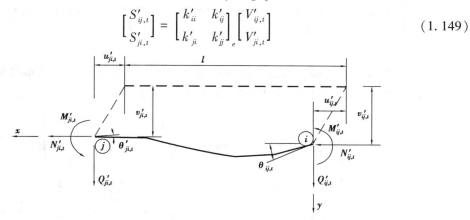

图 1.21　单元 ij 的内力(结点力)与位移的关系

式(1.149)说明,单元在 i 端在发生第二类强迫位移 $V'_{ij,t}$(或 $V_{ij,t}$)以后,不仅在 i 端会发生按式(1.145)计算的内力 $S'_{ij,t}$,同时也会在 j 端产生内力 $S'_{ji,t}$。由上文 k' 的推导过程可知,构成 $[k']_e$ 的子阵 k'_{ii} 即式(1.133)式中的 k'。

令 $\quad\quad\quad \boldsymbol{D}_i = \begin{bmatrix} -1 & 0 & 0 \\ 0 & -1 & 0 \\ 0 & l & -1 \end{bmatrix} \left(\boldsymbol{D}_i^{\mathrm{T}} = \begin{bmatrix} -1 & 0 & 0 \\ 0 & -1 & l \\ 0 & 0 & -1 \end{bmatrix} \right) \tag{1.150}$

$\boldsymbol{D}_i$ 为 ij 单元 i 端的内力传递系数矩阵,即 $S_{ij} = D_i S_{ij}$(图 1.21);$\boldsymbol{D}_i^{\mathrm{T}}$ 为 $\boldsymbol{D}_i$ 之转置,根据有限元分析方法的一般原理,则以下关系成立:

$$\left. \begin{aligned} k'_{ji} &= D_i k'_{ii} \\ k'_{ij} &= k'^{\mathrm{T}}_{ji} = k'_{ii} D_i^{\mathrm{T}} \\ k'_{jj} &= D_i k'_{ij} = D_i k'_{ii} D_i^{\mathrm{T}} \end{aligned} \right\} \tag{1.151}$$

上述关系在单元的弹性刚度矩阵 $[k]_e$ 中也能成立。将式(1.151)及 $k'_{ii} = k'$ 的关系代入 $[k']_e$ 的表达式可得:

$$[k']_e = \begin{bmatrix} k' & k' D_i^{\mathrm{T}} \\ D_i k' & D_i k' D_i^{\mathrm{T}} \end{bmatrix}_e \tag{1.152}$$

将式(1.133)、式(1.150)中的 k'、D_i 代入经运算整理后可得:

$$[k']_e = \begin{bmatrix} \dfrac{E'A'}{l} & 0 & -\dfrac{E'A'y'}{l} & -\dfrac{E'A'}{l} & 0 & \dfrac{E'A'y'}{l} \\[2mm] 0 & \dfrac{12E'I'}{l^3} & \dfrac{6E'I'}{l^2} & 0 & -\dfrac{12E'I'}{l^3} & \dfrac{6E'I'}{l^2} \\[2mm] -\dfrac{E'A'y'}{l} & \dfrac{6E'I'}{l^2} & \dfrac{4E'I' + E'A'y'^2}{l} & \dfrac{E'A'y'}{l} & -\dfrac{6E'I'}{l^2} & \dfrac{2E'I' - E'A'y'^2}{l} \\[2mm] -\dfrac{E'A'}{l} & 0 & \dfrac{E'A'y'}{l} & \dfrac{E'A'}{l} & 0 & -\dfrac{E'A'y'}{l} \\[2mm] 0 & -\dfrac{12E'I'}{l^3} & -\dfrac{6E'I'}{l^2} & 0 & \dfrac{12E'I'}{l^3} & -\dfrac{6E'I'}{l^2} \\[2mm] \dfrac{E'A'y'}{l} & \dfrac{6E'I'}{l^2} & \dfrac{2E'I' - E'A'y'^2}{l} & -\dfrac{E'A'y'}{l} & -\dfrac{6E'I'}{l^2} & \dfrac{4E'I' + E'A'y'^2}{l} \end{bmatrix}$$

$$(1.153)$$

$[k']_e$ 为组合单元在第二类强迫位移作用下的徐变刚度矩阵。如单元由单一混凝土材料组成,因 $y' = 0$、$E'A' = \eta_t EA$、$E'I' = EI$,上式可蜕化为:

$$[k']_e = \eta_t \begin{bmatrix} \dfrac{EA}{l} & 0 & 0 & -\dfrac{EA}{l} & 0 & 0 \\[2mm] 0 & \dfrac{12EI}{l^3} & \dfrac{6EI}{l^2} & 0 & -\dfrac{12EI}{l^3} & \dfrac{6EI}{l^2} \\[2mm] 0 & \dfrac{6EI}{l^2} & \dfrac{4EI}{l} & 0 & -\dfrac{6EI}{l^2} & \dfrac{2EI}{l} \\[2mm] -\dfrac{EA}{l} & 0 & 0 & \dfrac{EA}{l} & 0 & 0 \\[2mm] 0 & -\dfrac{12EI}{l^3} & -\dfrac{6EI}{l^2} & 0 & \dfrac{12EI}{l^3} & -\dfrac{6EI}{l^2} \\[2mm] 0 & \dfrac{6E'I'}{l^2} & \dfrac{2EI}{l} & 0 & -\dfrac{6EI}{l^2} & \dfrac{4EI}{l} \end{bmatrix} = \eta_t [k]_e \quad (1.154)$$

式中,$[k]_e$ 为弹性系统中的单元刚度矩阵;当单元由内力衰减系数为 1 的一种材料(钢材)组成时,上式中 $[k']_e = [k]_e$,即完全蜕化为弹性系统中的单元刚度矩阵。注意,以上的一切内力与位移都按单元的局部坐标系计算,求得徐变体系中各单元对自身局部坐标系的徐变刚度矩阵 $[k']_e$ 以后,即可将全部 $[k']_e$ 经坐标变换后组集为对结构总体坐标系而言的整体徐变刚度矩阵 $\mathbf{K}'$。坐标系的变换公式则与弹性体系中的有限元方法完全一致,此处不再赘述。

2)结构整体徐变不平衡荷载 P' 的形成

根据式(1.116)、式(1.141)与式(1.145),任一组合单元 ij 在时间 $\tau_0 \to t$ 产生的徐变不平衡荷载为:

$$\{P'_{ij}\}_e = (I - [H_0]_e)\{S_{ij,0}\}_e - [H_t]_e\{\bar{S}_{ij,t}\}_e \quad (1.155)$$

式中,$\{P'_{ij}\}_e = [P'_{ij} \quad P'_{ji}]^T$,$P'_{ij}$、$P'_{ji}$ 分别为单元 i 端与 j 端的徐变不平衡荷载;$\{S_{ij,0}\}_e = [S_{ij,0} \quad S_{ji,0}]^T$,$S_{ij,0}$、$S_{ji,0}$ 分别为第一类强迫位移在单元 i 端与 j 端引起的弹性内力,通常指持续荷载引起的内力,也有可能是因千斤顶调整内力后引起的内力,其值按弹性理论的有限法计算；$\{\overline{S}_{ij,t}\}_e = [\overline{S}_{ij,t} \quad \overline{S}_{ji,t}]^{\mathrm{T}}$，$\overline{S}_{ij,t}$、$\overline{S}_{ji,t}$ 分别为不计徐变效应时因第二类强迫位移在单元 i 端与 j 端引起的相应虚拟弹性内力，含义同式（1.112）中的说明。

$[H_0]_e$ 与 $[H_t]_e$ 分别可称为组合单元的内力衰减系数矩阵与徐变内力衰减系数矩阵。其值分别可用下式表示：

$$[H_0]_e = \begin{bmatrix} H_{i,0} & 0 \\ 0 & H_{j,0} \end{bmatrix}_e, \quad [H_t]_e = \begin{bmatrix} H_{i,t} & 0 \\ 0 & H_{j,t} \end{bmatrix}_e \qquad (1.156)$$

由式（1.141）可知，不考虑单元 i 端发生第二类强迫位移时 $P'_{ij} = (I - H_0) S_{ij,0}$，由此可知 $H_{i,0} = H_0$，同理也可知 $H_{i,t} = H_t$。引入符号 D_i，比照弹性系统中单元两端的内力传递关系，则以下关系成立：

$$\left.\begin{array}{ll} H_{i,0} = H_0 & H_{j,0} = D_i H_0 D_i^{\mathrm{T}} \\ H_{i,t} = H_t & H_{j,t} = D_i H_t D_i^{\mathrm{T}} \end{array}\right\} \qquad (1.157)$$

将上式中关系及式（1.142）、式（1.146）、式（1.150）中 H_0、H_t、D_i 代入式（1.156）经运算整理后可得：

$$[H_0]_e = \begin{bmatrix} \dfrac{E''A''}{EA} & \dfrac{E''A''y''l}{2EI} & -\dfrac{E''A''y''}{EI} & 0 & 0 & 0 \\[3mm] 0 & \dfrac{E''I'' + E''A''y''(y'' - y')}{EI} & 0 & 0 & 0 & 0 \\[3mm] -\dfrac{E''A''y''}{EA} & -\dfrac{E''A''y''y'l}{2EI} & \dfrac{E''I'' + E''A''y''^2}{EI} & 0 & 0 & 0 \\[3mm] 0 & 0 & 0 & \dfrac{E''A''}{EA} & -\dfrac{E''A''y''l}{2EI} & -\dfrac{E''A''y''}{EI} \\[3mm] 0 & 0 & 0 & 0 & \dfrac{E''I'' + E''A''y''(y'' - y')}{EI} & 0 \\[3mm] 0 & 0 & 0 & -\dfrac{E''A''y''}{EA} & \dfrac{E''A''y''y'l}{2EI} & \dfrac{E''I'' + E''A''y''^2}{EI} \end{bmatrix}$$

$$(1.158)$$

$$[H_t]_e = \begin{bmatrix} \dfrac{E'A'}{EA} & \dfrac{E'A'y'l}{2EI} & -\dfrac{E'A'y'}{EI} & 0 & 0 & 0 \\[3mm] 0 & \dfrac{E'I'}{EI} & 0 & 0 & 0 & 0 \\[3mm] -\dfrac{E'A'y'}{EA} & -\dfrac{E'A'y'^2l}{2EI} & \dfrac{E'I' + E'A'y'^2}{EI} & 0 & 0 & 0 \\[3mm] 0 & 0 & 0 & \dfrac{E'A'}{EA} & -\dfrac{E'A'y'l}{2EI} & -\dfrac{E'A'y'}{EI} \\[3mm] 0 & 0 & 0 & 0 & \dfrac{E'I'}{EI} & 0 \\[3mm] 0 & 0 & 0 & -\dfrac{E'A'y'}{EA} & \dfrac{E'A'y'^2l}{2EI} & \dfrac{E'I' + E'A'y'^2}{EI} \end{bmatrix}$$

$$(1.159)$$

由于 E、E''、E' 系任意取值，如取 $E = E'' = E' = $ 断面混凝土或一种主要混凝土的弹性模量，即在式(1.123)中取 $E = E_i = E'$，在式(1.136)中取 $E = E_i = E'$，再引入不同子单元之间的弹性模量比 $n_i = E_i/E$，式(1.123)与式(1.136)可转化为：

$$
\left.
\begin{aligned}
A' &= \sum \eta_{i,t} n_i A_i & A'' &= \sum \eta_{i,0} n_i A_i \\
y' &= \frac{\sum \eta_{i,t} n_i A_i y_i}{A'} & y'' &= \frac{\sum \eta_{i,0} n_i A_i y_i}{A''} \\
I' &= \sum \eta_{i,n} n_i A_i (r_i^2 + y_i^2) - A' y'^2 & I'' &= \sum \eta_{i,0} n_i A_i (r_i^2 + y_i^2) - A'' y''^2
\end{aligned}
\right\} \tag{1.160}
$$

式中，A' 称为断面的徐变换算面积，I' 为断面的徐变换算惯性矩，y' 的含义同前，三者可统称为断面的徐变换算截面特性；A'' 称为断面的衰减换算面积，I'' 为断面的衰减换算惯性矩，y'' 的含义同前，三者可统称为断面的衰减换算截面特性；$\eta_{i,t}$、$\eta_{i,0}$ 则可认为是对截面特性的修正。按式(1.160)对这 6 个截面特性重新定义以后，式(1.158)及式(1.159)中的全部 E、E''、E' 皆可消去。

$$
[H_0]_e = \begin{bmatrix}
\dfrac{A''}{A} & \dfrac{A''y''l}{2I} & -\dfrac{A''y''}{I} & 0 & 0 & 0 \\[2ex]
0 & \dfrac{I'' + A''y''(y'' - y')}{I} & 0 & 0 & 0 & 0 \\[2ex]
-\dfrac{A''y''}{A} & -\dfrac{A''y''y'l}{2I} & \dfrac{I'' + A''y''^2}{I} & 0 & 0 & 0 \\[2ex]
0 & 0 & 0 & \dfrac{A''}{A} & -\dfrac{A''y''l}{2I} & -\dfrac{A''y''}{I} \\[2ex]
0 & 0 & 0 & 0 & \dfrac{I'' + A''y''(y'' - y')}{I} & 0 \\[2ex]
0 & 0 & 0 & -\dfrac{A''y''}{A} & \dfrac{A''y''y'l}{2I} & \dfrac{I'' + A''y''^2}{I}
\end{bmatrix}
\tag{1.161}
$$

$$
[H_t]_e = \begin{bmatrix}
\dfrac{A'}{A} & \dfrac{A'y'l}{2I} & -\dfrac{A'y'}{I} & 0 & 0 & 0 \\[2ex]
0 & \dfrac{I'}{I} & 0 & 0 & 0 & 0 \\[2ex]
-\dfrac{A'y'}{A} & -\dfrac{A'y'^2l}{2I} & \dfrac{I' + A'y'^2}{I} & 0 & 0 & 0 \\[2ex]
0 & 0 & 0 & \dfrac{A'}{A} & -\dfrac{A'y'l}{2I} & -\dfrac{A'y'}{I} \\[2ex]
0 & 0 & 0 & 0 & \dfrac{I'}{I} & 0 \\[2ex]
0 & 0 & 0 & -\dfrac{A'y'}{A} & \dfrac{A'y'^2l}{2I} & \dfrac{I' + A'y'^2}{I}
\end{bmatrix}
\tag{1.162}
$$

在实用计算中，笔者推荐采用式(1.160)、式(1.161)与式(1.162)3 个公式计算 $[H_0]_e$ 与 $[H_t]_e$。同理，只要断面的徐变换算截面特性与衰减换算截面特性按式(1.160)定义，式(1.142)与式(1.145)中的 E、E''、E' 也可如上两式那样消去。

当单元由一种混凝土材料组成时,由式(1.160)可知,此时 $y'=y''=0$,$[H_0]_e$、$[H_t]_e$ 分别蜕化为由 η_0、η_t 组成的对角线矩阵,式(1.155)即可化简为:

$$\{P'_{ij}\}_e = (1-\eta_0)\{S_{ij,0}\}_e - \eta_t\{\bar{S}_{ij,t}\}_e \tag{1.163}$$

式(1.155)与式(1.163)是求 ij 单元 i 端与 j 端徐变不平衡荷载 $\{P'_{ij}\}$ 的通式,具体计算时根据加载的不同情况,还有以下问题需要注意加以区分:

(1)施加持续荷载(恒载)

如不计地基沉降与收缩的影响只考虑持续荷载(恒载)P 的徐变效应时,式(1.155)右端只有第一项。

$$\{P'_{ij}\}_e = (I-[H_0]_e)\{S_{ij,0}\}_e \tag{1.164}$$

当单元由一种混凝土材料组成时,式(1.163)更可简化为 $P'_{ij}=(1-\eta_0)\{S_{ij,0}\}_e$。恒载 P 先对结构施加第一类强迫位移,设 $\{S_{ij}\}_e^P$ 为作用在 ij 单元上非节点荷载所引起的固端反力。注意 $\{S_{ij}\}_e^P$ 与单元的徐变特性无关,计算式(1.155)或式(1.163)中的 $\{S_{ij,0}\}_e$ 时,这部分内力应从结构因 P 而产生的实际弹性内力中暂时扣除。对一个单元,无论是否作用有非结点荷载,$\{S_{ij,0}\}_e$ 恒为:

$$\{S_{ij,0}\}_e = [k]_e\{\delta_0\}_e \tag{1.165}$$

式中,$[k]_e$ 为单元的弹性刚度矩阵,详见式(1.154);$\{\delta_0\}_e = [V_{ij,0}\quad V_{ji,0}]^T$,为在时间 τ_0 因 P 而引起的单元 ij 的节点弹性位移矩阵。

(2)受力体系转换问题

受力体系的转换可理解为对结构施加的第一类强迫位移,此时:

$$\{S_{ij,0}\}_e = \{S_{ij,0}^2\}_e - \{S_{ij,0}^1\}_e \tag{1.166}$$

式中,$\{S_{ij,0}^1\}_e$ 为先期结构上恒载、按先期结构体系计算的单元内力,也即体系转换时间 τ 前后结构单元的真实内力;$\{S_{ij,0}^2\}_e$ 为先期结构上恒载、按后期结构体系计算的单元内力。

式(1.166)也可写为 $\{S_{ij,0}^1\}_e = \{S_{ij,0}^2\}_e - \{S_{ij,0}\}_e$,即刚完成体系转换以后的单元真实内力为 $\{S_{ij,0}^2\}_e$ 减去第一类强迫位移引起的内力 $\{S_{ij,0}\}_e$。$\{S_{ij,0}\}_e$ 最终要衰减到 $[H_0]_e\{S_{ij,0}\}_e$,因此体系转换以后的结构单元最终实际内力为 $\{\hat{S}_{ij,0}^1\}_e = \{S_{ij,0}^2\}_e - [H_0]_e\{S_{ij,0}\}_e$。将式(1.167)中的关系 $\{S_{ij,0}^2\}_e = \{S_{ij,0}^1\}_e + \{S_{ij,0}\}_e$ 代入左式并注意到 $\{S_{ij,0}\}_e$ 不会衰减,于是可得单元最终真实内力为:

$$\{\hat{S}_{ij,0}^1\}_e = \{S_{ij,0}^1\}_e + \{S_{ij,0}\}_e - [H_0]_e\{S_{ij,0}\}_e$$

或
$$\{\hat{S}_{ij,0}^1\}_e = \{S_{ij,0}^1\}_e + (I-[H_0]_e)(\{S_{ij,0}^2\}_e - \{S_{ij,0}^1\}_e) \tag{1.167}$$

式中,I 为单位方阵。式(1.167)只是体系转换问题的一个特解,当结构各单元的徐变特性相同时,任一单元断面体系转换后的最终内力才可按式(1.167)计算,该式是04桥规第4.2.12条规定的理论依据。如果结构各单元之间的徐变特性不完全相同,不同单元之间还可能发生内力的重分配。此时,体系转换以后的各单元内力严格说来就不能再按式(1.167)计算。

一般情况下,体系转换问题时的各单元徐变不平衡荷载仍应按式(1.155)计算,由于只有右端第一项,此时式(1.155)就仍可简化为式(1.164),区别在于式中的 $\{S_{ij,0}\}_e$ 应按式(1.166)计算。

$$\{P'_{ij}\}_e = (I - [H_0]_e)(\{S^2_{ij,0}\}_e - \{S^1_{ij,0}\}_e) \tag{1.168}$$

$\{\hat{S}^1_{ij,0}\}_e$ 与 $\{S^2_{ij,0}\}_e$ 中无论是否包含有荷载的局部效应 $\{S_{ij}\}^P_e$，计算的 $\{S_{ij,0}\}_e$ 中此项效应均可相互抵消。如考虑荷载与体系转换的效应相加，荷载效应引起的内力按式(1.165)计算为 $[k]_e\{\delta_0\}_e = \{S^1_{ij,0}\}_e - \{S_{ij}\}^P_e$，与式(1.166)中的值相加后可得:

$$\{P'_{ij}\}_e = (I - [H_0]_e)(\{S^2_{ij,0}\}_e - \{S_{ij}\}^P_e) \tag{1.169}$$

(3)地基缓慢沉降问题

通常，沉降是假定桥梁建成以后发生并单独计算的，此时式(1.155)中 $\{\bar{S}_{ij,t}\}_e$ 只有沉降引起的第二类强迫位移引起的相应内力，式(1.155)可简化为:

$$\{P'_{ij}\}_e = -[H_t]_e\{\bar{S}^d_{ij,t}\}_e \tag{1.170}$$

式中，$\{\bar{S}^d_{ij,t}\}_e$ 含义同 $\{\bar{S}_{ij,t}\}_e$，增加上标"d"表示由缓慢地基沉降引起。设节点 i 为支承节点，该点可能发生的最大沉降量为 Δ_i，求解顺序为:先固结与 i 点相连所有单元的另端节点 j(也即固结除 i 以外的结构全部节点)，令节点 i 发生设计的最大沉降量 Δ_i(第二类强迫位移)并按弹性理论求解这些单元的内力，此内力即式(1.164)中的 $\{\bar{S}^d_{ij,t}\}$，此时实际发生的全部 $\{P'_{ij}\}_e$ 只有与 i 点相交的那些单元的另一端节点 j 上的 P'_{ji}，其余节点上的徐变不平衡荷载则全部为零。徐变体系在全部 P'_{ji} 作用下算得的内力与变形即地基缓慢沉降引起的最终结构的内力与变形，但与 i 点相交的所有单元的内力还需叠加上按 $[H_t]_e\{\bar{S}^d_{ij,t}\}_e$ 计算的沉降在这些单元内引起的第一部分实际内力。

(4)混凝土的收缩问题

假定收缩发生的速率与徐变相同，这就可以将收缩近似理解为对结构施加的第二类强迫位移。对于每个可能发生收缩的组合单元式(1.155)可简化为:

$$\{P'_{ij}\}_e = -[H_t]_e\{\bar{S}^s_{ij,t}\}_e \tag{1.171}$$

式中，$\{\bar{S}^s_{ij,t}\}_e$ 含义同 $\{\bar{S}_{ij,t}\}_e$，增加上标"s"表示是由收缩引起的。$\{\bar{S}^s_{ij,t}\}_e$ 可按单元两端节点固结计算，设组合单元的 i 种混凝土在 $\tau_c \to t$ 时段内的收缩率分别为 ε_{s1}、ε_{s2}、$\cdots$、ε_{si}，因收缩而引起的单元 $\{\bar{S}^s_{ij,t}\}_e$ 通常可近似取值为:

$$\{\bar{S}^s_{ij,t}\}_e = [-\sum\varepsilon_{si}E_iA_i \quad 0 \quad \sum\varepsilon_{si}E_iA_iy_i \quad \sum\varepsilon_{si}E_iA_i \quad 0 \quad -\sum\varepsilon_{si}E_iA_iy_i]^T \tag{1.172}$$

当单元由一种混凝土组成时，式(1.171)可直接简化为:

$$\{P'_{ij}\}_e = [\eta_t\varepsilon_sEA \quad 0 \quad 0 \quad -\eta_t\varepsilon_sEA \quad 0 \quad 0]^T \tag{1.173}$$

(5)均匀的温升与温降问题

严格说来，均匀的温升与温降问题也可以近似理解为对结构施加的第二类强迫位移。对于钢筋混凝土与预应力混凝土超静定结构，均匀温度作用的控制计算应该发生在桥梁或结构建成的几十年以后。如果按老化理论的假定，此时的混凝土已经完全老化($\eta_0 = \eta_t = 1$)，均匀温度作用的效应应该完全不考虑混凝土的徐变效应。04桥规也是这样规定的，设计上偏于安全，因此有它的合理性。圬工拱桥的主拱圈考虑均匀温度作用时，其效应规定可乘以系数0.7，其理论依据在于圬工材料的徐变系数远远大于钢筋混凝土材料，即使是拱桥建成以后50年以上仍然可以明显测定出这些材料的徐变系数。按照规定并根据前述分析，在钢筋混凝土与预应力混凝土超静定结构的均匀温度作用计算中，不再考虑因混凝土的徐变效应而带来的内力折减计算问题。按此分析,实际工程中可以引起徐变不平衡荷载的第二类强迫位移只有地基缓慢的沉降与混凝土的收缩两种情况,引起的相应$\{\bar{S}_{ij,t}\}_e$则分别可用$\{\bar{S}_{ij,t}^d\}_e$与$\{\bar{S}_{ij,t}^s\}_e$明确加以标记。

以上算得的$\{P'_{ij}\}_e$均是对单元局部坐标系而言的徐变不平衡荷载,求得全部结构单元的$\{P'_{ij}\}_e$后再将其进行坐标变换,由全部变换后的$\{P'_{ij}\}_e$即可组装成结构的总体徐变不平衡荷载P'。

3)结构最终实际内力与位移的计算

组合构件体系的整体徐变刚度方程式可表示为:

$$P' = K'\Delta' \tag{1.174}$$

式中,总刚K'由各单元的$[K']_e$经坐标变换以后组装形成,按上式求解位移Δ',体系中任一组合单元在计算时段终了时间t的实际内力为:

$$\{\hat{S}_{ij,t}\}_e = [H_0]_e\{S_{ij,0}\}_e + [H_t]_e\{\bar{S}_{ij,t}\}_e + [H_t]_e\{\bar{S}'_{ij,t}\}_e + \{S_{ij}\}_e^P \tag{1.175}$$

或

$$\{\hat{S}_{ij,t}\}_e = [K_0]_e\{\delta_0\}_e + [K']_e\{\delta_t\}_e + [K']_e\{\delta'_t\}_e + \{S_{ij}\}_e^P \tag{1.176}$$

式(1.175)中右端第一项为第一类强迫位移(如荷载)引起的弹性内力经$\tau_0\to t$衰减后残留的内力,第二项为第二类强迫位移引起的内力衰减后的实际内力($\{\bar{S}_{ij,t}\}_e$中只有$\{\bar{S}_{ij,t}^d\}_e$与$\{\bar{S}_{ij,t}^s\}_e$这两种情况),第三项为徐变变形引起的最终内力,第四项为非节点荷载产生的局部效应。通常,最终的单元内力是按式(1.176)计算的,现将式(1.176)中的主要符号补充说明如下:

$\{\delta_0\}_e$:第一类强迫位移引起的对局部坐标系而言的单元节点位移。

$\{\delta_t\}_e$:第二类强迫位移引起的对局部坐标系而言的单元节点位移,只有地基缓慢沉降与混凝土的收缩这两种情况。当考虑地基缓慢沉降时,设节点i为支承节点,$\{\delta_t\}_e = [V_{ij,t}$ $V_{ji,t}]^T = [V_{ij,t}^d$ $0]^T$,(式中$j = 1\sim m$,为与i相交所有单元的另一端节点编号),$V_{ij,t}^d$按最大沉降量Δ_i计算,即只有沉降的支承节点才有位移,其余节点位移全部为零。当考虑收缩时不能按$[K']_e\{\delta_t\}_e$计算这部分内力,因为此时所有单元的$\{\delta_t\}_e$都假定为零位移,这部分内力只能按式(1.75)中第二项$[H_t]_e\{\bar{S}_{ij,t}\}_e = [H_t]_e\{\bar{S}_{ij,t}^s\}_e$计算,$\{\bar{S}_{ij,t}^s\}_e$则按式(1.172)计算。

$\{\delta'_t\}_e$:定义见式(1.148),徐变引起的单元对局部坐标系而言的位移,由式(1.174)求得Δ'后即可得到各单元节点对总体坐标而言的徐变位移,经坐标变换以后即可求得各单元对自身局部坐标系而言的徐变位移$\{\delta'_t\}_e$。

$[K']_e$:按式(1.153)计算。

$[K_0]_e$:为组合单元在瞬时强迫位移作用下对其自身局部坐标系而言的衰减刚度矩阵,式(1.170)中k_0即为它的一个子阵。因单元的两端内力衰减后同样式(1.151)的内力传递关系,故可得:

$$[K_0]_e = \begin{bmatrix} k_0 & k_0 D_i^T \\ D_i k_0 & D_i k_0 D_i^T \end{bmatrix}_e \tag{1.177}$$

将k_0、D_i代入或由关系$[K_0]_e = [H_0]_e[K]_e$可直接将$[K_0]_e$写为:

$$[K_0]_e = \begin{bmatrix}
\dfrac{E''A''}{l} & 0 & -\dfrac{E''A''y''}{l} & -\dfrac{E''A''}{l} & 0 & \dfrac{E''A''y''}{l} \\[2ex]
0 & \dfrac{12E''I''+12E''A''y''(y''-y')}{l^3} & \dfrac{6E''I''+6E''A''y''(y''-y')}{l^2} & 0 & -\dfrac{12E''I''+12E''A''y''(y''-y')}{l^3} & \dfrac{6E''I''+6E''A''y''(y''-y')}{l^2} \\[2ex]
-\dfrac{E''A''y''}{l} & \dfrac{6E''I''+6E''A''y''(y''-y')}{l^2} & \dfrac{4E''I''+4E''A''y''^2-3E''A''y''y'}{l} & \dfrac{E''A''y''}{l} & -\dfrac{6E''I''+6E''A''y''(y''-y')}{l^2} & \dfrac{2E''I''+2E''A''y''^2-3E''A''y''y'}{l} \\[2ex]
-\dfrac{E''A''}{l} & 0 & \dfrac{E''A''y''}{l} & \dfrac{E''A''}{l} & 0 & -\dfrac{E''A''y''}{l} \\[2ex]
0 & -\dfrac{12E''I''+12E''A''y''(y''-y')}{l^3} & -\dfrac{6E''I''+6E''A''y''(y''-y')}{l^2} & 0 & \dfrac{12E''I''+12E''A''y''(y''-y')}{l^3} & -\dfrac{6E''I''+6E''A''y''(y''-y')}{l^2} \\[2ex]
\dfrac{E''A''y''}{l} & \dfrac{6E''I''+6E''A''y''(y''-y')}{l^2} & \dfrac{2E''I''+2E''A''y''^2-3E''A''y''y'}{l} & -\dfrac{E''A''y''}{l} & -\dfrac{6E''I''+6E''A''y''(y''-y')}{l^2} & \dfrac{4E''I''+4E''A''y''^2-3E''A''y''y'}{l}
\end{bmatrix} \quad (1.178)$$

式(1.178)中的断面衰减换算截面特性如按式(1.160)定义,式中的 E'' 即可全部用 E 代替。

当单元由单一混凝土组成,式(1.175)、式(1.176)分别蜕化为:

$$\{\hat{S}_{ij,t}\}_e = \eta_0\{S_{ij,0}\}_e + \eta_t\{\overline{S}_{ij,t}\}_e + \eta_t\{\overline{S}'_{ij,t}\}_e + \{S_{ij}\}_e^P \quad (1.179)$$

或

$$\{\hat{S}_{ij,t}\}_e = \eta_0[K]_e\{\delta_0\}_e + \eta_t[K]_e\{\delta_t\}_e + \eta_t[K]_e\{\delta'_t\}_e + \{S_{ij}\}_e^P \quad (1.180)$$

在计算时段的终了,结构的实际对自身局部坐标系而言的单元节点位移可以表示为:

$$\{\hat{\delta}_t\}_e = \{\delta_0\}_e + \{\delta_t\}_e + \{\delta'_t\}_e \quad (1.181)$$

式中,$\{\delta_t\}_e$ 只有含沉降节点编号的单元位移才是有意义的,其余情况下该值全部为零。这就是说当单独考虑支座沉降时,式(1.181)的右端只有后两项;当只考虑收缩效应时,收缩只会产生徐变不平衡荷载 $\{P'_{ij}\}_e^s$ 而不会产生具体的 $\{\delta_t\}_e$,式(1.181)右端实际只有最后一项。支承节点的位移值都是计算的给定条件,故结构有意义的最终实际位移恒有 $\{\hat{\delta}_t\}_e = \{\delta_0\}_e + \{\delta'_t\}_e$。结构对总体坐标系而言,最终位移则可按 $\hat{\Delta} = \Delta + \Delta'$ 计算,式中 Δ 为在第一类强迫位移作用下按弹性理论求解的结构位移。

1.2.4　徐变换算截面特性与衰减换算截面特性的简化计算

由于徐变问题计算的复杂性以及影响计算结果的因素众多,在超静定钢筋混凝土与预应力混凝土结构因徐变而引起的内力重分配计算中,迄今为止一般并没有考虑普通钢筋对构件断面混凝土徐变特性的影响,即仍把这种配筋的混凝土当成素混凝土来对待,桥规有关徐变问题的规定也是建立在这种简化假定基础上的。当断面含筋率不高时,一般可以得到比较好的近似结果,但当含筋率较高时,则可能导致较大的计算误差。本书方法可以精确地考虑这类构件断面普通钢筋含量对混凝土徐变与收缩的影响,但公式烦琐往往要依赖于编程计算,因此对于部分比较简单的钢筋混凝土和预应力混凝土组合构件断面,对本书的计算公式适当简化以寻求一种适手算的计算方法仍然有意义。

这里仅讨论只包含有一种徐变特性混凝土的构件断面,也即普通的钢筋混凝土或预应力混凝土构件断面,图 1.19 所示由两种以上混凝土构成的组合构件断面不属于讨论范围。简化方法的特点是可以反映断面配筋率对混凝土徐变特性的影响。

1)钢筋混凝土对称配筋受压构件的简化计算

这类组合构件断面由混凝土与钢筋两种材料构成。图 1.22 为某连续刚构双壁式桥墩的单肢墩壁中部断面。该断面普通钢筋配置双向对称,在钢筋混凝土受压构件中该断面比较有代表性。徐变计算一般不考虑活载的作用,这类构件在恒载作用下一般为轴心受压或小偏心受压构件。以下分析中如无特别的说明,徐变或衰减徐变截面特性均按式(1.160)定义。

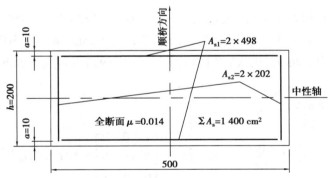

图 1.22　某连续刚构墩壁断面

先考虑式(1.333)中 k' 的简化计算然后再求 $[k']_e$。由于配筋对称,可知 $y' = 0$。按式(1.160)计算 A' 与 I' 如下:

$$A' = \eta_t A_c + n_s A_s = \eta_t A_c + n_s \mu_s A_c = (\eta_t + n_s \mu_s) A_c = \eta_t^s A_c \tag{1.182}$$

$$I' \approx \eta_t I_c + n_s \mu_s I_c = (\eta_t + n_s \mu_s)_c = \eta_t^s I_c \tag{1.183}$$

式中,A_c 为混凝土净截面面积,可近似用断面的毛截面来代替;A_s 为钢筋面积,$A_s = A_c \mu_s$,μ_s 为断面的含筋率;I_c 为混凝土对自身截面面积的惯性矩;$n_s = E_s/E_c$,$\eta_t^s = \eta_t + n_s \mu_s$ 为考虑配筋影响后混凝土的徐变内力衰减系数。上两式计算中,A' 是精确的,I' 是近似的。以图 1.22 所示断面为例,将沿周边均匀布置的全部钢筋面积 A_s 分为 A_{s1} 与 A_{s2} 两部分,令 $A_{s1} = A_c \mu_{s1}$、$A_{s2} = A_c \mu_{s2}$,准确的 I' 应按下式计算:

$$I' = \eta_t I_c + n_s \mu_{s1} A_c (0.5h - a)^2 + n_s \mu_{s2} I_c \qquad (1.184)$$

a 为 A_{s1} 部分钢筋重心至断面边缘距离,当 $0.5h - a = r_c$(混凝土断面的回转半径)时,式(1.184)中,$I' = \eta_t I_c + n_s \mu_{s1} I_c + n_s \mu_{s2} I_c = \eta_t I_c + n_s \mu_s I_c = (\eta_t + n_s \mu_s) I_c = \eta_t^s I_c$,则此时按式(1.183)计算就可以认为是精确的。矩形断面条件 $0.5h - a = r_c = 0.29h$ 时,相当于条件 $a = 0.21h$,结论是:当 $a < 0.21h$ 时按式(1.183)计算的 I' 会偏小,当 $a > 0.21h$ 时按式(1.183)计算的 I' 会偏大。对于以受压为主的轴心受压或小偏心受压构件断面,一般有关系 $a < 0.21h$,故按式(1.183)计算 I' 一般会稍许偏小。影响以受压为主构件断面计算结果的主要因素是 A',因此按式(1.183)简化 I' 的计算应该还是比较合理的。

将式(1.182)与式(1.183)中 A' 与 I' 的简化表达式代入式(1.133)中 k' 的表达式,并注意到 $y' = 0$ 可得:

$$k' = \eta_t^s \begin{bmatrix} \dfrac{EA_c}{l} & 0 & 0 \\[2mm] 0 & \dfrac{12EI_c}{l^3} & \dfrac{6EI_c}{l^2} \\[2mm] 0 & \dfrac{6EI_c}{l^2} & \dfrac{4EI_c}{l} \end{bmatrix} = \eta_t^s k \qquad (1.185)$$

式中,k 同式(1.113)。根据式(1.188)组合单元在第二类强迫位移作用下的徐变刚度矩阵 $[k']_e$ 的推导过程很容易得出:

$$[k']_e = \eta_t^s [k]_e \qquad (1.186)$$

其次,考虑式(1.142)中 H_0 的简化然后再求 $[H_0]_e$。根据式(1.160),仿照以上的类似推导过程很容易得到关系 $A'' = \eta_0^s A_c$ 与 $I'' \approx \eta_0^s I_c$,式中 $\eta_0^s = (\eta_0 + n_s \mu_s)$ 为考虑配筋影响后的混凝土内力衰减系数。将 η_0^s 代入式(1.142)及式(1.192)并注意到此时 $y'' = y' = 0$,分别可得:

$$H_0 = \begin{bmatrix} \dfrac{E\eta_0^s A_c}{EA_c} & 0 & 0 \\[2mm] 0 & \dfrac{E\eta_0^s I_c}{EI_c} & 0 \\[2mm] 0 & 0 & \dfrac{E\eta_0^s I_c}{EI_c} \end{bmatrix} = \eta_0^s \begin{bmatrix} 1 & 0 & 0 \\ 0 & 1 & 0 \\ 0 & 0 & 1 \end{bmatrix} = \eta_0^s \boldsymbol{I} \text{ 及 } [H_0]_e = \eta_0^s \boldsymbol{I} \qquad (1.187)$$

同理,将 η_0^s 代入式(1.172)可得:

$$H_t = \eta_t^s \begin{bmatrix} 1 & 0 & 0 \\ 0 & 1 & 0 \\ 0 & 0 & 1 \end{bmatrix} = \eta_t^s \boldsymbol{I} \text{ 及 } [H_t]_e = \eta_t^s \boldsymbol{I} \qquad (1.188)$$

将以上 $[H_0]_e$、$[H_t]_e$ 代入式(1.175)可得:

$$\{\hat{S}_{ij,t}\}_e = \eta_0^s \{S_{ij,0}\}_e + \eta_t^s \{\bar{S}_{ij,t}\}_e + \eta_t^s \{\bar{S}'_{ij,t}\}_e + \{S_{ij}\}_e^P \qquad (1.189)$$

对比式(1.189)与式(1.179)可知,以上简化实际是将钢筋混凝土受压构件断面比拟为由单一混凝土组成的断面,区别仅在于将混凝土的 η_0、η_t 分别用 η_0^s、η_t^s 代替,求解程序与单一混凝土单元的完全类似,有关公式除式(1.189)外,本书不再详细写出。

2)钢筋混凝土与预应力混凝土构件的简化计算通式

预应力混凝土受弯构件断面由混凝土、普通钢筋与预应力钢筋 3 种材料构成。一般说来,这类构件断面的 $y'' \neq 0$、$y' \neq 0$,但这两个值都很小,只要近似假定 $y'' = y' = 0$ 就仍可仿照受压构件断面将这类构件断面比拟为由单一混凝土组成的断面,此时的 η_0^s、η_t^s 可按下式计算:

$$\left.\begin{array}{l} \eta_0^s = \eta_0 + n_s \mu_s + n_p \mu_p \\ \eta_t^s = \eta_t + n_s \mu_s + n_p \mu_p \end{array}\right\} \tag{1.190}$$

式中,$A_p = A_c \mu_p$、$n_p = E_p / E_c$,η_0^s 与 η_t^s 也可简称为换算衰减系数与换算徐变衰减系数。断面的徐变换算截面特性与衰减换算截面特性无论是受压或受弯构件断面都可以按下列通式计算:

$$\left.\begin{array}{l} A'' = \eta_0^s A_c, I'' = \eta_0^s I_c \\ A' = \eta_t^s A_c, I' = \eta_t^s I_c \end{array}\right\} \tag{1.191}$$

上两式中,当预应力钢筋面积 $A_p = 0$ 时,就退化为普通钢筋混凝土受弯或上文讨论过的受压构件。因此,式(1.190)与式(1.191)可以适用于所有的钢筋混凝土与预应力混凝土构件断面的简化徐变计算。由推导过程可知,$A'' = \eta_0^s A_c$ 与 $A' = \eta_t^s A_c$ 没有计算误差。对于预应力构件断面,可以近似取 $n_p = n_s = E_s / E_c$,并且把 A_p 合并到 A_s 中按普通钢筋混凝土构件计算,此时式(1.190)即可简化为下列的通式:

$$\left.\begin{array}{l} \eta_0^s = \eta_0 + n_s \mu_s \\ \eta_t^s = \eta_t + n_s \mu_s \end{array}\right\} \tag{1.192}$$

区别在于,式中 $\mu_s = (A_s + A_p)/A_c$,这表示式(1.192)与式(1.156)实质是相同的,当 $A_p = 0$ 时就退变为钢筋混凝土构件的算法。现通过两个计算实例说明按本书的简化方法算得的 I'' 与 I' 值的计算误差。

【例 1.1】　如图 1.22 所示,设混凝土为 C40,$\varphi = 2.0$,$A_s = 1\,400\ \mathrm{cm}^2$,$A_c = 100\,000\ \mathrm{cm}^2$,$I_c = 3.33 \times 10^8\ \mathrm{cm}^4$,$\mu_s = 0.014$,$n_s = 6.15$。先按老化理论计算,此时 $\eta_0 = 0.135$,$\eta_t = 0.432$。

按式(1.160)准确地计算:$I'' = 0.135 \times 3.33 \times 10^8 + 5.61 \times 10^7 = 1.01 \times 10^8$,$I' = 0.432 \times 3.33 \times 10^8 + 5.61 \times 10^7 = 2.00 \times 10^8$。

按式(1.190)或式(1.192)计算:$\eta_0^s = 0.135 + 6.15 \times 0.014 = 0.221$,$\eta_t^s = 0.432 + 6.15 \times 0.014 = 0.518$。

按式(1.191)计算:$I'' = 0.221 \times 3.33 \times 10^8 = 7.36 \times 10^7$(小 27%),$I' = 0.518 \times 3.33 \times 10^8 = 1.73 \times 10^8$(小 13%)。

如按先天理论计算,此时 $\eta_0 = \eta_t = 0.333$。

按式(1.160)准确地计算:$I'' = I' = 0.333 \times 3.33 \times 10^8 + 5.61 \times 10^7 = 1.67 \times 10^8$。

按式(1.190)或式(1.192)计算:$\eta_0^s = \eta_t^s = 0.333 + 6.15 \times 0.014 = 0.419$。

按式(1.191)计算:$I'' = I' = 0.419 \times 3.33 \times 10^8 = 1.40 \times 10^8$(小 16%)。

老化理论与先天理论通常给出的是徐变问题解答的上限与下限,两种理论都是可用的。计算结果表明,采用式(1.190)与式(1.191)较式(1.160)I'' 与 I' 的计算误差一般不会超过

13% ~27%。在以受压为主的构件断面计算中,这样简化可以得到较好的计算精度。

如设 $\varphi = 1.2$,仍按老化理论计算,此时 $\eta_0 = 0.301$,$\eta_t = 0.582$。

按式(1.160)准确地计算:$I'' = 1.56 \times 10^8$,$I' = 2.49 \times 10^8$。

按式(1.190)或式(1.191)计算:$\eta_0^s = 0.301 + 6.15 \times 0.014 = 0.387$,$\eta_t^s = 0.582 + 6.15 \times 0.014 = 0.669$。

按式(1.191)计算:$I'' = 0.387 \times 3.33 \times 10^8 = 1.29 \times 10^7$(小 17%,小于 $\varphi = 2.0$ 时的 27%),$I' = 0.669 \times 3.33 \times 10^8 = 2.23 \times 10^8$(小 10%,小于 $\varphi = 2.0$ 时的 13%)。

这说明,当 φ 较小时按式(1.191)简化公式计算的 I'' 与 I' 值精度还会提高。

图1.23(a)为比较典型的箱形断面,在正弯矩区的控制断面处预应力筋的位置如图 1.23(a)所示。普通钢筋的布置对于全预应力混凝土构件而言,大体都沿混凝土面积均匀布置,这类断面采用式(1.191)简化公式计算 I'' 与 I' 通常误差都会小于图 1.22 中的实心断面。在箱梁的非控制断面随着预应力筋重心的上升,这种计算误差还会减小。图1.23(b)为某 30 m 预应力混凝土 T 梁通用设计图的中梁跨中断面,T 形断面也比较有代表性。一般说来,按式(1.191)计算 I'' 与 I',T 形断面的计算误差将大于箱形断面的误差。现以图 1.23(b)中的 T 形断面为例,具体考察按式(1.191)计算 T 形断面 I'' 与 I' 时会产生多大的计算误差。

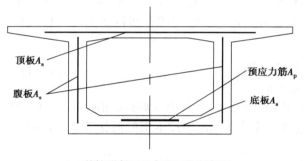

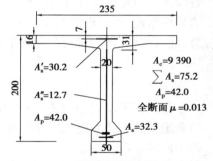

(a)某箱形断面正弯矩区控制断面　　　　　(b)30 mT梁通用图跨中断面

图1.23　箱形与T形梁断面

【例1.2】 图1.23(b)中 T 梁断面混凝土为 C50,设 $\varphi = 1.6$,其他实际数据为:$A_s = 75.2\ cm^2$,$A_p = 42.0\ cm^2$,$A_c = 9\ 390\ cm^2$,$I_c = 1.83 \times 10^5\ cm^4$,近似取 $n_p = n_s = 5.80$,合并 A_p 进 A_s 内,计算得 $\mu_s = (75.2 + 42)/9\ 390 = 0.012\ 5$。按老化与先天的混合理论计算,即 η_0 取二者理论算得 η_0 的平均值,$\eta_0 = (e^{-1.6} + 1/2.6)/2 = 0.293$,$\eta_t = (1 - 0.293)/1.6 = 0.442$。

弹性换算截面特性:换算面积 $A = 10\ 070\ cm^2$,中性轴至上缘距 $y_t = 68.7\ cm$,换算惯性矩 $I = 5.023 \times 10^7\ cm^4$(其中 $I_c = 4.366 \times 10^7\ cm^4$)。按式(1.160)准确计算 A''、y'' 及 A'、y' 如下(过程略):

$A'' = 939\ 0 \times 0.293 + 117.2 \times 5.8 = 3\ 431\ cm^2$,$y'' = -8.6\ cm$,$I'' = 1.91 \times 10^7$;$A' = 9\ 390 \times 0.442 + 117.2 \times 5.8 = 4\ 642\ cm^2$,$y' = -7.9\ cm$,$I' = 2.56 \times 10^7$。

按式(1.192)计算:$\eta_0^s = 0.293 + 5.8 \times 0.012\ 5 = 0.366$,$\eta_t^s = 0.442 + 5.8 \times 0.012\ 5 = 0.515$。

按式(1.191)计算:$I'' = 0.366 \times 4.366 \times 10^7 = 1.60 \times 10^7$(较 1.91×10^7 小 16%),$I' =$

$0.515 \times 4.366 \times 10^{7} = 2.25 \times 10^{7}$（较 2.56×10^{7} 小 12%）

按式（1.190）或式（1.192）、式（1.191）计算的 I'' 与 I'，误差对于 T 形断面一般为 12% ~ 16%，φ 较小时计算误差还会减小。箱形断面按式（1.191）计算的误差一般会小于 T 形断面。无论是箱形还是 T 形断面，在非设计控制断面部位，预应力混凝土受弯构件断面的预应力筋位置都将向断面的中性轴位置靠拢，此时按式（1.191）计算的 I'' 与 I' 误差还会减小。考虑到该法 A'' 与 A' 是精确的，因此可以认为按式（1.191）计算的 I'' 与 I' 是一种很好的近似计算方法。

1.2.5　关于 η_0、η_t 与分时段计算时有关问题的讨论

内力衰减系数 η_0 又称松弛系数，对于单一的混凝土单元，其基本定义为：

$$\eta_0(t,\tau_0) = \sigma_c(t,\tau_0)/\sigma_c(\tau_0) \tag{1.193}$$

式中，$\sigma_c(\tau_0)$ 为混凝土单元在施加瞬时轴向强迫位移 τ_0 时的断面正应力，$\sigma_c(t,\tau_0)$ 为经过时段 $t\to\tau_0$ 后断面的实际应力。式（1.111）是对上式基本定义的扩展，这实际包含了两点补充假定：其一假定混凝土的剪应力松弛效应与正应力松弛效应同步；其二为假定单元不会开裂，如果断面出现拉应力则认为其受拉徐变与受压徐变的徐变系数或内力衰减系数完全相同，这些假定也是所有推导公式得以成立的基础。η_0 可通过试验测定，也可选定一种徐变理论由混凝土的徐变系数 φ 直接计算。η_t 不便直接测定，也从未有人测定过，但该值可以通过 φ 与 η_0 计算，故也没有测定的必要。在式（1.121）中令 $\hat{S}_{ij,t} = kV_{ij,0}$，$V_{ij,t}^s = 0$，$V_{ij,t}' = \varphi V_{ij,0}$（或 $V_{ij,t}' = \varphi(t,\tau_0)V_{ij,0}$），这相当于对单元 i 端施加持续荷载 $\hat{S}_{ij,t}$ 不考虑收缩时的受力与变形情况，将以上数据代入式（1.121）可得：

$$\eta_t = \frac{1-\eta_0}{\varphi}\left(\text{或 } \eta_t(t,\tau_0) = \frac{1-\eta_0(t,\tau_0)}{\varphi(t,\tau_0)}\right) \tag{1.194}$$

以上符号中 $\eta_0 = \eta_0(\infty,\tau_0)$，$\eta_t = \eta_t(\infty,\tau_0)$，$\varphi = \varphi(\infty,\tau_0)$。在以下的分时段计算徐变效应时，注意符号 η_0、η_t 与 $\eta_0(t,\tau_0)$、$\eta_t(t,\tau_0)$ 或 $\eta_0(\infty,t)$、$\eta_t(\infty,t)$ 之间是有严格区别的。

1）内力衰减系数与徐变内力衰减系数的分时段计算

当采用分时段计算混凝土的徐变效应时，设 $\tau_0 < t_1 < t_2 < \cdots\cdots < t_n < \infty$，内力衰减系数和徐变内力衰减系数都应该满足下列关系：

$$\left.\begin{array}{l}\eta_0(\infty,\tau_0) = \eta_0(\infty,t_n)\eta_0(t_n,t_{n-1})\cdots\cdots\eta_0(t_2,t_1)\eta_0(t_1,\tau_0) \\ \eta_t(\infty,\tau_0) = \eta_t(\infty,t_n)\eta_t(t_n,t_{n-1})\cdots\cdots\eta_t(t_2,t_1)\eta_t(t_1,\tau_0)\end{array}\right\} \tag{1.195}$$

相应地，考虑在 τ_0 时加载的徐变系数 $\varphi(\infty,\tau_0)$ 则应满足如下的分时段计算对应关系：

$$\varphi(\infty,\tau_0) = \varphi(\infty,t_n) + \varphi(t_n,t_{n-1}) + \cdots\cdots + \varphi(t_2,t_1) + \varphi(t_1,\tau_0) \tag{1.196}$$

根据设计规范查取或徐变试验提供的徐变系数通常都是 $\varphi(\infty,\tau_0)$，分时段计算混凝土的内力衰减系数 $\eta_0(t_1,\tau_0)$ 时，设混凝土在时段 $\tau_0\to t_1$ 已完成的徐变系数为 $\varphi(t_1,\tau_0)$，由此即可根据一种徐变理论算得 $\eta_0(t_1,\tau_0)$；在时段 $\tau_0\to t_2$ 的徐变系数如为 $\varphi(t_2,\tau_0)$，由此即可算得 $\eta_0(t_2,\tau_0)$；因 $\eta_0(t_2,t_1)\eta_0(t_1,\tau_0) = \eta_0(t_2,\tau_0)$，故 $\eta_0(t_2,t_1)$ 只能按下式计算：

$$\eta_0(t_2,t_1) = \frac{\eta_0(t_2,\tau_0)}{\eta_0(t_1,\tau_0)}\left[\text{或 } \eta_0(\infty,t) = \frac{\eta_0(\infty,\tau_0)}{\eta_0(t,\tau_0)}\right] \tag{1.197}$$

根据式(1.197),任意时段 $t_{n-1} \rightarrow t_n$ 的内力衰减系数 $\eta_0(t_n, t_{n-1})$ 则可按如下的递推关系计算:

$$\eta_0(t_n, t_{n-1}) = \frac{\eta_0(t_n, \tau_0)}{\eta_0(t_{n-1}, \tau_0)} \tag{1.198}$$

上式说明,要求 $\eta_0(t_n, t_{n-1})$ 必先算得 $\eta_0(t_{n-1}, \tau_0)$ 与 $\eta_0(t_n, \tau_0)$,τ_0 为加载时间,因此这是一个递推公式。

以下仍以分为两个时段考虑 $\eta_t(\infty, t)$ 的计算。设 $\varphi(\infty, \tau_0) = \varphi(\infty, t) + \varphi(t, \tau_0)$,仍假定在时段 $\tau_0 \rightarrow t \rightarrow \infty$ 内施加的持续荷载 $\hat{S}_{ij,t}$ 不变及 $V_{ij,t}^0 = 0$,用推导式(1.194)的类似方法求解 $\eta_t(\infty, t)$ 如下:

$$kV_{ij,0} = \eta_0 kV_{ij,0} + \eta_t kV'_{ij,t} = \eta_0 kV_{ij,0} + \eta_t(\infty, t)\eta_t(t, \tau_0)\varphi(\infty, \tau_0)kV_{ij,0}$$

消去不变内力 $kV_{ij,0}$ 后得 $1 = \eta_0 + \eta_t(\infty, t)\eta_t(t, \tau_0)\varphi$,于是可得:

$$\eta_t(\infty, t) = \frac{1 - \eta_0}{\eta_t(t, \tau_0)\varphi} = \frac{\eta(\infty, \tau_0)}{\eta_t(t, \tau_0)} \tag{1.199}$$

式中,$\eta_t(t, \tau_0)$ 按式(1.194)计算。$t \rightarrow \infty$ 时段的内力衰减是在 $\tau_0 \rightarrow t$ 时段已经衰减基础上的继续衰减,故 $kV_{ij,0} \neq \eta_0(\infty, t)kV_{ij,0} + \eta_t(\infty, t)\varphi(\infty, t)kV_{ij,0}$,即 $\eta_t(\infty, t) \neq \frac{1 - \eta_0(\infty, t)}{\varphi(\infty, t)}$。任意时段 $t_{n-1} \rightarrow t_n$ 的徐变内力衰减系数 $\eta_t(t_n, t_{n-1})$ 则可按如下的递推关系计算:

$$\eta_t(t_n, t_{n-1}) = \frac{\eta_t(t_n, \tau_0)}{\eta_t(t_{n-1}, \tau_0)} \tag{1.200}$$

式(1.200)与式(1.198)类似,即要计算 $\eta_t(t_n, t_{n-1})$ 必先算得 $\eta_t(t_n, \tau_0)$ 与 $\eta_t(t_{n-1}, \tau_0)$。注意以上式(1.194)至式(1.200)均与采用的混凝土徐变理论无关。

2)求解内力衰减系数 η_0 的计算公式

①单一混凝土单元按徐变老化理论计算的内力衰减系数与徐变内力衰减系数分别为:

$$\left. \begin{array}{l} \eta_0 = e^{-\varphi} \quad \eta_0(t, \tau_0) = e^{-\varphi(t, \tau_0)} \\ \eta_t = \frac{1 - e^{-\varphi}}{\varphi} \left(\eta_t(t, \tau_0) = \frac{1 - e^{-\varphi(t, \tau_0)}}{\varphi(t, \tau_0)} \right) \end{array} \right\} \tag{1.201}$$

式中,第二式实际就是引用式(1.194)中的关系,故不同徐变理论之间的差异其实质可以认为就是在 η_0 计算上的差异。当老化理论用单一指数函数的形式来表达混凝土徐变的发展规律时,取 $\varphi(t, \tau_0) = \varphi(1 - e^{-\gamma(t - \tau_0)})$,此时 $\varphi(t_n, t_{n-1}) = \varphi(e^{-\gamma(t_{n-1} - \tau_0)} - e^{-\gamma(t_n - \tau_0)})$。

$$\eta_0(t_n, t_{n-1}) = e^{-\varphi(t_n, t_{n-1})} \tag{1.202}$$

即可以不按式(1.198)递推计算而直接按式(1.202)求解任意时段内的 $\eta_0(t_n, t_{n-1})$。如按式(1.198)计算则:

$$\eta_0(t_n, t_{n-1}) = \eta_0(t_n, \tau_0)/\eta_0(t_{n-1}, \tau_0) = e^{-\varphi(t_n, \tau_0)}/e^{-\varphi(t_{n-1}, \tau_0)} = e^{-\varphi(t_n, t_{n-1})}$$

其结果是一样的,显然式(1.202)更为方便。这说明老化理论的数学表达形式与 $\eta_0(t_n, t_{n-1})$ 的计算不仅可以非常简单,也最容易满足式(1.195)中第一式对分时段计算的要求,故在以前一个较长的时期内老化理论都因为简单而得到过广泛的使用。注意,采用老化理论计算任意时段内的 $\eta_t(t_n, t_{n-1})$ 仍没有捷径可走,仍需按式(1.200)的递推关系计算。

②如采用徐变先天理论时,混凝土的内力衰减系数与徐变内力衰减系数均可用下式计算:

$$\eta_0 = \eta_t = \frac{1}{1+\varphi}\Big[\eta_0(t,\tau_0) = \eta_t(t,\tau_0) = \frac{1}{1+\varphi(t,\tau_0)}\Big] \tag{1.203}$$

按老化理论计算的 η_0 一般偏低而 η_t 偏高,按徐变先天理论计算则 η_0 一般偏高而 η_t 偏低,前者假定徐变完全不可恢复而后者假定徐变完全可复,两种理论都不完全与实际结果相符。更准确的计算理论应该采用假定徐变部分可复的混合理论。

③建议在已知徐变系数 φ 的条件下可采用以下混合理论公式计算混凝土的内力衰减系数 η_0:

$$\eta_0 = \frac{1}{1+k\varphi}e^{-(1-k)\varphi} \tag{1.204}$$

式(1.204)中,当 $k=0$ 时,将退化为老化理论的式(1.201);当 $k=1$ 时,将退化为先天理论的式(1.203)。对于新浇混凝土结构的一般徐变分析问题可取 $k=0.3$,即 $\eta_0 = \dfrac{1}{1+0.3\varphi}$ $e^{-0.7\varphi}$;对于较为复杂的徐变问题,其加载历程在半年左右或以上的大跨桥梁结构,或者是龄期很大的老混凝土结构,建议可取 $k=0.7$,此时的计算公式可写为 $\eta_0 = \dfrac{1}{1+0.7\varphi}e^{-0.3\varphi}$。也可按先天理论和老化理论算得 η_0 的平均值来确定 η_0。

$$\eta_0 = 0.5\Big(\frac{1}{1+\varphi} + e^{-\varphi}\Big) \tag{1.205}$$

式(1.205)与 $\eta_0 = \dfrac{1}{1+0.7\varphi}e^{-0.3\varphi}$ 的计算结果高度一致,故可以认为这两个公式是相通的。式(1.205)简单也好理解,对于较大型的徐变分析问题,笔者均推荐采用式(1.205)。

采用混合理论求得 η_0 后可按式(1.194)求解 η_t,无论采用混合理论还是先天理论,任意时段内的 $\eta_0(t_n,t_{n-1})$ 与 $\eta_t(t_n,t_{n-1})$ 均可按式(1.198)或式(1.200)计算。

3)分时段计算的算例

以下将通过一个按两阶段考虑混凝土徐变效应的最简单的计算实例,说明分时段计算时应该注意的问题,也可比较不同的徐变理论在分析问题时的计算差异。

【例1.3】　设某混凝土组合结构体系按 $\tau_0 \to t \to \infty$ 两阶段考虑计算混凝土的徐变效应,设 $\varphi(\infty,\tau_0)=2$,$\varphi(t,\tau_0)=1.4$,$\varphi(\infty,t)=0.6$。第一步先计算各时段的内力衰减系数与徐变内力衰减系数:

①按老化理论计算:$\eta_0(\infty,\tau_0)=0.135$,$\eta_0(t,\tau_0)=e^{-1.4}=0.247$,$\eta_0(\infty,t)=e^{-0.6}=0.549$。$\eta_t(\infty,\tau_0)$ 与 $\eta_t(t,\tau_0)$ 按式(1.194)或式(1.201)计算,即 $\eta_t(\infty,\tau_0)=(1-0.135)/2=0.432$,$\eta_t(t,\tau_0)=(1-0.247)/1.4=0.538$,$\eta_t(\infty,t)$ 不能按 $\dfrac{1-e^{-\varphi(\alpha,t)}}{\varphi(\infty,t)}=(1-0.549)/0.6=0.752$ 计算,因为 $0.432 \neq 0.538 \times 0.752=0.405$。$\eta_t(\infty,t)$ 应按式(1.199)或式(1.200)计算,即 $\eta_t(\infty,t)=0.432/0.538=0.803$。

②如用先天理论计算:$\eta_0(\infty,\tau_0)=\eta_t(\infty,\tau_0)=1/(1+2)=0.333$,$\eta_0(t,\tau_0)=\eta_t(t,\tau_0)=1/(1+1.4)=0.417$,$\eta_0(\infty,t)=\eta_t(\infty,t)=0.333/0.417=0.799$。注意,$\eta_0(\infty,t)$ 与

$\eta_t(\infty,t)$ 不能按 $\dfrac{1}{1+\varphi(\infty,t)}=0.625$ 计算。

③85 桥规与 04 桥规均认为混凝土的徐变是部分可以恢复的,故应该采用更为准确的混合徐变理论求解徐变问题。以下先按式(1.205)计算 $\eta_0(\infty,\tau_0)$ 与 $\eta_0(t,\tau_0)$:

$\eta_0(\infty,\tau_0)=(0.135+0.333)/2=0.234,\eta_0(t,\tau_0)=(0.247+0.417)/2=0.332$

其次按式(1.194)计算 $\eta_t(\infty,\tau_0)$ 与 $\eta_t(t,\tau_0)$:

$\eta_t(\infty,\tau_0)=(1-0.234)/2=0.383,\eta_t(t,\tau_0)=(1-0.332)/1.4=0.477$

最后按式(1.197)或式(1.199)计算 $\eta_0(\infty,t)$ 与 $\eta_t(\infty,t)$:

$\eta_0(\infty,t)=0.234/0.332=0.705,\eta_t(\infty,t)=0.383/0.477=0.803$

按有限元法分阶段考虑体系的徐变效应时,只需注意以下几点:

①按式(1.160)求 $\tau_0\to t$ 第一时段所有组合构件体系单元的徐变换算截面特性与衰减换算截面特性,有关公式中 $\eta_{i,0}$、$\eta_{i,t}$ 分别为混凝土子单元时,取 $\eta_{i,0}=\eta_0(t,\tau_0)=0.332$,$\eta_{i,t}=\eta_t(t,\tau_0)=0.477$。据此可以建立本阶段受力体系的总刚 K'。

②求式(1.174)刚度方程中的 P' 时,有关公式中取混凝土子单元的 $\eta_0=\eta_0(t,\tau_0)=0.332$,$\eta_t=\eta_t(t,\tau_0)=0.477$。

③求解 $t\to\infty$ 第二时段的徐变效应与以上步骤类似,即在有关计算公式中对于混凝土子单元,本时段取 $\eta_{i,0}=\eta_0=\eta_0(\infty,t)=0.705$,$\eta_{i,t}=\eta_t=\eta_t(\infty,t)=0.803$。当需要划分更多的计算时段来求解徐变问题时,其计算要点与划分两个时段的要点类似,此处不再赘述。

④以上代入的 $\eta_{i,0}$、$\eta_{i,t}$ 等具体值都根据徐变混合理论计算,采用混合理论按式(1.205)计算 η_0。无论一阶段还是分为多个时间阶段计算,较之老化理论或是先天理论,实际并不会增加多少工作量,因此更是应该采用式(1.205)的混合理论公式求解这类徐变问题。

在预应力混凝土和钢筋混凝土超静定结构体系中,本书方法可以较准确地反映预应力筋和普通钢筋对混凝土徐变的约束影响。如不考虑预应力筋和普通钢筋对徐变的影响,本书中的 η_t 即有关文献中的 v,$(1-\eta_t)$ 即有关文献[4]中的 $v\varphi$。目前,国内在混凝土桥梁设计中采用的大型综合分析计算程序,通常均略去普通钢筋对混凝土徐变的影响,其实质均是将 $[K_0]_e$ 与 $[K']_e$ 分别简化为 $\eta_0[K]_e$ 与 $\eta_t[K]_e$,对于预应力钢束对徐变的影响则是通过独立的预应力损失计算来加以考虑。采用本书方法将预应力混凝土构件视为组合混凝土构件,可以自动计入构件断面的预应力收缩与徐变损失,也可算出普通钢筋因混凝土收缩徐变而引起的应力变化情况。本书方法的缺点主要在于 $[K_0]_e$ 与 $[K']_e$ 的计算比较复杂。当需要分时段对结构进行分析时尤为烦琐,因此基本不能适于人工手算。编程计算可以解决计算公式的复杂烦琐问题,笔者期待能够尽早出现这样的计算机计算程序。

本节参考文献

[1] 王恩惠,易成贵.结构分析的矩阵方法[M].北京:铁道出版社,1975.

[2] E.E.吉勃施曼.预应力钢筋混凝土桥梁理论与计算[M].北京:人民交通出版社,1965.

[3] 横道英雄.コンケリート橋(改訂版)[J].技報堂,1972:140-152.

［4］金成棣.混凝土徐变对超静定结构变形及内力的影响——考虑分段加载龄期差异及延迟弹性影响［J］.木工程学报,1981(3):21-35.

［5］若狭忠雄,伊沢闲.遅れ弾性を考慮した場合のコンケリートのクリープよし發生する不静定力の計算方法について(Ⅰ)、(Ⅱ)［J］.桥梁,1980:4-5.

［6］N.E.普勒格波维奇.论混凝土徐变对混凝土和钢筋混凝土中应力和变形和影响:混凝土的徐变问题(中译本)［M］.北京:科学出版社,1962.

1.3　混凝土组合构件徐变应力重分布计算

超静定结构体系中由于混凝土徐变而引起的内力重分配计算问题历来已有很多论述[1,2]。但是对于混凝土组合构件,即使在持续荷载作用下截面内力不随时间而变化,由于混凝土的徐变效应,截面内部不同混凝土之间也可发生所谓应力重分配问题。因此,组合构件体系中的内力重分配计算不能代替各构件截面内部之间的应力重分配计算。

按照我国现行有关公路桥梁的设计规范要求,对钢筋混凝土构件在裂缝宽度及施工阶段验算中需对控制截面上的钢筋或混凝土应力进行计算,对预应力混凝土构件及营运状态下各控制截面的实际应力水平进行检算。钢筋混凝土或预应力混凝土构件都可以理解为由混凝土与钢材联合受力的混凝土组合构件,持续荷载作用下因混凝土徐变而引起的应力重分配对于前者通常表现为钢筋应力随时间的增长,对于后者主要表现为预应力损失,但这些都属于混凝土徐变所导致应力重分配计算问题中较为简单的情况。对于桥梁结构中的预应力混凝土组合梁和采用无支架吊装法施工且拱圈分阶段形成的钢筋混凝土拱桥,这类问题则比较复杂。相关文献[2-7]代表了目前对这类问题的研究现状,但结论大多比较烦琐或不便于设计者直接运用,并且都仅限于对正应力σ的重分配计算方法进行讨论。由于在混凝土组合构件中,混凝土的抗剪强度通常较为富裕,实用上对于剪应力τ的应力重分配计算并不感到迫切。但是从理论或更为准确地确定截面主应力的角度来看,寻求一种较为实用和准确的剪应力重分配计算方法仍然显得十分必要。

本节将在相关文献[1]的基础上推导出用显式表达的混凝土组合构件考虑徐变应力重分配以后的截面最终正应力与剪应力计算公式。该方法的特点在于可以方便地计入截面内力随时间的变化和混凝土收缩的影响。

1.3.1　基本公式推导

将截面如图1.24(b)所示的一个混凝土组合构件视为悬臂式组合单元ij。设在τ_0时刻单元i端因持续恒载作用发生弹性变形(即第一类瞬时强迫位移)并引起内力$S_{ij,0}=kV_{ij,0}$,经过时间$(t-\tau_0)$,组合单元ij内的混凝土将发生徐变与各单元之间的不均匀收缩并引起断面的应力重分配。由于是静定结构,i端的实际内力恒为$\hat{S}_{ij,t}=S_{ij,0}$,将单元i端的徐变变形、单元的收缩视为第二类随时间而变化的强迫位移,根据相关文献[1],时间$(t-\tau_0)$后的i端实际内力$\hat{S}_{ij,t}$可以分解为如下3部分:

$$\hat{S}_{ij,t} = H_0 S_{ij,0} + H_t \overline{S}^s_{ij,t} + H_t \overline{S}'_{ij,t} \tag{1.206}$$

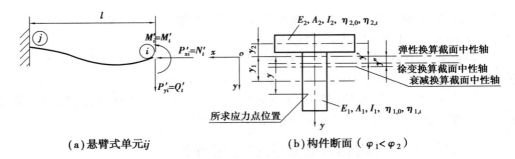

（a）悬臂式单元ij　　　　　　　　　（b）构件断面（$\varphi_1 < \varphi_2$）

图1.24　混凝土组合构件

式中，顶标"^"表示实际的内力或应力，上标"'"表示系由徐变所引起；H_0 为悬臂式组合单元在瞬时强迫位移作用下的内力衰减系数矩阵，$H_0 S_{ij,0}$ 为令 i 端在 τ_0 以后处于固结状态因 $S_{ij,0}$ 的单纯衰减而在 i 端残留的实际内力；H_t 为单元截面在第二类强迫位移作用下的徐变内力衰减系数矩阵，$\bar{S}^s_{ij,t}$ 为假定 i 端固结单元各部分混凝土收缩在 i 端产生的不考虑徐变效应的相应虚拟弹性内力，$H_t \bar{S}^s_{ij,t}$ 为经过时间（$t - \tau_0$）后仍假定 i 端固结但考虑混凝土徐变效应因混凝土收缩在 i 端引起的衰减后的实际内力；$\bar{S}'_{ij,t}$ 为不计徐变效应时因徐变变形在 i 端引起的相应弹性内力，$H_t \bar{S}'_{ij,t} = \hat{S}'_{ij,t}$ 为因 i 端混凝土的徐变变形（属于第二类强迫位移）在 i 端引起的实际内力，它等价于一个作用在 i 端的随时间而变化的徐变不平衡荷载 $P'_{ij} = [P'_{xi} \quad P'_{yi} \quad M'_1]^{\mathrm{T}}$。$H_0$ 与 H_t 可参见相关文献[1]，将 H_0 代入式（1.206）右端第一项可得：

$$
H_0 S_{ij,0} = \begin{bmatrix} \dfrac{E''A''}{EA} & \dfrac{E''A''y''l}{2EI} & -\dfrac{E''A''y''}{EI} \\ 0 & \dfrac{E''I'' + E''A''y''(y'' - y')}{EI} & 0 \\ -\dfrac{E''A''y''}{EA} & -\dfrac{E''A''y''y'l}{2EI} & \dfrac{E''I'' + E''A''y''^2}{EI} \end{bmatrix} \begin{bmatrix} N_{ij,0} \\ Q_{ij,0} \\ M_{ij,0} \end{bmatrix} \quad (1.207)
$$

式（1.207）由于 H_0 中 y''、y' 皆很小且比较接近（截面与配筋对称时 $y'' = y' = 0$），可以将 $y''(y'' - y')$ 视为一个高阶微量略去；又因为悬臂单元的长度划分是任意的，令单元长度 $l \to 0$，H_0 式中与 l 相乘的各项也可略去。单元长度 $l \to 0$ 的含义实际是将式（1.206）中的所有内力变为单元 i 端的或构件任一截面处的内力，即 $\hat{S}_{ij,t} \to \hat{S}_t$，$S_{ij,0} \to S_0$、$H_0 S_{ij,0} \to S''_0$、$H_t \bar{S}^s_{ij,t} \to S'_s$，$H_t \bar{S}'_{ij,t} = \hat{S}'_{ij,t} \to S'_t$，此时所有非节点荷载均已转化为节点荷载，即以上各断面内力中已包含荷载局部效应的影响。单元长度 $l \to 0$ 后，悬臂式组合单元的内力衰减系数矩阵 H_0 也转换成构件任一断面的内力衰减系数矩阵 $\tilde{H}_0$，其值可表示为：

$$
\tilde{H}_0 = \begin{bmatrix} \dfrac{E''A''}{EA} & 0 & -\dfrac{E''A''y''}{EI} \\ 0 & \dfrac{E''I''}{EI} & 0 \\ -\dfrac{E''A''y''}{EA} & 0 & \dfrac{E''I'' + E''A''y''^2}{EI} \end{bmatrix} \quad (1.208)
$$

式（1.206）用断面的内力形式表示即可写为：

$$\hat{S}_t = S''_0 + S'_s + S'_t \tag{1.209}$$

式中,$\hat{S}_t$ 为经过内力和应力重分配以后的断面内力,$\hat{S}_t = \begin{bmatrix} \hat{N}_t & \hat{Q}_t & \hat{M}_t \end{bmatrix}^\mathrm{T}$,当内力不变(如图 1.24 所示静定结构)断面只有应力重分配时,$\hat{S}_t = S_0$;$S_0 = \begin{bmatrix} N_0 & Q_0 & M_0 \end{bmatrix}^\mathrm{T}$,为 τ_0 时的断面内力,其值与 $S_{ij,0}$ 对应;$S''_0 = \tilde{H}_0 S_0 = \begin{bmatrix} N''_0 & Q''_0 & M''_0 \end{bmatrix}^\mathrm{T}$,为 S_0 单纯衰减后在断面残留的实际内力;S'_s 与 $H_t \bar{S}^s_{ij,t}$ 对应,$S'_s = \begin{bmatrix} N'_s & Q'_s & M'_s \end{bmatrix}^\mathrm{T}$,为考虑混凝土徐变效应以后因收缩在断面引起的衰减后的实际内力;S'_t 与 $\hat{S}'_{ij,t} = H_t \bar{S}'_{ij,t}$ 对应,$S'_t = \begin{bmatrix} N'_t & Q'_t & M'_t \end{bmatrix}^\mathrm{T}$,为考虑徐变效应以后因徐变变形的发展在断面引起的实际内力增量,它等价于一个作用在徐变换算断面上的随时间而增长的不平衡荷载,根据式(1.209),无论在时间$(t - \tau_0)$ 中断面内力是否发生变化,其值恒可按下式计算:

$$S'_t = \hat{S}_t - S''_0 - S'_s \tag{1.210}$$

当只考虑组合构件内力不随时间变化的断面应力重分配问题时,因有关系 $\hat{S}_t = S_0$,式(1.210)可改写为:

$$S'_t = (I - \tilde{H}_0)S_0 - S'_s \tag{1.211}$$

由于有关系 $S'_s = H_t \bar{S}^s_{ij,t}$,$S'_s$ 可直接表示为:

$$S'_s = \begin{bmatrix} -\sum \eta_{i,t} \varepsilon_{is} E_i A_i & 0 & \sum \eta_{i,t} \varepsilon_{is} E_i A_i y_i \end{bmatrix}^\mathrm{T} \tag{1.212}$$

式中,$\eta_{i,t}$、ε_{is}、E_i、A_i 分别为断面第 i 个子单元在时段$(t - \tau_0)$ 内的徐变内力(应力)衰减系数、收缩率、弹性模量和截面积,y_i 为 A_i 重心至弹性换算截面中性轴的距离。以下讨论是在将 $\hat{S}_t$ 按式(1.209)分解的基础上进行,任何组合构件的截面内力均可进行如此分解。

本节一般不讨论在活载作用下的应力计算,故符号 S_0、$S_{ij,0}$ 等在本节中对应的都是持续恒载作用下的内力。长期反复的活载作用也可引起混凝土结构的徐变,但历来的桥规设计方法通常都略去此项作用对构件断面应力重分配的影响。

1)正应力的计算

根据式(1.209),混凝土组合构件在计算时段 $\tau_0 \to t$ 终了时与式(1.209)中 $\hat{S}_t$ 对应截面上任一点距中性轴距离为 y 处的实际正应力可表示为:

$$\hat{\sigma}_t = \sigma''_0 + \sigma'_s + \sigma'_t \tag{1.213}$$

式中,应力 $\hat{\sigma}_t$、σ''_0、σ'_s、σ'_t 分别与内力 $\hat{S}_t$、S''_0、S'_s、S'_t 相对应,符号以受压为正。

先讨论 σ''_0 与 σ'_s。由 S''_0 与 S'_s 的定义与推导过程直接可得断面任一点处的这两部分应力分别为:

$$\left. \begin{array}{l} \sigma''_0 = \eta_{i,0}\sigma_0 \\ \sigma'_s = -\eta_{i,t}E_i\varepsilon_{is} \end{array} \right\} \tag{1.214}$$

式中,σ_0 为按弹性理论换算截面法算得的该点 τ_0 时的应力,$\sigma_0 = \dfrac{N_0}{A} - \dfrac{M_0}{I}y$,$A$、$I$ 分别为断面的弹性换算面积与换算惯性矩,压应力为正值,y 以向下为正(图 1.24);$\eta_{i,0}$ 为第 i 个子单元材料在时段$(t-\tau_0)$期间的内力(应力)衰减系数。断面在τ_0时的全部应力按式(1.214)中第一式的关系衰减后,由关系$S''_0 = \tilde{H}_0 S_0$及式(1.208)可得衰减后的断面实际内力S''_0为:

$$\boldsymbol{S}''_0 = \begin{bmatrix} N''_0 \\ Q''_0 \\ M''_0 \end{bmatrix} = \begin{bmatrix} \dfrac{E''A''}{EA} & 0 & -\dfrac{E''A''y''}{EI} \\ 0 & \dfrac{E''I''}{EI} & 0 \\ -\dfrac{E''A''y''}{EA} & 0 & \dfrac{E''I'' + E''A''y''^2}{EI} \end{bmatrix} \begin{bmatrix} N_0 \\ Q_0 \\ M_0 \end{bmatrix}$$

展开上式可得:

$$\left.\begin{aligned} N''_0 &= \frac{E''A''}{EA}N_0 - \frac{E''A''y''}{EI}M_0 \\ Q''_0 &= \frac{E''I''}{EI}Q_0 \\ M''_0 &= \frac{E''I'' + E''A''y''^2}{EI}M_0 - \frac{E''A''y''}{EA}N_0 \end{aligned}\right\} \tag{1.215}$$

断面的衰减换算截面特性可表示为[1]:

$$\left.\begin{aligned} E''A'' &= \sum \eta_{i,0}E_iA_i \\ y'' &= \frac{\sum \eta_{i,0}E_iA_iy_i}{E''A''} \\ E''I'' &= \sum \eta_{i,0}E_iA_i(r_i^2 + y_i^2) - E''A''y''^2 \end{aligned}\right\} \tag{1.216}$$

式中,$E''A''$和$E''I''$分别为组合构件截面的衰减换算抗压刚度与衰减换算抗弯刚度,y''为截面内力衰减后的实际中性轴至原弹性中性轴的距离。令E''为断面混凝土或其中一种最主要混凝土的弹性模量,再令$n''_i = \eta_{i,0}E_i/E''$,式(1.216)可消掉$E''$与$E_i$改写为:

$$\left.\begin{aligned} A'' &= \sum n''_iA_i \\ y'' &= \frac{\sum n''_iA_iy_i}{A''} \\ I'' &= \sum n''_iA_i(r_i^2 + y_i^2) - A''y''^2 \end{aligned}\right\} \left(n''_i = \frac{\eta_{i,0}E_i}{E''}\right) \tag{1.217}$$

式中,A''、y''、I''分别可称为断面的衰减换算面积、衰减换算面积中性轴与原中性轴的偏离值、断面的衰减换算惯性矩;n''_i可称为i子单元考虑按$\eta_{i,0}$衰减后的弹性模量比。引入式(1.217)符号并取$E''=E$,式(1.215)与式(1.208)可分别改写为:

$$\left.\begin{aligned} N''_0 &= \frac{A''}{A}N_0 - \frac{A''y''}{I}M_0 \\ Q''_0 &= \frac{I''}{I}Q_0 \\ M''_0 &= \frac{I'' + A''y''^2}{I}M_0 - \frac{A''y''}{A}N_0 \end{aligned}\right\} 与 \tilde{\boldsymbol{H}}_0 = \begin{bmatrix} \dfrac{A''}{A} & 0 & -\dfrac{A''y''}{I} \\ 0 & \dfrac{I''}{I} & 0 \\ -\dfrac{A''y''}{A} & 0 & \dfrac{I'' + A''y''^2}{I} \end{bmatrix} \tag{1.218}$$

显然,计算σ''_0时只与N''_0和M''_0相关。根据式(1.210),$N'_t = \hat{N}_t - N''_0 - N'_s$、$Q'_t = \hat{Q}_t - Q''_0 - Q'_s$、

$M' = \hat{M}_t - M''_0 - M'_s$，将式（1.212）与式（1.218）中的各值代入，S'_t 中的各值即可直接写为：

$$N'_t = \hat{N}_t - \frac{A''}{A}N_0 + \frac{A''y''}{I}M_0 + \sum \eta_{i,t}\varepsilon_{is}E_iA_i$$

$$Q'_t = \hat{Q}_t - \frac{I''}{I}Q_0 \quad (Q'_t = \hat{Q}_t - Q''_0)$$

$$M'_t = \hat{M}_t - \frac{I'' + A''y''^2}{I}M_0 + \frac{A''y''}{A}N_0 - \sum \eta_{i,t}\varepsilon_{is}E_iA_iy_i \tag{1.219}$$

无论断面在时段 $\tau_0 \to t$ 期间内力是否有变化，N'_t、Q'_t 与 M'_t 恒按式（1.219）计算。当内力不变且只有断面的应力重分配时，式（1.219）的计算结果与按式（1.211）计算的结果一致。S'_t 是随时间而逐渐增加的作用在构件徐变换算截面上的变化荷载，其值分别与图 1.24 所示的节点荷载 P'_{ij} 等效。

断面的徐变换算截面特性可表示为[1]：

$$E'A' = \sum \eta_{i,t}E_iA_i$$

$$y' = \frac{\sum \eta_{i,t}E_iA_iy_i}{E'A'}$$

$$E'I' = \sum \eta_{i,t}E_iA_i(r_i^2 + y_i^2) - E'A'y'^2 \tag{1.220}$$

式中，$E'A'$ 和 $E'I'$ 分别为组合构件截面的徐变换算抗压刚度与徐变换算抗弯刚度，y' 为截面内力衰减后的实际中性轴至原中性轴的距离。令 E' 为断面混凝土或其中一种最主要混凝土的弹性模量，再令 $n'_i = \eta_{i,t}E_i/E'$，式（1.220）可消掉 E' 与 E_i 改写为：

$$A' = \sum n'_iA_i$$

$$y' = \frac{\sum n'_iA_iy_i}{A'} \qquad \left(n'_i = \frac{\eta_{i,t}E_i}{E'}\right)$$

$$I' = \sum n'_iA_i(r_i^2 + y_i^2) - A'y'^2 \tag{1.221}$$

式中，A'、y'、I' 分别可称为断面的徐变换算面积、徐变换算面积中性轴与原中性轴的偏离值、断面的徐变换算惯性矩；n'_i 可称为 i 子单元考虑徐变衰减后的弹性模量比。引入式（1.221）符号，断面在 N'_t 与 M'_t 作用下距中性轴距离为 y 处任意点在时间 t 的实际正应力即可按类似的材料力学公式计算。

$$\sigma'_t = \eta_{i,t}E_i\left[\frac{N'_t}{E'A'} - \frac{M'_t + N'_ty'}{E'I'}(y - y')\right]$$

式中，右端方括弧内一项为所求应力点处在 N'_t 与 M'_t 作用下徐变导致的实际应变，$\eta_{i,t}$、E_i 分别为所求应力点处所在子单元的徐变内力衰减系数与弹性模量，S'_t 中符号与 y 以图 1.24 所示方向为正。引入符号 n'_i，上式即可改写为：

$$\bar{\sigma}'_t = \frac{N'_t}{A'} - \frac{M'_t + N'_ty'}{I'}(y - y')$$

$$\sigma'_t = n'_i\bar{\sigma}'_t \tag{1.222}$$

式中，$\bar{\sigma}'_t$ 为所求应力点处的相应弹性应力。将式（1.214）、式（1.223）代入式（1.213），在计算时段 $\tau_0 \to t$ 终了截面上任一点的实际正应力可表示为：

$$\hat{\sigma}_t = \eta_{i,0}\sigma_0 - \eta_{i,t}\varepsilon_{is}E_i + n_i'\overline{\sigma}_t' \tag{1.223}$$

式中,$\overline{\sigma}_t'$ 按式(1.222)计算,徐变换算截面特性及 n_i' 按式(1.221)计算,N_t' 与 M_t' 按式(1.219)计算。但要注意,式(1.223)中的 $\overline{\sigma}_t'$ 对于不同的子单元 i 其取值是不同的。例如,当第 i 种材料为预应力钢筋时,式(1.222)中的 y 应取值为预应力筋重心至中性轴的距离 y_p。

组合构件断面正应力重分配的基本规律为:重分配后的正应力将向衰减(徐变)刚度更大(φ 更小)的子单元转移,如将向钢材子单元断面转移;当断面形状与配筋不对称时,其作用重心也会偏离原来的作用重心向衰减(徐变)刚度更大的那一方向转移。当单元由一种混凝土材料组成、不考虑收缩效应($\varepsilon_s = 0$)且内力不变($\hat{S}_t = S_0$)时,$y'' = 0$、$y' = 0$,由式(1.221)可知 $n_i' = \eta_{i,t}$、$A' = \eta_{i,t}A$、$I' = \eta_{i,t}I$;由式(1.219)可知 $N_t' = (1 - \eta_{i,0})N_0$、$M_t' = (1 - \eta_{i,0})M_0$,代入式(1.222)得 $\overline{\sigma}_t' = \dfrac{1 - \eta_{i,0}}{\eta_{i,t}}\left(\dfrac{N_0}{A} - \dfrac{M_0}{I}y\right) = \dfrac{1 - \eta_{i,0}}{\eta_{i,t}}\sigma_0$,再代入式(1.223)得 $\hat{\sigma}_t = \sigma_0$,即应力并未发生变化。当内力为零仅考虑收缩的影响时($\hat{S}_t = S_0 = 0$,$\sigma_0 = 0$),由式(1.219)可知,子单元间不同的收缩率将会产生 $N_t' = \sum \eta_{l,t}\varepsilon_{is}E_iA_i$ 与 $M_t' = -\sum \eta_{l,t}\varepsilon_{is}E_iA_iy_i$,代入式(1.222)求得 $\sigma_t' = n_i'\overline{\sigma}_t'$ 后,时段 $\tau_0 \to t$ 终了截面上任一点因收缩引起的实际应力为 $\hat{\sigma}_t = -\eta_{i,t}E_i\varepsilon_{is} + n_i'\overline{\sigma}_t'$,即子单元间的收缩差会在组合构件的断面上引起正应力。

关于正应力重分配计算方法的具体运用,还可参见后文的算例。

2)剪应力的计算

根据式(1.209)仿照式(1.213),构件截面上任一点处在计算时段 $\tau_0 \to t$ 终了的实际剪应力也可表示为如下三部分应力之和:

$$\hat{\tau}_t = \tau_0'' + \tau_s' + \tau_t' \tag{1.224}$$

先讨论 τ_0''。本节及相关文献[1]均假定混凝土的剪应力松弛规律与正应力松弛规律相同,在第一类强迫位移作用下,断面任一点处的正应力衰减后可按 $\sigma_0'' = \eta_{i,0}\sigma_0$ 计算,由一种单一材料组成的构件断面,剪应力衰减后也可按 $\tau_0'' = \eta_{i,0}\tau_0$ 计算。对于由两种不同衰减特性混凝土组成的组合构件断面(图1.24),按此计算的正应力 σ_0'' 在两种混凝土结合界面处的上下值有突变。这符合断面的平截面假定,结果也是正确的,但此时断面任一点处的剪应力衰减后不能按 $\tau_0'' = \eta_{i,0}\tau_0$ 计算。因为按照剪应力的双生互等定律,两种混凝土结合界面处剪应力值不可能发生突变。结合界面处的上下层剪应力确实按 $\tau_0'' = \eta_{i,0}\tau_0$ 规律在衰减,但衰减后在界面上的差值将导致断面的应力(内力)重分配[1],这在式(1.207)中也可得到反映,因此求解 τ_0'' 不能简单地按 $\tau_0'' = \eta_{i,0}\tau_0$ 计算。由于讨论的是所谓弯曲剪应力,剪应力计算公式可由材料力学改写为如下形式(图1.25):

$$\tau = \frac{\mathrm{d}F}{b\mathrm{d}x} \tag{1.225}$$

式中,b 为所求剪应力点处构件宽度,图1.25中 $b = b_2$;$\mathrm{d}x$ 为沿梁长的长度增量;F 为所求剪应力点水平纤维层以下全部截面积 $\sum A_i$ 上的正应力之和。

$$F = \sum \int_{A_i} \sigma_i \mathrm{d}A_I \tag{1.226}$$

求 τ_0'' 时与 S_0'' 对应的断面正应力 σ_0'' 可改写为如下形式:

$$\sigma_0'' = \eta_{i,0}\sigma_0 = \eta_{i,0}\frac{E_i}{E}\left(\frac{N_0}{A} - \frac{M_0 y}{I}\right) \tag{1.227}$$

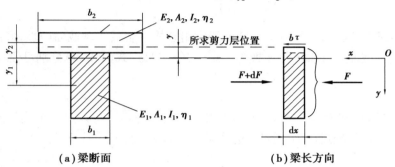

(a) 梁断面　　　　　　　**(b) 梁长方向**

图 1.25　两种不同衰减混凝土组合构件断面

根据式(1.218),可以求解出由 N_0''、M_0'' 表达的 N_0、M_0:

$$\left.\begin{array}{l} N_0 = \dfrac{AN_0''}{A''} + \dfrac{Ay''(M_0'' + N_0''y'')}{I''} \\[3mm] M_0 = \dfrac{I(M_0'' + N_0''y'')}{I''} \end{array}\right\}$$

将以上 N_0、M_0 代入式(1.227)可得:

$$\eta_{i,0}\sigma_0 = n_i''\left(\frac{N_0''}{A''} + \frac{y''(M_0'' + N_0''y'')}{I''} - \frac{(M_0'' + N_0''y'')}{I''}y\right)$$

或

$$\eta_{i,0}\sigma_0 = n_i''\left[\frac{N_0''}{A''} - \frac{M_0'' + N_0''y''}{I''}(y - y'')\right]$$

将上式中 $\eta_{i,0}\sigma_0$ 代入式(1.225)与式(1.226),相当于式(1.224)右端的第一部分剪应力可写为:

$$\tau_0'' = \frac{\mathrm{d}F}{b\mathrm{d}x} = \frac{\mathrm{d}}{b\mathrm{d}x}\left\{\sum \int_{A_i} n_i''\left[\frac{N_0''}{A''} - \frac{M_0'' + N_0''y''}{I''}(y - y'')\right]\mathrm{d}A_i\right\}$$

由于单元在任一假定的平衡状态下有关系式 $\dfrac{\mathrm{d}N_0''}{\mathrm{d}x} = 0$ 及 $\dfrac{\mathrm{d}M_0''}{\mathrm{d}x} = -Q_0''$(图 1.24),上式可化为:

$$\tau_0'' = \frac{Q_0''}{I''b}\sum \int_{A_i} n_i''(y - y'')\mathrm{d}A_i \tag{1.228}$$

现在讨论式(1.224)中 τ_t' 的计算。仍按以上求 τ_0'' 的思路,注意到此时与 τ_t' 对应正应力 σ_t' 的计算公式见式(1.222),该式与式(1.228)的表达形式完全一致,仿照前述步骤可得:

$$\tau_t' = \frac{\mathrm{d}F}{b\mathrm{d}x} = \frac{\mathrm{d}}{b\mathrm{d}x}\left\{\sum \int_{A_i} n_i'\left[\frac{N_t'}{A'} - \frac{M_t' + N_t'y'}{I'}(y - y')\right]\mathrm{d}A_i\right\}$$

因有关系式 $\dfrac{\mathrm{d}N_t'}{\mathrm{d}x} = 0$ 及 $\dfrac{\mathrm{d}M_t'}{\mathrm{d}x} = -Q_t'$,上式可化为:

$$\tau'_t = \frac{Q'_t}{I'b} \sum \int_{A_i} n'_i (y - y') \mathrm{d}A_i \qquad (1.229)$$

令
$$\left. \begin{array}{l} S'' = \sum \int_{A_i} n''_i (y - y') \mathrm{d}A_i \\ S' = \sum \int_{A_i} n'_i (y - y') \mathrm{d}A_i \end{array} \right\} \qquad (1.230)$$

分别为所求剪应力纤维层以下全部面积对组合构件衰减换算截面中性轴的衰减换算静矩与对徐变换算截面中性轴的徐变换算静矩,式(1.228)、式(1.229)分别可改写为:

$$\tau''_0 = \frac{Q''_0 S''}{I''b}, \tau'_t = \frac{Q'_t S'}{I'b}$$

由式(1.212)可知 $Q'_s = 0$,故式(1.224)中的 τ'_s 也恒为零。将以上结果代入式(1.224)即可得断面上任一点处经过内力(应力)重分配以后的最终剪应力计算公式为:

$$\hat{\tau}_t = \frac{Q''_0 S''}{I''b} + \frac{Q'_t S'}{I'b} \qquad (1.231)$$

式中,Q''_0、Q'_t 分别按式(1.218)、式(1.219)计算,S''、S' 按式(1.231)计算,其余符号含义同前,剪应力的符号正负同材料力学规定。因式(1.218)中有关系 $Q''_0 = \frac{I''}{I} Q_0$,代入式(1.231)即还可将式(1.231)改写为如下形式:

$$\hat{\tau}_t = \frac{Q_0 S''}{Ib} + \frac{Q'_t S'}{I'b} \qquad (1.232)$$

式(1.231)、式(1.232)中恒有关系 $Q''_0 + Q'_t = Q_0$,当断面在计算时段 $\tau_0 \rightarrow t$ 有内力重分配时关系为 $Q''_0 + Q'_t = \hat{Q}_t$。

以上两式说明组合构件断面剪应力重分配的规律为:重分配后的剪应力由两部分组成,第一部分即上式右端第一项 τ''_0 的最大值位于衰减换算截面的中性轴处,第二部分即上式右端第二项 τ'_t 的最大值位于徐变换算截面中性轴处,两部分应力叠加,其最大值应出现在距原弹性换算截面中性轴以下(或以上)$(y'' + y')/2$ 附近,如图1.25(b)所示;与弹性剪应力的计算公式 $\tau = \frac{Q_0 S}{Ib}$ 相比,经过应力重分配后的断面剪应力将向衰减(徐变)刚度更大(φ 更小)的子单元转移,其作用重心也向衰减(徐变)刚度更大的下方(或上方)转移。按照本书算法,当单元由一种混凝土材料组成时,无论内力是否随时间变化恒有关系 $\frac{Q_0 S''}{Ib} = \frac{Q''_0 S''}{I''b} = \eta_{i,0} \tau_0$;如剪力不变($\hat{Q}_t = Q_0$),由式(1.229)可知,$Q'_t = (1 - \eta_{i,0}) Q_0$,$S' = \eta_{i,t} S$,$I' = \eta_{i,t} I$,代入式(1.232)得 $\hat{\tau}_t = \eta_{i,0} \tau_0 + (1 - \eta_{i,0}) \frac{Q_0 S}{Ib} = \tau_0$,即剪应力也不会变化。当内力(剪力)为零仅考虑各子单元不同收缩率的影响时($\hat{Q}_t = Q_0 = 0$,$\tau_0 = 0$),由式(1.218)、式(1.219)可得 $Q''_0 = 0$、$Q'_t = 0$,由式(1.232)可知断面中各处 $\hat{\tau}_t = 0$,即对于由多种材料组成的混凝土组合构件断面,收缩及收缩差不会产生剪应力。显然,以上所有结论都以严格的平截面假定为前提。

关于本节方法的具体运用,还可参见后文的算例。

1.3.2　钢筋混凝土受压构件断面的应力重分配计算

由混凝土和普通钢筋两种材料组成的轴心受压构件,其断面在恒载作用下的应力重分配问题比较简单。设恒载轴力为 N_0,混凝土徐变系数为 $\varphi = \varphi_c(\infty, \tau_0)$,收缩系数为 $\varepsilon_{cs} = \varepsilon_{cs}(\infty, \tau_0)$,恒载作用下断面不出现拉应力,根据式(1.223)可以将经过应力重分配计算以后的最终混凝土与钢筋应力写为如下形式:

$$\left. \begin{array}{l} \hat{\sigma}_{t,c} = \eta_{c,0}\sigma_{0,c} - \eta_{c,t}\varepsilon_{cs}E_c + \eta_{c,t}\overline{\sigma}'_t \\ \hat{\sigma}_{t,s} = n_s\sigma_{0,c} + n_s\overline{\sigma}'_t \end{array} \right\} \tag{1.233}$$

式中,$\sigma_{0,c}$、$\sigma_{0,s}$ 为按弹性理论换算截面法算得的混凝土与钢筋应力,混凝土的 $n'_c = \eta_{c,t}$,钢筋的 $n'_s = n_s = E_s/E_c$,$\overline{\sigma}'_t$ 按式(1.222)计算,式(1.222)中的 N'_t 按式(1.219)计算。对于钢筋对称布置的轴心受压断面,有关系 $y'' = y' = 0$,$M_0 = M'_t = 0$,于是可得:

$$\overline{\sigma}'_t = N'_t/A' = \left[(1 - A''/A)N_0 + \eta_{c,t}\varepsilon_{cs}E_cA_c \right]/A' \tag{1.234}$$

式(1.233)中的 $n_s\overline{\sigma}'_t$ 就是经内力重分配后普通钢筋所获得的压应力增量 $\Delta\sigma_{t,s}$,其值可单独表示为:

$$\Delta\sigma_{t,s} = n_s\left[(1 - A''/A)N_0 + \eta_{c,t}\varepsilon_{cs}E_cA_c \right]/A' \tag{1.235}$$

式中,$A''/A = (n_sA_s + \eta_{c,0}A_c)/A = \eta_{c,0}(n_sA_s + A_c)/A + (1 - \eta_{c,0})n_sA_s/A = \eta_0 + (1 - \eta_0)(A - A_c)/A = 1 - (1 - \eta_0)A_c/A$,$A' = (\eta_{c,t}A_c + n_sA_s) = \left(1 + n_s\dfrac{A_s}{\eta_{c,t}A_c}\right)\eta_{c,t}A_c = (1 + n_s\mu/\eta_{c,t})\eta_{c,t}A_c$。

符号 $\mu = A_s/A_c$ 为断面普通钢筋的含筋率,将以上 A''/A、A' 代入式(1.235)中可得:

$$\Delta\sigma_{t,s} = n_s\frac{(1 - \eta_{c,0})A_cN_0/A + \eta_{c,t}\varepsilon_{cs}E_cA_c}{(1 + n_s\mu/\eta_{c,t})\eta_{c,t}A_c}$$

式中,$N_0/A = \sigma_{0,c}$,再代入关系 $(1 - \eta_{c,0}) = \varphi_c\eta_{c,t}$,$n_sE_c = E_s$,上式即可改写为:

$$\Delta\sigma_{t,s} = \frac{n_s\varphi_c\sigma_{0,c} + \varepsilon_{cs}E_s}{(1 + n_s\mu/\eta_{c,t})} \tag{1.236}$$

这是轴心受压构件断面因收缩与徐变在钢筋中产生的应力损失计算公式,只不过该项损失为负值,即实际为压应力增量。按照断面的平衡关系 $N_0 = \hat{\sigma}_{t,s}A_s + \hat{\sigma}_{t,c}A_c$,很容易求得这类构件断面的另一组经应力重分配后的最终混凝土与钢筋应力计算公式:

$$\left. \begin{array}{l} \hat{\sigma}_{t,s} = n_s\sigma_{0,c} + \Delta\sigma_{t,s} \\ \hat{\sigma}_{t,c} = \sigma_{0,c} - \mu\Delta\sigma_{t,s} \end{array} \right\} \tag{1.237}$$

式(1.237)与式(1.233)等价,且都是理论意义上的精确解。以下将通过一个具体算例对这两组公式的应用加以说明。

【例 1.4】　图 1.26(a)所示为国内某设计院高速公路的通用设计高墩,上部结构为 40 m 预应力混凝土 T 梁,墩底单肢墩柱设计控制断面如图 1.26(b)所示。恒载作用下墩柱为轴心受压构件,本例只计算 A—A 断面钢筋与混凝土之间 20(3)年以后的应力重分配关系。计算中要求考虑混凝土的收缩效应。

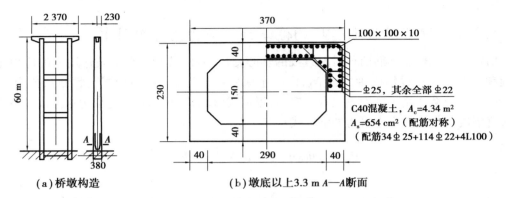

图 1.26　通用设计高墩

以下叙述均指对单柱的 A—A 断面而言。计算数据为:一期恒载墩身(含盖梁、系梁)作用下轴力 $N_1 = 8\,920$ kN,施工周期 120 d,平均加载龄期取 $t_0 = 60$ d;二期恒载上构 T 梁及铺装 $N_2 = 9\,030$ kN,平均加载龄期取 $t_0 = 220$ d;设计活载 N_3 与 M_3 对于本例不控制设计,如果要计算活载效应其平均加载龄期 t_0 应取 1 年以上。墩身为 C40 混凝土,$E_c = 3.25 \times 10^4$ MPa,收缩系数 $\varepsilon_{cs} = 0.42 \times 10^{-3}$,断面尺寸及配筋情况如图 1.26 所示。$A_c = 4.34 \times 10^4$ cm²,$A_s = 654$ cm²(已换算为 HRB335 钢筋),断面含筋率 $\mu = 1.5\%$。

①一期恒载作用下,按 04 桥规[11]附录 F 方法求混凝土的徐变系数:取 $t = 7\,300(1\,095)$ d,环境年平均相对湿度 RH 取 70%,构件理论厚度取 $h = 432$ mm,按式(F.2.1-7)求得 $\beta_H = 926$,再按式(F.2.1-6)求得 $\beta_c(t - t_0) = 0.964(0.826)$。按式(F.2.1-3)~式(F.2.1-5)求得 $\varphi_{RH} = 1.40$、$\beta(f_{cm}) = 2.65$、$\beta(t_0) = 0.42$,代入式(F.2.1-2)得 $\varphi_0 = 1.56$。再代入式(F.2.1-1)得 20(3)年后的徐变终极值 $\varphi = 1.50(1.29)$。以上算得的 φ_0 与 04 桥规附录表 F.2.2 中查得的 φ_0 基本相符,但本书认为 04 桥规计算徐变系数的方法对 φ 有严重的低估。以下参照其他文献并按 85 桥规[10]方法计算 $\varphi = \varphi_c$(过程略),一期恒载作用下取 20 年后的徐变系数终极值 $\varphi = 2.10$。混凝土收缩效应合并在本阶段计算,收缩系数 $\varepsilon_{cs} = 0.42 \times 10^{-3}$,钢筋材料的 $\varepsilon_{ss} = 0$。

钢筋与混凝土的弹性模量比 $n_s = 2.0/0.325 = 6.15$,断面弹性换算面积 $A = 4.34 \times 10^4 + 654 \times 6.15 = 4.742 \times 10^4$(cm²),钢筋与混凝土初始应力分别为 $\sigma_{0,c} = N_1/A = 1.88$ MPa,$\sigma_{0,s} = 6.15 \times 1.88 = 11.57$(MPa)。

本阶段混凝土的 $\eta_{c,0}(7\,300,60)$ 与 $\eta_{c,t}(7\,300,60)$ 按老化理论计算:

$$\eta_{c,0} = e^{-\varphi} = e^{-2.1} = 0.123,\ \eta_{c,t} = (1 - e^{-\varphi})/\varphi = (1 - 0.123)/2.1 = 0.418$$

按式(1.217)、式(1.221)计算断面的 A'' 与 A'。先求得 $n''_c = \eta_{c,0}$,$n'_c = \eta_{c,t}$,$n''_s = n'_s = n_s = 6.15$。

$$A'' = 0.123 \times 4.34 \times 10^4 + 654 \times 6.15 = 9\,360\,(\text{cm}^2)$$

$$A' = 0.418 \times 4.34 \times 10^4 + 654 \times 6.15 = 2.216 \times 10^4\,(\text{cm}^2)$$

代入式(1.234)可得:

$$\overline{\sigma}'_t = [(1 - 0.936\,0/4.742) \times 8\,920 \times 10 + 0.418 \times 0.42 \times 10^{-3} \times 3.25 \times 10^4 \times 4.34 \times 10^4]$$

$$/(2.216 \times 10^4) = 14.40\,(\text{MPa})$$

将 $\overline{\sigma}'_t$ 代入式(1.233),可得20年后混凝土与钢筋在一期恒载作用下的最终应力为:

$$\hat{\sigma}_{t,c} = \eta_{c,0}\sigma_{0,c} - \eta_{c,t}\varepsilon_{cs}E_c + \eta_{c,t}\overline{\sigma}'_t = 0.123 \times 1.88 - 0.418 \times 3.25 \times 10^4 \times 0.42 \times 10^{-3} +$$
$$0.418 \times 14.4 = 0.231 - 5.706 + 6.02 = 0.545(\text{MPa})(较最初 \sigma_{0,c} 减少 1.335 \text{ MPa})$$

$$\hat{\sigma}_{t,s} = \sigma_{0,s} + n'_s\overline{\sigma}'_t = 11.57 + 6.15 \times 14.4 = 100.13(\text{MPa})(较 \sigma_{0,s} 增加 88.56 \text{ MPa})$$

②二期恒载 $N_2 = 9030$ kN 作用下的混凝土、钢筋应力增量按叠加原理独立计算,平均加载龄期 $t_0 = 220$ d,参照有关文献取本阶段 220 d→20年后的徐变系数终极值 $\varphi = 1.10$。本阶段没有混凝土的收缩效应,有关计算数据为:

$$\sigma_{0,c} = N_2/A = 1.904 \text{ MPa}, \sigma_{0,s} = 6.15 \times 1.804 = 11.71(\text{MPa})$$

仍按老化理论求得:

$$\eta_{c,0} = e^{-\varphi} = 0.333, \eta_{c,t} = (1 - e^{-\varphi})/\varphi = 0.606$$

$A' = 0.606 \times 4.34 \times 10^4 + 654 \times 6.15 = 3.032 \times 10^4 (\text{cm}^2), A'' = 0.333 \times 4.34 \times 10^4 + 654 \times 6.15 = 1.847(\text{cm}^2)$

$N'_t = 9030 - 1.874/4.742 \times 9030 = 5513(\text{kN}); \overline{\sigma}'_t = 5513/(3.032 \times 10^4) \times 10 = 1.82$ (MPa)

混凝土最终应力 $\hat{\sigma}_{t,c} = 0.333 \times 1.904 + 0.606 \times 1.82 = 1.735(\text{MPa})(较 \sigma_{0,c} 减少 0.17 \text{ MPa})$

钢筋最终应力 $\hat{\sigma}_{t,s} = 11.71 + 6.15 \times 1.82 = 22.90(\text{MPa})(较 \sigma_{0,s} 增加 11.19 \text{ MPa})$

③在使用状态下如果不考虑活载的作用,恒载作用下断面混凝土与钢筋的应力为上述两项计算之和,即20年后分别为:

混凝土 $\hat{\sigma}_{t,c} = 0.545 + 1.735 = 2.28(\text{MPa})$,钢筋 $\hat{\sigma}_{t,s} = 100.13 + 22.9 = 123.0(\text{MPa})$

如按弹性理论仅考虑 $n_s = 6.15$ 计算并不考虑收缩,混凝土与钢筋的最终恒载应力为 $\hat{\sigma}_{t,c} = 3.79$ MPa(比实际高1.51 MPa),钢筋 $\hat{\sigma}_{t,s} = 23.3$ MPa(比实际低99.7 MPa)。

由第①步计算可知,混凝土的收缩将使钢筋应力增加 $24760/4742 \times 6.15 = 32.1(\text{MPa})$,此值与预应力混凝土结构中收缩引起的预应力损失为一个数量级,因此收缩的效应不容忽视。由式(1.236)可以看出,钢筋的应力增量 $\Delta\sigma_{t,s}$ 将随断面的含筋率增加而减少,而混凝土压应力向钢筋的转移程度将随断面含筋率的增加而增加。混凝土的收缩发展得很快,当桥梁墩柱的含筋率较高时如施工养护不当,N_1 又很小,断面的混凝土表面就极易因收缩而开裂。保湿养生可以延缓收缩的发展但不能减少最终的收缩值,该终值只与构件工作的环境湿度有关。从1~3年以后的角度来看,墩柱结构总还要经历一年中的旱季,如本例取 $\varepsilon_{cs} = 0.42 \times 10^{-3}$ 即使在我国南方地区也并不算高。

④如按一阶段考虑全部恒载效应,计算 φ 取上述两阶段的平均值,即 $\varphi = (2.10 + 1.1)/2 = 1.6$,将第①步中的 N_1 改为 $N_1 = 17950$ kN,按老化理论求得 $\eta_{c,0} = 0.202, \eta_{c,t} = 0.499$,其余数据同本例,$\sigma_{0,c} = 3.79$ MPa,$\sigma_{0,s} = 6.15 \times 3.79 = 23.31(\text{MPa})$,$A' = 2.568 \times 10^4(\text{cm}^2)$,$A'' = 1.279 \text{ cm}^2, \overline{\sigma}'_t = 16.62$ MPa,最后结果为:

混凝土应力 $\hat{\sigma}_{t,c} = 0.202 \times 3.79 - 6.81 + 0.499 \times 16.62 = 2.25(\text{MPa})(两步法为 2.28$ MPa)

钢筋应力 $\hat{\sigma}_{t,s} = 23.3 + 6.15 \times 16.62 = 125.5(\text{MPa})$（两步法为 123.0 MPa）

这与上述按两阶段计算的结果高度接近。

如果按一阶段计算取徐变系数 $\varphi = 2.10$（对于二期恒载，该取值明显偏大），按老化理论计算结果为（过程略）：$\hat{\sigma}_{t,c} = 2.15\ \text{MPa}$，$\hat{\sigma}_{t,s} = 132.0\ \text{MPa}$。显然这对徐变引起的应力重分配效应稍许作了高估，但误差也只有 5.7% ~ 7.3%。这个结果说明，徐变系数终极值 φ 的取值对计算的结果并不十分敏感，计算中没有必要过分追求 φ 的取值精度。在考虑因徐变导致混凝土压应力向钢筋与预应力筋转移的应力重分配计算中，即使恒载的加载时间相差很大也没必要将分析的时段划分很细。按一阶段计算，本例断面混凝土的平均加载龄期可以假定为 5 d 至 1 年（即完成上部结构架梁与二期恒载后），取平均值 $\varphi = 1.6$ 比较合适，这样也可得出很好的结果。

以上的算例均按式(1.233)计算，如按式(1.237)计算应先按式(1.236)求钢筋的应力增量 $\Delta\sigma_{t,s}$，如仍按老化理论一阶段计算取 $\varphi = 1.6$、$\eta_{c,0} = 0.202$、$\eta_{c,t} = 0.499$，代入可得：

$$\Delta\sigma_{t,s} = \frac{6.15 \times 1.6 \times 3.79 + 6.15 \times 0.42 \times 32.5}{(1 + 6.15 \times 0.015/0.499)} = 102.33(\text{MPa})$$

代入式(1.237)可得钢筋应力 $\hat{\sigma}_{t,s} = 6.15 \times 3.79 + 102.33 = 125.5(\text{MPa})$，混凝土应力 $\hat{\sigma}_{t,c} = 3.79 - 0.015 \times 102.33 = 2.25(\text{MPa})$，结果完全相同。两组计算公式的繁简程度也大体相当，可以任选一组使用。

⑤以上在确定 η_0、η_t 时全部采用徐变老化理论，即 $\eta_0 = e^{-\varphi}$，$\eta_t = (1 - e^{-\varphi})/\varphi$。如果采用徐变的先天理论计算，徐变系数 φ 与 η_0、η_t 之间的关系为 $\eta_0 = \eta_t = 1/(1 + \varphi)$。按④中一阶段计算考虑全部恒载效应，仍取比较合理的徐变系数 $\varphi = 1.6$，可得 $\eta_0 = \eta_t = 1/(1 + 1.6) = 0.385$，其他计算过程完全同上，区别仅为 η_0、η_t 的取值不同，结果为（过程略）：

$\sigma_{0,c} = N_1/A = 3.785\ \text{MPa}$，$\sigma_{0,s} = 6.15 \times \sigma_{0,c} = 23.28\ \text{MPa}$；$\overline{\sigma}_t' = 32\,910/(2.073 \times 10^4) \times 10 = 15.88(\text{MPa})$

混凝土应力 $\hat{\sigma}_{t,c} = 0.385 \times 3.785 - 0.385 \times 3.25 \times 10^4 \times 0.42 \times 10^{-3} + 0.385 \times 15.88 = 2.32(\text{MPa})$（老化理论为 2.25 MPa）

钢筋应力 $\hat{\sigma}_{t,s} = 23.28 + 6.15 \times 15.88 = 120.9(\text{MPa})$（老化理论为 125.5 MPa）

在 φ 的可能取值范围内，因恒有关系 $e^{-\varphi} < 1/(1 + \varphi)$ 与 $(1 - e^{-\varphi})/\varphi > 1/(1 + \varphi)$，故老化理论使计算 η_0 偏小、η_t 偏大。由公式(1.236)可知，η_t 偏大将使 $\Delta\sigma_{t,s}$ 偏高，老化理论最终将会对徐变应力重分配的效应略高估，而先天理论则会对徐变效应稍低估，两种理论的计算结果相差不大，原则上都可接受。取用两种理论计算 η_t 的平均值代入公式计算结果一定更可靠。重要的还在于 φ 的取值，根据笔者的研究，新旧桥规的 φ 确定方法都使其计算的 φ 偏小，但在以往的计算中一般不考虑普通钢筋对徐变的约束作用。这样既可部分地修正这一偏差，又可部分弥补采用老化理论的不足。本例按一阶段计算取 $\varphi = 1.6$ 实际也稍许偏小，本例这样的新浇筑轴心受压构件，采用老化理论的计算结果比较好。

⑥本算例按断面含筋率 $\mu = 0.015$ 计算，在该含筋率水平下，取用④中 $\varphi = 1.6$ 的一阶段计算成果，即 $\sigma_{0,c} = 3.79\ \text{MPa}$，$\hat{\sigma}_{t,s} = 125.5\ \text{MPa}$，$\hat{\sigma}_{t,c} = 2.25\ \text{MPa}$，$\Delta\sigma_{t,s} = 102.2\ \text{MPa}$。由于混

凝土的收缩与徐变效应,混凝土的最终应力将降低 $\mu\Delta\sigma_{t,s}/\sigma_{0,c} = (3.79 - 2.25)/3.79 = 40.6\%$,其降低的幅度近似与 μ 成正比。本例断面钢筋的含筋率为 1.5%,但却承担全部恒载轴力的 46% 左右。

设本例的 μ 取 04 桥规规定的最低值 $\mu = 0.005$,即取 $A_s = 654/3 = 218(\mathrm{cm}^2)$,其他计算条件与断面数据不变,仍按老化理论一阶段计算取 $\varphi = 1.6$、$\eta_{c,0} = 0.202$、$\eta_{c,t} = 0.499$,计算结果为:

$A = 4.34 \times 10^4 + 218 \times 6.15 = 4.474 \times 10^4 (\mathrm{cm}^2)$,$\sigma_{0,c} = 4.012 (\mathrm{MPa})$,$A' = 2.300 \times 10^4 (\mathrm{cm}^2)$,$A'' = 1.011 \times 10^4 (\mathrm{cm}^2)$

$\overline{\sigma'_t} = [(1 - 1.011/4.474) \times 17\ 950 \times 10 + 0.499 \times 0.42 \times 10^{-3} \times 3.25 \times 10^4 \times 4.34 \times 10^4]/(2.30 \times 10^4) = 18.894 (\mathrm{MPa})$

混凝土应力 $\hat{\sigma}_{t,c} = 0.202 \times 4.012 - 6.81 + 0.499 \times 18.894 = 3.43 (\mathrm{MPa})$($\mu = 0.015$ 时为 2.28 MPa)

钢筋应力 $\hat{\sigma}_{t,s} = 6.15 \times 4.012 + 6.15 \times 18.894 = 140.87 (\mathrm{MPa})$($\mu = 0.015$ 时为 123.0 MPa)

钢筋的应力增量 $\Delta\sigma_{t,s} = 116.22$ MPa($\mu = 0.015$ 时为 102.2 MPa),混凝土的最终应力将降低 $\mu\Delta\sigma_{t,s}/\sigma_{0,c} = 14.5\%$,断面 0.5% 的钢筋承担全断面恒载轴力的 17.1%。$\mu = 0.005$ 为 04 桥规规定的受压构件断面的最低钢筋含量,而 $\mu = 0.015$ 已经接近实际工作中的取值上限。当 μ 的取值在二者之间时,其应力重分配的结果近似可根据以上数据内插进行计算。例如,当取 $\mu = 0.010$ 时,断面混凝土的最终应力将降低 27.6%,钢筋的应力增量 $\Delta\sigma_{t,s}$ 应为 109.2 MPa 左右。

混凝土强度等级对断面应力重分配的最终结果影响不大,可以忽略不计。例如,用以上数据将混凝土改用 C25,仍取 $\varphi = 1.6$、$\mu = 0.005$、$n_s = 7.14$,计算结果为(过程略):

$\sigma_{0,c} = 3.992$ MPa,$\hat{\sigma}_{t,c} = 3.45$ MPa(C40 时为 3.43 MPa),$\hat{\sigma}_{t,s} = 136.7$ MPa(C40 时为 140.9 MPa)

$\hat{\sigma}_{t,c}$ 相差只有 0.6%,$\hat{\sigma}_{t,s}$ 相差也只有 3%,考虑到低强度等级的混凝土徐变系数还要稍大一点,这点计算差值更可以忽略不计。

如前分析,混凝土收缩应变系数 ε_{cs} 对计算结果的影响很大。对于后张法的预应力混凝土构件,计算预应力损失时所取的 ε_{cs} 应为混凝土硬化以后的最大收缩值减去张拉之前已经完成的收缩值,因此可以取得较小的。预应力混凝土及钢筋混凝土构件中的普通钢筋,只要混凝土硬化以后断面的收缩应力就会立即发生向钢筋的转移,故 ε_{cs} 按 04 桥规的规定取用时,只能按加载龄期为 2~3 d 的取用,即应取用混凝土可能发生的最大收缩值,这里不存在预制构件与现浇构件的区别。按年平均相对湿度来决定 ε_{cs} 的增减其实并不准确,只要每年有一个湿度较低的旱季(如 3 个月或半年左右)。这期间收缩就会继续发展,交替变换的雨季与旱季将有可能会使收缩完成的时间延长,而且理论厚度更大的构件其收缩徐变完成的时间一定更长。笔者建议,在考虑钢筋混凝土构件断面的应力重分配计算时,参照 04 桥规规定与其他有关资料,一般 ε_{cs} 的取值都不应低于 0.42×10^{-3}。这也是本例以上的计算中全部取用 $\varepsilon_{cs} = 0.42 \times 10^{-3}$ 的依据。

应力水平 $\sigma_{0,c}$ 会影响混凝土的最终应力的降低比值 $\mu\Delta\sigma_{t,s}/\sigma_{0,c}$，本例的 N_1 如提高一倍改为 $2\times17\,950$ kN，$\sigma_{0,c}$ 也提高一倍，但由式（1.236）可以看出，$\Delta\sigma_{t,s}$ 提高不到一倍，故比值 $\mu\Delta\sigma_{t,s}/\sigma_{0,c}$ 也要降低。仍以 $\mu=0.005$、$\varphi=1.6$ 但 $\sigma_{0,c}=2\times4.012$ MPa 提高一倍后按一阶段计算，结果为（过程略）：

$$\overline{\sigma}'_t=24.94\ \text{MPa},\hat{\sigma}_{t,c}=7.26\ \text{MPa},\hat{\sigma}_{t,s}=202.73\ \text{MPa},\mu\Delta\sigma_{t,s}/\sigma_{0,c}=0.095\approx10\%$$

0.5% 的钢筋承担了全断面恒载轴力的 12.3%。在这个恒载应力水平作用下，如果 φ 再大一点且环境又比较干旱，R235 钢筋在若干年后就有可能进入屈服状态，但实际设计工作中一般不会达到该恒载应力水平。

由以上分析也可得出结论：满足 04 桥规要求的一切钢筋混凝土轴心受压构件断面，在恒载作用下至少有 10% 的混凝土应力将转移到受压钢筋断面，其转移的比值随断面含筋率 μ 的提高而增加，幅度一般为 10%～40%，而钢筋承受全部恒载轴力的比例一般为 13%～46%。

⑦本例讨论的是轴心受压构件，一切受压（含小偏心受压）构件只要在恒载作用下断面不出现拉应力，其全部钢筋面积都可以换算到位于断面的换算截面重心处，求钢筋的压应力增量平均值时即可将此构件视为轴心受压构件，但混凝土压应力应取为换算截面重心处算得的 $\sigma_{0,c}$。区别仅在于偏心受压构件断面不同位置处的钢筋其压应力增量不同，具体数值则与该点处算得的 $\sigma_{0,c}$ 成正比。因此，前述钢筋混凝土轴心受压构件断面在恒载作用下的应力重分配规律也同样适用于类似的小偏心受压构件。

⑧自从混凝土结构问世以来，混凝土压应力向钢筋与预应力钢筋转移的问题很早就引起注意，20 世纪 70 年代以前几十年间，全世界钢筋混凝土构件的设计主要采用容许应力法设计理论。处理这个问题的方法就是在计算构件的换算截面特性时采用提高钢筋与混凝土弹性模量比值 n_s 的方法来体现这种应力的重分配关系。这种方法在理论与实践上都是可行的，但太粗略并且一般都不能处理收缩所引起的应力重分配问题。在这些方法中，75 桥规的方法比较有代表性，但仍显对混凝土的徐变效应有较大的低估。设受弯构件使用荷载 $M_k=M_1$（活载）$+M_d$（恒载），笔者证明了在钢筋混凝土受弯构件断面考虑徐变效应的最终应力计算中[16]，当活载 M_1 占全部使用荷载 M_k 之比 $\alpha=0.6$ 且不考虑收缩时，可以将 n_s 提高 1.8 倍（即取 $m=1.8$）按弹性理论的换算截面法求解在 M_k 作用下的断面应力。当 $\alpha\neq0.6$ 时，也可按此方法作近似计算（即仍取 $m=1.8$）。该法也可推广用于钢筋混凝土偏心受压构件的近似应力重分配计算，以下将对本例（$\mu=0.015$ 时）进行计算并将结果作对比[16]。

本例以上计算都只是针对恒载且为轴心受压构件，故先要将使用荷载设定为 $N_K=N_1+N_2+N_1$（活载轴力）且剔除收缩效应的影响后才可按相关文献[16]方法求断面应力与本节方法的计算结果对比。假定活载占全部使用荷载之比 $\alpha=0.5$，即设关系 $N_1/N_K=0.5$ 以满足条件，由此可得 $N_1=N_1+N_2=17\,950$ kN。高墩的活载占比很小，假定 $N_1=17\,950$ kN 实际是不可能的。此处根据相关文献[15]中方法的假定 $\alpha=0.5$ 求得的一个虚拟 N_1，以便作两种方法对比。

先剔除本节方法收缩的影响。由于按徐变先天理论推导的，故取用⑤步中一阶段按徐变先天理论的计算成果(仍取 $\varphi=1.6$),即恒载混凝土应力为 $\hat{\sigma}_{t,c}=2.32$ MPa,钢筋应力为 $\hat{\sigma}_{t,s}=120.9$ MPa。由第①步计算可知,收缩将使钢筋应力增加 32.1 MPa,混凝土应力减少 $32.1\times A_s/A_c=0.485$ MPa,剔除收缩效应后的恒载应力应为混凝土 $\hat{\sigma}_{t,c}=2.32+0.485=2.81$(MPa),钢筋 $\hat{\sigma}_{t,s}=120.9-32.1=88.8$(MPa)。

按本节算法,取 $n_s=6.15$,换算面积 $A=4.742\times10^4$ cm^2,活载不考虑徐变效应,断面应力分别为混凝土 $\sigma_{l,c}=17.950/4.742=3.79$(MPa),钢筋 $\sigma_{l,s}=6.15\times2.52=23.28$(MPa)。在使用荷载($\alpha=0.5$)作用下的断面应力为活载与恒载两部分之和(不计收缩),恒载最终应力取自以上计算结果。

混凝土 $\sigma_{k,c}=3.79+2.81=6.60$(MPa),钢筋 $\sigma_{k,s}=23.28+88.8=112.1$(MPa)

按相关文献[16]中方法计算,(恒载+活载)轴力取 $N_K=2\times17\,950=35\,900$(kN),将 n_s 提高 1.8 倍后的换算面积 $A=4.34\times10^4+654\times6.15\times1.8=5.064\times10^4$(cm^2),断面在使用荷载作用下的最大应力为:

混凝土 $\sigma_{k,c}=35.9/5.064=7.09$(MPa),钢筋 $\sigma_{k,s}=7.09\times6.15\times1.8=78.5$(MPa)

再将完全不考虑收缩徐变效应的弹性理论方法(恒取 $m=1$)算得的结果一并列于下:

混凝土 $\sigma_{k,c}=2\times3.79=7.58$(MPa),钢筋 $\sigma_{k,s}=2\times23.28=46.56$(MPa)

比较按 75 桥规的计算方法,该法相当于相关文献[16]中方法将 n_s 提高 1.3 倍,且不考虑活载占比 α 对计算结果的影响差异。本例 C40 混凝土取 $n_s=20/3.25\times1.3=8$,$A=4.34\times10^4+654\times8=4.863\times10^4$(cm^2),断面在使用荷载作用下的最大应力为:

混凝土 $\sigma_{k,c}=35.9/4.863=7.38$(MPa),钢筋 $\sigma_{k,s}=7.38\times8=59.1$(MPa)

在使用荷载(假定 $\alpha=0.5$)作用下 4 种算法的计算结果可汇总如表 1.7 所示。

表 1.7　4 种算法的计算结果

计算方法	弹性理论方法 ($m=1$)	75 桥规方法 ($m=1.3$)	相关文献[16]中的方法 ($m=1.8$)	本节方法 (取 $\varphi=1.6$)
混凝土 $\sigma_{k,c}$	7.58 MPa	7.38 MPa	7.09 MPa	6.60 MPa
钢筋 $\sigma_{k,s}$	46.56 MPa	59.1 MPa	78.5 MPa	112.1 MPa

完全按弹性理论换算截面法算得的结果(取 $m=1$)在使用荷载作用下的混凝土应力最高,钢筋应力最低;与本书方法相比,混凝土应力偏高约 14.8%,钢筋应力偏低约 58.5%;与相关文献[16]方法算得的结果相比,混凝土应力偏高约 6.9%,钢筋应力偏低约 40.7%。在预应力混凝土构件的断面应力计算中,将预应力视为外力,实际采用的就是取 $m=1$ 的弹性理论计算方法。这组数据是根据活载占比 $\alpha=0.5$ 与普通钢筋含量 $\mu=0.015$ 算得的,当活载占比 α 减少时,4 种算法的差距还要加大;而当含筋率 $\mu<0.015$ 时,这种差距将会缩小,也即当 $\mu=0$ 或 $\alpha=1$(只考虑活载计算)时 4 种算法之间没有差距。受压混凝土构件的钢筋压应力一般不控制设计,重要的是对混凝土应力的控制。本书的算法精确考虑了断面 μ 与 α 的影响,应是最接近真实断面应力状态的算法。由以上分析也可看出,预应力混凝土构件的断面压应力按取 $m=1$ 的算法计算,实际完全没有考虑断面普通钢筋对应力重分配的影响,

这样算得的混凝土应力往往过分安全。

相关文献[16]中方法算得的断面最大混凝土应力较本书方法要高 7.4%,钢筋应力要低 30%,即相关文献[16]中方法用于轴心受压构件计算时对徐变效应稍有低估,差异主要是因为根据钢筋混凝土受弯构件开裂后的断面推导,方法的立足点是对 75 桥规换算截面方法的改进,推导中作了一些简化假定,在考虑活载占比对计算结果的影响时很粗略(主要只考虑了 $\alpha = 0.6$ 这种情况)。如果按本书方法将 φ 取得稍为再低一点,则两种方法的结果会更为接近。相关文献[16]方法使用起来非常简单,在本例中该法对混凝土最终应力的计算误差只高 6% ~ 8% 也是可以接受且偏于安全(钢筋应力一般不控制设计)。在一定的场合下将其推广应用于偏心受压构件的断面实际应力计算仍不失为一种简单明了的方法。

⑨本例高墩设计为施工阶段的稳定性与地震荷载控制设计,故墩身在使用阶段恒载作用下的混凝土应力水平很低,最终恒载应力 $\hat{\sigma}_{t,c}$(2.25 ~ 2.28 MPa)只有 $0.5f_{ck}$ 的 17%,即使加上按弹性理论计算的活载轴力与弯矩的作用,本例断面的混凝土最大压应力也只有 5.3 MPa 左右或以下。因此,本例的高墩如果仍采用含筋率 $\mu = 1.5\%$ 的断面钢筋配置,实际上可以改用 C30 或 C25 混凝土就可以是一个很安全可靠的设计。

本书方法说明,对于钢筋混凝土轴心受压和弯矩较小的小偏心受压构件,当按满足 04 桥规方法要求设计且使用阶段混凝土的恒载压应力水平处于较高状态时,严格按本书方法计算考虑混凝土的徐变与收缩效应以后,断面的钢筋应力有可能进入屈服状态。某 20 m 高轴心受压构件的设计控制断面仍如图 1.26(b)所示,仍用 C40 混凝土且断面配筋不变,设使用阶段全部恒载轴力为 $N = 50\,000$ kN 且活载占比很小,该断面无论按照新旧桥规验算都应该是安全的。按弹性理论计算并不考虑收缩,恒载压应力分别为混凝土 $\sigma_c = 10.54$ MPa,钢筋 $\sigma_s = 64.85$ MPa。按本书方法一阶段计算仍取 $\varphi = 1.6$,$\eta_{c,t} = 0.499$,15 ~ 20 年后的断面恒载应力分别为(过程略)混凝土 $\hat{\sigma}_{t,c} = 8.16$ MPa(降低 23%),钢筋 $\hat{\sigma}_{t,s} = 223.1$ MPa(提高了 3.44 倍)。这一结果说明,断面配置的屈服点为 235 MPa,L 100 角钢(或 R235 钢筋)在活载作用下必然进入屈服状态。在某些特殊情况下,配置的 HRB335 钢筋也有可能进入屈服。

活载也要引起混凝土结构的徐变。对于交通繁忙的大跨径桥梁结构与高层建筑,活载实际是一个持续作用的变化荷载,如何将此荷载换算为一个等代的持续荷载并据此考虑混凝土的徐变效应,应该仔细予以研究。高墩高塔、拱圈与高层建筑中的钢筋混凝土受压构件,因徐变效应在多年后其受压钢筋进入屈服状态。一般情况下,受压构件的钢筋进入屈服状态并不会影响结构安全,伴随的现象往往是结构的变形(徐变)超预期的缓慢发展,要解释这些现象离不开要考虑活载对这类结构的徐变影响。

对于大跨径的钢筋混凝土和预应力混凝土桥梁以及部分高层或超高层混凝土建筑,混凝土的徐变是不可能按一般计算在 3 ~ 5 年内完成,要考虑活载的徐变效应,计算时间就应该考虑到 10 ~ 20 年。因为即使混凝土已经充分老化且龄期达到 10 年或以上,在旱季时 φ 仍然可以达到 0.2 ~ 0.4。虽然这部分徐变大部分属于可以恢复的徐变,但还是会有极小的不可恢复徐变发生。这类结构还有另一个特点,即恒载在全部荷载中所占的比例很大,考虑活载以后的换算恒载(持续荷载)应力往往要超过 $(0.3 ~ 0.4)f_{ck}$ 很多。严格来说,设计中采用的线性徐变分析理论已经不再适用,或者按设计常规算得的徐变系数 φ 与徐变发展的收敛时间都将严重偏低。这就是为什么有很多大跨径预应力混凝土桥梁与高层钢筋混凝土建筑的徐变变形会持续发展到 10~20 年以后才能趋于稳定。

1.3.3　预应力混凝土轴心受压构件断面的应力重分配计算

预应力混凝土构件中,预应力钢筋(含普通钢筋)的收缩与徐变损失计算是一个典型的断面应力重分配问题。下文的算例是一个最简单的预应力混凝土轴心受压构件断面的应力重分配问题,本例与上文算例的区别在于预应力筋先以外力的形式作用于断面,然后再参与构件断面共同受力,即存在有一个受力断面的转换问题。通过对下文算例的讨论,可以了解一些预应力混凝土构件断面的应力重分配规律以及不同徐变理论对问题的解答差异。

【例 1.5】　图 1.27 所示为一搁置在预制场上的预应力轴心受压构件,其中部任一截面如图 1.27 所示。设预制构件张拉时混凝土的龄期为 τ_0,相应的混凝土徐变系数与收缩值分别为 $\varphi_c(\infty,\tau_0)$ 与 $\varepsilon_{cs}(\infty,\tau_0)$,$\tau_0$ 时该断面承受的荷载只有轴力 $N_0=P$,P 为已扣除除徐变与收缩损失以外的其他预应力损失后的钢束拉力。混凝土断面面积为 $A_c=2\,000\,\text{cm}^2$,强度等级为 C40;普通钢筋沿矩形断面周边大体均匀布置,$A_s=24\,\text{cm}^2$,含筋率 $\mu_s=1.2\%$,钢筋等级为 HRB335;预应力钢束采用钢绞线,$A_p=16\,\text{cm}^2$,$P=1\,600\,\text{kN}$,即该断面与 P 对应的钢束应力为 $-1\,000\,\text{MPa}$;混凝土 $E_c=3.25\times10^4$,$\varphi_c=2.4$,$\varepsilon_{cs}=0.4\times10^{-3}$。求 $\tau_0\to\infty$ 时对该特定断面的混凝土、普通钢筋与预应力钢束的应力(不考虑活载)。

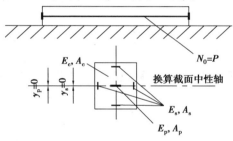

图 1.27　预应力轴心受压构件

① 先按徐变老化理论计算,具体步骤为:

a. 求 τ_0 时断面的弹性换算截面积 $\bar{A}$,此时只有混凝土与钢筋两种材料,故在有关符号加"—"以区分。钢筋与混凝土弹性模量比 $n_s=2.0/0.325=6.15$,$\bar{A}=2\,000+24\times6.15=2\,148(\text{cm}^2)$,$\tau_0$ 时的混凝土、钢筋应力分别为(以后下标 c、s、p 分别表示混凝土、钢筋、预应力筋):

混凝土 $\sigma_{0,c}=1\,600/2\,148/10=7.45(\text{MPa})$,普通钢筋 $\sigma_{0,s}=7.45\times6.15=45.81(\text{MPa})$

b. 根据 $\varphi_c=2.4$,按徐变老化理论可求得 $\eta_0=\eta_{c,0}(\infty,\tau_0)=0.091$ 与 $\eta_t=\eta_{c,t}(\infty,\tau_0)=0.379$,按公式(1.217)求该断面在时段 $\tau_0\to\infty$ 的衰减换算面积 $\bar{A}''$。本例因配筋对称 $\bar{y}''=\bar{y}'=0$,因弯矩与剪力均为零,故也不需要计算其他衰减与徐变截面特性。计算结果为 $\bar{A}''=24\times6.15+2\,000\times0.091=329.6(\text{cm}^2)$。

根据公式(1.218)求 S_0 衰减后的断面实际内力 $\bar{S}_0''=\tilde{H}_0\bar{S}_0$,显然此处 $\bar{S}_0=S_0$,$\bar{S}_0''$ 中只有 $\bar{N}_0''$。

$$\overline{N}_0'' = P\overline{A}''/\overline{A} = 1\,600 \times 329.6/2\,148 = 245.5(\text{kN})$$

按式(1.212)求 $\overline{N}_s'$：

$$\overline{N}_s' = -\eta_t \varepsilon_{cs} E_c A_c = -985.4(\text{kN})$$

c. 按式(1.210)求 $\overline{N}_t'$，$\overline{N}_t' = \hat{N}_t' - \overline{N}_0'' - \overline{N}_s'$，因为 $\hat{N}_t' = N_0$，故 $\overline{N}_t' = P - P\overline{A}''/\overline{A} + \eta_t \varepsilon_{cs} E_c A_c$，代入具体数据可得：

$$\overline{N}_t' = 1\,600 - 245.5 + 985.4 = 2\,339.9(\text{kN})$$

d. τ_0 以后为第二计算阶段，此阶段钢束参与受力，断面有 3 种材料构成。钢束与混凝土弹性模量比 $n_p = 1.95/0.325 = 6.00$，故本阶段的 $A = \overline{A} + n_p A_p = 2\,148 + 16 \times 6 = 2\,244(\text{cm}^2)$。$\overline{N}_t'$ 由两种材料的 $\overline{A}$ 断面生成，但却是作用在 A 上的，故本阶段的 $N_t' = \overline{N}_t'$。

按徐变老化理论求得的混凝土 η_0 与 η_t 同上，按公式(1.221)求该断面在时段 $\tau_0 \to \infty$ 的徐变换算面积 A'（不需要求 A''），配筋对称 $y'' = y' = 0$。

$$A' = 0.379 \times 2\,000 + 24 \times 6.15 + 16 \times 6 = 1\,001.6(\text{cm}^2)$$

e. 按式(1.222)计算断面任一点处的 $\overline{\sigma}_t'$。

$$\overline{\sigma}_{t=\infty}' = \frac{P - P\overline{A}''/\overline{A} + \eta_t \varepsilon_{cs} E_c A_c}{A'} = 2\,339.9/100.16 = 23.36(\text{MPa}) \quad (1.238)$$

预应力筋 τ_0 时的应力为 $\sigma_{0,p} = P/A_p = -1\,000\,\text{MPa}$，$n_p' = n_p$，由式(1.18)得钢束在 $\tau_0 \to \infty$ 的应力为：

$$\hat{\sigma}_{t=\infty,p} = -\frac{P}{A_p} + n_p\left(\frac{P - P\overline{A}''/\overline{A} + \eta_t \varepsilon_{cs} E_c A_c}{A'}\right) \quad (1.239)$$

上式右端第二项即为预应力混凝土轴心受压构件预应力钢筋徐变与收缩损失值 σ_{l6} 的理论解。

$$\sigma_{l6} = n_p\left(\frac{P - P\overline{A}''/\overline{A} + \eta_t \varepsilon_{cs} E_c A_c}{A'}\right) \quad (1.240)$$

对于本例，代入具体数据可得：

$$\sigma_{l6} = 6 \times 23.36 = 140.2(\text{MPa})$$

式(1.239)或式(1.223)代入具体数据，可求得预应力筋 $\tau_0 \to \infty$ 时应力：

$$\text{预应力筋 } \hat{\sigma}_{t=\infty,p} = -1\,000 + 6 \times 23.36 = 859.8(\text{MPa})$$

按式(1.223)可求混凝土与普通钢筋在 $\tau_0 \to \infty$ 时应力：

混凝土 $\hat{\sigma}_{t=\infty,c} = \eta_0 \sigma_{0,c} - \eta_t E_c \varepsilon_{cs} + \eta_t \overline{\sigma}_{t=\infty}' = 0.091 \times 7.45 - 0.379 \times 32.5 \times 0.4 + 0.379 \times 23.36 = 9.531 - 4.927 = 4.604(\text{MPa})$（较 τ_0 时降低 2.85 MPa）

普通钢筋 $\hat{\sigma}_{t=\infty,s} = \sigma_{0,s} + n_s \overline{\sigma}_{t=\infty}' = 45.81 + 6.15 \times 23.36 = 189.5(\text{MPa})$（较 τ_0 时提高143.7 MPa）

注意式(1.240)也是普通钢筋的应力增量计算公式，只需将式中的 n_p 换为 n_s。上文已算得 $\sigma_{l6} = 140.2$ 和初始应力 $\sigma_{0,s} = 45.81$，最终普通钢筋也可计算为 $\hat{\sigma}_{t=\infty,s} = 45.81 + 140.2 \times 6.15/6 = 189.5(\text{MPa})$，这与上式的计算结果一致。

f. 可以用预应力钢束拉力等于混凝土与普通钢筋压力之和来验证以上计算结果：$85.98 \times 16 = 1\,375.7(\text{kN})$，$0.46 \times 2\,000 + 18.95 \times 24 = 920.8 + 454.8 = 1\,375.6(\text{kN})$，计算正确。

本例在 τ_0 时预应力筋的拉力 $-1\,600$ kN 作为外压力施加在构件上，$N_0 = P = +1\,600$ kN。由于有预应力损失，$\tau_0 \to \infty$ 时预应力筋的拉力已降到了 $1\,375.6$ kN，但不能认为此时的 N_0 已经降到了 $1\,375.6$ kN。此时的 N_0 为 $1\,375.6$ kN 加预应力筋中的应力增量 $A_p\sigma_{16}$，其结果仍为 $1\,600$ kN，故上文计算中取 $\hat{N}'_t = N_0$。预应力混凝土构件是一个自平衡的受力体系，一般来说，在外部静定的预应力混凝土构件中均不存在断面内力的重分配问题，如本例。

②以上结果按老化理论计算，现按混凝土徐变的先天理论计算与以上结果对比。具体步骤为：

a. 同上，此处不再重复。

b. 根据 $\varphi_c = 2.4$ 按徐变先天理论可求得 $\eta_0 = 1/(1+\varphi_c) = 0.294$，$\eta_t = (1-0.294)/2.4 = 0.294$，即有关系 $\eta_0 = \eta_t$。按 η_0 计算得 $\overline{A}'' = 24 \times 6.15 + 2\,000 \times 0.294 = 735.8\,(\text{cm}^2)$，$\overline{N}''_0 = P\,\overline{A}''/\overline{A} = 1\,600 \times 735.8/2\,148 = 548.1\,(\text{kN})$，按式 (1.7) 求 $\overline{N}'_s = -\eta_t\varepsilon_{cs}E_cA_c = -764.7$ kN。

c. 按式 (1.210) 求得 $\overline{N}'_t = 1\,600 - 548.1 + 764.7 = 1\,816.6\,(\text{kN})$。

d. τ_0 以后第二计算阶段，$A = 2\,244\,\text{cm}^2$，$N'_t = N'_t$，$A' = 0.294 \times 2\,000 + 24 \times 6.15 + 16 \times 6 = 831.8\,(\text{cm}^2)$。

e. 按式 (1.222) 计算 $\overline{\sigma}'_t = 1\,816.6/83.18 = 21.84\,(\text{MPa})$。

钢束在 $\tau_0 \to \infty$ 时，应力 $\hat{\sigma}_{t=\infty,p} = -1\,000 + 6 \times 21.84 = -869.0\,(\text{MPa})$（老化理论 859.8 MPa）。

徐变与收缩损失值 $\sigma_{16} = 131.0$ MPa（老化理论 140.2 MPa）。

混凝土应力 $\hat{\sigma}_{t=\infty,c} = 0.294 \times 7.45 - 0.294 \times 32.5 \times 0.4 + 0.294 \times 21.84 = 4.79\,(\text{MPa})$（老化理论 4.60 MPa）。

普通钢筋在 $\tau_0 \to \infty$ 时，应力 $\hat{\sigma}_{t=\infty,s} = 45.81 + 6.15 \times 21.84 = 180.13\,(\text{MPa})$（老化理论 189.5 MPa）。

f. 老化理论假定徐变完全不可恢复，其算得 η_0 为真实 η_0 的下限。先天理论假定徐变完全可以恢复，其算得 η_0 为真实 η_0 的上限。前者可能对混凝土的徐变效应稍高估（分时段计算时，如按老化理论的徐变曲线平行假定确定后期的徐变系数则会较多地低估徐变的效应），后者则往往是有所低估。两种理论对最终应力的计算结果在本例中相差均在 $1\%\sim 5\%$（损失 σ_{16} 的差异有 7%），注意这里的"相差"不是误差。一般混凝土的龄期达到 $2\sim 3$ 年以上时，其徐变特性才会接近先天理论的假定，且其混凝土的 φ_c 都很小。对新建桥梁的计算，无疑采用老化理论的计算更接近实际。考虑到 φ_c 的取值不会太准，因此对于一般新建桥梁构件的应力重分配问题。当采用一阶段求解这类应力再分配问题时，可以采用比较简单的老化理论求解 η_0 及 η_t。

如果要追求更为准确的分析，就应该采用徐变的弹性老化理论求解 η_0。笔者建议 η_0 可简单地取两种理论求得的平均值，或者采用徐变弹性老化理论求解 η_0，笔者推荐的计算公式见相关文献[11]。该式算得的 η_0 也远介于上述两种理论之间。

③以上计算 φ_c 的取值为 2.4，现取 $\varphi_c = 1.8$ 仍按老化理论计算，区别也只有 η_0 与 η_t 的计算差异。现将计算结果开列如下（过程略）。

$\eta_0 = 0.165$，$\eta_t = 0.464$，$N'_t = 2\,450\,(1\,244 + 1\,206)$，$A' = 1\,172\,\text{cm}^2$，$\overline{\sigma}'_t = 20.91$ MPa。$\tau_0 \to \infty$

时的预应力筋、混凝土、普通钢筋应力分别为:预应力筋 $\hat{\sigma}_{t=\infty,p} = -874.5$ MPa(859.8 MPa),混凝土 $\hat{\sigma}_{t=\infty,c} = 4.90$ MPa(4.60 MPa),普通钢筋 $\hat{\sigma}_{t=\infty,s} = 174.4$ MPa(189.5 MPa)。

预应力筋的徐变与收缩损失值 $\sigma_{l6} = 125.5$ MPa(140.2 MPa),普通钢筋的应力增量为128.6 MPa(143.7 MPa),括号中值均为 $\varphi_c = 2.4$ 时同样采用老化理论的计算结果。注意,这里的 σ_{l6} 与普通钢筋的应力增量非常接近。新浇筑构件取 $\varphi_c = 1.8$ 肯定偏低,由此也可见计算结果的精度主要在于 φ_c 的取值。

以上对比计算结果说明,φ_c 取 1.8 或 2.4 时两者的应力计算结果相差也不太大(相差1.7% ~ 8.7%),但损失 σ_{l6} 与普通钢筋的应力增量要低 10% 左右。对于新建桥梁的预应力混凝土构件,一般 φ_c 的取值均应为 2.0 ~ 2.4 或以上。本例的计算结果与上文中认为 φ 的取值对计算结果并不十分敏感的结论一致。

④本例预应力构件断面的恒载预加应力水平、混凝土的终极收缩值以及普通钢筋含筋率 μ_s 的取值都比较有代表性,即都是比较接近实际工程中预应力混凝土构件的取值。以按老化理论计算取 $\varphi_c = 2.4$ 为例,$\tau_0 \to \infty$ 时 1.2% 的断面普通钢筋承受全断面由预应力钢束传来总压力的 33%,混凝土压力则最终要降低 38%。这也与上例高墩计算中的有关分析结论一致。在损失 σ_{l6} 的计算中,本例收缩效应所占比例为 42%(59.1 MPa)。普通钢筋可以约束混凝土的收缩与徐变效应,μ_s 越高则 σ_{l6} 越低。普通钢筋最终承担的总压力比例也越高,混凝土最终承担的总压力比例则越低。以上的这些断面应力重分配规律,原则上在预应力混凝土受弯构件中也是存在的。

1.3.4 预应力混凝土组合梁中的应力重分配计算问题

预应力混凝土组合梁断面有两种混凝土材料,施工过程中要发生受力体系的转换,其特点在于除断面有应力重分配外还有一个内力的重分配问题,而且计算中还必须要做分时段的计算处理。以下将通过一个算例来说明这类问题的分析计算程序。

【例 1.6】 图 1.28 所示为某预应力混凝土组合连续梁,采用先简支后连续法施工,其任一截面如图 1.28(a)中 A—A 所示。设预制主梁张拉时混凝土的龄期为 τ_0,相应的混凝土徐变系数与收缩终极值分别为 $\varphi_1(\infty,\tau_0)$ 与 $\varepsilon_{1s}(\infty,\tau_0)$,此时主梁该断面承受的自重荷载为 M_{d1}、Q_{d1}(不计预应力作用)。现浇桥面板在 t_1 时施加在主梁该断面上的荷载为 M_{d2}、Q_{d2},此部分由主梁单独承受,并在 t_1 以后开始参与预制主梁共同作用和发生受力体系转换。在 t_1 时加载 M_{d2}、Q_{d2} 的主梁混凝土徐变系数为 $\varphi_1(\infty,t_1)$,桥面板在 $t_1 \to \infty$ 时段内的徐变系数与收缩值分别为 $\varphi_2(\infty,3)$ 与 $\varepsilon_{2s}(\infty,3)$。这里桥面板参与主梁联合作用的时间实际应在 $t_1 + 3$ 天以后,但这 3 天的龄期对计算结果并无意义,故仍可假定在 t_1 时参与作用,但计算 φ_2 时的加载龄期取为 3 天左右。桥面板内只布置普通钢筋承受使用阶段的负弯矩作用。按照以上假定,$t = \infty$ 时的截面恒载内力为 $M_d = M_{d1} + M_{d2} + \Delta M_d$,$Q_d = Q_{d1} + Q_{d2} + \Delta Q_d$,其中 ΔQ_d、ΔM_d 为体系转换后因混凝土徐变与不均匀收缩而引起的随时间而变化的内力增量,其计算方法可参见 04 桥规规定或文献[1]。再设 τ_0 时刻施加一期恒载 M_{d1}、Q_{d1} 后预制梁中预应力钢束的实际拉力为 P(已扣除除徐变与收缩损失以外的其他预应力损失)。成桥后的组合梁断面为由 5 种材料(子单元)组成,按主梁混凝二、桥面板混凝土、主梁预应力筋和普通钢筋、桥面板普通钢筋顺序用下标 1 ~ 5 标识。求在 $t = \infty$ 时组合梁该截面上任一点处经过内力与应力重分配后的实际应力。

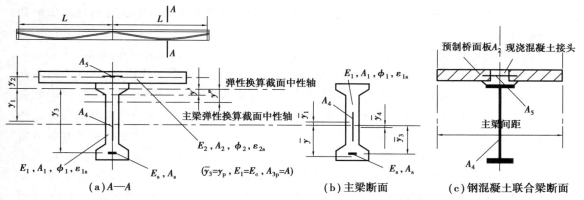

图 1.28　预应力混凝土组合连续梁

本例的计算分析可按以下步骤进行。

①第一阶段从时间 τ_0 计算到 t_1，结构受力体系为简支，此阶段只有预制主梁断面的应力重分配关系，桥面板尚未浇筑，预制主梁断面由 3 种材料组成，即主梁混凝土、预应力钢筋和普通钢筋，下标 i 则分别用 1、3、4 标识。τ_0 时施加在断面上的一期恒载 S_0 以后将换为符号 $\overline{S}_0$，符号上加"—"均表示第一阶段以与后文第二阶段的符号区分。

$$\overline{S}_0 = \begin{bmatrix} \overline{N}_0 & \overline{Q}_0 & \overline{M}_0 \end{bmatrix}^{\mathrm{T}} = \begin{bmatrix} P_x & Q_{d1} - P_y & M_{d1} - P_x y_p \end{bmatrix}^{\mathrm{T}}$$

式中，$y_p = \overline{y}_3$ 为钢束重心至主梁换算截面中性轴之距离，即已将"p"作为外力移置到了主梁断面的弹性中性轴处，$P_x = P\cos\alpha$，$P_y = P\sin\alpha$，分别为 P 的水平分力和垂直分力。这里先讨论分时段的有关计算系数的取值问题。

按一种徐变理论根据 φ_1 求混凝土的终极 $\eta_{1,0}(\infty,\tau_0) = \eta_{1,0}$ 和 $\eta_{1,t}(\infty,\tau_0) = \eta_{1,t}$，设 $\varphi_1 = \varphi_1(\infty,\tau_0) = 2.2$ 按老化理论求得 $\eta_{1,0} = e^{-\varphi_1} = 0.111$，$\eta_{1,t} = (1 - e^{-\varphi_1})/\varphi_1 = 0.404$。现暂不考虑 t_1 以后截面新增加的桥面板受力，如果第一阶段只计算到时间 t_1，徐变完成了 $\varphi_1(t_1,\tau_0) = 1.7$，尚未完成的第二阶段剩余徐变必为 $\varphi_1(\infty,t_1) = 0.5$，即以下关系应该满足：

$$\varphi_1 = \varphi_1(t_1,\tau_0) + \varphi_1(\infty,t_1), \quad \eta_{1,0} = \eta_{1,0}(t_1,\tau_0) \times \eta_{1,0}(\infty,t_1) \tag{1.241}$$

按老化理论求得 $\eta_{1,0} = 0.111$、$\eta_{1,0}(t_1,\tau_0) = e^{-1.7} = 0.183$，$\eta_{1,0}(\infty,t_1) = e^{-0.5} = 0.607$，$0.183 \times 0.607 = 0.111$ 可以满足式(1.241)要求，但这是由老化理论求解 $\eta_{1,0}$ 时采用了 $\eta_{1,0} = e^{-\varphi_1}$ 这种特殊的指数表达计算公式决定的。如果采用其他公式计算 $\eta_{1,0}$ 则都不能满足式(1.241)的要求。例如，仍设 $\varphi_1 = 2.2$ 时采用先天理论计算，$\eta_{1,0} = 1/(1 + \varphi_1) = 0.313$，$\eta_{1,0}(t_1,\tau_0) = 1/(1 + 1.7) = 0.370$，$\eta_{1,0}(\infty,t_1) = 1/(1 + 0.5) = 0.667$，$0.370 \times 0.667 = 0.247 \neq 0.313$。另外即使采用老化理论，构件断面在 S_0 作用下如从 $\tau_0 \to \infty$ 划分为 n 个时段，理论上必须逐阶段进行 n 次递推计算，每次都要重复计算该阶段断面的衰减截面特性和徐变截面特性并生成新的 S_0，计算很烦琐。如果在 τ_0 以后叠加作用有新荷载，其烦琐程度将几乎使计算无法进行。因此，必须寻求一种既能满足式(1.241)要求又能摆脱老化理论且又比较简单实用的新的分段计算途径。

笔者的方法是先引入一个一元 n 次拉格朗日插值函数 $L(x)$ 并使其满足以下关系：

$$L(x) = \varphi(t,\tau_0)/\varphi(\infty,\tau_0) = \varphi(t + \Delta t, \tau_0 + \Delta t)/\varphi(\infty, \tau_0 + \Delta t) \quad (x = t - \tau_0)$$

这里 $L(x)$ 的含义为 τ_0 时加载经过 $x = t - \tau_0$ 天后完成的徐变与徐变终极值之比,时间 t 满足条件 $\infty > t > \tau_0$,并且作了徐变的发展速率只与加载历程有关而与加载时的混凝土龄期无关的假定。

本书不讨论函数 $L(x)$ 的具体表达形式,当 $x = 3\,\mathrm{d}$、$10\,\mathrm{d}$、$30\,\mathrm{d}$、$60\,\mathrm{d}\cdots$时,根据 04 桥规或其他相关资料很容易求得这些节点处的插值函数值并构建起这个取值区间为 $0 \sim 1$ 的函数 $L(x)$。然后再假定不同龄期加载的混凝土徐变效应按叠加原理分别计算,对于在 τ_0 时加载引起的徐变效应只计算其终极效应影响,在 $\tau_0 \to \infty$ 区间任一时刻 t 所完成的徐变效应等于其终极效应与插值函数 $L(x)$ 的乘积。这就是说,对于在 τ_0 时加载的徐变应力重分配过程恒只需要计算一组其断面 $\tau_0 \to \infty$ 的衰减截面特性和徐变截面特性,时刻 t 所完成的内力(应力)衰减以及相应在断面上生成的徐变不平衡荷载可按与函数 $L(x) = L(t - \tau_0)$ 的乘积关系进行分配。只要假定收缩的发展速率与徐变相同,收缩引起的应力重分配效应也可按函数 $L(x)$ 的关系与徐变一起进行分配。对于本例,如设 $\varphi_1 = 2.2$、$\varphi_1(t_1, \tau_0) = 1.7$,则 $L(t_1 - \tau_0) = 1.7/2.2 = 0.773$。以下继续本例的计算,并通过计算对本书的这种分时段计算方法进一步予以说明。

②先求主梁的弹性换算截面特性 $\overline{A}$、$\overline{I}$,再根据已求得的终极 $\eta_{1,0}$ 和 $\eta_{1,t}$ 按式(1.217)、式(1.221)求主梁 A—A 断面在时段 $\tau_0 \to \infty$ 的衰减截面特性 $\overline{A}''$、$\overline{y}''$、$\overline{I}''$ 和徐变截面特性 $\overline{A}'$、$\overline{y}'$、$\overline{I}'$。本阶段只有 3 种材料,即 $i = 1$、3、4。显然,当 $i = 3$、4 时,$\eta_{i,0} = \eta_{i,t} = 1$。具体步骤为:

a. 求式(1.223)中的 3 个 $\overline{\sigma}_0$:τ_0 时断面任一点距中性轴距离为 $\overline{y}$ 处的混凝土应力 $\overline{\sigma}_{0,1}$,按张拉后计入一期恒载计算,即 $\overline{\sigma}_{0,1} = \dfrac{P_x}{\overline{A}} - \dfrac{(M_{d1} - P_x y_p)\overline{y}}{\overline{I}}$,$M_{d1}$ 符号同材料力学规定,$\overline{y}$ 的位置如图 1.28(b)所示,符号中性轴下方为正。预应力筋的 $\overline{\sigma}_{0,3} = \dfrac{-P}{A_p}$(拉应力),距中性轴 $\overline{y}_s$ 处普通钢筋的 $\overline{\sigma}_{0,4} = n_s\left(\dfrac{P_x}{\overline{A}} - \dfrac{(M_{d1} - P_x y_p)\overline{y}_s}{\overline{I}}\right)$。

b. 根据公式(1.218)求 $\overline{S}_0$ 衰减后的断面实际内力 $\overline{S}_0''$,即 $\overline{S}_0'' = \widetilde{H}_0 \overline{S}_0$,式中 $\overline{S}_0'' = \{\overline{N}_0'' \quad \overline{Q}_0'' \quad \overline{M}_0''\}^T$,$\overline{S}_0$ 见上文,计算结果为:

$$\left.\begin{array}{l} \overline{N}_0'' = \dfrac{\overline{A}''}{\overline{A}} P_x - \dfrac{\overline{A}''\overline{y}''}{\overline{I}}(M_{d1} - P_x y_p) \\[3mm] \overline{Q}_0'' = \dfrac{\overline{I}''}{\overline{I}}(Q_{d1} - P_y) \\[3mm] \overline{M}_0'' = -\dfrac{\overline{A}''\,\overline{y}''}{\overline{A}} P_x + \dfrac{\overline{I}'' + \overline{A}''\overline{y}''^2}{\overline{I}}(M_{d1} - P_x y_p) \end{array}\right\} \tag{1.242}$$

式中,P_x 为 τ_0 时主梁断面的轴力 $\overline{N}_0$,P_y 为 τ_0 时 P 的垂直分力,y_p 含义如图 1.28 所示。注意式(1.242)中 $\overline{A}$、$\overline{I}$ 及 $\overline{A}''$、$\overline{y}''$、$\overline{I}''$ 分别为只计入了 A_s 的有关换算截面特性。当为先张法构件时,这 5 个符号应为包含有 A_p 的全截面有关的换算截面特性。无论后张法构件还是先张法构件,徐变截面特性 $\overline{A}'$、$\overline{y}'$、$\overline{I}'$ 均应按包含有 A_p 的全截面计算。

c. 按式(1.237)或式(1.219)求 $\overline{S}_t' = \hat{S}_t - \overline{S}_0'' - \overline{S}_s' = \{\overline{N}_t' \quad \overline{Q}_t' \quad \overline{M}_t'\}^T$,本阶段没有内力重分

配故 $\hat{S}_t = \overline{S}_0$；此阶段的 $\overline{S}'_s$ 可直接按式（1.222）计算。代入以上各值可得 $t = \infty$ 时第一阶段的徐变不平衡荷载：

$$\left.\begin{aligned}
\overline{N}'_t &= P_x - \frac{\overline{A}''}{\overline{A}}P_x - \frac{\overline{A}''\overline{y}''}{I''}(M_{d1} - P_x y_p) + \eta_{1,t}\varepsilon_{1s}E_1 A_1 \\
\overline{Q}'_t &= Q_{d1} - P_y - \frac{\overline{I}''}{I'}(Q_{d1} - P_y) \\
\overline{M}'_t &= M_{d1} - P_x l_p + \frac{\overline{A}''\overline{y}''}{A}P_x - \frac{\overline{I}'' + \overline{A}''\overline{y}''^2}{I}(M_{d1} - P_x y_p) - \eta_{1,t}\varepsilon_{1s}E_1 A_1 \overline{y}_1
\end{aligned}\right\} \quad (1.243)$$

式中，E_1、A_1 为主梁混凝土单元的弹性模量与面积，$\overline{y}_1$ 为 A_1 重心至 $\overline{A}$ 断面中性轴的距离。令

$$\overline{N}'_t(\infty, t_1) = [1 - L(x)]\overline{N}'_t, \overline{Q}'_t(\infty, t_1) = [1 - L(x)]\overline{Q}'_t, \overline{M}'_t(\infty, t_1) = [1 - L(x)]\overline{M}'_t$$

式中，$L(x) = L(t_1 - \tau_0)$，按照本书的分时段计算方法，这部分为在 t_1 以后才作用在断面上的徐变不平衡荷载。

d. 求式（1.223）中的 3 个 $\overline{\sigma}'_t$：按式（1.222）计算断面任一点混凝土距中性轴距离为 $\overline{y}$ 处第一阶段的 $\overline{\sigma}_{t,1}$、$\overline{y}_p$ 处预应力筋的 $\overline{\sigma}_{t,3}$ 和 $\overline{y}_s$ 处某普通钢筋的 $\overline{\sigma}'_{t,4}$，如 $\overline{\sigma}_{t,1}$ 和 $\overline{\sigma}_{t,3}$ 可按下式计算：

$$\overline{\sigma}'_{t,1} = \frac{\overline{N}'_t}{\overline{A}'} - \frac{\overline{M}'_t + \overline{N}'_t \overline{y}'}{\overline{I}'}(\overline{y} - \overline{y}')、\overline{\sigma}'_{t,3} = \frac{\overline{N}'_t}{\overline{A}'} - \frac{\overline{M}'_t + \overline{N}'_t \overline{y}'}{\overline{I}'}(\overline{y}_p - \overline{y}')$$

再按式（1.221）计算 $n'_1 = \eta_{1,t}$（如为 0.404），$n'_3 = n_p$，$n'_4 = n_s$。

e. 在式（1.223）中代入以上各值，即可求得 $t = \infty$ 时断面任一点距中性轴距离为 $\overline{y}$ 处的混凝土应力 $\hat{\sigma}_{1t,1}$、预应力筋应力 $\hat{\sigma}_{1t,3}$ 和 $\overline{y}_p$ 处某普通钢筋的应力 $\hat{\sigma}_{1t,4}$ 分别为：

$$\left.\begin{aligned}
\hat{\sigma}_{1t,1} &= \eta_{1,0}\overline{\sigma}_{0,1} - \eta_{1,t}E_c\varepsilon_{1s} + \eta_{1,t}\overline{\sigma}'_{t,1} \\
\hat{\sigma}_{1t,3} &= -P/A_p + n_p\overline{\sigma}'_{t,3} \\
\hat{\sigma}_{1t,4} &= n_s\overline{\sigma}_{0,4} + n_s\overline{\sigma}'_{t,4}
\end{aligned}\right\} \quad (1.244)$$

式中，下标"$1t$"也表示第一阶段的计算，主梁混凝土的 $E_1 = E_c$，预应力筋与混凝土的弹性模量比为 $E_3/E_1 = E_p/E_c = n_p$，普通钢筋与混凝土的弹性模量比为 $E_4/E_1 = E_s/E_c = n_s$，$\varepsilon_{3s} = \varepsilon_{4s} = 0$，并假定预应力筋的 $\cos\alpha = 1$，如 $\cos\alpha$ 小于 1，上式 $\hat{\sigma}_{1t,3}$ 中右端第 2 项还应乘以 $\cos\alpha$。当 $\cos\alpha = 1$ 时，上式中的 $n_p\overline{\sigma}'_{t,3}$ 就是不考虑后期浇筑桥面板，在 $\tau_0 \rightarrow \infty$ 时由于混凝土徐变和收缩在预应力钢束中引起的预应力损失值 σ_{l6}。

$$\sigma_{l6} = n_p\left(\frac{\overline{N}'_t}{\overline{A}'} - \frac{\overline{M}'_t + \overline{N}'_t \overline{y}'}{\overline{I}'}(\overline{y}_p - \overline{y}')\right) \quad (1.245)$$

上式在理论上是准确的 σ_{l6} 表达式，将 $\overline{N}'_t$ 代入，令 $\overline{y}' = \overline{y}'' = 0$、$\overline{M}'_t = 0$，上式即可回归到式（1.240）。显然，式（1.245）能适用于一切预应力混凝土受弯与受压构件的 σ_{l6} 计算。

f. 以上计算了 $t = \infty$ 时断面各子单元的应力，由于在 t_1 以后截面新增加了参与受力的桥面板，需要计算的只是从 $\tau_0 \rightarrow t_1$ 时的应力 $\hat{\sigma}_{1t=t_1,1}$、$\hat{\sigma}_{1t=t_1,3}$ 与 $\hat{\sigma}_{1t=t_1,4}$。注意到在式（1.244）中，混凝土的应力减少值 $\Delta\overline{\sigma}_{0,1} = (\overline{\sigma}_{0,1} - \hat{\sigma}_{1t,1})$ 沿全断面 $\overline{A}$ 的积分恒等于预应力筋和普通钢筋应

145

力增量与各自面积乘积之和,如 $\Delta\overline{\sigma}_{0,1}$ 乘以系数 $L(t_1-\tau_0)$ 实际混凝土应力即可写为 $\overline{\sigma}_{0,1}-L(t_1-\tau_0)(\overline{\sigma}_{0,1}-\hat{\sigma}_{1t,1})$,则预应力筋和普通钢筋应力的增量部分也应乘以系数 $L(t_1-\tau_0)$,由此可以直接得出 $\tau_0\rightarrow t_1$ 时第一阶段 A 断面上混凝土、预应力筋和普通钢筋的应力分别为:

$$\left.\begin{aligned}
\hat{\sigma}_{1t=t_1,1} &= [1-L(t_1-\tau_c)]\overline{\sigma}_{0,1} + L(t_1-\tau_0)\hat{\sigma}_{1t,1}\\
\hat{\sigma}_{1t=t_1,3} &= -[1-L(t_1-\tau_0)]P/A_p + L(t_1-\tau_0)\hat{\sigma}_{1t,3}\\
\hat{\sigma}_{1t=t_1,4} &= [1-L(t_1-\tau_0)]n_s\overline{\sigma}_{0,4} + L(t_1-\tau_0)\hat{\sigma}_{1t,4}
\end{aligned}\right\} \tag{1.246}$$

将 $\hat{\sigma}_{1t,i}$ 代入,式(1.246)也可写为下列形式:

$$\left.\begin{aligned}
\hat{\sigma}_{1t=t_1,1} &= [1-L(t_1-\tau_0)(1-\eta_{1,0})]\overline{\sigma}_{0,1} - L(t_1-\tau_0)(\eta_{1,t}E_c\varepsilon_{1s}-\eta_{1,t})\overline{\sigma}'_{t,1}\\
\hat{\sigma}_{1t=t_1,3} &= -P/A_p + L(t_1-\tau_0)n_p\overline{\sigma}'_{t,3}\\
\hat{\sigma}_{1t=,4} &= n_s\overline{\sigma}_{0,4} + L(t_1-\tau_0)n_s\overline{\sigma}'_{t,4}
\end{aligned}\right\}$$

$$(1.247)$$

上式的第二、三式比较好理解,但式(1.246)使用起来更方便。式(1.246)说明,引入插值函数 $L(x)$ 后,只要求得 τ_0 时各子单元的初始弹性应力 $\overline{\sigma}_{0,i}$ 和 $t=\infty$ 时经过应力重分配后按式(1.244)计算的最终应力 $\hat{\sigma}_{1t,i}$,其中间任一时间的应力 $\hat{\sigma}_{1t=t_1,i}$ 均可按此式计算。由于 t_1 的取值是任意的,故无论划分多少时段,知道该时段的终了时间后都可重复利用上式计算该时段末的断面实际应力,区别仅在于计算中 $L(x)$ 取值的差异。当 $t=\tau_0$ 或 $t=\infty$ 时,函数 $L(x)$ 取值为 0 或 1,式(1.246)的解答将分别回归到 $\overline{\sigma}_{0,i}$ 或 $\hat{\sigma}_{1t,i}$。

③第二阶段从时间 t_1 计算到 $t=\infty$,t_1 时 M_{d2}、Q_{d2} 作为恒载施加在主梁上。已知在 t_1 时加载二期恒载预制主梁混凝土的徐变系数为 $\varphi_1(\infty,t_1)$,当按老化理论计算并引用不同龄期加载混凝土的徐变曲线彼此平行假定时,$\varphi_1(\infty,t_1)=\varphi_1(\infty,\tau_0)-\varphi_1(t_1,\tau_0)=[1-L(t_1-\tau_0)]\varphi_1(\infty,\tau_0)$。这种计算方法一般可以简化计算并被广泛采用,但将较多地低估在二期恒载作用下的徐变效应,本书不采用这种求 $\varphi_1(\infty,t_1)$ 的方法用以简化计算。这里不讨论 $\varphi_1(\infty,t_1)$ 的具体计算方法,一般来说,正确的 $\varphi_1(\infty,t_1)$ 取值应该介于 $\varphi_1(\infty,\tau_0)$ 与 $\varphi_1(\infty,\tau_0)[1-L(t_1-\tau_0)]$ 之间比较合理。以下分析并不限定 $\varphi_1(\infty,t_1)$ 采用什么理论计算,如可采用弹性老化理论计算求得其值为1.3。接下来的步骤为:

a. 求全断面($i=1\sim5$)的弹性换算截面特性 A、I 及中性轴位置,如图1.28(a)所示。由于荷载 M_{d2}、Q_{d2} 是由预制主梁单独承受,先要求预制主梁在 M_{d2}、Q_{d2} 作用下的弹性应力 $\sigma_{0,i}$,截面特性仍要用一阶段的 $\overline{A}$、$\overline{I}$,$i=1\sim3$,但桥面板中混凝土与钢筋的在 t_1 时的应力 $\sigma_{0,2}=\sigma_{0,5}=0$。

b. t_1 时对主梁加载的混凝土徐变系数为 $\varphi_1(\infty,t_1)$(如取为1.3),桥面板的徐变系数为 $\varphi_2(\infty,t_1)$(如可取 $\varphi_2=2.3$),求 $t_1\rightarrow\infty$ 时段主梁混凝土的 $\eta_{1,0}(\infty,t_1)$、$\eta_{1,t}(\infty,t_1)$ 与桥面板混凝土的 $\eta_{2,t}(\infty,t_1)$。本例不需要求 $\eta_{2,0}(\infty,t_1)$,因为 t_1 时桥面板中应力为零。这里的 $\eta_{1,t}(\infty,t_1)$ 如按老化理论计算应为 $(1-e^{-1.3})/1.3=0.560$,按先天理论应为 $1/(1+1.3)=0.435$。

c. 按式(1.217)求组合主梁 $A—A$ 断面在时段 $t_1 \to \infty$ 的衰减截面特性 A''、y'' 和 I''，按式 (1.221)求组合主梁断面的徐变截面特性 A'、y' 和 I'，本阶段断面 $i = 1 \sim 5$。这里特别的是，因为 t_1 时桥面板中混凝土与钢筋尚未参与受力，应取 $A_2 = A_3 = 0$，实际 A''、y'' 和 I'' 仍是同第一阶段按 3 种材料计算，但因徐变系数不同，其值并不等于 $\overline{A''}$、$\overline{y''}$ 和 $\overline{I''}$。

d. 求 S_t'，第二阶段的 S_t' 包括 3 部分。第一部分按式(1.219)计算，具体可写为：

$$
\left.
\begin{aligned}
N_t'(1) &= \frac{A''y''}{I}M_{d2} + \eta_{2,t}\varepsilon_{2s}E_2A_2 \\
Q_t'(1) &= Q_{d2} - \frac{I''}{I}Q_{d2} \\
M_t'(1) &= M_{d2} - \frac{I'' + A''y''^2}{I''}M_{d2} - \eta_{2,t}^2\varepsilon_{2s}E_2A_2y_2
\end{aligned}
\right\}
\tag{1.248}
$$

符号后加"(1)"表示第一部分。对上式要说明 3 点：其一，$S_t'(1)$ 作用在预制主梁弹性换算截面中心(中性轴)；其二，本阶段没有轴力；其三，A_1 的收缩效应假定在第一阶段已完成，桥面板混凝土 A_2 有收缩效应但其断面不在 $\overline{A}$ 内。这里将其收缩效应合并到了此项内一起计算，注意上式第三式中的 y_2 值应取负值($y_1 + y_2$)。

第二部分为上文"(2)、(b)"中已算出的上阶段分配过来的徐变不平衡荷载 $\overline{N_t'}(\infty, t_1)$、$\overline{Q_t'}(\infty, t_1)$ 与 $\overline{M_t'}(\infty, t_1)$，其值也是作用在预制主梁弹性截面中性轴上的。第三部分为体系转换后因内力重分配生成的 ΔQ_d 和 ΔM_d($\Delta N_d = 0$)，按照本书计算方法，该部分内力增量可直接加入进 S_t'。

合并以上 3 部分计算之和即可生成在时段 $t_1 \to \infty$ 作用在徐变换算截面 A' 上的徐变不平衡荷载。

$$
\left.
\begin{aligned}
N_t' &= N_t'(1) + \overline{N_t'}(\infty, t_1) \\
Q_t' &= Q_t'(1) + \overline{Q_t'}(\infty, t_1) + \Delta Q_d \\
M_t' &= M_t'(1) + \overline{M_t'}(\infty, t_1) + \Delta M_d + N_t'(y_1 + \overline{y_1})
\end{aligned}
\right\}
\tag{1.249}
$$

上式第三式中增加了一项 $N_t'(y_1 + \overline{y_1})$，即已将 N_t' 的作用中心移置到了全断面 A 的中心(中性轴)处。

e. 求式(1.223)中的 5 个 $\overline{\sigma_t'}$，即重复以上"②、d"步的计算，但要采用二阶段的徐变截面特性 A'、y' 和 I' 和式(1.249)中的 S_t' 计算，结果求得二阶段的 $\overline{\sigma_{t,i}'}(i = 1 \sim 5)$。

第二阶段 $t_1 \to \infty$ 时段的终了，在 M_{d2}、Q_{d2}、ΔM_d、ΔQ_d 与第一阶段剩余徐变不平衡荷载 $\overline{N_t'}(\infty, t_1)$、$\overline{Q_t'}(\infty, t_1)$、$\overline{M_t'}(\infty, t_1)$ 作用下断面各子单元的最后应力分别为：

$$
\left.
\begin{aligned}
\hat{\sigma}_{2t,1} &= \sigma_{0,1} + \eta_{1,t}\overline{\sigma}_{t,1}' \\
\hat{\sigma}_{2t,2} &= -\eta_{2,t}E_c\varepsilon_{2s} + \eta_{2,t}\overline{\sigma}_{t,2}' \\
\hat{\sigma}_{2t,3} &= n_p\sigma_{0,3} + n_p\overline{\sigma}_{t,3}' \\
\hat{\sigma}_{2t,4} &= n_s\overline{\sigma}_{0,4} + n_s\overline{\sigma}_{t,4}' \\
\hat{\sigma}_{2t,5} &= n_s\overline{\sigma}_{t,5}'
\end{aligned}
\right\}
\tag{1.250}
$$

注意式中符号 $\eta_{1,t}$、$\eta_{2,t}$ 和 $\overline{\sigma}'_{t,i}(i=1\sim5)$ 与第一阶段相同,但计算方法与取值不同,本书未再对符号加以区分。

④按照徐变计算的叠加原理,组合断面在 $\tau_0\to\infty$ 时各子单元的最终应力为式(1.246)与式(1.250)之和,可简写为:

$$\hat{\sigma}_{t,i} = \hat{\sigma}_{1t=t_1,i} + \hat{\sigma}_{2t,i}(i=1\sim5) \tag{1.251}$$

显然,上式桥面板中的 $\hat{\sigma}_{1t=t_1,2}=\hat{\sigma}_{1t=t_1,5}=0$。

⑤图1.25所示预应力混凝土组合梁现在已极少使用,其主要缺点就在于后期浇筑的桥面板因混凝土的徐变收缩效应其参与主梁作用的效率很低。这从式(1.251)第二式中可以得到充分的反映,因为最终的 $\hat{\sigma}_{t,2}=\hat{\sigma}_{2t,2}$ 极低且一般情况下均为负值。我国目前使用得最多的桥梁预应力混凝土构件为简支T梁,其铺装形式通常为混凝土加沥青混凝土,计算假定中铺装不参与受力。本算例的意义在于,如果要精确计算铺装混凝土参与预制T梁工作后其断面的最终实际应力状态,将图1.25(a)中的预制主梁形状换为T形,本例实际已经给出了完整的解答,即其值就是 $\hat{\sigma}_{2t,2}$。T梁上的混凝土铺装在正确的施工工艺下是一定会与预制主梁黏结良好并参与工作的,这点不会因计算中不考虑其受力而改变。根据本例的解答,铺装混凝土在恒载作用下其最终的正应力理论上为 $-\eta_{2,t}E_c\varepsilon_{2s}+\eta_{2,t}\overline{\sigma}'_{t,2}$,因铺装混凝土都是现浇的,第一项因收缩在铺装混凝土断面中引起的拉应力理论上可达40~60 MPa(实际因开裂后达不到该值)。以30 m的预应力T梁为例,后一项 $\eta_{2,t}\overline{\sigma}'_{t,2}$ 加活载作用下在铺装断面中引起的压应力通常也只有2.4 MPa左右,其结果往往是铺装混凝土早就因受拉退出工作(这将在断面中又引起一次应力重分配),即使在活载作用下铺装混凝土也很难分担多少预制主梁所承受的弯矩。因此,本算例实际说明,按照容许应力法设计理论,完全不考虑铺装混凝土参与预制主梁的后期及使用阶段受力是有理论依据的。

按照极限状态设计理论,铺装混凝土层在理论上是100%会起作用的,破坏实验一定也会支持这样的结论,但在实际设计工作中又不能这样考虑也是对的。这个例子充分说明,容许应力法设计理论与极限状态设计理论都有各自的局限性。当采用极限状态设计理论进行构件设计时,某些计算基本假定也应该考虑按容许应力法算得的一些应力状态结论。

钢梁与混凝土桥面板联合受力的联合梁结构在工程实践中常有使用,其断面形式通常如图1.25(c)所示,本算例实际已经解决了这类联合梁断面的应力重分配计算。令算例中 $A_1=A_3=0$,以上全部第一阶段的计算过程都可以省去,只需将一、二期恒载全部由钢梁承受,求得钢梁的弹性应力 $\sigma_{0,i}(i=2、4、5)$,按断面由3种材料组成求解一次断面的 A''、y''、I'' 和 A'、y'、I'。以下求 S'_i 的步骤与公式均与算例相同但更简单,最后求得 $\overline{\sigma}'_t$ 并可仿照上例写出钢梁任意点处、桥面板混凝土和普通钢筋处的最终应力 $\hat{\sigma}_{t,i}(i=2、4、5)$ 的表达公式,此处不再赘述。

联合梁断面的桥面板混凝土断面在恒载作用下的正应力最终表达式仍是 $-\eta_{2,t}E_c\varepsilon_{2s}+\eta_{2,t}\overline{\sigma}'_{t,2}$,这里同样有一个如何提高其参与钢梁受力的效率问题。如果采用现浇法施工,其联合受力的程度同样如本算例一样很低。这类联合梁通常可以采用桥面板分块预制现场湿接头与钢梁整体化的施工工艺,如图1.28(c)所示。只要预制板有足够的贮存时间,可以假定其收缩已基本完成即可取 $-\eta_{2,t}E_c\varepsilon_{2s}\to0$;提高了加载龄期也可减小混凝土的徐变系数提高

后一项的 $\eta_{2,t}$，这样可以有效地提高桥面板参与钢梁的联合受力。预制安装法施工尚可加快工程进度，钢混凝土联合梁一般情况下都应该采用这种施工工艺。在预应力混凝土组合梁的设计中，也可采用这种施工方法以便提高设计断面的使用效率。

⑥剪应力的重分配计算。

【例 1.7】　如图 1.28(a)A—A 所示断面，如果要求任一点处在 $\tau_0 \to \infty$ 时经应力重分配以后的实际剪应力 $\hat{\tau}_{t,i}(i=1\sim5)$，其计算程序实际完全与上文的"①~④"步骤相同，区别仅在于在求各阶段的衰减截面特性和徐变截面特性时，同时要求按式(1.232)的要求计算所求剪应力纤维层以下全部面积相应时段的 S'' 与 S'（Q_0'' 与 Q_t' 见前述表达式），最后即可按式(1.232)求得最终的 $\hat{\tau}_{t,i}$。前述"①~④"步骤的计算比较烦琐，无论对于正应力或是剪应力的计算实际都还可以适当简化。对于本例的剪应力重分配计算，本文将作如下的计算简化：

假定图 1.28(a)中的预制主梁为先简支后结构连续预应力 T 梁受力体系中的预制 T 梁，图中的后浇桥面板改为混凝土铺装，不考虑铺装层的受力，求 $\tau_0 \to \infty$ 时经内力与应力重分配后主梁中性轴处在恒载作用下的实际剪应力 $\hat{\tau}_{t,i}(i=1、3、4)$。加载条件同上，即 $Q_d = Q_{d1} + Q_{d2} + \Delta Q_d$，$Q_{d2}$ 中应包括全部二期恒载。边界条件决定铺装层顶面的剪应力恒为 0，即使考虑铺装层的受力其所承担的剪力值也很小，略去其承受的剪应力可以使计算稍许偏于安全。于是以下的计算转换成了一个比较有实用意义的预应力 T 梁断面的剪应力重分配问题。

a. 求主梁断面的弹性截面特性 A、I 及中性轴位置，如图 1.28(a)所示。由于荷载 M_{d2}、Q_{d2} 是由预制主梁单独承受，先要求预制主梁在 M_{d2}、Q_{d2} 作用下的弹性应力 $\sigma_{0,i}$，A、I 就是前述一阶段的 $\bar{A}$、$\bar{I}$。由于本例将把两阶段计算简化为一个阶段，以后不需再加上画线作出区分。下标 $i=1、3、4$ 含义同前，即分别代表主梁的混凝土、预应力筋与普通钢筋 3 种子单元。

b. 求 $\tau_0 \to \infty$ 时段断面的有关衰减截面和徐变截面特性 T''、I'、S'' 和 S'。由于简化为一个阶段计算，混凝土的徐变系数可取前述计算 $\varphi_1(\infty, \tau_0) = 2.2$ 与 $\varphi_1(\infty, t_1) = 1.3$ 的平均值 1.75，由 $\varphi_1 = 1.75$ 可按老化理论求得 $\eta_{1,0} = e^{-\varphi_1} = 0.174$，$\eta_{1,t} = (1 - e^{-\varphi_1})/\varphi_1 = 0.472$。按式(1.217)、式(1.221)及式(1.230)即可求得 T''、I' 及断面中性轴处的 S''、S'。

c. 计算式(1.232)中的 Q_0、Q_0''、Q_t'：

$$Q_0 = Q_{d1} + Q_{d2} - P_y (P_y = P \sin \alpha)$$

这里 P 应为 t_1 时的 P，如果仍取用上文 τ_0 时的 P，就可认为是略去了在恒载作用下预应力钢束拉力的增量。由于剪应力计算一般针对的是接近支座附件的断面，弯矩作用下钢束拉力的增量不大，这样简化还是可以接受的。先按式(1.218)求得 $Q_0'' = T''Q_0/I$，再由式(1.219)可得：

$$Q_t' = Q_0 + \Delta Q - Q_0''$$

d. 在式(1.232)中代入以上算得的各值，即可求得 $\tau_0 \to \infty$ 时主梁各子单元在恒载作用下的实际剪应力 $\hat{\tau}_{t,i}(i=1、3、4)$。注意，以上只算得混凝土中性轴处的 S''、S'，这样算的 $\hat{\tau}_{t,1}$ 为主梁中性轴处混凝土的剪应力，要计算 $\hat{\tau}_{t,3}$、$\hat{\tau}_{t,4}$，还得另求与其对应的 S''、S'。

当预应力筋与普通钢筋由多根组成且距离较远时，不能用其重心处算得的 S''、S' 来求子单元的平均剪应力。对一束弯起的预应力筋而言，要计算与其位置相对于的一组 S_3''、S_3'，这里加了下标"3"以与混凝土中性轴处的 S''、S' 区分，代入式(1.232)算得的才是这束预应力

筋的 $\hat{\tau}_{t,3}$。在求弯起的预应力筋 S''_3、S'_3 时,筋束的面积 A_3 可除以 $\cos\alpha$,A_3 与 $\hat{\tau}_{t,3}$ 之乘积 $A_3\hat{\tau}_{t,3}$ 即为在剪力作用下这根预应力筋的拉力增量(即恒载应力增量为 $\hat{\tau}_{t,3}$)。该增量在常规计算中都略去不计。

普通钢筋在断面上通常都分散布置,故至少应将其分为 3 组分别计算 3 组 $S''_{4,j}$、$S'_{4,j}$($j=1\sim3$),一组在受压区翼板,一组在受拉区马蹄偏下处,另一组在中性轴附近,然后再代入式(1.232)分别算得这 3 组的平均剪应力。恒载作用下钢筋承受的断面总剪力可按下式计算:

$$\hat{Q}_4 = \sum A_{4,j}\hat{\tau}_{t,4,j}(j=1\sim3) \tag{1.252}$$

增加的下标"j"表示钢筋的分组数,可以大于 3 也可小于 3,并略去部分不重要的普通钢筋影响。式(1.252)是预应力混凝土受弯构件在恒载作用下普通钢筋抗剪能力(即"销栓"作用)的理论解。活载作用下的销栓作用也可按常规弹性理论计算,但因不考虑徐变效应其值较上式低很多。通常在抗剪研究文献中所开列的计算公式中都略去此项销栓效应的影响。

笔者认为,式(1.252)也完全适用于钢筋混凝土受弯构件剪压破坏区段钢筋销栓抗剪能力的计算。由于钢筋混凝土构件要开裂,这里涉及问题很多,应另作研究。钢筋混凝土受弯构件断面的钢筋布置通常远离截面的中性轴,这部分钢筋的 S''、S' 一般较低,故断面剪应力因徐变效应向普通钢筋的转移的比例远没有受压钢筋高,但根据计算,此项转移也可一般达到 10% 左右或以上,这是一个不可忽略的比例。位于中性轴附近的水平腹筋能承受的转移剪力比例最高,笔者历来认为水平腹筋的抗裂作用在现行桥规中被低估。现在设计中往往有片面强调箍筋作用的倾向,本书的计算方法可以为一般研究斜截面抗剪能力文献中的"纵向钢筋配筋率 μ_s"提高断面抗剪能力提供一些定量分析的依据。

1.3.5 预应力钢筋收缩与徐变损失值 σ_{l6} 的计算

1)计算公式推导

前面已经推导出了两个预应力混凝土构件中钢筋收缩与徐变损失值 σ_{l6} 的理论解,即式(1.240)与式(1.245),前者是后者的特例,但这些公式不便使用。设计实践中一般只关心控制断面的计算,现以图 1.29 所示简支梁跨中附近断面的 σ_{l6} 计算为例,将式(1.245)中有关符号去掉上画线改写为如下形式:

$$\sigma_{l6} = n_p\left(\frac{N'_t}{A'} - \frac{M'_t + N'_t y'}{I'}(y_p - y')\right) \tag{1.253}$$

令式(1.252)中 $M'_t=0$、$y'=0$ 即可转换为式(1.240)。由于采用的是一阶段计算,这里预应力筋中的总拉力 P 应为与上文 t_1 时的 P 对应,即全部恒载完成后 A_p 中的总拉力(扣除了相应阶段的损失),符号以受拉为正,混凝土应力仍以受压为正;混凝土与非预应力钢筋的面积为 A_c 与 A_s,断面由 3 种材料组成,即 $i=c$、p、s,分别对应混凝土、预应力筋、普通钢筋。

先对问题做如下简化:取 $\cos\alpha=1$,即 $P_x=P$,对于设计控制断面,一般来说,取 $\cos\alpha=1$ 是准确的,非控制断面仍应乘以 $\cos\alpha$;一期二期恒载合并计算,即恒载弯矩为 $M_d=M_{d1}+M_{d2}$,$\Delta M=0$,如 ΔM 不为 0 则应将 ΔM 合并到 M_d 中,式(1.243)中的 M_{d1} 即可用 M_d 代替;混凝土的终极收缩值 ε_{1s} 换为符号 ε_{cs},$\eta_{1,t}$ 换为符号 η_t,这样上式中的 N'_t、M'_t 由式(1.243)即可

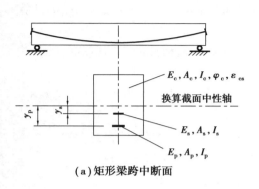

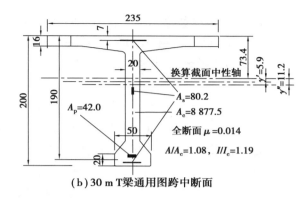

图 1.29　简支梁跨中附近断面

改写为：

$$N_t' = P - \frac{A''}{A}P - \frac{A''y''}{I}(M_d - Py_p) + \eta_t \varepsilon_{cs} E_c A_c \left.\right\}$$

$$M_t' = (M_d - Pl_p) - \frac{I''}{I}(M_d - Py_p) + \frac{A''y''}{A}P - \frac{A''y''^2}{I}(M_d - Py_p) - \eta_t \varepsilon_{cs} E_c A_c y_1 \left.\right\}$$

$$(1.254)$$

再对问题做如下简化，即假定 $y'' = 0$，式(1.254)可进一步改写为：

$$N_t' = (1 - \eta_0)Pa + \eta_t \varepsilon_{cs} E_c A_c \left.\right\}$$

$$M_t' = (1 - \eta_0)(M_d - Py_p)b - \eta_t \varepsilon_{cs} E_c A_c y_c \left.\right\}$$

$$(1.255)$$

式中，$(1 - \eta_0)Pa = P - PA''/A$，$(1 - \eta_0)(M_d - Py_p)b = (1 - I''/I)(M_d - Py_p)$。现对假定 $y'' = 0$ 可能引起的分析误差进行评估如下：

对于轴心受压构件公式(1.240)，这个假定没有误差；对于受弯构件，对比式(1.253)，在式(1.254)中第一式实际是假定 $A''y''(M_d - P_x y_p)/I = 0$，第二式实际是假定 $A''y''P/A - A''y''^2(M_d - P_x y_p)/I = 0$（注意两者符号相反）。由式(1.12)可知，这实际是作了预应力筋与普通钢筋在全断面上均匀布置或沿中性轴"对称"布置的假定，但在受弯构件中预应力筋一般是不可能均匀布置的。对于常用的 T 形（箱形）断面，翼板纵向普通钢筋数量一般要大于受压马蹄区的钢筋配置数量，正好可以部分抵消掉数值很小的 A_p 的影响，这就决定了 y'' 的数值一定很小，且在一般情况下应为正值（极端情况下也可能为负值）。图 1.29(b)为通用设计图中 30 m 全预应力混凝土简支 T 梁的跨中断面，假定混凝土 $\varphi = 2.0$，η_0 取老化理论与先天理论计算结果的平均值，即 $\eta_0 = [e^{-\varphi} + 1/(1 + \varphi)]/2 = (0.135 + 0.333)/2 = 0.234$，$\eta_t = (1 - \eta_0)/\varphi = 0.383$，实际算得 $y'' = 11.2 (y' = 5.9)$。其值与断面使用荷载作用下的内力臂（预应力筋至受压区中心的距离）的比约为 0.07(0.04)，这个比值很小。图 1.29(b)所示断面在马蹄下缘配有 5 Φ25 钢筋，作为全预应力混凝土的设计下缘配这么多普通钢筋没有必要（早期的设计此处只配Φ12 钢筋），故这实际是普通钢筋未在全断面上大体均匀布置的断面。如果改配为 5 Φ12 钢筋，则 y'' 只有 2.7 cm($y' = 1.5$ cm)。对于箱形断面，由于一般普通钢筋在混凝土面积上布置得更为均衡，y'' 往往更小。其次，一般中小跨径受弯构件断面的 $M_d - P_x y_p$ 都较小（见下文说明），而略去的仅是两个很小量的乘积，即 $A''y''(M_d - P_x y_p)/I$，故这项简化对最终 N_t' 的计算影响极小，可以忽略不计。在计算 M_t' 时略去的一项 $A''y''P/A - A''$

$y''^2 (M_d - P_x y_p)/I$ 数值均不大且两项的计算误差还可以部分抵消,加之 M'_t 对最终 σ_{l6} 的计算所占的权重极低,影响 σ_{l6} 计算主要决定于 N'_t,因此也可以忽略不计。

现在需要求解式(1.254)中的两个系数 a 与 b。对于后张法构件的二期恒载与先张法构件:

$$A''/A = (n_s A_s + n_p A_p + \eta_0 A_c)/A = \eta_0 (n_s A_s + n_p A_p + A_c)/A + (1 - \eta_0)(n_s A_s + n_p A_p)/A$$
$$= \eta_0 + (1 - \eta_0)(A - A_c)/A = 1 - (1 - \eta_0)A_c/A$$

对于后张法构件的一期恒载,注意此时 $A = n_s A_s + A_c$(这里未对符号 A 加以区分)。

$$A''/A = (n_s A_s + \eta_0 A_c)/A = \eta_0 (n_s A_s + A_c)/A + (1 - \eta_0)(n_s A_s)/A$$
$$= \eta_0 + (1 - \eta_0)(A - A_c)/A = 1 - (1 - \eta_0)A_c/A$$

$P - PA''/A = (1 - \eta_0)Pa$ 即关系 $1 - A''/A = (1 - \eta_0)a$,无论是先张法还是后张法构件,代入 A''/A 后都可得 $(1 - \eta_0)A_c/A = (1 - \eta_0)a$,即 $a = A_c/A$。

与此类似,关系 $(1 - \eta_0)(M_d - Py_p)b = (1 - I''/I)(M_d - Py_p)$ 即关系 $(1 - \eta_0)b = (1 - I''/I)$。后张法构件的二期恒载与先张法构件,有以下公式:

$$I''/I = \frac{I_s + I_p + \eta_0 I_c}{I} = \frac{I - (1 - \eta_0)I_c}{I} = 1 - (1 - \eta_0)I''/I$$

式中,I_s、I_p、I_c 分别为断面中 A_s、A_p、A_c 对计算换算惯性矩 I 的贡献,即 $I = I_s + I_p + I_c$。将 I''/I 代入关系 $(1 - \eta_0)b = (1 - I''/I)$ 直接可得 $b = I_c/I$。后张法构件的一期恒载以上关系也能成立,但此时的 I 中没有 I_p 的贡献,此处不再详细说明。

式(1.254)还可进一步简化,即再引用 $y'' = 0$ 时钢筋在全断面上均匀布置的假定可得 $y_c = 0$,式(1.254)第二式中最后一项即可消去。y_c 一般很小,此项简化只影响对 M'_t 的计算,而 M'_t 对 σ_{l6} 计算所占的权重极低,故这个假定对最终结果的影响也极小。再引用关系 $A' = \eta_t A_c + n_p A_p + n_s A_s$ 与 $I' = (\eta_t A_c + n_p A_p + n_s A_s)r^2$,式中 r 为混凝土毛截面的回转半径,显然这里又假定混凝土毛截面的回转半径等于其徐变换算截面回转半径。将以上值代入式(1.253)可得:

$$\sigma_{l6} = n_p \left[\frac{(1 - \eta_0)Pa + \eta_t \varepsilon_{cs} E_c A_c}{\eta_t A_c + n_p A_p + n_s A_s} - \frac{(1 - \eta_0)(M_d - Py_p)b}{(\eta_t A_c + n_p A_p + n_s A_s)r^2} y_p \right] \quad (1.256)$$

定义符号 $\mu = (A_p + A_s)/A_c$ 与 $n = (n_p + n_s)/2$,μ 为全断面钢筋(含预应力筋)的含筋率,n 为 n_p、n_s 的平均值,将方括号内全部 n_p、n_s 用 n 代替,注意到式(1.255)中有:

$$(\eta_t A_c + n A_p + n A_s) = \left(1 + n \frac{A_p + A_s}{\eta_t A_c}\right) \eta_t A_c = (1 + n\mu/\eta_t) \eta_t A_c$$

再引用关系 $(1 - \eta_0) = \varphi \eta_t$ 代替 $(1 - \eta_0)$,式(1.255)即可变化为:

$$\sigma_{l6} = n_p \left[\frac{\varphi Pa/A_c + \varepsilon_{cs} E_c}{1 + n\mu/\eta_t} - \frac{\varphi(M_d - Py_p)by_p}{(1 + n\mu/\eta_t)A_c r^2} \right] = \frac{1}{1 + n\mu/\eta_t} \left[n_p \varphi \left(\frac{Pa}{A_c} - \frac{(M_d - Py_p)by_p}{I_c} \right) + n_p \varepsilon_{cs} E_c \right]$$

将系数 a 与 b 的数值代入,上式即可写为:

$$\sigma_{l6} = \frac{1}{1 + n\mu/\eta_t} \left[n_p \varphi \left(\frac{P}{A} - \frac{(M_d - Py_p)y_p}{I} \right) + n_p \varepsilon_{cs} E_c \right]$$

令

$$\sigma_{cp} = \left(\frac{P}{A} - \frac{(M_d - Py_p)y_p}{I} \right) \tag{1.257}$$

为恒载作用下按 04 桥规方法计算预应力钢束重心处的混凝土压应力。对先张法与后张法构件的二期恒载（M_{d2}）计算中 A、I 分别为计入 A_s、A_p 以后的换算面积与换算惯性矩，对后张法构件的一期恒载（即 M_{d1}）A、I 为不计 A_p 的换算面积与换算惯性矩；y_p 的符号以偏向断面受拉侧为正。注意式（1.256）根据式（1.245）图 1.28（b）和图 1.29 推导而得，所求 σ_{cp} 为钢束重心处的预应力损失平均值（式中两个 y_p 相同），且不能用于求解钢束在断面布置比较分散时的个股钢束与受压区钢束的预应力损失。当要求解个股钢束或受压区钢束的预应力损失时，根据推导过程式（1.257）应修改为：

$$\sigma_{cp} = \left(\frac{P}{A} - \frac{(M_d - Py_p)y_{cp}}{I} \right) \tag{1.258}$$

式（1.257）中 y_p 为全部钢束重心至断面换算截面中性轴的距离，y_{cp} 为所求钢束重心至换算截面中性轴的距离，当求受压区钢束的损失时 y_{cp} 应为负值。式（1.256）最后可改写为：

$$\sigma_{l6} = \frac{n_p \varphi \sigma_{cp} + n_p \varepsilon_{cs} E_c}{1 + n\mu / \eta_t} \tag{1.259}$$

式中，σ_{cp} 按式（1.258）计算，其值是与符号 $\sigma_{0,c}$ 相对应而不是 $t \to \infty$ 时的混凝土应力 $\hat{\sigma}_{t=\infty,c}$，显然该式也能适用于受压区钢束的预应力损失计算。

活载也要引起混凝土的徐变，活载在断面的受拉区会减小 σ_{cp}，在受压区会增加 σ_{cp}。大跨径桥梁结构作用的活载实际是一个持续作用的变化荷载，其将增加徐变的效应是确定的，但活载占全部荷载的比例较低，对 σ_{cp} 的影响一般较小；中小跨径结构作用的活载往往是一个断续的脉冲荷载，但其对 σ_{cp} 的计算影响却很大。任何收缩徐变损失的计算公式都不可能包含所有的情况，尤其涉及活载对徐变的影响问题甚为复杂，可以用一个简单的调整系数对式（1.259）中的 σ_{cp} 稍加以调整，调整幅度可定为 $\pm 5\%$。因此，采用的最终收缩与徐变损失计算公式可表示为：

$$\sigma_{l6} = \frac{kn_p \varphi \sigma_{cp} + n_p \varepsilon_{cs} E_c}{1 + n\mu / \eta_t} \tag{1.260}$$

式中，计算控制断面受拉区钢束的损失时取 $k = 0.95$，受压区钢束取 $k = 1.05$，非控制断面或接近中性轴处的钢束取 $k = 1.0$，σ_{cp} 仍按式（1.258）计算，但在确定 P 时如何扣除相应阶段的损失可见下文说明，其他符号含义同前。对于轴心受压构件断面的式（1.240），最终也可变化为式（1.259），推导过程比受弯构件更简单，且理论上式（1.260）就是一个精确的轴心受压构件断面预应力钢筋的收缩与徐变损失计算公式。

由推导过程可知，$t \to \infty$ 时钢筋的压应力增量 $\Delta\sigma_{t,s}$ 也可按式（1.260）计算，但式中的 n_p 应换为 n_s，或者可写为：

$$\Delta\sigma_{t,s} = \frac{kn_s \varphi \sigma_{cs} + n_s \varepsilon_{cs} E_c}{1 + n\mu / \eta_t} （当 k = 1 时, \Delta\sigma_{t,s} = \sigma_{l6} n_s / n_p） \tag{1.261}$$

式中，k 的取值同式（1.260），σ_{cs} 为所求钢筋位置处的混凝土应力。该例为轴心受压构件，故取 $k = 1$，显然式（1.261）的适用范围更广。$n_s / n_p = E_s / E_p$ 的比值一般只有 1.025，此项修正值也可略去不计，或者再简单一些，近似可以认为位于预应力筋重心附近处普通钢筋的

压应力增量有关系 $\Delta\sigma_{t,s} = \sigma_{l6}$。

注意按式(1.260)计算普通钢筋压应力增量时,不同位置处的钢筋其压应力增量是不同的,精确计算全部钢筋压应力增量之和应该采用逐根(层)或分组计算然后再求和。如果假定普通钢筋 A_s 在全断面上均衡布置(A_s 的重心与不计 A_p 的换算截面重心重合),式(1.260)中取 $k=1$,σ_{cs} 取断面的平均混凝土应力(该值等于不计 A_p 的换算截面重心处的混凝土应力),这样算得的 $\Delta\sigma_{t,s}$ 即为全部普通钢筋压应力增量的平均值 $\Delta\overline{\sigma}_{t,s}$。设 σ_{l6} 为全部预应力筋面积的损失平均值,断面的平均 σ_{cs} 与式(1.259)中的 σ_{cp} 不相等,中小跨径控制断面一般 $\Delta\overline{\sigma}_{t,s} < \sigma_{l6}$,大跨径断面一般 $\Delta\overline{\sigma}_{t,s} > \sigma_{l6}$,两者的比值即为 σ_{cs} 与 σ_{cp} 的比值。由此也可得出一个推论:对于 A_s 在全断面上均衡布置的预应力混凝土构件断面,普通钢筋压应力增量的平均值 $\Delta\overline{\sigma}_{t,s}$ 可以按应力为 σ_{cs} 的钢筋混凝土轴心受压构件断面计算,这里的 σ_{cs} 应取不计 A_p 的换算截面重心处的混凝土压应力。只要将作用在断面上的预加力视为外力就可得出这一结论,这与本书1.3.3节中的讨论一致。因此,本书1.3.3节中关于钢筋混凝土受压构件断面混凝土应力向钢筋转移的规律以及转移的比例与断面含筋率之间的关系,也完全适用于一切恒载作用下断面不出现拉应力的预应力混凝土构件断面,只是这里的断面含筋率只能按计入 A_s 计算。

2)算例与对历来计算公式的讨论

【例1.8】 设图1.29中某后张法预应力混凝土简支梁跨中断面张拉后 τ_0 时的 $\sigma_{cp} = 10.5$ MPa,C40混凝土的 $E_c = 3.25 \times 10^4$ MPa,$\tau_0 = 7$ d,$\varepsilon_{cs} = 0.2 \times 10^{-3}$,$\varphi = 2.3$,$n_p = 6.0$,$n_s = 6.15$,$n = 6.08$,$\mu = 0.015$,其配筋情况大体与图1.29(b)类似,$\eta_t$ 按老化理论计算 $\eta_0 = e^{-2.3} = 0.100$,$\eta_t = (1 - 0.100)/2.3 = 0.391$;如按老化理论与先天理论计算的平均值计算(即采用混合理论或弹性老化理论),则 $\eta_0 = [e^{-2.3} + 1/(1 + 2.3)]/2 = 0.202$,由此得 $\eta_t = (1 - 0.202)/2.3 = 0.347$。钢束位于断面受拉区取 $k = 0.95$。表1.8为按式(1.260)算得的预应力徐变收缩损失值,同时将04桥规及历来文献中一些主要计算徐变收缩损失公式的计算结果一并列出加以对比。

表1.8 按式(1.259)算得的预应力徐变收缩损失值

计算方法	本文算法	文献[3]中算法	文献[8]中算法	文献[15]中算法	85桥规方法	04桥规方法
σ_{l6}/MPa	143.3(139.9)	168.7	141.4	152.3(149.3)	159.9(154.9)	135.1

现对表1.8的计算结果说明与讨论如下。

本书算法结果143.3按式(1.260)取 $\eta_t = 0.391$ MPa系按老化理论计算,括号内结果139.9 MPa按混合理论 $\eta_t = 0.347$ 计算,二者相差2%左右。建议新浇筑构件当加载龄期 $\tau_0 = 3 \sim 8$ d时可以采用老化理论求 η_t;当 $\tau_0 > 8$ d时应按混合理论计算 η_t。文献[3]中的公式为 $\sigma_{l6} = \dfrac{n_p\varphi\sigma_{cp} + n_p\varepsilon_{cs}E_c}{1 + n(1 + \varphi/2)\sigma_{cp}/\sigma_p}$,$\sigma_p = P/A_p$ 为张拉后的预应力筋应力。该式在日本等国早期采用较多,算得的 σ_{l6} 也是各方法中最大的。早期文献中的计算公式结果均稍许偏大(偏于安全),文献[3]中的算法比较有代表性。文献[8]中的公式为 $\sigma_{l6} = \dfrac{n_p\varphi\sigma_{cp} + n_p\varepsilon_{cs}E_c}{1 + n\mu(1 + \varphi)}$,其计算结

果在本例中与 04 桥规方法最为接近。

《混凝土结构设计规范》（GB 50010—2002）的计算公式为 $\sigma_{l6} = \dfrac{0.9 n_{\mathrm{p}} \varphi \sigma_{\mathrm{cp}} + n_{\mathrm{p}} \varepsilon_{\mathrm{cs}} E_{\mathrm{c}}}{1 + 15\rho}$，$\rho = (A_{\mathrm{p}} + A_{\mathrm{s}})/A$，受压区式中 ρ 换为 $\rho' = (A'_{\mathrm{p}} + A'_{\mathrm{s}})/A$；本例表 1.8 中的计算结果为便于同本文方法对比，按 $\rho = 0.5\mu = 0.007\,5$ 计算；ρ 的取值为 $(0.4 \sim 0.6)\mu$，括号内数据（149.3）为参照图 1.29(b) 取 $\rho = 0.6\mu = 0.009$ 计算的结果，二者相差也只有 2% 左右。这就是说，公式中的分母 $1 + 15\rho \approx 1 + 7.5\mu$，与其他公式相比该值接近最低。

85 桥规的公式为 $\sigma_{l6} = \dfrac{n_{\mathrm{p}} \varphi \sigma_{\mathrm{cp}} + n_{\mathrm{p}} \varepsilon_{\mathrm{cs}} E_{\mathrm{c}}}{1 + 10\mu\rho_A}$，式中 $\rho_A = 1 + e_A^2/r^2$，e_A 为全部预应力筋与普通钢筋换算截面重心至截面中性轴的距离，e_A 一般很小且可能取正值或负值，e_A^2/r^2 的取值一般在 $0 \sim 0.25$。如假定 $e_A = 0$，则与本文推导过程中的假定 $y'' = 0$ 相当；r 为截面回转半径，即 $r^2 = I/A$。为便于同本文方法对比，表中计算结果按 $e_A = 0$ 计算，括号内数据（154.9 MPa）按 $e_A^2/r^2 = 0.25$ 计算。该值已接近其可能的最大取值，与 $e_A = 0$ 计算的结果相比，本例中二者相差也只有 3% 左右。这就是说，85 桥规公式中的分母 $1 + 10\mu\rho_A \approx 1 + 10\mu$。

85 桥规公式严格说来是有问题的，当 e_A 取负值时，式中 ρ_A 值应改为 $\rho_A = 1 - e_A^2/r^2$。当用于计算断面受压区钢束的损失计算时符号应该相反，即 e_A 取负值时 $\rho_A = 1 + e_A^2/r^2$，正值时 $\rho_A = 1 - e_A^2/r^2$；e_A 的符号以重心位置位于断面的受拉侧为正，或按 85 桥规附录九公式（附 9.3）判断。注意本文定义的 $\mu = (A_{\mathrm{p}} + A_{\mathrm{s}})/A_{\mathrm{c}}$，04 桥规中的定义对于先张法为 $\mu = (A_{\mathrm{p}} + A_{\mathrm{s}})/A$，二者是有差别的，对于后张法则与本文定义相同。本例是后张法构件，如按 04 桥规先张法构件的规定求 μ 参照图 1.29(b) 中的配筋桥规其值将降低约 7%，由此计算的损失结果为 161.3(156.5)MPa，二者相差只有不到 1%，因此笔者认为可以忽略这点 μ 定义的差异。

04 桥规公式被认为是对 85 桥规公式的改进，其断面受拉区钢束的损失计算公式为 $\sigma_{l6} = \dfrac{0.9(n_{\mathrm{p}} \varphi \sigma_{\mathrm{cp}} + n_{\mathrm{p}} \varepsilon_{\mathrm{cs}} E_{\mathrm{c}})}{1 + 15\rho\rho_{\mathrm{ps}}}$，式中 $\rho = (A_{\mathrm{p}} + A_{\mathrm{s}})/A$，按 04 桥规本条规定，本例后张法构件的 A 应取净截面 A_{c}，故 $\rho = (A_{\mathrm{p}} + A_{\mathrm{s}})/A_{\mathrm{c}}$，$\rho_{\mathrm{ps}} = 1 + e_{\mathrm{ps}}^2/r^2$（原公式符号 i 定义同本文的 r）；$e_{\mathrm{ps}} = (A_{\mathrm{p}} e_{\mathrm{p}} + A_{\mathrm{s}} e_{\mathrm{s}})/(A_{\mathrm{p}} + A_{\mathrm{s}})$，含义应为受拉区全部 $(A_{\mathrm{p}} + A_{\mathrm{s}})$ 至截面中性轴的换算平均距离。式中分母部分的 $\rho\rho_{\mathrm{ps}}$ 可作如下变换：

$$\rho\rho_{\mathrm{ps}} = \frac{A_{\mathrm{p}} + A_{\mathrm{s}}}{A_{\mathrm{c}}}\left(1 + \frac{e_{\mathrm{ps}}^2}{r^2}\right) = \frac{A_{\mathrm{p}} + A_{\mathrm{s}}}{A_{\mathrm{c}}} + \frac{(A_{\mathrm{p}} + A_{\mathrm{s}}) e_{\mathrm{ps}}^2}{A_{\mathrm{c}} r^2} = \frac{A_{\mathrm{p}} + A_{\mathrm{s}}}{A_{\mathrm{c}}} + \frac{I_{\mathrm{ps}}/n}{I_{\mathrm{c}}}$$

式中，$I_{\mathrm{ps}} = (A_{\mathrm{p}} + A_{\mathrm{s}}) e_{\mathrm{ps}}^2$，含义为受拉区 $(A_{\mathrm{p}} + A_{\mathrm{s}})$ 对断面换算惯性矩 I 的贡献，$I_{\mathrm{c}} = A_{\mathrm{c}} r^2$，为混凝土净截面惯性矩。为便于同本文方法对比，同样引用全部预应力筋与普通钢筋在混凝土全断面上大体均衡布置（相当于 $y'' = 0$）与 $A_{\mathrm{p}} + A_{\mathrm{s}} \approx A'_{\mathrm{p}} + A'_{\mathrm{s}}$ 的假定，于是可得 $(A_{\mathrm{p}} + A_{\mathrm{s}})/A_{\mathrm{c}} = 0.5\mu$，$I_{\mathrm{ps}} = n\mu I_{\mathrm{c}}/2$，代入上式对于本例可得公式的分母部分为 $1 + 15\rho\rho_{\mathrm{ps}} \approx 1 + 15(0.5\mu + 0.5\mu) = 1 + 15\mu$，表 1.2 中的 $\sigma_{l6} = 135.1$ MPa 即按此计算。根据笔者的测算，正常设计的预应力构件，其断面严格按 04 桥规公式计算的 $\rho\rho_{\mathrm{ps}}$ 与断面 μ 之间最多只相差 ±15%（μ 取较大值时），由此引起的最终计算误差最大也只有 ±2.7% 左右。当 μ 取正常的 0.01 左右时，这一计算误差还会降低。该公式追求钢筋在断面布置的不均匀性对损失计算的影响可以提高 $0 \sim 2.7\%$ 的计算精度，但这样烦琐的表达公式是否值得令人怀疑。另外，断面受压区钢束的

损失计算还有一组与此类似的计算公式,此处不再列举。关于 04 桥规的这个计算公式,下文将结合文献[13]中的推荐算法还要加以讨论。

预应力构件断面的徐变收缩损失计算,如果略去普通钢筋的作用,并假定预应力筋与混凝土无黏结且总拉力 P 保持不变,则根据 φ 与 ε_{cs} 的定义直接可得 $\sigma_{l6} = n_p \varphi \sigma_{cp} + n_p \varepsilon_{cs} E_c$,这个算式是精确的。但因为有损失 σ_{l6} 发生 $P(\sigma_{cp})$ 将减小,为求得真解可在上式中用修正后的 σ_{cp} 进行迭代计算,这个分时段的迭代过程很烦琐,但这表明 σ_{l6} 与 φ(或者 σ_{cp})之间的关系必定是非线性的(略去影响很小的与 ε_{cs} 的非线性效应)。如果 σ_{cp} 不变则计算的公式中必还应该有一项包含混凝土的徐变特性(φ 或 η_t)的修正项来反映这种非线性因素的影响。从这个角度来看,本书公式与文献[8]中的公式在理论上较其他公式都更为完备。普通钢筋和与混凝土黏结的预应力筋都能约束徐变与收缩的发展,故公式中的 $(n_p \varphi \sigma_{cp} + n_p \varepsilon_{cs} E_c)$ 项还应该除以一个大于 1 的系数来反映这项修正且这项修正首先应与 $n\mu$ 相关。从这个角度来看,文献[3]中的公式不可取,因为它未包含最关键的 μ 的影响。

总体来说,以上列举的 6 个计算公式都可以使用,虽然早期的公式使收缩徐变的损失计算值稍偏高,但这对最终的断面应力验算影响几乎都可以忽略不计且偏于安全。作为规范收缩徐变损失的计算公式,首先应该简明便于理解和使用,04 桥规的计算公式太复杂。现在设计中使用的一些计算机程序都还未按此公式改正过来,手算恐怕就更没有人使用。本文提供的公式在理论推导上应该是最严密的,而且考虑活载的影响,对计算结果进行微调,计算结果也比较适中,可以提供给下次桥规修订时参考。

3)对文献[13]推荐采用的收缩徐变公式与桥规有关条文的讨论

文献[13]认为 85 桥规的徐变收缩损失计算公式"普遍反映计算值过大",其引用了文献[17]的建议认为徐变收缩损失可按式(1.262)计算:

$$\sigma_{l6} = 0.9 \frac{n_p \varphi \sigma_{cp} + n_p \varepsilon_{cs} E_c}{1 + 15 \mu \rho_A} \tag{1.262}$$

文献[13]对该式的说明为:适用于受压区未配置预应力筋和非预应力钢筋,且受拉区预应力筋采用钢绞线的场合。首先问题是,工程实践中似乎并不存在受压区未配置非预应力钢筋的构件断面;其次,系数 0.9 解释为"式中 0.9 为考虑钢绞线松弛对混凝土收缩徐变引起预应力损失的影响系数",这是有问题的。因为松弛损失虽然可以影响收缩徐变损失的计算,但不应该只有一个简单的减少 10% 的关系,钢绞线有低松弛与一般松弛之分,二者的影响程度可能相差 3 倍;最后,作为一个通用计算公式,如果只适用于使用钢绞线材料,其实用意义是有疑问的。鉴于 04 桥规中的公式基本就是根据式(1.262)稍加修改得出的,虽然改正了 85 桥规公式中上文指出的缺点,但似乎引起的问题更多,因此有必要对式(1.262)进行进一步讨论。

首先,将 85 桥规公式的分母 $1 + 10 \mu \rho_A$ 调整为 $1 + 15 \mu \rho_A \approx 1 + 15 \mu$,本书已经证明了该公式中的 $\mu \rho_A \approx \rho \rho_{ps}$,这就可以说明 04 桥规公式就应该是来自式(1.262)。对这个改动[13]及 04 桥规的相应条文说明中均无解释,但这有一定道理。本书推导的公式分母项为 $1 + n\mu/\eta_t$。对于 $\varphi = 2.0 \sim 2.6$ 的新浇混凝土,η_t 可按老化理论计算的平均值取为 0.4(这相当于取 $\varphi = 2.25$),钢绞线的 n 取 6,代入可得分母项近似为 $1 + 15\mu$,这与式(1.262)的分母基本一致,即本文可以为此找到理论依据。但对很老的混凝土,如 $\varphi = 0.4$ 时,式(1.262)的分母仍

为 $1+15\mu$ 左右,而本书算法的分母将降到 $1+8\mu$ 左右,理论上此时式(1.262)将对收缩徐变损失的计算值稍低估。

要研究式(1.262)中的系数 0.9 的来历,首先要研究松弛与收缩徐变损失之间的关系。松弛会使收缩徐变损失计算公式中的 σ_{cp} 减小,故松弛损失 δ_{l5} 与收缩徐变损失 σ_{l6} 之间也有一种非线性的影响关系。可以假定一个松弛随时间的发展规律并选用一种徐变理论来求解松弛对损失 σ_{l6} 的影响。在解决这个问题之前,可以先研究与这个问题有关的如下两个特解。其一,假定松弛在计算 σ_{cp} 的 τ_0 时已全部完成,则在计算公式中的 σ_{cp} 求 P 时提前扣除全部松弛损失 $\Delta P_{l5}=A_p\sigma_{l5}$ 即可求得真解,这个特解最简单。其二,假定松弛的发展速率与混凝土的受拉和受压徐变速率三者相同,松弛效应即可等同于施加在断面钢束重心处的一个数值为 $0\rightarrow-\Delta P_{l5}$ 的随时间而变化的荷载并使结构发生第二类受拉强迫位移。根据计算的叠加原理与本书的算法,由于松弛引起的钢束拉力降低值将等于混凝土断面拉应力的合力,混凝土的拉应力因徐变效应最终要衰减 η_t 倍,故钢束的拉力在 $\tau_0\rightarrow\infty$ 后将由 P 减小到 $P-\eta_t\Delta P_{l5}$,其减小的速率也与混凝土徐变的发展速率相同。近似设在 $\tau_0\rightarrow\infty$ 期间内 P 平均减小 $0.5\eta_t\Delta P_{l5}$,在计算 σ_{cp} 求 P 时只要扣除钢束的松弛损失 $0.5\eta_t\sigma_{l5}$,即可求得这第二个特解的近似解答。但要注意的是按照求解这个特解的假定,后期应扣除的松弛损失应是 $\eta_t\delta_{l5}$ 而不是 δ_{l5}。这就是说,钢束松弛将使断面产生拉应力或使断面的压应力卸载,由于混凝土的弹性延后恢复或拉伸徐变,最终的钢束松弛损失将恒小于规范规定的或在实验室测得的松弛损失值 δ_{l5},这就是特解二的结论。对于一般的预应力新浇混凝土,可近似取 η_t 为 0.4,这第二个特解的解答尚可进一步简化为在按式(1.257)计算 σ_{cp} 时,钢束扣除的松弛损失应为 $0.5\times0.4\delta_{l5}=0.2\delta_{l5}$,后期验算断面应力时应扣除的松弛损失则应为 $0.4\delta_{l5}$,即松弛损失要丢失 $0.6\delta_{l5}$。

对于先张法预应力构件,通常在放张 τ_0 时松弛损失已经完成50%（2 d 左右后放张）,这符合特解一的情况;后50%的松弛损失一般资料认为40 d 左右就已完成,研究的问题是松弛对计算 σ_{cp} 的影响,40 d 后这项影响就不会再发生变化。只要假定这40 d 内松弛的发展速率近似与同期的混凝土徐变发展速率相同,套用特解二的算法即可得到这个问题的解答。

40 d 内完成的混凝土徐变值参照有关资料及04桥规附录 F 公式(F.2.1-6)可近似取为 0.4φ 或 $0.4\times2.25=0.9$,对应的 η_t 按老化理论计算为 $\eta_t=(1-e^{-0.9})/0.9=0.66$。这就是说,$\tau_0\rightarrow40$ d 后剩余50%的松弛效应将衰减到 $0.5\times0.66\delta_{l5}=0.33\delta_{l5}$（丢失 $0.17\delta_{l5}$ 的松弛损失）,此期间的平均松弛损失则为 $0.5\times0.33\delta_{l5}+(\tau_0$ 时已发生的$)0.5\delta_{l5}=0.665\delta_{l5}$。40 d→$\infty$ 期间为第二计算阶段,此阶段计算 σ_{cp} 时应扣除的松弛损失恒为 $0.5\delta_{l5}+0.33\delta_{l5}=0.83\delta_{l5}$。在整个 $\tau_0\rightarrow\infty$ 期间计算 σ_{cp} 时,在 P 中应扣除松弛损失应为两阶段应扣值的加权平均值,权重按完成的徐变百分比考虑,故应扣值为 $0.4\times0.665\delta_{l5}+0.6\times0.83\delta_{l5}=0.76\delta_{l5}$。后期验算断面应力时,应扣除的松弛损失除在 τ_0 时已扣除 $0.5\delta_{l5}$ 之外,还应扣除 $0.33\delta_{l5}$ 的松弛损失。

对于后张法预应力构件同样可以采用上法计算,为求得更准确的结果,可以将时段划分为 $\tau_0\rightarrow2$ d、2 d→42 d 与 42 d→∞ 3个阶段考虑。第一时段仍假定松弛完成50%,2 d 内完成的混凝土徐变值参照04桥规附录 F 公式(F.2.1-6)近似取为 0.15φ 或 $0.15\times2.25=0.338$,对

应的 $\eta_{t,1}$ 按老化理论计算为 $\eta_{t,1}=0.85$。在第一时段的终了即 2 d 后,前 50% 的松弛将衰减到 $0.5\times0.85\delta_{l5}=0.425\delta_{l5}$(丢失 $0.075\delta_{l5}$ 的松弛损失),计算本时段 σ_{cp} 时应扣除的松弛损失应为 $0.5\times0.425\delta_{l5}=0.213\delta_{l5}$。$\tau_0\to42$ d 期间混凝土完成的徐变可仍近似取为 0.4φ,第二时段 2 d→42 d 完成的徐变值应为 $0.4\varphi-0.15\varphi=0.25\varphi=0.563$,相应的 $\eta_{t,2}$ 按老化理论计算为 0.765,在第二时段的终了,后 50% 的松弛将衰减到 $0.5\times0.765\delta_{l5}=0.382\delta_{l5}$(期间又丢失 $0.118\delta_{l5}$ 的损失),计算本时段 σ_{cp} 时应扣除的平均松弛损失应为 $0.5\times0.382\delta_{l5}+$(2 d 后已发生)$0.425\delta_{l5}=0.616\delta_{l5}$。第三阶段计算 σ_{cp} 时,应扣除的松弛损失恒为 $0.425\delta_{l5}+0.382\delta_{l5}=0.807\delta_{l5}$。在全部 $\tau_0\to\infty$ 期间计算 σ_{cp} 时,在 P 中应扣除的松弛损失应为考虑相应徐变值大小,后三阶段应扣值的加权平均值,即应扣 $0.15\times0.213\delta_{l5}+0.25\times0.616\delta_{l5}+0.6\times0.807\delta_{l5}=0.67\delta_{l5}$,后期验算断面应力时应扣除的松弛损失应为 $(1-0.075-0.118)\delta_{l5}=0.81\delta_{l5}$。

对比先张法计算 σ_{cp} 时应扣 $0.76\delta_{l5}$,τ_0 时及后期应扣总计 $(0.5+0.33)\delta_{l5}=0.83\delta_{l5}$ 松弛损失的计算结果,两者相差不大,这也很好理解。因为后张法构件只多了 $\tau_0\to2$ d 这一个阶段,略去此阶段发生的 0.15φ 徐变但松弛仍发生了 $0.5\delta_{l5}$ 解答就会与先张法构件相同。

以下研究计算 σ_{cp} 时在 P 中多扣除 1 倍 δ_{l5} 对 σ_{l6} 的影响。设 $P=A_p\sigma_{pe}$,σ_{pe} 为传力锚固时的钢束应力,其值暂按 04 桥规第 6.2.6 条计算(即暂不考虑扣除部分松弛损失)。在中小跨径桥梁中,对于采用 $f_{pk}=1\,860$ MPa 的低松弛(普通松弛)钢绞线或精轧螺纹钢筋,不超张拉时 σ_{pe} 一般在 1 250 MPa 或 700 MPa 左右,而收缩徐变损失 σ_{l6} 中与 P 有关的徐变损失部分可大致取为 110 MPa 左右,参照新旧桥规,δ_{l5} 可取为 30(100)MPa 或 70 MPa,在 P 中多扣 1 倍 δ_{l5} 对计算 σ_{l6} 的影响即可反映为减少 $30/1\,250\times110$ MPa $=2.64$ MPa(8.8 MPa 或 11.0 MPa)。该减少值无论对于何种钢绞线均相当于约 $0.088\delta_{l5}$(精轧螺纹钢筋为 $0.16\delta_{l5}$)。

根据以上分析,对于先张法构件如果在 τ_0 计算 σ_{cp} 时取整扣除 $0.7\delta_{l5}$ 的松弛损失,少扣的 $0.06\delta_{l5}$ 对收缩徐变计算 σ_{l6} 的影响为增加了 0.06×2.64 MPa(8.8 MPa)或 11.0 MPa $=0.16(0.53)$ 或 0.66 MPa,对精轧螺纹钢筋而言,0.66 MPa 也只占 σ_{l6} 的 0.5% 左右。这项计算误差显然可以忽略不计,后期验算断面应力时应扣的松弛值则可偏于安全地由 $0.33\delta_{l5}$ 取整为 $0.4\delta_{l5}$。同理,后张法构件计算 σ_{cp} 时也可与先张法统一为只扣 $0.7\delta_{l5}$ 松弛损失,多扣 $0.03\delta_{l5}$ 的影响可以忽略。后期验算断面应力时,应扣的松弛值则可足够精确地取整为 $0.8\delta_{l5}$,即应较先张法构件多扣 $0.4\delta_{l5}$ 的松弛损失。

但按照 04 桥规的要求或设计习惯上,松弛损失单独计算,其值 δ_{l5} 按 04 桥规第 6.2.6 条计算或由实验室测定,看来这条规定或设计习惯并不合理。如果在断面的后期应力计算中仍扣除松弛损失 δ_{l5},这实际相当于多扣除了 $0.1\delta_{l5}$(先张法,设 τ_0 时已扣 $0.5\delta_{l5}$)或 $0.2\delta_{l5}$(后张法)的松弛损失。在不改变 04 桥规的要求或设计习惯的条件下,根据上文分析可将该值在求收缩徐变损失时少算一点损失来加以弥补。以使用钢绞线(精轧螺纹钢筋)材料的后张法构件为例,后期计算中多扣除 $0.2\delta_{l5}$ 松弛钢束损失在 σ_{l6} 计算中就应少算 0.2×30 MPa(0.2×100 MPa)或 0.2×70 MPa ≈6 MPa(20 MPa)或 14 MPa。如果取 σ_{l6} 为 140 MPa 左右,在计算收缩徐变的公式右端项,对于低松弛钢绞线,就应该大约乘以系数 $(140-6)/140=0.97$;对于普通松弛钢绞线,就应该大约乘以系数 $(140-20)/140=0.86$;对于精轧螺纹钢筋,就应该大约乘以系数$(140-14)/140=0.90$。这就证明,式(1.262)似乎只能适用于后张法使用精轧螺纹钢筋材料。以上分析虽然粗略,因为分析所采用的σ_{pe}与σ_{l6}都是经验值,但由此也可知道式(1.262)中的系数0.9也并非完全没有道理,但不分钢材品种,不分低松弛还是一般松弛,也不分是否采用超张拉,统一取一个系数0.9。这就粗略得过分,更何况对于先张法构件这个系数还应与后张法构件有所区别。另外,采用式(1.262)计算σ_{l6},少算10%的收缩徐变损失,再用多扣除松弛损失来加以弥补,这在理论上也不大说得通。

本书对式(1.262)的讨论也是对04桥规第6.2.7条的讨论。文献[13]及04桥规的条文说明均认为85桥规的收缩徐变损失计算公式"普遍反映计算值过大",这句话也有片面性。首先"普遍反映"就值得存疑;其次,对于大跨径混凝土桥梁,混凝土的徐变效应历来都有被严重低估的问题,这就必然有(以上所有8个公式)对收缩徐变损失计算值低估的问题,否则这类桥梁的跨中挠度就不会在$3\sim5$年以后超预期发展。即使对于中小跨径的钢筋混凝土T梁,$3\sim5$年以后裂缝往往严重开展,而裂缝缓慢开展的实质仍可归结于混凝土的收缩徐变效应,因此对这类桥梁也不能轻言收缩徐变损失"计算值过大"。对于这类问题的研究离不开活载对徐变效应的影响,因其涉及的问题较多应另文予以讨论,但正是基于对活载影响徐变的认识,笔者才建议在式(1.260)中增加一个$k=0.95$或1.05的活载调整系数。这个活载调整系数是否合理,希望能够引起讨论。

结论是:如果按式(1.260)计算收缩与徐变损失σ_{l6},按04桥规第6.1.5条计算σ_{cp}时,应说明在计算P(04桥规符号为N_{p0})时除要扣除相应锚固阶段的第一批损失外,还要再扣除$0.7\delta_{l5}$的松弛损失;在按第7.1.5条验算使用阶段的正截面混凝土与预应力钢筋应力时,$P(N_{p0})$中应扣除全部预应力损失中,但其中的松弛损失δ_{l5}对于先张法构件应乘以折减系数0.4,对于后张法构件应乘以折减系数0.8。

1.3.6　钢筋混凝土拱桥主拱圈断面的应力重分配计算

钢筋混凝土拱桥主拱圈的拱轴线通常都按接近断面的恒载压力曲线原则确定,故其主拱圈的断面受力一般都属于以受压为主的小偏心受压构件,恒载作用下弯矩与剪力较之轴力通常要小一个数量级,与本书1.3.3节中讨论的恒载作用下的轴心受压构件相比,区别在于断面的这个弯矩一般不能忽略,而剪力的影响可以忽略不计。由于钢筋混凝土拱桥的形式多样,当主拱圈断面在施工过程中分阶段多次形成时,问题可能会变得比较复杂。但无论问题多么复杂,其在恒载作用下的应力重分配问题都可以采用本文方法求得比较满意的解答,以下将分别对有关的计算方法予以说明。

1)搭支架现浇的钢筋混凝土拱桥

跨径较小时,裸拱落架后的全断面受力都可以设为第1个计算阶段,即一期恒载为拱圈自重。例如,用C30混凝土浇筑的板拱或箱拱,无论拱圈是一次浇筑还是分两次浇筑,全断面混凝土的徐变系数终极值都可取为相同值2.6。当拱圈分两次浇筑时,这实际是略去了两层混凝土之间发生的应力重分配。由于两次浇筑的时间差一般在半月左右或以内,这样处理不会产生太大的误差。全部拱上结构与铺装完成后可设为第2个计算阶段,如该阶段拱圈混凝土的徐变系数可取为1.10。具体计算过程可参考上文算例,区别仅在于采用式(1.233)计算时,式中的$\overline{\sigma}'_i$按式(1.222)计算,一般应考虑本阶段断面弯矩的影响,即应按

$\overline{\sigma}'_t = \frac{N'_t}{A'} - \frac{M'_t}{I'}y$ 计算（假定 $y'' = y' = 0$）。

这类跨径不太大的拱桥拱圈应力，实际都还可如上文算例那样按一阶段考虑全部恒载效应，计算 φ 取上述两阶段的平均值，如可取 $\varphi = (2.6 + 1.1)/2 = 1.85$。也可如上文所述，直接按式(1.240)或式(1.236)按一阶段求解各点处的普通钢筋应力增量，相应点处的混凝土最终的压应力则可按式(1.237)计算。式(1.236)就是式(1.248)，笔者推荐使用这个最简单的计算公式。

2) 无支架吊装法施工的大跨钢筋混凝土拱桥

这类拱桥以采用无支架吊装法施工的箱形拱桥为代表，也包括早期修建过的拱圈断面分多次逐渐形成的双曲拱桥。当箱拱预制拱圈断面一次吊装成形时，通常预制拱圈断面之间在合龙以后还要现浇一次纵缝混凝土。如果跨径较大（150 m 左右或以上），有时还要现浇一层加厚的箱拱顶板混凝土以减轻吊装重量。这部分混凝土的浇筑时间与纵缝混凝土相差不远，一般可以合并在一起考虑。全部成形后的拱圈断面由 4 种材料（子单元）组成，按预制拱圈混凝土、预制拱圈内普通钢筋、纵缝混凝土、纵缝内普通钢筋顺序用下标"1 ~ 4"标识。这类拱桥拱圈断面应力重分配计算的精确方法一般至少应划分为 3 个计算阶段。

如按 3 个计算阶段考虑，各阶段施加的恒载分别为 $N_{d,k}$、$M_{d,k}$，下标 k 表示计算阶段（$k = 1 ~ 3$，不计剪力）。第一阶段只考虑预制拱箱合龙后的自重，荷载为 $N_{d,1}$，$M_{d,1} = 0$，$M_{d,1} = 0$ 表示此阶段可按轴心受压构件计算。假定合龙时刻为 t_1，预制拱箱存梁时间平均为 3 个月时，t_1 可取为存梁时间加平均吊装时间的一半。例如，可取 $t_1 = 120$ d，由 t_1 可确定预制拱箱混凝土的徐变系数为 $\varphi_{1,1}(\infty, t_1) = \varphi_{1,1}$，如可取 $\varphi_{1,1} = 1.8$。收缩系数可假定已完成80%取为 $\varepsilon_{1s,1}(\infty, t_1)$。在时间 $t_1 \rightarrow \infty$ 内，预制拱箱自重在预制断面任一点处的最终实际应力根据式(1.223)可改写为以下一般形式：

$$\hat{\sigma}_{t,i,k} = \eta_{i,0,k}\sigma_{0,i,k} - \eta_{i,t,k}\varepsilon_{is,k}E_{i,k} + n'_{i,k}\overline{\sigma}'_{t,k}(k = 1, i = 1 ~ 2) \tag{1.263}$$

式中，下标 i 表示单元编号，$\sigma_{0,i,k}$ 为断面 i 单元的弹性应力（含义同上文 $\sigma_{0,k}$），显然 $\eta_{2,0,1} = \eta_{2,t,1} = 1$，$\varepsilon_{2s,1} = 0$，$\eta_{1,0,1}$ 与 $\eta_{1,t,1}$ 按 $\varphi_{1,1}$ 计算；$n'_{i,k}$ 按式(1.221)计算，即 $n'_{1,k} = \eta_{1,t,1}$，$n'_{2,k} = E_2/E_1$；$\overline{\sigma}_{t,k}'$ 按式(1.17)计算。

$$\overline{\sigma}'_{t,k} = \frac{N'_{t,k}}{A'_k} - \frac{M'_{t,k} + N'_{t,k}y'_k}{I'_k}(y_k - y'_k)(k = 1) \tag{1.264}$$

式(1.264)与式(1.17)相比，只增加了下标 k 表示计算阶段，第一阶段因可按轴心受压构件计算并可假定上式中的 $y'_k = M'_{t,k} = 0$，右端实际只有一项 $N'_{t,1}/A'_1$，$N'_{t,1}$、A'_1 分别可按第一阶段两种材料的式(1.219)计算。当然，如果只考虑预制拱箱在自重作用下的应力重分配关系，也可如上文算例直接采用最简单的式(1.237)计算，式(1.237)中的 $\Delta\sigma_{t,s}$ 则可按式(1.240)、式(1.259)或式(1.261)中的任一公式计算。

式(1.262)和式(1.263)看似麻烦，却是以后各计算阶段的通用算式。进入第二阶段，拱圈断面将增加两个单元，此时 $i = 1 ~ 4$。假定第3、4种材料参与拱圈全断面作用的时刻为 t_2，t_2 可取为浇筑完成全部纵缝（与顶板）混凝土的平均时间加 3 d，如可取 $t_2 = 150$ d。由 t_2 可确定预制拱箱断面与纵缝混凝土（$i = 1、3$）在二期自重荷载（$N_{d,2}$、$M_{d,2}$）作用下的徐变系数为 $\varphi_{1,2}(\infty, t_2) = \varphi_{1,2}$ 与 $\varphi_{3,2}(\infty, 3) = \varphi_{3,2}$。$\varphi_{1,2}$ 应按预制拱箱混凝土加载龄期为 t_2 计算，最好不要按老化理论不同加载龄期混凝土的徐变曲线彼此平行的假定方法求解,即不要按 $\varphi_{1,2} = \varphi_{1,1}(\infty,t_1) - \varphi_{1,1}(t_2,t_1)$ 求解,因为这样将较大低估后期恒载的徐变效应。例如,$\varphi_{1,1} = 1.8$ 时 $\varphi_{1,1}(t_2,t_1)$ 已完成 40%,$\varphi_{1,2}$ 不应按 $1.8 \times 0.6 = 1.08$ 计算,其计算方法可参考有关文献,如可取 $\varphi_{1,2} = 1.6$。根据 $\varphi_{1,2}$、$\varphi_{3,2}$ 与 $N_{d,2}$、$M_{d,2}$ 可以求得此阶段的全断面徐变截面特性 A'_k、I'_k、y' 与 $\eta_{1,0,2}$、$\eta_{1,i,2}$、$\eta_{3,0,2}$、$\eta_{3,t,2}$,再按式(1.219)求 $N'_{t,k}$ 与 $M'_{t,k}$;计算公式仍是式(1.262),但此时 $k=2$,式中 $n'_{i,k}$ 的计算方法同前,注意 $\varepsilon_{3s,2}(\infty,t_2)$ 应为 $\varepsilon_{1s,1}(\infty,t_1)$ 的 5 倍左右。本阶段两种钢筋单元的 $\eta_{i,0,k}$、$\eta_{i,t,k}$ 仍应为 1,$\varepsilon_{is,k}$ 则仍应为 0。

第三阶段的计算程序基本同第二阶段,不同处在于恒载为考虑全部拱上结构自重后在计算断面上产生的 $N_{d,3}$、$M_{d,3}$。设完成全部拱上结构施工的平均时间为 t_3,如可取 $t_3 = 280$ d,先由 t_3 确定 $\varphi_{1,3}(\infty,t_3)$ 与 $\varphi_{3,3}(\infty,3+t_3-t_2)$;$\varphi_{1,3}$ 与 $\varphi_{3,3}$ 的计算方法同 $\varphi_{1,2}$,如可取 $\varphi_{1,3} = 1.1$ 与 $\varphi_{3,3} = 1.4$。本阶段拱圈断面不变,断面的徐变截面特性与作用的徐变不平衡荷载不同于第二阶段,但断面的弹性截面特性与第二阶段完全相同。要注意的是,如果在第二阶段还要现浇一层加厚的箱拱顶板。由于现浇顶板与预制箱梁(底板)混凝土的徐变特性相差很大,在精确分析时,式(1.263)中就不能再假定 $y'_k = 0$,其后的各计算阶段也不能作此假定。如仍采用 $y'_k = 0$ 的简化假定,断面现浇顶板混凝土的最终应力会被高估,而底板混凝土的最终应力会被低估。显然,如果能将浇筑纵缝与顶部混凝土细分为两个阶段,结果会更好一些。

大跨拱桥的全部拱上结构施工周期较长,如果要追求更精确的分析结果可以将第三阶段再细分为 2~3 个阶段,此时 $k=4$ 或 5,计算过程可按上述的第三阶段方法类推。钢筋混凝土拱桥的拱上结构施工一般要求对称均衡加载,混凝土与钢筋的应力变化一般都是逐渐增加的。施工过程中的应力状态一般不控制设计,设计一般只关心应力重分配后时间 $t_1 \rightarrow \infty$ 的应力状态。假定问题是按划分为 kn 个计算阶段进行,根据线性徐变分析理论的叠加原理,拱圈断面第 i 单元任一位置处最终的应力状态应为 kn 个以上式(1.262)计算结果之和。

$$\hat{\sigma}_{t,i} = \sum_{k=1}^{kn} \hat{\sigma}_{t,i,k} = \sum_{k=1}^{kn} (\eta_{i,0,k}\sigma_{0,k} - \eta_{i,t,k}\varepsilon_{is,k}E_{i,k} + n'_{i,k}\overline{\sigma}'_{t,k}) \quad (k = 1 \sim kn) \quad (1.265)$$

式中,$\overline{\sigma}'_{t,k}$ 仍按式(1.264)计算。式(1.264)可以认为是求解任意复杂混凝土组合构件断面应力重分配问题的通用计算公式。本书 1.3.3~1.3.6 节所有算例都可归结为可按式(1.264)求解。使用式(1.265)时,要点是确定式中右端项中 $\eta_{i,0,k}$、$\sigma_{0,k}$、$\eta_{i,t,k}$、$\varepsilon_{is,k}$、$n'_{i,k}$ 的取值以及 $\overline{\sigma}'_{t,k}$ 如何计算。本书 1.3.3~1.3.6 节所有算例都不是直接采用式(1.264)计算的,但通过这些算例可以加深对式(1.265)的理解。

式(1.264)、式(1.265)的联合使用特别适用于对特定大型复杂的应力重分配问题编制电算程序求解。编制这类程序的要点为:第一,要假定或由试验提供一个拱箱基本混凝土的 $\varphi(\infty,3)$ 与 ε_{cs},再假定一个根据 $\varphi(\infty,3)$ 与 ε_{cs} 确定任意 $\varphi(t,3)$ 或 $\varepsilon_{cs}(t,3)$ 的计算公式;第二,计算各阶段断面的弹性应力时需要插入一个按有限元法求解各加载阶段断面内力增量的计算公式,并要满足关系全部恒载内力 $N_d = \sum_{k=1}^{kn} N_{d,k}$ 与 $M_d = \sum_{k=1}^{kn} M_{d,k}$;第三,确定断面各计算阶段断面的弹性截面特性与徐变截面特性时,可以编制一个子程序计算,此时无论断面如何构成都没有必要再假定 $y'_k = 0$,这个简化假定不会减少编程的工作量;第四,确定各计算阶段的各个计算系数时,$\varphi_{i,k}$、$\eta_{i,0,k}$、$\sigma_{0,k}$…… 系数的区别算法只需要用条件语句加以区分。根据式(1.263)与式(1.264),无论问题和断面多复杂,计算阶段如何划分,这样的专用计算机程序都比较容易编制。

3)特大跨径外包混凝土的钢管混凝土拱桥

这类桥梁修建得较少,20 世纪国外建过一些,代表桥梁是我国 1997 年建成的主跨为 420 m 的万州长江公路大桥。该桥为上承式拱桥,成桥后的拱圈断面为箱形板拱,特点为在采用吊装法施工主拱圈的过程中断面分多阶段形成,埋入拱圈内先合龙的钢管桁架承担施工荷载。其挂模外包钢管混凝土的施工程序非常复杂,加载也不可能完全对称均衡,因此在施工的全过程中,必须对主拱圈各控制断面进行严密的变形与应力状态监控,而应力监控与计算分析就必须考虑拱圈混凝土的徐变收缩效应。

万州长江公路大桥主拱圈在形成过程中由于钢管桁架的外包混凝土施工历时较长,这部分混凝土加载时间的差异其徐变特性也有很大差异,由此断面的单元划分必须较细。按照断面的形成或参与主拱的受力顺序,单元依次应为:t_1 时合龙的钢管,t_2 时压注的管内混凝土,t_3 时外包的第一部分混凝土与钢筋,t_4 时外包的第二部分混凝土与钢筋,$\cdots$,t_{kn-n} 时外包的最后部分混凝土与钢筋,至此拱圈断面在前 $kn-n$ 个计算阶段内已全部形成,断面的单元总数 i 应为 $2(kn-n)-2$;拱上恒载的施加也可拆分为 n 个计算阶段,其加载时间分别应为 $t_{kn-n+1},t_{kn-n+2},\cdots,t_{kn-1},t_{kn}$;如果考虑活载效应再增加一个计算阶段,则总的计算阶段应划分为 $(kn+1)$ 个。这个问题无论多么复杂,如果只关心 20 年后拱圈各单元材料的最终应力状态,原则上计算仍可采用式(1.265)、式(1.264)进行,只不过此时必须编制一个专用的计算机程序才可完成如此复杂的计算。

程序的编制要点基本同前文所述,但仍有以下重要两点不同:

①由于其特殊的复杂加载过程,这类桥的施工监控一般都要求了解所有中间时间点 t_k 时的断面应力状态,以保证施工安全,因此还必须将式(1.264)、式(1.265)改造为一个完整的可供编制监控程序的计算公式。按照本文算法,在时间点 t_k 主拱断面已完成 k 次加载,对于在时间 t_j 第 j 次加载的恒载 $N_{d,j}$ 与 $M_{d,j}(j\leqslant k)$,设不考虑徐变与收缩效应的断面应力为 $\sigma_{0,i,j}$,考虑徐变收缩效应后在时间 $t\rightarrow\infty$ 的应力为 $\hat{\sigma}_{t_k,i,j}$,引入上文插值函数 $L(x)$ 并参照式(1.246)与式(1.263),在 t_k 时断面因 $N_{d,j}$ 与 $M_{d,j}$ 在断面任一单元 i 内的实际应力可写为:

$$\hat{\sigma}_{t_k,i,j} = \sigma_{0,i,j} + \left[\left(\eta_{i,0,j}\sigma_{0,i,j} - \eta_{i,t,j}\varepsilon_{is,j}E_{i,j} + n'_{i,j}\overline{\sigma}'_{t,j}\right) - \sigma_{0,i,j}\right]L(t_k - t_j)$$

式中,j 为计算阶段,$(t_k - t_j)$ 为 i 单元生成时间至 t_k 时的龄期,所有钢材单元的 $L(x)=1$ 与 $\varepsilon_{is,j}=0$。根据叠加原理,在任意时间点 t_k 单元 i 内的实际应力为上式 $1\sim k$ 阶段计算之和,即可写为:

$$\hat{\sigma}_{t,i,k} = \sum_{j=1}^{k}\left\{\sigma_{0,i,j} + \left[\left(\eta_{i,0,j}\sigma_{0,i,j} - \eta_{i,t,j}\varepsilon_{is,j}E_{i,j} + n'_{i,j}\overline{\sigma}'_{t,j}\right) - \sigma_{0,i,j}\right]L(t_k - t_j)\right\}$$

$$(1.266)$$

式中,$k=1\sim kn+1$ 且仍有关系 $j\leqslant k$。当 $k=kn+1$ 时 $L(t_k - t_j)$ 恒为 1,式(1.266)将蜕化为式(1.265),区别仅在于式(1.266)中多增加了一个活载计算阶段。

②这类复杂结构断面最先进入工作的钢材单元有可能在工作的后期进入受压屈服状态,即应力达到屈服点后应变继续增加但应力不再增加。这个问题的实质属于钢材的非线

性问题,处理起来其实很简单,程序中只需增加一个条件语句,即如果钢材单元的应力超过屈服点后令其仍等于屈服应力,具体处理方法是在式(1.264)及以后的徐变应力分配计算中令这部分单元退出工作,但在计算 $\sigma_{0,i,j}$ 时不能退出工作。国内外都有一些大型的商用有限元程序可以处理这类材料的非线性问题,但对于复杂桥梁结构的断面应力重分配计算,其编制原理均应与本书方法大同小异。

复杂结构的断面应力重分配计算前提是先有断面的徐变内力重分配计算。实际编程计算时,为使计算断面各类截面特性的程序标准化,式(1.265)中的一个单元往往有必要再拆分为多个子单元,计算时段也可划分得更为精细。既然是编程计算,任何阶段任何形式的断面都无必要再作 $y''_k = y'_k = 0$ 的简化假定;设收缩的发展速率与徐变同步,也无必要再作收缩在某个阶段前已经完成的假定。这样不会增加编程的难度,但却可以取得更好的计算结果。

可以用很简单的方法证明万州长江公路大桥主拱圈断面最先合龙的钢管桁架在施工后期或营运阶段的初期,其材质已大部分进入受压屈服状态。该桥主拱净跨径为 420 m,矢高为 420/5 = 84 m,主拱内侧弧线近似按圆曲线计算 $R = 210/\sin[2\arctan(84/210)] = 304.50$ m,弧长 $S = 463.46$ m,如图 1.30 所示。钢管桁架合龙后在将近 3 年的时间里(已通车)拱顶测得的下沉值为 80 cm,同样按圆曲线计算此时的 $R' = 210/\sin[2\arctan(83.2/210)] = 306.62$ m,弧长 $S' = 462.65$ m,主拱内侧弧线的应变为 $(463.46 - 462.65)/463.46 = 1.748 \times 10^{-3}$。这实际就是主拱内埋钢管桁架上下弦杆在下沉后必然发生的平均应变。该值乘以钢材的弹性模量得平均应力为 367 MPa,已经超过钢桁 16Mn 材质的屈服点;再考虑到该桥复杂加载过程所导致的钢管桁架受力的不均匀,这就证明了最先合龙的钢管桁架在桥梁运营期间大部分都已经进入屈服状态。以上计算是假定拱轴曲线为圆曲线,实际拱轴曲线为悬链线。按悬链线同样可以计算出下沉 80 cm 后拱轴线的平均应变,结论仍是平均应变将达 1.75×10^{-3} 左右,只是计算更为复杂一点。

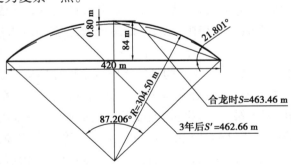

图 1.30　主拱内侧弧长计算图示

万州长江公路大桥的设计与施工都是非常成功的,配合该桥设计与施工的科研工作也做得非常扎实[16]。本书判定主拱钢管材料已进入屈服状态也与该桥科研单位的分析计算结论相一致。但该桥对主拱的长期变形计算考虑的时间太短,也未考虑活载对徐变的影响因素。该桥对主拱的观察工作只进行 3 年,以后就再无变形观测数据。该桥通车迄今已经多年,如果考虑到对于这种恒载占比很高的特大桥梁徐变的发展一般应在 15～20 年后才能稳定,加之活载也要引起主拱混凝土的徐变,主拱拱顶到现在至少应又下沉了 20 cm 或以上,可惜这一估计尚未得到证实。

最后,以上 3 类钢筋混凝土拱桥主拱圈断面的应力重分配规律可以概括为以下几点:

①混凝土的压应力总是要向钢筋转移,转移规律基本同本书 1.3.3 节所述的钢筋混凝土受压构件断面。

②最先参与受力的钢筋混凝土断面部分将承受更多的压应力,先受力部分断面与后参与受力部分的受力差异。由共同参与受力时刻不同混凝土之间的徐变特性差异所决定。

③对于拱圈断面,无论按弹性理论的应力叠加法还是内力叠加法都不能算得断面的最终正确应力状态,而且有时这样计算的误差很大。

④对于复杂拱桥断面,必须进行逐施工阶段考虑混凝土徐变与收缩效应的应力(内力)重分配计算,这样才能保证结构施工期间与使用阶段的安全。

1.3.7 讨论

①本书方法建立在线性徐变理论基础上,叠加原理适用,并且严格假定构件截面变形后仍保持为平面。在此基础上,如再假定计算中的 η_0、η_t 与 φ 取用恰当,混凝土的收缩增长规律与徐变相同,本书方法即可认为在理论上是一种比较精确的分析方法。在讨论混凝土组合构件断面应力重分配的文献中,最早可见于相关文献[2],即用基于徐变老化理论的"代换棱柱法"对最简单的问题进行讨论,但该法实际并不可用。20 世纪 70 年代,我国开始修建大量钢筋混凝土双曲拱桥与箱形拱桥,其特点均为拱圈断面分阶段形成。由于当时桥规采用的还是容许应力法设计理论[9],如何评价这类拱桥拱圈的安全性在当时曾引起过广泛的讨论,即有应按"应力叠加法"还是"内力叠加法"计算的问题,这在当时并没有一个明确的结论。随着极限状态设计理论在钢筋混凝土构件设计领域的广泛采用,这个问题似乎已经不重要,因为各国相关规范都规定拱圈的强度安全可由叠加后最终形成断面的极限承载能力确定,也即这些规范(包括 04 桥规)都不要求对拱圈断面的最终应力状态进行验算。在这个问题上,似乎更能说明极限状态设计理论较之容许应力法设计理论更为前进一步。

但问题还有另外的一面,钢筋混凝土构件的极限状态设计理论虽然简化了问题,但却仍然留下一个理论上不小的漏洞,这就是它解决不了类似万州长江公路大桥这样复杂桥梁的设计,也解决不了钢筋混凝土桥梁(含拱桥)与受压立柱的加固计算问题。例如,某钢筋混凝土箱拱如果需要加固或提高桥梁的承载能力,一般不可以采用在拱顶用钢筋混凝土加厚拱圈的方法。这样的加固方法是危险的,因为后浇筑的拱圈混凝土因收缩效应很可能长期处于受拉状态,对于老拱圈,这增加的仅仅是额外的荷载。由于新老拱圈的徐变特性差异太大,即使拆除部分上部结构恒载后再加浇拱圈,后浇筑的拱圈能承担的恒载也极其有限或者仍然会由收缩而处于受拉状态,后果是这样加固的拱圈在活载作用下很可能将导致老拱圈混凝土的压坏,但按照极限状态设计理论似乎是可以这样加固的。这个例子可以充分说明在钢筋混凝土构件的设计领域,04 桥规的极限状态理论并不完整。在钢筋混凝土受压柱与简支梁的加固问题中,或多或少也都存在着类似的问题,04 桥规同样不能完全解决这类加固问题的计算。

②04 桥规在对钢筋混凝土构件设计的规定中,钢筋的拉应力是通过对裂缝计算宽度的

限制来加以控制的,对钢筋与混凝土的压应力则是通过满足断面极限承载能力的要求来间接加以控制的。前者对钢筋拉应力的控制或限制是有效的,因为无论按新旧桥规的规定设计,裂缝计算一般都控制受弯构件钢筋拉应力的大小,但后者对混凝土压应力的间接控制却有可能如前文所举加固例子那样失控。另外笔者曾在文献[16]中指出,按照 04 桥规的规定在钢筋混凝土受弯构件的设计中,当采用很高断面配筋率的情况下即使完全满足 04 桥规的所有规定,也有可能设计出混凝土压应力超过原容许应力法规定限值($0.65f_{ck}$)很多的断面,这就可能是很危险的设计。因此,04 桥规在钢筋混凝土构件的设计领域采用单一的极限状态设计理论来控制强度有欠妥之处,钢筋混凝土构件设计也应该如预应力混凝土构件设计那样对使用阶段的钢筋拉应力与混凝土压应力设定一个限值,这样在理论上也就可以更为完整。

对复杂钢筋混凝土拱桥拱圈断面的安全检算以及很多混凝土桥梁的加固计算问题不能完全依赖于极限状态的设计理论,这点似乎已有共识。设计中遇上这类问题,实际还是只能依靠 75 桥规的容许应力法设计理论。04 桥规如果对钢筋混凝土构件在使用阶段中的钢筋与混凝土应力设定一个明确的限值,这将在理论上明确这类拱桥与加固问题的设计安全标准。对于按 04 桥规方法正常设计的钢筋混凝土(受弯)构件,即使没有钢筋与混凝土应力过大而产生的安全问题,了解断面钢筋与混凝土在使用阶段的实际应力状态,这对于理解设计的合理性也是十分必要的。

③如果要在钢筋混凝土构件中对钢筋与混凝土的最大使用应力作出限值规定,75 桥规就是最好的参照样本。建议对 HRB335 和 HRB400 钢筋,最大使用拉应力均不得超过 185~140 MPa,对此的限制应严于 75 桥规的要求,这主要是出于对裂缝控制的要求而言,理由可参见文献[16]中的说明;对钢筋的最大使用压应力可不作限制但不得超过其屈服点,前提是受压断面必须满足 04 桥规的极限承载力要求,这点应有别于 75 桥规的规定。满足 04 桥规的受压构件极限承载力要求很重要,这也说明了容许应力法也必须与极限状态设计理论相结合才能构成一个完整严密的理论。受压构件的受压钢筋应当容许在一定的条件下进入屈服状态,对此本书在 1.3.3 节中已有说明。

对混凝土轴心受压应力的限值,可取为与预应力混凝土构件相同的 $0.50f_{ck}$,按 75 桥规换算大体也是这样的标准。预应力混凝土和钢筋混凝土中混凝土压应力的算法可采用本书的算法,即容许充分考虑收缩与徐变所引起应力重分配效应,只要最终的实际压应力不超过 $0.50f_{ck}$ 就应该是安全的。但对预应力混凝土构件而言,混凝土压应力也可按弹性理论换算截面法计算(取 $m=1$),这也是 04 桥规的规定算法。由本书 1.3.3 节中的算例计算结果可知,两种算法可能会产生 14.8% 左右的差异,04 桥规算法有时会过于安全。对于钢筋混凝土受压构件,历来是按 75 桥规的规定方法计算,可采用文献[16]中方法计算,即按换算截面法计算但取 $m=1.8$,该法是对 75 桥规方法的改进,75 桥规方法相当于文献[16]方法中取 $m=1.3~1.4$。混凝土最大弯曲压应力的限值可取为 $0.60f_{ck}$,但同样应按文献[16]中方法取 $m=1.8$ 计算,理由可见文献[16]中的说明;如仍按 75 桥规规定方法计算,混凝土的最大弯曲压应力限值应取为 $0.65f_{ck}$,该值大体与 75 桥规中的$[\sigma_w]$相当。

对预应力混凝土结构而言,04 桥规的规定算法($m=1$)在世界范围内已用了几十年,大量的设计经验与安全评价标准都与这种算法相联系,故一时不宜更改。不同算法的差异主要与断面普通钢筋含筋率的差异有关,为适当平衡这两种算法差异对构件安全水平带来的差异,可根据构件断面的普通钢筋含筋率对混凝土的容许压应力水平适当予以调整。

④预应力构件断面配置 A_p 与 A_s 的比值关系,早期设计的桥梁构件一般为 $A_p:A_s=1:1 \sim 1:1.4$(矩形断面的 A_s 配置偏少,T形断面的 A_s 配置偏多);现在的设计趋势是普通钢筋越配越多,一般为 $A_p:A_s=1:2.0 \sim 1:3.0$,现行部颁通用设计图中的全预应力混凝土简支T梁配置的 $A_p:A_s$ 全部都是1:2.0左右的关系,部分预应力构件均为1:2.2左右。04桥规规定算法对占总配筋量1/3左右的预应力筋收缩徐变损失算得很仔细,但却忽略了2/3左右同一数量级的普通钢筋的应力增量(计算误差已达10%~20%),这本身就说明有问题。

但04桥规算法在一定条件下又是合理的。世界各国的早期桥梁设计规范都主要是为中小跨径桥梁制定的,中小跨径构件活载占比 α 一般较高,设 $\alpha=M_l/M_k=0.6$ 左右,按04桥规算法,只有40%的总荷载低估混凝土的收缩徐变效应。早期设计的预应力混凝土构件普通钢筋的配置都较少,一般只有 $\mu_s=0.4\%$ 左右。设早期某简支梁构件断面 $\mu_s=\mu_p=0.4\%$ 且 $\alpha=0.6$,预应力筋的恒载永存预应力为900 MPa,平均收缩徐变损失值 $\sigma_{l6}=140$ MPa,考虑收缩徐变效应后普通钢筋的平均应力增量为120 MPa(一般要略小于 σ_{l6}),因有关系 $A_p \times 900=A_0 \times \sigma_{c平均}+A_s \times 120$, $A_p=A_s$, $A_0 \times \sigma_{c平均}=A_p \times 780$,按04桥规方法计算则为 $A_p \times 900=A_0 \times \sigma_{c平均}$。考虑因收缩徐变在普通钢筋断面引起的压应力增量以后,断面的平均恒载压应力 σ_c 将降低 $120/900=13.3\%$。以上计算所采用的假定数据都非常接近早期简支梁桥的真实设计数据,这与本书1.3.3节中算例(含筋率 $\mu_s=0.5\%$、$\alpha=0.6$)混凝土恒载的最终应力将降低14.5%的计算结果也可以相互印证。由于只有40%的荷载会产生这项误差,按04桥规算法,本例的最终混凝土压应力计算误差实际只有 $0.133 \times 0.4=5.3\%$ 左右,这可以忽略。结论:对于中小跨径桥梁的预应力混凝土构件,当断面的普通钢筋含量 $\mu_s=0.4\% \sim 0.5\%$ 时,04桥规的这条计算规定(取 $m=1$)是合理的,σ_c 计算误差只有5%~7%而且偏于安全。

但对于断面含筋率 μ_s 较高时就不是这样。查现行部颁通用设计图中的全预应力混凝土简支T梁设计图纸,各种跨径的跨中断面普通钢筋含筋率均为 $\mu_s=1.0\%$ 左右。对于近年来设计的全预应力混凝土简支T梁及部分连续刚构,控制断面的普通钢筋含筋率已达1.2%左右或以上。如以活载占比 $\alpha=0.4 \sim 0.5$ 的中等跨径桥梁构件为例,设 $\mu_s=1.0\%$,根据本书1.3.3节中的算例,凝土的最终恒载压应力将降低27.6%。按 $\alpha=0.4 \sim 0.5$ 计算只考虑恒载的混凝土的收缩与徐变效应,使用荷载作用下最终混凝土压应力将降低 $0.276 \times 0.6 \sim 0.276 \times 0.5=16.6\% \sim 13.8\%$,即平均降低约15.2%。如果仍保留早期计算中5.3%左右的安全储备,实际此时的压应力限值即可足够安全地提高10%。因此,对于预应力混凝土构件,当断面的普通钢筋含筋率 μ_s 达到或超过1.0%时,如果按04桥规方法计算,正截面混凝土的最大容许压应力可以在 $0.5f_{ck}$ 的基础上提高到 $0.55f_{ck}$,μ_s 在 $0.4\% \sim 1.0\%$ 时最大压应力可在 $(0.5 \sim 0.55)f_{ck}$ 内插,μ_s 超过1.0%时不再考虑提高这一限值。

由以上分析还可看出,理论上最大压应力的提高幅度还应随活载占比 α 的减小而增加,大跨径桥梁主梁构件控制断面的活载占比 α 有可能降至 $0.2 \sim 0.4$ 甚至更低,这时似乎更可以提高混凝土的容许压应力。但本书认为压应力的提高幅度不宜再随 α 的降低而提高,理由在于以下两点:

a. 活载占比很低时都是大跨径构件,此时在恒载作用下的断面最大压应力常常有可能

超过 $0.3f_{ck}$,计算采用的线性徐变理论严格说来已不再适用,特大跨径预应力混凝土连续刚构桥梁的挠度总是会严重地超过计算值可以说明这个问题,活载占比 α 很低的构件往往也容易出现斜截面裂缝发展失控的问题。因此,对于活载占比 α 很小的混凝土构件,实际还有一个应该控制断面最大压应力以控制徐变发展的问题。

　　b. 活载占比较小的构件对应的都是跨径较大的重要桥梁构件,重要构件的设计理应具有更大的安全度,因此不宜提高混凝土的容许压应力。同理,对于小跨径构件,即使 $\alpha > 0.5$,当 μ_s 达到 1.0% 时容许压应力也应可以提高 10% 到 $0.55f_{ck}$。

　　⑤前述高墩算例设计得过分保守,没有必要选用 C40 混凝土。近年来,我国设计的预应力混凝土连续刚构和预应力简支桥梁采用的混凝土强度等级全部为 C50 及其以上,这同样没有必要。以预应力 T 梁为例,考虑到断面普通钢筋含筋率 μ_s 实际已达 1.0% 左右,跨径为 30 m 以下的梁桥,混凝土强度等级选用 C40 就已足够。C40 混凝土的耐久性一般是不应有任何问题的,只要设计恰当,这类桥梁在使用阶段的混凝土最大压应力都很低,因此没有必要选用 C40 混凝土。另外,我国 20 世纪 80 年代初建成的两座城市预应力混凝土桥梁四川泸州长江大桥与重庆石板坡长江大桥,主跨均超过了 170 m,主梁混凝土都是用的 40 号混凝土,其强度比现在的 C40 还要略低,这两座桥梁均经过了 30 余年繁忙交通的考验,至今仍然工作正常。这是因为这两座桥梁的设计比较精细,还因为根据笔者的计算,这两座桥梁主梁控制断面的混凝土压应力在考虑应力重分配以后,35% 左右的压力已经转移到纵向普通钢筋断面,混凝土的实际压应力水平仍较容许值有较多的富裕。注意这两座桥梁主梁混凝土的平均普通钢筋含量只有不到 160 kg/m³,而近年来设计的刚构普通钢筋含量均在 200 kg/m³ 左右或者以上。仅靠提高混凝土强度等级与加大普通钢筋的配置来保证结构的安全没有用,也很浪费。近年来出现问题的桥梁没有一座是出在混凝土的抗压能力和耐久性上,都是出在开裂的问题上,这说明 04 桥规在开裂验算的规定上本身并不完善。跨径 100 m 左右的预应力连续梁桥和刚构桥,混凝土强度等级选用 C40 就已经足够,四川泸州长江大桥与重庆石板坡长江大桥可以以此为佐证。这个问题不是节约水泥的问题,是否可以提高到降低桥梁产品能耗指标的高度来认识,希望能够得到进一步讨论。

　　本节采用的部分与截面特性有关的符号及其定义如下:

E、E'' 或 E'——组合构件中某一基本混凝土的弹性模量;

E_i——组合构件断面第 i 种材料(或混凝土)的弹性模量;

η_0——混凝土在第一类瞬时强迫位移作用下的内力(应力)衰减系数;

η_t——混凝土在第二类随时间变化且增长规律与徐变相同的强迫位移作用下的内力(应力)衰减系数;

φ 或 $\varphi_c(\infty,\tau_0)$——混凝土的徐变系数;

ε_{cs} 或 $\varepsilon_{cs}(\infty,\tau_0)$——混凝土的收缩系数;

A——组合截面的弹性换算面积,$A = \sum n_i A_i$,A_i 为组合截面第 i 种混凝土的面积;

I——断面的弹性换算惯性矩,$I = \sum A_i(r_i^2 + y_i^2)$,$r_i$ 为 A_i 子断面的回转半径;

y_i——A_i 重心至弹性换算截面中性轴之距离;

n_i——断面第 i 子单元的弹性模量与基本混凝土弹性模量之比值,$n_i = E_i/E$;

A''——断面的衰减换算面积，$A'' = \sum n''_i A_i$；

I''——断面的衰减换算惯性矩，$I'' = \sum n''_i A_i (r_i^2 + y_i^2) - A''y''^2$；

y''——断面的衰减换算面积中性轴至原弹性截面中性轴之距离，$y'' = \dfrac{\sum n''_i A_i y_i}{A''}$；

n''_i——断面第 i 子单元考虑按 $\eta_{i,0}$ 衰减后的弹性模量比，$n''_i = \eta_{i,0} E_i / E''$；

A'——断面的徐变换算面积，$A' = \sum n'_i A_i$；

I'——断面的徐变换算惯性矩，$I' = \sum n'_i A_i (r_i^2 + y_i^2) - A'y'^2$；

y'——断面的徐变换算面积中性轴至原弹性截面中性轴之距离，$y' = \dfrac{\sum n'_i A_i y_i}{A'}$；

n'_i——断面第 i 子单元考虑按 $\eta_{i,t}$ 衰减后的弹性模量比，$n'_i = \eta_{i,t} E_i / E'$。

本节参考文献

[1] 吉中仁. 组合构件与组合构件体系中混凝土徐变变形与内力重分配计算[J]. 土木工程学报,1983(2):63-74+62.

[2] E. E. 吉勃施曼. 预应力钢筋混凝土桥梁理论与计算[M]. 北京:人民交通出版社,1965.

[3] 若狭忠雄,伊沢閑. 遅れ弾性を考慮した場合のコンケリートのクリープより発生する不静定力の計算方法について(Ⅰ)、(Ⅱ)[J]. 橋梁,1980:4-5.

[4] 横道英雄. コンケリート橋(改訂版)[M]. 技報堂,1972.

[5] Z. P. Bazant, L. J. Najjar. Comparison of Approximate Linear Methods for Concete Creep[J]. Jounal of the Structural Divison,Proceedings of ASCE. V. 99, 1973.

[6] V. J. Rao, W. H. Dilger. Analysis of Composite Prestrssed Concdete Beams,Jounal of the Structural Divison[J]. Proceedings of ASCE. V. 100,1974.

[7] W. H. Dilger. Creep Analysis of Prestressed Concrete Structures Using Creep-Transformed Section Properties[J]. PCL. Jounal. 27,1982.

[8] 陆楸. 收缩徐变预应力损失计算方法的探讨[J]. 公路设计资料,1974.

[9] 交通部公路规划设计院. 公路桥涵设计规范(试行)[S]. 北京:人民交通出版社,1975.

[10] 中华人民共和国交通运输部. 公路钢筋混凝土及预应力混凝土桥涵设计规范:JTJ 023—85[S]. 北京:人民交通出版社,1985.

[11] 中华人民共和国交通运输部. 公路钢筋混凝土及预应力混凝土桥涵设计规范:JTG D62—2004[S]. 北京:人民交通出版社,2004.

[12] 南京工学院建筑系《建筑构造》编写组. 建筑结构[M]. 北京:中国建筑工业出版社,1979.

[13] 叶见曙. 结构设计原理[M]. 北京:人民交通出版社,2001.

[14] 曹双寅. 工程结构设计原理[M]. 南京:东南大学出版社,2008.

［15］中华人民共和国住房和城乡建设部.混凝土结构设计规范:GB 50010—2002［M］.北京:中国建筑工业出版社,2002.

［16］四川省公路学会.1996 年四川省公路学会桥梁学术研讨会论文集［M］.成都:西南交通大学出版社,1996.

［17］王永平.钢筋混凝土结构极限状态实用计算［M］.北京:人民交通出版社,1989.

第2章 桥梁结构分析

2.1 双重对称结构分析

2.1.1 概述

所谓的对称结构,是指结构在空间存在一个对称面,它的图式、刚度及边界条件都对称于此平面。利用这种对称性可以简化结构分析,这在一般结构力学教科书及文献中早有详尽的阐述[1,2]。

但实际工程结构还常常存在两个或两个以上的对称面。如何利用这种双重或多重对称性,并在一般对称结构分析的基础上进一步简化其分析,至今仍是一个有必要加以研究的课题。

本节用矩阵位移法讨论有两个相互垂直对称面的双重对称结构的情况,很多方面可以认为是对文献[1]在上述情况下的推广。鉴于只有对大型的结构分析才引入双重对称这一概念,而处理这类问题又只能计算机进行,故本节的叙述均以能适应电算程序的编制为目的。在桥梁结构的立体计算中,有许多问题都可以归结为空间双重对称结构的分析,希望本节所提供的公式能有助于这类问题分析方法的简化。

2.1.2 双重对称结构的若干约定及定义

图2.1所示为某简支桥梁的上部结构,它同时对称于 *yoz* 面与 *xoz* 面,即为本节所定义的双重对称结构。

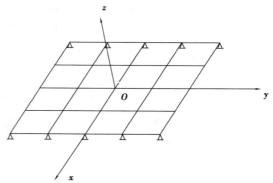

图2.1 某简支桥梁双重对称结构示意

为了讨论方便,作出如下约定:

①本节称 *yoz* 面为第一对称面, *xoz* 面为第二对称面。

②整个结构依其所在的空间位置划分为 9 个部分,并分别用罗马数字 Ⅰ、Ⅱ′、Ⅰ″、Ⅰ‴、

Ⅱ、Ⅱ′、Ⅲ、Ⅲ′、Ⅳ标注在各有关符号的右下角加以区分。第 Ⅰ、Ⅰ′、Ⅰ″、Ⅰ‴部分分别由位于两个对称面所划分的 4 个 1/4 空间内的结构所组成,其编号顺次与 xoy 平面坐标内的第 1～4 象限相对应;第 Ⅱ、Ⅱ′(Ⅲ、Ⅲ′)部分位于结构的第一(第二)对称面上,其中第 Ⅱ(Ⅲ)部分表示被 z 轴分开的位于 $x(y)$ 轴正向侧的节点与单元;而第 Ⅳ部分只表示位于 z 轴上的节点与单元。结构划分为 9 个部分,如图 2.2(a)所示。

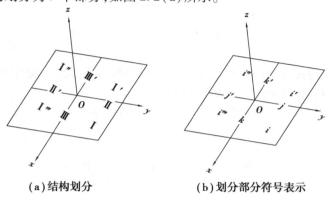

(a)结构划分　　　　　　　　(b)划分部分符号表示

图 2.2　结构划分 9 个部分

③位于结构第 Ⅰ、Ⅰ′、Ⅰ″、Ⅰ‴部分的节点顺序用小写字母 i、i'、i''、i''' 表示,位于结构第 Ⅱ、Ⅱ′(Ⅲ、Ⅲ′)部分的节点用 j、j'(k、k')表示,而第 Ⅳ部分的节点则用字母 S 表示,如图 2.2(b)所示。

④与双重对称特性有关的各矩阵符号,其上标字母含义如下:s、a 分别表示处于正、反对称状态,两个字母连用则其顺序表示对于第一、二对称面所处的对称状态。例如,上标 ss 表示对第一、二对称面处于正对称状态;sa 表示对第一对称面处于正对称状态,同时对第二对称面处于反对称状态等。

⑤如无特别指明,讨论将仅限于在节点荷载作用下的任意空间杆系结构,并约定结构的Ⅱ、Ⅲ,Ⅱ′、Ⅲ,Ⅱ、Ⅲ′,Ⅱ′、Ⅲ′,Ⅰ、Ⅰ″,Ⅰ、Ⅰ‴,Ⅰ、Ⅲ′,Ⅰ′、Ⅰ‴,Ⅰ′、Ⅱ,Ⅰ′、Ⅲ′,Ⅰ″、Ⅱ,Ⅰ″、Ⅲ,Ⅰ‴、Ⅲ′,Ⅱ、Ⅱ′,Ⅲ、Ⅲ′部分节点之间无杆件相连。

1)双重对称外荷组

双重对称外荷组用上标 ss、sa、as、aa 表示对称状态,用下标 (i)、(j)、(k)、(s) 表示外荷组作用部位,分别说明如下:

①作用在 Ⅰ、Ⅰ′、Ⅰ″、Ⅰ‴部分上的双重对称荷载分别为 $P_{(i)}^{ss}$、$P_{(i)}^{sa}$、$P_{(i)}^{as}$、$P_{(i)}^{aa}$。双重正对称外荷组 $\boldsymbol{P}_{(i)}^{ss}$ 定义为 4 个绝对值彼此相等的节点外荷,呈双重正对称状态作用在结构的 i、i'、i'' 与 i''' 节点上,双重正对称外荷组 $\boldsymbol{P}_{(i)}^{ss}$ 可用节点荷载 P_i^{ss}、$P_{i'}^{ss}$、$P_{i''}^{ss}$ 与 $P_{i'''}^{ss}$ 顺序排列所形成的列阵表示如下:

$$\boldsymbol{P}_{(i)}^{ss} = \begin{pmatrix} P_i^{ss} \\ P_{i'}^{ss} \\ P_{i''}^{ss} \\ P_{i'''}^{ss} \end{pmatrix} \qquad (2.1)$$

根据定义 P_i^{ss} 与 $P_{i'}^{ss}$ 正对称于结构的第一对称面,P_i^{ss} 与 $P_{i''}^{ss}$、P_i^{ss} 与 $P_{i'''}^{ss}$ 正对称于结构的第二对称面,四者之间关系如下:

$$P_{i'}^{ss} = \alpha_1^s P_i^{ss}, P_{i''}^{ss} = \alpha_2^s P_{i'}^{ss}, P_{i'''}^{ss} = \alpha_2^s P_i^{ss} \tag{2.2}$$

式中

$$\boldsymbol{\alpha}_1^s = \begin{pmatrix} -1 & & & & \\ & +1 & & 0 & \\ & & +1 & & \\ & & & +1 & \\ & 0 & & -1 & \\ & & & & -1 \end{pmatrix} \quad \boldsymbol{\alpha}_2^s = \begin{pmatrix} +1 & & & & \\ & -1 & & 0 & \\ & & +1 & & \\ & & & -1 & \\ & 0 & & +1 & \\ & & & & -1 \end{pmatrix}$$

分别称为第一、二正对称变换阵。并规定节点荷载列阵按沿 x、y、z 轴作用的力,绕 x、y、z 轴转动的力矩顺序排列,位移列阵的组成也仿此规定。

将式(2.2)中 $P_{i'}^{ss}$、$P_{i''}^{ss}$、$P_{i'''}^{ss}$ 各值代入式(2.1)并整理后可得:

$$\boldsymbol{P}_{(i)}^{ss} = \begin{pmatrix} P_i^{ss} \\ \alpha_1^s P_i^{ss} \\ \alpha_1^s \alpha_2^s P_i^{ss} \\ \alpha_2^s P_i^{ss} \end{pmatrix} = \begin{pmatrix} I \\ \alpha_1^s \\ \alpha_1^s \alpha_2^s \\ \alpha_2^s \end{pmatrix} \boldsymbol{P}_i^{ss} \tag{2.3}$$

同样,正反对称外荷组 $\boldsymbol{P}_{(i)}^{sa}$、反正对称外荷组 $\boldsymbol{P}_{(i)}^{as}$ 与双重反对称外荷组 $\boldsymbol{P}_{(i)}^{aa}$ 也都定义为 4 个绝对值彼此相等的节点外荷,分别按对第一、二对称面呈正、反,反、正,反,反对称状态作用在结构的两两对称分布的节点 i、i'、i'' 与 i''' 上。它们也都可用一个作用在结构第 I 部分节点 i。

$$\boldsymbol{P}_{(i)}^{sa} = \begin{pmatrix} I \\ \alpha_1^s \\ \alpha_1^s \alpha_2^a \\ \alpha_2^a \end{pmatrix} P_i^{sa}, \boldsymbol{P}_{(i)}^{as} = \begin{pmatrix} I \\ \alpha_1^a \\ \alpha_1^a \alpha_2^s \\ \alpha_2^s \end{pmatrix} P_i^{as}, \boldsymbol{P}_{(i)}^{aa} = \begin{pmatrix} I \\ \alpha_1^a \\ \alpha_1^a \alpha_2^a \\ \alpha_2^a \end{pmatrix} P_i^{aa} \tag{2.4}$$

式中,$\alpha_1^a = -\alpha_1^s$,$\alpha_2^a = -\alpha_2^s$,分别称为第一、二反对称变换阵。

如将式(2.3)与式(2.4)中所有矩阵符号的上标略去,上述 4 种不同的双重对称外荷组可以合并写为如下形式:

$$\boldsymbol{P}_{(i)} = \begin{pmatrix} I \\ \alpha_1 \\ \alpha_1 \alpha_2 \\ \alpha_2 \end{pmatrix} P_i \tag{2.5}$$

式中,α_1 与 α_2 略去的上标与 $P_{(i)}$、P_i 略去的第一个与第二个上标总是顺序保持一致。按照上标字母 s 与 a 的不同组合,式(2.5)即可严格地表达由式(2.3)与式(2.4)所描述的 4 种不同形式的双重对称外荷组。以下尽量采用这种简化的表达形式,即用 α_1、α_2 泛指相对于结构第一、二对称面的正、反对称变换阵,用 $\boldsymbol{P}_{(i)}$ 泛指 4 种不同双重对称状态的双重对称外荷组等。

②作用在第一对称面上的双重对称外荷组 $\boldsymbol{P}_{(j)}^{ss}$、$\boldsymbol{P}_{(j)}^{sa}$($\boldsymbol{P}_{(j)}^{as}$、$\boldsymbol{P}_{(j)}^{aa}$)定义为两个绝对值彼此相等的节点外荷,用列阵的形式表示如下:

$$\boldsymbol{P}_{(j)}^{\mathrm{ss}} = \begin{pmatrix} P_j^{\mathrm{ss}} \\ P_{j'}^{\mathrm{ss}} \end{pmatrix} = \begin{pmatrix} I \\ \alpha_2^{\mathrm{s}} \end{pmatrix} P_j^{\mathrm{ss}} \qquad \boldsymbol{P}_{(j)}^{\mathrm{as}} = \begin{pmatrix} P_j^{\mathrm{as}} \\ P_{j'}^{\mathrm{as}} \end{pmatrix} = \begin{pmatrix} I \\ \alpha_2^{\mathrm{s}} \end{pmatrix} P_j^{\mathrm{as}} \left.\rule{0pt}{3em}\right\}$$
$$\boldsymbol{P}_{(j)}^{\mathrm{sa}} = \begin{pmatrix} P_j^{\mathrm{sa}} \\ P_{j'}^{\mathrm{sa}} \end{pmatrix} = \begin{pmatrix} I \\ \alpha_2^{\mathrm{a}} \end{pmatrix} P_j^{\mathrm{sa}} \qquad \boldsymbol{P}_{(j)}^{\mathrm{aa}} = \begin{pmatrix} P_j^{\mathrm{aa}} \\ P_{j'}^{\mathrm{aa}} \end{pmatrix} = \begin{pmatrix} I \\ \alpha_2^{\mathrm{a}} \end{pmatrix} P_j^{\mathrm{aa}} \tag{2.6}$$

式中,所有节点外荷均定义为与 α_1 同行的列阵,但与 $\alpha_1^{\mathrm{s}}(\alpha_1^{\mathrm{a}})$ 主对角线上元素为"-1"所在行相对应的元素数值均为零(满足相对于第一对称面呈正<反>对称的条件)。由 $P_{(j)}^{\mathrm{ss}}$、$P_{(j)}^{\mathrm{sa}}$ ($P_{(j)}^{\mathrm{as}}$、$P_{(j)}^{\mathrm{aa}}$)的定义可知下述关系成立:

$$P_j^{\mathrm{ss}} = \frac{1}{2}(I + \alpha_1^{\mathrm{s}}) P_{j'}^{\mathrm{ss}} \qquad P_j^{\mathrm{as}} = \frac{1}{2}(I + \alpha_1^{\mathrm{a}}) P_{j'}^{\mathrm{as}} \left.\rule{0pt}{3em}\right\}$$
$$P_j^{\mathrm{sa}} = \frac{1}{2}(I + \alpha_1^{\mathrm{s}}) P_{j'}^{\mathrm{sa}} \qquad P_j^{\mathrm{aa}} = \frac{1}{2}(I + \alpha_1^{\mathrm{a}}) P_{j'}^{\mathrm{aa}} \tag{2.7}$$

略去上标 s 与 a,式(2.6)可以合并写为:

$$\boldsymbol{P}_{(j)} = \begin{pmatrix} I \\ \alpha_2 \end{pmatrix} \boldsymbol{P}_j \tag{2.8}$$

而组成 $P_{(j)}$ 的 P_j 所具有的性质也可以合并描述为:

$$P_j = \frac{1}{2}(I + \alpha_1) P_j \text{ 或 } P_j = \alpha_1 P_j \tag{2.9}$$

③作用在第二对称面上的双重对称外荷组 $\boldsymbol{P}_{(k)}^{\mathrm{ss}}$、$\boldsymbol{P}_{(k)}^{\mathrm{sa}}$、$\boldsymbol{P}_{(k)}^{\mathrm{as}}$ 与 $\boldsymbol{P}_{(k)}^{\mathrm{aa}}$ 可以合并定义为如下的矩阵表达式:

$$\boldsymbol{P}_{(k)} = \begin{pmatrix} I \\ \alpha_1 \end{pmatrix} \boldsymbol{P}_k \tag{2.10}$$

式中,P_k 泛指 P_k^{ss}、P_k^{sa}、P_k^{as} 或 P_k^{aa},它们也同样具有与 P_j 类似的性质:

$$P_k = \frac{1}{2}(I + \alpha_2) P_k \text{ 或 } P_k = \alpha_2 P_k \tag{2.11}$$

④作用在结构对称轴上的双重对称外荷组定义为一个与节点外荷组 P' 同阶的荷载列阵,它们与外荷载 P' 之间具有如下关系:

$$P_{(\mathrm{s})}^{\mathrm{ss}} = \frac{1}{4}(I + \alpha_1^{\mathrm{s}})(I + \alpha_2^{\mathrm{s}}) P_{\mathrm{s}}'$$

$$P_{(\mathrm{s})}^{\mathrm{sa}} = \frac{1}{4}(I + \alpha_1^{\mathrm{s}})(I + \alpha_2^{\mathrm{a}}) P_{\mathrm{s}}'$$

$$P_{(\mathrm{s})}^{\mathrm{as}} = \frac{1}{4}(I + \alpha_1^{\mathrm{a}})(I + \alpha_2^{\mathrm{s}}) P_{\mathrm{s}}'$$

$$P_{(\mathrm{s})}^{\mathrm{aa}} = \frac{1}{4}(I + \alpha_1^{\mathrm{a}})(I + \alpha_2^{\mathrm{a}}) P_{\mathrm{s}}'$$

或略去上标合并写为:

$$P_{(\mathrm{s})} = \frac{1}{4}(I + \alpha_1)(I + \alpha_2) P_{\mathrm{s}}' \tag{2.12}$$

由于 $P_{(\mathrm{s})}$ 本来就是 P_{s} 本身,将 P_{s} 视为外荷,可知 P_{s} 具有如下性质:

$$P_{\mathrm{s}} = \frac{1}{4}(I + \alpha_1)(I + \alpha_2) P_{\mathrm{s}} = P_{(\mathrm{s})} = \frac{1}{4}(I + \alpha_1 + \alpha_2 + \alpha_1 \alpha_2) P_{\mathrm{s}} = \frac{1}{2}(I + \alpha_1) P_{\mathrm{s}} = \frac{1}{2}(I + \alpha_2) P_{\mathrm{s}} \tag{2.13}$$

将 α_1、α_2 代入式(2.12)计算后可知 $P_{(s)}$ 只包含 P_s 中沿 z 轴方向作用的外力分量，$P_{(s)}$ 只包含 P_s 中沿 y 轴作用的外力与绕 x 轴转动的力矩(满足状态 sa)，$P_{(s)}$ 只包含沿 x 轴作用的外力与绕 y 轴转动的力矩(满足状态 as)，$P_{(s)}$ 中只有绕 z 轴转动的力矩(满足状态 aa)。式(2.12)同时也就是将任意节点外荷 P_s' 分解为 4 种不同形式的双重对称外荷组 $P_{(s)}$ 的计算公式。

式(2.5)、式(2.8)、式(2.10)、式(2.12)表达了本节所定义的全部 $4 \times 4 = 16$ 种不同形式的双重对称外荷组。16 种最简单的不同形式的双重对称外荷组如图 2.3 所示。

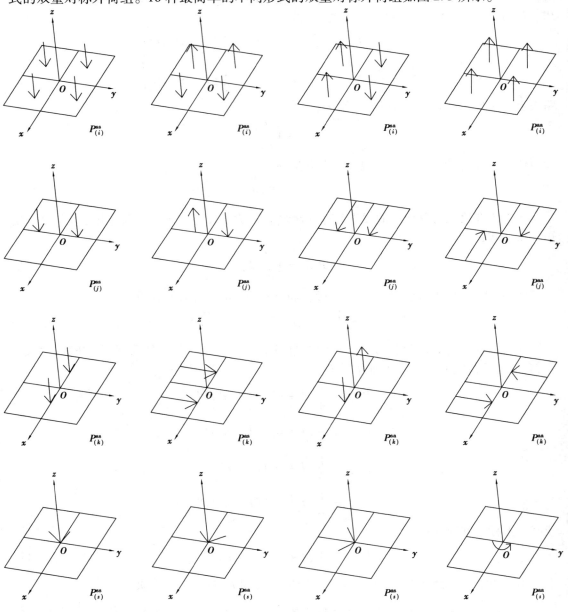

图 2.3 不同形式的双重对称外荷组

2）结构的整体双重对称荷载列阵

汇集属于一种双重对称性质的、分别用Ⅰ、Ⅱ、Ⅲ、Ⅳ类节点编号作为下标的所有双重对称外荷组,即可形成属于该种双重对称性质的外荷组群 $P_{(Ⅰ)}$、$P_{(Ⅱ)}$、$P_{(Ⅲ)}$、$P_{(Ⅳ)}$。外荷组群 $P_{(Ⅰ)}$、$P_{(Ⅱ)}$、$P_{(Ⅲ)}$、$P_{(Ⅳ)}$ 分别可用其作用在结构第Ⅰ、Ⅱ、Ⅲ、Ⅳ部分上的外荷列阵 $P_Ⅰ$、$P_Ⅱ$、$P_Ⅲ$、$P_Ⅳ$ 与一个表现该种外荷双重对称性特征的系数矩阵之乘积来表示,而由全部外荷组群依次排列起来即可形成结构的整体双重对称外荷列阵 $\boldsymbol{P}$。$\boldsymbol{P}$ 可以用矩阵的形式描述如下:

$$\boldsymbol{P} = \begin{pmatrix} P_{(Ⅰ)} \\ P_{(Ⅱ)} \\ P_{(Ⅲ)} \\ P_{(Ⅳ)} \end{pmatrix} = \begin{pmatrix} I & & & \\ \alpha_1 & & & \\ \alpha_1\alpha_2 & & 0 & \\ \alpha_2 & & & \\ & I & & \\ & \alpha_2 & & \\ & & I & \\ 0 & & \alpha_1 & \\ & & & I \end{pmatrix} \begin{pmatrix} P_Ⅰ \\ P_Ⅱ \\ P_Ⅲ \\ P_Ⅳ \end{pmatrix} \tag{2.14}$$

按照上标 s 与 a 的不同组合,式(2.14)实际上表达了 4×4 种不同的 P^{ss}、P^{sa}、P^{as}、P^{aa} 的组成规律。

3）双重对称位移组、内力组与反力组

双重对称结构在双重对称外荷作用下,结构的位移、内力与反力均是呈双重对称分布。以位移为例,双重对称位移组按其节点所属的不同部位也可用矩阵的形式描述为如下的 16 种不同形式:

$$\boldsymbol{\Delta}_{(i)} = \begin{pmatrix} I \\ \alpha_1 \\ \alpha_1\alpha_2 \\ \alpha_2 \end{pmatrix} \Delta_i, \boldsymbol{\Delta}_{(j)} = \begin{pmatrix} I \\ \alpha_2 \end{pmatrix} \Delta_j, \boldsymbol{\Delta}_{(k)} = \begin{pmatrix} I \\ \alpha_1 \end{pmatrix} \Delta_k, \boldsymbol{\Delta}_{(s)} = \Delta_s \tag{2.15}$$

式中,Δ_j、Δ_k、Δ_s 与 α_1、α_2 之间同样也具有 P_j、P_k、P_s 类似的由式(2.9)、式(2.11)、式(2.13)所反映的性质。将上式中的位移矩阵符号 Δ 分别用内力符号 F 或反力符号 R 代替,式(2.15)也就成了双重对称内力组或反力组的表达公式。

2.1.3　荷载的分解与合成

作用在双重对称结构上的任意荷载列阵 $\boldsymbol{P}'$ 均可分解为 4 个不同双重对称荷载列阵,满足关系式:

$$\boldsymbol{P}' = \boldsymbol{P}^{ss} + \boldsymbol{P}^{as} + \boldsymbol{P}^{sa} + \boldsymbol{P}^{aa} \tag{2.16}$$

以下主要以组成 $\boldsymbol{P}'$ 的子阵 $\boldsymbol{P}'_Ⅰ$ 为例,简要说明荷载 $\boldsymbol{P}'$ 的这种分解过程。

设在两两成对称分布的节点 i、i'、i''、i''' 上作用有外荷 P'_i、$P'_{i'}$、$P'_{i''}$、$P'_{i'''}$,由式(2.5)、式(2.16)可得:

$$\begin{pmatrix} P'_i \\ P'_{i'} \\ P'_{i''} \\ P'_{i'''} \end{pmatrix} = \begin{pmatrix} I \\ \alpha_1^s \\ \alpha_1^s \alpha_2^s \\ \alpha_2^s \end{pmatrix} P_i^{ss} + \begin{pmatrix} I \\ \alpha_1^s \\ \alpha_1^s \alpha_2^a \\ \alpha_2^a \end{pmatrix} P_i^{sa} + \begin{pmatrix} I \\ \alpha_1^a \\ \alpha_1^a \alpha_2^s \\ \alpha_2^s \end{pmatrix} P_i^{as} + \begin{pmatrix} I \\ \alpha_1^a \\ \alpha_1^a \alpha_2^a \\ \alpha_2^a \end{pmatrix} P_i^{aa}$$

上式可改写为如下的矩阵方程:

$$\begin{pmatrix} P'_i \\ P'_{i'} \\ P'_{i''} \\ P'_{i'''} \end{pmatrix} = \begin{pmatrix} I & I & I & I \\ \alpha_1^s & \alpha_1^s & \alpha_1^a & \alpha_1^a \\ \alpha_1^s \alpha_2^s & \alpha_1^s \alpha_2^a & \alpha_1^a \alpha_2^s & \alpha_1^a \alpha_2^a \\ \alpha_2^s & \alpha_2^a & \alpha_2^s & \alpha_2^a \end{pmatrix} \begin{pmatrix} P_i^{ss} \\ P_i^{sa} \\ P_i^{as} \\ P_i^{aa} \end{pmatrix}$$

求解后可得:

$$\begin{pmatrix} P_i^{ss} \\ P_i^{sa} \\ P_i^{as} \\ P_i^{aa} \end{pmatrix} = \frac{1}{4} \begin{pmatrix} I & \alpha_1^s & \alpha_1^s \alpha_2^s & \alpha_2^s \\ I & \alpha_1^s & \alpha_1^s \alpha_2^a & \alpha_2^a \\ I & \alpha_1^a & \alpha_1^a \alpha_2^s & \alpha_2^s \\ I & \alpha_1^a & \alpha_1^a \alpha_2^a & \alpha_2^a \end{pmatrix} \begin{pmatrix} P'_i \\ P'_{i'} \\ P'_{i''} \\ P'_{i'''} \end{pmatrix} \tag{2.17}$$

对于作用在结构第 Ⅰ、Ⅰ′、Ⅰ″、Ⅰ‴ 部分的全部节点外荷,依次按 Ⅰ 部分节点编号先找出与成双重对称分布的其他 3 个节点 i'、i'' 与 i''',然后用式(2.17)求 P_i^{ss}、P_i^{sa}、P_i^{as} 与 P_i^{aa},依次排列起来即可形成结构的 $P_{\text{Ⅰ}}^{ss}$、$P_{\text{Ⅰ}}^{sa}$、$P_{\text{Ⅰ}}^{as}$ 与 $P_{\text{Ⅰ}}^{aa}$。

与以上求解 $P_{\text{Ⅰ}}$ 的过程相类似,作用在结构第 Ⅱ、Ⅱ′ 部分与第 Ⅲ、Ⅲ′ 部分上的外荷可逐对按照以下公式分解(推导过程略):

$$\left. \begin{aligned} \begin{pmatrix} P_j^{ss} \\ P_j^{sa} \\ P_j^{as} \\ P_j^{aa} \end{pmatrix} &= \frac{1}{4} \begin{pmatrix} I + \alpha_1^s & \alpha_2^s + \alpha_1^s \alpha_2^s \\ I + \alpha_1^s & \alpha_2^a + \alpha_1^s \alpha_2^a \\ I + \alpha_1^a & \alpha_2^s + \alpha_1^a \alpha_2^s \\ I + \alpha_1^a & \alpha_2^a + \alpha_1^a \alpha_2^a \end{pmatrix} \begin{pmatrix} P'_j \\ P'_{j'} \end{pmatrix} \\[2mm] \begin{pmatrix} P_k^{ss} \\ P_k^{sa} \\ P_k^{as} \\ P_k^{aa} \end{pmatrix} &= \frac{1}{4} \begin{pmatrix} I + \alpha_2^s & \alpha_1^s + \alpha_1^s \alpha_2^s \\ I + \alpha_2^a & \alpha_1^s + \alpha_1^s \alpha_2^a \\ I + \alpha_2^s & \alpha_1^a + \alpha_1^a \alpha_2^s \\ I + \alpha_2^a & \alpha_1^a + \alpha_1^a \alpha_2^a \end{pmatrix} \begin{pmatrix} P'_k \\ P'_{k'} \end{pmatrix} \end{aligned} \right\} \tag{2.18}$$

作用在 z 轴上的外荷载则直接按式(2.12)分解。

对于比较大型的双重对称结构,加载情况往往比较复杂。式(2.17)、式(2.18)与式(2.12)提供了对荷载进行分解的系统化途径,适宜采用计算机计算。即使全部结构的节点采用任意编号,输入荷载后,也可让计算机根据节点的坐标信息自动识别节点所属的部位并找出它们之间的双重对称关系,然后再逐点(或几点)按以上公式形成结构不同的双重对称荷载列阵,这在编制电算程序时都是很容易做到的事。

2.1.4　双重对称结构的刚度矩阵

根据本节约定双重对称结构在双重对称荷载作用下按分块形式写出的刚度方程式如下：

$$
\begin{pmatrix} P_{\mathrm{I}} \\ P_{\mathrm{I'}} \\ P_{\mathrm{I''}} \\ P_{\mathrm{I'''}} \\ P_{\mathrm{II}} \\ P_{\mathrm{II'}} \\ P_{\mathrm{III}} \\ P_{\mathrm{III'}} \\ P_{\mathrm{IV}} \end{pmatrix} = \begin{pmatrix} K_{\mathrm{I\,I}} & K_{\mathrm{I\,I'}} & 0 & K_{\mathrm{I\,I'''}} & K_{\mathrm{I\,II}} & 0 & K_{\mathrm{I\,III}} & 0 & K_{\mathrm{I\,IV}} \\ & K_{\mathrm{I'\,I'}} & K_{\mathrm{I'\,I''}} & 0 & K_{\mathrm{I'\,II}} & 0 & 0 & K_{\mathrm{I'\,III'}} & K_{\mathrm{I'\,IV}} \\ & & K_{\mathrm{I''\,I''}} & K_{\mathrm{I''\,I'''}} & 0 & K_{\mathrm{I''\,II'}} & 0 & K_{\mathrm{I''\,III}} & K_{\mathrm{I''\,IV}} \\ & & & K_{\mathrm{I'''\,I'''}} & 0 & K_{\mathrm{I'''\,II'}} & K_{\mathrm{I'''\,III}} & 0 & K_{\mathrm{I'''\,IV}} \\ & & & & K_{\mathrm{II\,II}} & 0 & 0 & 0 & K_{\mathrm{II\,IV}} \\ & & & & & K_{\mathrm{II'\,II'}} & 0 & 0 & K_{\mathrm{II'\,IV}} \\ & & & & & & K_{\mathrm{III\,III}} & 0 & K_{\mathrm{III\,IV}} \\ & & & & & & & K_{\mathrm{III'\,III'}} & K_{\mathrm{III'\,IV}} \\ & & & & & & & & K_{\mathrm{IV\,IV}} \end{pmatrix} \begin{pmatrix} \Delta_{\mathrm{I}} \\ \Delta_{\mathrm{I'}} \\ \Delta_{\mathrm{I''}} \\ \Delta_{\mathrm{I'''}} \\ \Delta_{\mathrm{II}} \\ \Delta_{\mathrm{II'}} \\ \Delta_{\mathrm{III}} \\ \Delta_{\mathrm{III'}} \\ \Delta_{\mathrm{IV}} \end{pmatrix}
$$

$$(2.19)$$

根据位移的双重对称性特点，将 $\Delta_{\mathrm{I'}} = \alpha_1 \Delta_{\mathrm{I}}$、$\Delta_{\mathrm{I''}} = \alpha_1 \alpha_2 \Delta_{\mathrm{I}}$……双重对称关系代入，可将式(2.19)中第二、三、四、六、八行化为分别与第一、五、七行所表示的方程等价的方程。略去这 5 行再将剩余方程组中未知数相同的各项合并，式(2.19)即可化为(推导过程略)：

$$
\begin{pmatrix} P_{\mathrm{I}} \\ P_{\mathrm{II}} \\ P_{\mathrm{III}} \\ P_{\mathrm{IV}} \end{pmatrix} = \begin{pmatrix} K_{\mathrm{I\,I}} + K_{\mathrm{I\,I'}}\alpha_1 + K_{\mathrm{I\,I''}}\alpha_2 & K_{\mathrm{I\,II}} & K_{\mathrm{I\,III}} & K_{\mathrm{I\,IV}} \\ K_{\mathrm{I\,II}}^{\mathrm{T}} + K_{\mathrm{I'\,II}}^{\mathrm{T}}\alpha_1 & K_{\mathrm{II\,II}} & 0 & K_{\mathrm{II\,IV}} \\ K_{\mathrm{I\,III}}^{\mathrm{T}} + K_{\mathrm{I''\,III}}^{\mathrm{T}}\alpha_2 & 0 & K_{\mathrm{III\,III}} & K_{\mathrm{III\,IV}} \\ K_{\mathrm{I\,IV}}^{\mathrm{T}} + K_{\mathrm{I'\,IV}}^{\mathrm{T}}\alpha_1 + K_{\mathrm{I''\,IV}}^{\mathrm{T}}\alpha_1\alpha_2 + K_{\mathrm{I'''\,IV}}^{\mathrm{T}}\alpha_2 & K_{\mathrm{II\,IV}}^{\mathrm{T}} + K_{\mathrm{II'\,IV}}^{\mathrm{T}}\alpha_2 & K_{\mathrm{III\,IV}}^{\mathrm{T}} + K_{\mathrm{III'\,IV}}^{\mathrm{T}}\alpha_1 & K_{\mathrm{IV\,IV}} \end{pmatrix} \begin{pmatrix} \Delta_{\mathrm{I}} \\ \Delta_{\mathrm{II}} \\ \Delta_{\mathrm{III}} \\ \Delta_{\mathrm{IV}} \end{pmatrix}
$$

$$(2.20)$$

注意上式中的 α_1 与 α_2 实际已是由一系列 α_1 与 α_2 所组成的对角线矩阵。以上过程是与文献[1]类似的。

现在证明上式中下述关系成立，这也是对文献[1]中类似关系证明的改进：

$$
\left.\begin{array}{l} K_{\mathrm{I'\,II}}^{\mathrm{T}}\alpha_1 = \alpha_1 K_{\mathrm{I\,II}}^{\mathrm{T}}, \quad K_{\mathrm{I''\,III}}^{\mathrm{T}}\alpha_2 = \alpha_2 K_{\mathrm{I\,III}}^{\mathrm{T}} \\ K_{\mathrm{I'\,IV}}^{\mathrm{T}}\alpha_1 = \alpha_1 K_{\mathrm{I\,IV}}^{\mathrm{T}}, \quad K_{\mathrm{I''\,IV}}^{\mathrm{T}}\alpha_1\alpha_2 = \alpha_1\alpha_2 K_{\mathrm{I\,IV}}^{\mathrm{T}} \\ K_{\mathrm{I'''\,IV}}^{\mathrm{T}}\alpha_2 = \alpha_2 K_{\mathrm{I\,IV}}^{\mathrm{T}} \\ K_{\mathrm{II'\,IV}}^{\mathrm{T}}\alpha_2 = \alpha_2 K_{\mathrm{II\,IV}}^{\mathrm{T}}, \quad K_{\mathrm{III'\,IV}}^{\mathrm{T}}\alpha_1 = \alpha_1 K_{\mathrm{III\,IV}}^{\mathrm{T}} \end{array}\right\}
$$

$$(2.21)$$

要使上列诸式成立，只需证明它们各自的转置彼此相等，即证明：

$$\alpha_1 K_{\mathrm{I'\,II}} = K_{\mathrm{I\,II}}\alpha_1, \quad \alpha_2 K_{\mathrm{I''\,III}} = K_{\mathrm{I\,III}}\alpha_2$$

$$\alpha_1 K_{\mathrm{I'\,IV}} = K_{\mathrm{I\,IV}}\alpha_1, \quad \alpha_1\alpha_2 K_{\mathrm{I''\,IV}} = K_{\mathrm{I\,IV}}\alpha_1\alpha_2$$

$$\alpha_2 K_{\mathrm{I''\,IV}} = K_{\mathrm{I\,IV}}\alpha_2$$

$$\alpha_2 K_{\mathrm{II'\,IV}} = K_{\mathrm{II\,IV}}\alpha_2, \quad \alpha_1 K_{\mathrm{III'\,IV}} = K_{\mathrm{III\,IV}}\alpha_1$$

这里已引用了关系式 $\alpha_1^{\mathrm{T}} = \alpha_1$，$\alpha_2^{\mathrm{T}} = \alpha_2$，$\alpha_1\alpha_2 = \alpha_2\alpha_1$。以第一式 $\alpha_1 K_{\mathrm{I'\,II}} = K_{\mathrm{I\,II}}\alpha_1$ 为例，两

端同乘以 Δ_{II} 得:

$$\alpha_1 K_{\mathrm{I}'\mathrm{II}}\Delta_{\mathrm{II}} = K_{\mathrm{I}\,\mathrm{II}}\alpha_1\Delta_{\mathrm{II}}$$

如果此等式成立,则上述第一式真。事实上,根据式(2.19)中刚度矩阵各元素(子阵)的定义,上式左端项中的 $K_{\mathrm{I}'\mathrm{II}}\Delta_{\mathrm{II}}$ 表示的是仅当结构第 Ⅱ 部分产生位移 Δ_{II} 时在结构第 Ⅰ′部分所引起的内力 $F_{\mathrm{I}'\mathrm{II}}$。由于结构在双重对称外荷载作用下内力也呈双重对称分布,$\alpha_1 F_{\mathrm{I}'\mathrm{II}} = F_{\mathrm{I}\,\mathrm{II}}$,故 $\alpha_1 K_{\mathrm{I}'\mathrm{II}}\Delta_{\mathrm{II}} = F_{\mathrm{I}\,\mathrm{II}} = K_{\mathrm{I}\,\mathrm{II}}\Delta_{\mathrm{II}}$。再者,$\Delta_{\mathrm{II}}$ 与 P_{II} 一样具有如同用式(2.9)所表达的性质,即 $\alpha_1\Delta_{\mathrm{II}} = \Delta_{\mathrm{II}}$,故上式右端 $= K_{\mathrm{I}\,\mathrm{II}}\alpha_1\Delta_{\mathrm{II}} = K_{\mathrm{I}\,\mathrm{II}}\Delta_{\mathrm{II}} =$ 左端。至此,实际上已证明式(2.21)中第一个关系式成立。

同样,根据位移的双重对称性特点,可得关系式 $\alpha_2\Delta_{\mathrm{III}} = \Delta_{\mathrm{III}}$、$\alpha_1\Delta_{\mathrm{IV}} = \Delta_{\mathrm{IV}}$、$\alpha_2\Delta_{\mathrm{IV}} = \Delta_{\mathrm{IV}}$ 与 $\alpha_1\alpha_2\Delta_{\mathrm{IV}} = \Delta_{\mathrm{IV}}$。利用这些关系式并仿照上述方法,不难证明式(2.21)中的全部关系式成立。

将式(2.21)中各关系式代入式(2.20)并经整理,式(2.20)即可写成:

$$\begin{pmatrix} P_{\mathrm{I}} \\ P_{\mathrm{II}} \\ P_{\mathrm{III}} \\ P_{\mathrm{IV}} \end{pmatrix} = \begin{pmatrix} K_{\mathrm{I}\,\mathrm{I}} + K_{\mathrm{I}\,\mathrm{I}'}\alpha_1 + K_{\mathrm{I}\,\mathrm{I}'''}\alpha_2 & K_{\mathrm{I}\,\mathrm{II}} & K_{\mathrm{I}\,\mathrm{III}} & K_{\mathrm{I}\,\mathrm{IV}} \\ (I+\alpha_1)K_{\mathrm{I}\,\mathrm{II}}^{\mathrm{T}} & K_{\mathrm{II}\,\mathrm{II}} & 0 & K_{\mathrm{II}\,\mathrm{IV}} \\ (I+\alpha_2)K_{\mathrm{I}\,\mathrm{III}}^{\mathrm{T}} & 0 & K_{\mathrm{III}\,\mathrm{III}} & K_{\mathrm{III}\,\mathrm{IV}} \\ (I+\alpha_1+\alpha_2+\alpha_1\alpha_2)K_{\mathrm{I}\,\mathrm{IV}}^{\mathrm{T}} & (I+\alpha_2)K_{\mathrm{II}\,\mathrm{IV}}^{\mathrm{T}} & (I+\alpha_1)K_{\mathrm{III}\,\mathrm{IV}}^{\mathrm{T}} & K_{\mathrm{IV}\,\mathrm{IV}} \end{pmatrix} \begin{pmatrix} \Delta_{\mathrm{I}} \\ \Delta_{\mathrm{II}} \\ \Delta_{\mathrm{III}} \\ \Delta_{\mathrm{IV}} \end{pmatrix}$$

$$(2.22)$$

这个方程的系数矩阵是非对称的,但可将它化为对称形式。为此,先由式(2.9)、式(2.11)、式(2.13)写出双重对称位移组群 Δ_{II}、Δ_{III}、Δ_{IV} 所具有的如下性质:

$$\frac{1}{2}(I+\alpha_1)\Delta_{\mathrm{II}} = \Delta_{\mathrm{II}}, \quad \frac{1}{2}(I+\alpha_2)\Delta_{\mathrm{III}} = \Delta_{\mathrm{III}}$$

$$\frac{1}{4}(I+\alpha_1+\alpha_2+\alpha_1\alpha_2)\Delta_{\mathrm{IV}} = \frac{1}{2}(I+\alpha_1)\Delta_{\mathrm{IV}} = \frac{1}{2}(I+\alpha_2)\Delta_{\mathrm{IV}} = \Delta_{\mathrm{IV}}$$

用上列三式的左端项分别取代式(2.22)中的 Δ_{II}、Δ_{III} 与 Δ_{IV},即可得到与式(2.22)中第一、二、三行所表示的方程分别等价的 3 个方程:

$$P_{\mathrm{I}} = (K_{\mathrm{I}\,\mathrm{I}} + K_{\mathrm{I}\,\mathrm{I}'}\alpha_1 + K_{\mathrm{I}\,\mathrm{I}''}\alpha_2)\Delta_{\mathrm{I}} + \frac{1}{2}K_{\mathrm{I}\,\mathrm{II}}(I+\alpha_1)\Delta_{\mathrm{II}} + \frac{1}{2}K_{\mathrm{I}\,\mathrm{III}}(I+\alpha_2)\Delta_{\mathrm{III}} + \frac{1}{4}K_{\mathrm{I}\,\mathrm{IV}}(I+\alpha_1+\alpha_2+\alpha_1\alpha_2)\Delta_{\mathrm{IV}}$$

$$P_{\mathrm{II}} = (I+\alpha_1)K_{\mathrm{I}\,\mathrm{II}}^{\mathrm{T}}\Delta_{\mathrm{I}} + \frac{1}{2}K_{\mathrm{II}\,\mathrm{IV}}(I+\alpha_2)\Delta_{\mathrm{IV}}$$

$$P_{\mathrm{III}} = (I+\alpha_2)K_{\mathrm{I}\,\mathrm{III}}^{\mathrm{T}}\Delta_{\mathrm{I}} + \frac{1}{2}K_{\mathrm{III}\,\mathrm{IV}}(I+\alpha_1)\Delta_{\mathrm{IV}}$$

用上列 3 个等价方程取代式(2.22)的第一、二、三行,并将第二、三行左右两端同除以 2,第四行两端同除以 4,式(2.22)即可写为如下形式(过程略):

$$\begin{pmatrix} P_{\mathrm{I}} \\ \frac{1}{2}P_{\mathrm{II}} \\ \frac{1}{2}P_{\mathrm{III}} \\ \frac{1}{4}P_{\mathrm{IV}} \end{pmatrix} = \begin{pmatrix} K_{\mathrm{I}\,\mathrm{I}} + K_{\mathrm{I}\,\mathrm{I}'}\alpha_1 + K_{\mathrm{I}\,\mathrm{I}'''}\alpha_2 & \frac{1}{2}K_{\mathrm{I}\,\mathrm{II}}(I+\alpha_1) \\ \frac{1}{2}(I+\alpha_1)K_{\mathrm{I}\,\mathrm{II}}^{\mathrm{T}} & \frac{1}{2}K_{\mathrm{II}\,\mathrm{II}} \\ \frac{1}{2}(I+\alpha_2)K_{\mathrm{I}\,\mathrm{III}}^{\mathrm{T}} & 0 \\ \frac{1}{4}(I+\alpha_1+\alpha_2+\alpha_1\alpha_2)K_{\mathrm{I}\,\mathrm{IV}}^{\mathrm{T}} & \frac{1}{4}(I+\alpha_2)K_{\mathrm{II}\,\mathrm{IV}}^{\mathrm{T}} \end{pmatrix}$$

$$\left. \begin{array}{cc} \dfrac{1}{2}K_{\text{I }\text{III}}(I+\alpha_2) & \dfrac{1}{4}K_{\text{I }\text{IV}}(I+\alpha_1+\alpha_2+\alpha_1\alpha_2) \\ 0 & \dfrac{1}{4}K_{\text{II }\text{IV}}(I+\alpha_2) \\ \dfrac{1}{2}K_{\text{III }\text{III}} & \dfrac{1}{4}K_{\text{III }\text{IV}}(I+\alpha_1) \\ \dfrac{1}{4}(I+\alpha_1)K_{\text{III }\text{IV}}^{\text{T}} & \dfrac{1}{4}K_{\text{IV }\text{IV}} \end{array} \right\} \left(\begin{array}{c} \Delta_{\text{I}} \\ \Delta_{\text{II}} \\ \Delta_{\text{III}} \\ \Delta_{\text{IV}} \end{array} \right) \tag{2.23}$$

式(2.23)所表示的刚度方程式中的刚度矩阵是对称,这是因为刚度矩阵中的所有非对角子阵均两两对应互为转置,主对角线上的 $K_{\text{I I}}$、$K_{\text{II II}}$、$K_{\text{III III}}$、$K_{\text{IV IV}}$ 为对称的子阵。而且也不难证明 $(K_{\text{I I}'}\alpha_1)\Delta_{\text{I}}=(K_{\text{I I}'}\alpha_1)^{\text{T}}\Delta_{\text{I}}$ 与 $(K_{\text{I I}''}\alpha_2)\Delta_{\text{I}}=(K_{\text{I I}''}\alpha_2)^{\text{T}}\Delta_{\text{I}}$,即 $K_{\text{I I}'}\alpha_1$ 与 $K_{\text{I I}''}\alpha_2$ 也都是对称的子阵,故主对角线上的所有子阵均为对称矩阵。

当结构不存在第二对称面时,相当于结构中位于第 I″、I‴、II′、III、III′、IV 部分的节点个数为零,此时式(2.23)中的第三、四行及其刚度矩阵中的第三、四列皆可划去,这与文献[1]中最终所建立的刚度方程式是完全一致的。

式(2.23)按照省略的上标 s 与 a 的不同组合,表达了 4 种不同双重对称状态下结构 4 种不同的刚度方程式。特别是当双重对称结构的两个对称面及对称轴上均无节点分布,且 I、I″和 I′、I‴之间无杆件相连时,式(2.23)尚可进一步化简为:

$$P_{\text{I}}=(K_{\text{I I}}+K_{\text{I I}'}+K_{\text{I I}''})\Delta_{\text{I}} \tag{2.24}$$

刚度矩阵的阶数正好降低为整个结构自由度的 1/4。由此可见,分析计算大型工程结构时,充分利用这种双重对称性,确是解决目前由于计算机内存不足而造成困难的有效途径。

2.1.5　刚度矩阵的存贮及方程式求解

式(2.23)实际是将一个高阶的刚度方程化为 4 个比较低阶的刚度方程,故原则上在计算机内部必须存贮 4 个不同的刚度矩阵;荷载按 ss、sa、as、aa 状态分解以后,总的列数增加到原来的 4 倍。对于比较大型及加载情况复杂的结构,方程右端荷载项所占用的计算机内存已经不容忽视。所以,根据双重对称结构自身特点,找出 4 个刚度矩阵间的内在联系,进一步缩减内存,对本分析方法的有效实施至关重要。在具体的求解过程中,抛弃直接刚度法的概念在很多情况下是一条有效途径。根据式(2.9)、式(2.11)、式(2.13)反映出来的双重对称荷载与位移所具有的性质,与式(2.23)本身的推导过程相类似。式(2.23)可以改写为如下形式:

$$\left(\begin{array}{c} P_{\text{I}} \\ 2\times\dfrac{1}{2}(I+\alpha_1)P_{\text{II}} \\ 2\times\dfrac{1}{2}(I+\alpha_2)P_{\text{III}} \\ \dfrac{1}{4}(I+\alpha_1+\alpha_2+\alpha_1\alpha_2)P_{\text{IV}} \end{array} \right) = \left(\begin{array}{cccc} k_{11} & k_{12} & k_{13} & k_{14} \\ & k_{22} & 0 & k_{24} \\ \text{对} & & k_{33} & k_{34} \\ & \text{称} & & k_{44} \end{array} \right) \left(\begin{array}{c} \Delta_{\text{I}} \\ \dfrac{1}{2}(I+\alpha_1)\Delta_{\text{II}} \\ \dfrac{1}{2}(I+\alpha_2)\Delta_{\text{III}} \\ \dfrac{1}{4}(I+\alpha_1+\alpha_2+\alpha_1\alpha_2)\Delta_{\text{IV}} \end{array} \right)$$

$$\tag{2.25}$$

179

式中，$k_{11}=4(K_{ \text{I} \text{I}}+K_{\text{I}\text{I}'}\alpha_1+K_{\text{I}\text{I}'''}\alpha_2)$，$k_{12}=4K_{\text{I}\text{II}}\cdot\frac{1}{2}(I+\alpha_1)$，$k_{22}=2\times\frac{1}{2}(I+\alpha_1)$

$K_{\text{II}\text{II}}\cdot\frac{1}{2}(I+\alpha_1)$，$k_{13}=4K_{\text{I}\text{III}}\cdot\frac{1}{2}(I+\alpha_2)$，$k_{33}=2\times\frac{1}{2}(I+\alpha_2)K_{\text{III}\text{III}}\cdot\frac{1}{2}(I+\alpha_2)$，$k_{14}=$

$4K_{\text{I}\text{IV}}\cdot\frac{1}{4}(I+\alpha_1+\alpha_2+\alpha_1\alpha_2)$，$k_{24}=2K_{\text{II}\text{IV}}\cdot\frac{1}{2}(I+\alpha_2)$，$k_{34}=2K_{\text{III}\text{IV}}\frac{1}{2}(I+\alpha_1)$，$k_{44}=\frac{1}{4}(I$

$+\alpha_1+\alpha_2+\alpha_1\alpha_2)K_{\text{IV}\text{IV}}\cdot\frac{1}{4}(I+\alpha_1+\alpha_2+\alpha_1\alpha_2)$。

任意矩阵左乘$\frac{1}{2}(I+\alpha_1)\left[$或$\frac{1}{2}(I+\alpha_2)\right]$，意味着置全部与$\alpha_1$（或$\alpha_2$）主对角线上元素为

-1相对应的行上的元素均为零；右乘$\frac{1}{2}(I+\alpha_1)\left[$或$\frac{1}{2}(I+\alpha_2)\right]$，则等于置这些相应列上的

元素均为零；$\frac{1}{4}(I+\alpha_1+\alpha_2+\alpha_1\alpha_2)=\frac{1}{2}(I+\alpha_1)\times\frac{1}{2}(I+\alpha_2)$，相当于连续进行这样的置零

运算。由此可见，直接求解方程（2.23）本身即可能包含着大量的非必要运算。划去式

（2.25）中全部元素均为0的行与列，式（2.25）即可降阶转化为：

$$
\begin{pmatrix}4\overline{P}_{\text{I}}\\2\overline{P}_{\text{II}}\\2\overline{P}_{\text{III}}\\\overline{P}_{\text{IV}}\end{pmatrix}=\begin{pmatrix}4\overline{K}_{\text{I}\text{I}}&4\overline{K}_{\text{I}\text{II}}&4\overline{K}_{\text{I}\text{III}}&4\overline{K}_{\text{I}\text{IV}}\\&2\overline{K}_{\text{II}\text{II}}&0&2\overline{K}_{\text{II}\text{IV}}\\\text{对}&&2\overline{K}_{\text{III}\text{III}}&2\overline{K}_{\text{III}\text{IV}}\\&\text{称}&&\overline{K}_{\text{IV}\text{IV}}\end{pmatrix}\begin{pmatrix}\overline{\Delta}_{\text{I}}\\\overline{\Delta}_{\text{II}}\\\overline{\Delta}_{\text{III}}\\\overline{\Delta}_{\text{IV}}\end{pmatrix} \qquad (2.26)
$$

式中，$\overline{P}_{\text{I}}=P_{\text{I}}$，$\overline{K}_{\text{I}\text{I}}=K_{\text{I}\text{I}}+K_{\text{I}\text{I}'}\alpha_1+K_{\text{I}\text{I}'''}\alpha_2$，$\overline{\Delta}_{\text{I}}=\Delta_{\text{I}}$，其余各子阵均与各自去掉顶上一横以后的矩阵符号所代表的矩阵相对应，但已划去全部元素均为零的行与列。相对于4种不同的双重对称状态，式（2.26）所表示的刚度方程的阶是不尽相同的，但4个不同刚度方程的阶数总和恒等于结构的总自由度。因此，只要结构具有双重对称的特性，就可以有效地将一个高阶的刚度方程转化为4个较低阶的刚度方程。

在一般情况下，式（2.26）不仅阶数较式（2.23）为低，而且只要将它的刚度矩阵与式（2.27）对比一下，就不难找到将式（2.26）中4个不同的刚度矩阵合并存贮在一个一维数组里的方案：

$$
\begin{pmatrix}4\overline{K}_{\text{I}\text{I}}&4K_{\text{I}\text{II}}&4K_{\text{I}\text{III}}&4K_{\text{I}\text{IV}}\\&2K_{\text{II}\text{II}}&0&2K_{\text{II}\text{IV}}\\\text{对}&&2K_{\text{III}\text{III}}&2K_{\text{III}\text{IV}}\\&\text{称}&&K_{\text{IV}\text{IV}}\end{pmatrix} \qquad (2.27)
$$

式中符号意义同前。除$4\overline{K}_{\text{I}\text{I}}$以外，所有4个不同刚度矩阵的元素均已包含在式（2.27）以内。存贮矩阵（2.27）实际也就存贮式（2.26）中全部4个不同的刚度矩阵，但只有子阵$4\overline{K}_{\text{I}\text{I}}$部分例外。为此，将一个按一维数组建立并存贮式（2.26）中4个不同刚度矩阵

的方案具体描述如下：

　　首先,将Ⅰ类节点中不与其他各类节点相连的节点划分出来调整到节点编号的前方,假定此类节点共有 a 个,并暂称为 A 类节点。再将与结构Ⅰ'部分相连的节点划分为 B 类节点,并假定此类节点总数为 b。剩余者称为 C 类节点并假定总数为 c。$a+b+c=$ Ⅰ类节点总数,节点编号按 A、B、C 类顺序排列。这样的编号顺序虽不尽然是相对于平均带宽最小的最佳编号,但它确实也可使带宽的变化趋于平稳,这对求解刚度方程也是有利的。

　　其次,令 $4(K_{\mathrm{II}}+K_{\mathrm{II\,I}}\alpha_1^s+K_{\mathrm{II\,III}}\alpha_2^s)$,按通常的方法建立式(2.27)所示结构的刚度矩阵,并按通常的变带宽上(下)三角一维数组存贮方式存贮。但在建立 $4\overline{K}_{\mathrm{I\,I}}$ 部分并涉及 B、C 类节点的运算时,同时用一个辅助一维数组将数值 $4(K_{\mathrm{II\,I}}\alpha_1^s+K_{\mathrm{II\,III}}\alpha_2^s)$ 部分另行存贮起来。注意到关系式：

$$4(K_{\mathrm{II\,I}}\alpha_1^s+K_{\mathrm{II\,III}}\alpha_2^s)=-4(K_{\mathrm{II\,I}}\alpha_1^a+K_{\mathrm{II\,III}}\alpha_2^a)$$

　　式中,α_1^s、α_1^a 只影响与 B 类节点相对应列上的刚度矩阵元素数值,α_2^s、α_2^a 只影响与 C 类节点相对应列上的元素数值。相对于 sa、as、aa 状态的一维数组中与 B、C 类节点有关的部分,只需按辅助数组中相应的与 B、C 类节点有关部分单独或同时加以修正即可。修正的办法为有关节段的元素减去辅助数组相应元素数值的 2 倍,对于同属于 B、C 类节点的部分则应重复予以修正。

　　上述两个一维数组即已包含或可组合成式(2.26)中 4 个不同刚度矩阵的全部元素。从已知存贮式(2.27)的一维数组中,提取相应于一种双重对称状态的按变带宽上(下)三角一维数组存贮的刚度矩阵时,与 A 类节点相对应部分的刚度数值不变,B、C 类节点部分的刚度数值按上述办法予以修正(ss 状态不需要修正),与Ⅱ、Ⅲ、Ⅳ类节点相对应的刚度数值则按式(2.25)中所表明的非零元素的分布规律,从已知一维数组中选取自己需要的那些元素,同时,形成一个供解方程(2.26)用的记录对角线元素在一维数组中位置的辅助数组。

　　上述存贮方案虽使程序稍微复杂,但可以扩大程序的解题能力。式(2.26)有其明显的优点,在一般情况下,它的阶数较式(2.23)为低。但是在使用时,荷载矩阵与解出的位移矩阵均需经过一次调整行数的转换,否则就不能与本章的其他公式配合使用。

　　当结构不具有第二对称面,即为普通对称结构时,式(2.26)第三、四行及刚度矩阵中第三、四列皆可划去,此时式(2.26)即可化为与文献[2]中正(反)对称状态下的基本方程式(节点荷载,位移法通式)具有完全相同的形式。但文献[2]仅就平面杆系结构作了推导,式(2.26)则适用于任意空间对称或双重对称结构;文献[2]的推导在理论上自成体系,式(2.26)则蜕变自直接刚度法,二者殊途同归,但本节的方法更宜于计算机运算。

　　以上仅就在不动用外存的条件下,如何用直接法求解式(2.26)提出了一点粗浅的看法。实际上,目前主存贮量为 32 ~ 64 K 的计算机,对跨度较大的桥梁结构按空间受力分析时,除了梁式桥跨结构,在很多情况下计算机的内存都不够用。大型结构使用外存并不一定不利,与此相反,突破内存的约束却可以更加自由地选择求解式(2.26)的途径,这往往可以使方程(2.26)的求解过程更加合理。

2.1.6　结论

①本节的分析方法基本与文献[1]中的方法类似,其特点是在建立结构的刚度矩阵时,对结构的对称性进行了完全的数学处理,故也可如文献[1]中称为对称变换法。但本节对文献[1]有关推导过程作了简化,为荷载的分解增补了一组系统化的公式,并建议对供求解用的最终刚度方程式进行降阶处理,从而用直接刚度法得出了与文献[2]完全一致的结论。

②本节的讨论均以固定坐标系中的 yoz 与 xoz 平面为结构的两个相互垂直的对称面为基础。由于双重对称结构分析总是一个独立的并且比较大型的计算问题,实际工作中将固定坐标系的两个坐标平面布置在结构的两个对称面上,这往往就是最简单且不易出错的做法。因此,对于双重对称结构,无须考虑适用于固定坐标系成任意布置的计算办法。如果出现了那种情况,可参照文献[1]的办法处理。

③正如一般对称结构分析中存在半结构法一样,对双重对称结构也可以只取其 1/4 图式进行分析,故称为 1/4 结构法。但对于比较大型的双重对称结构,如不可能用人力计算,1/4 结构法很难与对称变换法的优点相比。除了文献[1]中所指出的若干因素以外,采用 1/4 结构法,其程序对输入荷载与输出位移或杆端力的处理将变得更为复杂。如果说这种困难在半结构法中还可用人力计算来弥补,则 1/4 结构法人力计算的工作量会成倍增加,这样既费力又易出错。因此,分析双重对称结构时,采用对称变换法往往更为有利。

④在桥梁工程中,几乎所有可以用双重对称结构分析的桥跨结构。它们两个对称面交线 z 轴上的节点个数都不会超过 1~2 个,而大型结构节点总数的比例往往极小。因此,为了简化程序的编制和减少计算机的运算时间,建议可考虑采用一组等效的杆件,通过增加少量其他类节点的办法达到消除可能出现的全部Ⅳ类节点的目的。这种替代办法虽然不能求得结构轴部位上的真实位移与内力,但对计算结果的精度几乎没有影响。用得恰当,可以达到简化程序编制,提高程序运行效率的目的。

同样,如果人为地消除掉结构位于两个对称面与 z 轴上的全部节点,式(2.23)及式(2.26)均可简化为式(2.24)的形式。这对于一般情况下的杆系结构虽然并不可取,但是对于连续弹性体中的双重对称问题却可能是一种理想形式。

本节参考文献

[1] 王道堂. 对称结构的分析方法[J]. 桥梁建设,1979(2):61-76.

[2] 王恩惠,易成贵. 结构分析的矩阵方法[M]. 北京:人民铁道出版社,1975.

[3] 冯康,等. 数值计算方法[M]. 北京:国防工业出版社,1978.

2.2　矩阵位移法求解平面刚架与平面梁格时的相似关系及其应用

2.2.1　概述

本节所述的平面刚架,特指除支承节点以外,一切节点均为刚结或可视为刚结的平面杆系结构;所述的平面梁格,指广义的平面梁格或任意平面梁格,也即组成梁格的杆件可以在梁格所在平面内构成任意的形状。对于梁格,同样限定除支承节点以外的一切节点均为刚结。

按照以上定义,平面刚架与平面梁格的区别主要在于外荷载作用之间的差异。平面刚架的外荷作用在结构所在的平面内,而平面梁格只承受垂直于梁格所在平面的竖直力或可由这种竖直力所组成的弯矩与扭矩(图2.4)。

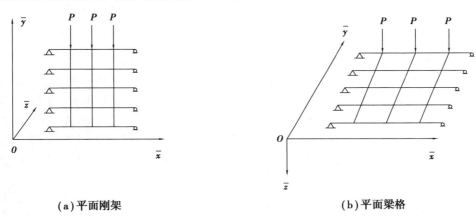

(a) 平面刚架　　　　　　　　　　　　(b) 平面梁格

图 2.4　平面刚架与平面梁格

另外,在通常工程问题的计算精度要求下,平面刚架与平面梁格的每个节点均只有 3 个位移自由度。用矩阵位移法求解平面刚架与平面梁格时,由于这两种结构在构造上与受力上的相似之处,二者在结构分析的过程中也就必然存在相似之处。

本节将详细地指出这些相似之处,并且运用这种相似关系,将这两种结构的分析过程统一到一个计算程序中去。所得结论可以直接在计算上应用。

2.2.2　用矩阵位移法求解平面刚架与平面梁格时二者的相似关系

由于用矩阵位移法求解任意平面刚架的计算程序通常更为大家所熟悉,因此我们将从单元的内力与变形出发,首先列出用矩阵位移法求解任意平面梁格的计算公式,并在开列过程中逐一指出用矩阵位移法求解这两种结构时二者之间的全部相似关系。

1) 单元的内力与变形

梁格任一单元 ij 的杆端内力与节点位移之间有如下关系:

$$\begin{vmatrix} T_i \\ Z_i \\ M_i \\ T_j \\ Z_j \\ M_j \end{vmatrix} = \begin{vmatrix} GI_k/l & 0 & 0 & -GI_k/l & 0 & 0 \\ 0 & 12EI/l^3 & 6EI/l^2 & 0 & -12EI/l^3 & 6EI/l^2 \\ 0 & 6EI/l^2 & 4EI/l & 0 & -6EI/l^2 & 2EI/l \\ -GI_k/l & 0 & 0 & GI_k/l & 0 & 0 \\ 0 & -12EI/l^3 & -6EI/l^2 & 0 & 12EI/l^3 & -6EI/l^2 \\ 0 & 6EI/l^2 & 2EI/l & 0 & -6EI/l^2 & 4EI/l \end{vmatrix} \begin{vmatrix} \theta_{xi} \\ \omega_i \\ \theta_{yi} \\ \theta_{xj} \\ \omega_j \\ \theta_{yj} \end{vmatrix}$$

$$(2.28)$$

式中 G——单元材料的剪切弹性模量;

E——弹性模量;

I_k——考虑单元自由扭转时的截面抗扭惯性矩;

I——单元的抗弯惯性矩;

l——单元长度;

T_i、Z_i、M_i——分别为作用在 ij 单元 i 端的扭矩、剪力与弯矩;

θ_{xi}、ω_i、θ_{yi}——分别为 ij 单元 i 端的扭角、竖向位移与竖向转角。

梁格单元的杆端内力与位移的作用方向及符号正负规定如图 2.5(a)所示。

由式(2.28)可以看出,只要用材料的弹性模量与单元截面积的乘积 EA 代替式(2.28)中的 GI_j 用刚架单元的抗弯刚度 EI' 代替式(2.28)中的 EI;再用杆端轴向 X、剪力与弯矩顺次代替式(2.28)中的 T、Z 与 M,用杆端轴向位移、侧向位移与转角顺次代替式(2.28)中的 θ_x、ω、θ,式(2.28)中就完全变成了熟悉的平面刚架中任一单元杆端内力与节点位移之间关系的表达公式:

$$\begin{vmatrix} X_i \\ Y_i \\ M_i \\ X_j \\ Y_j \\ M_j \end{vmatrix} = \begin{vmatrix} EA/l & 0 & 0 & -EA/l & 0 & 0 \\ 0 & 12EI'/l^3 & 6EI'/l^2 & 0 & -12EI'/l^3 & 6EI'/l^2 \\ 0 & 6EI'/l^2 & 4EI'/l & 0 & -6EI'/l^2 & 2EI'/l \\ -EA/l & 0 & 0 & EA/l & 0 & 0 \\ 0 & -12EI'/l^3 & -6EI'/l^2 & 0 & 12EI'/l^3 & -6EI'/l^2 \\ 0 & 6EI'/l^2 & 2EI'/l & 0 & -6EI'/l^2 & 4EI'/l \end{vmatrix} \begin{vmatrix} u_i \\ v_i \\ \theta_{xi} \\ u_j \\ v_j \\ \theta_{xj} \end{vmatrix}$$

$$(2.29)$$

式(2.29)中单元内力与杆端位移的作用方向与符号正负如图 2.5(b)所示,M_i'、I' 右上增加的一撇仅仅是为了与式(2.28)中的 M_i 与 I 相区分。

将图 2.29(b)中刚架单元的内力与位移图示绕局部坐标系的 X 轴旋转90°,并且对单元所承受的弯矩(扭矩)与其相应的转角(扭角)一律用矢量的形式表示。平面梁格与平面刚架单元杆端内力与位移之间的相似关系即可用图 2.6 形象地加以表示。

$$\{S_{ij}\}_e = \begin{cases} (T_i & Z_i & M_i & T_j & Z_j & M_j)^T \\ (X_i & Y_i & M_i' & X_j & Y_j & M_j)^T \end{cases}$$

$$\{\delta\}_e = \begin{cases} (\theta_{xi} & \omega_i & \theta_{yi} & \theta_{xj} & \omega_j & \theta_{yj})^T \\ (U_i & V_i & \theta_{xi} & U_j & V_j & \theta_{xj})^T \end{cases} \quad (2.30)$$

式(2.30)中右端前者为梁格,后者为刚架,无论对梁格或者是刚架,任一单元杆端内力与位移之间的关系均可用下式表示:

$$\{S_{ij}\}_e = [K]_e\{\delta\}_e \tag{2.31}$$

这就是二者之间所存在的完全相同的数学表达形式。

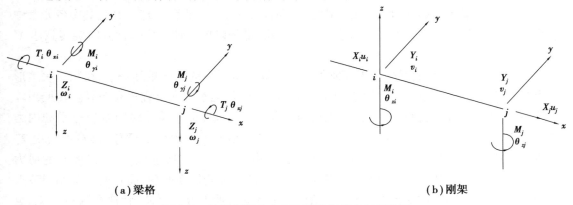

(a)梁格　　　　　　　　　　　　　　(b)刚架

图 2.5　单元杆端内力与位移的作用方向与符号

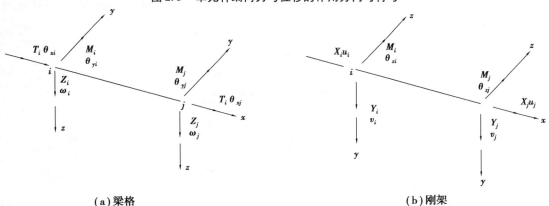

(a)梁格　　　　　　　　　　　　　　(b)刚架

图 2.6　平面梁格与平面刚架单元杆端内力与位移相似关系

2)单元对固定坐标系的刚度矩阵

为了方便比较,在以下叙述中无论对梁格还是刚架,其结构所在的平面均规定位于固定坐标系的 $O\overline{X}\,\overline{Y}$ 平面内,如图 2.4 所示。将 $\{K_{ij}\}_e$ 写为分块的形式。

$$\{K_{ij}\}_e = \begin{bmatrix} K_{ii} & K_{ij} \\ K_{ji} & K_{jj} \end{bmatrix}$$

梁格或刚架单元对固定坐标系的刚度矩阵均可表示为:

$$\{K_{ij}\}'_e = \begin{bmatrix} K'_{ii} & K'_{ij} \\ K'_{ji} & K'_{jj} \end{bmatrix} = \begin{bmatrix} T_\alpha^{\mathrm{T}} & O \\ O & T_\alpha^T \end{bmatrix}\begin{bmatrix} K_{ii} & K_{ij} \\ K_{ji} & K_{jj} \end{bmatrix}\begin{bmatrix} T_\alpha^{\mathrm{T}} & O \\ O & T_\alpha^T \end{bmatrix} \tag{2.32}$$

二者的区别在于,对于梁格:

$$T_\alpha = \begin{bmatrix} \cos\alpha & 0 & -\sin\alpha \\ 0 & 1 & 0 \\ \sin\alpha & 0 & \cos\alpha \end{bmatrix} \tag{2.33}$$

对于刚架:

$$
\boldsymbol{T}_\alpha = \begin{bmatrix} \cos\alpha & -\sin\alpha & 0 \\ \sin\alpha & \cos\alpha & 0 \\ 0 & 0 & 1 \end{bmatrix} \tag{2.34}
$$

$\boldsymbol{T}_\alpha$ 为坐标转换系数矩阵,梁格或刚架 $\boldsymbol{T}_\alpha$ 都是直交矩阵,即 $\boldsymbol{T}_\alpha^{\mathrm{T}} - \boldsymbol{T}_\alpha^{-1}$,并且其中各元素中包含的 α 均为单元轴线对固定坐标系 X' 轴的夹角,都是以单元轴线反时针方向旋转到达 X' 轴为正。

式(2.32)说明,平面梁格与平面刚架单元对固定坐标系的刚度矩阵 $\{K_{ij}\}'_e$ 在数字表达形式上是完全相同的,其区别仅在于表达式中矩阵 $\boldsymbol{T}_\alpha$ 的各元素排列位置稍有差异。转换矩阵 $\boldsymbol{T}_\alpha$ 的数字功能仅在于进行坐标转换,无论对梁格还是刚架,单元某端对固定坐标系的内力或位移左乘 $\boldsymbol{T}_\alpha$ 之后即可转换为对单元自身局部坐标系而言的内力或位移,再左乘一次 $\boldsymbol{T}_\alpha^{\mathrm{T}}$ 则可完成相应内力或位移对固定坐标系的转换。由于在坐标转换过程中,梁格单元的剪力 Z、竖向位移 ω 与刚架单元的弯矩 M'、移角 Q_z 均不随坐标转换而改变,而它们在单元端节点内力矩阵与位移矩阵中的排列次序又因结构的不同而有所差异。因此,转换系数矩阵 $\boldsymbol{T}_\alpha$ 也就形成了由式(2.33)、式(2.34)所反映出来的差异。以单元 i 端的内力转换为例,两种结构的转换关系分别为:

$$
\begin{vmatrix} T_i \\ Z_i \\ M'_i \end{vmatrix} = \begin{vmatrix} \cos\alpha & 0 & \sin\alpha \\ 0 & 1 & 0 \\ \sin\alpha & 0 & \cos\alpha \end{vmatrix} \begin{vmatrix} \overline{T}_i \\ \overline{Z}_i \\ \overline{M}_i \end{vmatrix} \text{(梁格)}
$$

$$
\begin{vmatrix} X_i \\ Y_i \\ M'_i \end{vmatrix} = \begin{vmatrix} \cos\alpha & -\sin\alpha & 0 \\ \sin\alpha & \cos\alpha & 0 \\ 0 & 0 & 1 \end{vmatrix} \begin{vmatrix} \overline{X}_i \\ \overline{Y}_i \\ \overline{M}'_i \end{vmatrix} \text{(刚架)}
$$

图 2.7 则可形象地对比出以上的这种差异。

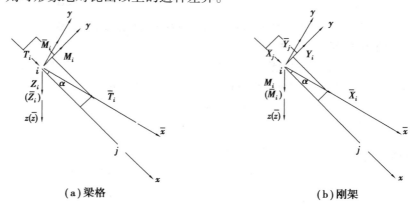

（a）梁格   （b）刚架

图 2.7　梁格与刚架转换关系

转换系数矩阵元素排列之间的不同是用矩阵位移法求解平面梁格与平面刚架时二者之间最重要的差异。从具体的数字运算角度来看,这也是求解这两种结构的计算程序之间的唯一的差异。

3）整体刚度矩阵的形成

当由所有单元的刚度矩阵 $\{K_{ij}\}'_e$ 形成结构的整体刚度矩阵 K 时，两种结构都遵从着相同的"对号入座"组成规律。具体的做法是：将所有的 $\{K_{ij}\}'_e$ 全部分解为 K'_{ii}、K'_{ij}、K'_{ji}、K'_{jj} 4 个子阵，每个子阵 K'_{ij} 位于整体刚度矩阵 K 中，按分块（3×3 阶）意义上的由其下标 i、j 所确定的第 i 行与第 j 列上；主对角线上下标编号相同的子阵相互叠加，空白处的元素则均为零。

4）刚度方程式的建立

用矩阵位移法求解平面梁格与平面刚架的刚度方程均可用下式表示：

$$K\Delta = P \tag{2.35}$$

二者的区别仅在于荷载列阵 P 与位移列阵 Δ 中各元素具有不同的含义。以作用在任一节点 i 上的外荷 P_i 与位移 Δ_i 为例，对于梁格：

$$\Delta_i = \begin{vmatrix} \theta_{\bar{x}_i} \\ \overline{\omega}_i \\ \theta_{\bar{y}_i} \end{vmatrix}, P_i = \begin{vmatrix} M_{\bar{x}_i} \\ P_{\bar{z}_i} \\ M_{\bar{y}_i} \end{vmatrix} \tag{2.36}$$

对于刚架：

$$\Delta_i = \begin{vmatrix} \bar{u}_i \\ \bar{v}_i \\ \theta_{\bar{z}_i} \end{vmatrix}, P_i = \begin{vmatrix} P_{\bar{x}_i} \\ P_{\bar{y}_i} \\ M_{\bar{z}_i} \end{vmatrix} \tag{2.37}$$

式中，Δ_i 中的各元素为对固定坐标系的位移与转角，P_i 中各元素为固定坐标系的力与力矩，符号取右手坐标系（图 2.4）。将式（2.36）中 Δ_i 与 P_i 代入式（2.35），式（2.35）即为求解任意梁格的刚度方程式；将代入式（2.35）的式（2.36）中各元素顺序按式（2.37）理解，所得方程也可认为是求解平面刚架的刚度方程。

5）边界条件的处理

只要在刚度矩阵中将由于支承条件而确定的位移对梁格按式（2.36）理解，对刚度按式（2.37）理解，并且各自按照自己的排列顺序输入支承节点的约束信息，二者在数学表达形式上即无任何差异。

实际已经指出用矩阵位移法求解平面梁格与平面刚架时二者之间的所有相似处与不同点。

2.2.3　应用

利用前文指出的相似关系，可以将现有一切用矩阵位移法求解任意平面杆系结构的通用电算程序稍做改造以后用于求解任意梁格，或者反之。下面将矩阵位移法求解任意平面杆系结构的通用电算程序改造为可以求解任意平面梁格的电算程序为例，说明这种改造的途径与使用这样程序时的注意事项。

改造方法：

①增加说明程序用于求解任意梁格时的信息，即增加标识符"grid"，当 grid = 1 时，程序用于求解梁格。

②在原程序凡是涉及转换系数矩阵 T_α 运算的语句处，全部以条件语句"若 grid = 1

则……"的形式对程序加以修改。一般来说,这种修改只有两处,第一处为计算单元对固定坐标系的刚度矩阵时,第二处为输出杆端内力。修改办法可参照式(2.33)、式(2.34)进行。对参与 T_α (或 T_α^T)运算部分语句的修改非常有限,通常只需要增加数行原程序即可。这也是对原程序唯一的一处实质性修改。

需要指出的是,各种不同文献或电算程序中,节点位移 Δ_i ,节点外荷载 P_i 与杆端内力 $\{S_{ij}\}_e$ 中各元素的排列顺序可能会与本节中的排列序出现一些差异。此时,梁格与刚架坐标转算系数矩阵 T_α 之间的对应关系也会与式(2.33)、式(2.34)之间的对应关系有所不同,此点必须引起特别注意。

以上对程序的修改实际已经全部完成。使用这样的程序求解任意平面梁格时,只需注意以下几点:

①输入求解梁格的信息 grid = 1,并将杆件元端节点信息全部置于刚结,符合本节对刚架与梁格的定义。

②将原程序中的 EA 理解为梁格单元的 GI_k , EI' 理解为梁格单元的抗弯刚度 EI 。按原程序要求输入刚架杆件元特性初始信息 EA 与 EI' (实际输入的是梁格单元的 GI_k 与 EI)。

③将原程序中要求输入的刚架荷载列阵直接理解为梁格的荷载列阵,求解刚架时如节点荷载按式(2.37)所示的沿固定坐标系 $\overline{X}$ 方向轴力、 $\overline{Y}$ 方向轴力、弯矩排列,输入的荷载则应按式(2.36)排列,即每个节点荷载排列顺序为绕 $\overline{X}$ 轴转动时弯矩(广义扭矩),沿 $\overline{Z}$ 方向竖直力,绕 $\overline{Y}$ 轴转动的弯矩。

④计算结果输出的节点位移为按式(2.36)排列的梁格节点位移,杆端内力也即为按扭矩、剪力、弯矩顺序排列的梁格内力。

⑤原程序若有求影响线的功能,此项功能在求解梁格的原则上也照样可以利用。但如要将求影响线的功能扩展为求梁格影响面的功能,程序还应稍许加工。否则,只能输出梁格影响面中与相应刚架影响线对应的那部分竖标值。修改的办法不难由本节的方法类推。

⑥在某些情况下,梁格的位移自由度往往大大高于通常工程中所遇到的实际平面杆系结构的位移自由度。注意,利用经过这样改造以后的程序求解节点较多的梁格时,需要占用的机器内存可能会超过机器的容量。

⑦程序对结构对称性的利用部分可以原样利用。

⑧无论原求解任意平面杆系结构的通用电算程序在求解刚度方程式(2.35)时采用何种解法,也无论原程序在建立与求解式(2.35)的过程中如何将 K 中的元素在机器内部存贮,对于上述的程序改造方法及使用程序时的注意事项均能成立。

同样,将用矩阵位移法求解任意梁格的通用电算程序改造为同时可以求解任意刚架的通用电算程序时,也可仿照上述的步骤进行,此处不再赘述。

必须指出,本节对平面刚架与平面梁格除支承节点以外一切节点限定为刚结,这一条件是必要的。因为在平面杆系结构中的铰结节点使与它相交的所有杆件元该端内力中只产生轴向力与剪力。在平面梁格中却无法构造出这样一个铰结节点,它也能使与它相交所有杆件元的该端内力中只有扭矩与剪力。与平面杆系结构中铰结节点相对应的梁格铰结节点在理论上是存在的,但没有本节中叙述的那样简单的对应关系。由于实际工程中的梁格节点几乎都是刚结,故对这一问题也就不再详细讨论。

2.3　斜拉桥的索力调整计算

大跨度斜拉桥拉索的施工张拉力通常可按倒拆法确定。当按倒拆法确定拉索拉为时,理论上全桥建成后拉索的恒载拉力应与设计值高度吻合,但由于设计与施工中的种种原因,却很难做到。加之,有时在施工阶段受主梁应力控制,不允许拉索一次张拉到倒拆吨位,都要求建桥过程中对拉索拉力进行调整。调索计算比较烦琐,尚需考虑因施工引起的索力误差的合理分配以及尽量减少调索操作等因素。

2.3.1　基本计算公式

设某斜拉桥(图 2.8)的设计索力为 $N = \begin{bmatrix} N_1 & N_2 & \cdots & N_n \end{bmatrix}^{\mathrm{T}}$(式中 n 为拉索根数)。桥建成后,由于设计与施工误差等因素的影响,实际成桥后索力为 $N' = \begin{bmatrix} N_1' & N_2' & \cdots & N_n' \end{bmatrix}^{\mathrm{T}}$,索力误差为 $D = \begin{bmatrix} D_1 & D_2 & \cdots & D_n \end{bmatrix}^{\mathrm{T}}$。设 T_{ij} 为第 j 根拉索拉力增加单位 1 时所引起的第 i 根拉索的内力增量,X_i 为最终要求的第 i 根拉索的拉力修正量,则可建立如下方程:

$$\begin{vmatrix} T_{11} & T_{12} & \cdots & T_{1n} \\ T_{21} & T_{22} & \cdots & T_{2n} \\ T_{31} & T_{32} & \cdots & T_{3n} \\ T_{41} & T_{42} & \cdots & T_{4n} \end{vmatrix} \begin{vmatrix} X_1 \\ X_2 \\ X_3 \\ X_4 \end{vmatrix} = \begin{vmatrix} D_1 \\ D_2 \\ \vdots \\ D_n \end{vmatrix} (TX = D) \tag{2.38}$$

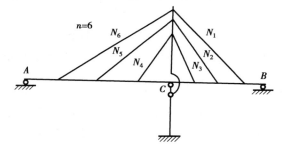

图 2.8　某斜拉桥的设计索力

T 为索力影响系数矩阵。求解上式可得:

$$\begin{vmatrix} X_1 \\ X_2 \\ X_3 \\ X_4 \end{vmatrix} = \begin{vmatrix} S_{11} & S_{12} & \cdots & S_{1n} \\ S_{21} & S_{22} & \cdots & S_{2n} \\ S_{31} & S_{32} & \cdots & S_{3n} \\ S_{41} & S_{42} & \cdots & S_{4n} \end{vmatrix} \begin{vmatrix} D_1 \\ D_2 \\ \vdots \\ D_n \end{vmatrix} (X = T^{-1}D = SD) \tag{2.39}$$

式中,S 任一元素 S_{ij} 的含义为若使第 j 拉索拉力增加 1,而其余拉索拉力不变,此时第 i 根拉索相应地应调索力增量。式(2.38)、式(2.39)是调索计算的基本公式,现对式中矩阵 T 讨论如下。

T 中各元素 T_{ij} 可采用逐次求解斜拉桥这样一个高次超静定结构的方法求得,故计算烦琐。T 为准对称方阵,即有关系 $T_{ii} = 1$,并且处于对称位置上的任意两元素 T_{ij} 与 T_{ji} 之间恒有

关系 $T_{ij} = T_{ji}L_jA_i/(L_iA_j)$。当拉索的截面积 A_i 全部按与拉索长度 L_i 几成正比配置时,T 称为对称方阵。

T 的逆阵 S 也为准对称矩阵。一切斜拉桥索力调整计算方法都将在式(2.38)、式(2.39)的基础上进行。

2.3.2　索力调整计算的直接解

所谓直接解即直接求解式(2.38)。需要指出的是,式(2.38)并非在任何情况下都可以直接求解,即 T 的逆阵并不一定存在。现将用直接法求解式(2.38)的条件简要讨论如下。

图2.9为某斜拉桥,主梁结构呈悬浮状态。根据力的基本平衡条件,索力应满足:

$$\left.\begin{aligned} \sum N'_i \sin \alpha_i &= \sum P_i \\ \sum N'_i \cos \alpha_i &= 0 \end{aligned}\right\}(i = 1,2,\cdots n) \tag{2.40}$$

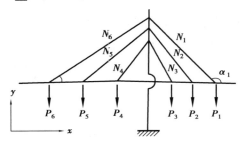

图2.9　某斜拉桥的受力状态

式中,α_i 为第 i 根拉索与 x 轴正向之间的夹角,$\sum P_i$ 为主梁总重。对于图2.8所示斜拉桥,式(2.40)同样成立,但 $\sum P$ 中应计入全部支座反力。

式(2.40)为斜拉桥在任何受力阶段的索力都提供了两个必须满足的附加条件,调整索力以后用 N_i 代替式(2.40)中 N'_i,方程依然成立。注意 $D_i = N_i - N'_i$,故下式也成立:

$$\left.\begin{aligned} \sum D_i \sin \alpha_i &= \sum P_i \\ \sum D'_i \cos \alpha_i &= 0 \end{aligned}\right\}(i = 1,2,\cdots n) \tag{2.41}$$

如图2.8所示结构,式(2.41)成立的条件为调索后不改变支座反力。否则,式(2.41)第一、二方程的右端项应为支座的垂直、水平反力增量。

如图2.9所示结构,如果式(2.38)中 T 的逆阵 S 存在,则 D 的取值即可以是任意的,但任意给定的 D 不可能满足式(2.41)。由此可以证明此时式(2.38)无解,即 T 为奇异矩阵。

只有当解除全部计算拉索约束以后,主梁仍能成为一个稳定的受力结构,按此结构计算图式算得的索力影响系数矩阵 T 才是一个可以直接求逆的矩阵。对于施工到图2.8、图2.9所示状态的斜拉桥结构,如果要调整索力,必须增加约束取图2.10中任一种计算图示求得的 T 才可按式(2.39)求解。

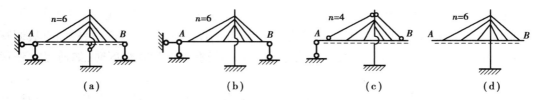

图 2.10　索力调整时的几种附加约束

　　附加约束的选择可以是任意的,但增加的约束条件不同,调索效果也不相同。例如,对图 2.9 所示结构,采用图 2.10(b)计算图示时,调索以后主梁 A、B 两点标高不会变化,A 点也不会产生水平位移。其余类推。

　　如果解除需要计算索力修正量的拉索的约束以后,主梁因新增附加约束而成为超静定结构,调索计算将会产生误差,反之则不会出现误差。因为后者只要 D 取值正确、最终计算所得的附加约束反力均为零。

　　式(2.40)、式(2.41)在实践中是非常有用的,因为据此可以在施工中的任一阶段立即判定主梁是否超重并且确定超重值,或者确定支座反力是否偏离设计值。

　　如果解除全部 n 根拉索约束,主梁为稳定的静定结构,调索以后主梁的支座反力应与设计相符。如果真实结构的约束已使主梁成为超静定结构[图 2.10(a)],则调索以后这些支座反力将会发生变化,并且往往会偏离设计值。对于后一种情况,为了保证调索后全部支承反力符合设计要求,可以解除多余的约束而代之以设计反力,修正 D 以后再作调索计算;也可用虚拟拉索代替多余的支承,一并参与调索计算,虚拟拉索按刚度和方向与原支承条件相符的条件确定。两种方法孰优孰劣,可自行判断。

　　如果因施工误差而引起索力偏移(如超重),此项偏移又未曾估计,按设计要求调索后这项误差将全部向支承约束反力积聚,因而最终又会出现误差。故调索计算前首先应根据已知的全部索力实测值对施工误差作出充分估计,必要时尚应通过误差的合理分配先对 D 作出修正,然后再作调索计算并调整索力。

　　对称的三跨斜拉桥结构,如果在主跨合龙以后调整索力,通常可利用结构的对称性取半桥分别计算。可以证明,无论索力误差是否对称,这样简化计算所引起的误差相对于 D 而言都属于高阶微量,可以略去不计。如果调索以后要求主跨中心标高不变,取半跨结构计算图示时可在相当于主跨中心对称点处人为加上一个附加竖向支承,并设法使半跨主梁成为静定结构;如果要求调索以后跨中标高提高或降低,可选用全桥的计算图示并对跨中施以相应的强迫位移,算得由此而引起的索力并据此对索力误差 D 进行修正,然后再进行调索计算并按此调整索力。

2.3.3　索力调整计算的迭代解

　　实际工程中,往往不对斜拉桥的全部拉索都作索力调整。如果对少量拉索作索力调整后全部拉索的拉力误差都能降低到容许范围内,就能够满足工程需要。一切试图只调整部分拉索索力的计算方法都可归结为对式(2.38)的迭代解。

　　用迭代法解式(2.38)不存在上文讨论的计算图示问题。当式(2.38)中 T 不存在 T^{-1} 时,反映为迭代过程收敛速度降低或不能收敛,这视 D 偏离式(2.41)的程度而定。一般来说,只要按调索时的实际结构计算图示算得 T,式(2.38)均可用迭代法求解。

采用迭代法求式(2.38)中 X,一般文献已有说明,不再赘述。要讨论的是,如果只调整 m 根拉索索力即有可能使全部拉索索力误差小于某一任意指定计算精度时,如何建立迭代计算程序。

设 $X_{(m)} = \begin{bmatrix} X_1 & X_2 & \cdots & X_m \end{bmatrix}^{\mathrm{T}}$ 为最终欲求的 m 根拉索的拉力修正量;$D' = \begin{bmatrix} D'_1 & D'_2 & \cdots & D'_n \end{bmatrix}^{\mathrm{T}}$ 为对 m 根拉索调索以后的索力误差矢量,以上问题可转化为求解下列条件方程:

$$
\begin{vmatrix} D'_1 \\ D'_2 \\ \vdots \\ D'_m \\ \vdots \\ D'_n \end{vmatrix} = \begin{vmatrix} D_1 \\ D_2 \\ \vdots \\ D_m \\ \vdots \\ D_n \end{vmatrix} - \begin{vmatrix} T_{11} & T_{12} & \cdots & T_{1m} \\ T_{21} & T_{22} & \cdots & T_{2m} \\ \vdots & \vdots & & \vdots \\ T_{m1} & T_{m2} & \cdots & T_{mm} \\ \vdots & \vdots & & \vdots \\ T_{n1} & T_{n2} & \cdots & T_{nm} \end{vmatrix} \begin{vmatrix} X_1 \\ X_2 \\ \vdots \\ X_m \end{vmatrix} \tag{2.42}
$$

要求解出 X_j 及 D',D' 满足条件 $|D'| \leqslant \mathrm{eps}\,(i=1,2,\cdots n)$,并且 m 应尽可能小。

先考查只调整第 j 根拉力($m=1$)时,式(2.42)可简化为:

$$
D'_i = D_i - T_{ij}X_i \quad (i = 1,2,\cdots n) \tag{2.43}
$$

当 X_j 的取值令 D' 取得极小值时,必有如下关系:

$$
d \sum D'^2_i / dX_j = 0 \tag{2.44}
$$

将式(2.43)中 D'_i 代入式(2.44),经运算以后可得:

$$
X_j = \frac{\sum D_i T_{ij}}{\sum T^2_{ij}} \tag{2.45}
$$

X_j 按式(2.45)取值可以保证 D' 中各元素的平方和值最小。当 $m>1$ 时,可按式(2.45)对 m 根拉索作循环计算。第一次解得 $X_{(m)}$ 后,由式(2.42)可得索力误差为:

$$
D'_i = D_i - \sum_{j=1}^{m} T_{ij}X_{ij} \quad (i = 1,2,\cdots n)
$$

根据新的索力误差,再按式(2.45)求得 $X_{(m)}$ 的第二次近似值,如此持续计算下去,即可求得 $X_{(m)}$ 的最终解答。以上求解式(2.42)条件方程组的过程可以完整地用公式表示如下:

$$
\left.\begin{array}{l}
X_j^{(k+1)} = X_j^{(k)} + \dfrac{\displaystyle\sum_{i=1}^{n} D_i^{(k)} T_{ij}}{\displaystyle\sum_{i=1}^{n} T^2_{ij}} \quad (j = 1,2,\cdots m) \\[4mm]
D_i^{(k+1)} = D_i^{(k)} - \displaystyle\sum_{j=1}^{m} T_{ij}X_j^{(k+1)} \quad (j = 1,2,\cdots n)
\end{array}\right\} \tag{2.46}
$$

式中,$X_j^{(k)}$ 的初值 $X_j^{(0)}$ 取为零,$D_i^{(k)}$ 的初值取为 $D_i^{(0)}$;第 $k+1$ 次计算以后算得的 $D_i^{(k+1)}$ 即为 D'_i。结束计算的判别条件为 $|D_i^{k+1}| \leqslant \mathrm{eps}\,(i=1,2,\cdots n)$,始终不能满足判别条件时则应加大 m,重新按式(2.46)计算。

当 m 与 n 的编号顺序不一致时,应对矩阵 $\boldsymbol{T}$ 重新排序使式(2.42)中的 m、n 编号一致,这样有利于电算程序的编制。恰当地选择 m 根拉索的编号顺序可以保证最终的 m 取值尽可能小,这点非常重要。实际工作中,可以选择若干个不同的 m 编号顺序进行对比计算,尽量将误差可能最大的拉索排在 m 的前方提前参与计算,m 则可由一个较小的偶数(例如2)逐渐成对地增加。由于尽量减少调索根数可以给施工带来很大方便,故实际工作中式(2.46)往往比式(2.39)更有意义。

2.3.4　索力调整计算的手算程序

调索计算可以手算,并且有时还非常有效。在调整索力的施工操作中,如用应变控制拉索的调整量,式(2.39)可改写为:

$$
\begin{vmatrix} R_1 \\ R_2 \\ \vdots \\ R_n \end{vmatrix} = \begin{vmatrix} E_{11} & E_{12} & \cdots & E \\ E_{21} & E_{22} & \cdots & E \\ \vdots & \vdots & & E \\ E_{41} & E_{42} & \cdots & E \end{vmatrix} \begin{vmatrix} D_1 \\ D_2 \\ \vdots \\ D_n \end{vmatrix} \quad (\boldsymbol{R} = \boldsymbol{ED}) \tag{2.47}
$$

式中,$\boldsymbol{R}$ 与 $\boldsymbol{X}$ 相对应,其任一元素 R_i 的含义为欲使索力消除误差 $\boldsymbol{D}$,第 i 根拉索必须调整拉索的受力计算长度。矩阵 $\boldsymbol{E}$ 与 $\boldsymbol{T}^{-1}$,其任一元素 E_{ij} 含义为使结构第 j 根拉索的拉力改变单位1而其余各索拉力不变时,第 i 根拉索相应地应收紧或放松的拉索长度。如规定调索操作时收紧拉索 R、E 中各元素取正值,则当全部拉索从第 1 根到第 n 根顺序收紧 E_{1j},$E_{2j}\cdots$ E_{nj} 时,第 j 根拉索拉力增量为1,而其余拉索拉力保持不变。

式(2.47)中 E 各元素可以直接求得。考察图 2.11(a)所示斜拉桥,根据力(位移)的叠加原理,令主梁与索塔在调索前变形为零,第 i 根拉索拉力增加 1 而其余拉索拉力不变时,斜拉桥的主梁与索塔变形应等于解除全部拉索约束,仅沿第 i 根拉索方向对结构施以一对单位力时的主梁与索塔变形,如图 2.11(b)所示。或者从另一个方面说,在图 2.11(b)所示的变形条件下,为了保持除 i 以外的其余拉索拉力不变,只有保持这些拉索的应变不变。设沿 i 索作用一对单位力前第 j 根拉索两端点 b_j、c_j,间距为 l_j,沿 i 索施以一对单位力后其间距变为 l_j',则只要将第 j 根拉索的受力长度减少 $l_j - l_j'$,即可维持这根拉索的应变而使其拉力保持不变。

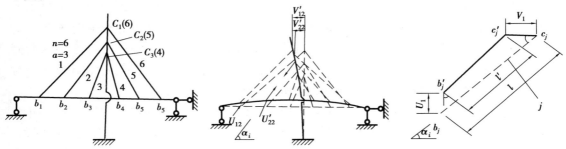

图 2.11　索力调整计算图式

注意到 E 中各元素的定义,自然可得:

$$E_{ji} = l_j - l'_j (j = 1,2\cdots n; j \neq i) \atop E_{ii} = l_i - l'_i + l_i/(EA_i) \Bigg\} \qquad (2.48)$$

求解式(2.48),只需解除全部拉索约束,对图2.11(b)所示静定结构施以一对单位力并解出 b_j、c_j,各点的位移。于是即可把一个高次超静定结构的反复求解问题,即求 T,外加一个高阶矩阵 T 的求逆问题,一并转化为对两个静定结构(梁、塔)的一系列简单变形计算。

图2.11(c)表明了静定梁、塔垂直与水平位移与 l_j、l'_j 之间的几何关系,静定的梁、塔结构在倾斜的单位力1作用下各相应点处位移不难推算。考虑到式(2.47)中 E 与式(2.39)中 S 有关系 $S_{ij} = E_{ij} \times EA_i/l_i$,故本方法的实质就是求解求式(2.35)中 T 的逆阵 S。

限于篇幅,本节不对详细的手算程序再作讨论,笔者曾对某实桥的拉索直接用手算法解出式(2.47)中的全部 E,效果令人满意。

2.4 钢筋混凝土受弯构件的应力计算与承载力研究

2.4.1 问题的提出

钢筋混凝土受弯构件的断面设计,一般由最大裂缝宽度计算控制。裂缝宽度主要是钢筋应力的函数,故对断面钢筋的应力计算仍然十分重要。04桥规在确定受弯构件钢筋应力时,采用的计算公式为 $\sigma_s = M_s/(0.87A_s h_0)$。这是一个过分粗略的经验公式,在桥梁工程中误差有可能达到10%,因此有必要改进。本节从考虑混凝土徐变在断面中引起的应力重分配关系出发,对钢筋与混凝土应力的计算公式重新给予了推导,并且证明可以用将钢筋弹性模量提高1.8倍的换算截面方法来代替这种计算。该法计算精度较好,也可认为是对更早一点的75桥规计算方法的改进。

钢筋的使用应力 σ_s 可以直接影响断面的承载力安全。04桥规用条件 $S \leqslant R$ 对钢筋混凝土受弯构件断面进行承载力计算,但本节月断面的计算 $\overline{J} = R/(\gamma_0 M_k) \geqslant$ 实际 $J = M_j/M_k$ 的条件来代替这项计算。比值($\overline{J}/J$)或计算 $\overline{J}$ 是一个非常有用的概念,用它可以对断面的承载力安全程度作出定量的判断。通过对可能影响断面计算 $\overline{J}$ 的各项因素以及它们之间关系的深入研究,可以加深对规范此部分内容的理解,也可得出许多有益于改进设计工作的结论与建议。例如:极限承载力的安全程度(计算 $\overline{J}$)主要只与钢筋的(f_{sd}/σ_s)成正比而与混凝土的强度等级几乎无关;一旦断面的材料规格与用量决定以后,其计算 $\overline{J}$ 可完全由钢筋应力 σ_s 与断面的形状与钢筋含量确定而与断面的具体尺寸无关等。由于在分析中引入了反映断面横向与竖向挖空程度的两个形状系数 λ_b 与 λ_h,故本节对断面内力臂系数 c_s 和计算 $\overline{J}$ 的讨论可以适用于从矩形到各种可能变化形式的所有T形断面。

桥梁设计规范与建筑规范相比是应该有所区别的,应该执行更为严格的标准。在用04桥规的方法对钢筋混凝土受弯构件断面进行设计时,除了上述 σ_s 的计算外,还有一些问题,如对混凝土的应力是否有必要加以限制,部分T形断面在计算承载力 R 时的内力臂取值问题,对断面受压区高度的限制问题等,都还有进一步研究的必要。另外,04桥规采用的以概率理论为基础的极限状态设计方法应该是较容许应力法更为完善的设计理论,但本节的研究说明对于钢筋混凝土受弯构件,几乎在一切情况下极限状态理论的核心承载力计算部分却并不控制设计。控制构件断面设计的往往都是钢筋的应力或最大裂缝宽度计算,这个问题的意义似乎更值得研究。笔者对以上这些问题均提出了一些自己的认识,相关改进意见是否合适,希望能够引起讨论。

本节在研究原则上均仍以 04 桥规的有关规定为依据,故推导的有关计算公式与结论也可以认为是对这部分极限状态设计理论有关条文的诠释。如无特别说明,本节的讨论范围仅限于钢筋混凝土受弯构件,并且只讨论受拉区配置为 HRB335 或 HRB400 钢筋的情况。一般情况下,本节采用的术语和符号也尽量与 04 桥规中的保持一致。

2.4.2　矩形断面恒载应力的计算

图 2.12(a)中的矩形断面受弯构件,设 h 为断面高,b 为断面宽,A_s 为受拉区配置的HRB335 或 HRB400 普通钢筋,分析中暂时略去受压区钢筋面积 A_s' 的影响。在恒载作用下,断面在加载后 τ_0 时刻的初始受压区混凝土最大压应力 σ_c' 与受拉钢筋拉力 N_s' 分布如图 2.12(b)所示,其计算方法可按一般弹性理论与换算截面法进行,τ_0 时刻中性轴位置 x' 可按以下公式计算[1,2]:

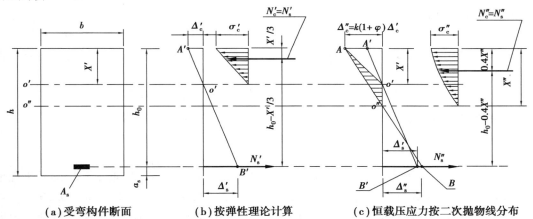

图 2.12　矩形断面受弯构件

$$x' = \frac{n_s A_s}{b}\left(\sqrt{1 + \frac{2bh_0}{n_s A_s}} - 1\right) \text{ 或 } \xi' = \frac{x'}{h_0} = n_s \mu_s\left(\sqrt{1 + \frac{2}{n_s \mu_s}} - 1\right) \qquad (2.49)$$

式中,$n_s = \dfrac{E_s}{E_c}$,为按 04 桥规查得的钢筋混凝土弹性模量的比值,$\mu_s = \dfrac{A_s}{bh_0}$ 为断面的含筋率,此时混凝土最大受压缘与钢筋重心处的应变值分别为 Δ_c' 与 Δ_s',混凝土的压应力可假定按三角形分布。加载后 τ_0 时刻的混凝土最大压应力 σ_c' 与受拉钢筋应力 σ_s' 则可按下式计算:

$$\left.\begin{array}{l} \sigma_c' = \dfrac{2M_d}{h_0(1 - \xi'/3)bx'}\left(\text{或 } \sigma_c' = \dfrac{2A_s\sigma_s'}{bx'} = 2\sigma_s'\mu_s/\xi'\right) \\[4mm] \sigma_s' = \dfrac{M_d}{h_0(1 - \xi'/3)A_s}\left(\text{或 } \sigma_s' = 0.5\xi'\sigma_c'/\mu_s\right) \end{array}\right\} \qquad (2.50)$$

式中,M_d 表示恒载弯矩,此时其效应等同于活载效应。

在 τ_0 时刻以后随着时间的推移受压区混凝土将发生徐变,其最大受压缘处的混凝土在自由条件下应变将由 Δ'_c 发展到 $(1+\varphi)\Delta'_c$，式中 $\varphi=\varphi(\infty,\tau_0)$ 为混凝土徐变的终极值。按照线性徐变理论的平截面假定，时间 $\tau_0\to\infty$ 后截面将会由 $A'B'$ 变化到 AB 并且仍然保持为平面 [图 2.2(c)]，故其中性轴的位置必将下移使受压区面积增加内力臂减小。由于 M_d 是一个常量，故钢筋的拉力将会增加，混凝土的最大压应力 σ'_c 将会减小。

中性轴的下移与受压区面积的增加将会约束徐变的发展，故 Δ'_c 不可能发展到 $(1+\varphi)\Delta'_c$。设徐变终结时混凝土上缘的应变为 $\Delta''_c=k(1+\varphi)\Delta'_c$，相应的压应力由 σ'_c 衰减到 σ''_c，式中 $1>k>1/(1+\varphi)$。当 $k=1$ 时，$\sigma''_c=\sigma'_c$，表示上缘的混凝土徐变完全没有受到约束；当 $k=1/(1+\varphi)$ 时，$\Delta''_c=\Delta'_c$。此时上缘混凝土徐变变形为零即完全受到约束，显然，这两种情况都不会出现。

根据相关文献[11]，在时间 $\tau_0\to\infty$ 施加荷载过程中断面上缘应变由 Δ'_c 变化到 Δ''_c，不考虑收缩时其最终应力 σ''_c 由两部分组成，即 $\sigma''_c=\sigma'_c\eta_0+(\Delta''_c-\Delta'_c)E_c\eta_t$，式中第一项 $\sigma'_c\eta_0$ 表示 Δ'_c 不变时 σ'_c 单纯衰减后的残剩应力，第二项表示徐变应变由 Δ'_c 发展到 Δ''_c 的过程中该处随时间而增加的应力增量，$(\Delta''_c-\Delta'_c)E_c$ 为应变增量所引起的不计徐变效应的相应弹性应力，η_0、η_t 则分别为混凝土的内力（应力）衰减系数与徐变内力（应力）衰减系数。代入假定关系 $\Delta''_c=k(1+\varphi)\Delta'_cE_c$ 并注意到 $\sigma'_c=\Delta'_cE_c$ 可得：

$$\sigma''_c=\sigma'_c\eta_0+[k(1+\varphi)\Delta'_c-\Delta'_c]E_c\eta_t=\sigma'_c\eta_0+[k(1+\varphi)-1]\sigma'_c\eta_t$$

上式与采用的徐变理论无关，如果采用混凝土徐变的先天理论，$\eta_0=\eta_t=1/(1+\varphi)$，代入上式可得：

$$\sigma''_c=[\sigma'_c+k(1+\varphi)\sigma'_c-\sigma'_c]/(1+\varphi)=k\sigma'_c$$

如果按老化理论 $\eta_0=e^{-\varphi}$、$\eta_t=(1-e^{-\varphi})/\varphi$，代入 σ''_c 的表达式可得：

$$\sigma''_c=\sigma'_ce^{-\varphi}+(k+k\varphi-1)\frac{1-e^{-\varphi}}{\varphi}\sigma'_c\neq k\sigma'_c$$

按老化理论计算上式 $\sigma''_c=k\sigma'_c$ 的条件是 $k=1$，这显然不对。例如，取 $\varphi=2$，按老化理论 $\eta_0=0.135$、$\eta_t=0.432$ 可以算得 $\sigma''_c=0.135\sigma'_c+(0.432(3k-1))\sigma'_c=(1.296k-0.297)\sigma'_c\neq k\sigma'_c$。先天理论使计算 η_0 偏大 η_t 偏小，求 σ''_c 时二者的计算误差大部分可以相互抵消。根据相关文献[11]的对比分析，求解断面在荷载作用下的应力重分配问题且同时发生第一类与第二类强迫位移时其与老化理论的计算结果差别不大，但先天理论一般会稍许低估混凝土的徐变效应。本节以下的分析将采用先天理论取最终混凝土应力 $\sigma''_c=k\sigma'_c$，这样可以大大简化后文的分析。

由于中性轴下移及混凝土受压区徐变（塑性）变形的发展，图 2.12 中在 τ_0 时混凝土按三角形分布的应力图形将逐渐变化为接近抛物线的曲线形状，采用文献[11]中的理论可以证明这种变化趋势。例如，可以采用老化理论求得 o' 点处在时间 $\tau_0\to\infty$ 后的应力 $\sigma''_c(o')$ 如下：该点在 τ_0 时的应力为零，最终应力只有因徐变变形（属于第二类强迫位移）所引起的应力。

$$\sigma''_c(o')=\frac{x''-x'}{x''}\Delta''_cE_c\eta_t=\nu k(1+\varphi)\Delta'_cE_c\eta_t=\nu k(1+\varphi)\sigma'_c\eta_t\left(\text{式中 }\nu=\frac{x''-x'}{x''}\right)$$

仍取 $\varphi=2$，按老化理论 $\eta_t=0.432$ 可以算得 $\sigma''_c(o')=\nu\times1.296k\sigma'_c$，而上缘的最大应力按老化理论计算为 $\sigma''_c=(1.296k-0.297)\sigma'_c$，如最终应力图形仍为直线则 $\sigma''_c(o')$ 应为 $\nu\times(1.296k-0.297)\sigma'_c$，因 $1.296k>(1.296k-0.297)$，这就证明了 o' 点这一个点处的应力恒

大于按直线分布图形算得的应力值,无论 φ 取何值这个结论都能成立。注意:这里不能采用先天理论进行计算,对于单一的第二类强迫位移引起的应力计算问题,先天理论因对 η_t 的计算有较大的低估($\varphi = 2$ 时,$\eta_0 = \eta_t = 0.333$),按此计算时间 $\tau_0 \to \infty$ 后的应力分布图形将会仍然是直线,这个结果肯定不对,具体计算过程此处不再赘述。

要完整地证明时间 $\tau_0 \to \infty$ 后的应力图形变到什么具体的抛物线形在理论可以做到,但过分烦琐,也没有必要,因为可以精确地将这部分最终恒载压应力假定为按二次抛物线分布,这点已为所有的试验研究资料所证实。按此假定,受压区混凝土的压力中心线距梁顶的距离为 $0.4x''$,x'' 为时间 $\tau_0 \to \infty$ 时的恒载断面受压区高度[图 2.12(c)],再根据徐变变形发展以后截面仍然保持为平面的平截面假定,由此可以建立以下关系:

$$\frac{x'}{\Delta_c'} = \frac{h_0 - x'}{\Delta_s'} \quad 与 \quad \frac{x''}{k(1 + \varphi)\Delta_c'} = \frac{h_0 - x''}{\Delta_s''}$$

由上式可得:

$$\frac{x''}{k(1 + \varphi)x'} = \frac{h_0 - x''}{h_0 - x'}\frac{\Delta_s'}{\Delta_s''}$$

由图 2.12 可知,式中,$\dfrac{\Delta_s'}{\Delta_s''} = \dfrac{0.5x'\sigma_c'}{0.75x''\sigma_c''} = \dfrac{2x'}{3kx''}$,即受拉钢筋的应变与受压区混凝土压应力的合力成正比,将此值代入上式后可得:

$$\frac{3x''^2}{2(1 + \varphi)x'^2} = \frac{h_0 - x''}{h_0 - x'}$$

上式经整理后可改写为:

$$3(h_0 - x')x''^2 + 2(1 + \varphi)x'^2 x'' - 2(1 + \varphi)h_0 x'^2 = 0$$

或
$$3(1 - \xi')\xi''^2 + 2(1 + \varphi)\xi'^2\xi'' - 2(1 + \varphi)\xi'^2 = 0 \tag{2.51}$$

式中,$\xi'' = x''/h_0$,为时间 $\tau_0 \to \infty$ 以后断面在 M_d 作用下受压区高度与断面有效高度之比值。用式(2.51)求得 ξ'' 后,可由下列关系求 k:

$$\frac{1}{2}\sigma_c'x'\left(h_0 - \frac{x'}{3}\right) = \frac{3}{4}x''k\sigma_c'(h_0 - 0.4x'')$$

求解后可得:

$$k = \frac{2(h_0 - x'/3)x'}{3(h_0 - 0.4x'')x''} \quad 或 \quad k = 0.667\beta\xi'/\xi'' \tag{2.52}$$

式中,$\beta = \sigma_s''/\sigma_s'$,为 $\tau_0 \to \infty$ 后恒载作用下的钢筋应力增大系数,其值按下式计算:

$$\beta = \frac{\Delta_s''}{\Delta_s'} = \frac{1 - \xi'/3}{1 - 0.4\xi''} \tag{2.53}$$

$1 - \xi'/3$ 与 $1 - 0.4\xi''$ 分别为 τ_0 时和 $\tau_0 \to \infty$ 时的断面内力臂系数。恒载作用下徐变完成后的最终混凝土最大压应力 σ_c'' 与受拉钢筋应力 σ_s'' 可按下式计算:

$$\left.\begin{array}{l}\sigma_c'' = \dfrac{4M_d}{3h_0(1 - 0.4\xi'')bx''} = \dfrac{4A_s\sigma_s''}{3bh_0\xi''} = \dfrac{4\sigma_s''\mu_s}{3\xi''} \\[3mm] \sigma_s'' = \dfrac{M_d}{h_0(1 - 0.4\xi'')A_s}(或\ \sigma_s'' = 0.75\xi''\sigma_c''/\mu_s)\end{array}\right\} \tag{2.54}$$

求解程序为:先按式(2.49)求 ξ',再按式(2.51)求 ξ'',最后按式(2.54)求 σ_s'' 与 σ_c''。

2.4.3 使用荷载作用下矩形断面的应力计算

使用荷载作用下的矩形断面应力由恒载与活载两部分应力组成。仍假定恒载应力按抛物线分布活载应力按直线分布,两部分单独作用时的应力分布如图 2.13(a)、(b)所示,最终的应力分布如图 2.13(c)所示。

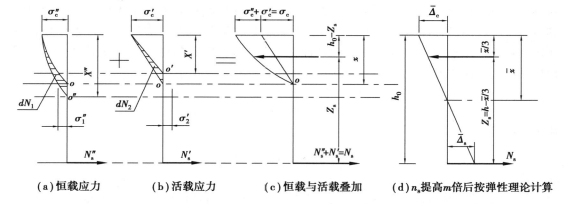

(a)恒载应力　　　　(b)活载应力　　　　(c)恒载与活载叠加　　(d)n_s提高m倍后按弹性理论计算

图 2.13　最终应力分布

由于是在施加恒载且徐变完成以后再施加活载,中性轴位置将由 x'' 上升到 x,断面发生应力重分配。这一应力重分配过程可理解为原恒载应力的 dN_1 部分上移使分布图形的曲率加大,如仍假定压应力按抛物线分布,则 σ''_c 会稍许增加到 $\hat{\sigma}''_c$。同理,活载中性轴下移到 x 后将多计入 dN_2 部分,如仍假定按三角形分布考虑,则 σ'_c 将会降低到 $\hat{\sigma}'_c$,故图 2.13(c)中的 σ''_c 与 σ'_c 并不等于图 2.13(a)、(b)中的 σ''_c 与 σ'_c。可以证明,其增加和减少值之间有如下关系:

$$\hat{\sigma}''_c = \frac{x''(h_0 - 0.4x'')}{x(h_0 - 0.4x)}\sigma''_c, \quad \hat{\sigma}''_c = \frac{x'(h_0 - x'/3)}{x(h_0 - x/3)}\sigma'_c$$

$(\hat{\sigma}''_c + \hat{\sigma}''_c)$ 恒略小于 $(\sigma''_c + \sigma'_c)$,但其差值为一高阶微量。如根据应力的叠加原理,也可足够精确地认为经应力重分配后关系 $(\hat{\sigma}''_c + \hat{\sigma}''_c) = (\sigma''_c + \sigma'_c)$ 成立。

根据恒载在全部荷载中所占之比并按一种合适的线性徐变理论来准确求解中性轴的位置 x 是可以办到的,但不胜其烦也没有必要。设 $\alpha = M_l/(M_d + M_l)$ 为活载在全部荷载中所占之比,取 $x = \alpha x' + (1 - \alpha)x''$,即 x 按比值 α 在 x' 与 x'' 之间内插,仍假定活载与恒载的应力图形分别按三角形与抛物线分布,这样可大大简化分析。按此假定,由图 2.13(c)即可直接求得在 $M_k = (M_d + M_l)$ 作用下的混凝土与钢筋最终应力:

$$\left.\begin{aligned}
\sigma_c &= \frac{2\alpha M_k}{h_0(1 - \xi/3)bx} + \frac{4(1 - \alpha)M_k}{3h_0(1 - 0.4\xi)bx} \\
\sigma_s &= \frac{\alpha M_k}{h_0(1 - \xi/3)A_s} + \frac{(1 - \alpha)M_k}{h_0(1 - 0.4\xi)A_s}
\end{aligned}\right\} \tag{2.55}$$

式中,$\xi = x/h_0 = \alpha\xi' + (1 - \alpha)\xi''$。由(2.55)中第二式可得:

$$\sigma_s = \frac{M_k}{h_0 A_s}\left(\frac{\alpha}{1 - \xi/3} + \frac{1 - \alpha}{1 - 0.4\xi}\right) = \frac{M_k}{h_0 A_s}\left(\frac{1 - 0.333\xi - 0.067\alpha\xi}{1 - 0.733\xi + 0.133\xi^2}\right)$$

或

$$\sigma_{s} = \frac{M_{k}}{c_{s}h_{0}A_{s}}\left(式中\ c_{s} = \frac{1 - 0.733\xi + 0.133\xi^{2}}{1 - 0.333\xi - 0.067\alpha\xi}\right) \tag{2.56}$$

c_{s} 为使用荷载 M_{k} 作用下的断面内力臂系数,04 桥规规定其值为 0.87,本节推导出应按式(2.56)计算。

按式(2.56)计算 σ_{s} 仍是比较麻烦的。可以参照 75 年桥规的办法,将钢筋的 n_{s} 乘以 m 倍后代入式(2.49)按弹性理论换算截面法求得断面的中性轴位置 $\bar{x}$,适当选择 m 总可以使此时的内力臂($h_{0} - \bar{x}/3$)等于或高度逼近式(2.56)中的 $c_{s}h_{0}$,即内力臂系数 $\bar{c}_{s} = (1 - 0.333\bar{\xi})$ 等于或逼近 c_{s},式中 $\bar{\xi} = \bar{x}/h_{0}$,计算图如图 2.15(d)所示,如此则可进一步简化计算。后文的算例说明,当取 $\alpha = 0.6$、$\varphi = 2.5$ 与 $m = 1.8$ 时,按此方法算得的两个断面内力臂系数高度相符。由于钢筋混凝土受弯构件的跨径不会太大,过半情况下恒载均略小于活载,故取 $\alpha = M_{l}/M_{k} = 0.6$ 和 $\varphi = 2.5$ 都是比较有代表性和接近实际情况的,这样本节建议替代式(2.55)的算法实际就是取 $m = 1.8$ 将钢筋与混凝土的弹性模量比 n_{s} 提高 1.8 倍后由式(2.49)求 $\bar{\xi}$,再由下式直接求解时间 $t \to \infty$ 后在使用荷载 M_{k} 作用下的最终钢筋与混凝土应力:

$$\left.\begin{array}{l}\sigma_{s} = \dfrac{M_{k}}{\bar{c}_{s}h_{0}A_{s}}\\[2mm]\sigma_{c} = \dfrac{2\sigma_{s}A_{s}}{bh_{0}\bar{\xi}} = 2\sigma_{s}\mu_{s}/\bar{\xi}\end{array}\right\}(式中\ \bar{c}_{s} = 1 - 0.333\bar{\xi}) \tag{2.57}$$

由式(2.55)中第一式可得:

$$\sigma_{c} = \frac{M_{k}}{h_{0}bx}\left(\frac{2\alpha}{1 - \xi/3} + \frac{4(1 - \alpha)}{3(1 - 0.4\xi)}\right) = \frac{N_{s}c_{s}h_{0}}{h_{0}bx}\left(\frac{4 + 2\alpha - 1.333\xi - 1.067\alpha\xi}{3 - 2.2\xi + 0.4\xi^{2}}\right)$$

或

$$\sigma_{c} = \frac{N_{s}}{bh_{0}}\omega_{c}\left(式中\ \omega_{c} = \frac{c_{s}(4 + 2\alpha - 1.333\xi - 1.067\alpha\xi)}{\xi(3 - 2.2\xi + 0.4\xi^{2})}\right) \tag{2.58}$$

式(2.57)中,第二式还可写为:

$$\sigma_{c} = \frac{N_{s}}{bh_{0}}\bar{\omega}_{c}(式中\ \bar{\omega}_{c} = 2/\bar{\xi}) \tag{2.59}$$

如果认为式(2.55)中第一式求 σ_{c} 的方法比较准确,对比按式(2.58)与式(2.59)算得的 ω_{c} 与 $\bar{\omega}_{c}$,可以判定式(2.57)方法计算 σ_{c} 与式(2.55)的差异。

有两个因素可能使按式(2.56)或式(2.57)算得的钢筋 σ_{s} 略为偏小:其一,混凝土应力与应变之间的关系不是一条直线,假定在活载作用下断面应力图示按三角形分布将会对这部分的内力臂系数($1 - \xi'/3$)略高估,这将导致最终算得的 σ_{s} 偏小;其二,长期反复作用下的活载也会使断面混凝土发生徐变,这就是 04 桥规中"荷载(包括活载)的长期效应对裂缝最大计算宽度有影响"的实质性含义,这个因素公式中并未考虑,这也将对 σ_{s} 略为低估。

也有一个因素会使算得的 σ_{s} 可能略为偏大,这就是推导中忽略的受压区钢筋面积 A_{s}' 对计算的影响。对于矩形断面,正常设计的 A_{s}' 很小,其含量 μ_{s}' 通常为全混凝土断面的 0.2% ~ 0.3%,实际设计工作中一般也不需要计入 A_{s}' 的影响。设断面的 $\zeta = (h_{0} - a_{s}')/h_{0}$,对于矩形断面,当 $h_{0} > 30 ~ 35$ cm 时 ζ 通常会稍大于 c_{s}。当 $\zeta > c_{s}$ 时,A_{s}' 的作用就是可以稍许提高断面

的 c_s，其影响程度大约就相当于将 c_s 提高 $(0.85+0.15\zeta/c_s)$ 倍；当 $\zeta<c_s$ 时，其作用则会相反。由此判断，断面中 A_s' 对计算的影响非常小，因此可以忽略不计。

以上的分析中均未计入混凝土的收缩效应。在混凝土受压与预应力混凝土构件中收缩对断面的应力重分配影响很大，其特点表现为断面的混凝土压应力将向受压钢筋或预应力筋转移。在钢筋混凝土受弯构件断面中，恒载施加之前（如仍在预制场放置时）收缩发生后将使断面钢筋受压混凝土受拉，但加载以后受拉区混凝土开裂，处于平衡状态的钢筋预压应力和混凝土预拉应力将会自动消失，即此时的混凝土收缩效应不会影响前述的一切断面应力平衡关系，这点是与受压构件或预应力混凝土构件有很大区别的。因此，对于钢筋混凝土受弯构件断面的应力重分配计算问题，可以不考虑混凝土的收缩效应。

2.4.4 矩形断面内力臂系数 c_s 的算例与讨论

钢筋混凝土受弯构件一般由裂缝最大开展宽度控制设计，而裂缝宽度主要是钢筋应力的函数，本节讨论的问题实际就是如何更准确地求解受拉钢筋的应力 σ_s。由式（2.56）可知，σ_s 主要由 c_s 确定，c_s 是 ξ 的函数，其值唯一可由 n_s、μ_s、φ 与 α 确定，故在求解 c_s 的变化规律时并不需要与具体的 M_k、h_0 和 A_s 发生关系。同理，$\bar{c}_s$ 也可唯一由 m 与式（2.49）确定。以下算例即按此思路对 c_s 的变化规律进行分析。

【例 2.1】 采用 C20~C40 5 种不同的混凝土，配置 HRB335 或 HRB400 钢筋，断面的 μ_s 由 0.5% 逐级递增到可能的容许最大值，取徐变系数 $\varphi=2.5$，$\alpha=M_1/M_k=0.6$（或 $\alpha=0.4$），按本节有关公式计算的结果如表 2.1 所示。

表 2.1 内力臂系数计算成果对比表

$\mu_s/\%$	ξ'	c_s'	$\bar{\xi}_{1.8ns}$	$\bar{c}_{s1.8ns}$	$\omega_{c1.8ns}$	$\xi''_{\varphi=2.5}$	$c''_{s\varphi=2.5}$	$\xi_{\alpha=0.6}$	$c_{s\alpha=0.6}$	$(c_{s\alpha=0.4})$	$\omega_{c\alpha=0.6}$
0.50	0.244	0.919	0.312	*0.896	6.417	0.346	0.862	0.284	#0.898(0.886)	6.081	
0.75	0.289	0.904	0.366	*0.878	5.461	0.404	0.838	0.335	#0.879(0.866)	5.159	
1.00	0.325	0.892	0.409	*0.864	4.895	0.449	0.820	0.375	#0.865(0.851)	4.613	C20 $n_s=7.84$
1.25	0.355	0.882	0.443	*0.852	4.513	0.485	0.806	0.407	#0.853(0.838)	4.243	$\beta=1.07~1.11$
1.50	0.381	0.873	0.473	*0.842	4.232	0.516	0.794	0.435	#0.843(0.827)	3.971	$\kappa=0.51~0.56$
1.75	0.404	0.865	0.498	*0.834	4.016	0.542	0.783	0.459	#0.834(0.818)	3.762	
2.00	0.425	0.858	0.520	*0.827	3.844	0.565	0.774	0.481	#0.827(0.810)	3.593	
0.50	0.234	0.922	0.300	*0.900	6.668	0.333	0.867	0.274	#0.901(0.890)	6.323	
0.75	0.278	0.907	0.353	*0.882	5.664	0.390	0.844	0.323	#0.884(0.871)	5.355	
1.00	0.313	0.896	0.395	*0.868	5.070	0.434	0.826	0.362	#0.870(0.856)	4.782	C25 $n_s=7.14$
1.25	0.343	0.886	0.429	*0.857	4.667	0.470	0.812	0.393	#0.858(0.843)	4.393	$\beta=1.07~1.11$
1.50	0.368	0.877	0.457	*0.848	4.373	0.500	0.800	0.421	#0.848(0.833)	4.107	$\kappa=0.50~0.56$
2.00	0.410	0.863	0.505	*0.832	3.963	0.549	0.781	0.466	#0.832(0.816)	3.710	
2.50	0.445	0.852	0.542	*0.819	3.688	0.587	0.765	0.502	#0.819(0.802)	3.442	

续表

$\mu_s/\%$	ξ'	c'_s	$\bar{\xi}_{1.8ns}$	$\bar{c}_{s1.8ns}$	$\bar{\omega}_{c1.8ns}$	$\xi''_{\varphi=2.5}$	$c''_{s\varphi=2.5}$	$\xi_{\alpha=0.6}$	$c_{s\alpha=0.6}$	$(c_{s\alpha=0.4})$	$\omega_{c\alpha=0.6}$
0.50	0.227	0.924	0.292	*0.903	6.858	0.324	0.870	0.266	#0.904(0.893)	6.506	
0.75	0.270	0.910	0.344	*0.885	5.818	0.380	0.848	0.314	#0.887(0.874)	5.504	
1.00	0.305	0.898	0.384	*0.872	5.202	0.424	0.831	0.352	#0.873(0.859)	4.910	C30 $n_s=6.67$
1.50	0.358	0.881	0.446	*0.851	4.479	0.489	0.805	0.410	#0.852(0.837)	4.211	$\beta=1.07\sim1.12$
2.00	0.400	0.867	0.493	*0.836	4.054	0.537	0.785	0.455	#0.836(0.820)	3.798	$\kappa=0.50\sim0.57$
2.50	0.434	0.855	0.531	*0.823	3.768	0.575	0.770	0.491	#0.823(0.806)	3.520	
3.00	0.463	0.846	0.562	*0.813	3.560	0.606	0.757	0.521	#0.812(0.795)	3.317	
0.50	0.222	0.926	0.286	*0.905	7.000	0.318	0.873	0.261	#0.906(0.896)	6.642	
1.00	0.298	0.901	0.377	*0.874	5.301	0.416	0.834	0.345	#0.876(0.862)	5.005	C35 $n_s=6.35$
1.50	0.351	0.883	0.439	*0.854	4.559	0.481	0.808	0.403	#0.855(0.840)	4.288	$\beta=1.06\sim1.12$
2.00	0.393	0.869	0.485	*0.838	4.122	0.529	0.789	0.447	#0.839(0.823)	3.864	$\kappa=0.50\sim0.57$
2.50	0.427	0.858	0.522	*0.826	3.828	0.567	0.773	0.483	#0.826(0.809)	3.579	
3.00	0.455	0.848	0.553	*0.816	3.614	0.598	0.761	0.512	#0.815(0.798)	3.369	
3.50	0.481	0.840	0.580	*0.807	3.449	0.624	0.750	0.538	#0.806(0.788)	3.209	
0.50	0.219	0.927	0.282	*0.906	7.094	0.314	0.874	0.257	#0.907(0.897)	6.733	
1.00	0.295	0.902	0.373	*0.876	5.367	0.411	0.836	0.341	#0.877(0.864)	5.068	
1.50	0.347	0.884	0.434	*0.855	4.612	0.475	0.810	0.398	#0.856(0.841)	4.339	C40 $n_s=6.15$
2.00	0.388	0.871	0.480	*0.840	4.168	0.523	0.791	0.442	#0.841(0.825)	3.908	$\beta=1.06\sim1.12$
2.50	0.422	0.859	0.517	*0.828	3.868	0.561	0.776	0.477	#0.828(0.811)	3.617	$\kappa=0.50\sim0.58$
3.00	0.450	0.850	0.548	*0.817	3.650	0.592	0.763	0.507	#0.817(0.800)	3.405	
3.50	0.475	0.842	0.574	*0.809	3.482	0.619	0.752	0.533	#0.808(0.790)	3.241	

现对表 2.1 的计算结果说明如下：

①第 2、3 列为按式(2.49)弹性理论算得的 $\xi'=x'/h_0$ 与内力臂系数 $c'_s=(1-\xi'/3)$，此时相当于取 $m=1$。第 4、5 列也按式(2.49)计算，但取 $m=1.8$，即将式(2.49)中的 n_s 乘以了 1.8 倍算得 $\bar{x},\bar{\xi}_{1.8ns}=\bar{x}/h_0$，内力臂系数 $\bar{c}_{s1.8ns}=(1-\bar{\xi}_{1.8ns}/3)$，带*号一列为本节建议的采用值。第 6 列 $\bar{\omega}_{c1.8ns}$ 按式(2.59)计算。第 7 列为取 $\varphi=2.5$ 按式(2.51)解方程算得的 $\xi''_{\varphi=2.5}$，第 8 列为 $\tau_0\to\infty$ 时的恒载内力臂系数 $c''_{s\varphi=2.5}=1-0.4\xi''_{\varphi=2.5}$。第 9 列为取 $\alpha=0.6$ 按 $\xi=0.6\xi''_{\varphi=2.5}+0.4\xi'$ 内插求得的 ξ，第 10 列带"#"者为按式(2.56)算得的内力臂系数 $c_{s,\alpha=0.6}$（括号内的 $c_{s,\alpha=0.4}$ 为取 $\alpha=0.4$ 时算得的内力臂系数）。最后第 11 列 $\omega_{c\alpha=0.6}$ 按式(2.56)计算，α 仍取 0.6。

②对比表 2.1 中的 $\overline{c}_{s1.8ns}$ 与 $c_{s\alpha=0.6}$，二者高度相符，误差基本都在 0.1% 以内，这说明可以用提高 1.8 倍 n_s 按弹性理论换算截面法直接求解钢筋混凝土受弯构件的混凝土与钢筋应力，该法与 75 桥规的方法其实是相通的。对比第 6 列 $\overline{\omega}_{c1.8ns}$ 与第 11 列 $\omega_{c\alpha=0.6}$，符号含义分别见式(2.57)、式(2.55)。按建议方法求得的混凝土应力较 3~5 年徐变完成以后的应力要高 6%~7%，计算偏于安全，而且可以理解为运营初期的混凝土真实应力，故这样算得的混凝土应力更应显得合理。本节以后一般将认为 $\overline{c}_s = c_s$。

③按本节算法断面内力臂系数 c_s 的变化规律是：断面的含筋率 μ_s 越高，c_s 越小，其变化幅度可能超过 10%；混凝土的强度等级对 c_s 的影响较小；只要钢筋的弹性模量相同，当 n_s 相同时钢筋的强度等级对 c_s 的计算无影响。

④恒载作用下的 κ 与 β 与 α 无关，且与混凝土的强度等级关系不大。在常用的配筋范围内，恒载的混凝土最大应力降低幅度 $\kappa = 0.51~0.55$，钢筋应力增大系数 β 为 1.08~1.10。

⑤对比 $c_{s,\alpha=0.6}$ 与括号中的 $c_{s,\alpha=0.4}$，对于 C25~C40 混凝土，在常用的 $\mu_s = 1.0\%~2.5\%$ 取值。后者全部只有前者的 98% 左右，这说明活载占比 α 越小，内力臂系数 c_s 越小。α 由 0.6 减小到 0.4，内力臂系数 c_s 还应该降低 2%，或者说活载占比 α 每降低 0.1，内力臂系数 c_s 还应该降低 1% 左右。当活载占比 α 为 0.4 时，将 n_s 乘以 2.3 倍按弹性理论换算截面法算得的内力臂系数与括号中的 $c_{s,\alpha=0.4}$ 是高度吻合的。限于篇幅，本节不再列出对比数据。这也说明，m 取值越大，算得的内力臂系数 c_s 也越小。本节建议，如果要追求更精确的计算结果，当 α 为 0.4 时可以取 $m = 2.3$ 进行计算，否则可以不考虑 α 的差异一律按取 $m = 1.8$ 进行计算。建议取 $m = 1.8$ 按式(2.5)计算的方法实际也参照 75 桥规对此的计算规定，75 桥规采用弹性理论换算截面法求钢筋与混凝土应力时规定要提高钢筋与混凝土的弹性模量比值，其方法实际相当于本节方法取 $m = 1.28~1.5$。

⑥04 桥规与 85 桥规均规定在构件的裂缝宽度验算时钢筋应力按 $\sigma_s = M_k/(0.87 A_s h_0)$ 计算。这实际是不分断面形状与断面的配筋率，也不论混凝土与钢筋的强度等级，一律取用断面的内力臂系数 $c_s = 0.87$，可见该法十分粗略。矩形断面在低配筋情况下($\mu_s = 1.0\%$ 左右或以下)取 $c_s = 0.87$ 还是可行的，但当 μ_s 取值大于 1% 与采用较高混凝土强度等级时可能引起 5%~10% 的计算误差。在高配筋情况下，当活载占全部荷载之比小于 0.6 时，这种误差还要加大。

【例2.2】 计算条件基本与【例2.1】相同，仍取 $\alpha = 0.6$，但徐变系数 φ 分别取 2.0、2.5 与 3.0，先按式(2.51)解得恒载最终的受压区高度系数 ξ''，再按式(2.56)算得相应的断面内力臂系数 c_s，由此判定 φ 对计算结果的影响。只取有代表性的 C25 与 C40 混凝土各 3 组数据进行计算，以带"#"的 $c_{s(\varphi=2.5)}$ 数据为基准，括号中为 c_s 增加或减少的百分比。其他情况下 φ 的影响规律均基本与本例相同，如表 2.2 所示。

表 2.2　不同 φ 对内力臂 c_s 的影响对比表

$\mu_s/\%$	$\xi''_{\varphi=2.0}$	$c_{s(\varphi=2.0)}$	$\xi''_{\varphi=2.5}$	$c_{s(\varphi=2.5)}$	$\xi''_{\varphi=3.0}$	$c_{s(\varphi=3.0)}$	混凝土等级
1.00	0.418	0.871(+0.5%)	0.442	#0.867	0.463	0.864(−0.4%)	
1.50	0.483	0.849(+0.4%)	0.508	#0.846	0.531	0.842(−0.5%)	C25
2.00	0.531	0.833(+0.5%)	0.557	#0.829	0.580	0.826(−0.4%)	
1.00	0.395	0.878(+0.3%)	0.419	#0.875	0.440	0.872(−0.3%)	
2.00	0.506	0.842(+0.5%)	0.532	#0.838	0.554	0.835(−0.4%)	C40
3.00	0.574	0.818(+0.5%)	0.601	#0.814	0.624	0.811(−0.4%)	

表 2.2 的计算结果说明,φ 在实际可能的取值(2.0~3.0),其值对内力臂 c_s 的计算结果影响不大。φ 主要影响 ξ'' 的计算,以 $\xi''_{\varphi=2.5}$ 为基准,当取 $\varphi=2.0$ 与 3.0 时,ξ'' 相差 $\pm(4\% \sim 5\%)$,恒载内力臂系数$(1-0.4\xi'')$相差只有 1% 左右,故对使用荷载作用下的 c_s 影响就更小。本算例说明可以将徐变系数 φ 全部按 2.5 考虑以简化分析,这也是按 04 桥规规定混凝土 φ 一般应该采用的取值。

2.4.5　矩形断面极限承载能力的判别

按 04 桥规的要求,对于图 2.12 中矩形断面受弯构件,当 $A'_s=0$ 时的正截面抗弯承载力应符合下列规定:

$$\gamma_0 M_j \leqslant f_{cd} b \hat{x} \left(h_0 - \frac{\hat{x}}{2} \right) = f_{sd} A_s \left(h_0 - \frac{\hat{x}}{2} \right) \tag{2.60}$$

式中,M_j 为弯矩组合设计值,γ_0 为桥梁结构的重要性系数,f_{cd} 为混凝土轴心抗压强度设计值,f_{sd} 为钢筋 A_s 的抗拉强度设计值,$\hat{x}$ 为在承载能力极限状态下的截面受压区高度,采用符号 $\hat{x}$ 是为与上文的 x 加以区分。

式(2.60)中的 M_j 尚可以写为 $M_j=JM_k$,式中 $J=M_j/M_k$。04 桥规在承载能力极限状态计算中采用的荷载组合设计值 M_j 有一个比较复杂的表达公式,钢筋混凝土受弯构件,因不存在土压力、水的浮力与基础的变位作用,M_j 可简单地表示为 $1.2M_d+1.4M_l$,故 J 也可表示为:

$$J=(1.2M_d+1.4M_l)/M_k=1.2(M_d+M_l)/M_k+0.2M_l/M_k$$

或

$$J=1.2+0.2\alpha \tag{2.61}$$

式中,α 含义同前。令 $\nu=f_{sd}/f_{cd}$,则 $\hat{x}$ 可按下式计算:

$$\hat{x}=\frac{f_{sd}A_s}{bf_{cd}}=\nu\mu_s h_0=\hat{\xi}h_0(\hat{\xi}=\hat{x}/h_0)$$

再注意到式(2.57)中有关系 $M_k=\bar{c}_s h_0 A_s \sigma_s$,代入以上关系,式(2.60)的判别条件即可改写为:

$$\gamma_0 J M_k=\gamma_0 \bar{J} \bar{c}_s h_0 A_s \sigma_s \leqslant f_{sd} A_s \left(h_0 - \frac{\hat{x}}{2} \right)=f_{sd}A_s(h_0-\nu\mu_s h_0/2)$$

或
$$J \leqslant \frac{f_{sd}(1 - \nu\mu_s/2)}{\gamma_0 \bar{c}_s \sigma_s} = \bar{J} \tag{2.62}$$

式(2.62)即是本节提出的保证矩形断面受弯构件断面满足桥规对承载能力极限状态要求的判别条件。由式(2.62)可以看出,计算 $\bar{J}$ 与钢材的抗拉强度设计值 f_{sd} 成正比,与断面的内力臂系数 $\bar{c}_s$、钢筋应力 σ_s 与 γ_0 成反比。另外,断面的含筋率 μ_s 越高,在同等的 $\bar{c}_s$ 与 σ_s 条件下计算 $\bar{J}$ 越低,但影响十分有限,因为该变量只能影响公式中的 $(1 - \nu\mu_s/2)$。在 T 形断面中以上这些关系也能成立(见后文计算公式)。当 $\gamma_0 = 1$ 和 $\alpha = 0.6$(或 0.4)时,$J = 1.32$(或 1.28)。这就是说,按式(2.62)右端算得的计算 $\bar{J}$ 只要大于或等于 1.32(或 1.28),就能满足 $\gamma_0 = 1$ 时式(2.60)的极限承载力要求。当 $\alpha = 0.6$ 时,式(2.62)的判别条件是准确的,见【例 2.1】;当 α 在 $0.6 \sim 0.4$ 时,$\bar{c}_s$ 可能大于实际值 $0 \sim 2\%$,故此时用式(2.62)作判断仍是可行且偏安全。式(2.62)的判别程序为:先按式(2.61)求 J,其次将 n_s 提高 1.8 倍,由式(2.49)求 ξ,再按式(2.57)求 $\bar{c}_s$ 与 σ_s,代入式(2.66)求得 $\bar{J}$ 后即可进行判断。当 $\gamma_0 = 1.1$ 时,断面的计算 $\bar{J}$ 应当大于或等于 $1.41 \sim 1.45$。以下将通过算例对本节式(2.57)与式(2.62)的联合运用加以说明,并从中找出断面满足式(2.60)或式(2.62)要求的某些规律。

【例 2.3】 取常用的 C25、C30 与 C40 混凝土,配置 HRB335 钢筋,断面的 μ_s 由小到大递增,将 n_s 提高 1.8 倍后求 ξ,按式(2.57)计算在确定的这组 μ_s、ξ 与钢筋应力 σ_s 取值条件下对应的混凝土最大压应力 σ_c,同时按式(2.62)算得对应的 $\bar{J}$,结果如表 2.3 所示。

表 2.3 断面 σ_s、σ_c 与 μ_s 之间的对应关系与该条件下的计算 $\bar{J}$ 对照表

C25	$n_s = 7.14$	($\mu_s \leqslant 0.0250$,$[\sigma_c] = 10.02$ MPa)						
μ_s	$\sigma_s = 60$ MPa	85 MPa	110 MPa	135 MPa	160 MPa	185 MPa	210 MPa	235 MPa
0.50	4.87(02.0)	3.44(02.8)	2.66(03.7)	2.16(04.5)	1.83(05.3)	1.58(06.2)	1.39(07.0)	1.24(07.8)
0.75	4.81(02.5)	3.39(03.6)	2.62(04.7)	2.14(05.7)	1.80(06.8)	1.56(07.9)	1.37(08.9)	1.23(10.0)
1.00	4.72(03.0)	3.33(04.3)	2.57(05.6)	2.10(06.8)	1.77(08.1)	1.53(09.4)	1.35(10.6)	1.20(11.9)
1.25	4.62(03.5)	3.26(05.0)	2.52(06.4)	2.05(07.9)	1.73(09.3)	1.50(10.8)	1.32(12.3)	1.18(13.7)
1.50	4.50(03.9)	3.18(05.6)	2.45(07.2)	2.00(08.9)	1.69(10.5)	1.46(12.1)	1.29(13.8)	1.15(15.4)
1.75	4.38(04.4)	3.09(06.2)	2.39(08.0)	1.95(09.8)	1.64(11.6)	1.42(13.4)	1.25(15.2)	1.12(17.0)
2.00	4.24(04.8)	3.00(06.7)	2.32(08.7)	1.89(10.7)	1.59(12.7)	1.38(14.7)	1.21(16.6)	1.08(18.6)
2.25	4.11(05.1)	2.90(07.3)	2.24(09.4)	1.82(11.6)	1.54(13.7)	1.33(15.9)	1.17(18.0)	1.05(20.2)
2.50	3.96(05.5)	2.80(07.7)	2.16(10.1)	1.76(12.4)	1.49(14.8)	1.29(17.1)	1.13(19.4)	1.01(21.7)
C30	$n_s = 6.67$	($\mu_s \leqslant 0.0296$,$[\sigma_c] = 12.06$ MPa)						
μ_s	$\sigma_s = 60$ MPa	85 MPa	110 MPa	135 MPa	160 MPa	185 MPa	210 MPa	235 MPa
0.50	4.91(02.1)	3.46(02.9)	2.68(03.8)	2.18(04.6)	1.84(05.5)	1.59(06.3)	1.40(07.2)	1.25(08.1)
0.75	4.87(02.6)	3.44(03.7)	2.66(04.8)	2.16(05.9)	1.83(07.0)	1.58(08.1)	1.39(09.2)	1.24(10.3)

续表

C30 $n_s = 6.67$ $(\mu_s \leq 0.0296, [\sigma_c] = 12.06\ \text{MPa})$								
μ_s	$\sigma_s = 60$ MPa	85 MPa	110 MPa	135 MPa	160 MPa	185 MPa	210 MPa	235 MPa
1.00	4.81(03.1)	3.40(04.4)	2.62(05.7)	2.14(07.0)	1.80(08.3)	1.56(09.6)	1.37(10.9)	1.23(12.2)
1.25	4.73(03.6)	3.34(05.1)	2.58(06.6)	2.10(08.1)	1.78(09.6)	1.54(11.1)	1.35(12.6)	1.21(14.1)
1.50	4.65(04.0)	3.28(05.7)	2.54(07.4)	2.07(09.1)	1.74(10.8)	1.51(12.4)	1.33(14.1)	1.19(15.8)
1.75	4.55(04.5)	3.21(06.3)	2.48(08.2)	2.02(10.0)	1.71(11.9)	1.48(13.7)	1.30(15.6)	1.16(17.5)
2.00	4.45(04.9)	3.14(06.9)	2.43(08.9)	1.98(10.9)	1.67(13.0)	1.44(15.0)	1.27(17.0)	1.14(19.1)
2.25	4.34(05.3)	3.07(07.5)	2.37(09.6)	1.93(11.8)	1.63(14.0)	1.41(16.2)	1.24(18.4)	1.11(20.6)
2.50	4.23(05.7)	2.99(08.0)	2.31(10.4)	1.88(12.7)	1.59(15.1)	1.37(17.4)	1.21(19.8)	1.08(22.1)
2.75	4.11(06.0)	2.90(08.5)	2.24(11.1)	1.83(13.6)	1.54(16.1)	1.33(18.6)	1.18(21.1)	1.05(23.6)
C40 $n_s = 6.15$ $(\mu_s \leq 0.0384, [\sigma_c] = 16.08\ \text{MPa})$								
μ_s	$\sigma_s = 60$ MPa	85 MPa	110 MPa	135 MPa	160 MPa	185 MPa	210 MPa	235 MPa
0.75	4.95(02.7)	3.49(03.8)	2.70(05.0)	2.20(06.1)	1.86(07.2)	1.61(08.3)	1.41(09.5)	1.26(10.6)
1.00	4.92(03.2)	3.48(04.6)	2.69(05.9)	2.19(07.2)	1.85(08.6)	1.60(09.9)	1.41(11.3)	1.26(12.6)
1.25	4.88(03.7)	3.45(05.2)	2.66(06.8)	2.17(08.3)	1.83(09.9)	1.58(11.4)	1.40(12.9)	1.25(14.5)
1.50	4.83(04.2)	3.41(05.7)	2.64(07.6)	2.15(09.1)	1.81(11.1)	1.57(12.8)	1.38(14.5)	1.23(16.3)
1.75	4.77(04.6)	3.37(06.5)	2.60(08.4)	2.12(10.3)	1.79(12.2)	1.55(14.1)	1.36(16.0)	1.22(18.0)
2.00	4.71(05.0)	3.32(07.1)	2.57(09.2)	2.09(11.3)	1.77(13.3)	1.53(15.4)	1.35(17.5)	1.20(19.6)
2.25	4.64(05.4)	3.28(07.7)	2.53(09.9)	2.06(12.2)	1.74(14.4)	1.50(16.7)	1.33(18.9)	1.18(21.2)
2.50	4.57(05.8)	3.22(08.2)	2.49(10.6)	2.03(13.1)	1.71(15.5)	1.48(17.9)	1.30(20.3)	1.17(22.7)
2.75	4.49(06.2)	3.17(08.8)	2.45(11.3)	1.99(13.9)	1.68(16.5)	1.46(19.1)	1.28(21.7)	1.15(24.2)
3.00	4.41(06.6)	3.11(09.3)	2.40(12.0)	1.96(14.8)	1.65(17.5)	1.43(20.3)	1.26(23.0)	1.13(25.7)
3.25	4.32(06.9)	3.05(09.8)	2.36(12.7)	1.92(15.6)	1.62(18.5)	1.40(21.4)	1.23(24.3)	1.10(27.2)
3.50	4.23(07.3)	2.99(10.4)	2.31(13.4)	1.88(16.5)	1.59(19.5)	1.37(22.5)	1.21(25.6)	1.08(28.6)

现对表 2.3 的计算结果说明如下:

①假定 σ_s 的取值由 60 MPa 到 35 MPa 差为 25 MPa,按式(2.62)算得与 μ_s、σ_s 对应的 $\overline{J}$,其后括号内的数字即为断面对应的 σ_c。与这组数据对应的实际 J 并不确定。一般来说,当 $\gamma_0 = 1.0$ 时,$\overline{J}$ 大于 1.28~1.32 或 $\gamma_0 = 1.1$ 时大于 1.41~1.45,即可判定能够满足式(2.60)对承载力的要求。$J/\overline{J}$ 即为超过式(2.62)要求的额外承载能力的安全富裕系数。表头括号内的 μ_s 为容许的断面最大配筋率(按 $\mu'_s = 0.2\%$ 增加了 0.2%),超过此值则 $\hat{x}/h_0 > 0.56$ 构件的破坏形态呈脆性已不满足 04 桥规的规定;混凝土的参考容许压应力 $[\sigma_c]$ 取 $0.60 f_{ck}$,此值高于 04 桥规对预应力混凝土受弯构件的要求 $0.50 f_{ck}$,但相当于 75 桥规对弯曲压应力的

容许值($[\sigma_w] \approx 0.65 f_{ck}$，$\sigma_w$ 按 75 桥规方法计算)。04 桥规对此无限制,此处列出供参考。计算中略去受压区 A_s' 对 $\overline{J}$ 的影响对判断是偏于安全的。

②表 2.3 中数据中线条加粗者为混凝土压应力 σ_c 最接近 $[\sigma_c] = 0.60 f_{ck}$ 的一项。由表 2.3 中数据可以看出,当 $\sigma_s \leqslant 185$ MPa、$\sigma_c \leqslant 0.60 f_{ck}$ 即按 75 桥规容许应力法进行设计时,矩形断面在任何情况下都能自动满足 04 桥规对承载力的要求且都还有一些额外的安全储备($\overline{J}$ 恒 $\geqslant 1.50$)。由式(2.62)可以看出,使用钢筋的 $f_{sd}(f_{ck})$ 越高或 σ_s 越小,计算 $\overline{J}$ 越高;混凝土强度等级越高,$\overline{J}$ 也稍高,但影响极小。当 $\sigma_s = 210$ MPa、$\sigma_c \leqslant 0.60 f_{ck}$ 时,$\overline{J}$ 的计算最小值也可达到 1.35。这表示对于一切 $\gamma_0 = 1.0$ 的设计均可满足式(2.60)的要求。上述结论也可理解为,当取 $\gamma_0 = 1.1$ 时构件的钢筋应力 σ_s 一般不应超过 185 MPa,此时断面承载力的要求均不控制设计。

③04 桥规规定桥梁结构的裂缝最大计算宽度不得大于 0.2 mm,$\sigma_s = 185$ MPa 时大约就相当于裂缝的最大计算宽度为 0.18~0.20 mm 时的钢筋应力水平。鉴于历来设计实践中跨径较大的钢筋混凝土受弯构件(此时往往取 $\gamma_0 = 1.1$)屡屡出现后期裂缝开展过大的情况,对裂缝宽度的控制是应当在最大 0.2 mm 的基础上留有 10%~20% 富裕的,这就要求 σ_s 一般不得超过 185 MPa 左右。另外,从满足式(2.62)承载力要求的角度来看,设计也应稍留有余地。从这个角度来看,正常设计的矩形断面钢筋混凝土受弯构件的 σ_s 也不应超过 185 MPa,即式(2.60)承载力的条件也不应该控制设计。建筑规范对受弯构件的裂缝最大宽度要求为不得大于 0.3(甚至 0.4)mm。对所有断面形式的受弯构件,一般情况下承载力条件是要控制设计的,这点与 04 桥规的要求有所区别。

④当配置为 HRB400 钢筋时,由式(2.62)关系可知,在对断面的裂缝控制要求相同(μ_s 与 σ_s 取值相同)的条件下,极限状态下的内力臂($1 - \nu\mu_s/2$)将会略为减小,此项影响一般不超过 1%。如略去该项影响,因两种钢筋的设计强度比值为 $f_{sd}(400)/f_{sd}(335) = 330/280 = 1.18$,故表 2.3 中的 $\overline{J}$ 全部可提高 16%~17%,但对表中的混凝土应力值无影响。这就是说,此时的式(2.62)承载力控制条件更不起作用,04 桥规的这项规定实际已经变得无多大意义。

2.4.6　T 形断面钢筋与混凝土应力的计算

以上讨论的是断面为矩形的情况,当断面为图 2.14(a)所示的 T 形时,恒载作用下 τ_0 时刻按弹性理论换算截面法的断面中性轴 x' 位置可按以下公式计算:

$$x' = \sqrt{B^2 + C} - B \left(B = \frac{(b_f - b)h_f + n_s A_s}{b}, C = \frac{(b_f - b)h_f^2 + 2n_s A_s h_0}{b} \right) \quad (2.63)$$

当 $b = b_f$ 为矩形断面时,式(2.63)与式(2.49)是一致的,但当算得的 $x' < h_f$ 时断面受力与矩形无异,此时仍应按式(2.49)计算。求得 x' 后,由 x' 求断面的换算惯矩 I',断面的 σ_s' 与 σ_c' 则可按材料力学公式计算:

$$\left.\begin{array}{l} \sigma_c' = M_d x'/I' \\ \sigma_s' = n_s M_d (h_0 - x')/I' \end{array}\right\} \quad (2.64)$$

以下将证明仍可将 n_s 提高 1.8 倍后按式(2.63)、式(2.64)求解 T 形断面在使用荷载 M_k 作用下的断面钢筋与混凝土应力。

先讨论在长期恒载作用下 T 形断面的受力特点。图 2.14(a)断面在恒载 M_d 作用下τ_0 时刻的计算中性轴位置为 x',梁肋处的应变如图 2.14(b)中 $A'B'$ 直线所示,此时梁顶混凝土应力为 σ'_c,翼板底面混凝土应力为 σ'_{cd},如图 2.14(b)右上角所示。将恒载 M_d 分解为 $M_d = M_{d1} + M_{d2}$ 两部分,第 1 部分为受压翼板$(b_f - b)h_f = A_{c1}$ 与受拉钢筋 A_{s1} 所承担的弯矩,第 2 部分为受压梁肋 $bh = A_{c2}$ 与 A_{s2} 所承担的弯矩,$A_{s1} + A_{s2} = A_s$。现设想将 A_{c1} 与 A_{c2} 断开,时间 $t \to \infty$ 后 A_{c1} 因不受约束其徐变将充分发展,应变将由 Δ'_c 发展到$(1 + \varphi)\Delta'_c$;A_{s2} 为矩形断面,徐变后中性轴的位置将下降,其顶部最大应变如上文所述将发展到 $k(1 + \varphi)\Delta'_c$,$k = 0.50 \sim 0.57$,二者分离以后的最终变形是不同的。但实际 A_{c1} 与 A_{c2} 并未断开,为保证全截面变形的协调,A_{c1} 部分的徐变将带动 A_{s2} 部分的徐变继续发展使中性轴最终下降到位置 x'',并使两者的顶部变形最终达到一致的 $\Delta''_c = k'(1 + \varphi)\Delta'_c$,这里有关系 $k < k' < 1$,即变形最终会由图中的 $A'B'$ 变到 $A''B''$。这个过程说明,长期恒载作用下 T 形断面受压区混凝土的徐变发展一定较矩形断面更为充分,这是 T 形断面恒载受力的第一个特点。

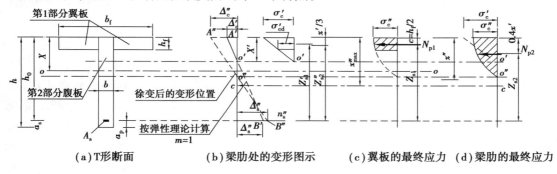

（a）T 形断面　　　　　（b）梁肋处的变形图示　　　（c）翼板的最终应力　（d）梁肋的最终应力

图 2.14　梁肋处的应变

由于翼板 A_{c1} 顶面的变形与腹板顶面的变形完全相同(均为由 Δ'_c 发展到 Δ''_c),故徐变完成以后的最终应力也相等且都可按公式 $\sigma''_c = \sigma'_c \eta_0 + (\Delta''_c - \Delta'_c)E_c\eta_t$ 计算,同理翼板 A_{c1} 下缘的最终应力也应与腹板同一高度处的最终应力相同。最终翼板的应力分布图示为图 2.14(c)中的阴影面积所示,其重心位置近似接近于在 $h_f/2$ 处,而腹板的最终应力分布图示将会如图 2.14(d)阴影面积所示的抛物线形,其重心位置仍可假定位于距顶面 $0.4x''$ 处。很明显,A_{c1} 部分在长期恒载作用下其压应力的重心下降得非常有限,但这部分面积却是全断面的主要受压区域,因此整个断面的压应力重心下降(或内力臂减少)程度一定小于上文分析的矩形断面,在 $t \to \infty$ 后的受拉钢筋的应力增加幅度也会小于矩形断面(β 较小),这是 T 形断面恒载受力的第二个特点。

注意图 2.14(b)右上翼板在τ_0 时的梯形应力分布图示面积与图 2.14(c)中最终的应力分布图示阴影面积是不相等的,前者的面积为$(\sigma'_c + \sigma'_{cd})h_f/2$,后者近似为 $\sigma''_c h_f/2$,可以证明关系$(\sigma'_c + \sigma'_{cd})h_f/2 \geqslant \sigma''_c h_f/2$ 成立,加之前者的压力中心还要稍许降低,故当 $t \to \infty$ 时 A_{c1} 部分分担的 M_{d1} 将减少一个微量 ΔM_d 并将其转移到由梁肋部分承受。或者说 A_{c1} 部分的徐变将带动 A_{s2} 部分的徐变继续发展就必然意味着 M_{d1} 将转移一个微量 ΔM_d 到 M_{d2} 中去。ΔM_d 较小,通常可以略去不计。在活载作用下 A_{c1} 与 A_{c2} 的变形是协调的,不会有这种所承受弯矩转移的情况发生。

在使用荷载 $M_k = M_d + M_1$ 作用下的断面中性轴的位置将由 x'' 上升到 x,其间关系为 $x'' >$

$x > x'$。设活载作用下的应力仍为 σ'_c（该值不等于 τ_0 时的恒载应力 σ'_c 但计算方法相同），在 M_k 作用下的应力即应为 $(\sigma''_c + \sigma'_c)$。仍将活载 M_1 分解为 $M_{11} + M_{12}$ 两部分，先考察由翼板 A_{c1} 与受拉钢筋所承受 M_{11} 部分的最终应力计算。如采用提高钢筋与混凝土弹性模量比值的方法单独求解 M_{11} 作用下的混凝土与钢筋应力时，m 的取值越大，中性轴的位置越下。这表示图 2.14 中的 $A'B'$ 变形直线的斜率越小（实际变化很小），但其梯形应力图形的重心位置变化却极小。如果忽略这个重心位置的变化，可以认为计算 A_{c1} 顶部在 M_{11} 作用下的应力 σ'_c 时，即使 m 取 $\varphi > m \geqslant 1.8$ 的任意值均不会影响对混凝土与钢筋应力的计算（当然也可取 1.8 或 2.3）。如果假定无论在活载还是恒载作用下 A_{c1} 的压力中心都位于 $h_f/2$ 处（见后文讨论），则在 $(M_{d1} + M_{11})$ 作用下 A_{c1} 的应力计算就与 m 的取值无关，因此这部分翼板的最终压力 σ_c 的计算也就与活载占比 α 无关。由于在桥梁工程的常用 T 形断面中 M_{d1}、M_{11} 在 M_d、M_1 中所占的比重较大，当采用提高钢筋弹性模量比值按弹性理论的方法求解断面在 M_k 作用下的混凝土与钢筋应力时，m 与活载占比 α 取值的大小对计算结果的影响远不如矩形断面那样敏感，这是 T 形断面受力的第 3 个特点。

再讨论第 2 部分梁肋 A_{c2} 顶部在 M_k 作用下的最终混凝土应力 σ_c 的计算。如果略去在恒载作用下由翼板部分转移过来 ΔM_d 的影响，这部分的受力就完全同于上文讨论过的矩形受弯构件断面，即当活载占比 $\alpha = 0.6$ 时可按将 n_s 乘以 1.8 倍按弹性理论换算截面法计算；当 $\alpha = 0.4$ 时可按将 n_s 乘以 2.3 倍按弹性理论计算（m 取 1.8 或 2.3）。由于 T 形断面混凝土的徐变发展较矩形断面更为充分，再考虑到有翼板部分转移过来 ΔM_d 的影响，理论上 m 的取值应该大于矩形断面的取值，但鉴于 T 形断面在计算时对 m 的取值极不敏感（见后文算例），即使当 $\alpha = 0.4$ 时取 $m = 1.8$ 也可得到很好的结果，故对 T 形断面不如考虑采用与矩形断面相同的取值并一律取用 $m = 1.8$ 更为方便。至此，已证明对 T 形断面的混凝土与钢筋应力可按将 n_s 提高 1.8 倍后直接由公式 (2.63)、式 (2.64) 计算。

引入符号 $\lambda_b = 1 - b/b_f$ 与 $\lambda_h = 1 - h_f/h_0$，分别为反映 T 形断面横向与竖向挖空程度的形状系数，则有关系：

$$h_f = h_0(1 - \lambda_h), \quad b = b_f(1 - \lambda_b), \quad (b_f - b) = \lambda_b b_f$$

当 $\lambda_b = 0$ 时断面为矩形，$\lambda_b = 1$ 时为只有受压翼板 A_{c1} 与受拉钢筋 A_{s1} 所组成的虚拟断面。已经证明这两种极端情况均可将 n_s 提高 1.8 倍按弹性理论求解断面的 σ_c 与 σ_s，T 形断面的受力实际是介于前述两者之间，这也可以说是从另一个角度说明可以采用将 n_s 提高 1.8 倍按弹性理论求解的方法计算 T 形断面的 σ_c 与 σ_s。

定义 $\mu_s = \dfrac{A_s}{b_f h_0}$ 为 T 形断面的含筋率，将 n_s 乘以 1.8 倍后式 (2.63) 即可改写为：

$$\bar{x} = h_0(\sqrt{\bar{B}^2 + \bar{C}} - \bar{B}) \quad (\text{或 } \bar{\xi} = \bar{x}/h_0 = \sqrt{\bar{B} + \bar{C}} - \bar{B}) \tag{2.65}$$

式中 $\bar{B} = \dfrac{\lambda_b(1 - \lambda_h) + 1.8 n_s \mu_s}{1 - \lambda_b}$，$\bar{C} = \dfrac{\lambda_b(1 - \lambda_h)^2 + 3.6 n_s \mu_s}{1 - \lambda_b}$（条件 $x' \geqslant h_f$）。

当 $x' < h_f$ 时，式 (2.49) 即可改写为 $\xi' = \dfrac{x'}{h_0} = 1.8 n_s \mu_s \left(\sqrt{1 + \dfrac{2}{1.8 n_s \mu_s}} - 1\right)$。

应力计算公式为：

$$\left.\begin{array}{l}\sigma_{c} = M_k \overline{x}/\overline{I} \\ \sigma_{s} = 1.8 n_s M_k (h_0 - \overline{x})/\overline{I}\end{array}\right\} \tag{2.66}$$

式(2.65)、式(2.66)即本节建议采用的计算公式,两式中符号带上画线者均表示是将 n_s 乘以 1.8 倍后求得的系数或截面特性。式(2.65)说明,$\overline{\xi}$ 仅与断面的 λ_b、λ_h、n_s 与 μ_s 有关,设此时断面的内力臂系数为 $\overline{c}_s$,由于 σ_s 也可按公式 $\dfrac{M_k}{A_s h_0 \overline{c}_s}$ 计算,由此可得 $\dfrac{M_k}{A_s h_0 \overline{c}_s} = 1.8 n_s M_k (h_0 - \overline{x})/\overline{I}$,求解后可得:

$$\overline{c}_s = \frac{\overline{I}}{1.8 n_s A_s h_0 (h_0 - \overline{x})} = \frac{\overline{I}/h_0^3}{1.8 n_s b_f \mu_s (1 - \overline{\xi})}$$

式中,换算惯性矩 $\overline{I} = \dfrac{\overline{x}^3 b_f (1 - \lambda_b)}{3} + \dfrac{\lambda_b b_f h_f^3}{12} + \lambda_b b_f h_f (\overline{x} - h_f/2)^2 + 1.8 n_s A_s (h_0 - \overline{x})^2$

$$= h_0^3 \cdot \left[\frac{\overline{\xi}^3 b_f (1 - \lambda_b)}{3} + \frac{\lambda_b b_f (1 - \lambda_h)^3}{12} + \lambda_b b_f (1 - \lambda_h)(\overline{\xi} - 0.5 + 0.5\lambda_h)^2 + 1.8 n_s \mu_s b_f (1 - \overline{\xi})^2 \right]$$

$$= b_f h_0^3 \cdot \left[\frac{\overline{\xi}^3 (1 - \lambda_b)}{3} + \frac{\lambda_b (1 - \lambda_h)^3}{12} + \lambda_b (1 - \lambda_h)(\overline{\xi} - 0.5 + 0.5\lambda_h)^2 + 1.8 n_s \mu_s (1 - \overline{\xi})^2 \right]$$

但当 $x' < h_f$ 时,$\overline{I} = \dfrac{\overline{x}^3 b_f}{3} + 1.8 n_s A_s (h_0 - \overline{x})^2 = b_f h_0^3 \cdot \left[\dfrac{\overline{\xi}^3}{3} + 1.8 n_s \mu_s (1 - \overline{\xi})^2 \right]$。

上两式可合并简写为:

$$\overline{I} = b_f h_0^3 \psi_i$$

式中,$\psi_i = \dfrac{\overline{\xi}^3 (1 - \lambda_b)}{3} + \dfrac{\lambda_b (1 - \lambda_h)^3}{12} + \lambda_b (1 - \lambda_h)(\overline{\xi} - 0.5 + 0.5\lambda_h)^2 + 1.8 n_s \mu_s (1 - \overline{\xi})^2$ ($\overline{x} \geqslant h_f$ 时)或 $\psi_i = \dfrac{\overline{\xi}^3}{3} + 1.8 n_s \mu_s (1 - \overline{\xi})^2$($\overline{x} < h_f$ 时),ψ_i 为图 2.15 所示 T 形断面的换算惯性矩计算系数。将 $\overline{I}$ 的表达式代入 $\overline{c}_s$ 的表达式可得:

$$\overline{c}_s = \frac{\psi_i}{1.8 n_s \mu_s (1 - \overline{\xi})} \tag{2.67}$$

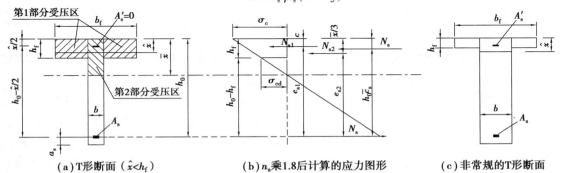

（a）T 形断面（$\hat{x} < h_f$）　　　（b）n_s 乘 1.8 后计算的应力图形　　　（c）非常规的 T 形断面

图 2.15　T 形断面换算惯矩性计算图示

上两式中 $\overline{\xi}$ 按式(2.65)计算,换算惯性矩计算系数 ψ_i 与内力臂 $\overline{c}_s$(或 c_s)均仅由断面的 λ_b、λ_h、n_s 与 μ_s 确定而可以与断面的具体尺寸和荷载大小无关。可以证明,当 $\overline{x} < h_f$ 时按式 (2.67) 算得的 $\overline{c}_s$ 也等于 $1 - 0.333\overline{\xi}$。对于 $\overline{c}_s$(或 c_s),04 桥规取值为 0.87,较为粗略,本节证明应按式(2.67)计算。

求得 $\bar{c}_s$ 后,公式(2.66)即可改写为如下形式:

$$\left.\begin{array}{l} \sigma_s = \dfrac{M_k}{A_s h_0 \bar{c}_s} \\[3mm] \sigma_c = \dfrac{\bar{\xi}\sigma_s}{1.8 n_s(1-\bar{\xi})} \end{array}\right\} \tag{2.68}$$

式(2.68)与式(2.66)是等价的,但表达形式不同。用式(2.67)算得 $\bar{c}_s$ 后便于与04桥规的取值0.87进行对比。如令 $\sigma_c = \dfrac{\mu_s \sigma_s}{\omega}$,$\omega = \mu_s \sigma_s / \sigma_c$,即 ω 的含义为含筋率 μ_s 与应力比值 σ_s/σ_c 的乘积。还可证明系数 $\omega = \dfrac{\bar{\xi} - \lambda_b \bar{\xi}(1 - 1/\bar{\xi} + \lambda_h/\bar{\xi})^2}{2} = 1.8 n_s \mu_s(1/\bar{\xi} - 1)$。$\omega$ 也可由受压区混凝土应力之和 = 钢筋总拉力 $N_s = A_s \sigma_s = \omega b_f h_0 \sigma_c$ 的关系导出。

【例2.4】 选用有代表性的C30混凝土,取断面的 $\lambda_b = 0.9$,$\lambda_h = 0.9$ 或 0.85,$n_s = 6.67$,配置HRB335钢筋,μ_s 的取值为 0.001~0.005。本例中的 λ_b、λ_h 与 μ_s 取值已接近早期桥梁标准图设计中的钢筋混凝土T梁的跨中断面设计。计算步骤为分别将 n_s 提高1.8、2.4倍($m = 1.8$、2.4)求 $\bar{\xi}$,按式(2.67)求得断面的内力臂系数 $\bar{c}_s$。对比这两组数据,可知计算误差一般不超过0.5%且恒有关系 $\bar{c}_{sm=1.8}$ 略大于 $\bar{c}_{sm=2.4}$,这与分析结论T形断面对 m 的取值极不敏感以及徐变越充分 $\bar{c}_s$ 越小是相符的。取 $m = 2.4$ 已接近可能的最大取值,编程对不同等级混凝土与各种 λ_b、λ_h 的组合均进行了对比分析,结论都与本例相同。由此可以说明,T形断面可以不考虑活载占比 α 的差异一律采用将 n_s 提高1.8倍按弹性理论求解使用荷载作用下的断面混凝土与钢筋应力。计算结果如表2.4所示。

表2.4 $\lambda_b = 0.9$,m 取值不同值时的断面内力臂系数 $\bar{c}_s$ 对比表

m	1.8					2.4				
$\mu_s/\%$	0.1	0.2	0.3	0.4	0.5	0.1	0.2	0.3	0.4	0.5
$\lambda_h = 0.90$	0.957	0.950	0.945	0.940	0.936	0.954	0.946	0.940	0.935	0.930
$\lambda_h = 0.85$	0.951	0.938	0.933	0.929	0.926	0.945	0.934	0.929	0.925	0.921

表2.4的结果与配置的普通钢筋强度无关。由表2.4也可看出,与取值0.87相比04桥规的规定取值明显偏低,与本例 $m = 1.8$ 时相比计算误差达10%~6.4%。如与20世纪60年代文献中的经验公式[1] $c_s = (h_0 - 0.5h_f)/h_0$ 相比,$\lambda_h = 0.9$ 时 $c_s = 0.95$,$\lambda_h = 0.85$ 时 $c_s = 0.925$,误差范围为0.1%~2.8%,且在正常的配筋范围内($\mu_s = 0.003~0.005$)精度会更好。文献[1]中提出的钢筋混凝土T形断面在弹性工作期间,其内力臂可近似按 $(h_0 - h_f/2)$ 计算。这一结论应该是有试验数据支持的,也可得到本节方法的印证。该公式的缺点是当 b/b_f 较大时(h_f/h_0 较大或很小时),这样计算会产生较大的误差,显然不如本节方法更为全面与准确。例如,对于图2.15所示的非常规断面,本节方法也可得出很好的结果。结论是在桥梁工程设计中(如内力臂按 $0.87h_0$),取用其精度一般还不如按 $(h_0 - h_f/2)$ 取用更好。常用的T梁断面 b/b_f 与 h_f/h_0 一般较大,此时一般不能用公式 $c_s = (h_0 - 0.5h_f)/h_0$ 计算内力臂,这点与桥梁工程中常用的T梁断面有所区别。

2.4.7　T 形断面极限承载能力的判别

采用的符号同矩形断面。当 $\hat{x} \le h_f$ 时,因 $\hat{x} = v\mu_s h_0 = \hat{\xi} h_0$,$M_k = \bar{c}_s h_0 A_s \sigma_s$,这与计算矩形断面时是完全相同的,故此时承载能力满足 04 桥规要求的判别条件仍为式(2.62),区别仅在于式中的 $\bar{c}_s$ 应按本节 T 形断面的式(2.67)计算。

当 $\hat{x} > h_f$ 或 $\hat{\xi} > h_f/h_0 = (1 - \lambda_h)$ 时,04 桥规要求 T 形断面抗弯承载力应符合下列规定:

$$\gamma_0 M_j \le f_{cd}\left[b\hat{x}\left(h_0 - \frac{\hat{x}}{2} \right) + (b_f - b)h_f(h_0 - h_f/2) \right] \tag{2.69}$$

式(2.69)仍假定 $A_s' = 0$。由断面力的平衡条件可得 $f_{sd}A_s = f_{cd}\left[b\hat{x} + (b_f - b)h_f \right]$,$A_s = b_f h_0$ $\left[(1 - \lambda_b)\hat{\xi} + \lambda_b(1 - \lambda_h) \right]/v$,由此可得:

$$\hat{\xi} = \left[v\mu_s - \lambda_b(1 - \lambda_h) \right]/(1 - \lambda_b) \tag{2.70}$$

式(2.69)的右端项:

$$R = f_{cd}\{ b_f(1 - \lambda_b)\hat{\xi} h_0^2(1 - 0.5\hat{\xi}) + \lambda_b b_f(1 - \lambda_h)h_0^2[1 - 0.5(1 - \lambda_h)] \}$$

$$= f_{cd}b_f h_0^2\left[(1 - \lambda_b)\hat{\xi}(1 - 0.5\hat{\xi}) + \lambda_b(1 - \lambda_h)(0.5 + 0.5\lambda_h) \right]$$

注意到 $\gamma_0 M_j = \gamma_0 J M_k$ 与 $M_k = \bar{c}_s h_0 A_s \sigma_s = b_f h_0^2 \bar{c}_s \mu_s \sigma_s$,代入式(2.69)可得:

$$J \le \frac{f_{cd}\left[(1 - \lambda_b)\hat{\xi}(1 - 0.5\hat{\xi}) + \lambda_b(1 - \lambda_h)(0.5 + \lambda_h/2) \right]}{\gamma_0 \mu_s \bar{c}_s \sigma_s} = \bar{J}$$

或

$$J \le \frac{f_{sd}\left[(1 - \lambda_b)\hat{\xi}(1 - 0.5\hat{\xi}) + \lambda_b(1 - \lambda_h)(0.5 + \lambda_h/2) \right]}{\gamma_0 v \mu_s \bar{c}_s \sigma_s} = \bar{J} \tag{2.71}$$

式中,$\hat{\xi}$ 按式(2.70)或 $\hat{\xi} = v\mu_s$($\hat{\xi} < \lambda_h$ 时)计算。当 $\lambda_b = 0$ 时,断面退化为矩形,此时 $\hat{\xi} = v\mu_s$,上式的结果与式(2.62)一致。

【例 2.5】　选用有代表性的 C30 混凝土,取断面的 $\lambda_b = 0.9$,$\lambda_h = 0.85$,$n_s = 6.67$,配置 HRB335 钢筋,$\mu_s = 0.001 \sim 0.009$,分别算得断面的 ψ_i、$\hat{\xi}$、ξ 与内力臂系数 $\bar{c}_s$(即 c_s),再求得当 $\sigma_s = 85 \sim 210$ MPa(级差 25 MPa 共 6 档)时对应的断面计算 $\bar{J}$,括号内为与 σ_s 对应的混凝土最大使用应力 σ_c。在每行数据中,因 σ_c 与 σ_s 的变化呈正比,故对应的 σ_c 只需列出首尾两个数据。除 $\hat{\xi}$ 是按 04 桥规规定计算以外,本表其余各列数据均为按本节方法的弹性理论计算,即将 n_s 提高 1.8 倍。μ_s 的取值止于接近容许的最大取值,即如果 μ_s 的取值再增加一级,断面的 $\hat{\xi}$ 就将超过 0.56。$\bar{J}$ 后带"$*$"者表示此时的 σ_c 已超过 $0.6f_{ck}$。该值大约与 75 桥规中的容许应力 $[\sigma_w]$ 相当,表中用 $[\sigma_c]$ 表示列出供参考。编程计算结果如表 2.5 所示。更详细的包括对 C25 ~ C40 混凝土各种可能形状与可能配筋条件下的共 3 × 26 个设计用表详见本节附录。

表 2.5 C30, $n_s = 6.67$, $\lambda_b = 0.90$, $\lambda_h = 0.85$ 时的断面设计参数表,取$[\sigma_c] = 12.06$

$\mu_s/\%$	$\Psi_i \times 100$	$\hat{\xi}$	ξ	c_s	85 MPa(σ_c)	110 MPa	135 MPa	160 MPa	185 MPa	210 MPa(σ_c)
0.10	0.979	0.020	0.143	0.952	3.42(1.19)	2.65	2.16	1.82	1.57	1.39(2.93)
0.20	1.800	0.041	0.202	0.939	3.44(1.79)	2.66	2.16	1.83	1.58	1.39(4.42)
0.30	2.517	0.061	0.251	0.933	3.42(2.38)	2.64	2.15	1.57	1.57	1.39(5.87)
0.40	3.151	0.081	0.294	0.930	3.40(2.95)	2.63	2.14	1.81	1.56	1.38(7.29)
0.50	3.718	0.101	0.332	0.926	3.38(3.51)	2.61	2.13	1.79	1.55	1.37(8.68)
0.60	4.227	0.122	0.365	0.924	3.35(4.06)	2.59	2.11	1.78	1.54	1.36(10.04)
0.70	4.689	**0.142**	0.394	0.921	3.32(4.61)	2.57	2.09	1.76	1.53	1.34(11.39)
0.80	5.110	0.273	0.421	0.919	3.28(5.15)	2.53	2.06	1.74	1.51	1.33*(12.73)
0.90	5.496	0.476	0.445	0.917	3.17(5.69)	2.45	2.00	1.68	1.46*	1.28*(14.05)

现结合表 2.5 与本节附录对式(2.71)简单讨论如下:

①本节用计算 $\bar{J}$ 来衡量断面的极限承载能力安全度,其值越高,则承载能力的安全度越大。T 形断面 $\bar{J}$ 的变化规律为: σ_s 越小,计算 $\bar{J}$ 越高; $f_{cd}(f_{ck})$ 越高, $\bar{J}$ 越高,但影响非常微小。这些规律均与矩形断面相同。当使用应力 σ_s 不变时, μ_s 越高则使用荷载越大, $\bar{J}$ 会变小,但当 $\hat{\xi} < (1 - \lambda_h)$ 时其影响极微并几乎可以忽略不计。当断面的设计 σ_s、μ_s 与 λ_h(或 λ_b)确定以后, $\bar{J}$ 随 λ_b(或 λ_h)的增加而增加,内力臂系数 $\bar{c}_s$ 随 λ_b(或 λ_h)的增加而减小,并在 $\lambda_b = 0$ (或 $\lambda_h = 0$,矩形)时 $\bar{J}$ 与 $\bar{c}_s$ 分别取得与该组数据对应的最大值与最小值。以 C30 混凝土为例,当 $\sigma_s = 185$ MPa 和 $\mu_s = 0.40\%$ 的取值不变时,固定一个 $\lambda_h = 0.9$ 取值(或固定 $\lambda_b = 0.9$), $\bar{J}$ 与 $\bar{c}_s$ 随 λ_b(或 λ_h)变化的计算结果如表 2.6 与表 2.7(HRB335 钢筋数据取自本节附录)。

表 2.6 $\bar{J}$ 与 $\bar{c}_s$ 随 λ_h 的变化规律计算结果(固定 $\lambda_b = 0.9$)

λ_h	0.95	0.090	0.85	0.80	0.70	0.60	0.40	0(矩形)
计算 $\bar{J}$	1.46	1.54	1.56	1.58	1.59	1.59	1.59	1.59
内力臂系数 c_s	0.936*	0.941	0.930	0.918	0.911	0.911	0.911	0.911

注: * 表示此时 $\xi = x/h_0 = 0.419$ 进入腹板很多,故 c_s 时会略小于 0.941。

表 2.7 $\bar{J}$ 与 $\bar{c}_s$ 随 λ_b 的变化规律计算结果(固定 $\lambda_h = 0.9$)

λ_b	0.95	0.90	0.85	0.80	0.70	0.60	0.40	0(矩形)
计算 $\bar{J}$	1.54	1.54	1.55	1.56	1.57	1.58	1.59	1.60
内力臂系数 c_s	0.946	0.941	0.937	0.933	0.928	0.922	0.916	0.910

②由表 2.5 及附录计算数据可知,当 $\sigma_s \leqslant 185$ MPa 时,只有当 λ_b 取 0.95、μ_s 取接近可

能的最大值时,断面的计算 $\overline{J}$ 为 1.45(这种组合几乎是不可能的),其他情况下 $\overline{J}$ 均大于 1.45。对于正常设计的受弯构件 T 形断面,$\overline{J}$ 一般均会大于 1.50 左右。$\overline{J}=1.45$ 的含义为当构件断面的活载占比 $\alpha=0.6$ 时即可满足 04 桥规对设计安全等级为一级($\gamma_0=1.1$)时的极限状态承载能力要求,当 $\overline{J}=1.50$ 时表示满足 $\gamma_0=1.1$ 时的极限状态承载能力要求还略有富裕。裂缝计算宽度主要与钢筋应力相关并与其成正比,$\sigma_s=185$ MPa 对应的裂缝最大宽度大约已接近 04 桥规的容许最大宽度 0.2 mm,故 σ_s 对于桥梁受弯构件一般是不应该超过 185 MPa 的,这与建筑部门的要求有很大的区别。再考虑到本表的计算数据取 $A_s'=0$ 使计算偏于安全,这表明对于一切正常形状与非正常形状设计的 T 形与矩形断面受弯构件,当 $\alpha \leqslant$ 0.6 时即使使用 HRB335 钢筋,只要钢筋应力按 $\sigma_s \leqslant 185$ MPa 条件控制且构造满足 04 桥规要求,断面均可以自动满足 04 桥规在极限状态下的承载力要求,且在大多数情况下还有不少额外的安全储备。活载占比 $\alpha>0.6$ 只可能出现在跨径数米左右的小跨径梁板桥中,此时的 γ_0 只可能取 1.0 或 0.9,到此笔者实际已经证明,只要满足 75 桥规 $\sigma_s \leqslant 185$ MPa 的要求,所有钢筋混凝土受弯构件断面均可自动满足 04 桥规的极限状态承载能力要求,并在一般情况下还应有不小的额外富裕。

③由表 2.5 及附录数据还可看出,断面混凝土的强度等级越高,内力臂系数 c_s 也越高,但这种影响微乎其微,与某个确定 σ_s 对应的 $\overline{J}$ 变化也很小。例如,取 $\mu_s=0.4\%$,当 $\lambda_b=\lambda_h$ $=0.85$ 时,C25、C30、C40 混凝土对应的 c_s 分别为 0.927、0.928、0.929,与 $\sigma_s=185$ MPa 时对应的 $\overline{J}$ 则分别为 1.55、1.57、1.59。这就是说,如果 T 形断面采用 C30 混凝土,强度等级提高或降低一级,按 04 桥规的算法,$\overline{J}$ 的变化只有 1% 左右,这就印证了本节正常设计的 T 形断面的承载力基本与混凝土的强度等级无关。

④当 $\lambda_b=0.7$、$\lambda_h=0.7$ 时,T 形断面的受力特性已经非常接近矩形断面。也就是说,当 μ_s 在常用范围内取值时,其 c_s 和与某个确定 σ_s 对应的 $\overline{J}$ 都已非常接近。T 形断面大都是 λ_b <0.7 和 $\lambda_h<0.7$ 的断面,查矩形断面的数据可知在常用配筋范围内 c_s 基本都接近 0.87,故建筑规范可以采用 $c_s=0.87$ 这个简化公式计算钢筋应力。对于桥梁工程的常用 T 形断面,以 $\lambda_b=0.9$ 左右、$\lambda_h=0.9\sim0.8$ 为常见,如按 0.87 计算误差一般可达 5%~10%。04 桥规中,c_s 取定值 0.87,忽略了 μ_s 的影响,更严重忽略了桥梁工程中常用 T 形断面的形状特点及其对 c_s 计算的影响。在目前大量采用计算机进行辅助设计的年代,仍然取用 $c_s=0.87$,其计算精度还不如 75 桥规方法。

⑤85 桥规颁布时有一种说法,即钢筋混凝土构件设计可以较 75 桥规节约 10% 的钢筋(见相关文献[5]中条文说明)。这种说法忽略了桥梁结构与建筑结构的区别,现在看来有严重问题,因为要节约 10% 钢筋的前提实际就是要比 75 桥规大幅提高钢筋的使用应力。只要构件裂缝宽度的最大值按 0.2 mm 控制,考虑到裂缝控制问题的复杂性与过去出现过的稍大跨径钢筋混凝土受弯构件的过度开裂问题,将钢筋的使用应力 σ_s 如 75 桥规那样控制在 185 MPa 以内其实是合理的。从 19 世纪末到 20 世纪 70 年代,世界范围内人们采用容许应力法对钢筋混凝土构件的研究是非常充分的,但预应力混凝土结构的出现暴露了这种设计理论的问题,于是产生并逐渐完善了现在的极限状态设计理论。极限状态设计理论发展到现在其本身也不能说是完全尽善尽美的。由本节附录可以看出一个规律,即断面的计算 $\overline{J}$ 越高,混凝土应力 σ_c 就越低,这说明在理论上承载力是有可能控制混凝土应力的,但实际却很难

办到。以 C30 混凝土、$\lambda_b = 0.85$、$\lambda_h = 0.7$、$\mu_s = 1.6\%$ 的 T 形断面为例,查本节附录可得 $\hat{x}/h_0 = 0.464$,$c_s = 0.868$。当 $\sigma_s = 185$ MPa 时对应的 $\overline{J} = 1.45$,这都是一个可以满足 04 桥规所有要求的 T 形断面设计,但此时的 σ_c 可达 14.06 MPa。如果考虑到本节算法比 75 桥规的算法 σ_c 偏低 7% 左右,其值按 75 桥规的标准就会超过 15.0 MPa,这就可能是个危险的设计。所谓危险,不一定是全指强度安全,问题更可能会出现在构件的刚度与严重开裂方面。本例可以集中反映出 04 桥规极限状态法设计理论在钢筋混凝土受弯构件设计领域中的一个漏洞,而 75 桥规在这方面却似乎没有什么问题。这个问题值得研究,其他国家的有关桥梁设计规范中,只要对钢筋混凝土构件的设计采用了极限状态理论,似乎也都存有这个问题。

⑥如配置为 HRB400 钢筋,当 $\hat{x} \leq h_f$ 时,在对断面的裂缝控制要求相同(μ_s 与 σ_s 取值相同)的条件下,表 2.5 及附件中的 $\overline{J}$ 全部也可提高 16% ~ 17%,但对其他数据无影响。当 $\hat{x} > h_f$ 时,$\overline{J}$ 全部也近似可提高 16% ~ 17%。当 $\hat{x} > h_f$ 时由式(2.70)、式(2.71)的关系可知,强度提高后的钢筋只能影响 $\hat{\xi}$ 的计算,此时钢筋使 $\hat{x}$ 超过 h_f 的那部分的使用效率是很低的,其对 $\overline{J}$ 的具体提高比例与断面的 λ_b 和 λ_h 有关,当 λ_b 较大时其作用非常有限,故一般情况下不应采用 $\hat{x} > h_f$ 的 T 形断面设计。结论是:钢筋混凝土受弯构件如果使用 HRB400 钢筋,考虑到附录中的 $\overline{J}$ 可提高 16% ~ 17% 以后,对于一切正常形状与非正常形状设计的构件断面,只要裂缝控制条件(≤0.2 mm)与构造满足 04 桥规要求。无论活载占比 α 为何值,断面均可自动满足 04 桥规设计安全等级为一级($\gamma_0 = 1.1$)时的极限状态承载能力要求,且在一般情况下还有不小的额外安全储备。

2.4.8　使用附录的设计算例

【例 2.6】　图 2.16(a)为早期桥梁标准图设计中的 16 m 钢筋混凝土 T 梁(中梁)跨中断面,C30 混凝土,配置 HRB335 钢筋,断面的 $h_0 = 118.2$ cm,$\lambda_b = 0.92$,$\lambda_h = 0.86$,$A_s = 80.4$(10 φ32),$\mu_s = A_s/(220 \times 118.2) = 0.003\ 1$。假定在某个荷载标准下考虑横向分配以后一片主梁跨中承受的实际最大弯矩 $M_k = 1\ 540$ kN−M,查附录表 2-2-3 得 $c_s = 0.933$(不需要内插),由此算得 $\sigma_s = M_k/(0.933 \times 118.2 \times 80.4) = 174$ MPa(满足裂缝小于 0.2 mm 要求,计算略),再查该表内插得 $\hat{x}/h_0 = 0.063$($\hat{x} = 7.4$),换算惯性矩 $\overline{I} = 251.7 \times 220 \times 118.2 = 65\ 450$ cm⁴,中性轴位置 $x/h_0 = 0.255$,混凝土最大使用应力 $\sigma_c = 5.64$ MPa,计算 $\overline{J} = 1.75$。该主梁跨中活载占比 $\alpha = 0.55$,按 $\gamma_0 = 1.1$ 计算实际 $J = 1.1 \times (1.2 + 0.55 \times 0.2) = 1.44 < \overline{J} = 1.75$,$\overline{J}/J = 1.22$,即全部满足 04 桥规的设计要求,并且有 22% 额外的承载力富裕。注意本例的 c_s 与 0.87 相比,后者误差为 7.2%;如按近似公式 $(h_0 - h_f/2)/h_0$ 计算为 0.931,也比 04 桥规方法准确。

实际上,后一步的内插计算已无必要,查表按附录的最不利数据选用就直接可得设计全部满足 04 桥规要求的结论,有意义的仅是内插算得 $\overline{J}$ 与 J 并得出有 22% 额外承载力富裕的结论。

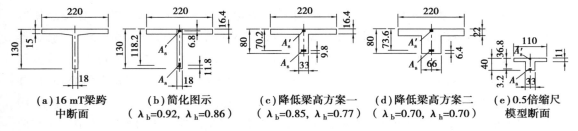

图 2.16　早期 16 m 钢筋混凝土 T 梁设计

【例 2.7】　例 2.6 设计如受净空限制,必须将梁高压缩到 80 cm,此时可选用图 2.16 (c)的主梁跨中断面形式。先计算恒载略微增加以后的 $M_k = 1\,545 - M$,按 4 层 φ32 钢筋排列求得 $h_0 = 70.2$,由此得 $\lambda_b = 0.85$,$\lambda_h = 0.77$。先估计 $A_s = 80.4 \times 118.2/70.2 = 135.4$,实际选用 $A_s = 128.64(4 \times 4\,\phi 32)$,由此求得 $\mu_s = 0.83\%$。查附录表 2-3-4 得 $c_s = 0.904$,算得 $\sigma_s = M_k/(0.904 \times 70.2 \times 128.64) = 189(\text{MPa})$。再查表内插得 $\hat{x}/h_0 = 0.168(\hat{x} = 11.8)$,混凝土应力 $\sigma_c = 10.1\,\text{MPa}$,计算 $\bar{J} = 1.54$。本例的 J 基本与例 2.6 相同,故 $\bar{J}/J$ 只有 1.07,即只有 7% 额外的承载力富裕。

如将本例的上翼板平均厚度加厚到 22 cm,腹板宽度加大到 66 cm,梁高不变,如图 2.16 (d)所示。这样设计的好处是可以取消主梁的隔板,外形也较美观,还可稍许提高主梁的抗剪能力。选用 $A_s = 144.72(9 \times 2\,\phi 32)$,$\mu_s = 0.894\%$,$h_0$ 可提高到 73.6 cm,由此求得 $\lambda_b = 0.70$,$\lambda_h = 0.70$。先求 $M_k = 1\,720\,\text{kN} - M$(主梁自重比上例更大,其他荷载相同),查表 2-5-5 得 $c_s = 0.882$,算得 $\sigma_s = M_k/(0.882 \times 73.6 \times 144.72) = 183(\text{MPa})$。再查表得 $\hat{x}/h_0 = 0.182(\hat{x} = 13.4)$,混凝土应力 $\sigma_c = 9.2\,\text{MPa}$,计算 $\bar{J} = 1.56$,主梁自重加大后的 $J = 1.42$,$\bar{J}/J = 1.10$,即有 10% 额外的承载力富裕。

以上两个压缩主梁高度的方案都是切实可行的设计并都可以满足 04 桥规的要求,计算中均不需要考虑受压区的钢筋面积 A_s',理由见本节讨论部分。如果要对图 2.16(d)的设计断面做承载力的实验室验证,可以选用材料完全相同的图 2.16(e)0.5 倍缩尺比例断面,此时 A_s 应取 $144.72/4 = 36.18\,\text{cm}^2$ 以保证 μ_s 相同,该断面处加载到 $M_k = 1\,720/8 = 215 - M$ 时,σ_s 也与图 2.16(d)的断面相同。模型计算跨径如果考虑到抗剪问题的验证也应取原梁的 1/2。缩尺的比例可以是任意的,但前提是要能保证模型的制作质量和尽量满足规范的有关构造要求。本节算法可以证明这样的模型能完全模拟图 2.16(d)断面(或主梁)的受力,这也是缩尺模型试验能够成立的理论依据。

2.4.9　75 桥规计算方法与本节方法的比较

75 桥规规定,按换算截面弹性理论计算钢筋混凝土受弯构件断面应力时,对 200、250、300 号混凝土,取 $n_s = E_s/E_c = 10$,对于 400、500 号混凝土取 $n_s = 8$,其方法相当于本节方法取 $m = 1.28$、1.40、1.50(C20、C25、C30 混凝土)或 $m = 1.30$、1.38(C40、C50 混凝土)。这些结论主要是以 20 世纪五六十年代以前人们对钢筋混凝土构件的试验研究结果得出的,那时人们对混凝土徐变现象的研究尚不够充分,即在计算理论上普遍存在有对混凝土徐变现象低估的问题。本节分析说明,越是对徐变现象低估(φ 或 m 取值越小),内力臂系数 c_s 越大;加之早期对钢筋混凝土受弯构件的研究结论主要是针对 200 与 250 号混凝土得出的,这就解释了 75 桥规为何只取 $m=1.28\sim1.50$ 的原因。75 桥规方法除对徐变现象低估而外,另外的主要问题是对于 C20、C25、C30 混凝土统一取钢筋与混凝土的换算弹性模量比值为 10(C30 以上取 8),这样过分粗略。本节方法可以认为是对 75 桥规方法的改进,本节方法有理论推导的依据,且计算结果更为准确,能够适应各种强度等级的混凝土受弯构件断面的计算。以下通过 3 组具体的算例对这两种方法进行详细的比较。

【例 2.8】 取最有代表性的 C25、C30 与 C40 混凝土进行对比计算,断面取有代表性的 T 形断面($\lambda_b=0.90$,$\lambda_h=0.90$)与矩形共两种;T 形断面的 $\mu_s=A_s/b_f h_0$,取值分别为 0.1%、0.3%、0.5%,矩形断面的 μ_s 取值为 0.4%、1.0%、2.0%~2.4%,这些 μ_s 都是实际工程中最常用的取值。按 75 桥规的方法、本节方法编程计算的结果分别如表 2.8 至表 2.13 所示。

表 2.8 C25, $n_s=7.14$, $m=1.40$(75 桥规方法)

$mui/\%$	$\hat{\xi}$	ξ	c_s	85 MPa(σ_c)	110 MPa	135 MPa	160 MPa	185 MPa	210 MPa(σ_c)	断面形式
0.10	0.024	0.136	0.959	3.39(1.34)	2.62	2.14	1.80	1.56	1.37(3.30)	T 形断面
0.30	0.073	0.259	0.948	3.35(2.98)	2.59	2.11	1.78	1.54	1.36(7.36)	$\lambda_b=0.90$
0.50	0.317	0.346	0.940	3.23(4.51)	2.50	2.03	1.72	1.48	1.31*(11.13)	$\lambda_h=0.90$
1.00	0.244	0.358	0.881	3.29(4.75)	2.54	2.07	1.75	1.51*	1.33*(11.72)	
1.60	0.390	0.428	0.857	3.09(6.36)	2.39	1.95*	1.64*	1.42*	1.25*(15.71)	矩形断面
2.00	0.487	0.463	0.846	2.95(7.34)	2.28	1.86*	1.57*	1.35*	1.19*(18.13)	

表 2.9 C25, $n_s=7.14$, $m=1.80$(**本节方法**)

$mui/\%$	$\hat{\xi}$	ξ	c_s	85 MPa(σ_c)	110 MPa	135 MPa	160 MPa	185 MPa	210 MPa(σ_c)	断面形式
0.10	0.024	0.157	0.957	3.40(1.23)	2.63	2.14	1.81	1.56	1.38(3.04)	T 形断面
0.30	0.073	0.300	0.944	3.36(2.83)	2.60	2.12	1.79	1.54	1.36(7.00)	$\lambda_b=0.90$
0.50	0.317	0.395	0.936	3.25(4.32)	2.51	2.04	1.72	1.49	1.31*(10.67)	$\lambda_h=0.90$
1.00	0.244	0.395	0.868	3.33(4.31)	2.57	2.10	1.77	1.53	1.35*(10.65)	
1.60	0.390	0.468	0.844	3.14(5.81)	2.43	1.98	1.67*	1.44*	1.27*(14.36)	矩形断面
2.00	0.487	0.505	0.832	3.00(6.74)	2.32	1.89*	1.59*	1.38*	1.21*(16.65)	

c_s 值:表 2.8 较表 2.9 T 形断面高 0.2%~0.4%,矩形断面高 1.50%~1.7%,平均高 0.95%。

σ_c 值:表 2.8 较表 2.9 T 形断面高 8.6%~4.3%,矩形断面高 10.2%~8.9%,平均高 7.3%。

表 2.10 C30, $n_s = 6.67$, $m = 1.50$(75 桥规方法)

mui/%	$\hat{\xi}$	ξ	c_s	85 MPa(σ_c)	110 MPa	135 MPa	160 MPa	185 MPa	210 MPa(σ_c)	断面形式
0.10	0.020	0.136	0.959	3.40(1.34)	2.63	2.14	1.81	1.56	1.38(3.30)	T 形断面
0.30	0.061	0.259	0.948	3.37(2.98)	2.60	2.12	1.79	1.55	1.36(7.36)	$\lambda_b = 0.90$
0.50	0.114	0.346	0.940	3.33(4.51)	2.57	2.09	1.77	1.53	1.35(11.13)	$\lambda_h = 0.90$
1.00	0.203	0.358	0.881	3.36(4.75)	2.60	2.12	1.79	1.54	1.36(11.72)	
1.60	0.325	0.428	0.857	3.22(6.36)	2.49	2.03	1.71	1.48 *	1.30 *(15.71)	矩形断面
2.20	0.446	0.479	0.840	3.04(7.81)	2.35	1.92 *	1.62 *	1.40 *	1.23 *(19.30)	

表 2.11 C30, $n_s = 6.67$, $m = 1.80$(**本节方法**)

mui/%	$\hat{\xi}$	ξ	c_s	85 MPa(σ_c)	110 MPa	135 MPa	160 MPa	185 MPa	210 MPa(σ_c)	断面形式
0.10	0.020	0.151	0.957	3.41(1.26)	2.63	2.14	1.81	1.56	1.38(3.10)	T 形断面
0.30	0.061	0.289	0.945	3.38(2.87)	2.61	2.13	1.79	1.55	1.37(7.09)	$\lambda_b = 0.90$
0.50	**0.114**	0.382	0.937	3.34(4.37)	2.58	2.10	1.77	1.53	1.35(10.79)	$\lambda_h = 0.90$
1.00	0.203	0.384	0.872	3.40(4.42)	2.62	2.14	1.80	1.56	1.37(10.92)	
1.60	0.325	0.457	0.848	3.26(5.95)	2.52	2.05	1.73	1.50 *	1.32 *(14.71)	矩形断面
2.20	0.446	0.509	0.830	3.08(7.34)	2.38	1.94	1.64 *	1.42 *	1.25 *(18.15)	

c_s 值:表 2.10 较表 2.11 T 形断面高 0.2% ~ 0.3%,矩形断面高 1.0% ~ 1.2%,平均高 0.6%。

σ_c 值:表 2.10 较表 2.11 T 形断面高 6.5% ~ 3.2%,矩形断面高 7.3% ~ 6.3%,平均高 5.3%。

表 2.12 C40, $n_s = 6.15$, $m = 1.30$(75 桥规方法)

mui/%	$\hat{\xi}$	ξ	c_s	85 MPa(σ_c)	110 MPa	135 MPa	160 MPa	185 MPa	210 MPa(σ_c)	断面形式
0.10	0.015	0.120	0.962	3.40(1.45)	2.63	2.14	1.81	1.56	1.38(3.59)	T 形断面
0.30	0.046	0.227	0.950	3.39(3.13)	2.62	2.13	1.80	1.56	1.37(7.72)	$\lambda_b = 0.90$
0.50	0.076	0.306	0.944	3.36(4.69)	2.59	2.11	1.78	1.54	1.36(11.59)	$\lambda_h = 0.90$
1.00	0.152	0.328	0.891	3.42(5.18)	2.64	2.15	1.82	1.57	1.38(12.81)	
1.60	0.244	0.394	0.869	3.33(6.91)	2.57	2.10	1.77	1.53	1.35 *(17.06)	矩形断面
2.40	0.365	0.457	0.848	3.18(8.93)	2.45	2.00	1.69 *	1.46 *	1.29 *(22.07)	

表 2.13 C40, $n_s = 6.15$, $m = 1.80$(**本节方法**)

mui/%	$\hat{\xi}$	ξ	c_s	85 MPa(σ_c)	110 MPa	135 MPa	160 MPa	185 MPa	210 MPa(σ_c)	断面形式
0.10	0.015	0.144	0.958	3.41(1.29)	2.64	2.15	1.81	1.57	1.38(3.19)	T 形断面
0.30	0.046	0.275	0.947	3.40(2.92)	2.63	2.14	1.81	1.56	1.38(7.21)	$\lambda_b = 0.90$
0.50	0.076	0.366	0.938	3.38(4.43)	2.61	2.13	1.79	1.55	1.37(10.94)	$\lambda_h = 0.90$

续表

$mui/\%$	$\hat{\xi}$	ξ	c_s	85 MPa(σ_c)	110 MPa	135 MPa	160 MPa	185 MPa	210 MPa(σ_c)	断面形式
1.00	0.152	0.373	0.876	3.48(4.56)	2.69	2.19	1.85	1.60	1.41(11.27)	
1.60	0.244	0.444	0.852	3.40(6.13)	2.62	2.14	1.80	1.56	1.37(15.14)	矩形断面
2.40	0.365	0.510	0.830	3.24(8.00)	2.51	2.04	1.72	1.49 *	1.31 * (19.76)	

c_s 值:表 2.12 较表 2.13 T 形断面高 0.4% ~0.6%,矩形断面高 1.7% ~2.2%,平均高 1.3%。

σ_c 值:表 2.12 较表 2.13 T 形断面高 12.5% ~5.9%,矩形断面高 13.7% ~11.7%,平均高 9.8%。

现对计算结果说明与分析如下:

①表中符号含义同例 2.5。75 桥规方法中,C30 取 $m=1.50$ 与本节方法 $m=1.8$ 最接近,故其计算结果也最接近本节方法。对于 C40(C20),取 $m=1.30(1.28)$,因 m 差别较大与本节方法的计算差别也最大。

②两种方法计算的断面内力臂系数 c_s 差异很小,对于矩形断面误差一般不会大于 2%,对于 T 形断面本例的误差更是均小于 0.6%,规律是本节算法恒略小于 75 桥规方法。这说明用 75 桥规方法求解断面的钢筋应力时还是具有较好的精度,同时也再次验证了本节前述的 φ 的取值差异对计算 c_s 结果影响不大的结论。本例用文献中[1]的 T 形断面内力臂经验公式可求得 $c_s=(h_0-0.5h_f)/h_0=0.95$,对于本例的 T 形断面误差均小于 1.0%。如果按 04 桥规计算裂缝宽度时计算钢筋应力取 $c_s=0.87$,本例的误差可达 10% ~ -5%。由此可见,取 $c_s=0.87$ 方法粗略。

③如果在同样的荷载作用下求解混凝土应力,以误差最大的 C40 混凝土矩形断面 $\mu_s=1.0\%$ 为例,实际计算差别应比上表所示的 13.7% 稍小。设荷载按 75 桥规方法计算为 $M_k=A_s\sigma_s c_s$,对比表中 $A_s\sigma_s$ 取值相同,本节算法因 c_s 要小 1.7%,故 M_k 也要少 1.7%,修正后在等荷载作用下混凝土应力 σ_c 应为 $11.27\times1.017=11.40$(MPa),实际误差为 $1-12.81/11.40=12.4\%$,即表 2.8 至表 2.13 中所列的混凝土应力 σ_c 误差大约还应乘以一个修正系数 0.9。因两种算法的 c_s 差异不大,故此项对 c_s 的修正可以忽略不计。由上述的对比计算结果可以看出,两种方法的主要差异表现在混凝土应力上,考虑以上修正后本节算法比 75 桥规方法算得的混凝土应力要低 2.9% ~12.4%。对于最有代表性的 C30 混凝土,本节算法比 75 桥规方法算得的混凝土应力修正后要低平均 $5.3\%\times0.9\approx5\%$ 左右。

④两种算法的混凝土应力差异还有一个特点,这就是 T 形断面的应力差异恒小于矩形断面算得的差异,这与前述的 T 形断面对 m 的取值较矩形断面更不敏感的结论相符。两种算法的差异实质就是 m 取值的差异,对于 T 形断面 m 取 1.8 或是 2.3,计算结果都不会有太大的差异。

⑤受弯构件断面的混凝土应力随时间而逐渐降低,即使按照本节算法算得的 σ_c,1~3 年后实际的最大应力值仍可能低于该值,活载占比 α 较小时尤为如此。这是因为 $m=1.8$ 是根据矩形断面导出的,T 形断面的徐变发展比矩形断面更充分,但仍取 $m=1.8$。其次,当活载占比 $\alpha=0.4$ 时,虽然对 T 形断面 m 取值对计算结果影响不大,但对于矩形断面 m 的取值应为 2.3 左右,则此时算得的混凝土应力将更稍低。第三,标准徐变系数试验测定的

φ 都是在持续应力 $=0.3f_{ck}$ 左右条件下测得的。当混凝土 σ_c(恒载＋考虑长期活载的换算恒载效应)大于 $0.3f_{ck}$ 时,φ 一般会大于 2.5,超过 $0.6f_{ck}$ 时徐变更会急剧增加甚至不收敛[2],对于跨径较大的受弯构件 $\sigma_c>0.3f_{ck}$ 是大概率事件,而 φ 对 σ_c 的影响是较大的。第四,计算未考虑受压区钢筋的影响,因为徐变效应,混凝土的压应力总是要向受压钢筋转移并导致 σ_c 降低。由于这些原因,并考虑到钢筋混凝土受弯构件的混凝土承压能力具有很大的潜力,即应力(内力)越大,受压区面积就越大(中性轴下移),应力图形越向抛物线靠近,此时实际的最大压应力 σ_c 就会进一步降低。正是因为有这些受力特点,所以按照容许应力法设计时,钢筋混凝土受弯构件的混凝土压应力容许值 $[\sigma_w]$ 可以比轴心受压容许应力 $[\sigma_a]$ 高 23% 左右,这就是 75 桥规确定 $[\sigma_a]$ 的理论依据。受弯构件混凝土压应力的受力状态与受压构件的应力状态并无本质区别,但全预应力混凝土与钢筋混凝土全断面受压构件却基本没有上述这些受力特点,故在预应力混凝土结构与钢筋混凝土受压构件中对应力的限值条件也就没有这样的区别。75 桥规钢筋混凝土受弯构件中 $[\sigma_w]\approx1.23[\sigma_a]$,其实质是按照 75 桥规的计算方法,实际断面的应力在 1~3 年后总是要比算得的应力低很多甚至低到 23% 左右。这也可以反过来证明本节算法在 1~3 年后较实际的混凝土应力还可能偏高。

⑥04 桥规第 7.2.4 条的内容为钢筋混凝土受弯构件在施工阶段的混凝土最大应力不得超过 $0.8f_{ck}$,并且规定计算方法就是 75 桥规的换算模量法。$0.8f_{ck}$ 是根据受弯构件容许压应力 $[\sigma_w]$ 在施工阶段(短期临时荷载)可以提高 30% 得出的,但也只有按 75 桥规的换算模量法求得的应力可以提高 30%。如果采用本节方法求混凝土应力(取 $m=1.8$),由于算得的值比 04 桥规方法要低 3.2%~12.4%,这个限值就应相应降低 2.9%~12.4%。按平均低 7.6% 考虑,本节算法取 $m=1.8$ 计算时,建议这一限值可降低为不得超过 $0.8f_{ck}\times(1-0.076)\approx0.75f_{ck}$。同理,75 桥规中混凝土的受弯容许应力 $[\sigma_w]$ 约相当于 04 桥规的 $0.65f_{ck}$,按本节算法取 $m=1.8$ 后也应降低 7.6% 左右,降低后该值可换算为 $0.65f_{ck}\times(1-0.076)=0.6f_{ck}$。这就是本节附录中取容许应力 $[\sigma_c]=0.6f_{ck}$ 列出供参考的依据。

2.4.10　对 04 桥规部分条文的讨论

1)04 桥规[4]第 5.2.3 条的内力臂取值问题

对于如图 2.16 所示 T 形断面,当 $\hat{x}<h_f$ 时,04 桥规取极限状态下断面的内力臂为 $h_0-\hat{x}/2$,这严格说来在理论上是有问题的。对于任何 T 形断面,只要断面的 λ_b 与 λ_h 取值在 0.8~0.95 且满足条件 $\hat{x}<h_f$,极限状态下翼板受压区的重心都应该是在 $h_f/2$ 位置附近而不该是在 $\hat{x}/2$ 处。这是由力的传递途径与断面的边界条件所决定的,有限元模型的分析结论与 T 梁的极限抗弯承载力试验都可以支持这样的结论。公式(2.60)是根据对矩形断面的试验研究结论推导出的,严格说来它不适用于桥梁工程中的常用 T 形断面。在这个问题上,桥梁结构与建筑部门结构有很大的区别,因为在建筑部门极少采用 λ_h 和 λ_b 均大于 0.7~0.8 的 T 形断面设计,这从建筑部门文献[8]的计算附图中可以得到佐证。极限状态下矩形断面的受压区高度 $\hat{x}$ 只是一个按等效原则换算为矩形受压区以后的高度。如图 2.16 所示的 T 形断面,其 $\hat{x}=0.45h_f$ 左右,上翼板混凝土在极限状态下上缘应力达到 f_{cd}(或屈服)而下缘开

裂应力为 0,这个假定很荒唐。在弹性工作阶段图 2.16 所示的翼板上下缘应力比较接近也很好理解。随着荷载的增加,翼板的上下缘应力都会增加,如果上下缘应力接近或超过 f_{cd},事实上全翼板的压应力只会更加接近。从严格的理论意义上看,极限状态下桥梁工程中的 T 形断面已经不可能再满足平截面假定。

考察桥梁工程中使用过的钢筋混凝土 T 形与箱形断面梁桥实例(以前绝大部分配置为 HRB335 钢筋),几乎所有的 $\hat{x}$ 均可满足条件 $\hat{x} < h_f$,且跨中断面的 λ_b 与 λ_h 都在 $0.8 \sim 0.90$,这些断面在作承载力计算时内力臂均应取 $(h_0 - h_f/2)$。如是,再近似取使用荷载作用下的断面内力臂 $c_s = h_0 - 0.5h_f$,注意到关系 $M_k = \bar{c}_s h_0 A_s \sigma_s = (h_0 - 0.5h_f) A_s \sigma_s$ 和此时的 $R = f_{sd} A_s (h_0 - 0.5h_f)$,于是直接可得这类 T 形断面的承载力判别条件为:

$$J \leqslant \frac{f_{sd}}{\gamma_0 \sigma_s} = \bar{J}(\hat{x} < h_f \text{、} \lambda_b \geqslant 0.8 \text{、} \lambda_h \geqslant 0.8) \tag{2.72}$$

与式(2.62)、式(2.71)相比,式(2.72)更为简洁明了。适用条件($\hat{x} < h_f$、$\lambda_b \geqslant 0.8$、$\lambda_h \geqslant 0.8$)是否合适当然还可再作研究,但这样的限制条件是必须有的。另外,受压翼板面积小于断面全面积 20% 左右的非正常设计断面似乎也不能适用。式(2.72)对承载力的评价精度应该高于式(2.62)、式(2.71)的 04 桥规方法,比值 σ_s/f_{sd} 反映的实际是钢筋强度的使用效率,其值越高使用效率也越高,但断面的计算 $\bar{J}$ 会降低。由式(2.72)直接可以看出,这类 T 形受弯构件断面,当 $\hat{x} < h_f$ 时其承载力的安全度与钢筋材料的使用效率成反比(或与比值 f_{sd}/σ_s 成正比),但与混凝土的强度等级无关。后一个结论很重要,现在很多用 C40、C30 混凝土设计的 T 形和箱形钢筋混凝土结构,将混凝土的强度等级降低为 C30、C25 后,实际不会降低这些断面的承载力安全储备。根据裂缝开展宽度计算的经典结论,混凝土强度越高裂缝将会越集中,适当降低强度等级以后还会有利于裂缝宽度的控制,但耐久性与抗剪强度问题则另当别论。另外,按 04 桥规方法推导的式(2.71)也可得出在任何条件下混凝土的强度等级对计算 $\bar{J}$ 的影响极小的结论。文献[3]中对此有一段论述也可佐证混凝土的强度等级对断面受弯承载力的影响极小(含矩形断面),这实际也能支持式(2.72)的成立。建筑部门常用的 T 形或工字形断面,λ_b 与 λ_h 常常可以小到 0.5 以下。很明显,此时式(2.72)是不适用的,这就是建筑部门与桥梁工程常用 T 形断面的区别。

式(2.72)的有关结论在当 $x > h_f$ 时一般也是能近似成立的。由式(2.72)可以简单算得,在 $\sigma_s = 185$ MPa 时,无论 λ_b 与 λ_h 取何值(满足均小于 0.8 的条件),断面的计算 $\bar{J}$ 全部为 $280/185 = 1.51$。与表 2.5 至表 2.7 中的计算数据相比,式(2.72)算得的计算 $\bar{J}$ 较 04 桥规方法要低 2% ~ 3%,这说明桥规方法更不安全。

以上讨论还可以说明,当 $\hat{x} < (0.50 \sim 0.7)h_f$ 时,极限状态下 T 形断面翼版混凝土的压应力都不可能达到 f_{cd},因为 $280/0.7$ 早已超过钢筋的屈服点,这也与公式(2.60)建立的基本假定自相矛盾。这种情况不是个例,几乎绝大多数桥梁工程中的 T 形或箱形断面均能满足条件 $\hat{x} < (0.50 \sim 0.7)h_f$。如果采用 HRB400 钢筋,这一比值虽然可以提高 17% 左右,但仍然不会改变上述的分析结论。

按照 04 桥规的算法,计算中如不考虑受压区钢筋面积 A'_s,多数情况下会对断面的承载力 R 稍低估;如取内力臂为 $h_0 - 0.5h_f$,与 04 桥规方法相比也会使 R 的计算结果偏低,结论是式(2.72)恒偏于安全。计入 A_s' 影响的公式理论上当然更严密,但如按式(2.72)计算并按条件 $\bar{J}/J>1$ 判断已经可以满足 04 桥规要求,再考虑 A_s' 的影响或按 04 桥规计算,实际也就没有任何意义。所以,受弯构件断面如果一定要做承载力计算,可以先采用这个最简单又偏于安全式(2.72)进行计算,一般情况下这个公式足够使用。

2)04 桥规第 5.2.1 条对断面受压区高度 $\hat{x}$ 的限制问题

04 桥规第 5.2.1 条规定钢筋混凝土受弯构件断面的受压区高度必须满足条件 $\hat{x}\leqslant\xi_b h_0 = 0.56h_0$(C50 及以下混凝土),但 $\xi_b=0.56$ 对于 T 形断面似乎过于宽松。建议正常设计的 T 形与箱形断面受弯构件,其断面的受压区高度一般不应超过其翼板(顶板)厚度 h_f,即条件 $\hat{x}\leqslant h_f$。这里的正常设计 T 形断面同上文的定义。理由如下:

①式(2.60)与式(2.69)右端分别对 $\hat{x}$ 求导可得当 $\hat{x}\leqslant h_f$ 时,$\dfrac{dR_1}{dx}=f_{cd}b_f(h_0-x)$;当 $x>h_f$ 时,$\dfrac{dR_{21}}{dx}=f_{cd}b(h_0-x)$,由此可得 $\dfrac{dR_1}{dx}/\dfrac{dR_2}{dx}=b_f/b$;当 λ_b 取常用范围为 $0.8\sim0.9$ 时,这一比值为 $5\sim10$ 倍。这里 R_1 与 R_2 分别代表 $x\leqslant h_f$ 与 $x>h_f$ 时 T 形断面的抗弯承载力 R,$\dfrac{dR}{dx}$ 的含义为 $\hat{x}(A_s)$ 增加以后对提高断面 R 的效率(贡献),其含义与 $\dfrac{dR}{dA_s}$ 是相同的。通过增加钢筋面积可以使 $\hat{x}$ 增加提高断面的承载力 R,但在不同的情况下钢筋 A_s 的利用效率却要相差 $5\sim10$ 倍。从提高钢筋材料的利用效率出发,$\hat{x}$ 就不应超过 h_f。

②当 $\hat{x}$ 超过 h_f 后,$\hat{x}$ 随 A_s 的增加将会急剧加大,断面的计算 $\bar{J}$ 即承载力也会快速下降(见附录数据)。由于材料性能的偏离与设计可能出现的误差,这就可能导致断面的破坏形态接近脆性并降低断面的承载力富裕程度。从这个角度来看,$\hat{x}$ 也不宜超过 h_f。

③更重要的一点是,在笔者接触和查阅过的近几十年桥梁工程中,所有正常设计的 T 形与箱形断面钢筋混凝土受弯构件的控制断面,几乎未发现一例有 $\hat{x}$ 超过 h_f 的工程实例。1983 年颁布的《装配式钢筋混凝土 T 形梁标准图》(TJ/GQS 025—84),跨径 $10\sim20$ m,荷载标准从汽车-10 到汽车-超 20,其所有主梁跨中断面的受压区高度实际取值范围为 $\hat{x}=(0.21\sim0.63)h_f$,这里 $h_f=16.4$ cm[未考虑混凝土铺装参与作用,如图 2.16(a)所示],为这套图纸的上翼板换算平均厚度。计算尚未考虑受压区钢筋的影响,如考虑,该项比值还要降低。

规范是用于指导设计的,同时也应是对设计经验的概括与总结。以上 3 点理由和多年的设计经验说明,正常情况下 T 形断面受弯构件都应该满足条件 $\hat{x}\leqslant h_f$,而且这样的要求实际上也非常宽松。

作为规范条文,一般来说,要求 $\hat{x}/h_0\leqslant0.56=\xi_b$ 的规定大体也没有什么问题,但 04 桥规第 5.2.2 条的条文说明中引用的"美国桥规规定取 ξ_b 为容许值的 75%"似乎就没有什么道理。因为从结构可靠性设计的基本原理出发,只要断面的设计具有足够高的可靠指标,脆性破坏的构件都是容许存在的,故历来文献[1-3]、[10] 在特殊情况下都容许设计 $\hat{x}/h_0>0.56$ 的超筋受弯构件断面。例如,型钢混凝土构件基本都是超筋设计。04 桥规在特殊情况下实际也是容许超筋设计的,第 5.2.4 条的规定就是这个意思,问题是 04 桥规第 5.2.4 条扣除多少 A_s 使断面满足条件 $\hat{x}/h_0 \leqslant 0.56$ 使用起来随意性太大。另外,扣除部分 A_s 后虽然满足条件 $\hat{x}/h_0 \leqslant 0.56$,但断面的破坏形态仍然是脆性。严格来说,这条规定与 04 桥规第 5.2.1 条规定有冲突。问题还是要归结到定量地适当提高可靠度设计指标才能解决。

相关文献[3,10]最新的可靠性设计原理研究文献认为,脆性破坏构件延性破坏只需将构件的可靠指标 β_T 提高 0.5 即能成立。结构安全等级以二级为准上升或下降一个等级(由 1.0 提高到 1.1 或减小为 0.9),就可使可靠指标 β_T 提高 0.5 或下降 0.5。这就是说,脆性破坏构件只需将承载力条件 $\gamma_0 S \leqslant R$ 左端项 S 乘以 1.1,或将断面的 J 乘以 1.1,如仍能满足条件 $\bar{J}/J > 1$,则脆性破坏的断面设计就能成立。这个思路是好的,但具体用起来可能就是错误的,理由在于:首先这个条件太宽松,在很多情况下并不安全,因为即使对于 $\gamma_0 = 1.1$ 的重要结构,将 γ_0 再提高 10%(即要求 J 乘以 $1.1 \times 1.1 = 1.21$)在大多数情况下都仍然很容易满足。本节附录中的计算数据可以证明这点,这将造成超筋设计泛滥,也与 04 桥规第 5.2.2 条的规定明显冲突。其次,它没有反映出超筋(脆性破坏)程度与要求提高可靠指标多少之间的函数关系,采用台阶式的突变肯定是不合理的。最后,对可靠指标 β_T 的定义含糊不清,其值提高 0.5 与 S 乘以 1.1 之间的等效关系缺乏足够的论证。结构的"可靠指标 β_T"迄今仍是一个过于学术化或理想化的指标,设计人员无法具体理解和计算,国内外不同研究机构对其取值范围与计算方法也有很大的差异,这实际也是结构可靠性设计原理在世界范围内的研究现状。本节提出的指标 $\bar{J}/J$ 反映承载力的富裕程度,对于钢筋混凝土受弯构件,断面的强度控制既然唯一由条件 $\bar{J}/J > 1$ 确定,$\bar{J}/J$ 就应该是正截面强度安全的一个非常实用和直观的安全度指标。参照上述结构可靠性设计原理研究的思路与本文附录的计算数据,钢筋混凝土受弯构件断面对 $\hat{x}/h_0$ 的控制,可以采用如下设计建议:

①矩形断面的受压区高度 $\hat{x}$ 一般应按条件 $\hat{x}/h_0 \leqslant 0.5\xi_b = 0.28$ 控制,正常设计的 T 形断面受压区高度 $\hat{x}$ 一般应按条件 $\hat{x} \leqslant h_f$ 控制。对于矩形断面,当 $\hat{x}/h_0 = \xi_b$ 时条件 $\gamma_0 S \leqslant R$ 的左端项 S(或本节的 J)应乘以系数 1.10,当 $\xi_b \geqslant \hat{x}/h_0 > 0.5\xi_b$ 时 S 的提高系数可在 $1.0 \sim 1.10$ 内插;对于 T 形断面,当 $\hat{x}/h_0 = \xi_b$ 时 S 应乘以提高系数 1.15,当 $\xi_b \geqslant \hat{x}/h_0 > h_f/h_0$ 时 S 的提高系数可在 $1.0 \sim 1.15$ 内插。无论是矩形还是 T 形断面,当按 04 桥规第 5.2.2 与第 5.2.3 条计算的 $\hat{x}/h_0 > \xi_b$ 时,$\hat{x}/h_0$ 每超过 ξ_b 的 10%,S 应在上述提高后的基础上再乘以系数 1.1。这里正常设计的 T 形断面系指断面的 λ_b 与 λ_t 均 $\leqslant 0.8$ 的断面,也不包括 $b_f h$ 小于断面全面积 20% 左右的那些非正常设计的 T 形断面,不满足这两个条件的 T 形断面 S 的提高系数应按矩形断面计算。

②如果按此规定,对于矩形断面,当 $\hat{x}/h_0 = 0.56$ 时,要求断面的 S(或 J)乘以系数 1.10。当 $\hat{x}/h_0 = 1.1 \times 0.56 = 0.62$ 时,要求断面的 S(或 J)乘以 1.21;对于 T 形断面,当 $\hat{x}/h_0 = 0.56$ 时,要求断面的 S(或 J)乘以系数 1.15,当 $\hat{x}/h_0 = 1.1 \times 0.56 = 0.62$ 时,要求断面的 S(或 J)乘以 1.27。设计断面的 $\hat{x}/h_0$ 接近 ξ_b 时,断面的破坏形态已经接近于脆性,故此时的安全度应该适当予以提高;由于 T 形断面的超载能力低于矩形断面,故对 T 形断面理应要求

提高较矩形断面更多一点的 S(或 J)。再考虑到实际设计工作中绝大多数矩形断面的 $\hat{x}/h_0$ 均未超过 0.28,因此可选用 $\hat{x}/h_0 \leqslant 0.28(0.5\xi_b)$ 的控制条件与 T 形断面的条件 $\hat{x}/h_0 \leqslant b_f$ 对应,这样也可反映出矩形与 T 形断面在受力形态上的不同特性。对于超筋设计梁,严格来说,04 桥规的第 5.2.2 与第 5.2.3 条的计算公式均已不再适用。这主要是指受压区混凝土应力图形的矩形假定误差已经很大,此时实际的受压区高度 $\hat{x}$ 将大于按 04 桥规方法的计算值,但受压区的上下部应力与应变相差都很大,高度 $\hat{x}$ 范围内顶面的混凝土开始被压碎时,其下层的混凝土可能还处于弹性工作阶段。超筋设计很不经济,其脆性的破坏形态更应避免。当计算 $\hat{x}/h_0$ 超过 ξ_b 时,为了防止脆性破坏发生,理应对安全度提出更加严厉的要求。按上述控制超筋设计的建议规定,计算 $\hat{x}/h_0$ 超过 04 桥规第 5.2.1 条规定达到 0.62 时,要求 $\gamma_0 S$ 或 J 提高 1.21~1.27 倍。这等于将设计荷载组合值提高 1.21~1.27 倍,因承载力不足而发生的脆性破坏实际上就已经不再存在,故在这种情况下应该容许超筋设计的存在。由本节附录中的计算数据还可以看出,要满足提高 $\gamma_0 S$ 或 J 的 1.21~1.27 倍这个条件几乎只有一个途径,那就是必须在 185 MPa 的基础上还要大幅地降低钢筋的使用应力,这样虽然安全,但设计也必然很不经济。

以上对断面 $\hat{x}/h_0$ 的控制建议规定看似较 04 桥规的规定严,但实际上所有正常设计的断面设计都很容易满足,限制的都是设计本身很不合理的断面或超筋设计的断面。例如,由附录的数据可知,如果采用 $\hat{x}/h_0 = 0.56$,对于 $\gamma_0 = 1.1$ 的重要结构,使用 HRB335 钢筋时即使要求 J 提高 10% 或 15%,在条件 $\sigma_s = 185$ MPa 或略小于 185 MPa 左右时,大多数情况下都能满足这个要求;再如,对于矩形和所有的 T 形断面,在对抗裂要求特别严厉的情况下,钢筋应力 σ_s 可以只用到 110~135 MPa,即使此时断面的 $\hat{x}/h_0$ 接近或略超过 ξ_b,其 $\bar{J}$ 几乎在任何情况下都会超过 2.2~1.8,这样满足上述条件后还应有较多富余。如果使用强度更高一级的 HRB400 钢筋,上述规定更显得非常宽松。在建筑设计中这样的规定可能过分严厉,但 04 桥规严于建筑规范是合理的,两个行业规范之间本身就应有所区别。

对照本节附录的计算数据可知,这个条件可以避免或减少很多断面的混凝土压应力超限问题,这也可以从侧面证明以上建议的合理性。如果有上述的建议规定,04 桥规第 5.2.4 条的规定就应该完全取消。

对于钢筋混凝土受弯构件,设计部门似乎已经习惯了传统的低筋或超低筋设计。设计实践中至少超过半数的混凝土(含预应力)T 形、矩形断面的最大混凝土压应力 σ_c 都只有容许值的一半($0.25f_{ck}$)左右或以下(见上文算例),这实际是一种很大的设计浪费。我国早已告别了钢筋短缺的年代,适当多用钢筋,降低钢筋的使用应力 σ_s,可以得到可靠度指标($\bar{J}$)更高、抗裂性能更好并且混凝土的利用率(σ_c)也更高的断面设计。在满足适当提高断面 $\bar{J}$ 与保证构件刚度要求的前提下,不仅不认同"取 ξ_b 为容许值的 75%"的说法,相反地认为对于矩形断面受弯构件可以追求断面 $\hat{x}/h_0$ 接近 ξ_b 的设计,对于 T 形断面可以追求 $\hat{x}$ 接近 h_f 值的设计,因为只有当 $\hat{x}/h_0$ 较大(μ_s 取值较大)时,才可能得到 σ_c 尽可能接近(按本节算法)$(0.40~0.50)f_{ck}$ 的设计。考虑到 σ_c 接近 $0.60f_{ck}$ 后,混凝土的徐变效应(裂缝开展)会远较计算值大。在使用荷载作用下的 σ_c 最好按接近 $(0.40 \sim 0.50)f_{ck}$ 控制,恒载占比较大时 σ_c 更不可用得太高。在这个前提下,不妨追求 μ_s 与 ξ_b 尽可能大的设计。$\hat{x}/h_0$ 取较大值的设计,只要有足够高安全度 $(\bar{J})$ 的保证,就应是合理而又比较经济的安全设计。

3) 对 04 桥规第 5.2.4 条的讨论

如果没有上述对断面 $\hat{x}/h_0$ 的控制建议规定,建议 04 桥规第 5.2.4 条应作如下修改:"受弯构件在应用公式(5.2.2-3)的条件时,如果断面的混凝土的受压区高度 $\hat{x}$ 大于 $\xi_b h_0$,纵向受拉钢筋面积可以扣除在计算 $\hat{x}$ 时使 $\hat{x}$ 超过 $\xi_b h_0$ 的那部分钢筋面积,其正截面抗弯承载力计算时也只取用 $\hat{x} = \xi_b h_0$"。按此修改建议,只有超筋设计的断面才可以忽略掉部分纵向受拉钢筋面积,且扣除或忽略掉多少 A_s 也就有一个明确依据。扣除这部分多余的钢筋面积以后如仍能满足 04 桥规的承载力要求,这样的超筋设计就应该是容许的。换言之,一个设计合格的受弯构件断面,如果在荷载不变的前提下增加受拉区钢筋配置使断面变成超筋设计断面,这样的超筋设计也应该是合格与安全的。因为增加的受拉区钢筋面积可以降低钢筋的使用应力(有利于裂缝控制),即使不考虑其对断面承载力的贡献,也不至于降低断面的极限承载能力,这样规定也可与 04 桥规 $\hat{x}/h_0 \leqslant \xi_b$ 的要求保持一致。

4) 对钢筋应力与混凝土压应力限值规定的讨论

04 桥规对钢筋混凝土受弯构件的混凝土压应力均无限制。按本节算法,$0.60f_{ck}$ 就大致相当于 75 桥规中的受弯容许应力 $[\sigma_w]$,从附录的计算数据可以看出,在满足式(2.60)承载力和 04 桥规其他全部要求(主要是裂缝,可大体按 $\sigma_s \leqslant 185$ MPa 控制)的条件下,当 $\gamma_0 = 1.1$ 时,矩形与 T 形断面均可以设计出很多混凝土最大压应力 $\sigma_c > (0.60 \sim 0.70)f_{ck}$ 的受弯构件。当 $\gamma_0 = 1.0$ 时,矩形断面甚至可以设计出很多 $\sigma_c > (0.70 \sim 0.90)f_{ck}$ 的受弯构件断面。例如,附录表 2-6-1 中的矩形断面当 $\mu_s > 2\%$ 且取 $\sigma_s = 185$ MPa 时就会出现这种情况。这是 04 桥规采用极限状态设计理论的一个明显漏洞,而容许应力法设计理论却没有这个问题。预应力混凝土与钢筋混凝土受力构件中的混凝土受压机制并无本质区别,预应力混凝土构件采用极限状态理论与容许应力法的双控理论,而对钢筋混凝土构件不控制使用荷载作用下的钢筋与混凝土应力在理论上说不通。我国与世界各国的桥梁设计规范中似乎都不同程度地有这个问题。桥梁工程中钢筋混凝土受弯构件一般是由裂缝宽度控制设计,而裂缝宽度主要是受拉钢筋应力的函数,这实际上就替代了对钢筋应力的限制问题,但不等于在理论上不需要对钢筋应力加以限制。对于钢筋混凝土受弯构件,设计习惯上往往都是采用 μ_s 较低的低筋设计,这又掩盖对混凝土应力有必要加以限制的问题。虽然受弯构件的混凝土承压能力潜力很大,但也应该有限度。当 σ_c 达到 $0.60f_{ck}$ 或以上时,活载占比 α 一般均会小于 0.4,φ 也会比实验测定值或 2.5 大。此时构件的实际刚度将会降低,裂缝开展宽度也将大大高于 04 桥规方法的计算值。因此,控制混凝土压应力除了保证断面的强度安全外,更重要的还在于保证构件的刚度与裂缝的开展宽度不至于过大。国内一些桥梁的通用设计程序在编制过程中已经发现并提出了这个问题,如"桥梁博士"程序。虽然按上述讨论的意见,当断面 $\hat{x}/h_0$ 逼近 ξ_b 时,用提高 S 的办法可以减少大部分 σ_c 超过 $0.60f_{ck}$ 的问题,但即使将它变为了规范的条文,这仍然是有缺陷和不严密的。建议今后应该增加对受拉钢筋与混凝土压应力的限制规定,这样在理论上更为严密。

如果要在钢筋混凝土构件设计中对钢筋与混凝土的最大使用应力提出一个限值规定,75 桥规就是一个最好的参照样本。对于这些 40 年前的规定,现在当然可以稍提高标准。对于 HRB335 和 HRB400 钢筋,最大使用拉应力均不得超过 185 MPa,对混凝土最大弯曲压应力的限值可取为 $0.60f_{ck}$,但应按本节取 $m=1.8$ 的算法计算混凝土的压应力;轴心受压应力的限值可取为 $0.50f_{ck}$,其值与预应力混凝土构件的规定相同,按 75 桥规换算过来大体也是这样的标准。

HRB335 钢筋拉应力不超过 185 MPa 就是 75 桥规的规定。对于跨径较大的受弯构件控制断面,最好将钢筋的拉应力控制在 140 ~ 160 MPa 或以下。钢筋混凝土受弯构件只要跨径达到 16 ~ 20 m 以上,例如早期的部颁 T 梁标准设计,无论按 04 桥规还是 75 桥规设计大部分几年后都会严重开裂,这说明新旧桥规在这个问题上的计算理论都有缺陷。搞清楚这些缺陷问题前,最实用的办法就是在设计这类构件时降低钢筋的使用拉应力。近年来曾主持设计过一批箱形断面的钢筋混凝土连续梁桥,中跨最大跨径为 20 ~ 25 m,控制断面的钢筋最大使用应力只用到 120 MPa 左右(斜截面的抗剪设计也要同步加强)。这些桥梁的使用效果都很好,也比同等跨度的预应力箱形连续梁桥经济。从这些设计经验出发,有理由将 HRB335 钢筋的容许拉应力降低到 140 ~ 160 MPa。钢筋混凝土受弯构件受拉区的钢筋,强度再高也是没有用的(地震等特殊情况例外),因此,HRB400 钢筋的容许应力也不应与 HRB335 钢筋有所区别。钢筋的使用拉应力限值究竟应该取为多少,还希望能够引起讨论。

5)04 桥规第 6.4.3 条最大裂缝宽度计算公式中系数 c_s 的取值问题

该条规定中最大裂缝宽度 ω_{fk} 计算表达式中有一个系数 c_s,其定义为与构件受力性质有关的系数。当为钢筋混凝土板式受弯构件时取 1.15,其他(梁式)构件时取 1.0。按照这一规定,ω_{fk} 与 σ_s 呈正比关系。以下讨论只能认为钢筋应力是采用的 04 桥规规定方法,即 04 桥规第 6.4.4 条规定的内力臂取 $c_s=0.87h_0$ 的计算方法。

构件在相同荷载作用下,钢筋应力与断面内力臂 c_s 成反比。与板式结构相比,梁式结构的 c_s 更大。如果取相同内力臂 c_s 计算钢筋应力,这将产生很大的计算误差。$c_s=0.87h_0$ 算法与 75 桥规换算截面法相比,T 形断面比矩形断面板式结构的断面内力臂 c_s 要高 3% ~ 10%(例 2.8)。本节算法的差距还可能要加大到 4% ~11%(见例 2.8 及本节附录中数据)。再考虑到根据本节的分析,矩形断面在恒载作用下的钢筋应力增大系数 β 要远高于 T 形断面,故钢筋应力计算方法的不同,很有可能就会发生最终计算 σ_s 出现 10% ~ 15% 的实际差异。理论上,梁式与板式结构断面的受拉缘(或构件受拉面)受力机制不应有什么区别,故 75 桥规与建筑规范[8] 均在裂缝计算公式中没有这个差异。应该在 04 桥规第 6.4.4 条中废弃内力臂取 $c_s=0.87h_0$ 的钢筋应力计算方法。如果采用本节方法计算钢筋应力 σ_s,这条规定中的系数 c_s 无论对于板式还是梁式结构均应取值为 1.0。

同一规范对同一种结构本身就不该开列出两种不同而且差异很大的计算方法。04 桥规第 7.2.4 条关于施工阶段钢筋混凝土受弯构件的应力限值计算规定,开列的是 75 桥规的换算截面法,但此时的钢筋应力是否可以采用 $c_s=0.87h_0$ 的计算方法仍不明确。裂缝开展宽度计算钢筋应力时可以用,似乎此处也当然可以用,但这样用应是不容许的。因此,同一规范对同一问题不应该有两个不同的差异很大的计算公式或方法。

另外,04桥规第6.4.3条关于最大裂缝宽度的计算公式本身就是一个有缺陷的计算公式,理由在于它根本就不可能解决跨径稍大一点(如20~25 m)钢筋混凝土T梁的裂缝开展计算问题。根据研究,该条计算公式实际只能适用于活载占比α较大(即跨径较小)的钢筋混凝土受弯构件,因为当α较小且在使用荷载作用下混凝土压应力超过$(0.3\sim0.4)f_{ck}$时可能会对混凝土的徐变效应严重低估,尤其还可能是对活载的换算恒载效应严重低估。关于这个问题,拟另文加以讨论。此处提出这个问题,希望能引起研究钢筋混凝土裂缝开展问题人员的注意。

6)关于受弯构件普通钢筋的选用问题

随着我国冶金工业技术的进步,今后有可能大量推广使用强度等级更高一级的HRB400钢筋。桥梁工程中的钢筋混凝土受弯构件基本都是由裂缝最大宽度控制设计。在对断面的裂缝控制要求相同的条件下,必然要求断面的钢筋应力σ_s相同。此时如果用HRB400钢筋等量替换HRB335钢筋不可能有经济效益。预应力混凝土受弯构件一般由承载力控制设计,使用HRB400钢筋看似可以取得一定的经济效应,但任何按强度条件将HRB335钢筋换算为数量更少HRB400钢筋的替代方法都必然会降低构件的使用性能。这主要指裂缝控制与改善混凝土的匀值性方面,构造钢筋尤为如此。因此,在一般的桥梁工程受弯构件设计中,并无必要使用HRB400钢筋。

本节并不关心HRB400钢筋的价格与生产成本,如果生产单位重HRB400钢筋的能耗(或碳排放)指标能够低于HRB335钢筋,无疑应该全面推广使用;但如果其能耗指标高于HRB335钢筋(即使只高2%),在一般地区大量的桥梁工程受弯构件中推广使用HRB400钢筋就可能有问题。

使用HRB400钢筋可以有效地提高结构的极限承载能力,在桥梁工程的高塔高墩等受压构件中,其强度优势可以得到充分发挥,在地震区其抗震性能明显高于配置HRB335钢筋的结构也确定无疑。推广使用HRB400钢筋不能一概而论,尤其不应该将这种弯折性能更差的钢筋用于制作箍筋。如何发挥HRB400钢筋的强度优势,在桥梁工程的混凝土结构设计中如何正确推广使用强度等级更高的HRB400甚至HRB500钢筋,似乎还需要进一步加以研究和明确。

7)容许应力法设计理论

容许应力法设计理论在世界范围内至少使用了半个世纪,各国为此都进行了大量的试验与研究,容许应力法理论中的很多设计方法与经验现在仍然非常有用。04桥规极限状态设计理论中的大量计算公式,其实绝大部分都是由容许应力法中的公式套改过来的,详可参见文献[4,5]中的条文说明部分。容许应力法设计理论也是可以发展和改进的。本文证明在桥梁钢筋混凝土受弯构件设计中,只要能恰当地确定钢筋与混凝土的容许应力,容许应力法设计理论实际也完全可以保证构件断面在极限状态下的承载力安全。如果全面推广使用HRB400钢筋后就更是如此。既然如此,是否可以认为在桥梁钢筋混凝土受弯构件设计这个领域内,04桥规的设计理论与容许应力法相比,实际上并没有什么优点。相反,在对构件的施工阶段计算、偶然发生的超载车辆验算、对混凝土的压应力控制、对构件设计的经济性控制等方面,极限状态设计理论似乎还不如容许应力法设计理论实用和完整。受弯构件设计是钢筋混凝土构件设计中最核心的部分,受弯构件设计如果不采用极限状态设计理论,整个桥梁钢筋混凝土构件设计也都顺理成章地应该回归到采用容许应力法的设计理论。铁路部门中的钢筋混凝土桥梁构件设计迄今仍是采用的容许应力法设计理论,可以支持该观点。

04 桥规第 5.1.2 条规定,公路桥涵的安全等级应按规定划分为 3 个安全等级。由本节附录可以看出,只要满足条件钢筋 $\sigma_s \leqslant 185$ MPa 与混凝土 $\sigma_c \leqslant 0.60 f_{ck}$。对于桥梁钢筋混凝土受弯构件而言,设计安全等级为二级与三级($\gamma_0 = 1.0$ 或 0.9)的构件已经没有意义,因为无论怎样设计,断面的计算 $\bar{J}$ 都会大于 1.5 左右,即都能满足 04 桥规第 5.1.5 条规定的设计安全等级为一级所必须达到的承载力条件 $1.1S \leqslant R$。当采用 HRB400 钢筋时,就更是如此。对于设计安全等级为二级的中小桥与设计安全等级为一级的重要大桥,按 04 桥规设计其区别只有两处,其一为 04 桥规第 5.1.5 条规定,前者只需满足条件 $1.0S \leqslant R$($\gamma_0 = 1.0$),但无论是中桥还是小桥,只要能满足条件 $1.1S \leqslant R$($\gamma_0 = 1.1$),就可以认为达到了设计安全等级为一级的要求;其二,按《公路桥涵设计通用规范》(JTG D60—2004)[7] 第 4.3.1 条第 3 点的规定,两者选用的设计汽车荷载等级有可能不同。无论是大桥还是小桥,只要是位于高等级公路上就应选用公路-Ⅰ级荷载等级。如果是位于三、四级公路上大桥也应选用公路-Ⅱ级荷载标准。这里不讨论第二点规定是否合理,需要指出的是,04 桥规并未规定或建立起桥梁的大小或重要性与应该选用的汽车荷载等级之间的关系,而对不同设计安全等级桥梁的要求又仅限于 04 桥规第 5.1.5 条的规定。于是,按照 04 桥规的划分规定就可能出现这种情况:在四级公路上采用乘以 0.8 折减系数后的公路-Ⅱ级荷载标准设计的中小桥梁,因为能满足条件 $1.1S \leqslant R$,仍然可以称为是达到设计安全等级为一级的桥梁。

本节实际已证明,在桥梁钢筋混凝土受弯构件领域内,一切正常设计的桥梁都可以满足 04 桥规规定的设计安全等级为一级的要求。在预应力混凝土受弯构件设计中,有着与此十分类似的结论,即一切正常设计的桥梁构件也都能满足条件 $1.1S \leqslant R$。如果本文的推论正确,04 桥规第 5.1.2 条的规定也就变得无意义。

当然,这并不妨害设计院仍可将大量的中小桥梁按安全等级为二级的桥梁设计,因为既能满足条件 $1.1S \leqslant R$,又能满足条件 $1.0S \leqslant R$。顺便讨论一下《公路桥涵设计通用规范》(JTG D60—2004)[7] 第 4.1.6 条的规定。当设计安全等级为三级时,γ_0 取值为 0.9,但全国的设计院,没有一个桥梁(钢桥、混凝土桥或圬工桥梁,哪怕是人行道板)是按 $\gamma_0 = 0.9$ 设计的。结构设计安全等级分为三级取之于可靠性设计原理的研究成果,看起来似乎很完整严密,但理论已经脱离实际,至少在桥梁工程领域这个第三级并没有存在的必要。至于在钢桥与圬工桥梁领域是否存在按 04 桥规定义的设计安全等级为二级的桥梁,还需要研究。它的存在似乎只是为了追求书面上的理论完整。

附录 1　本节采用的部分主要符号

x'、σ_s'、σ_c'、ξ'——恒载 τ_0 时刻或活载作用下按弹性理论计算的断面中性轴位置、钢筋应力、混凝土应力,计算时取 $n_s = E_s/E_c$(即 $m = 1$),$\xi' = x'/h_0$。

x''、σ_s''、σ_c''、ξ''——时间 $t \to \infty$ 徐变完成后恒载作用下断面的中性轴位置、钢筋、混凝土应力,$\xi'' = x''/h_0$。

x、σ_s、σ_c、ξ——使用荷载作用下断面的中性轴位置、钢筋、混凝土应力,$\xi = x/h_0$。x 按将钢筋的 n_s 乘以 $m = 1.8$ 倍后按弹性理论换算截面法计算。

$\bar{x}$、$\bar{\xi}$、$\bar{c}_s$、$\bar{I}$——将钢筋的 n_s 乘以 $m = 1.8$ 倍后按弹性理论换算截面法计算的断面中性轴位置、$\bar{\xi} = \bar{x}/h_0$,此时的断面内力臂系数、换算惯矩;$\bar{c}_s = 1 - 0.333\bar{\xi}$。

$\hat{x}$、$\hat{\xi}$——承载能力极限状态下的断面受压区高度,采用符号 $\hat{x}$ 是为与上文的 x 加以区分,$\hat{\xi} = \hat{x}/h_0$。

λ_b、λ_h——T 形断面反映断面横向与竖向挖空程度的形状系数,$\lambda_b = 1 - b/b_f$,$\lambda_h = 1 - h_f/h_0$。

M_k——使用荷载,$M_k = ($恒载 M_d + 活载 $M_l)$,活载占比 $\alpha = M_l/M_k$。

μ_s——断面含筋率,矩形断面 $\mu_s = A_s/(bh_0)$,T 形断面 $\mu_s = A_s/(b_f h_0)$。

β——断面在恒载弯矩作用下的受拉钢筋应力增大系数,$\beta = \sigma_s''/\sigma_s'$。

φ、η_0、η_t——混凝土的徐变系数、内力(应力)衰减系数与徐变内力(应力)衰减系数,$\varphi = \varphi(\infty, \tau_0)$。

Δ_c'、Δ_c''——恒载 τ_0 时的混凝土上缘应变、恒载徐变终结后的混凝土上缘应变,$\Delta_c'' = k(1 + \varphi)\Delta_c'$。

Δ_s'、Δ_s''——与 Δ_c'、Δ_c'' 对应的受拉钢筋应变。

k—— $k = \Delta_c''/(1+\varphi)/\Delta_c'$,$1 > k > 1/(1+\varphi)$,当采用徐变的先天理论计算时 $k = \sigma_c''/\sigma_c'$。

ω——T 形断面含筋率 μ_s 与应力比值 σ_s/σ_c 的乘积,$\omega = \mu_s \sigma_s/\sigma_c$。

ψ_i——T 形断面的换算惯性矩计算系数,$\bar{I} = b_f h_0^3 \psi_i$。

$\bar{J}$、J——按 04 桥规承载力要求 $\gamma_0 S \leq R$,$\bar{J} = R/(\gamma_0 M_k)$,$J = M_j/M_k$,即 $\gamma_0 S \leq R$ 等价于 $J/\bar{J} \geq 1$。

v—— $v = f_{sd}/f_{cd}$。

附录 2 钢筋混凝土受弯构件正截面设计用表

表 0-1-1: C20 $n_s = 7.84$ $\lambda_b = 0.95$ $\lambda_h = 0.95$ $[\sigma_c] = 8.04$

μ_s/%	$\Psi_i \times 100$	$\hat{\xi}$	ξ	c_s	85 MPa(σ_c)	110 MPa	135 MPa	160 MPa	185 MPa	210 MPa(σ_c)
0.05	0.590	0.015	0.142	0.975	3.35(1.00)	2.59	2.11	1.78	1.54	1.36(2.46)
0.10	1.058	0.030	0.227	0.970	3.34(1.77)	2.58	2.11	1.78	1.54	1.35(4.38)
0.15	1.442	**0.046**	0.294	0.965	3.34(2.51)	2.58	2.10	1.77	1.53	1.35(6.20)
0.20	1.767	0.267	0.348	0.961	3.26(3.22)	2.52	2.05	1.73	1.50	1.32(7.95)
0.25	2.045	0.571	0.394	0.956	3.02(3.91)	2.33	1.90	1.61	1.39 *	1.22 *(9.66)

表 0-1-2：　C20　$n_s = 7.84$　$\lambda_b = 0.95$　$\lambda_h = 0.90$　$[\sigma_c] = 8.04$

$\mu_s/\%$	$\Psi_i \times 100$	$\hat{\xi}$	ξ	c_s	85 MPa(σ_c)	110 MPa	135 MPa	160 MPa	185 MPa	210 MPa(σ_c)
0.05	0.603	0.015	0.113	0.963	3.39(0.76)	2.62	2.14	1.80	1.56	1.37(1.89)
0.10	1.125	0.030	0.167	0.956	3.39(1.20)	2.62	2.14	1.80	1.56	1.37(2.97)
0.15	1.588	0.046	0.213	0.953	3.38(1.63)	2.61	2.13	1.79	1.55	1.37(4.04)
0.20	2.001	0.061	0.254	0.951	3.36(2.06)	2.59	2.11	1.78	1.54	1.36(5.08)
0.25	2.374	0.076	0.291	0.949	3.34(2.47)	2.58	2.10	1.77	1.53	1.35(6.11)
0.30	2.712	**0.091**	0.324	0.947	3.32(2.88)	2.56	2.09	1.76	1.52	1.34(7.12)
0.35	3.021	0.230	0.353	0.946	3.28(3.29)	2.54	2.07	1.74	1.51	1.33 * (8.13)
0.40	3.304	0.534	0.380	0.944	3.15(3.70)	2.43	1.98	1.67	1.45 *	1.27 * (9.13)

表 0-1-3：　C20　$n_s = 7.84$　$\lambda_b = 0.95$　$\lambda_h = 0.85$　$[\sigma_c] = 8.04$

$\mu_s/\%$	$\Psi_i \times 100$	$\hat{\xi}$	ξ	c_s	85 MPa(σ_c)	110 MPa	135 MPa	160 MPa	185 MPa	210 MPa(σ_c)
0.05	0.603	0.015	0.112	0.963	3.40(0.76)	2.62	2.14	1.80	1.56	1.37(1.88)
0.10	1.132	0.030	0.155	0.949	3.42(1.10)	2.64	2.15	1.82	1.57	1.38(2.72)
0.15	1.615	0.046	0.189	0.941	3.42(1.41)	2.64	2.15	1.82	1.57	1.38(3.47)
0.20	2.061	0.061	0.221	0.937	3.41(1.71)	2.63	2.15	1.81	1.57	1.38(4.22)
0.25	2.474	0.076	0.250	0.935	3.39(2.01)	2.62	2.13	1.80	1.56	1.37(4.95)
0.30	2.857	0.091	0.277	0.933	3.37(2.30)	2.60	2.12	1.79	1.55	1.36(5.69)
0.40	3.546	0.122	0.324	0.930	3.33(2.89)	2.57	2.10	1.77	1.53	1.35(7.14)
0.50	4.151	0.193	0.366	0.927	3.28(3.47)	2.53	2.07	1.74	1.51	1.33 * (8.58)
0.55	4.427	0.497	0.384	0.926	3.20(3.76)	2.47	2.01	1.70	1.47 *	1.29 * (9.29)

表 0-1-4：　C20　$n_s = 7.84$　$\lambda_b = 0.95$　$\lambda_h = 0.80$　$[\sigma_c] = 8.04$

$\mu_s/\%$	$\Psi_i \times 100$	$\hat{\xi}$	ξ	c_s	85 MPa(σ_c)	110 MPa	135 MPa	160 MPa	185 MPa	210 MPa(σ_c)
0.10	1.132	0.030	0.154	0.949	3.42(1.10)	2.64	2.15	1.82	1.57	1.38(2.72)
0.20	2.070	0.061	0.211	0.930	3.43(1.61)	2.65	2.16	1.82	1.58	1.39(3.99)
0.30	2.897	0.091	0.257	0.921	3.41(2.08)	2.64	2.15	1.81	1.57	1.38(5.14)
0.40	3.634	0.122	0.297	0.916	3.38(2.55)	2.61	2.13	1.79	1.55	1.37(6.29)
0.50	4.296	0.152	0.333	0.913	3.33(3.01)	2.58	2.10	1.77	1.53	1.35(7.43)
0.60	4.893	**0.183**	0.365	0.910	3.29(3.47)	2.54	2.07	1.75	1.51	1.33 * (8.56)
0.70	5.435	0.460	0.394	0.909	3.21(3.92)	2.48	2.02	1.71	1.48 *	1.30 * (9.69)

续表

表 0-1-5: C20 $n_s = 7.84$ $\lambda_b = 0.95$ $\lambda_h = 0.70$ $[\sigma_c] = 8.04$										
$\mu_s/\%$	$\Psi_i \times 100$	$\hat{\xi}$	ξ	c_s	85 MPa(σ_c)	110 MPa	135 MPa	160 MPa	185 MPa	210 MPa(σ_c)
0.10	1.132	0.030	0.154	0.949	3.42(1.10)	2.64	2.15	1.82	1.57	1.38(2.72)
0.20	2.070	0.061	0.211	0.930	3.44(1.61)	2.65	2.16	1.83	1.58	1.39(3.98)
0.30	2.902	0.091	0.252	0.916	3.43(2.03)	2.65	2.16	1.82	1.58	1.39(5.01)
0.40	3.657	0.122	0.284	0.905	3.42(2.39)	2.64	2.15	1.82	1.57	1.38(5.91)
0.50	4.352	0.152	0.312	0.896	3.40(2.73)	2.62	2.14	1.80	1.56	1.37(6.74)
0.60	4.996	0.183	0.337	0.890	3.36(3.06)	2.60	2.12	1.79	1.55	1.36(7.56)
0.70	5.595	0.213	0.360	0.885	3.32(3.39)	2.57	2.09	1.77	1.53	1.35*(8.38)
0.80	6.152	0.243	0.382	0.882	3.28(3.72)	2.54	2.07	1.74	1.51*	1.33*(9.20)
0.90	6.674	**0.274**	0.402	0.879	3.23(4.05)	2.50	2.04	1.72	1.49*	1.31*(10.01)
1.00	7.162	0.386	0.421	0.877	3.18(4.38)	2.46	2.00	1.69*	1.46*	1.29*(10.82)

表 0-2-1: C20 $n_s = 7.84$ $\lambda_b = 0.90$ $\lambda_h = 0.95$ $[\sigma_c] = 8.04$										
$\mu_s/\%$	$\Psi_i \times 100$	$\hat{\xi}$	ξ	c_s	85 MPa(σ_c)	110 MPa	135 MPa	160 MPa	185 MPa	210 MPa(σ_c)
0.05	0.591	0.015	0.139	0.973	3.36(0.97)	2.60	2.12	1.78	1.54	1.36(2.40)
0.10	1.066	0.030	0.218	0.966	3.36(1.68)	2.60	2.12	1.78	1.54	1.36(4.14)
0.15	1.464	0.046	0.278	0.958	3.36(2.32)	2.60	2.11	1.78	1.54	1.36(5.74)
0.20	1.806	0.159	0.328	0.952	3.33(2.93)	2.57	2.09	1.77	1.53	1.35(7.25)
0.25	2.106	0.311	0.369	0.946	3.21(3.52)	2.48	2.02	1.71	1.48	1.30*(8.69)
0.30	2.371	0.463	0.404	0.940	3.05(4.09)	2.36	1.92	1.62	1.40*	1.23*(10.09)

表 0-2-2: C20 $n_s = 7.84$ $\lambda_b = 0.90$ $\lambda_h = 0.90$ $[\sigma_c] = 8.04$										
$\mu_s/\%$	$\Psi_i \times 100$	$\hat{\xi}$	ξ	c_s	85 MPa(σ_c)	110 MPa	135 MPa	160 MPa	185 MPa	210 MPa(σ_c)
0.05	0.603	0.015	0.113	0.963	3.39(0.76)	2.62	2.14	1.80	1.56	1.37(1.89)
0.10	1.125	0.030	0.166	0.956	3.39(1.20)	2.62	2.14	1.80	1.56	1.37(2.95)
0.15	1.590	0.046	0.211	0.952	3.38(1.61)	2.61	2.13	1.80	1.55	1.37(3.98)
0.20	2.007	0.061	0.250	0.949	3.37(2.01)	2.60	2.12	1.79	1.55	1.36(4.97)
0.25	2.385	0.076	0.285	0.946	3.35(2.40)	2.59	2.11	1.78	1.54	1.36(5.93)
0.30	2.730	0.091	0.316	0.943	3.33(2.78)	2.58	2.10	1.77	1.53	1.35(6.88)
0.35	3.047	0.165	0.344	0.940	3.31(3.16)	2.56	2.08	1.76	1.52	1.34(7.81)
0.40	3.338	0.317	0.370	0.938	3.24(3.53)	2.50	2.04	1.72	1.49	1.31*(8.72)
0.45	3.608	0.469	0.393	0.936	3.12(3.90)	2.41	1.97	1.66	1.43*	1.26*(9.63)

续表

表 0-2-3： C20 $n_s=7.84$ $\lambda_b=0.90$ $\lambda_h=0.85$ $[\sigma_c]=8.04$

$\mu_s/\%$	$\Psi_i\times100$	$\hat{\xi}$	ξ	c_s	85 MPa(σ_c)	110 MPa	135 MPa	160 MPa	185 MPa	210 MPa(σ_c)
0.05	0.603	0.015	0.112	0.963	3.40(0.76)	2.62	2.14	1.80	1.56	1.37(1.88)
0.10	1.132	0.030	0.155	0.949	3.42(1.10)	2.64	2.15	1.82	1.57	1.38(2.72)
0.15	1.616	0.046	0.189	0.941	3.42(1.40)	2.64	2.15	1.82	1.57	1.38(3.47)
0.20	2.062	0.061	0.220	0.937	3.41(1.70)	2.63	2.15	1.81	1.57	1.38(4.20)
0.25	2.475	0.076	0.249	0.934	3.39(1.99)	2.62	2.14	1.80	1.56	1.37(4.92)
0.30	2.860	0.091	0.275	0.931	3.38(2.28)	2.61	2.13	1.79	1.55	1.37(5.63)
0.35	3.219	0.107	0.299	0.929	3.36(2.56)	2.59	2.11	1.78	1.54	1.36(6.34)
0.40	3.555	0.122	0.321	0.927	3.34(2.85)	2.58	2.10	1.77	1.53	1.35(7.03)
0.45	3.871	0.137	0.342	0.926	3.32(3.12)	2.56	2.09	1.76	1.52	1.34(7.72)
0.50	4.167	0.172	0.361	0.924	3.29(3.40)	2.54	2.07	1.75	1.51	1.33*(8.40)
0.55	4.448	0.324	0.379	0.923	3.24(3.67)	2.51	2.04	1.72	1.49	1.31*(9.08)
0.60	4.712	0.476	0.396	0.921	3.16(3.95)	2.44	1.99	1.68	1.45*	1.28*(9.75)

表 0-2-4： C20 $n_s=7.84$ $\lambda_b=0.90$ $\lambda_h=0.80$ $[\sigma_c]=8.04$

$\mu_s/\%$	$\Psi_i\times100$	$\hat{\xi}$	ξ	c_s	85 MPa(σ_c)	110 MPa	135 MPa	160 MPa	185 MPa	210 MPa(σ_c)
0.10	1.132	0.030	0.154	0.949	3.42(1.10)	2.64	2.15	1.82	1.57	1.38(2.72)
0.20	2.070	0.061	0.211	0.930	3.43(1.61)	2.65	2.16	1.82	1.58	1.39(3.99)
0.30	2.897	0.091	0.257	0.921	3.41(2.08)	2.64	2.15	1.81	1.57	1.38(5.14)
0.40	3.636	0.122	0.296	0.915	3.38(2.54)	2.61	2.13	1.80	1.55	1.37(6.27)
0.50	4.299	0.152	0.332	0.911	3.34(2.99)	2.58	2.10	1.77	1.53	1.35(7.38)
0.60	4.900	0.183	0.363	0.909	3.29(3.43)	2.55	2.07	1.75	1.51	1.33*(8.48)
0.70	5.447	0.330	0.391	0.906	3.24(3.87)	2.50	2.04	1.72	1.49*	1.31*(9.57)

表 0-2-5： C20 $n_s=7.84$ $\lambda_b=0.90$ $\lambda_h=0.70$ $[\sigma_c]=8.04$

$\mu_s/\%$	$\Psi_i\times100$	$\hat{\xi}$	ξ	c_s	85 MPa(σ_c)	110 MPa	135 MPa	160 MPa	185 MPa	210 MPa(σ_c)
0.10	1.132	0.030	0.154	0.949	3.42(1.10)	2.64	2.15	1.82	1.57	1.38(2.72)
0.20	2.070	0.061	0.211	0.930	3.44(1.61)	2.65	2.16	1.83	1.58	1.39(3.98)
0.30	2.902	0.091	0.252	0.916	3.43(2.03)	2.65	2.16	1.82	1.58	1.39(5.01)
0.40	3.657	0.122	0.284	0.905	3.42(2.39)	2.64	2.15	1.82	1.57	1.38(5.91)
0.50	4.352	0.152	0.312	0.896	3.40(2.73)	2.62	2.14	1.80	1.56	1.37(6.74)
0.60	4.996	0.183	0.337	0.890	3.36(3.06)	2.60	2.12	1.79	1.55	1.36(7.56)
0.70	5.595	0.213	0.360	0.885	3.33(3.39)	2.57	2.09	1.77	1.53	1.35*(8.37)
0.80	6.153	0.243	0.382	0.881	3.28(3.72)	2.54	2.07	1.74	1.51*	1.33*(9.18)
0.90	6.676	0.274	0.402	0.878	3.24(4.04)	2.50	2.04	1.72	1.49*	1.31*(9.99)
1.00	7.165	0.343	0.420	0.876	3.19(4.37)	2.46	2.01	1.69*	1.46*	1.29*(10.79)

吉中仁桥梁工程文集

续表

<table>
<tr><td colspan="11" align="center">表 0-3-1: C20 $n_s=7.84$ $\lambda_b=0.85$ $\lambda_h=0.95$ $[\sigma_c]=8.04$</td></tr>
<tr><td>$\mu_s/\%$</td><td>$\Psi_i\times100$</td><td>$\hat{\xi}$</td><td>ξ</td><td>c_s</td><td>85 MPa(σ_c)</td><td>110 MPa</td><td>135 MPa</td><td>160 MPa</td><td>85 MPa</td><td>210 MPa(σ_c)</td></tr>
<tr><td>0.10</td><td>1.073</td><td>0.030</td><td>0.210</td><td>0.963</td><td>3.37(1.60)</td><td>2.60</td><td>2.12</td><td>1.79</td><td>1.55</td><td>1.36(3.95)</td></tr>
<tr><td>0.20</td><td>1.839</td><td>0.122</td><td>0.311</td><td>0.946</td><td>3.36(2.72)</td><td>2.59</td><td>2.11</td><td>1.78</td><td>1.54</td><td>1.36(6.73)</td></tr>
<tr><td>0.30</td><td>2.438</td><td>0.325</td><td>0.382</td><td>0.932</td><td>3.18(3.73)</td><td>2.46</td><td>2.01</td><td>1.69</td><td>1.46*</td><td>1.29*(9.21)</td></tr>
<tr><td>0.40</td><td>2.929</td><td>0.528</td><td>0.437</td><td>0.921</td><td>2.93(4.67)</td><td>2.26</td><td>1.85</td><td>1.56*</td><td>1.35*</td><td>1.19*(11.54)</td></tr>
<tr><td colspan="11" align="center">表 0-3-2: C20 $n_s=7.84$ $\lambda_b=0.85$ $\lambda_h=0.90$ $[\sigma_c]=8.04$</td></tr>
<tr><td>$\mu_s/\%$</td><td>$\Psi_i\times100$</td><td>$\hat{\xi}$</td><td>ξ</td><td>c_s</td><td>85 MPa(σ_c)</td><td>110 MPa</td><td>135 MPa</td><td>160 MPa</td><td>185 MPa</td><td>210 MPa(σ_c)</td></tr>
<tr><td>0.10</td><td>1.126</td><td>0.030</td><td>0.165</td><td>0.955</td><td>3.40(1.19)</td><td>2.62</td><td>2.14</td><td>1.80</td><td>1.56</td><td>1.37(2.93)</td></tr>
<tr><td>0.20</td><td>2.013</td><td>0.061</td><td>0.247</td><td>0.946</td><td>3.37(1.97)</td><td>2.61</td><td>2.12</td><td>1.79</td><td>1.55</td><td>1.37(4.87)</td></tr>
<tr><td>0.30</td><td>2.746</td><td>0.091</td><td>0.309</td><td>0.939</td><td>3.35(2.70)</td><td>2.59</td><td>2.11</td><td>1.78</td><td>1.54</td><td>1.35(6.67)</td></tr>
<tr><td>0.40</td><td>3.369</td><td>0.245</td><td>0.360</td><td>0.933</td><td>3.28(3.39)</td><td>2.53</td><td>2.06</td><td>1.74</td><td>1.51</td><td>1.33*(8.38)</td></tr>
<tr><td>0.50</td><td>3.908</td><td>0.448</td><td>0.403</td><td>0.927</td><td>3.10(4.06)</td><td>2.40</td><td>1.95</td><td>1.65</td><td>1.43*</td><td>1.26*(10.03)</td></tr>
<tr><td>0.60</td><td>4.381</td><td>0.651</td><td>0.439</td><td>0.922</td><td>2.87(4.71)</td><td>2.22</td><td>1.81</td><td>1.52*</td><td>1.32*</td><td>1.16*(11.64)</td></tr>
<tr><td colspan="11" align="center">表 0-3-3: C20 $n_s=7.84$ $\lambda_b=0.85$ $\lambda_h=0.85$ $[\sigma_c]=8.04$</td></tr>
<tr><td>$\mu_s/\%$</td><td>$\Psi_i\times100$</td><td>$\hat{\xi}$</td><td>ξ</td><td>c_s</td><td>85 MPa(σ_c)</td><td>110 MPa</td><td>135 MPa</td><td>160 MPa</td><td>185 MPa</td><td>210 MPa(σ_c)</td></tr>
<tr><td>0.10</td><td>1.132</td><td>0.030</td><td>0.155</td><td>0.949</td><td>3.42(1.10)</td><td>2.64</td><td>2.15</td><td>1.82</td><td>1.57</td><td>1.38(2.72)</td></tr>
<tr><td>0.20</td><td>2.062</td><td>0.061</td><td>0.219</td><td>0.936</td><td>3.41(1.69)</td><td>2.64</td><td>2.15</td><td>1.81</td><td>1.57</td><td>1.38(4.18)</td></tr>
<tr><td>0.30</td><td>2.863</td><td>0.091</td><td>0.273</td><td>0.930</td><td>3.38(2.26)</td><td>2.61</td><td>2.13</td><td>1.80</td><td>1.55</td><td>1.37(5.58)</td></tr>
<tr><td>0.40</td><td>3.563</td><td>0.122</td><td>0.318</td><td>0.925</td><td>3.34(2.80)</td><td>2.58</td><td>2.11</td><td>1.78</td><td>1.54</td><td>1.35(6.93)</td></tr>
<tr><td>0.50</td><td>4.183</td><td>0.164</td><td>0.356</td><td>0.921</td><td>3.30(3.34)</td><td>2.55</td><td>2.08</td><td>1.76</td><td>1.52</td><td>1.34*(8.24)</td></tr>
<tr><td>0.60</td><td>4.736</td><td>0.367</td><td>0.390</td><td>0.917</td><td>3.20(3.86)</td><td>2.48</td><td>2.02</td><td>1.70</td><td>1.47*</td><td>1.30*(9.53)</td></tr>
<tr><td>0.70</td><td>5.235</td><td>0.570</td><td>0.420</td><td>0.914</td><td>3.03(4.37)</td><td>2.34</td><td>1.91</td><td>1.61*</td><td>1.39*</td><td>1.23*(10.79)</td></tr>
<tr><td colspan="11" align="center">表 0-3-4: C20 $n_s=7.84$ $\lambda_b=0.85$ $\lambda_h=0.80$ $[\sigma_c]=8.04$</td></tr>
<tr><td>$\mu_s/\%$</td><td>$\Psi_i\times100$</td><td>$\hat{\xi}$</td><td>ξ</td><td>c_s</td><td>85 MPa(σ_c)</td><td>110 MPa</td><td>135 MPa</td><td>160 MPa</td><td>185 MPa</td><td>210 MPa(σ_c)</td></tr>
<tr><td>0.10</td><td>1.132</td><td>0.030</td><td>0.154</td><td>0.949</td><td>3.42(1.10)</td><td>2.64</td><td>2.15</td><td>1.82</td><td>1.57</td><td>1.38(2.72)</td></tr>
<tr><td>0.20</td><td>2.070</td><td>0.061</td><td>0.211</td><td>0.930</td><td>3.43(1.61)</td><td>2.65</td><td>2.16</td><td>1.82</td><td>1.58</td><td>1.39(3.99)</td></tr>
<tr><td>0.30</td><td>2.898</td><td>0.091</td><td>0.256</td><td>0.920</td><td>3.42(2.08)</td><td>2.64</td><td>2.15</td><td>1.81</td><td>1.57</td><td>1.38(5.13)</td></tr>
<tr><td>0.40</td><td>3.637</td><td>0.122</td><td>0.295</td><td>0.914</td><td>3.38(2.53)</td><td>2.61</td><td>2.13</td><td>1.80</td><td>1.55</td><td>1.37(6.24)</td></tr>
<tr><td>0.50</td><td>4.303</td><td>0.152</td><td>0.330</td><td>0.910</td><td>3.34(2.97)</td><td>2.58</td><td>2.11</td><td>1.78</td><td>1.54</td><td>1.35(7.33)</td></tr>
<tr><td>0.60</td><td>4.907</td><td>0.183</td><td>0.361</td><td>0.907</td><td>3.30(3.40)</td><td>2.55</td><td>2.08</td><td>1.75</td><td>1.52</td><td>1.34*(8.40)</td></tr>
<tr><td>0.70</td><td>5.459</td><td>0.287</td><td>0.389</td><td>0.904</td><td>3.25(3.83)</td><td>2.51</td><td>2.05</td><td>1.73</td><td>1.49*</td><td>1.31*(9.46)</td></tr>
<tr><td>0.80</td><td>5.964</td><td>0.490</td><td>0.414</td><td>0.901</td><td>3.13(4.25)</td><td>2.42</td><td>1.97</td><td>1.66</td><td>1.44*</td><td>1.27*(10.50)</td></tr>
</table>

232

续表

表 0-3-5: C20 $n_s = 7.84$ $\lambda_b = 0.85$ $\lambda_h = 0.70$ $[\sigma_c] = 8.04$

$\mu_s/\%$	$\Psi_i \times 100$	$\hat{\xi}$	ξ	c_s	85 MPa(σ_c)	110 MPa	135 MPa	160 MPa	185 MPa	210 MPa(σ_c)
0.10	1.132	0.030	0.154	0.949	3.42(1.10)	2.64	2.15	1.82	1.57	1.38(2.72)
0.20	2.070	0.061	0.211	0.930	3.44(1.61)	2.65	2.16	1.83	1.58	1.39(3.98)
0.30	2.902	0.091	0.252	0.916	3.43(2.03)	2.65	2.16	1.82	1.58	1.39(5.01)
0.40	3.657	0.122	0.284	0.905	3.42(2.39)	2.64	2.15	1.82	1.57	1.38(5.91)
0.50	4.352	0.152	0.312	0.896	3.40(2.73)	2.62	2.14	1.80	1.56	1.37(6.74)
0.60	4.996	0.183	0.337	0.890	3.36(3.06)	2.60	2.12	1.79	1.55	1.36(7.56)
0.70	5.595	0.213	0.360	0.885	3.33(3.39)	2.57	2.09	1.77	1.53	1.35*(8.37)
0.80	6.154	0.243	0.381	0.881	3.28(3.71)	2.54	2.07	1.74	1.51*	1.33*(9.17)
0.90	6.677	0.274	0.401	0.878	3.24(4.03)	2.50	2.04	1.72	1.49*	1.29*(10.75)
1.10	7.629	0.532	0.437	0.873	3.10(4.67)	2.40	1.95	1.65*	1.43*	1.26*(11.54)

表 0-4-1: C20 $n_s = 7.84$ $\lambda_b = 0.80$ $\lambda_h = 0.95$ $[\sigma_c] = 8.04$

$\mu_s/\%$	$\Psi_i \times 100$	$\hat{\xi}$	ξ	c_s	85 MPa(σ_c)	110 MPa	135 MPa	160 MPa	185 MPa	210 MPa(σ_c)
0.10	1.080	0.030	0.203	0.960	3.38(1.53)	2.61	2.13	1.80	1.55	1.37(3.79)
0.20	1.866	0.104	0.298	0.942	3.38(2.56)	2.61	2.13	1.79	1.55	1.37(6.32)
0.30	2.495	0.256	0.365	0.928	3.26(3.46)	2.52	2.05	1.73	1.50	1.32*(8.54)
0.40	3.017	0.409	0.416	0.916	3.08(4.29)	2.38	1.94	1.63*	1.41*	1.24*(10.60)
0.50	3.464	0.561	0.458	0.905	2.86(5.08)	2.21	1.80*	1.52*	1.32*	1.16*(12.56)

表 0-4-2: C20 $n_s = 7.84$ $\lambda_b = 0.80$ $\lambda_h = 0.90$ $[\sigma_c] = 8.04$

$\mu_s/\%$	$\Psi_i \times 100$	$\hat{\xi}$	ξ	c_s	85 MPa(σ_c)	110 MPa	135 MPa	160 MPa	185 MPa	210 MPa(σ_c)
0.10	1.126	0.030	0.164	0.955	3.40(1.18)	2.63	2.14	1.81	1.56	1.38(2.92)
0.20	2.018	0.061	0.243	0.945	3.38(1.93)	2.61	2.13	1.80	1.55	1.37(4.78)
0.30	2.761	0.091	0.303	0.936	3.36(2.62)	2.59	2.11	1.78	1.54	1.36(6.48)
0.40	3.397	0.209	0.352	0.929	3.30(3.27)	2.55	2.08	1.75	1.52	1.34*(8.09)
0.50	3.952	0.361	0.393	0.922	3.17(3.90)	2.45	2.00	1.69	1.46*	1.28*(9.62)
0.60	4.443	0.513	0.427	0.917	3.00(4.50)	2.32	1.89	1.59*	1.38*	1.21*(11.11)

表 0-4-3: C20 $n_s = 7.84$ $\lambda_b = 0.80$ $\lambda_h = 0.85$ $[\sigma_c] = 8.04$

$\mu_s/\%$	$\Psi_i \times 100$	$\hat{\xi}$	ξ	c_s	85 MPa(σ_c)	110 MPa	135 MPa	160 MPa	185 MPa	210 MPa(σ_c)
0.10	1.132	0.030	0.155	0.949	3.42(1.10)	2.64	2.15	1.82	1.57	1.38(2.72)
0.20	2.063	0.061	0.219	0.936	3.41(1.69)	2.64	2.15	1.81	1.57	1.38(4.17)
0.30	2.866	0.091	0.271	0.929	3.39(2.24)	2.62	2.13	1.80	1.56	1.37(5.53)
0.40	3.571	0.122	0.315	0.923	3.35(2.77)	2.59	2.11	1.78	1.54	1.36(6.84)
0.50	4.197	0.161	0.352	0.918	3.31(3.28)	2.56	2.09	1.76	1.52	1.34*(8.10)
0.60	4.759	0.313	0.385	0.914	3.23(3.77)	2.50	2.04	1.72	1.49*	1.31*(9.32)
0.70	5.267	0.465	0.414	0.910	3.10(4.26)	2.39	1.95	1.65	1.42*	1.25*(10.52)

续表

<table>
<tr><td colspan="11" align="center">表0-4-4： C20 $n_s=7.84$ $\lambda_b=0.80$ $\lambda_h=0.80$ $[\sigma_c]=8.04$</td></tr>
<tr><th>$\mu_s/\%$</th><th>$\Psi_i\times100$</th><th>$\hat{\xi}$</th><th>ξ</th><th>c_s</th><th>85 MPa(σ_c)</th><th>110 MPa</th><th>135 MPa</th><th>160 MPa</th><th>185 MPa</th><th>210 MPa(σ_c)</th></tr>
<tr><td>0.10</td><td>1.132</td><td>0.030</td><td>0.154</td><td>0.949</td><td>3.42(1.10)</td><td>2.64</td><td>2.15</td><td>1.82</td><td>1.57</td><td>1.38(2.72)</td></tr>
<tr><td>0.20</td><td>2.070</td><td>0.061</td><td>0.211</td><td>0.930</td><td>3.43(1.61)</td><td>2.65</td><td>2.16</td><td>1.82</td><td>1.58</td><td>1.39(3.99)</td></tr>
<tr><td>0.30</td><td>2.898</td><td>0.091</td><td>0.256</td><td>0.920</td><td>3.42(2.07)</td><td>2.64</td><td>2.15</td><td>1.82</td><td>1.57</td><td>1.38(5.12)</td></tr>
<tr><td>0.40</td><td>3.638</td><td>0.122</td><td>0.295</td><td>0.914</td><td>3.39(2.52)</td><td>2.62</td><td>2.13</td><td>1.80</td><td>1.56</td><td>1.37(6.22)</td></tr>
<tr><td>0.50</td><td>4.307</td><td>0.152</td><td>0.329</td><td>0.909</td><td>3.35(2.95)</td><td>2.59</td><td>2.11</td><td>1.78</td><td>1.54</td><td>1.36(7.28)</td></tr>
<tr><td>0.60</td><td>4.914</td><td>0.183</td><td>0.359</td><td>0.905</td><td>3.31(3.37)</td><td>2.56</td><td>2.08</td><td>1.76</td><td>1.52</td><td>1.34 * (8.33)</td></tr>
<tr><td>0.70</td><td>5.470</td><td>0.265</td><td>0.386</td><td>0.902</td><td>3.26(3.79)</td><td>2.52</td><td>2.05</td><td>1.73</td><td>1.50 *</td><td>1.32 * (9.35)</td></tr>
<tr><td>0.80</td><td>5.980</td><td>0.417</td><td>0.411</td><td>0.899</td><td>3.16(4.20)</td><td>2.44</td><td>1.99</td><td>1.68</td><td>1.45 *</td><td>1.28 * (10.36)</td></tr>
<tr><td>0.90</td><td>6.452</td><td>0.569</td><td>0.433</td><td>0.896</td><td>3.03(4.60)</td><td>2.34</td><td>1.91</td><td>1.61 *</td><td>1.39 *</td><td>1.23 * (11.36)</td></tr>
<tr><td colspan="11" align="center">表0-4-5： C20 $n_s=7.84$ $\lambda_b=0.80$ $\lambda_h=0.70$ $[\sigma_c]=8.04$</td></tr>
<tr><th>$\mu_s/\%$</th><th>$\Psi_i\times100$</th><th>$\hat{\xi}$</th><th>ξ</th><th>c_s</th><th>85 MPa(σ_c)</th><th>110 MPa</th><th>135 MPa</th><th>160 MPa</th><th>185 MPa</th><th>210 MPa(σ_c)</th></tr>
<tr><td>0.10</td><td>1.132</td><td>0.030</td><td>0.154</td><td>0.949</td><td>3.42(1.10)</td><td>2.64</td><td>2.15</td><td>1.82</td><td>1.57</td><td>1.38(2.72)</td></tr>
<tr><td>0.20</td><td>2.070</td><td>0.061</td><td>0.211</td><td>0.930</td><td>3.44(1.61)</td><td>2.65</td><td>2.16</td><td>1.83</td><td>1.58</td><td>1.39(3.98)</td></tr>
<tr><td>0.30</td><td>2.902</td><td>0.091</td><td>0.252</td><td>0.916</td><td>3.43(2.03)</td><td>2.65</td><td>2.16</td><td>1.82</td><td>1.58</td><td>1.39(5.01)</td></tr>
<tr><td>0.40</td><td>3.657</td><td>0.122</td><td>0.284</td><td>0.905</td><td>3.42(2.39)</td><td>2.64</td><td>2.15</td><td>1.82</td><td>1.57</td><td>1.38(5.91)</td></tr>
<tr><td>0.50</td><td>4.352</td><td>0.152</td><td>0.312</td><td>0.896</td><td>3.40(2.73)</td><td>2.62</td><td>2.14</td><td>1.80</td><td>1.56</td><td>1.37(6.74)</td></tr>
<tr><td>0.60</td><td>4.996</td><td>0.183</td><td>0.337</td><td>0.890</td><td>3.36(3.06)</td><td>2.60</td><td>2.12</td><td>1.79</td><td>1.55</td><td>1.36(7.56)</td></tr>
<tr><td>0.70</td><td>5.596</td><td>0.213</td><td>0.360</td><td>0.885</td><td>3.33(3.38)</td><td>2.57</td><td>2.09</td><td>1.77</td><td>1.53</td><td>1.35 * (8.36)</td></tr>
<tr><td>0.80</td><td>6.155</td><td>0.243</td><td>0.381</td><td>0.881</td><td>3.29(3.70)</td><td>2.54</td><td>2.07</td><td>1.75</td><td>1.51 *</td><td>1.33 * (9.15)</td></tr>
<tr><td>0.90</td><td>6.679</td><td>0.274</td><td>0.400</td><td>0.877</td><td>3.24(4.02)</td><td>2.50</td><td>2.04</td><td>1.72</td><td>1.49 *</td><td>1.31 * (9.94)</td></tr>
<tr><td>1.00</td><td>7.171</td><td>0.322</td><td>0.419</td><td>0.874</td><td>3.19(4.34)</td><td>2.47</td><td>2.01</td><td>1.70 *</td><td>1.47 *</td><td>1.29 * (10.72)</td></tr>
<tr><td>1.10</td><td>7.634</td><td>0.474</td><td>0.436</td><td>0.872</td><td>3.12(4.65)</td><td>2.41</td><td>1.96</td><td>1.66 *</td><td>1.43 *</td><td>1.26 * (11.49)</td></tr>
<tr><td colspan="11" align="center">表0-5-1： C20 $n_s=7.84$ $\lambda_\text{,}=0.70$ $\lambda_h=0.95$ $[\sigma_c]=8.04$</td></tr>
<tr><th>$\mu_s/\%$</th><th>$\Psi_i\times100$</th><th>$\hat{\xi}$</th><th>ξ</th><th>c_s</th><th>85 MPa(σ_c)</th><th>110 MPa</th><th>135 MPa</th><th>160 MPa</th><th>185 MPa</th><th>210 MPa(σ_c)</th></tr>
<tr><td>0.10</td><td>1.090</td><td>0.030</td><td>0.192</td><td>0.957</td><td>3.39(1.43)</td><td>2.62</td><td>2.14</td><td>1.80</td><td>1.56</td><td>1.37(3.54)</td></tr>
<tr><td>0.20</td><td>1.911</td><td>0.086</td><td>0.278</td><td>0.937</td><td>3.40(2.31)</td><td>2.63</td><td>2.14</td><td>1.81</td><td>1.56</td><td>1.38(5.72)</td></tr>
<tr><td>0.30</td><td>2.585</td><td>0.188</td><td>0.338</td><td>0.922</td><td>3.33(3.07)</td><td>2.57</td><td>2.10</td><td>1.77</td><td>1.53</td><td>1.35(7.59)</td></tr>
<tr><td>0.40</td><td>3.160</td><td>0.289</td><td>0.384</td><td>0.909</td><td>3.22(3.76)</td><td>2.49</td><td>2.03</td><td>1.71</td><td>1.48 *</td><td>1.30 * (9.29)</td></tr>
<tr><td>0.50</td><td>3.661</td><td>0.391</td><td>0.423</td><td>0.899</td><td>3.09(4.41)</td><td>2.39</td><td>1.95</td><td>1.64 *</td><td>1.42 *</td><td>1.25 * (10.90)</td></tr>
<tr><td>0.60</td><td>4.105</td><td>0.492</td><td>0.455</td><td>0.890</td><td>2.95(5.03)</td><td>2.28</td><td>1.86</td><td>1.57 *</td><td>1.35 *</td><td>1.13 * (13.91)</td></tr>
</table>

续表

表 0-5-2：　C20　$n_s = 7.84$　$\lambda_b = 0.70$　$\lambda_h = 0.90$　$[\sigma_c] = 8.04$

$\mu_s/\%$	$\Psi_i \times 100$	$\hat{\xi}$	ξ	c_s	85 MPa(σ_c)	110 MPa	135 MPa	160 MPa	185 MPa	210 MPa(σ_c)
0.10	1.127	0.030	0.162	0.954	3.40(1.17)	2.63	2.14	1.81	1.56	1.38(2.88)
0.20	2.027	0.061	0.237	0.941	3.39(1.87)	2.62	2.14	1.80	1.56	1.37(4.63)
0.30	2.787	0.091	0.293	0.931	3.38(2.50)	2.61	2.13	1.79	1.55	1.37(6.17)
0.40	3.446	0.172	0.338	0.923	3.34(3.08)	2.58	2.10	1.77	1.53	1.35(7.61)
0.50	4.029	0.274	0.376	0.915	3.25(3.63)	2.51	2.05	1.73	1.49	1.32 * (8.97)
0.60	4.550	0.375	0.408	0.908	3.14(4.16)	2.42	1.98	1.67	1.44 *	1.27 * (10.27)
0.70	5.020	0.477	0.437	0.902	3.01(4.67)	2.32	1.89	1.60 *	1.38 *	1.22 * (11.53)

表 0-5-3：　C20　$n_s = 7.84$　$\lambda_b = 0.70$　$\lambda_h = 0.85$　$[\sigma_c] = 8.04$

$\mu_s/\%$	$\Psi_i \times 100$	$\hat{\xi}$	ξ	c_s	85 MPa(σ_c)	110 MPa	135 MPa	160 MPa	185 MPa	210 MPa(σ_c)
0.10	1.132	0.030	0.155	0.949	3.42(1.10)	2.64	2.15	1.82	1.57	1.38(2.72)
0.20	2.064	0.061	0.218	0.935	3.42(1.68)	2.64	2.15	1.82	1.57	1.38(4.14)
0.30	2.872	0.091	0.268	0.926	3.39(2.20)	2.62	2.14	1.80	1.56	1.37(5.44)
0.40	3.585	0.122	0.309	0.920	3.36(2.70)	2.60	2.12	1.79	1.55	1.36(6.67)
0.50	4.223	0.157	0.345	0.914	3.33(3.17)	2.57	2.10	1.77	1.53	1.35(7.84)
0.60	4.799	0.259	0.376	0.909	3.27(3.63)	2.53	2.06	1.74	1.50	1.32 * (8.97)
0.70	5.325	0.360	0.404	0.904	3.18(4.07)	2.46	2.00	1.69	1.46 *	1.29 * (10.07)
0.80	5.806	0.461	0.428	0.899	3.06(4.51)	2.37	1.93	1.63 *	1.41 *	1.24 * (11.14)
0.90	6.249	0.563	0.450	0.895	2.94(4.93)	2.27	1.85	1.56 *	1.35 *	1.19 * (12.19)

表 0-5-4：　C20　$n_s = 7.84$　$\lambda_b = 0.70$　$\lambda_h = 0.80$　$[\sigma_c] = 8.04$

$\mu_s/\%$	$\Psi_i \times 100$	$\hat{\xi}$	ξ	c_s	85 MPa(σ_c)	110 MPa	135 MPa	160 MPa	185 MPa	210 MPa(σ_c)
0.10	1.132	0.030	0.154	0.949	3.42(1.10)	2.64	2.15	1.82	1.57	1.38(2.72)
0.20	2.070	0.061	0.211	0.930	3.43(1.61)	2.65	2.16	1.82	1.58	1.39(3.98)
0.30	2.899	0.091	0.255	0.919	3.42(2.07)	2.64	2.15	1.82	1.57	1.38(5.10)
0.40	3.641	0.122	0.293	0.912	3.39(2.50)	2.62	2.13	1.80	1.56	1.37(6.17)
0.50	4.314	0.152	0.326	0.907	3.36(2.91)	2.59	2.11	1.78	1.54	1.36(7.20)
0.60	4.927	0.183	0.355	0.902	3.32(3.32)	2.56	2.09	1.76	1.52	1.34 * (8.19)
0.70	5.490	0.243	0.381	0.898	3.27(3.71)	2.53	2.06	1.74	1.50 *	1.33 * (9.16)
0.80	6.010	0.345	0.405	0.894	3.20(4.09)	2.47	2.02	1.70	1.47 *	1.30 * (10.11)
0.90	6.492	0.446	0.426	0.891	3.11(4.47)	2.40	1.96	1.65 *	1.43 *	1.26 * (11.05)
1.00	6.941	0.548	0.446	0.887	2.99(4.84)	2.31	1.88	1.59 *	1.37 *	1.21 * (11.97)

续表

表 0-5-5： C20　$n_s = 7.84$　$\lambda_b = 0.70$　$\lambda_h = 0.70$　$[\sigma_c] = 8.04$

$\mu_s/\%$	$\Psi_i \times 100$	$\hat{\xi}$	ξ	c_s	85 MPa(σ_c)	110 MPa	135 MPa	160 MPa	185 MPa	210 MPa(σ_c)
0.20	2.070	0.061	0.211	0.930	3.44(1.61)	2.65	2.16	1.83	1.58	1.39(3.98)
0.40	3.657	0.122	0.284	0.905	3.42(2.39)	2.64	2.15	1.82	1.57	1.38(5.91)
0.60	4.996	0.183	0.337	0.889	3.37(3.06)	2.60	2.12	1.79	1.55	1.36(7.55)
0.80	6.157	0.243	0.380	0.880	3.29(3.69)	2.54	2.07	1.75	1.51	1.33*(9.12)
1.00	7.176	0.314	0.417	0.873	3.20(4.31)	2.47	2.02	1.70*	1.47*	1.30*(10.65)
1.20	8.081	0.517	0.450	0.867	3.05(4.92)	2.36	1.92	1.62*	1.40*	1.24*(12.15)

表 0-6-1： C20　$n_s = 7.84$　$\lambda_b = 0$(矩形)　$[\sigma_c] = 8.04$

$\mu_s/\%$	$\Psi_i \times 100$	$\hat{\xi}$	ξ	c_s	85 MPa(σ_c)	110 MPa	135 MPa	160 MPa	185 MPa	210 MPa(σ_c)
0.20	2.070	0.061	0.211	0.930	3.44(1.61)	2.65	2.16	1.83	1.58	1.39(3.98)
0.40	3.657	0.122	0.284	0.905	3.42(2.39)	2.64	2.15	1.82	1.57	1.38(5.91)
0.60	4.998	0.183	0.335	0.888	3.37(3.04)	2.60	2.12	1.79	1.55	1.36(7.51)
0.80	6.168	0.243	0.376	0.875	3.31(3.62)	2.56	2.08	1.76	1.52	1.34*(8.95)
1.00	7.210	0.304	0.409	0.864	3.23(4.16)	2.50	2.04	1.72	1.49*	1.31*(10.28)
1.20	8.149	0.365	0.437	0.854	3.15(4.67)	2.44	1.98	1.67*	1.45*	1.28*(11.54)
1.40	9.005	0.426	0.461	0.846	3.06(5.16)	2.37	1.93*	1.63*	1.41*	1.24*(12.75)
1.60	9.791	0.487	0.483	0.839	2.97(5.63)	2.30	1.87*	1.58*	1.36*	1.16*(15.04)

表 1-1-1： C25　$n_s = 7.14$　$\lambda_L = 0.95$　$\lambda_h = 0.95$　$[\sigma_c] = 10.02$

$\mu_s/\%$	$\Psi_i \times 100$	$\hat{\xi}$	ξ	c_s	85 MPa(σ_c)	110 MPa	135 MPa	160 MPa	185 MPa	210 MPa(σ_c)
0.05	0.543	0.012	0.133	0.975	3.36(1.01)	2.59	2.11	1.78	1.54	1.36(2.51)
0.10	0.981	0.024	0.214	0.971	3.35(1.80)	2.59	2.11	1.78	1.54	1.36(4.44)
0.15	1.346	0.037	0.278	0.966	3.35(2.54)	2.59	2.11	1.78	1.54	1.35(6.28)
0.20	1.657	**0.049**	0.330	0.962	3.34(3.26)	2.58	2.10	1.77	1.53	1.35(8.05)
0.25	1.926	0.267	0.374	0.958	3.27(3.96)	2.53	2.06	1.74	1.50	1.32(9.78)
0.30	2.162	0.511	0.412	0.954	3.09(4.64)	2.39	1.94	1.64	1.42*	1.25*(11.47)
0.35	2.371	0.754	0.446	0.951	2.84(5.31)	2.19	1.79	1.51	1.30*	1.15*(13.13)

表 1-1-2： C25　$n_s = 7.14$　$\lambda_b = 0.95$　$\lambda_h = 0.90$　$[\sigma_c] = 10.02$

$\mu_s/\%$	$\Psi_i \times 100$	$\hat{\xi}$	ξ	c_s	85 MPa(σ_c)	110 MPa	135 MPa	160 MPa	185 MPa	210 MPa(σ_c)
0.10	1.036	0.024	0.157	0.957	3.40(1.24)	2.63	2.14	1.81	1.56	1.38(3.05)
0.15	1.469	0.037	0.201	0.954	3.39(1.67)	2.62	2.13	1.80	1.56	1.37(4.12)
0.20	1.859	0.049	0.240	0.952	3.38(2.09)	2.61	2.13	1.79	1.55	1.37(5.17)

续表

$\mu_s/\%$	$\Psi_i \times 100$	$\hat{\xi}$	ξ	c_s	85 MPa(σ_c)	110 MPa	135 MPa	160 MPa	185 MPa	210 MPa(σ_c)
0.25	2.212	0.061	0.275	0.950	3.36(2.51)	2.60	2.12	1.79	1.54	1.36(6.20)
0.30	2.535	0.073	0.307	0.948	3.35(2.93)	2.59	2.11	1.78	1.54	1.35(7.23)
0.35	2.831	0.085	0.335	0.947	3.33(3.33)	2.57	2.10	1.77	1.53	1.35(8.24)
0.40	3.104	**0.097**	0.361	0.945	3.31(3.74)	2.56	2.09	1.76	1.52	1.34(9.24)
0.45	3.357	0.291	0.385	0.944	3.27(4.14)	2.53	2.06	1.74	1.50	1.32 * (10.24)
0.50	3.591	0.535	0.407	0.943	3.15(4.54)	2.44	1.98	1.67	1.45	1.28 * (11.23)

表 1-1-3: C25 $n_s = 7.14$ $\lambda_b = 0.95$ $\lambda_h = 0.85$ $[\sigma_c] = 10.02$

$\mu_s/\%$	$\Psi_i \times 100$	$\hat{\xi}$	ξ	c_s	85 MPa(σ_c)	110 MPa	135 MPa	160 MPa	185 MPa	210 MPa(σ_c)
0.10	1.041	0.024	0.148	0.951	3.42(1.15)	2.64	2.16	1.82	1.57	1.39(2.84)
0.20	1.906	0.049	0.210	0.938	3.42(1.76)	2.65	2.16	1.82	1.57	1.39(4.34)
0.30	2.655	0.073	0.262	0.934	3.40(2.35)	2.63	2.14	1.81	1.56	1.38(5.81)
0.40	3.311	0.097	0.308	0.931	3.37(2.94)	2.60	2.12	1.79	1.55	1.36(7.27)
0.50	3.891	0.122	0.348	0.928	3.33(3.53)	2.57	2.10	1.77	1.53	1.35(8.72)
0.55	4.156	0.134	0.366	0.927	3.31(3.82)	2.56	2.09	1.76	1.52	1.34(9.43)
0.60	4.408	**0.146**	0.383	0.927	3.30(4.11)	2.55	2.07	1.75	1.51	1.33 * (10.15)
0.65	4.646	0.316	0.399	0.926	3.26(4.40)	2.52	2.05	1.73	1.50	1.32 * (10.86)
0.70	4.872	0.559	0.414	0.925	3.17(4.68)	2.45	2.00	1.69	1.46 *	1.29 * (11.57)

表 1-1-4: C25 $n_s = 7.14$ $\lambda_b = 0.95$ $\lambda_h = 0.80$ $[\sigma_c] = 10.02$

$\mu_s/\%$	$\Psi_i \times 100$	$\hat{\xi}$	ξ	c_s	85 MPa(σ_c)	110 MPa	135 MPa	160 MPa	185 MPa	210 MPa(σ_c)
0.10	1.041	0.024	0.148	0.951	3.42(1.15)	2.64	2.16	1.82	1.57	1.39(2.84)
0.20	1.912	0.049	0.202	0.933	3.45(1.68)	2.66	2.17	1.83	1.58	1.40(4.15)
0.30	2.685	0.073	0.245	0.923	3.44(2.15)	2.66	2.17	1.83	1.58	1.39(5.31)
0.40	3.380	0.097	0.283	0.917	3.42(2.61)	2.64	2.15	1.81	1.57	1.38(6.46)
0.50	4.009	0.122	0.318	0.914	3.38(3.08)	2.62	2.13	1.80	1.55	1.37(7.60)
0.60	4.580	0.146	0.348	0.912	3.35(3.54)	2.59	2.11	1.78	1.54	1.36(8.74)
0.70	5.102	0.170	0.377	0.910	3.31(3.99)	2.56	2.09	1.76	1.52	1.34(9.87)
0.80	5.581	**0.195**	0.402	0.908	3.27(4.45)	2.53	2.06	1.74	1.50	1.33 * (10.99)
0.90	6.022	0.583	0.426	0.907	3.18(4.90)	2.46	2.00	1.69	1.46 *	1.29 * (12.11)

续表

表 1-1-5： C25 n_s=7.14 λ_b=0.95 λ_h=0.70 $[\sigma_c]$=10.02

μ_s/%	$\Psi_i \times 100$	$\hat{\xi}$	ξ	c_s	85 MPa(σ_c)	110 MPa	135 MPa	160 MPa	185 MPa	210 MPa(σ_c)
0.20	1.912	0.049	0.202	0.933	3.45(1.68)	2.66	2.17	1.83	1.58	1.40(4.15)
0.40	3.395	0.097	0.273	0.909	3.45(2.49)	2.66	2.17	1.83	1.58	1.40(6.15)
0.60	4.657	0.146	0.324	0.893	3.42(3.17)	2.64	2.15	1.82	1.57	1.38(7.82)
0.80	5.758	0.195	0.367	0.884	3.36(3.83)	2.60	2.12	1.79	1.54	1.36(9.46)
0.90	6.258	0.219	0.386	0.881	3.33(4.16)	2.57	2.10	1.77	1.53	1.35*(10.28)
1.00	6.728	0.244	0.404	0.879	3.29(4.49)	2.54	2.07	1.75	1.51	1.33*(11.09)
1.10	7.171	0.268	0.421	0.877	3.25(4.82)	2.51	2.05	1.73	1.50*	1.32*(11.90)
1.20	7.589	**0.292**	0.438	0.875	3.22(5.15)	2.48	2.02	1.71	1.48*	1.30*(12.71)
1.30	7.984	0.631	0.453	0.873	3.14(5.47)	2.43	1.98	1.67*	1.44*	1.27*(13.52)

表 1-2-1： C25 n_s=7.14 λ_b=0.90 λ_h=0.95 $[\sigma_c]$=10.02

μ_s/%	$\Psi_i \times 100$	$\hat{\xi}$	ξ	c_s	85 MPa(σ_c)	110 MPa	135 MPa	160 MPa	185 MPa	210 MPa(σ_c)
0.10	0.988	0.024	0.205	0.967	3.37(1.71)	2.60	2.12	1.79	1.55	1.36(4.22)
0.15	1.364	0.037	0.263	0.960	3.37(2.37)	2.60	2.12	1.79	1.55	1.36(5.84)
0.20	1.690	0.049	0.311	0.954	3.37(2.99)	2.60	2.12	1.79	1.55	1.36(7.38)
0.25	1.977	**0.159**	0.351	0.948	3.34(3.58)	2.58	2.10	1.77	1.53	1.35(8.84)
0.30	2.233	0.280	0.386	0.943	3.25(4.15)	2.51	2.05	1.73	1.49	1.32*(10.26)
0.35	2.463	0.402	0.416	0.938	3.13(4.71)	2.42	1.97	1.66	1.44*	1.27*(11.65)
0.40	2.672	0.524	0.443	0.933	2.99(5.26)	2.31	1.88	1.59	1.37*	1.21*(13.00)

表 1-2-2： C25 n_s=7.14 λ_b=0.90 λ_h=0.90 $[\sigma_c]$=10.02

μ_s/%	$\Psi_i \times 100$	$\hat{\xi}$	ξ	c_s	85 MPa(σ_c)	110 MPa	135 MPa	160 MPa	185 MPa	210 MPa(σ_c)
0.10	1.037	0.024	0.157	0.957	3.40(1.23)	2.63	2.14	1.81	1.56	1.38(3.04)
0.20	1.863	0.049	0.237	0.950	3.38(2.05)	2.62	2.13	1.80	1.55	1.37(5.07)
0.30	2.549	0.073	0.300	0.944	3.36(2.83)	2.60	2.12	1.79	1.54	1.36(7.00)
0.35	2.852	0.085	0.327	0.942	3.35(3.21)	2.59	2.11	1.78	1.54	1.36(7.94)
0.40	3.132	**0.097**	0.352	0.940	3.33(3.59)	2.58	2.10	1.77	1.53	1.35(8.86)
0.45	3.393	0.196	0.374	0.938	3.31(3.96)	2.56	2.08	1.76	1.52	1.34(9.77)
0.50	3.636	0.317	0.395	0.936	3.25(4.32)	2.51	2.04	1.72	1.49	1.31*(10.67)
0.55	3.864	0.439	0.414	0.934	3.16(4.68)	2.44	1.99	1.68	1.45*	1.28*(11.57)
0.60	4.077	0.561	0.432	0.932	3.05(5.04)	2.35	1.92	1.62	1.40*	1.23*(12.45)

续表

表 1-2-3：　C25　$n_s = 7.50$　$\lambda_b = 0.90$　$\lambda_h = 0.85$　$[\sigma_c] = 10.02$

$\mu_s/\%$	$\Psi_i \times 100$	$\hat{\xi}$	ξ	c_s	85 MPa(σ_c)	110 MPa	135 MPa	160 MPa	185 MPa	210 MPa(σ_c)
0.10	1.041	0.024	0.148	0.951	3.42(1.15)	2.64	2.16	1.82	1.57	1.39(2.84)
0.20	1.906	0.049	0.209	0.938	3.43(1.75)	2.65	2.16	1.82	1.57	1.39(4.33)
0.30	2.657	0.073	0.261	0.932	3.40(2.33)	2.63	2.14	1.81	1.56	1.38(5.77)
0.40	3.317	0.097	0.305	0.929	3.37(2.90)	2.61	2.12	1.79	1.55	1.37(7.17)
0.50	3.903	0.122	0.344	0.925	3.34(3.46)	2.58	2.10	1.78	1.54	1.35(8.56)
0.60	4.428	**0.146**	0.378	0.923	3.31(4.01)	2.56	2.08	1.76	1.52	1.34(9.92)
0.65	4.671	0.233	0.393	0.921	3.29(4.29)	2.54	2.07	1.75	1.51	1.33 * (10.59)
0.70	4.902	0.355	0.408	0.920	3.24(4.56)	2.50	2.04	1.72	1.49	1.31 * (11.26)
0.75	5.122	0.476	0.422	0.919	3.16(4.83)	2.44	1.99	1.68	1.45 *	1.28 * (11.92)

表 1-2-4：　C25　$n_s = 7.14$　$\lambda_b = 0.90$　$\lambda_h = 0.80$　$[\sigma_c] = 10.02$

$\mu_s/\%$	$\Psi_i \times 100$	$\hat{\xi}$	ξ	c_s	85 MPa(σ_c)	110 MPa	135 MPa	160 MPa	185 MPa	210 MPa(σ_c)
0.20	1.912	0.049	0.202	0.933	3.45(1.68)	2.66	2.17	1.83	1.58	1.40(4.15)
0.30	2.685	0.073	0.245	0.923	3.44(2.15)	2.66	2.17	1.83	1.58	1.39(5.30)
0.40	3.381	0.097	0.283	0.917	3.42(2.61)	2.64	2.15	1.82	1.57	1.38(6.44)
0.50	4.011	0.122	0.316	0.913	3.39(3.06)	2.62	2.13	1.80	1.56	1.37(7.56)
0.60	4.586	0.146	0.347	0.910	3.36(3.51)	2.59	2.11	1.78	1.54	1.36(8.67)
0.70	5.111	0.170	0.374	0.908	3.32(3.95)	2.57	2.09	1.76	1.53	1.34(9.76)
0.80	5.595	**0.195**	0.399	0.905	3.28(4.39)	2.54	2.07	1.74	1.51	1.33 * (10.85)
0.90	6.041	0.392	0.422	0.904	3.22(4.83)	2.49	2.03	1.71	1.48 *	1.30 * (11.93)
1.00	6.455	0.635	0.443	0.902	3.08(5.26)	2.38	1.94	1.64	1.42 *	1.25 * (13.00)

表 1-2-5：　C25　$n_s = 7.14$　$\lambda_b = 0.90$　$\lambda_h = 0.70$　$[\sigma_c] = 10.02$

$\mu_s/\%$	$\Psi_i \times 100$	$\hat{\xi}$	ξ	c_s	85 MPa(σ_c)	110 MPa	135 MPa	160 MPa	185 MPa	210 MPa(σ_c)
0.20	1.912	0.049	0.202	0.933	3.45(1.68)	2.66	2.17	1.83	1.58	1.40(4.15)
0.40	3.395	0.097	0.273	0.909	3.45(2.49)	2.66	2.17	1.83	1.58	1.40(6.15)
0.60	4.657	0.146	0.324	0.893	3.42(3.17)	2.64	2.15	1.82	1.57	1.38(7.82)
0.80	5.758	0.195	0.366	0.884	3.36(3.82)	2.60	2.12	1.79	1.55	1.36(9.45)
0.90	6.259	0.219	0.386	0.881	3.33(4.15)	2.57	2.10	1.77	1.53	1.35 * (10.26)
1.00	6.729	0.244	0.404	0.878	3.29(4.48)	2.55	2.07	1.75	1.51	1.33 * (11.06)
1.10	7.173	0.268	0.421	0.876	3.26(4.80)	2.52	2.05	1.73	1.50 *	1.32 * (11.86)
1.20	7.593	**0.292**	0.437	0.874	3.22(5.12)	2.49	2.03	1.71	1.48 *	1.30 * (12.66)
1.30	7.990	0.466	0.452	0.872	3.16(5.45)	2.45	1.99	1.68 *	1.45 *	1.28 * (13.46)

续表

表 1-3-1： C25　$n_s = 7.14$　$\lambda_b = 0.85$　$\lambda_h = 0.95$　$[\sigma_c] = 10.02$

$\mu_s/\%$	$\Psi_i \times 100$	$\hat{\xi}$	ξ	c_s	85 MPa(σ_c)	110 MPa	135 MPa	160 MPa	185 MPa	210 MPa(σ_c)
0.10	0.994	0.024	0.198	0.964	3.38(1.63)	2.61	2.13	1.79	1.55	1.37(4.04)
0.20	1.717	**0.049**	0.296	0.949	3.39(2.78)	2.62	2.13	1.80	1.56	1.37(6.87)
0.30	2.290	0.204	0.365	0.936	3.32(3.81)	2.56	2.09	1.76	1.52	1.34(9.40)
0.40	2.764	0.366	0.419	0.925	3.16(4.76)	2.44	1.99	1.68	1.45 *	1.28 * (11.77)
0.50	3.166	0.528	0.462	0.916	2.95(5.68)	2.28	1.86	1.57 *	1.35 *	1.19 * (14.03)
0.60	3.513	0.691	0.498	0.907	2.71(6.56)	2.10	1.71 *	1.44 *	1.25 *	1.10 * (16.21)

表 1-3-2： C25　$n_s = 7.50$　$\lambda_b = 0.85$　$\lambda_h = 0.90$　$[\sigma_c] = 10.02$

$\mu_s/\%$	$\Psi_i \times 100$	$\hat{\xi}$	ξ	c_s	85 MPa(σ_c)	110 MPa	135 MPa	160 MPa	185 MPa	210 MPa(σ_c)
0.10	1.037	0.024	0.156	0.956	3.40(1.22)	2.63	2.14	1.81	1.56	1.38(3.02)
0.20	1.867	0.049	0.234	0.948	3.39(2.02)	2.62	2.14	1.80	1.56	1.37(4.98)
0.30	2.562	0.073	0.294	0.941	3.37(2.75)	2.61	2.12	1.79	1.55	1.36(6.80)
0.40	3.158	**0.097**	0.343	0.935	3.35(3.46)	2.59	2.11	1.78	1.54	1.36(8.54)
0.50	3.677	0.245	0.385	0.930	3.29(4.13)	2.54	2.07	1.75	1.51	1.33 * (10.21)
0.60	4.135	0.407	0.420	0.925	3.15(4.79)	2.44	1.99	1.68	1.45 *	1.28 * (11.84)
0.70	4.544	0.570	0.451	0.920	2.98(5.44)	2.30	1.88	1.58 *	1.37 *	1.21 * (13.43)

表 1-3-3： C25　$n_s = 7.14$　$\lambda_b = 0.85$　$\lambda_h = 0.85$　$[\sigma_c] = 10.02$

$\mu_s/\%$	$\Psi_i \times 100$	$\hat{\xi}$	ξ	c_s	85 MPa(σ_c)	110 MPa	135 MPa	160 MPa	185 MPa	210 MPa(σ_c)
0.10	1.041	0.024	0.148	0.951	3.42(1.15)	2.64	2.16	1.82	1.57	1.39(2.84)
0.20	1.907	0.049	0.209	0.938	3.43(1.75)	2.65	2.16	1.82	1.57	1.39(4.31)
0.30	2.659	0.073	0.259	0.931	3.41(2.32)	2.63	2.15	1.81	1.57	1.38(5.72)
0.40	3.323	0.097	0.302	0.927	3.38(2.87)	2.61	2.13	1.80	1.55	1.37(7.08)
0.50	3.915	0.122	0.340	0.923	3.35(3.40)	2.59	2.11	1.78	1.54	1.36(8.41)
0.60	4.447	**0.146**	0.373	0.919	3.32(3.93)	2.57	2.09	1.76	1.53	1.34(9.71)
0.70	4.929	0.286	0.402	0.916	3.26(4.45)	2.52	2.06	1.73	1.50	1.32 * (10.98)
0.80	5.369	0.449	0.428	0.913	3.15(4.95)	2.43	1.98	1.67	1.45 *	1.28 * (12.24)
0.90	5.771	0.611	0.452	0.910	3.00(5.45)	2.32	1.89	1.59 *	1.38 *	1.21 * (13.48)

表 1-3-4： C25　$n_s = 7.14$　$\lambda_b = 0.85$　$\lambda_h = 0.80$　$[\sigma_c] = 10.02$

$\mu_s/\%$	$\Psi_i \times 100$	$\hat{\xi}$	ξ	c_s	85 MPa(σ_c)	110 MPa	135 MPa	160 MPa	185 MPa	210 MPa(σ_c)
0.20	1.912	0.049	0.202	0.933	3.45(1.68)	2.66	2.17	1.83	1.58	1.40(4.15)
0.30	2.685	0.073	0.245	0.922	3.44(2.14)	2.66	2.17	1.83	1.58	1.39(5.30)

$\mu_s/\%$	$\Psi_i \times 100$	$\hat{\xi}$	ξ	c_s	85 MPa(σ_c)	110 MPa	135 MPa	160 MPa	185 MPa	210 MPa(σ_c)
0.40	3.382	0.097	0.282	0.916	3.42(2.60)	2.64	2.15	1.82	1.57	1.38(6.42)
0.50	4.014	0.122	0.315	0.912	3.39(3.04)	2.62	2.14	1.80	1.56	1.37(7.52)
0.60	4.591	0.146	0.345	0.909	3.36(3.48)	2.60	2.12	1.79	1.54	1.36(8.60)
0.70	5.120	0.170	0.372	0.906	3.33(3.91)	2.57	2.09	1.77	1.53	1.35(9.66)
0.80	5.608	**0.195**	0.396	0.903	3.29(4.34)	2.54	2.07	1.75	1.51	1.33*(10.72)
0.90	6.059	0.328	0.418	0.901	3.24(4.76)	2.50	2.04	1.72	1.49*	1.31*(11.76)
1.00	6.478	0.490	0.439	0.899	3.14(5.18)	2.43	1.98	1.67	1.44*	1.27*(12.79)
1.10	6.869	0.652	0.458	0.897	3.00(5.59)	2.32	1.89	1.60*	1.38*	1.22*(13.81)

表 1-3-5：　C25　$n_s = 7.14$　$\lambda_b = 0.85$　$\lambda_h = 0.70$　$[\sigma_c] = 10.02$

$\mu_s/\%$	$\Psi_i \times 100$	$\hat{\xi}$	ξ	c_s	85 MPa(σ_c)	110 MPa	135 MPa	160 MPa	185 MPa	210 MPa(σ_c)
0.20	1.912	0.049	0.202	0.933	3.45(1.68)	2.66	2.17	1.83	1.58	1.40(4.15)
0.40	3.395	0.097	0.273	0.909	3.45(2.49)	2.66	2.17	1.83	1.58	1.40(6.15)
0.60	4.657	0.146	0.324	0.893	3.42(3.17)	2.64	2.15	1.82	1.57	1.38(7.82)
0.80	5.759	0.195	0.366	0.884	3.36(3.82)	2.60	2.12	1.79	1.55	1.36(9.44)
1.00	6.731	0.244	0.403	0.877	3.30(4.47)	2.55	2.08	1.75	1.51	1.33*(11.03)
1.10	7.176	0.268	0.420	0.875	3.26(4.79)	2.52	2.05	1.73	1.50*	1.32*(11.82)
1.20	7.597	**0.292**	0.436	0.873	3.22(5.10)	2.49	2.03	1.71	1.48*	1.30*(12.61)
1.30	7.996	0.410	0.450	0.871	3.17(5.42)	2.45	2.00	1.69*	1.46*	1.29*(13.39)
1.40	8.374	0.573	0.464	0.869	3.09(5.74)	2.39	1.95	1.64*	1.42*	1.25*(14.17)

表 1-4-1：　C25　$n_s = 7.14$　$\lambda_b = 0.80$　$\lambda_h = 0.95$　$[\sigma_c] = 10.02$

$\mu_s/\%$	$\Psi_i \times 100$	$\hat{\xi}$	ξ	c_s	85 MPa(σ_c)	110 MPa	135 MPa	160 MPa	185 MPa	210 MPa(σ_c)
0.10	0.999	0.024	0.192	0.962	3.38(1.57)	2.61	2.13	1.80	1.55	1.37(3.89)
0.20	1.740	**0.049**	0.284	0.945	3.40(2.62)	2.63	2.14	1.81	1.56	1.38(6.48)
0.30	2.338	0.165	0.349	0.931	3.36(3.54)	2.59	2.11	1.78	1.54	1.36(8.75)
0.40	2.841	0.287	0.399	0.920	3.24(4.39)	2.51	2.04	1.72	1.49	1.31*(10.85)
0.50	3.273	0.409	0.440	0.910	3.09(5.20)	2.39	1.95	1.64	1.42*	1.25*(12.85)
0.60	3.651	0.531	0.475	0.901	2.93(5.97)	2.26	1.84	1.55*	1.34*	1.18*(14.76)
0.70	3.985	0.652	0.504	0.894	2.74(6.73)	2.12	1.73*	1.46*	1.26*	1.11*(16.62)

241

续表

表 1-4-2： C25　$n_s = 7.14$　$\lambda_b = 0.80$　$\lambda_h = 0.90$　$[\sigma_c] = 10.02$

$\mu_s/\%$	$\Psi_i \times 100$	$\hat{\xi}$	ξ	c_s	85 MPa(σ_c)	110 MPa	135 MPa	160 MPa	185 MPa	210 MPa(σ_c)
0.10	1.037	0.024	0.155	0.956	3.40(1.22)	2.63	2.14	1.81	1.56	1.38(3.01)
0.20	1.871	0.049	0.231	0.946	3.40(1.98)	2.62	2.14	1.80	1.56	1.37(4.90)
0.30	2.574	0.073	0.289	0.938	3.38(2.68)	2.61	2.13	1.80	1.55	1.37(6.63)
0.40	3.180	**0.097**	0.336	0.931	3.36(3.34)	2.60	2.12	1.79	1.55	1.36(8.26)
0.50	3.713	0.209	0.375	0.925	3.32(3.98)	2.56	2.09	1.76	1.52	1.34(9.82)
0.60	4.187	0.330	0.410	0.920	3.22(4.59)	2.49	2.03	1.71	1.48	1.30*(11.33)
0.70	4.613	0.452	0.439	0.914	3.09(5.18)	2.38	1.94	1.64	1.42*	1.25*(12.80)
0.80	4.998	0.574	0.466	0.910	2.93(5.76)	2.27	1.85	1.56*	1.35*	1.19*(14.24)

表 1-4-3： C25　$n_s = 7.14$　$\lambda_b = 0.80$　$\lambda_h = 0.85$　$[\sigma_c] = 10.02$

$\mu_s/\%$	$\Psi_i \times 100$	$\hat{\xi}$	ξ	c_s	85 MPa(σ_c)	110 MPa	135 MPa	160 MPa	185 MPa	210 MPa(σ_c)
0.10	1.041	0.024	0.148	0.951	3.42(1.15)	2.64	2.16	1.82	1.57	1.39(2.84)
0.20	1.907	0.049	0.208	0.937	3.43(1.74)	2.65	2.16	1.82	1.58	1.39(4.30)
0.30	2.662	0.073	0.258	0.930	3.41(2.30)	2.64	2.15	1.81	1.57	1.38(5.68)
0.40	3.329	0.097	0.300	0.925	3.39(2.83)	2.62	2.13	1.80	1.56	1.37(7.00)
0.50	3.926	0.122	0.336	0.920	3.36(3.35)	2.60	2.12	1.79	1.54	1.36(8.28)
0.60	4.465	**0.146**	0.368	0.916	3.33(3.85)	2.57	2.10	1.77	1.53	1.35(9.52)
0.70	4.955	0.252	0.396	0.913	3.28(4.34)	2.54	2.07	1.74	1.51	1.33*(10.73)
0.80	5.403	0.374	0.422	0.909	3.20(4.83)	2.47	2.01	1.70	1.47*	1.29*(11.93)
0.90	5.816	0.496	0.445	0.906	3.08(5.30)	2.38	1.94	1.64	1.41*	1.25*(13.10)

表 1-4-4： C25　$n_s = 7.14$　$\lambda_b = 0.80$　$\lambda_h = 0.80$　$[\sigma_c] = 10.02$

$\mu_s/\%$	$\Psi_i \times 100$	$\hat{\xi}$	ξ	c_s	85 MPa(σ_e)	110 MPa	135 MPa	160 MPa	185 MPa	210 MPa(σ_c)
0.20	1.912	0.049	0.202	0.933	3.45(1.68)	2.66	2.17	1.83	1.58	1.40(4.15)
0.30	2.686	0.073	0.245	0.922	3.44(2.14)	2.66	2.17	1.83	1.58	1.39(5.29)
0.40	3.383	0.097	0.281	0.916	3.42(2.59)	2.64	2.15	1.82	1.57	1.39(6.40)
0.50	4.017	0.122	0.314	0.911	3.40(3.03)	2.62	2.14	1.80	1.56	1.37(7.48)
0.60	4.596	0.146	0.343	0.907	3.37(3.45)	2.60	2.12	1.79	1.55	1.36(8.53)
0.70	5.128	0.170	0.369	0.904	3.33(3.87)	2.58	2.10	1.77	1.53	1.35(9.57)
0.80	5.620	**0.195**	0.393	0.901	3.30(4.29)	2.55	2.08	1.75	1.52	1.34*(10.59)
0.90	6.076	0.296	0.415	0.898	3.25(4.69)	2.51	2.05	1.73	1.49*	1.32*(11.60)
1.00	6.500	0.418	0.435	0.896	3.17(5.10)	2.45	2.00	1.69	1.46*	1.28*(12.59)
1.10	6.897	0.539	0.454	0.893	3.07(5.50)	2.37	1.93	1.63*	1.41*	1.24*(13.58)

续表

表 1-4-5：　C25　$n_s = 7.50$　$\lambda_b = 0.80$　$\lambda_h = 0.70$　$[\sigma_c] = 10.02$

$\mu_s/\%$	$\Psi_i \times 100$	$\hat{\xi}$	ξ	c_s	85 MPa(σ_c)	110 MPa	135 MPa	160 MPa	185 MPa	210 MPa(σ_c)
0.20	1.912	0.049	0.202	0.933	3.45(1.68)	2.66	2.17	1.83	1.58	1.40(4.15)
0.40	3.395	0.097	0.273	0.909	3.45(2.49)	2.66	2.17	1.83	1.58	1.40(6.15)
0.60	4.657	0.146	0.324	0.893	3.42(3.16)	2.64	2.15	1.82	1.57	1.38(7.82)
0.80	5.759	0.195	0.366	0.883	3.37(3.82)	2.60	2.12	1.79	1.55	1.36(9.43)
0.90	6.261	0.219	0.385	0.880	3.33(4.14)	2.58	2.10	1.77	1.53	1.35 * (10.22)
1.00	6.733	0.244	0.402	0.877	3.30(4.45)	2.55	2.08	1.75	1.52	1.34 * (11.01)
1.10	7.179	0.268	0.419	0.874	3.26(4.77)	2.52	2.05	1.73	1.50 *	1.32 * (11.79)
1.20	7.601	**0.292**	0.435	0.872	3.23(5.08)	2.49	2.03	1.71	1.48 *	1.31 * (12.56)
1.30	8.002	0.383	0.449	0.870	3.18(5.40)	2.46	2.00	1.69 *	1.46 *	1.29 * (13.33)
1.40	8.382	0.505	0.463	0.868	3.11(5.71)	2.40	1.96	1.65 *	1.43 *	1.26 * (14.10)

表 1-5-1：　C25　$n_s = 7.14$　$\lambda_b = 0.70$　$\lambda_h = 0.95$　$[\sigma_c] = 10.02$

$\mu_s/\%$	$\Psi_i \times 100$	$\hat{\xi}$	ξ	c_s	85 MPa(σ_c)	110 MPa	135 MPa	160 MPa	185 MPa	210 MPa(σ_c)
0.10	1.007	0.024	0.182	0.959	3.39(1.48)	2.62	2.14	1.80	1.56	1.37(3.65)
0.20	1.777	**0.049**	0.265	0.940	3.42(2.38)	2.64	2.15	1.82	1.57	1.38(5.88)
0.30	2.416	0.127	0.323	0.926	3.40(3.16)	2.63	2.14	1.81	1.56	1.38(7.80)
0.40	2.964	0.208	0.369	0.914	3.33(3.87)	2.58	2.10	1.77	1.53	1.35(9.55)
0.50	3.445	0.289	0.406	0.903	3.24(4.53)	2.51	2.04	1.72	1.49	1.31 * (11.19)
0.60	3.874	0.370	0.438	0.895	3.14(5.16)	2.43	1.98	1.67	1.44 *	1.27 * (12.76)
0.70	4.259	0.452	0.466	0.887	3.03(5.77)	2.34	1.91	1.61 *	1.39 *	1.23 * (14.27)
0.80	4.608	0.533	0.491	0.880	2.91(6.37)	2.25	1.83 *	1.55 *	1.34 *	1.18 * (15.73)

表 1-5-2：　C25　$n_s = 7.14$　$\lambda_b = 0.70$　$\lambda_h = 0.90$　$[\sigma_c] = 10.02$

$\mu_s/\%$	$\Psi_i \times 100$	$\hat{\xi}$	ξ	c_s	85 MPa(σ_c)	110 MPa	135 MPa	160 MPa	185 MPa	210 MPa(σ_c)
0.20	1.878	0.049	0.225	0.943	3.41(1.93)	2.63	2.15	1.81	1.57	1.38(4.76)
0.30	2.594	0.073	0.279	0.934	3.40(2.57)	2.63	2.14	1.81	1.56	1.38(6.34)
0.40	3.221	**0.097**	0.323	0.926	3.39(3.16)	2.62	2.13	1.80	1.56	1.37(7.80)
0.50	3.777	0.173	0.360	0.918	3.35(3.72)	2.59	2.11	1.78	1.54	1.36(9.19)
0.60	4.277	0.254	0.392	0.912	3.29(4.26)	2.54	2.07	1.75	1.51	1.33 * (10.52)
0.70	4.731	0.335	0.419	0.906	3.20(4.78)	2.48	2.02	1.70	1.47 *	1.30 * (11.80)
0.80	5.146	0.416	0.444	0.900	3.11(5.28)	2.40	1.96	1.65	1.43 *	1.26 * (13.05)
0.90	5.528	0.497	0.466	0.895	3.00(5.78)	2.32	1.89	1.59 *	1.38 *	1.21 * (14.27)
1.00	5.880	0.578	0.486	0.891	2.88(6.26)	2.23	1.82	1.53 *	1.32 *	1.17 * (15.47)

续表

表1-5-3:	C25	$n_s=7.14$	$\lambda_b=0.70$	$\lambda_h=0.85$	$[\sigma_c]=10.02$				
$\mu_s/\%$	$\Psi_i\times100$	$\hat{\xi}$	ξ	c_s	85 MPa(σ_c)	110 MPa	135 MPa	160 MPa	185 MPa	210 MPa(σ_c)
0.20	1.908	0.049	0.207	0.937	3.43(1.73)	2.65	2.16	1.82	1.58	1.39(4.28)
0.40	3.340	0.097	0.295	0.922	3.40(2.77)	2.63	2.14	1.81	1.56	1.38(6.85)
0.50	3.946	0.122	0.330	0.916	3.38(3.25)	2.61	2.13	1.79	1.55	1.37(8.04)
0.60	4.498	**0.146**	0.360	0.911	3.35(3.72)	2.59	2.11	1.78	1.54	1.36(9.19)
0.70	5.002	0.218	0.387	0.907	3.31(4.17)	2.56	2.09	1.76	1.52	1.34*(10.30)
0.80	5.466	0.299	0.411	0.902	3.25(4.61)	2.51	2.05	1.73	1.49*	1.32*(11.39)
0.90	5.896	0.381	0.433	0.898	3.17(5.04)	2.45	2.00	1.68	1.46*	1.28*(12.46)
1.00	6.295	0.462	0.453	0.895	3.08(5.47)	2.38	1.94	1.64*	1.41*	1.25*(13.51)
1.10	6.667	0.543	0.471	0.891	2.98(5.88)	2.30	1.87	1.58*	1.37*	1.21*(14.54)

表1-5-4:	C25	$n_s=7.14$	$\lambda_b=0.70$	$\lambda_h=0.80$	$[\sigma_c]=10.02$				
$\mu_s/\%$	$\Psi_i\times100$	$\hat{\xi}$	ξ	c_s	85 MPa(σ_c)	110 MPa	135 MPa	160 MPa	185 MPa	210 MPa(σ_c)
0.20	1.912	0.049	0.202	0.933	3.45(1.68)	2.66	2.17	1.83	1.58	1.40(4.15)
0.40	3.385	0.097	0.280	0.915	3.43(2.57)	2.65	2.16	1.82	1.57	1.39(6.36)
0.60	4.605	0.146	0.340	0.905	3.38(3.40)	2.61	2.13	1.79	1.55	1.37(8.41)
0.70	5.144	0.170	0.365	0.901	3.35(3.80)	2.59	2.11	1.78	1.54	1.35(9.40)
0.80	5.643	**0.195**	0.388	0.897	3.32(4.19)	2.56	2.09	1.76	1.52	1.34*(10.36)
0.90	6.108	0.264	0.409	0.893	3.28(4.58)	2.53	2.06	1.74	1.51	1.33*(11.31)
1.00	6.542	0.345	0.428	0.890	3.22(4.95)	2.48	2.02	1.71	1.48*	1.30*(12.24)
1.10	6.949	0.426	0.446	0.887	3.14(5.33)	2.43	1.98	1.67*	1.44*	1.27*(13.16)
1.20	7.331	0.507	0.463	0.885	3.05(5.69)	2.36	1.92	1.62*	1.40*	1.24*(14.07)

表1-5-5:	C25	$n_s=7.14$	$\lambda_b=0.70$	$\lambda_h=0.70$	$[\sigma_c]=10.02$				
$\mu_s/\%$	$\Psi_i\times100$	$\hat{\xi}$	ξ	c_s	85 MPa(σ_c)	110 MPa	135 MPa	160 MPa	185 MPa	210 MPa(σ_c)
0.20	1.912	0.049	0.202	0.933	3.45(1.68)	2.66	2.17	1.83	1.58	1.40(4.15)
0.40	3.395	0.097	0.273	0.909	3.45(2.49)	2.66	2.17	1.83	1.58	1.40(6.15)
0.60	4.657	0.146	0.324	0.893	3.42(3.16)	2.64	2.15	1.82	1.57	1.38(7.82)
0.80	5.760	0.195	0.365	0.883	3.37(3.81)	2.60	2.12	1.79	1.55	1.36(9.41)
1.00	6.737	0.244	0.401	0.876	3.30(4.43)	2.55	2.08	1.76	1.52	1.34*(10.95)
1.20	7.609	**0.292**	0.433	0.870	3.23(5.05)	2.50	2.04	1.72	1.49*	1.31*(12.47)
1.40	8.396	0.436	0.461	0.865	3.14(5.65)	2.42	1.98	1.67*	1.44*	1.27*(13.95)
1.60	9.109	0.599	0.485	0.861	2.99(6.24)	2.31	1.88	1.59*	1.37*	1.21*(15.42)

表 1-6-1：　C25　$n_s = 7.14$　$\lambda_b = 0$（矩形）　$[\sigma_c] = 10.02$

$\mu_s/\%$	$\Psi_i \times 100$	$\hat{\xi}$	ξ	c_s	85 MPa(σ_c)	110 MPa	135 MPa	160 MPa	185 MPa	210 MPa(σ_c)
0.40	3.395	0.097	0.273	0.909	3.45(2.49)	2.66	2.17	1.83	1.58	1.40(6.15)
0.60	4.658	0.146	0.323	0.892	3.42(3.16)	2.64	2.15	1.82	1.57	1.39(7.80)
0.80	5.766	0.195	0.362	0.879	3.38(3.76)	2.61	2.13	1.80	1.55	1.37(9.28)
1.00	6.758	0.244	0.395	0.868	3.33(4.31)	2.57	2.10	1.77	1.53	1.35*(10.65)
1.20	7.657	0.292	0.422	0.859	3.27(4.83)	2.53	2.06	1.74	1.50*	1.32*(11.94)
1.40	8.479	0.341	0.446	0.851	3.21(5.33)	2.48	2.02	1.71*	1.47*	1.30*(13.17)
1.60	9.237	0.390	0.468	0.844	3.14(5.81)	2.43	1.98	1.67*	1.44*	1.27*(14.36)
1.80	9.938	0.438	0.487	0.838	3.07(6.28)	2.37	1.93	1.63*	1.41*	1.24*(15.52)
2.00	10.591	0.487	0.505	0.832	3.00(6.74)	2.32	1.89*	1.59*	1.38*	1.21*(16.65)
2.20	11.201	0.536	0.521	0.826	2.92(7.18)	2.26	1.84*	1.55*	1.34*	1.18*(17.75)
2.40	11.774	0.584	0.535	0.822	2.84(7.62)	2.19	1.79*	1.51*	1.30*	1.15*(18.83)

表 2-1-1：　C30　$n_s = 6.67$　$\lambda_b = 0.95$　$\lambda_h = 0.95$　$[\sigma_c] = 12.06$

$\mu_s/\%$	$\Psi_i \times 100$	$\hat{\xi}$	ξ	c_s	85 MPa(σ_c)	110 MPa	135 MPa	160 MPa	185 MPa	210 MPa(σ_c)
0.05	0.511	0.010	0.127	0.976	3.36(1.03)	2.60	2.12	1.78	1.54	1.36(2.54)
0.10	0.928	0.020	0.204	0.971	3.36(1.82)	2.59	2.11	1.78	1.54	1.36(4.49)
0.15	1.278	0.030	0.266	0.967	3.35(2.57)	2.59	2.11	1.78	1.54	1.36(6.34)
0.20	1.579	0.041	0.317	0.963	3.35(3.29)	2.59	2.11	1.78	1.54	1.36(8.13)
0.25	1.841	**0.064**	0.361	0.959	3.35(3.99)	2.59	2.11	1.78	1.54	1.35(9.86)
0.30	2.072	0.267	0.398	0.956	3.28(4.68)	2.53	2.06	1.74	1.51	1.33(11.57)
0.35	2.278	0.470	0.431	0.952	3.13(5.36)	2.42	1.97	1.66	1.44	1.27*(13.24)
0.40	2.462	0.673	0.460	0.949	2.94(6.03)	2.27	1.85	1.56	1.35*	1.19*(14.89)

表 2-1-2：　C30　$n_s = 6.67$　$\lambda_b = 0.95$　$\lambda_h = 0.90$　$[\sigma_c] = 12.06$

$\mu_s/\%$	$\Psi_i \times 100$	$\hat{\xi}$	ξ	c_s	85 MPa(σ_c)	110 MPa	135 MPa	160 MPa	185 MPa	210 MPa(σ_c)
0.10	0.976	0.020	0.151	0.958	3.40(1.26)	2.63	2.14	1.81	1.56	1.38(3.12)
0.20	1.760	0.041	0.231	0.952	3.39(2.12)	2.62	2.13	1.80	1.56	1.37(5.24)
0.25	2.100	0.051	0.264	0.951	3.38(2.54)	2.61	2.13	1.79	1.55	1.37(6.28)
0.30	2.411	0.061	0.295	0.949	3.37(2.96)	2.60	2.12	1.79	1.55	1.36(7.31)
0.35	2.698	0.071	0.322	0.948	3.35(3.37)	2.59	2.11	1.78	1.54	1.36(8.32)
0.40	2.963	0.081	0.348	0.946	3.34(3.78)	2.58	2.10	1.77	1.53	1.35(9.33)
0.45	3.209	0.091	0.371	0.945	3.33(4.18)	2.57	2.09	1.77	1.53	1.35(10.33)

续表

$\mu_s/\%$	$\Psi_i \times 100$	$\hat{\xi}$	ξ	c_s	85 MPa(σ_c)	110 MPa	135 MPa	160 MPa	185 MPa	210 MPa(σ_c)
0.50	3.439	**0.129**	0.393	0.944	3.31(4.58)	2.56	2.09	1.76	1.52	1.34(11.32)
0.55	3.652	0.332	0.413	0.942	3.26(4.98)	2.52	2.05	1.73	1.50	1.32*(12.31)
0.60	3.853	0.535	0.432	0.941	3.16(5.38)	2.44	1.99	1.68	1.45	1.28*(13.29)

表 2-1-3：C30　$n_s = 6.67$　$\lambda_b = 0.95$　$\lambda_h = 0.85$　$[\sigma_c] = 12.06$

$\mu_s/\%$	$\Psi_i \times 100$	$\hat{\xi}$	ξ	c_s	85 MPa(σ_c)	110 MPa	135 MPa	160 MPa	185 MPa	210 MPa(σ_c)
0.10	0.979	0.020	0.143	0.952	3.42(1.19)	2.65	2.16	1.82	1.57	1.39(2.93)
0.20	1.799	0.041	0.202	0.939	3.44(1.79)	2.65	2.16	1.83	1.58	1.39(4.43)
0.30	2.515	0.061	0.253	0.934	3.42(2.39)	2.64	2.15	1.82	1.57	1.38(5.91)
0.40	3.146	0.081	0.297	0.931	3.39(2.99)	2.62	2.14	1.80	1.56	1.37(7.38)
0.50	3.707	0.101	0.335	0.929	3.37(3.57)	2.60	2.12	1.79	1.55	1.36(8.82)
0.60	4.210	0.122	0.370	0.927	3.34(4.15)	2.58	2.10	1.77	1.53	1.35(10.26)
0.70	4.664	0.142	0.400	0.926	3.31(4.73)	2.55	2.08	1.76	1.52	1.34(11.68)
0.75	4.875	**0.194**	0.415	0.925	3.29(5.02)	2.54	2.07	1.75	1.51	1.33*(12.39)
0.80	5.076	0.396	0.428	0.924	3.24(5.30)	2.51	2.04	1.72	1.49	1.31*(13.10)
0.85	5.267	0.599	0.441	0.924	3.16(5.59)	2.44	1.99	1.68	1.45*	1.28*(13.81)

表 2-1-4：C30　$n_s = 6.67$　$\lambda_b = 0.95$　$\lambda_h = 0.80$　$[\sigma_c] = 12.06$

$\mu_s/\%$	$\Psi_i \times 100$	$\hat{\xi}$	ξ	c_s	85 MPa(σ_c)	110 MPa	135 MPa	160 MPa	185 MPa	210 MPa(σ_c)
0.10	0.979	0.020	0.143	0.952	3.42(1.19)	2.65	2.16	1.82	1.57	1.39(2.93)
0.20	1.803	0.041	0.196	0.935	3.45(1.73)	2.67	2.17	1.83	1.59	1.40(4.28)
0.30	2.539	0.061	0.237	0.924	3.46(2.20)	2.67	2.18	1.84	1.59	1.40(5.44)
0.40	3.204	0.081	0.274	0.919	3.44(2.67)	2.66	2.17	1.83	1.58	1.39(6.59)
0.50	3.809	0.101	0.307	0.915	3.42(3.13)	2.64	2.15	1.82	1.57	1.38(7.74)
0.60	4.361	0.122	0.337	0.913	3.39(3.59)	2.62	2.13	1.80	1.56	1.37(8.88)
0.70	4.867	0.142	0.364	0.911	3.36(4.05)	2.60	2.12	1.79	1.54	1.36(10.01)
0.80	5.334	0.162	0.389	0.909	3.33(4.51)	2.57	2.10	1.77	1.53	1.35(11.13)
0.90	5.765	**0.183**	0.412	0.907	3.30(4.96)	2.55	2.08	1.75	1.52	1.34*(12.26)
1.00	6.165	0.258	0.433	0.906	3.26(5.41)	2.52	2.06	1.73	1.50	1.32*(13.38)
1.10	6.537	0.664	0.453	0.905	3.15(5.87)	2.43	1.98	1.67	1.45*	1.27*(14.49)

续表

表 2-1-5：　C30　$n_s = 6.67$　$\lambda_b = 0.95$　$\lambda_h = 0.70$　$[\sigma_c] = 12.06$

$\mu_s/\%$	$\Psi_i \times 100$	$\hat{\xi}$	ξ	c_s	85 MPa(σ_c)	110 MPa	135 MPa	160 MPa	185 MPa	210 MPa(σ_c)
0.20	1.803	0.041	0.196	0.935	3.45(1.73)	2.67	2.17	1.83	1.59	1.40(4.28)
0.40	3.215	0.081	0.266	0.911	3.47(2.56)	2.68	2.18	1.84	1.59	1.40(6.33)
0.60	4.422	0.122	0.315	0.896	3.45(3.25)	2.67	2.17	1.84	1.59	1.40(8.03)
0.80	5.482	0.162	0.356	0.886	3.42(3.91)	2.64	2.15	1.81	1.57	1.38(9.67)
1.00	6.421	0.203	0.392	0.880	3.36(4.57)	2.60	2.12	1.79	1.54	1.36(11.30)
1.20	7.260	0.243	0.425	0.876	3.30(5.23)	2.55	2.08	1.75	1.52	1.34*(12.92)
1.30	7.647	0.264	0.440	0.875	3.27(5.56)	2.53	2.06	1.74	1.50*	1.32*(13.73)
1.40	8.014	**0.284**	0.454	0.873	3.24(5.89)	2.50	2.04	1.72	1.49*	1.31*(14.54)
1.50	8.364	0.387	0.467	0.872	3.20(6.21)	2.47	2.02	1.70	1.47*	1.30*(15.35)
1.60	8.696	0.793	0.480	0.871	3.10(6.54)	2.40	1.95	1.65*	1.43*	1.26*(16.16)

表 2-2-1：　C30　$n_s = 6.67$　$\lambda_b = 0.90$　$\lambda_h = 0.95$　$[\sigma_c] = 12.06$

$\mu_s/\%$	$\Psi_i \times 100$	$\hat{\xi}$	ξ	c_s	85 MPa(σ_c)	110 MPa	135 MPa	160 MPa	185 MPa	210 MPa(σ_c)
0.10	0.934	0.020	0.196	0.968	3.37(1.73)	2.60	2.12	1.79	1.55	1.36(4.28)
0.15	1.294	0.030	0.253	0.962	3.37(2.40)	2.61	2.12	1.79	1.55	1.37(5.92)
0.20	1.608	0.041	0.299	0.956	3.38(3.02)	2.61	2.13	1.79	1.55	1.37(7.47)
0.25	1.886	**0.057**	0.339	0.950	3.38(3.63)	2.61	2.13	1.80	1.55	1.37(8.96)
0.30	2.135	0.159	0.373	0.945	3.35(4.21)	2.59	2.11	1.78	1.54	1.36(10.39)
0.35	2.360	0.260	0.403	0.940	3.28(4.77)	2.54	2.07	1.74	1.51	1.33(11.79)
0.40	2.564	0.362	0.429	0.936	3.19(5.33)	2.46	2.01	1.69	1.46	1.29*(13.16)
0.45	2.752	0.463	0.453	0.931	3.08(5.87)	2.38	1.94	1.63	1.41*	1.25*(14.50)
0.50	2.924	0.564	0.475	0.928	2.95(6.40)	2.28	1.86	1.57	1.36*	1.20*(15.82)

表 2-2-2：　C30　$n_s = 6.67$　$\lambda_b = 0.90$　$\lambda_h = 0.90$　$[\sigma_c] = 12.06$

$\mu_s/\%$	$\Psi_i \times 100$	$\hat{\xi}$	ξ	c_s	85 MPa(σ_c)	110 MPa	135 MPa	160 MPa	185 MPa	210 MPa(σ_c)
0.10	0.976	0.020	0.151	0.957	3.41(1.26)	2.63	2.14	1.81	1.56	1.38(3.10)
0.20	1.763	0.041	0.227	0.950	3.40(2.08)	2.62	2.14	1.80	1.56	1.37(5.15)
0.30	2.423	0.061	0.289	0.945	3.38(2.87)	2.61	2.13	1.79	1.55	1.37(7.09)
0.40	2.987	0.081	0.339	0.941	3.36(3.63)	2.60	2.11	1.78	1.54	1.36(8.97)
0.45	3.241	0.091	0.361	0.939	3.35(4.00)	2.59	2.11	1.78	1.54	1.36(9.89)
0.50	3.478	**0.114**	0.382	0.937	3.34(4.37)	2.58	2.10	1.77	1.53	1.35(10.79)
0.55	3.701	0.216	0.401	0.935	3.31(4.73)	2.56	2.08	1.76	1.52	1.34(11.69)

续表

$\mu_s/\%$	$\Psi_i \times 100$	$\hat{\xi}$	ξ	c_s	85 MPa(σ_c)	110 MPa	135 MPa	160 MPa	185 MPa	210 MPa(σ_c)
0.60	3.910	0.317	0.418	0.933	3.25(5.09)	2.51	2.05	1.73	1.49	1.32 * (12.58)
0.65	4.107	0.419	0.435	0.931	3.18(5.45)	2.46	2.00	1.69	1.46	1.29 * (13.46)
0.70	4.294	0.520	0.450	0.930	3.09(5.80)	2.39	1.95	1.64	1.42 *	1.25 * (14.34)

表 2-2-3： C30　$n_s=6.67$　$\lambda_b=0.90$　$\lambda_h=0.85$　$[\sigma_c]=12.06$

$\mu_s/\%$	$\Psi_i \times 100$	$\hat{\xi}$	ξ	c_s	85 MPa(σ_c)	110 MPa	135 MPa	160 MPa	185 MPa	210 MPa(σ_c)
0.10	0.979	0.020	0.143	0.952	3.42(1.19)	2.65	2.16	1.82	1.57	1.39(2.93)
0.20	1.800	0.041	0.202	0.939	3.44(1.79)	2.66	2.16	1.83	1.58	1.39(4.42)
0.30	2.517	0.061	0.251	0.933	3.42(2.38)	2.64	2.15	1.82	1.57	1.39(5.87)
0.40	3.151	0.081	0.294	0.930	3.40(2.95)	2.63	2.14	1.81	1.56	1.38(7.29)
0.50	3.718	0.101	0.332	0.926	3.38(3.51)	2.61	2.13	1.79	1.55	1.37(8.68)
0.60	4.227	0.122	0.365	0.924	3.35(4.06)	2.59	2.11	1.78	1.54	1.36(10.04)
0.70	4.689	**0.142**	0.394	0.921	3.32(4.61)	2.57	2.09	1.76	1.53	1.34(11.39)
0.80	5.110	0.273	0.421	0.919	3.28(5.15)	2.53	2.06	1.74	1.51	1.33 * (12.73)
0.90	5.496	0.476	0.445	0.917	3.17(5.69)	2.45	2.00	1.68	1.46 *	1.28 * (14.05)
0.95	5.676	0.578	0.457	0.916	3.10(5.95)	2.39	1.95	1.64	1.42 *	1.25 * (14.71)

表 2-2-4： C30　$n_s=6.67$　$\lambda_b=0.90$　$\lambda_h=0.80$　$[\sigma_c]=12.06$

$\mu_s/\%$	$\Psi_i \times 100$	$\hat{\xi}$	ξ	c_s	85 MPa(σ_c)	110 MPa	135 MPa	160 MPa	185 MPa	210 MPa(σ_c)
0.20	1.803	0.041	0.196	0.935	3.45(1.73)	2.67	2.17	1.83	1.59	1.40(4.28)
0.30	2.539	0.061	0.237	0.924	3.46(2.20)	2.67	2.18	1.84	1.59	1.40(5.43)
0.40	3.205	0.081	0.273	0.918	3.44(2.66)	2.66	2.17	1.83	1.58	1.39(6.57)
0.50	3.811	0.101	0.306	0.914	3.42(3.12)	2.64	2.15	1.82	1.57	1.38(7.70)
0.60	4.365	0.122	0.335	0.911	3.40(3.57)	2.62	2.14	1.80	1.56	1.37(8.81)
0.70	4.875	0.142	0.362	0.909	3.37(4.01)	2.60	2.12	1.79	1.55	1.36(9.91)
0.80	5.345	0.162	0.386	0.907	3.34(4.45)	2.58	2.10	1.77	1.53	1.35(11.00)
0.90	5.781	**0.183**	0.409	0.905	3.31(4.89)	2.56	2.08	1.76	1.52	1.34 * (12.09)
1.00	6.186	0.229	0.429	0.903	3.28(5.33)	2.53	2.06	1.74	1.51	1.33 * (13.16)
1.10	6.564	0.432	0.449	0.901	3.21(5.76)	2.48	2.02	1.70	1.47 *	1.30 * (14.23)
1.20	6.917	0.635	0.467	0.900	3.09(6.19)	2.39	1.94	1.64	1.42 *	1.25 * (15.30)

续表

表 2-2-5： C30 $n_s = 6.67$ $\lambda_b = 0.90$ $\lambda_h = 0.70$ $[\sigma_c] = 12.06$

$\mu_s/\%$	$\Psi_i \times 100$	$\hat{\xi}$	ξ	c_s	85 MPa(σ_c)	110 MPa	135 MPa	160 MPa	185 MPa	210 MPa(σ_c)
0.20	1.803	0.041	0.196	0.935	3.45(1.73)	2.67	2.17	1.83	1.59	1.40(4.28)
0.40	3.215	0.081	0.266	0.911	3.47(2.56)	2.68	2.18	1.84	1.59	1.40(6.33)
0.60	4.422	0.122	0.315	0.896	3.45(3.25)	2.67	2.18	1.84	1.59	1.40(8.03)
0.80	5.482	0.162	0.356	0.886	3.42(3.91)	2.64	2.15	1.81	1.57	1.38(9.66)
1.00	6.423	0.203	0.392	0.880	3.36(4.56)	2.60	2.12	1.79	1.55	1.36(11.27)
1.10	6.855	0.223	0.408	0.877	3.34(4.89)	2.58	2.10	1.77	1.53	1.35*(12.08)
1.20	7.264	0.243	0.424	0.875	3.31(5.21)	2.55	2.08	1.76	1.52	1.34*(12.88)
1.30	7.652	0.264	0.439	0.874	3.27(5.54)	2.53	2.06	1.74	1.50	1.33*(13.67)
1.40	8.020	**0.284**	0.453	0.872	3.24(5.86)	2.50	2.04	1.72	1.49*	1.31*(14.47)
1.50	8.371	0.344	0.466	0.870	3.21(6.18)	2.48	2.02	1.70	1.47*	1.30*(15.26)
1.60	8.706	0.546	0.479	0.869	3.14(6.50)	2.43	1.98	1.67*	1.44*	1.27*(16.05)

表 2-3-1： C30 $n_s = 6.67$ $\lambda_b = 0.85$ $\lambda_h = 0.95$ $[\sigma_c] = 12.06$

$\mu_s/\%$	$\Psi_i \times 100$	$\hat{\xi}$	ξ	c_s	85 MPa(σ_c)	110 MPa	135 MPa	160 MPa	185 MPa	210 MPa(σ_c)
0.10	0.939	0.020	0.190	0.965	3.38(1.66)	2.61	2.13	1.79	1.55	1.37(4.10)
0.20	1.631	**0.041**	0.285	0.951	3.40(2.83)	2.62	2.14	1.80	1.56	1.37(6.98)
0.30	2.186	0.122	0.353	0.938	3.39(3.87)	2.62	2.13	1.80	1.56	1.37(9.55)
0.40	2.647	0.258	0.406	0.928	3.29(4.84)	2.54	2.07	1.75	1.51	1.33(11.95)
0.50	3.040	0.393	0.449	0.918	3.14(5.76)	2.43	1.98	1.67	1.44*	1.27*(14.23)
0.60	3.381	0.528	0.485	0.911	2.96(6.65)	2.29	1.87	1.57*	1.36*	1.20*(16.44)
0.70	3.681	0.664	0.515	0.904	2.77(7.52)	2.14	1.74	1.47*	1.27*	1.12*(18.59)

表 2-3-2： C30 $n_s = 6.67$ $\lambda_b = 0.85$ $\lambda_h = 0.90$ $[\sigma_c] = 12.06$

$\mu_s/\%$	$\Psi_i \times 100$	$\hat{\xi}$	ξ	c_s	85 MPa(σ_c)	110 MPa	135 MPa	160 MPa	185 MPa	210 MPa(σ_c)
0.10	0.976	0.020	0.150	0.957	3.41(1.25)	2.63	2.15	1.81	1.57	1.38(3.09)
0.20	1.767	0.041	0.225	0.949	3.40(2.05)	2.63	2.14	1.81	1.56	1.38(5.07)
0.30	2.434	0.061	0.283	0.942	3.39(2.80)	2.62	2.13	1.80	1.56	1.37(6.91)
0.40	3.009	0.081	0.331	0.937	3.37(3.51)	2.61	2.12	1.79	1.55	1.37(8.66)
0.50	3.513	**0.110**	0.372	0.932	3.36(4.19)	2.59	2.11	1.78	1.54	1.36(10.35)
0.60	3.961	0.245	0.407	0.927	3.30(4.85)	2.55	2.08	1.75	1.52	1.34(11.99)
0.70	4.361	0.380	0.437	0.922	3.19(5.50)	2.47	2.01	1.70	1.47	1.29*(13.60)
0.80	4.723	0.515	0.465	0.918	3.05(6.14)	2.36	1.92	1.62	1.40*	1.24*(15.18)
0.90	5.051	0.651	0.489	0.915	2.89(6.77)	2.23	1.82	1.54*	1.33*	1.17*(16.73)

续表

$\mu_s/\%$	$\Psi_i \times 100$	$\hat{\xi}$	ξ	c_s	85 MPa(σ_c)	110 MPa	135 MPa	160 MPa	185 MPa	210 MPa(σ_c)
表 2-3-3: C30 $n_s = 6.67$ $\lambda_b = 0.85$ $\lambda_h = 0.85$ [σ_c] = 12.06										
0.10	0.979	0.020	0.143	0.952	3.42(1.19)	2.65	2.16	1.82	1.57	1.39(2.93)
0.20	1.800	0.041	0.201	0.939	3.44(1.79)	2.66	2.16	1.83	1.58	1.39(4.41)
0.30	2.519	0.061	0.250	0.932	3.43(2.36)	2.65	2.16	1.82	1.57	1.39(5.83)
0.40	3.156	0.081	0.292	0.928	3.41(2.92)	2.63	2.14	1.81	1.57	1.38(7.20)
0.50	3.727	0.101	0.328	0.924	3.38(3.46)	2.61	2.13	1.80	1.55	1.37(8.54)
0.60	4.243	0.122	0.360	0.921	3.36(3.99)	2.60	2.12	1.79	1.54	1.36(9.85)
0.70	4.713	**0.142**	0.389	0.918	3.34(4.51)	2.58	2.10	1.77	1.53	1.35(11.13)
0.80	5.142	0.232	0.415	0.915	3.30(5.02)	2.55	2.08	1.75	1.52	1.34*(12.39)
0.90	5.537	0.367	0.438	0.912	3.22(5.52)	2.49	2.03	1.71	1.48	1.30*(13.64)
1.00	5.901	0.503	0.460	0.910	3.11(6.02)	2.41	1.96	1.65	1.43*	1.26*(14.88)
表 2-3-4: C30 $n_s = 6.67$ $\lambda_b = 0.85$ $\lambda_h = 0.80$ [σ_c] = 12.06										
0.20	1.803	0.041	0.196	0.935	3.45(1.73)	2.67	2.17	1.83	1.59	1.40(4.28)
0.30	2.539	0.061	0.237	0.924	3.46(2.20)	2.67	2.18	1.84	1.59	1.40(5.43)
0.40	3.205	0.081	0.273	0.918	3.44(2.55)	2.66	2.17	1.83	1.58	1.39(6.56)
0.50	3.813	0.101	0.305	0.913	3.42(3.10)	2.65	2.16	1.82	1.57	1.39(7.66)
0.60	4.369	0.122	0.333	0.910	3.40(3.54)	2.63	2.14	1.81	1.56	1.38(8.75)
0.70	4.882	0.142	0.360	0.907	3.37(3.97)	2.61	2.12	1.79	1.55	1.37(9.82)
0.80	5.356	0.162	0.383	0.904	3.35(4.40)	2.59	2.11	1.78	1.54	1.35(10.88)
0.90	5.796	**0.183**	0.405	0.902	3.32(4.83)	2.56	2.09	1.76	1.52	1.34(11.93)
1.00	6.206	0.219	0.426	0.900	3.29(5.25)	2.54	2.07	1.75	1.51	1.33*(12.96)
1.10	6.589	0.355	0.444	0.898	3.23(5.66)	2.50	2.04	1.72	1.49*	1.31*(13.99)
1.20	6.948	0.490	0.462	0.896	3.15(6.08)	2.43	1.98	1.67	1.45*	1.27*(15.01)
1.30	7.285	0.625	0.478	0.894	3.04(6.49)	2.35	1.91	1.61*	1.40*	1.23*(16.03)
表 2-3-5: C30 $n_s = 6.67$ $\lambda_b = 0.85$ $\lambda_h = 0.70$ [σ_c] = 12.06										
0.20	1.803	0.041	0.196	0.935	3.45(1.73)	2.67	2.17	1.83	1.59	1.40(4.28)
0.40	3.215	0.081	0.266	0.911	3.47(2.56)	2.68	2.18	1.84	1.59	1.40(6.33)
0.60	4.422	0.122	0.315	0.896	3.45(3.25)	2.67	2.18	1.84	1.59	1.40(8.03)
0.80	5.482	0.162	0.356	0.886	3.42(3.91)	2.64	2.15	1.82	1.57	1.38(9.65)

$\mu_s/\%$	$\Psi_i \times 100$	$\hat{\xi}$	ξ	c_s	85 MPa(σ_c)	110 MPa	135 MPa	160 MPa	185 MPa	210 MPa(σ_c)
1.00	6.424	0.203	0.391	0.879	3.37(4.55)	2.60	2.12	1.79	1.55	1.36(11.25)
1.10	6.857	0.223	0.408	0.877	3.34(4.88)	2.58	2.10	1.77	1.53	1.35(12.04)
1.20	7.267	0.243	0.423	0.874	3.31(5.19)	2.56	2.08	1.76	1.52	1.34*(12.83)
1.30	7.656	0.264	0.438	0.872	3.28(5.51)	2.53	2.06	1.74	1.51	1.33*(13.62)
1.40	8.026	**0.284**	0.452	0.871	3.25(5.83)	2.51	2.04	1.72	1.49*	1.31*(14.40)
1.50	8.379	0.329	0.465	0.869	3.21(6.14)	2.48	2.02	1.71	1.48*	1.30*(15.18)
1.60	8.715	0.464	0.477	0.868	3.16(6.46)	2.44	1.99	1.68*	1.45*	1.28*(15.95)
1.70	9.036	0.600	0.489	0.866	3.08(6.77)	2.38	1.94	1.64*	1.42*	1.25*(16.73)

表2-4-1：C30　$n_s = 6.67$　$\lambda_b = 0.80$　$\lambda_h = 0.95$　$[\sigma_c] = 12.06$

$\mu_s/\%$	$\Psi_i \times 100$	$\hat{\xi}$	ξ	c_s	85 MPa(σ_c)	110 MPa	135 MPa	160 MPa	185 MPa	210 MPa(σ_c)
0.10	0.943	0.020	0.185	0.963	3.39(1.60)	2.62	2.13	1.80	1.56	1.37(3.96)
0.20	1.652	**0.041**	0.274	0.947	3.41(2.67)	2.63	2.15	1.81	1.57	1.38(6.59)
0.30	2.229	0.104	0.337	0.934	3.41(3.60)	2.63	2.15	1.81	1.57	1.38(8.90)
0.40	2.716	0.206	0.387	0.922	3.34(4.47)	2.58	2.10	1.77	1.53	1.35(11.04)
0.50	3.137	0.307	0.427	0.913	3.24(5.29)	2.50	2.04	1.72	1.49	1.31*(13.06)
0.60	3.507	0.409	0.462	0.904	3.11(6.07)	2.41	1.96	1.65	1.43*	1.26*(15.00)
0.70	3.836	0.510	0.491	0.897	2.97(6.83)	2.30	1.87	1.58*	1.37*	1.20*(16.88)
0.80	4.131	0.612	0.517	0.890	2.82(7.58)	2.18	1.78	1.50*	1.30*	1.14*(18.72)

表2-4-2：C30　$n_s = 7.00$　$\lambda_b = 0.80$　$\lambda_h = 0.90$　$[\sigma_c] = 12.06$

$\mu_s/\%$	$\Psi_i \times 100$	$\hat{\xi}$	ξ	c_s	85 MPa(σ_c)	110 MPa	135 MPa	160 MPa	185 MPa	210 MPa(σ_c)
0.10	0.977	0.020	0.150	0.957	3.41(1.25)	2.63	2.15	1.81	1.57	1.38(3.08)
0.20	1.770	0.041	0.222	0.947	3.41(2.02)	2.63	2.15	1.81	1.57	1.38(4.99)
0.30	2.443	0.061	0.278	0.940	3.40(2.73)	2.63	2.14	1.81	1.56	1.38(6.74)
0.40	3.029	0.081	0.324	0.933	3.39(3.40)	2.62	2.13	1.80	1.56	1.37(8.39)
0.50	3.545	**0.107**	0.363	0.927	3.37(4.04)	2.61	2.12	1.79	1.55	1.36(9.97)
0.60	4.006	0.209	0.397	0.922	3.33(4.65)	2.57	2.10	1.77	1.53	1.35(11.50)
0.70	4.422	0.310	0.426	0.917	3.25(5.26)	2.51	2.05	1.73	1.49	1.31*(12.98)
0.80	4.799	0.412	0.452	0.912	3.15(5.84)	2.43	1.98	1.67	1.45*	1.27*(14.44)
0.90	5.144	0.513	0.476	0.908	3.03(6.42)	2.34	1.91	1.61*	1.39*	1.22*(15.86)
1.00	5.461	0.615	0.497	0.904	2.89(6.99)	2.24	1.82	1.54*	1.33*	1.17*(17.27)

续表

表 2-4-3: C30 $n_s=6.67$ $\lambda_b=0.80$ $\lambda_h=0.85$ $[\sigma_c]=12.06$										
$\mu_s/\%$	$\Psi_i\times100$	$\hat{\xi}$	ξ	c_s	85 MPa(σ_c)	110 MPa	135 MPa	160 MPa	185 MPa	210 MPa(σc)
0.20	1.800	0.041	0.201	0.938	3.44(1.78)	2.66	2.17	1.83	1.58	1.39(4.40)
0.30	2.520	0.061	0.249	0.931	3.43(2.35)	2.65	2.16	1.82	1.58	1.39(5.79)
0.40	3.161	0.081	0.290	0.926	3.41(2.88)	2.64	2.15	1.81	1.57	1.38(7.13)
0.50	3.736	0.101	0.325	0.922	3.39(3.41)	2.62	2.14	1.80	1.56	1.37(8.42)
0.60	4.258	0.122	0.356	0.918	3.37(3.91)	2.60	2.12	1.79	1.55	1.36(9.67)
0.70	4.735	**0.142**	0.384	0.914	3.35(4.41)	2.59	2.11	1.78	1.54	1.35(10.89)
0.80	5.172	0.212	0.409	0.911	3.32(4.90)	2.56	2.09	1.76	1.52	1.34*(12.10)
0.90	5.575	0.313	0.432	0.908	3.26(5.38)	2.52	2.05	1.73	1.50	1.32*(13.28)
1.00	5.949	0.415	0.452	0.905	3.17(5.85)	2.45	2.00	1.68	1.46*	1.28*(14.45)
1.10	6.297	0.516	0.471	0.902	3.07(6.32)	2.37	1.93	1.63	1.41*	1.24*(15.60)
1.20	6.621	0.617	0.489	0.899	2.95(6.78)	2.28	1.86	1.57*	1.36*	1.20*(16.74)

表 2-4-4: C30 $n_s=6.67$ $\lambda_b=0.80$ $\lambda_h=0.80$ $[\sigma_c]=12.06$										
$\mu_s/\%$	$\Psi_i\times100$	$\hat{\xi}$	ξ	c_s	85 MPa(σ_c)	110 MPa	135 MPa	160 MPa	185 MPa	210 MPa(σ_c)
0.20	1.803	0.041	0.196	0.935	3.45(1.73)	2.67	2.17	1.83	1.59	1.40(4.28)
0.30	2.539	0.061	0.237	0.924	3.46(2.20)	2.67	2.18	1.84	1.59	1.40(5.43)
0.40	3.206	0.081	0.272	0.917	3.45(2.65)	2.66	2.17	1.83	1.58	1.39(6.54)
0.50	3.814	0.101	0.304	0.912	3.43(3.09)	2.65	2.16	1.82	1.57	1.39(7.63)
0.60	4.373	0.122	0.332	0.909	3.40(3.52)	2.63	2.14	1.81	1.56	1.38(8.69)
0.70	4.888	0.142	0.358	0.905	3.38(3.94)	2.61	2.13	1.80	1.55	1.37(9.73)
0.80	5.366	0.162	0.381	0.902	3.35(4.36)	2.59	2.11	1.78	1.54	1.36(10.76)
0.90	5.810	0.183	0.402	0.900	3.33(4.77)	2.57	2.09	1.77	1.53	1.35(11.78)
1.00	6.224	**0.215**	0.422	0.897	3.30(5.17)	2.55	2.08	1.75	1.52	1.34*(12.78)
1.10	6.612	0.316	0.441	0.895	3.25(5.57)	2.51	2.05	1.73	1.49*	1.32*(13.77)
1.20	6.977	0.417	0.458	0.893	3.18(5.97)	2.46	2.00	1.69	1.46*	1.29*(14.75)
1.30	7.320	0.519	0.473	0.891	3.10(6.37)	2.39	1.95	1.65	1.42*	1.25*(15.73)

表 2-4-5: C30 $n_s=6.67$ $\lambda_b=0.80$ $\lambda_h=0.70$ $[\sigma_c]=12.06$										
$\mu_s/\%$	$\Psi_i\times100$	$\hat{\xi}$	ξ	c_s	85 MPa(σ_c)	110 MPa	135 MPa	160 MPa	185 MPa	210 MPa(σ_c)
0.20	1.803	0.041	0.196	0.935	3.45(1.73)	2.67	2.17	1.83	1.59	1.40(4.28)
0.40	3.215	0.081	0.266	0.911	3.47(2.56)	2.68	2.18	1.84	1.59	1.40(6.33)
0.60	4.422	0.122	0.315	0.895	3.45(3.25)	2.67	2.18	1.84	1.59	1.40(8.03)

续表

$\mu_s/\%$	$\Psi_i \times 100$	$\hat{\xi}$	ξ	c_s	85 MPa(σ_c)	110 MPa	135 MPa	160 MPa	185 MPa	210 MPa(σ_c)
0.80	5.483	0.162	0.355	0.886	3.42(3.90)	2.64	2.15	1.82	1.57	1.38(9.64)
1.00	6.425	0.203	0.391	0.879	3.37(4.54)	2.60	2.12	1.79	1.55	1.36(11.23)
1.10	6.859	0.223	0.407	0.876	3.34(4.86)	2.58	2.10	1.77	1.53	1.35(12.01)
1.20	7.270	0.243	0.422	0.874	3.31(5.18)	2.56	2.09	1.76	1.52	1.34*(12.79)
1.30	7.660	0.264	0.437	0.871	3.28(5.49)	2.54	2.07	1.74	1.51	1.33*(13.56)
1.40	8.032	**0.284**	0.450	0.869	3.25(5.80)	2.51	2.05	1.73	1.49*	1.32*(14.33)
1.50	8.386	0.322	0.463	0.868	3.22(6.11)	2.49	2.03	1.71	1.48*	1.30*(15.10)
1.60	8.724	0.423	0.476	0.866	3.17(6.42)	2.45	2.00	1.69*	1.46*	1.28*(15.86)
1.70	9.047	0.525	0.487	0.864	3.11(6.73)	2.40	1.96	1.65*	1.43*	1.26*(16.62)

表 2-5-1：　C30　$n_s = 6.67$　$\lambda_b = 0.70$　$\lambda_h = 0.95$　$[\sigma_c] = 12.06$

$\mu_s/\%$	$\Psi_i \times 100$	$\hat{\xi}$	ξ	c_s	85 MPa(σ_c)	110 MPa	135 MPa	160 MPa	185 MPa	210 MPa(σ_c)
0.10	0.950	0.020	0.176	0.960	3.40(1.51)	2.62	2.14	1.80	1.56	1.37(3.73)
0.20	1.684	**0.041**	0.256	0.942	3.42(2.43)	2.65	2.16	1.82	1.57	1.39(6.01)
0.30	2.298	0.086	0.313	0.928	3.43(3.22)	2.65	2.16	1.82	1.58	1.39(7.96)
0.40	2.827	0.154	0.358	0.917	3.40(3.94)	2.63	2.14	1.81	1.56	1.38(9.74)
0.50	3.293	0.222	0.395	0.907	3.34(4.62)	2.58	2.10	1.77	1.53	1.35(11.41)
0.60	3.710	0.289	0.426	0.898	3.26(5.26)	2.52	2.06	1.73	1.50	1.32*(13.00)
0.70	4.086	0.357	0.454	0.890	3.18(5.88)	2.46	2.00	1.69	1.46*	1.29*(14.53)
0.80	4.428	0.424	0.478	0.883	3.09(6.48)	2.39	1.94	1.64*	1.42*	1.25*(16.02)
0.90	4.742	0.492	0.500	0.877	2.99(7.07)	2.31	1.88	1.59*	1.37*	1.21*(17.47)
1.00	5.031	0.560	0.519	0.871	2.89(7.64)	2.23	1.82*	1.53*	1.33*	1.17*(18.89)

表 2-5-2：　C30　$n_s = 6.67$　$\lambda_b = 0.70$　$\lambda_h = 0.90$　$[\sigma_c] = 12.06$

$\mu_s/\%$	$\Psi_i \times 100$	$\hat{\xi}$	ξ	c_s	85 MPa(σ_c)	110 MPa	135 MPa	160 MPa	185 MPa	210 MPa(σ_c)
0.10	0.977	0.020	0.149	0.956	3.41(1.24)	2.64	2.15	1.81	1.57	1.38(3.05)
0.20	1.775	0.041	0.217	0.945	3.42(1.97)	2.64	2.15	1.81	1.57	1.38(4.86)
0.30	2.461	0.061	0.270	0.936	3.41(2.62)	2.64	2.15	1.81	1.57	1.38(6.46)
0.40	3.063	0.081	0.312	0.928	3.41(3.22)	2.63	2.14	1.81	1.57	1.38(7.95)
0.50	3.601	**0.105**	0.348	0.921	3.40(3.79)	2.62	2.14	1.80	1.56	1.37(9.36)
0.60	4.086	0.172	0.380	0.914	3.37(4.33)	2.60	2.12	1.79	1.55	1.36(10.70)
0.70	4.527	0.240	0.407	0.908	3.32(4.86)	2.56	2.09	1.76	1.52	1.34(12.00)
0.80	4.932	0.308	0.431	0.903	3.25(5.37)	2.51	2.05	1.73	1.49	1.32*(13.27)

续表

$\mu_s/\%$	$\Psi_i\times100$	$\hat{\xi}$	ξ	c_s	85 MPa(σ_c)	110 MPa	135 MPa	160 MPa	185 MPa	210 MPa(σ_c)
0.90	5.305	0.375	0.453	0.898	3.17(5.87)	2.45	2.00	1.69	1.46*	1.28*(14.51)
1.00	5.651	0.443	0.473	0.894	3.09(6.36)	2.39	1.94	1.64	1.42*	1.25*(15.72)
1.10	5.972	0.511	0.492	0.889	3.00(6.84)	2.32	1.89	1.59*	1.38*	1.21*(16.91)

表2-5-3: C30 $n_s=6.67$ $\lambda_b=0.70$ $\lambda_h=0.85$ $[\sigma_c]=12.06$

$\mu_s/\%$	$\Psi_i\times100$	$\hat{\xi}$	ξ	c_s	85 MPa(σ_c)	110 MPa	135 MPa	160 MPa	185 MPa	210 MPa(σ_c)
0.20	1.801	0.041	0.200	0.938	3.44(1.77)	2.66	2.17	1.83	1.58	1.39(4.39)
0.30	2.523	0.061	0.247	0.930	3.43(2.32)	2.65	2.16	1.82	1.58	1.39(5.72)
0.40	3.169	0.081	0.285	0.924	3.42(2.83)	2.64	2.15	1.82	1.57	1.39(6.99)
0.50	3.753	0.101	0.319	0.918	3.41(3.32)	2.63	2.14	1.81	1.56	1.38(8.19)
0.60	4.286	0.122	0.348	0.913	3.39(3.79)	2.62	2.13	1.80	1.56	1.37(9.36)
0.70	4.775	**0.142**	0.375	0.909	3.37(4.24)	2.60	2.12	1.79	1.55	1.36(10.48)
0.80	5.226	0.191	0.398	0.905	3.34(4.69)	2.58	2.10	1.78	1.54	1.35(11.59)
0.90	5.645	0.259	0.420	0.901	3.30(5.13)	2.55	2.08	1.75	1.52	1.34*(12.66)
1.00	6.035	0.326	0.440	0.897	3.24(5.55)	2.50	2.04	1.72	1.49*	1.31*(13.72)
1.10	6.400	0.394	0.458	0.894	3.17(5.98)	2.45	2.00	1.68	1.46*	1.28*(14.76)
1.20	6.742	0.462	0.474	0.891	3.09(6.39)	2.39	1.95	1.64	1.42*	1.25*(15.79)
1.30	7.064	0.529	0.490	0.887	3.01(6.80)	2.33	1.89	1.60*	1.38*	1.22*(16.81)

表2-5-4: C30 $n_s=6.67$ $\lambda_b=0.70$ $\lambda_h=0.80$ $[\sigma_c]=12.06$

$\mu_s/\%$	$\Psi_i\times100$	$\hat{\xi}$	ξ	c_s	85 MPa(σ_c)	110 MPa	135 MPa	160 MPa	185 MPa	210 MPa(σ_c)
0.20	1.803	0.041	0.196	0.935	3.45(1.73)	2.67	2.17	1.83	1.59	1.40(4.28)
0.40	3.207	0.081	0.271	0.916	3.45(2.63)	2.67	2.17	1.83	1.58	1.40(6.51)
0.60	4.380	0.122	0.329	0.906	3.41(3.47)	2.64	2.15	1.81	1.57	1.38(8.58)
0.80	5.385	0.162	0.376	0.899	3.37(4.27)	2.60	2.12	1.79	1.55	1.36(10.55)
0.90	5.836	0.183	0.397	0.895	3.34(4.66)	2.58	2.10	1.78	1.54	1.35(11.51)
1.00	6.259	**0.210**	0.416	0.892	3.32(5.04)	2.56	2.09	1.76	1.52	1.34*(12.45)
1.10	6.657	0.277	0.433	0.890	3.28(5.41)	2.53	2.06	1.74	1.51	1.33*(13.38)
1.20	7.031	0.345	0.450	0.887	3.23(5.79)	2.49	2.03	1.72	1.48*	1.31*(14.29)
1.30	7.385	0.413	0.465	0.884	3.17(6.15)	2.45	1.99	1.68	1.46*	1.28*(15.20)
1.40	7.719	0.480	0.479	0.882	3.10(6.51)	2.39	1.95	1.65*	1.42*	1.25*(16.09)
1.50	8.036	0.548	0.493	0.880	3.02(6.87)	2.33	1.90	1.60*	1.39*	1.22*(16.98)

续表

表 2-5-5：C30　$n_s = 6.67$　$\lambda_b = 0.70$　$\lambda_h = 0.70$　$[\sigma_c] = 12.06$

$\mu_s/\%$	$\Psi_i \times 100$	$\hat{\xi}$	ξ	c_s	85 MPa(σ_c)	110 MPa	135 MPa	160 MPa	185 MPa	210 MPa(σ_c)
0.20	1.803	0.041	0.196	0.935	3.45(1.73)	2.67	2.17	1.83	1.59	1.40(4.28)
0.40	3.215	0.081	0.266	0.911	3.47(2.56)	2.68	2.18	1.84	1.59	1.40(6.33)
0.60	4.422	0.122	0.314	0.895	3.45(3.25)	2.67	2.18	1.84	1.59	1.40(8.02)
0.80	5.483	0.162	0.355	0.885	3.42(3.90)	2.64	2.15	1.82	1.57	1.38(9.63)
1.00	6.428	0.203	0.390	0.878	3.37(4.53)	2.61	2.12	1.79	1.55	1.36(11.19)
1.20	7.276	0.243	0.421	0.872	3.32(5.14)	2.56	2.09	1.76	1.52	1.34 * (12.71)
1.40	8.043	**0.284**	0.448	0.867	3.26(5.75)	2.52	2.05	1.73	1.50 *	1.32 * (14.21)
1.60	8.742	0.382	0.473	0.863	3.19(6.35)	2.46	2.01	1.69	1.47 *	1.29 * (15.68)
1.80	9.381	0.517	0.495	0.859	3.08(6.94)	2.38	1.94	1.64 *	1.42 *	1.25 * (17.14)
2.00	9.969	0.653	0.515	0.856	2.94(7.52)	2.27	1.85	1.56 *	1.35 *	1.19 * (18.58)

表 2-6-1：C30　$n_s = 6.67$　$\lambda_b = 0.00$(矩形)　$[\sigma_c] = 12.06$

$\mu_s/\%$	$\Psi_i \times 100$	$\hat{\xi}$	ξ	c_s	85 MPa(σ_c)	110 MPa	135 MPa	160 MPa	185 MPa	210 MPa(σ_c)
0.40	3.215	0.081	0.266	0.911	3.47(2.56)	2.68	2.18	1.84	1.59	1.40(6.33)
0.60	4.422	0.122	0.314	0.895	3.46(3.25)	2.67	2.18	1.84	1.59	1.40(8.02)
0.80	5.487	0.162	0.353	0.882	3.43(3.86)	2.65	2.16	1.82	1.58	1.39(9.53)
1.00	6.443	0.203	0.384	0.872	3.40(4.42)	2.62	2.14	1.80	1.56	1.37(10.92)
1.20	7.312	0.243	0.412	0.863	3.35(4.95)	2.59	2.11	1.78	1.54	1.36 * (12.24)
1.40	8.109	0.284	0.436	0.855	3.31(5.46)	2.55	2.08	1.76	1.52	1.34 * (13.50)
1.60	8.845	0.325	0.457	0.848	3.26(5.95)	2.52	2.05	1.73	1.50 *	1.32 * (14.71)
1.80	9.529	0.365	0.476	0.841	3.20(6.43)	2.47	2.01	1.70 *	1.47 *	1.30 * (15.88)
2.00	10.166	0.406	0.493	0.836	3.14(6.89)	2.43	1.98	1.67 *	1.44 *	1.27 * (17.03)
2.20	10.763	0.446	0.509	0.830	3.08(7.34)	2.38	1.94	1.64 *	1.42 *	1.25 * (18.15)
2.40	11.325	0.487	0.524	0.825	3.02(7.79)	2.33	1.90 *	1.60 *	1.39 *	1.22 * (19.24)
2.60	11.853	**0.528**	0.537	0.821	2.95(8.22)	2.28	1.86 *	1.57 *	1.36 *	1.20 * (20.32)

表 3-1-1：C40　$n_s = 6.15$　$\lambda_b = 0.95$　$\lambda_h = 0.95$　$[\sigma_c] = 16.08$

$\mu_s/\%$	$\Psi_i \times 100$	$\hat{\xi}$	ξ	c_s	85 MPa(σ_c)	110 MPa	135 MPa	160 MPa	185 MPa	210 MPa(σ_c)
0.10	0.868	0.015	0.193	0.972	3.36(1.84)	2.60	2.12	1.79	1.55	1.36(4.55)
0.15	1.201	0.023	0.253	0.968	3.36(2.60)	2.60	2.12	1.79	1.55	1.36(6.41)
0.20	1.490	0.030	0.302	0.964	3.36(3.33)	2.60	2.12	1.79	1.55	1.36(8.22)
0.25	1.743	0.038	0.344	0.961	3.36(4.03)	2.60	2.12	1.79	1.55	1.36(9.97)

续表

$\mu_s/\%$	$\Psi_i\times100$	$\hat{\xi}$	ξ	c_s	85 MPa(σ_c)	110 MPa	135 MPa	160 MPa	185 MPa	210 MPa(σ_c)
0.30	1.968	**0.046**	0.381	0.957	3.36(4.73)	2.60	2.12	1.79	1.54	1.36(11.69)
0.35	2.169	0.115	0.413	0.954	3.35(5.41)	2.59	2.11	1.78	1.54	1.36(13.37)
0.40	2.350	0.268	0.442	0.951	3.29(6.09)	2.55	2.07	1.75	1.51	1.33(15.04)
0.45	2.514	0.420	0.468	0.948	3.19(6.75)	2.46	2.01	1.69	1.47	1.29*(16.68)
0.50	2.664	0.572	0.491	0.946	3.05(7.41)	2.36	1.92	1.62	1.40*	1.24*(18.31)

表 3-1-2： C40　$n_s=6.15$　$\lambda_b=0.95$　$\lambda_h=0.90$　$[\sigma_c]=16.08$

$\mu_s/\%$	$\Psi_i\times100$	$\hat{\xi}$	ξ	c_s	85 MPa(σ_c)	110 MPa	135 MPa	160 MPa	185 MPa	210 MPa(σ_c)
0.10	0.908	0.015	0.144	0.958	3.41(1.29)	2.64	2.15	1.81	1.57	1.38(3.20)
0.20	1.647	0.030	0.219	0.953	3.40(2.16)	2.63	2.14	1.81	1.56	1.38(5.33)
0.30	2.269	0.046	0.281	0.950	3.39(3.00)	2.62	2.13	1.80	1.56	1.37(7.40)
0.40	2.800	0.061	0.332	0.947	3.37(3.82)	2.61	2.12	1.79	1.55	1.37(9.44)
0.50	3.261	0.076	0.376	0.945	3.35(4.63)	2.59	2.11	1.78	1.54	1.36(11.44)
0.60	3.666	0.091	0.414	0.942	3.34(5.43)	2.58	2.10	1.77	1.53	1.35(13.42)
0.65	3.850	**0.099**	0.432	0.941	3.33(5.83)	2.57	2.09	1.77	1.53	1.35(14.40)
0.70	4.024	0.231	0.448	0.940	3.30(6.22)	2.55	2.08	1.76	1.52	1.34(15.38)
0.75	4.188	0.383	0.463	0.939	3.25(6.62)	2.51	2.05	1.73	1.49	1.31*(16.35)
0.80	4.343	0.535	0.477	0.938	3.17(7.01)	2.45	1.99	1.68	1.46	1.28*(17.32)

表 3-1-3： C40　$n_s=6.15$　$\lambda_b=0.95$　$\lambda_h=0.85$　$[\sigma_c]=16.08$

$\mu_s/\%$	$\Psi_i\times100$	$\hat{\xi}$	ξ	c_s	85 MPa(σ_c)	110 MPa	135 MPa	160 MPa	185 MPa	210 MPa(σ_c)
0.10	0.910	0.015	0.138	0.954	3.43(1.23)	2.65	2.16	1.82	1.57	1.39(3.04)
0.20	1.679	0.030	0.194	0.941	3.45(1.84)	2.67	2.17	1.83	1.58	1.40(4.56)
0.30	2.356	0.046	0.242	0.935	3.44(2.45)	2.66	2.17	1.83	1.58	1.39(6.04)
0.40	2.957	0.061	0.284	0.932	3.43(3.04)	2.65	2.16	1.82	1.57	1.39(7.51)
0.50	3.496	0.076	0.321	0.930	3.41(3.63)	2.63	2.15	1.81	1.57	1.38(8.96)
0.60	3.982	0.091	0.354	0.928	3.39(4.21)	2.62	2.13	1.80	1.56	1.37(10.40)
0.70	4.422	0.107	0.384	0.927	3.37(4.79)	2.60	2.12	1.79	1.55	1.36(11.83)
0.80	4.824	0.122	0.411	0.925	3.34(5.36)	2.58	2.11	1.78	1.54	1.35(13.25)
0.90	5.191	**0.137**	0.436	0.924	3.32(5.94)	2.57	2.09	1.76	1.53	1.34(14.66)
1.00	5.529	0.194	0.459	0.923	3.30(6.51)	2.55	2.08	1.75	1.52	1.33(16.07)
1.10	5.841	0.498	0.479	0.922	3.21(7.07)	2.48	2.02	1.71	1.48	1.30*(17.47)
1.15	5.988	0.651	0.489	0.921	3.14(7.36)	2.43	1.98	1.67	1.44	1.27*(18.17)

表 3-1-4：　C40　$n_s = 6.15$　$\lambda_b = 0.95$　$\lambda_h = 0.80$　$[\sigma_c] = 16.08$

$\mu_s/\%$	$\Psi_i \times 100$	$\hat{\xi}$	ξ	c_s	85 MPa(σ_c)	110 MPa	135 MPa	160 MPa	185 MPa	210 MPa(σ_c)
0.20	1.681	0.030	0.189	0.937	3.46(1.79)	2.68	2.18	1.84	1.59	1.40(4.43)
0.30	2.374	0.046	0.228	0.926	3.48(2.27)	2.69	2.19	1.85	1.60	1.41(5.61)
0.40	3.004	0.061	0.263	0.920	3.47(2.74)	2.68	2.19	1.84	1.59	1.41(6.76)
0.50	3.580	0.076	0.294	0.916	3.46(3.20)	2.67	2.18	1.84	1.59	1.40(7.91)
0.60	4.109	0.091	0.323	0.914	3.44(3.66)	2.66	2.17	1.83	1.58	1.39(9.05)
0.70	4.596	0.107	0.349	0.912	3.42(4.12)	2.64	2.15	1.82	1.57	1.38(10.18)
0.80	5.047	0.122	0.374	0.910	3.40(4.58)	2.63	2.14	1.81	1.56	1.38(11.31)
0.90	5.466	0.137	0.396	0.908	3.38(5.04)	2.61	2.13	1.79	1.55	1.37(12.44)
1.00	5.856	0.152	0.417	0.907	3.35(5.49)	2.59	2.11	1.78	1.54	1.36(13.56)
1.10	6.220	0.167	0.436	0.906	3.33(5.94)	2.57	2.10	1.77	1.53	1.35(14.68)
1.20	6.560	0.183	0.454	0.905	3.31(6.39)	2.56	2.08	1.76	1.52	1.34(15.80)
1.30	6.880	**0.198**	0.471	0.904	3.28(6.84)	2.54	2.07	1.74	1.51	1.33*(16.91)
1.40	7.180	0.462	0.487	0.903	3.23(7.29)	2.50	2.03	1.72	1.48	1.31*(18.02)

表 3-1-5：　C40　$n_s = 6.15$　$\lambda_b = 0.95$　$\lambda_h = 0.70$　$[\sigma_c] = 16.08$

$\mu_s/\%$	$\Psi_i \times 100$	$\hat{\xi}$	ξ	c_s	85 MPa(σ_c)	110 MPa	135 MPa	160 MPa	185 MPa	210 MPa(σ_c)
0.20	1.681	0.030	0.189	0.937	3.46(1.79)	2.68	2.18	1.84	1.59	1.40(4.43)
0.40	3.010	0.061	0.257	0.914	3.49(2.65)	2.70	2.20	1.86	1.60	1.41(6.55)
0.60	4.154	0.091	0.304	0.899	3.50(3.35)	2.70	2.20	1.86	1.61	1.42(8.29)
0.80	5.165	0.122	0.344	0.889	3.48(4.02)	2.69	2.19	1.85	1.60	1.41(9.93)
1.00	6.068	0.152	0.379	0.882	3.45(4.68)	2.67	2.17	1.83	1.58	1.40(11.56)
1.20	6.879	0.183	0.410	0.878	3.41(5.34)	2.63	2.15	1.81	1.57	1.38(13.19)
1.40	7.613	0.213	0.438	0.875	3.36(6.00)	2.60	2.12	1.79	1.55	1.36(14.81)
1.60	8.279	0.244	0.464	0.872	3.32(6.65)	2.56	2.09	1.76	1.52	1.34*(16.43)
1.80	8.887	**0.274**	0.487	0.870	3.27(7.30)	2.52	2.06	1.74	1.50	1.32*(18.04)
2.00	9.444	0.388	0.509	0.868	3.21(7.95)	2.48	2.02	1.71	1.48*	1.30*(19.65)
2.10	9.706	0.692	0.519	0.868	3.15(8.28)	2.43	1.98	1.67	1.45*	1.27*(20.46)

表 3-2-1：　C40　$n_s = 6.15$　$\lambda_b = 0.90$　$\lambda_h = 0.95$　$[\sigma_c] = 16.08$

$\mu_s/\%$	$\Psi_i \times 100$	$\hat{\xi}$	ξ	c_s	85 MPa(σ_c)	110 MPa	135 MPa	160 MPa	185 MPa	210 MPa(σ_c)
0.10	0.873	0.015	0.186	0.969	3.37(1.76)	2.61	2.12	1.79	1.55	1.37(4.35)
0.20	1.514	0.030	0.286	0.957	3.39(3.07)	2.62	2.13	1.80	1.56	1.37(7.59)

续表

$\mu_s/\%$	$\Psi_i \times 100$	$\hat{\xi}$	ξ	c_s	85 MPa(σ_c)	110 MPa	135 MPa	160 MPa	185 MPa	210 MPa(σ_c)
0.30	2.022	**0.046**	0.357	0.947	3.40(4.27)	2.63	2.14	1.81	1.56	1.38(10.55)
0.40	2.439	0.159	0.413	0.938	3.37(5.40)	2.61	2.12	1.79	1.55	1.37(13.35)
0.45	2.622	0.235	0.437	0.934	3.33(5.95)	2.57	2.09	1.77	1.53	1.35(14.71)
0.50	2.791	0.311	0.458	0.931	3.26(6.49)	2.52	2.05	1.73	1.50	1.32(16.04)
0.55	2.947	0.387	0.478	0.927	3.19(7.03)	2.46	2.01	1.69	1.46	1.29*(17.36)
0.60	3.093	0.463	0.496	0.924	3.10(7.55)	2.40	1.95	1.65	1.43*	1.26*(18.66)
0.65	3.229	0.539	0.513	0.921	3.01(8.07)	2.33	1.90	1.60	1.38*	1.22*(19.95)

表 3-2-2： C40 $n_s = 6.15$ $\lambda_b = 0.90$ $\lambda_h = 0.90$ $[\sigma_c] = 16.08$

$\mu_s/\%$	$\Psi_i \times 100$	$\hat{\xi}$	ξ	c_s	85 MPa(σ_c)	110 MPa	135 MPa	160 MPa	185 MPa	210 MPa(σ_c)
0.10	0.908	0.015	0.144	0.958	3.41(1.29)	2.64	2.15	1.81	1.57	1.38(3.19)
0.20	1.650	0.030	0.217	0.951	3.41(2.12)	2.63	2.15	1.81	1.57	1.38(5.25)
0.30	2.278	0.046	0.275	0.947	3.40(2.92)	2.63	2.14	1.81	1.56	1.38(7.21)
0.40	2.820	0.061	0.324	0.942	3.39(3.68)	2.62	2.13	1.80	1.56	1.37(9.10)
0.50	3.294	0.076	0.366	0.938	3.38(4.43)	2.61	2.13	1.79	1.55	1.37(10.94)
0.60	3.714	**0.091**	0.402	0.935	3.36(5.16)	2.60	2.12	1.79	1.55	1.36(12.74)
0.70	4.090	0.165	0.433	0.931	3.34(5.87)	2.58	2.10	1.78	1.54	1.35(14.51)
0.80	4.427	0.318	0.462	0.928	3.27(6.58)	2.53	2.06	1.74	1.50	1.32*(16.26)
0.90	4.733	0.470	0.487	0.925	3.16(7.28)	2.44	1.99	1.68	1.45	1.28*(17.99)
0.95	4.876	0.546	0.498	0.924	3.09(7.63)	2.38	1.94	1.64	1.42*	1.25*(18.84)
1.00	5.012	0.622	0.509	0.923	3.01(7.97)	2.33	1.90	1.60	1.38*	1.22*(19.69)

表 3-2-3： C40 $n_s = 6.15$ $\lambda_b = 0.90$ $\lambda_h = 0.85$ $[\sigma_c] = 16.08$

$\mu_s/\%$	$\Psi_i \times 100$	$\hat{\xi}$	ξ	c_s	85 MPa(σ_c)	110 MPa	135 MPa	160 MPa	185 MPa	210 MPa(σ_c)
0.20	1.679	0.030	0.193	0.940	3.45(1.84)	2.67	2.17	1.83	1.59	1.40(4.55)
0.30	2.357	0.046	0.240	0.934	3.44(2.43)	2.66	2.17	1.83	1.58	1.39(6.01)
0.40	2.961	0.061	0.281	0.931	3.43(3.01)	2.65	2.16	1.82	1.58	1.39(7.43)
0.50	3.504	0.076	0.317	0.928	3.42(3.57)	2.64	2.15	1.81	1.57	1.38(8.82)
0.60	3.995	0.091	0.350	0.925	3.40(4.13)	2.63	2.14	1.81	1.56	1.38(10.20)
0.70	4.443	0.107	0.379	0.923	3.38(4.68)	2.61	2.13	1.80	1.55	1.37(11.56)
0.80	4.852	0.122	0.405	0.920	3.36(5.22)	2.60	2.12	1.79	1.54	1.36(12.90)
0.90	5.229	**0.137**	0.429	0.918	3.34(5.76)	2.58	2.10	1.77	1.53	1.35(14.23)
1.00	5.576	0.172	0.450	0.917	3.32(6.29)	2.57	2.09	1.76	1.53	1.34(15.55)

$\mu_s/\%$	$\Psi_i \times 100$	$\hat{\xi}$	ξ	c_s	85 MPa(σ_c)	110 MPa	135 MPa	160 MPa	185 MPa	210 MPa(σ_c)
1.10	5.898	0.324	0.471	0.915	3.27(6.82)	2.53	2.06	1.74	1.50	1.32*(16.86)
1.20	6.198	0.476	0.489	0.913	3.18(7.35)	2.46	2.00	1.69	1.46	1.29*(18.16)
1.30	6.477	0.629	0.506	0.912	3.07(7.87)	2.37	1.93	1.63	1.41*	1.24*(19.46)

表 3-2-4：　C40　$n_s = 6.15$　$\lambda_b = 0.90$　$\lambda_h = 0.80$　$[\sigma_c] = 16.08$

$\mu_s/\%$	$\Psi_i \times 100$	$\hat{\xi}$	ξ	c_s	85 MPa(σ_c)	110 MPa	135 MPa	160 MPa	185 MPa	210 MPa(σ_c)
0.20	1.681	0.030	0.189	0.937	3.46(1.79)	2.68	2.18	1.84	1.59	1.40(4.43)
0.40	3.004	0.061	0.262	0.920	3.47(2.73)	2.68	2.19	1.84	1.60	1.41(6.75)
0.60	4.112	0.091	0.322	0.912	3.45(3.64)	2.66	2.17	1.83	1.58	1.39(8.99)
0.80	5.056	0.122	0.371	0.908	3.41(4.53)	2.63	2.15	1.81	1.57	1.38(11.20)
0.90	5.478	0.137	0.393	0.906	3.39(4.97)	2.62	2.13	1.80	1.56	1.37(12.28)
1.00	5.873	0.152	0.413	0.904	3.37(5.41)	2.60	2.12	1.79	1.55	1.36(13.37)
1.10	6.241	0.167	0.432	0.903	3.34(5.85)	2.58	2.11	1.78	1.54	1.35(14.44)
1.20	6.587	0.183	0.450	0.901	3.32(6.28)	2.57	2.09	1.76	1.53	1.34(15.51)
1.30	6.912	**0.198**	0.466	0.900	3.30(6.71)	2.55	2.08	1.75	1.52	1.33*(16.57)
1.40	7.218	0.331	0.482	0.899	3.26(7.14)	2.52	2.05	1.73	1.50	1.32*(17.63)
1.50	7.507	0.483	0.496	0.898	3.19(7.56)	2.47	2.01	1.70	1.47*	1.29*(18.69)

表 3-2-5：　C40　$n_s = 6.15$　$\lambda_b = 0.90$　$\lambda_h = 0.70$　$[\sigma_c] = 16.08$

$\mu_s/\%$	$\Psi_i \times 100$	$\hat{\xi}$	ξ	c_s	85 MPa(σ_c)	110 MPa	135 MPa	160 MPa	185 MPa	210 MPa(σ_c)
0.20	1.681	0.030	0.189	0.937	3.46(1.79)	2.68	2.18	1.84	1.59	1.40(4.43)
0.40	3.010	0.061	0.257	0.914	3.49(2.65)	2.70	2.20	1.86	1.60	1.41(6.55)
0.60	4.154	0.091	0.304	0.899	3.50(3.35)	2.70	2.20	1.86	1.61	1.42(8.29)
0.80	5.165	0.122	0.343	0.888	3.48(4.02)	2.69	2.19	1.85	1.60	1.41(9.93)
1.00	6.069	0.152	0.378	0.882	3.45(4.67)	2.67	2.17	1.83	1.59	1.40(11.55)
1.20	6.882	0.183	0.409	0.877	3.41(5.32)	2.64	2.15	1.81	1.57	1.38(13.15)
1.40	7.617	0.213	0.437	0.874	3.37(5.97)	2.60	2.12	1.79	1.55	1.36(14.75)
1.60	8.286	0.244	0.463	0.871	3.32(6.61)	2.57	2.09	1.76	1.53	1.34*(16.34)
1.80	8.898	**0.274**	0.486	0.868	3.27(7.25)	2.53	2.06	1.74	1.50	1.33*(17.92)
2.00	9.459	0.344	0.507	0.866	3.22(7.89)	2.49	2.03	1.71	1.48*	1.30*(19.50)
2.10	9.723	0.496	0.517	0.865	3.18(8.21)	2.46	2.00	1.69	1.46*	1.29*(20.28)
2.20	9.977	0.648	0.526	0.865	3.11(8.53)	2.40	1.96	1.65	1.43*	1.26*(21.06)

续表

表 3-3-1：	C40	$n_s = 6.15$		$\lambda_b = 0.85$	$\lambda_h = 0.95$	$[\sigma_c] = 16.08$			
$\mu_s / \%$	$\Psi_i \times 100$	$\hat{\xi}$	ξ	c_s	85 MPa(σ_c)	110 MPa	135 MPa	160 MPa	185 MPa	210 MPa(σ_c)
0.10	0.876	0.015	0.181	0.966	3.38(1.69)	2.61	2.13	1.80	1.55	1.37(4.19)
0.20	1.534	0.030	0.273	0.953	3.40(2.88)	2.63	2.14	1.81	1.56	1.38(7.11)
0.30	2.066	**0.046**	0.339	0.941	3.42(3.94)	2.64	2.15	1.82	1.57	1.38(9.72)
0.40	2.511	0.123	0.391	0.931	3.41(4.92)	2.64	2.15	1.81	1.57	1.38(12.16)
0.50	2.894	0.224	0.433	0.922	3.35(5.86)	2.59	2.11	1.78	1.54	1.35(14.48)
0.60	3.227	0.325	0.468	0.914	3.25(6.77)	2.51	2.05	1.73	1.49	1.31*(16.72)
0.70	3.522	0.427	0.499	0.907	3.13(7.65)	2.42	1.97	1.66	1.44*	1.27*(18.90)
0.80	3.785	0.528	0.526	0.901	3.00(8.51)	2.31	1.89	1.59	1.38*	1.21*(21.02)

表 3-3-2：	C40	$n_s = 6.15$		$\lambda_b = 0.85$	$\lambda_h = 0.90$	$[\sigma_c] = 16.08$			
$\mu_s / \%$	$\Psi_i \times 100$	$\hat{\xi}$	ξ	c_s	85 MPa(σ_c)	110 MPa	135 MPa	160 MPa	185 MPa	210 MPa(σ_c)
0.10	0.908	0.015	0.143	0.958	3.41(1.29)	2.64	2.15	1.81	1.57	1.38(3.18)
0.20	1.653	0.030	0.214	0.950	3.42(2.09)	2.64	2.15	1.81	1.57	1.38(5.17)
0.30	2.287	0.046	0.270	0.944	3.41(2.85)	2.64	2.15	1.81	1.57	1.38(7.03)
0.40	2.838	0.061	0.317	0.938	3.40(3.56)	2.63	2.14	1.81	1.56	1.38(8.81)
0.50	3.324	0.076	0.357	0.934	3.39(4.26)	2.62	2.14	1.80	1.56	1.37(10.52)
0.60	3.758	**0.091**	0.391	0.929	3.38(4.93)	2.61	2.13	1.80	1.55	1.37(12.18)
0.70	4.148	0.144	0.421	0.925	3.37(5.59)	2.60	2.12	1.79	1.55	1.36(13.80)
0.80	4.502	0.245	0.448	0.921	3.32(6.23)	2.57	2.09	1.76	1.53	1.34(15.40)
0.90	4.824	0.347	0.472	0.917	3.24(6.87)	2.51	2.04	1.72	1.49	1.31*(16.97)
1.00	5.120	0.448	0.494	0.914	3.15(7.49)	2.43	1.98	1.67	1.45*	1.27*(18.51)
1.10	5.392	0.549	0.514	0.911	3.04(8.11)	2.35	1.91	1.61	1.40*	1.23*(20.04)

表 3-3-3：	C40	$n_s = 6.15$		$\lambda_b = 0.85$	$\lambda_h = 0.85$	$[\sigma_c] = 16.08$			
$\mu_s / \%$	$\Psi_i \times 100$	$\hat{\xi}$	ξ	c_s	85 MPa(σ_c)	110 MPa	135 MPa	160 MPa	185 MPa	210 MPa(σ_c)
0.20	1.679	0.030	0.193	0.940	3.45(1.84)	2.67	2.17	1.83	1.59	1.40(4.54)
0.30	2.358	0.046	0.239	0.934	3.45(2.42)	2.66	2.17	1.83	1.58	1.40(5.97)
0.40	2.965	0.061	0.279	0.929	3.44(2.98)	2.66	2.16	1.83	1.58	1.39(7.35)
0.50	3.512	0.076	0.314	0.925	3.42(3.52)	2.65	2.16	1.82	1.57	1.39(8.70)
0.60	4.008	0.091	0.346	0.922	3.41(4.06)	2.63	2.15	1.81	1.57	1.38(10.02)
0.70	4.462	0.107	0.374	0.919	3.39(4.58)	2.62	2.14	1.80	1.56	1.37(11.31)
0.80	4.879	0.122	0.399	0.916	3.38(5.10)	2.61	2.13	1.79	1.55	1.37(12.59)

续表

$\mu_s/\%$	$\Psi_i \times 100$	$\hat{\xi}$	ξ	c_s	85 MPa(σ_c)	110 MPa	135 MPa	160 MPa	185 MPa	210 MPa(σ_c)
0.90	5.263	**0.137**	0.422	0.914	3.36(5.61)	2.59	2.11	1.78	1.54	1.36(13.85)
1.00	5.620	0.165	0.443	0.912	3.34(6.11)	2.58	2.10	1.77	1.53	1.35(15.09)
1.10	5.951	0.266	0.463	0.909	3.30(6.61)	2.55	2.08	1.75	1.52	1.34*(16.32)
1.20	6.260	0.368	0.480	0.907	3.24(7.10)	2.50	2.04	1.72	1.49	1.31*(17.54)
1.30	6.549	0.469	0.497	0.905	3.16(7.59)	2.44	1.99	1.68	1.45*	1.28*(18.76)

表 3-3-4　C40　$n_s = 6.15$　$\lambda_b = 0.85$　$\lambda_h = 0.80$　$[\sigma_c] = 16.08$

$\mu_s/\%$	$\Psi_i \times 100$	$\hat{\xi}$	ξ	c_s	85 MPa(σ_c)	110 MPa	135 MPa	160 MPa	185 MPa	210 MPa(σ_c)
0.20	1.681	0.030	0.189	0.937	3.46(1.79)	2.68	2.18	1.84	1.59	1.40(4.43)
0.40	3.004	0.061	0.262	0.919	3.47(2.73)	2.68	2.19	1.85	1.60	1.41(6.73)
0.60	4.115	0.091	0.320	0.911	3.45(3.62)	2.67	2.17	1.83	1.58	1.40(8.94)
0.80	5.064	0.122	0.369	0.906	3.41(4.49)	2.64	2.15	1.81	1.57	1.38(11.08)
1.00	5.888	0.152	0.410	0.902	3.38(5.34)	2.61	2.13	1.79	1.55	1.37(13.18)
1.20	6.612	0.183	0.446	0.898	3.33(6.17)	2.58	2.10	1.77	1.53	1.35(15.25)
1.30	6.943	**0.198**	0.462	0.896	3.31(6.59)	2.56	2.09	1.76	1.52	1.34*(16.27)
1.40	7.255	0.287	0.477	0.895	3.28(7.00)	2.54	2.07	1.74	1.51	1.33*(17.28)
1.50	7.550	0.389	0.491	0.893	3.23(7.40)	2.50	2.03	1.72	1.48*	1.31*(18.29)
1.60	7.829	0.490	0.504	0.892	3.16(7.81)	2.44	1.99	1.68	1.45*	1.28*(19.30)
1.70	8.094	0.592	0.517	0.890	3.08(8.22)	2.38	1.94	1.64	1.42*	1.25*(20.30)

表 3-3-5：　C40　$n_s = 6.15$　$\lambda_b = 0.85$　$\lambda_h = 0.70$　$[\sigma_c] = 16.08$

$\mu_s/\%$	$\Psi_i \times 100$	$\hat{\xi}$	ξ	c_s	85 MPa(σ_c)	110 MPa	135 MPa	160 MPa	185 MPa	210 MPa(σ_c)
0.20	1.681	0.030	0.189	0.937	3.46(1.79)	2.68	2.18	1.84	1.59	1.40(4.43)
0.40	3.010	0.061	0.257	0.914	3.49(2.65)	2.70	2.20	1.86	1.60	1.41(6.55)
0.60	4.154	0.091	0.304	0.899	3.50(3.35)	2.70	2.20	1.86	1.61	1.42(8.29)
0.80	5.166	0.122	0.343	0.888	3.48(4.02)	2.69	2.19	1.85	1.60	1.41(9.92)
1.00	6.070	0.152	0.378	0.882	3.45(4.67)	2.67	2.17	1.83	1.59	1.40(11.53)
1.20	6.884	0.183	0.409	0.877	3.41(5.31)	2.64	2.15	1.81	1.57	1.38(13.12)
1.40	7.621	0.213	0.436	0.873	3.37(5.95)	2.61	2.12	1.79	1.55	1.37(14.69)
1.60	8.293	0.244	0.461	0.869	3.33(6.58)	2.57	2.10	1.77	1.53	1.35*(16.25)
1.80	8.908	**0.274**	0.484	0.867	3.28(7.21)	2.53	2.07	1.74	1.51	1.33*(17.80)
2.00	9.474	0.329	0.505	0.864	3.23(7.83)	2.50	2.03	1.72	1.48*	1.31*(19.35)
2.10	9.740	0.431	0.515	0.863	3.19(8.14)	2.47	2.01	1.70	1.47*	1.29*(20.11)
2.20	9.996	0.532	0.524	0.862	3.14(8.45)	2.43	1.98	1.67	1.44*	1.27*(20.88)

续表

表 3-4-1： C40　$n_s = 6.15$　$\lambda_b = 0.80$　$\lambda_h = 0.95$　$[\sigma_c] = 16.08$

$\mu_s/\%$	$\Psi_i \times 100$	$\hat{\xi}$	ξ	c_s	85 MPa(σ_c)	110 MPa	135 MPa	160 MPa	185 MPa	210 MPa(σ_c)
0.10	0.880	0.015	0.176	0.965	3.39(1.64)	2.62	2.13	1.80	1.56	1.37(4.05)
0.20	1.551	0.030	0.262	0.949	3.42(2.73)	2.64	2.15	1.82	1.57	1.38(6.73)
0.30	2.103	**0.046**	0.324	0.937	3.44(3.68)	2.66	2.16	1.83	1.58	1.39(9.09)
0.40	2.572	0.104	0.373	0.926	3.44(4.56)	2.66	2.16	1.83	1.58	1.39(11.26)
0.50	2.980	0.181	0.413	0.916	3.39(5.39)	2.62	2.14	1.80	1.56	1.37(13.32)
0.60	3.340	0.257	0.446	0.908	3.33(6.19)	2.57	2.09	1.77	1.53	1.35(15.29)
0.70	3.661	0.333	0.476	0.901	3.24(6.96)	2.51	2.04	1.72	1.49	1.31 * (17.20)
0.80	3.951	0.409	0.501	0.894	3.15(7.72)	2.43	1.98	1.67	1.45 *	1.27 * (19.06)
0.90	4.213	0.485	0.524	0.889	3.04(8.45)	2.35	1.92	1.62	1.40 *	1.23 * (20.89)

表 3-4-2： C40　$n_s = 6.15$　$\lambda_b = 0.80$　$\lambda_h = 0.90$　$[\sigma_c] = 16.08$

$\mu_s/\%$	$\Psi_i \times 100$	$\hat{\xi}$	ξ	c_s	85 MPa(σ_c)	110 MPa	135 MPa	160 MPa	185 MPa	210 MPa(σ_c)
0.10	0.908	0.015	0.143	0.958	3.41(1.28)	2.64	2.15	1.81	1.57	1.38(3.17)
0.20	1.655	0.030	0.212	0.949	3.42(2.07)	2.64	2.15	1.82	1.57	1.38(5.10)
0.30	2.295	0.046	0.266	0.941	3.42(2.78)	2.64	2.15	1.82	1.57	1.38(6.88)
0.40	2.854	0.061	0.311	0.935	3.42(3.46)	2.64	2.15	1.81	1.57	1.38(8.55)
0.50	3.351	0.076	0.349	0.930	3.41(4.11)	2.63	2.15	1.81	1.57	1.38(10.16)
0.60	3.797	**0.091**	0.382	0.924	3.40(4.74)	2.63	2.14	1.81	1.56	1.38(11.70)
0.70	4.200	0.133	0.410	0.919	3.39(5.35)	2.62	2.13	1.80	1.56	1.37(13.21)
0.80	4.568	0.209	0.436	0.915	3.35(5.94)	2.59	2.11	1.78	1.54	1.36(14.68)
0.90	4.906	0.285	0.459	0.911	3.30(6.53)	2.55	2.08	1.75	1.51	1.33 * (16.12)
1.00	5.216	0.361	0.480	0.907	3.23(7.10)	2.49	2.03	1.71	1.48	1.31 * (17.54)
1.10	5.504	0.437	0.500	0.903	3.14(7.67)	2.43	1.98	1.67	1.44 *	1.27 * (18.94)
1.20	5.772	0.513	0.517	0.900	3.05(8.23)	2.36	1.92	1.62	1.40 *	1.24 * (20.32)

表 3-4-3： C40　$n_s = 6.15$　$\lambda_b = 0.80$　$\lambda_h = 0.85$　$[\sigma_c] = 16.08$

$\mu_s/\%$	$\Psi_i \times 100$	$\hat{\xi}$	ξ	c_s	85 MPa(σ_c)	110 MPa	135 MPa	160 MPa	185 MPa	210 MPa(σ_c)
0.20	1.679	0.030	0.193	0.940	3.45(1.84)	2.67	2.17	1.83	1.59	1.40(4.53)
0.30	2.360	0.046	0.238	0.933	3.45(2.40)	2.67	2.17	1.83	1.59	1.40(5.94)
0.40	2.968	0.061	0.277	0.928	3.44(2.95)	2.66	2.17	1.83	1.58	1.39(7.28)
0.50	3.519	0.076	0.312	0.924	3.43(3.48)	2.65	2.16	1.82	1.58	1.39(8.59)
0.60	4.020	0.091	0.342	0.920	3.42(3.99)	2.64	2.15	1.82	1.57	1.38(9.85)

$\mu_s/\%$	$\Psi_i\times100$	$\hat{\xi}$	ξ	c_s	85 MPa(σ_c)	110 MPa	135 MPa	160 MPa	185 MPa	210 MPa(σ_c)
0.70	4.480	0.107	0.369	0.916	3.40(4.49)	2.63	2.14	1.81	1.56	1.38(11.09)
0.80	4.904	0.122	0.394	0.913	3.39(4.98)	2.62	2.13	1.80	1.56	1.37(12.31)
0.90	5.296	**0.137**	0.416	0.910	3.37(5.47)	2.61	2.12	1.79	1.55	1.36(13.51)
1.00	5.660	0.161	0.436	0.907	3.35(5.94)	2.59	2.11	1.78	1.54	1.36(14.68)
1.10	6.000	0.237	0.455	0.904	3.32(6.42)	2.57	2.09	1.77	1.53	1.35(15.85)
1.20	6.318	0.313	0.473	0.902	3.28(6.88)	2.53	2.06	1.74	1.51	1.33 * (17.00)
1.30	6.617	0.389	0.489	0.899	3.22(7.34)	2.48	2.02	1.71	1.48	1.30 * (18.14)
1.40	6.897	0.465	0.504	0.897	3.14(7.80)	2.43	1.98	1.67	1.44 *	1.27 * (19.27)
1.50	7.162	0.542	0.518	0.895	3.06(8.26)	2.37	1.93	1.63	1.41 *	1.24 * (20.40)

表 3-4-4：　C40　$n_s=6.15$　$\lambda_b=0.80$　$\lambda_h=0.80$　$[\sigma_c]=16.08$

$\mu_s/\%$	$\Psi_i\times100$	$\hat{\xi}$	ξ	c_s	85 MPa(σ_c)	110 MPa	135 MPa	160 MPa	185 MPa	210 MPa(σ_c)
0.20	1.681	0.030	0.189	0.937	3.46(1.79)	2.68	2.18	1.84	1.59	1.40(4.43)
0.40	3.005	0.061	0.262	0.919	3.48(2.72)	2.69	2.19	1.85	1.60	1.41(6.72)
0.60	4.117	0.091	0.319	0.910	3.45(3.60)	2.67	2.17	1.83	1.59	1.40(8.89)
0.80	5.072	0.122	0.367	0.904	3.42(4.44)	2.64	2.15	1.82	1.57	1.38(10.98)
1.00	5.904	0.152	0.407	0.899	3.38(5.27)	2.62	2.13	1.80	1.56	1.37(13.01)
1.10	6.281	0.167	0.425	0.897	3.37(5.67)	2.60	2.12	1.79	1.55	1.36(14.01)
1.20	6.637	0.183	0.442	0.895	3.35(6.07)	2.59	2.11	1.78	1.54	1.35(15.01)
1.30	6.972	**0.198**	0.457	0.893	3.32(6.47)	2.57	2.09	1.77	1.53	1.35(15.99)
1.40	7.289	0.265	0.472	0.891	3.30(6.87)	2.55	2.08	1.75	1.52	1.33 * (16.96)
1.50	7.590	0.342	0.486	0.889	3.26(7.26)	2.52	2.05	1.73	1.50	1.32 * (17.93)
1.60	7.875	0.418	0.499	0.887	3.20(7.65)	2.47	2.02	1.70	1.47 *	1.30 * (18.89)
1.70	8.146	0.494	0.511	0.886	3.14(8.03)	2.43	1.98	1.67	1.44 *	1.27 * (19.85)
1.80	8.404	0.570	0.523	0.884	3.07(8.42)	2.37	1.93	1.63	1.41 *	1.24 * (20.80)

表 3-4-5：　C40　$n_s=6.15$　$\lambda_b=0.80$　$\lambda_h=0.70$　$[\sigma_c]=16.08$

$\mu_s/\%$	$\Psi_i\times100$	$\hat{\xi}$	ξ	c_s	85 MPa(σ_c)	110 MPa	135 MPa	160 MPa	185 MPa	210 MPa(σ_c)
0.20	1.681	0.030	0.189	0.937	3.46(1.79)	2.68	2.18	1.84	1.59	1.40(4.43)
0.40	3.010	0.061	0.257	0.914	3.49(2.65)	2.70	2.20	1.86	1.60	1.41(6.55)
0.60	4.154	0.091	0.304	0.899	3.50(3.35)	2.70	2.20	1.86	1.61	1.42(8.29)
0.80	5.166	0.122	0.343	0.888	3.48(4.01)	2.69	2.19	1.85	1.60	1.41(9.91)
1.00	6.070	0.152	0.378	0.881	3.45(4.66)	2.67	2.17	1.83	1.59	1.40(11.51)

续表

$\mu_s/\%$	$\Psi_i \times 100$	$\hat{\xi}$	ξ	c_s	85 MPa(σ_c)	110 MPa	135 MPa	160 MPa	185 MPa	210 MPa(σ_c)
1.20	6.886	0.183	0.408	0.876	3.42(5.30)	2.64	2.15	1.82	1.57	1.38(13.08)
1.40	7.625	0.213	0.436	0.872	3.38(5.92)	2.61	2.13	1.79	1.55	1.37(14.64)
1.60	8.300	0.244	0.460	0.868	3.33(6.55)	2.58	2.10	1.77	1.53	1.35*(16.17)
1.80	8.919	0.274	0.483	0.865	3.29(7.16)	2.54	2.07	1.75	1.51	1.33*(17.69)
2.00	9.488	**0.322**	0.503	0.862	3.24(7.77)	2.50	2.04	1.72	1.49*	1.31*(19.20)
2.20	10.014	0.474	0.522	0.860	3.16(8.38)	2.44	1.99	1.68	1.45*	1.28*(20.70)
2.30	10.262	0.550	0.531	0.859	3.11(8.68)	2.40	1.96	1.65*	1.43*	1.26*(21.45)

表 3-5-1: C40 $n_s = 6.15$ $\lambda_b = 0.70$ $\lambda_h = 0.95$ $[\sigma_c] = 16.08$

$\mu_s/\%$	$\Psi_i \times 100$	$\hat{\xi}$	ξ	c_s	85 MPa(σ_c)	110 MPa	135 MPa	160 MPa	185 MPa	210 MPa(σ_c)
0.10	0.886	0.015	0.168	0.962	3.40(1.55)	2.63	2.14	1.81	1.56	1.38(3.82)
0.20	1.579	0.030	0.245	0.945	3.43(2.49)	2.65	2.16	1.82	1.58	1.39(6.16)
0.30	2.163	**0.046**	0.301	0.931	3.46(3.30)	2.67	2.18	1.84	1.59	1.40(8.16)
0.40	2.669	0.086	0.345	0.920	3.46(4.04)	2.68	2.18	1.84	1.59	1.40(9.98)
0.50	3.118	0.137	0.381	0.910	3.44(4.73)	2.66	2.17	1.83	1.58	1.39(11.68)
0.60	3.521	0.188	0.412	0.902	3.41(5.38)	2.63	2.14	1.81	1.57	1.38(13.30)
0.70	3.885	0.238	0.439	0.894	3.36(6.02)	2.60	2.11	1.78	1.54	1.36(14.86)
0.80	4.219	0.289	0.463	0.887	3.30(6.63)	2.55	2.08	1.75	1.52	1.34*(16.37)
0.90	4.525	0.340	0.485	0.881	3.24(7.22)	2.50	2.04	1.72	1.49	1.31*(17.85)
1.00	4.807	0.391	0.504	0.876	3.17(7.81)	2.45	2.00	1.69	1.46*	1.28*(19.29)
1.10	5.070	0.441	0.522	0.871	3.10(8.38)	2.40	1.95	1.65	1.43*	1.26*(20.70)
1.20	5.314	0.492	0.538	0.866	3.03(8.94)	2.34	1.91	1.61*	1.39*	1.23*(22.09)
1.30	5.543	0.543	0.553	0.862	2.95(9.50)	2.28	1.86	1.57*	1.36*	1.19*(23.46)

表 3-5-2: C40 $n_s = 6.15$ $\lambda_b = 0.70$ $\lambda_h = 0.90$ $[\sigma_c] = 16.08$

$\mu_s/\%$	$\Psi_i \times 100$	$\hat{\xi}$	ξ	c_s	85 MPa(σ_c)	110 MPa	135 MPa	160 MPa	185 MPa	210 MPa(σ_c)
0.20	1.659	0.030	0.208	0.946	3.43(2.02)	2.65	2.16	1.82	1.58	1.39(4.98)
0.30	2.309	0.046	0.259	0.938	3.43(2.68)	2.65	2.16	1.82	1.58	1.39(6.61)
0.40	2.883	0.061	0.300	0.930	3.43(3.29)	2.65	2.16	1.82	1.58	1.39(8.13)
0.50	3.398	0.076	0.335	0.923	3.43(3.87)	2.65	2.16	1.82	1.58	1.39(9.56)
0.60	3.865	**0.091**	0.366	0.917	3.43(4.42)	2.65	2.16	1.82	1.57	1.39(10.93)
0.70	4.291	0.122	0.392	0.912	3.42(4.96)	2.64	2.15	1.82	1.57	1.38(12.25)
0.80	4.684	0.173	0.416	0.906	3.40(5.48)	2.62	2.14	1.80	1.56	1.37(13.54)

μ_s/%	$\Psi_i \times 100$	$\hat{\xi}$	ξ	c_s	85 MPa(σ_c)	110 MPa	135 MPa	160 MPa	185 MPa	210 MPa(σ_c)
0.90	5.047	0.223	0.438	0.902	3.36(5.99)	2.60	2.12	1.79	1.54	1.36(14.80)
1.00	5.384	0.274	0.458	0.897	3.32(6.49)	2.56	2.09	1.76	1.52	1.34(16.03)
1.10	5.698	0.325	0.476	0.893	3.26(6.98)	2.52	2.05	1.73	1.50	1.32*(17.23)
1.20	5.992	0.375	0.493	0.889	3.20(7.46)	2.48	2.02	1.70	1.47*	1.30*(18.42)
1.30	6.269	0.426	0.508	0.886	3.14(7.93)	2.43	1.98	1.67	1.44*	1.27*(19.59)
1.40	6.529	0.477	0.522	0.882	3.08(8.40)	2.38	1.94	1.63	1.41*	1.24*(20.75)
1.50	6.774	0.528	0.536	0.879	3.00(8.86)	2.32	1.89	1.60*	1.38*	1.22*(21.90)

表 3-5-3：　C40　n_s=6.15　λ_b=0.70　λ_h=0.85　[σ_c]=16.08

μ_s/%	$\Psi_i \times 100$	$\hat{\xi}$	ξ	c_s	85 MPa(σ_c)	110 MPa	135 MPa	160 MPa	185 MPa	210 MPa(σ_c)
0.20	1.680	0.030	0.192	0.939	3.45(1.83)	2.67	2.17	1.83	1.59	1.40(4.52)
0.40	2.975	0.061	0.274	0.925	3.45(2.90)	2.67	2.17	1.83	1.59	1.40(7.16)
0.60	4.043	0.091	0.335	0.915	3.43(3.87)	2.65	2.16	1.82	1.58	1.39(9.56)
0.80	4.949	0.122	0.384	0.907	3.41(4.79)	2.64	2.15	1.81	1.57	1.38(11.82)
0.90	5.355	0.137	0.405	0.903	3.40(5.23)	2.62	2.14	1.80	1.56	1.37(12.92)
1.00	5.734	**0.157**	0.424	0.900	3.38(5.66)	2.61	2.13	1.80	1.55	1.37(13.99)
1.10	6.089	0.208	0.442	0.897	3.36(6.09)	2.60	2.11	1.78	1.54	1.36(15.04)
1.20	6.423	0.259	0.459	0.893	3.33(6.51)	2.57	2.09	1.77	1.53	1.35*(16.09)
1.30	6.738	0.310	0.474	0.891	3.28(6.93)	2.54	2.07	1.74	1.51	1.33*(17.11)
1.40	7.035	0.360	0.489	0.888	3.23(7.34)	2.50	2.04	1.72	1.49	1.31*(18.13)
1.50	7.317	0.411	0.502	0.885	3.18(7.74)	2.46	2.00	1.69	1.46*	1.29*(19.13)
1.60	7.585	0.462	0.515	0.883	3.12(8.15)	2.41	1.97	1.66	1.43*	1.26*(20.13)
1.70	7.839	0.512	0.527	0.880	3.06(8.55)	2.36	1.93	1.62*	1.41*	1.24*(21.12)

表 3-5-4：　C40　n_s=6.15　λ_b=0.70　λ_h=0.80　[σ_c]=16.08

μ_s/%	$\Psi_i \times 100$	$\hat{\xi}$	ξ	c_s	85 MPa(σ_c)	110 MPa	135 MPa	160 MPa	185 MPa	210 MPa(σ_c)
0.20	1.681	0.030	0.189	0.937	3.46(1.79)	2.68	2.18	1.84	1.59	1.40(4.43)
0.40	3.006	0.061	0.261	0.918	3.48(2.71)	2.69	2.19	1.85	1.60	1.41(6.70)
0.60	4.123	0.091	0.317	0.908	3.46(3.56)	2.67	2.18	1.84	1.59	1.40(8.79)
0.80	5.087	0.122	0.362	0.901	3.43(4.37)	2.65	2.16	1.82	1.58	1.39(10.79)
1.00	5.932	0.152	0.401	0.895	3.40(5.14)	2.63	2.14	1.81	1.56	1.38(12.71)
1.20	6.682	**0.183**	0.434	0.889	3.37(5.90)	2.60	2.12	1.79	1.55	1.36(14.57)
1.40	7.353	0.244	0.464	0.884	3.32(6.64)	2.57	2.09	1.77	1.53	1.35*(16.39)

续表

$\mu_s/\%$	$\Psi_i \times 100$	$\hat{\xi}$	ξ	c_s	85 MPa(σ_c)	110 MPa	135 MPa	160 MPa	185 MPa	210 MPa(σ_c)
1.50	7.664	0.294	0.477	0.882	3.29(7.00)	2.54	2.07	1.75	1.51	1.33 * (17.29)
1.60	7.959	0.345	0.489	0.880	3.25(7.36)	2.51	2.05	1.73	1.49	1.32 * (18.18)
1.70	8.241	0.396	0.501	0.878	3.21(7.72)	2.48	2.02	1.70	1.47 *	1.30 * (19.06)
1.80	8.511	0.447	0.512	0.876	3.16(8.07)	2.44	1.99	1.68	1.45 *	1.28 * (19.94)
1.90	8.768	0.497	0.523	0.874	3.10(8.42)	2.40	1.95	1.65	1.43 *	1.26 * (20.81)
2.00	9.014	0.548	0.533	0.872	3.04(8.77)	2.35	1.92	1.62 *	1.40 *	1.23 * (21.68)

表 3-5-5： C40　$n_s = 6.15$　$\lambda_b = 0.70$　$\lambda_h = 0.70$　$[\sigma_c] = 16.08$

$\mu_s/\%$	$\Psi_i \times 100$	$\hat{\xi}$	ξ	c_s	85 MPa(σ_c)	110 MPa	135 MPa	160 MPa	185 MPa	210 MPa(σ_c)
0.20	1.681	0.030	0.189	0.937	3.46(1.79)	2.68	2.18	1.84	1.59	1.40(4.43)
0.40	3.010	0.061	0.257	0.914	3.49(2.65)	2.70	2.20	1.86	1.60	1.41(6.55)
0.60	4.154	0.091	0.304	0.899	3.50(3.35)	2.70	2.20	1.86	1.61	1.42(8.29)
0.80	5.166	0.122	0.343	0.888	3.48(4.01)	2.69	2.19	1.85	1.60	1.41(9.90)
1.00	6.072	0.152	0.377	0.880	3.46(4.65)	2.67	2.18	1.84	1.59	1.40(11.48)
1.20	6.890	0.183	0.407	0.875	3.42(5.27)	2.64	2.16	1.82	1.57	1.39(13.02)
1.40	7.634	0.213	0.434	0.870	3.38(5.88)	2.62	2.13	1.80	1.55	1.37(14.53)
1.60	8.314	0.244	0.458	0.866	3.34(6.48)	2.58	2.10	1.78	1.54	1.35(16.01)
1.80	8.938	0.274	0.480	0.862	3.30(7.08)	2.55	2.08	1.75	1.52	1.34 * (17.48)
2.00	9.515	**0.315**	0.499	0.859	3.25(7.66)	2.51	2.05	1.73	1.49 *	1.32 * (18.93)
2.20	10.049	0.416	0.518	0.856	3.19(8.24)	2.46	2.01	1.69	1.47 *	1.29 * (20.37)
2.40	10.546	0.518	0.535	0.853	3.10(8.82)	2.40	1.95	1.65 *	1.43 *	1.26 * (21.79)

表 3-6-1： C40　$n_s = 6.15$　$\lambda_b = 0.00$(矩形)　$[\sigma_c] = 16.08$

$\mu_s/\%$	$\Psi_i \times 100$	$\hat{\xi}$	ξ	c_s	85 MPa(σ_c)	110 MPa	135 MPa	160 MPa	185 MPa	210 MPa(σc)
0.40	3.010	0.061	0.257	0.914	3.49(2.65)	2.70	2.20	1.86	1.60	1.41(6.55)
0.60	4.154	0.091	0.304	0.899	3.50(3.35)	2.70	2.20	1.86	1.61	1.42(8.29)
0.80	5.168	0.122	0.342	0.886	3.49(3.98)	2.70	2.20	1.85	1.60	1.41(9.84)
1.00	6.082	0.152	0.373	0.876	3.48(4.56)	2.69	2.19	1.85	1.60	1.41(11.27)
1.20	6.916	0.183	0.399	0.867	3.45(5.11)	2.67	2.17	1.83	1.59	1.40(12.62)
1.40	7.683	0.213	0.423	0.859	3.43(5.63)	2.65	2.16	1.82	1.57	1.39(13.90)
1.60	8.393	0.244	0.444	0.852	3.40(6.13)	2.62	2.14	1.80	1.56	1.37(15.14)
1.80	9.054	0.274	0.463	0.846	3.36(6.61)	2.60	2.12	1.79	1.54	1.36 * (16.34)
2.00	9.673	0.304	0.480	0.840	3.32(7.08)	2.57	2.09	1.77	1.53	1.35 * (17.50)
2.20	10.254	0.335	0.496	0.835	3.29(7.55)	2.54	2.07	1.75	1.51 *	1.33 * (18.64)
2.40	10.801	0.365	0.510	0.830	3.24(8.00)	2.51	2.04	1.72	1.49 *	1.31 * (19.76)

续表

$\mu_s/\%$	$\Psi_i \times 100$	$\hat{\xi}$	ξ	c_s	85 MPa(σ_c)	110 MPa	135 MPa	160 MPa	185 MPa	210 MPa(σc)
2.60	11.317	0.396	0.524	0.825	3.20(8.44)	2.47	2.02	1.70	1.47 *	1.30 *(20.85)
2.80	11.806	0.426	0.536	0.821	3.16(8.88)	2.44	1.99	1.68 *	1.45 *	1.28 *(21.93)
3.00	12.270	0.457	0.548	0.817	3.11(9.31)	2.40	1.96	1.65 *	1.43 *	1.26 *(22.99)
3.20	12.712	0.487	0.559	0.814	3.06(9.73)	2.37	1.93	1.63 *	1.41 *	1.24 *(24.04)
3.40	13.132	0.517	0.569	0.810	3.01(10.15)	2.33	1.90 *	1.60 *	1.38 *	1.22 *(25.08)
3.60	13.534	0.548	0.579	0.807	2.96(10.57)	2.29	1.87 *	1.57 *	1.36 *	1.20 *(26.11)

本表使用说明:

①本表按使用 HRB335 钢筋编制。第 1 列 μ_s 为断面含筋率,第 2 列 Ψ_i 为断面的换算惯性矩计算系数($\bar{I} = \Psi_i b_f h_0^3$),第 3 列为 $\hat{\xi} = \hat{x}/h_0$(其值不得大于 0.56),第 4 列 $\xi = x/h_0$,第 5 列 c_s 为断面的内力臂系数,第 6~11 列分别为与 μ_s、σ_s(取 85~210 MPa 共 6 档)对应的断面计算 $\bar{J}$,括号内为与钢筋应力 σ_s 对应的混凝土最大使用应力 σ_c,钢筋应力为 85~210 MPa 时的相应混凝土应力可在两端括号内数据之间内插。加 * 者表示此时混凝土应力已经大于容许值。当采用 HRB400 钢筋时,附录中的 $\bar{J}$ 全部可提高 16%($\hat{x} \leqslant h_f$ 时这一关系严格成立)且对其他数据无影响。除 $\hat{\xi}$ 是按 04 桥规规定计算以外,本表其余各列数据均为按本节方法的弹性理论计算,即将 n_s 提高 1.8 倍。表中 μ_s 的取值止于接近容许的最大取值,即如果 μ_s 的取值再增加一级,断面的 $\hat{\xi}$ 就将超过 0.56。

②本表按桥梁结构的重要性系数 $\gamma_0 = 1.0$ 和不计受压区钢筋面积 A'_s 计算,后者影响极小且使结果偏于安全。当 $\gamma_0 = 1.0$ 或 1.1 时,一般计算 $\bar{J}$ 只要大于 1.32 或 1.32×1.1 = 1.45 左右时即可满足 04 桥规对抗弯承载力的要求。$\hat{\xi}$ 列加粗数据为极限状态下断面受压区高度 $\hat{x}$ 接近或刚极超过上翼板厚度 h_f 时的对应值,一般情况下,$\hat{x}$ 不应超过此值。在每行数据中,因 σ_c 与钢筋应力 σ_s 的变化呈正比,故对应的 σ_c 只需列出首尾两个数据。$\bar{J}$ 后带 * 者表示此时的 σ_c 已超过混凝土抗压强度标准值 f_{ck} 的 60%。本节算法的 $0.6f_{ck}$ 大约与 75 桥规中的容许应力 $[\sigma_w]$ 相当,表中用 $[\sigma_c]$ 表示列出供参考,04 桥规对此无规定。当 $\gamma_0 = 1.1(1.0)$ 时,建议 σ_c 应按不超过 $0.55(0.60)f_{ck}$ 控制设计。

③本表的使用方法为:先求设计断面的含筋率 $\mu_s = A_s/(b_f \times h_0)$,根据混凝土强度等级与断面的 λ_b 与 λ_h 选用相应的用表,即可求得断面的换算断面惯性矩 $\bar{I}$,并查得断面的相应 $\hat{\xi}$、ξ 与内力臂系数 c_s。其次,求钢筋应力 $\sigma_s = M_k/(A_s h_0 c_s)$,由 σ_s 即可查得断面的 $\bar{J}$ 和相应的混凝土应力 σ_c,由此即可对设计是否合理作出判断。可以准确地求解断面的 c_s 与 σ_s 是本表的最大特点。

④本表数据已足够密集,故一般情况下查表取值都不需要进行双向内插,μ_s、λ_b、λ_h 和 σ_s 只需取最接近者按简单的单向内插方法就可得到足够精确的结果。μ_s、λ_b 和 λ_h 取较大值都可以使计算稍偏于安全,只需避免这 3 个数据全部都取较大值即可。当 λ_b 和 λ_h 同时为 0.7 时,表内的数据已与矩形断面非常接近,故当 $\lambda_b > 0.7$ 或 $\lambda_h > 0.7$ 时,本表也可使用。此时用双向内插的方法取值即可求得很好的结果,只要注意与矩形断面的数据内插取值时应以 λ_b 和 λ_h 中的较小者与矩形断面内插。C35 混凝土的设计数据可在 C30 与 C40 系列之间内插。因此,本表实际可以用于对几乎一切钢筋混凝土矩形与 T 形断面受弯构件的设计是否合理进行判断。

⑤当 $\sigma_s \leqslant 185$ MPa 时,只有表 1-1-2 与表 2-1-2 中各一处当 μ_s 取接近容许的最大值时,断面的计算 $\bar{J} = 1.45$,其余数据皆大于 1.45,而此时 λ_b 取值为 0.95 又几乎是不可能的。对于正常设计的受弯构件断面,$\bar{J}$ 一般均会大于 1.50 左右。裂缝计算宽度主要与钢筋应力成正比,$\sigma_s = 185$ MPa 时对应的裂缝宽度大约已接近 04 桥规的容许最大宽度 0.2 mm,故 σ_s 一般不应该超过 185 MPa。再考虑到本表的计算数据取 $A'_s = 0$ 使计算偏于安全,这表明对于一切正常与非正常设计的受弯构件 T 形与矩形断面。当使用 HRB335 钢筋时,只要构造设计满足桥规要求且钢筋应力不超过 185 MPa,断面均可以满足 04 桥规对设计安全等级为一级时($\gamma_0 = 1.1$)的极限状态承载力要求,且在大多数情况下还有不少额外的安全储备;当采用 HRB400 钢筋时,只要裂缝控制与构造设计满足 04 桥规要求,断面均可以满足桥规对设计安全等级为一级($\gamma_0 = 1.1$)时的极限状态承载力要求,且还应该有不小的额外安全储备。

附录 3　VB6 语言程序

本附录全部数据用 VB6 语言编程计算,以下为计算的子程序代码全文,输出结果后稍加整理,换掉少量符号并加上表的顺序编号后即可形成以上表格全文。本程序可供复核附录数据使用。

```
Private Sub Command1_Click( )    '钢筋混凝土 T 梁计算,附录按此子程序计算。
    Dim i As Integer, j As Integer, k As Integer, i0 As Integer, j0 As Integer, k0 As Integer, jj
As Integer
    Dim a As Single, b As Single, c As Single, d As Single, cc As Single
    Dim ns As Single, w As Single, niu As Single, ksi As Single
    Dim sigmas As Single, aa As Single, x As Single
    Dim lb As Single, lh As Single, ks As Single, kc As Single, c2 As Single, c3 As Single
    Dim b0 As Single, b1 As Single, bf As Single, h As Single, hf As Single
    Dim cs(9, 9, 30) As Single, jjj(9, 9, 30, 6) As Single, ksik(9, 9, 30) As Single, psi
(9, 9, 30) As Single
    Dim bb(6) As Single
    Dim mui(30) As Single
    Dim jxksi(30) As Single
    Dim ww As String
    Open "D:\vbs\www6.doc" For Output As #1
    m = 1.8                         '可以修改 m 为任何数,如 75 桥规取 m = 1.3 或 1.4
    For i = 1 To 5                  'i 对 5 种强度等级混凝土循环,
        ns = 7.84: jj = 20: niu = 30.43: cc = 8.04    'C20 混凝土,niu = fsd/fcd,cc =
0.60fck = 混凝土容许应力
        If i = 2 Then
            ns = 7.14: jj = 25: niu = 24.35: cc = 10.02    'C25 混凝土
            'ns = 5.555                      '75 桥规方法,ns = 5.555,相当于取 m = 1.4
        End If
        If i = 3 Then
            ns = 6.67: jj = 30: niu = 20.29: cc = 12.06    'C30 混凝土
        End If
        If i = 4 Then
            ns = 6.35: jj = 35: niu = 17.39: cc = 14.04    'C35 混凝土
        End If
        If i = 5 Then
            ns = 6.15: jj = 40: niu = 15.22: cc = 16.08    'C40 混凝土
        End If
```

```
    For j = 1 To 6 'j 对 lb 循环,取 0.95,0.90、0.85、0.80、0.70、0.60,共 6 个,lb 不能为
1!。Print #1,
        lb = 1 – j * 0.05                            'lb 即 λb,lh 即 λh,
        If j > 4 Then lb = 0.8 – (j – 4) * 0.1
        If j = 6 Then lb = 0
        For k = 1 To 5 'k 对 lh 循环,取值 0.95,0.90、0.85、0.80、0.70,共 5 个。lh 不能
为 1!
            lh = 0.95 – (k – 1) * 0.05
            If k > 4 Then lh = 0.8 – (k – 4) * 0.1
            If k > 6 Then lh = 0.6 – (k – 6) * 0.2
            c = 0.02 + (i – 1) * 0.0045     '试图求出最大含筋率 c,未用上
            d = 0.0005:If j > 2 Or k > 3 Then d = 0.001
    If j > 4 And k > 4 Then d = 0.002    'If j = 6 Then d = 0.0025
                    jxksi(1) = 0            'If j = 1 And k = 3 Then d = 0.0005
                    Print #1, "C"; jj;
                        Print #1, "    ns ="; Format $ (ns, "0.00");: Print #1, "
lb ="; Format $ (lb, "0.00");
                        Print #1, "    lh ="; Format $ (lh, "0.00");: Print #1, "
rx ="; Format $ (cc, "00.00" Print #1, "mui%"; "    100psi"; "    jxk"; "        ksi"; "
cs"; "        85Mp(ss)"; "    110MPa"; "    135MPa"; "
                        160MPa"; "    185MPa"; "    210MPa(ss)"
            For i0 = 1 To 30
                If jxksi(i0 – 1) > 0.56 Then Exit For
                mui(i0) = d + (i0 – 1) * d  '以下已知 lb,lh,ns,m,mui 值求 ksi
                b = (lb * (1 – lh) + m * ns * mui(i0)) / (1 – lb)
                c = (lb * (1 – lh)^2 + 2 * m * ns * mui(i0)) / (1 – lb)
                ksi = Sqr(b * b + c) – b                '求 ksi
                If ksi < (1 – lh) Then
                    ksi = m * ns * mui(i0) * (Sqr(1 + 2 / m / ns / mui(i0)) – 1)
                End If
                ksik(j, k, i0) = ksi
                a = ksi^3 * (1 – lb) / 3 + (1 – lh)^3 * lb / 12 + (1 – lh) *
lb * (ksi – 0.5 + 0.5 * lh)^2 + m * ns * mui(i0) * (1 – ksi)^2
                If ksi < (1 – lh) Then
                    a = ksi^3 / 3 + m * ns * mui(i0) * (1 – ksi)^2
                End If
```

```
                    psi(j, k, i0) = a
                    cs(j, k, i0) = a / ns / mui(i0) / (1 - ksi) / m '条件 x 大于 hf,cs
按(19)式计算,取 m = 1.8
                    For j0 = 1 To 6
                    sigmas = 85 + (j0 - 1) * 25 '钢筋应力取85、110,135、160、185、
210MPa
                    jjj(j, k, i0, j0) = 280 * (1 - niu * mui(i0) / 2) / cs(j, k, i0)
/ sigmas
                    '条件 x 小于或等于 h,f 时按(14)式计算
                    jxksi(i0) = niu * mui(i0)
                    If jxksi(i0) > (1 - lh) Then
                        jxksi(i0) = (niu * mui(i0) - lb * (1 - lh)) / (1 - lb)
                        b = (1 - lb) * jxksi(i0) * (1 - 0.5 * jxksi(i0)) + lb *
(1 - lh) * (0.5 + 0.5 * lh)
                        jjj(j, k, i0, j0) = 280 * b / niu / mui(i0) / cs(j, k, i0)
/ sigmas
                    '条件 x 大于或等于 hf,f 时按(?)式计算
                    End If
                    bb(j0) = ksik(j, k, i0) * sigmas / (1 - ksik(j, k, i0)) / 1.8 /
ns
                    'c = b * 85 / 210,求混凝土应力
                    Next j0

                    If j < 6 Or (j = 6 And k = 5) Then
                    Print #1, Format $ (mui(i0) * 100, "0.00");
                    Print #1, Format $ (psi(j, k, i0) * 100, "   0.000");
                    Print #1, Format $ (jxksi(i0), "   0.000");
                    Print #1, Format $ (ksik(j, k, i0), "   0.000");
                    Print #1, Format $ (cs(j, k, i0), "   0.000");
                    For k0 = 1 To 6
                    Print #1, Format $ (jjj(j, k, i0, k0), "      0.00");
                    '顺序输出不同钢筋应力条件下的计算 J 值#######
                        If bb(k0) > cc Then Print #1, " *";'混凝土应力大于容
许应力则加 * 号
                        If k0 = 1 Then Print #1, " (";: Print #1, Format $ (bb
(1), "0.00");: Print #1, ")";
```

```
                    Next k0
                     If k0 = 7 Then Print #1, "(";: Print #1, Format $ (bb(6),
"0.00");: Print #1, ")"
                        End If
                  Next i0
              Next k
               Print #1,
        Next j
        Print #1, "#######": Print #1,: Print #1,
   Next i
   Close #1
   End Sub
```

本节参考文献

［1］南京工学院建筑系《建筑构造》编写组. 建筑结构［M］. 北京：中国建筑工业出版社，1961.

［2］叶见曙. 结构设计原理［M］. 北京：人民交通出版社，2001.

［3］曹双寅. 工程结构设计原理［M］. 南京：东南大学出版社，2008.

［4］中华人民共和国交通运输部. 公路钢筋混凝土及预应力混凝土桥涵设计规范：JTG D62—2004［S］. 北京：人民交通出版社，2004.

［5］中华人民共和国交通运输部. 公路钢筋混凝土及预应力混凝土桥涵设计规范：JTJ 023—85［S］. 北京：人民交通出版社，1985.

［6］交通部公路规划设计院. 公路桥涵设计规范（试行）［S］. 北京：人民交通出版社，1975.

［7］中华人民共和国交通运输部. 公路桥涵设计通用规范：JTG D60—2004［S］. 北京：人民交通出版社，2004.

［8］中华人民共和国住房和城乡建设部. 混凝土结构设计规范：GB 50010—2002［S］. 北京：中国建筑工业出版社，2002.

［9］中华人民共和国住房和城乡建设部. 建筑结构荷载标准：GB 50009—2012［S］. 北京：中国建筑工业出版社，2012.

［10］贡金鑫，魏巍巍. 工程结构可靠性设计原理［M］. 北京：机械工业出版社，2007.

2.5 预应力混凝土受弯构件的强度设计理论研究

2.5.1 问题的提出

预应力混凝土受弯构件设计采用极限状态设计理论,除了用承载能力的极限状态设计控制构件的安全性,用正常使用极限状态设计控制构件的适用性和耐久性外,各国设计规范都还要求用"持久状况构件的应力计算"对构件的强度安全条件进行补充。承载能力的计算与使用荷载作用下对断面的应力限制,两者均是为了保障构件的强度安全,这套强度设计理论在世界范围内已经使用超过了半个世纪.但很少有人研究这两者之间的关系,即为什么对预应力混凝土受弯构件而言,两者必须相互补充,在什么条件下受弯构件断面基本是由承载能力的极限状态计算控制设计,或者反之,什么条件下对断面的应力限制条件可以替代承载能力的断面强度验算。

04 桥规[1]较为全面地反映了当代极限状态设计理论的发展现状。本文以 04 桥规对预应力混凝土受弯构件的有关设计规定作为问题讨论的基点,在 T 形断面中引入了两个反映断面挖空程度的形状系数 λ_b、λ_h,讨论了各种变化断面形式在确定的应力限制条件下其极限承载力安全系数的变化规律,建立了断面的极限承载力与断面的几何设计参数及应力状态之间的函数关系。根据这种关系,可以用断面的设计参数及应力状态判定断面的承载能力是否满足 04 桥规的要求。

T 形断面与箱形断面都可以认为是对矩形断面的挖空。在确定的应力限制条件下,断面挖空以后虽然可以节省材料,但其极限承载能力的安全系数必然有所下降。这个规律可以适用于正常设计的所有断面形式的预应力混凝土受弯构件。本文通过引入 κ_p 与 κ_c 两个反映断面钢束与混凝土材料利用效率的系数,得出了 T 形断面极限承载能力近似与 κ_p 成反比且与 κ_c 无关这一结论。对于 04 桥规规定的验算 T 形断面受弯构件极限强度的有关公式,本文也提出了一些改进的意见。另外,04 桥规对不同断面形式的受弯构件采用了相同的受压区高度界限系数 ξ_b 用于控制设计,这一规定也似有不合理之处。笔者在文中提出的对 T 形断面 $\xi = x/h_0$ 的限值建议,是否合理希望引起讨论。本文推导的有关公式及其结论,或可有利于设计人员加深对 04 桥规这部分内容的理解。

为了简化对问题的讨论,本文所叙的全预应力混凝土定义为在使用荷载作用下构件断面受拉区混凝土不出现拉应力的构件,这与 85 桥规[2]的定义相同,但与 04 桥规的规定稍有出入。如无特别的说明,本文只讨论预应力钢材为钢绞线这种情况。一般情况下,本文引用的极限状态设计理论均出自 04 桥规的规定,采用的术语和符号也尽量与 04 桥规中的保持一致。

2.5.2 基本关系的推导

图 2.17 所示 T 形断面全预应力混凝土受弯构件中,h 为断面高,b 为梁肋宽,b_f 为翼缘板宽,A_p 为预应力钢束面积,x 为按 04 桥规的算法在极限状态下的 T 形断面受压区高度。在最大使用荷载作用下,断面上缘压应力为 σ_c,下缘压应力为 σ_c',应力分布如图 2.17(b)中

所示。分析中假定受压区无预应力筋即 $A'_p = 0$，并且暂时略去普通受拉钢筋面积 A_s 与受压钢筋 A'_s 的影响。

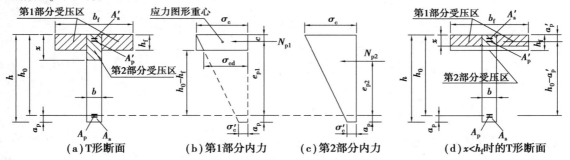

图 2.17　T 形断面全预应力混凝土受弯构件

按照 04 桥规的规定，当 $x \leqslant h_f$ 时，应符合下列规定：

$$\left. \begin{array}{l} \gamma_0 M_j \leqslant f_{cd} b_f x \left(h_0 - \dfrac{x}{2} \right) \\ x = f_{pd} A_p / f_{cd} b_f \leqslant 0.40 h_0 \end{array} \right\} \tag{2.73a}$$

当 $x > h_f$ 时，式(2.73)要求应改写为：

$$\left. \begin{array}{l} \gamma_0 M_j \leqslant f_{cd} b x \left(h_0 - \dfrac{x}{2} \right) + f_{cd} (b_f - b) h_f \left(h_0 - \dfrac{h_f}{2} \right) \\ x = \left[f_{pd} A_p - f_{cd} (b_f - b) h_f \right) / f_{cd} b \leqslant 0.40 h_0 \end{array} \right\} \tag{2.73b}$$

式中，M_j 为弯矩组合设计值，γ_0 为桥梁结构的重要性系数，f_{cd} 为混凝土轴心抗压强度设计值，f_{pd} 为预应力钢束的抗拉强度设计值，其他符号如图 2.17 所示。

式(2.73a)或式(2.73b)中，$\gamma_0 M_j$ 尚可以写为：

$$\gamma_0 M_j = \gamma_0 J M_k \tag{2.74}$$

式中，$J = M_j / M_k$；$M_k = M_d + M_l$，为使用荷载中的恒载加活载的标准组合值。04 桥规在承载能力极限状态计算中采用的荷载组合设计值 S(即 M_j)有一个比较复杂的表达公式。对于预应力混凝土受弯构件，因设计时不存在土压力、水的浮力与基础的变位作用，J 可简单地表示为：

$$J = (1.2 M_d + 1.4 M_l) / M_k = 1.2 (M_d + M_l) / M_k + 0.2 M_l / M_k = 1.2 + 0.2 \alpha$$

式中，$\alpha = M_l / M_k$，为活载在全部荷载中所占之比，这是与 04 桥规的规定相符的。中小跨径的 T 形断面预应力混凝土构件，其断面的 α 一般为 $0.4 \sim 0.6$，故 J 的大致范围为 $1.28 \sim 1.32$。

先讨论图 2.17 中 $\sigma'_c = 0$ 时这种较为简单的情况。根据图 2.17，可知此时断面承受的最大使用荷载 M_k 可以分解为 $M_k = M_{k1} + M_{k2}$ 两部分，第 1 部分 M_{k1} 为受压翼板 $(b_f - b) h_f$ 与受拉 A_{p1} 所承担的弯矩，第 2 部分 M_{k2} 为受压梁肋 bh 与 A_{p2} 所承担的弯矩，具体划分如图 2.17 所示。M_{k1} 可用式(2.75)表示：

$$M_{k1} = (b_f - b) h_f \overline{\sigma}_{c1} e_{p1} \tag{2.75}$$

式中，$\overline{\sigma}_{c1} = \dfrac{\sigma_c + \sigma_{cd}}{2}$ 为第 1 部分翼缘断面的混凝土平均压应力，σ_{cd} 为翼缘底面处的混凝土压应力，如图 2.17(b)所示；c 为图 2.17(b)中梯形应力图形的重心至翼缘顶面之距离，

e_{p1} 为这部分弯矩的内力臂,$e_{p1} = h_0 - c$,其他符号如图 2.17(b)所示。令图 2.17 断面中 $\lambda_b = 1 - b/b_f$,$\lambda_h = 1 - h_f/h$,分别为反映断面横向与竖向挖空程度的形状系数,则以下关系成立:

$$h_f = h(1 - \lambda_h), \ \sigma_{cd} = \sigma_c \lambda_h, \ \overline{\sigma}_{c1} = \frac{\sigma_c(1 + \lambda_h)}{2}, \ (b_f - b) = \lambda_b b_f$$

$$e_{p1} = h_0 - \frac{\sigma_c + 2\sigma_{cd}}{3\sigma_c + 3\sigma_{cd}} h_f = h_0 - \frac{1 + 2\lambda_h}{3(1 + \lambda_h)} h_f = h_0 - \frac{1 + 2\lambda_h}{3(1 + \lambda_h)}(1 - \lambda_h)(h_0 + a_p)$$

$$= h_0 \left(1 - \frac{1 + \lambda_h - 2\lambda_h^2}{3(1 + \lambda_h)}(1 + a_p/h_0)\right)$$

将这些关系代入式(2.75)并令 $\hat{N} = b_f h \sigma_c$,可得:

$$M_{k1} = \lambda_b b_f h (1 - \lambda_h) \frac{\sigma_c(1 + \lambda_h)}{2} h_0 \left[1 - \frac{1 + \lambda_h - 2\lambda_h^2}{3(1 + \lambda_h)}(1 + a_p/h_0)\right]$$

$$= \lambda_b \frac{(1 - \lambda_h^2)}{2} \hat{N} h_0 \left[1 - \frac{1 + \lambda_h - 2\lambda_h^2}{3(1 + \lambda_h)}(1 + a_p/h_0)\right]$$

$$= \hat{N} h_0 \left[\lambda_b \frac{(1 - \lambda_h^2)}{2} - \lambda_b \frac{(1 - \lambda_h)(1 + \lambda_h - 2\lambda_h^2)}{6}(1 + a_p/h_0)\right]$$

或

$$M_{k1} = \hat{N} h_0 \left[\lambda_b \frac{(1 - \lambda_h^2)}{2} - \lambda_b \frac{1 - 3\lambda_h^2 + 2\lambda_h^3}{6}(1 + a_p/h_0)\right] \tag{2.76a}$$

同理,第 2 部分矩形断面的使用荷载 M_{k2} 可表示为:

$$M_{k2} = bh \frac{\sigma_c}{2}\left[h_0 - \frac{1}{3}(h_0 + a_p)\right] = \frac{(1 - \lambda_b)}{2}\hat{N} h_0\left(\frac{2}{3} - \frac{a_p}{3h_0}\right) \tag{2.76b}$$

对于式(2.76b),可令式(2.76a)中 $\lambda_h = 0$,$\lambda_b = 1$,截面转化为宽度为 b_f、高为 h 的矩形断面,再将 $\hat{N}$ 中的 b_f 用 $b = (1 - \lambda_b)b_f$ 替代得到。上面推导过程中的 $\lambda_b \frac{(1 - \lambda_h^2)}{2}\hat{N} = N_{p1}$,$\frac{(1 - \lambda_b)}{2}\hat{N} = N_{p2}$,分别为第 1、第 2 部分断面的压应力之和,$h_0\left[1 - \frac{1 + \lambda_h - 2\lambda_h^2}{3(1 + \lambda_h)}\left(1 + \frac{a_p}{h_0}\right)\right]$ 与 $h_0\left(\frac{2}{3} - \frac{a_p}{3h_0}\right)$ 则为相应的内力臂。全断面的使用荷载可表示为 $M_k = M_{k1} + M_{k2}$,即式(2.76a)、式(2.76b)两式之和:

$$M_k = \hat{N} h_0 \left\{\left[\frac{(\lambda_b(1 - \lambda_h^2))}{2} - \frac{\lambda_b(1 - 3\lambda_h^2 + 2\lambda_h^3)}{6} + \frac{1 - \lambda_b}{3}\right] - \left[\frac{\lambda_b(1 - 3\lambda_h^2 + 2\lambda_h^3)}{6} + \frac{1 - \lambda_b}{6}\right]\frac{a_p}{h_0}\right\}$$

$$= \frac{1}{6}\hat{N} h_0 \left[3\lambda_b - 3\lambda_b\lambda_h^2 - \lambda_b + 3\lambda_b\lambda_h^2 - 2\lambda_b\lambda_h^3 + 2 - 2\lambda_b - (\lambda_b - 3\lambda_b\lambda_h^2 + 2\lambda_b\lambda_h^3 + 1 - \lambda_b)\frac{a_p}{h_0}\right]$$

上式化简后可得:

$$M_k = \frac{1}{6}\hat{N} h_0 \left[2(1 - \lambda_b\lambda_h^3) - (1 - 3\lambda_b\lambda_h^2 + 2\lambda_b\lambda_h^3)\frac{a_p}{h_0}\right] \tag{2.77}$$

以下求 T 形断面的极限承载能力。先讨论受压区高度 $x \leqslant h_f$ 这种简单的情况,此时断面的极限抗弯承载力 R 由式(2.73)可得:

$$R = f_{cd} b_f x \left(h_0 - \frac{x}{2} \right) \qquad (2.78)$$

由断面内力的平衡条件及对式(2.75)、式(2.76a)的分析可得：

$$A_p f_p = \hat{N} \lambda_b \frac{(1 - \lambda_h^2)}{2} + \hat{N} \frac{(1 - \lambda_b)}{2} = \hat{N} \left(\frac{1 - \lambda_b \lambda_h^2}{2} \right)$$

令 $\omega = \dfrac{1 - \lambda_b \lambda_h^2}{2}$，可得 $A_p f_p = \hat{N} \omega$，由关系 $x = \dfrac{f_{pd} A_p}{f_{cd} b_f}$ 可得 $x = \dfrac{f_{pd}}{f_p f_{cd} b_f} \hat{N} \omega$，再令

$$\kappa_p = \frac{f_p}{0.65 f_{pk}}, \kappa_c = \frac{\sigma_c}{0.5 f_{ck}} \qquad (2.79a)$$

κ_p 与 κ_c 是两个反映材料利用效率的无量纲系数，$0.65 f_{pk}$ 与 $0.5 f_{ck}$ 分别为 04 桥规规定的预应力钢束和混凝土材料的最大容许应力。当 $\kappa_p = 1$ 与 $\kappa_c = 1$ 时，表示在设计中材料的利用效率达到了最大化。σ_c 与 A_p（或 κ_c 与 κ_p）之间有如下关系：

$$\sigma_c = \frac{A_p f_p}{b_f h \omega} \left(\text{或 } \kappa_c = \frac{1.3 f_{pk}}{f_{ck}} \frac{A_p}{b_f h \omega} \kappa_p \right) \qquad (2.79b)$$

式(2.79b)是很有用的，断面初步拟定好后由它即可求得断面的 σ_c 或 κ_c。引入 κ_c、κ_p 后，再注意到关系 $f_{ck} = 1.45 f_{cd}$ 与 $f_{pk} = 1.47 f_{pd}$，可得 $\sigma_c / f_{cd} = 0.725 \kappa_c$ 与 $f_p / f_{pd} = 0.9555 \kappa_p$，代入上面 x 的表达式可得：

$$x = \frac{f_{pd}}{f_p f_{cd} b_f} \hat{N} \omega = \frac{f_{pd} b_f h \sigma_c}{f_p f_{cd} b_f} \omega = \frac{\sigma_c / f_{cd}}{f_p / f_{pd}} \omega h = \frac{0.7588 \kappa_c}{\kappa_p} \omega h = \xi h \qquad (2.80)$$

式中，$\xi = \dfrac{0.7588 \kappa_c}{\kappa_p} \omega = x/h$，为断面理论换算受压区高度与梁高的比值，$x/h_0 = \xi(1 + a_p/h_0)$，其值不得超过 $\xi_b = 0.4$。式(2.80)表明，x 的计算只与材料的利用系数 κ_c、κ_p 与两个形状系数有关，而可以不与具体采用的混凝土强度等级发生关系。将 x 代入式(2.78)中可得：

$$R = f_{cd} b_f \xi h h_0 \left(1 - \frac{\xi h}{2 h_0} \right) = \frac{f_{cd}}{\sigma_c} \xi \hat{N} h_0 \left(1 - \frac{\xi h}{2 h_0} \right)$$

或

$$R = \frac{1.379}{\kappa_c} \xi \hat{N} h_0 \left[1 - 0.5 \xi (1 + a_p/h_0) \right] \qquad (2.81)$$

根据式(2.73a)、式(2.77)、式(2.81)，再将式(2.73a)中的 $\gamma_0 M_j$ 用 $\gamma_0 J M_k$ 代替，T 形断面满足 04 桥规对承载能力极限状态要求的判别条件即可写为：

$$\gamma_0 J M_k = \frac{1}{6} \gamma_0 J \hat{N} h_0 \left[2(1 - \lambda_b \lambda_h^3) - (1 - 3\lambda_b \lambda_h^2 + 2\lambda_b \lambda_h^3) a_p/h_0 \right]$$

$$\leqslant \frac{1.379}{\kappa_c} \xi \hat{N} h_0 \left[1 - 0.5 \xi (1 + a_p/h_0) \right]$$

式中，$0.5 \xi (1 + a_p/h_0) = \dfrac{x}{2 h_0}$。约去同类项 $\hat{N} h_0$，上式即可改写为用与活载在全部荷载中所占之比有关的 J 表示的满足 04 桥规承载力强度条件要求的判别条件：

$$J \leqslant \frac{8.276}{\gamma_0 \kappa_c} \frac{\xi \left[1 - 0.5 \xi (1 + a_p/h_0) \right]}{\left[2(1 - \lambda_b \lambda_h^3) - (1 - 3\lambda_b \lambda_h^2 + 2\lambda_b \lambda_h^3) a_p/h_0 \right]} = \bar{J} \qquad (2.82a)$$

式中，ξ 按式(2.80)计算。也可将 $\xi = \dfrac{0.758\,8\kappa_c}{\kappa_p}\omega$ 及 ω 直接代入写为：

$$J \leqslant \frac{3.14}{\gamma_0 \kappa_p} \frac{(1-\lambda_b\lambda_h^2)(1-0.19(\kappa_c/\kappa_p)(1-\lambda_b\lambda_h^2)(1+a_p/h_0))}{[2(1-\lambda_b\lambda_h^3)-(1-3\lambda_b\lambda_h^2+2\lambda_b\lambda_h^3)a_p/h_0]} = \overline{J} \quad (2.82\text{b})$$

右端项可称为断面的计算 $\overline{J}$ 值。式(2.82a)与式(2.82b)为本文推导的 T 形断面构件满足 04 桥规承载力强度条件要求的基本判别公式。按照 04 桥规的要求，式(2.82b)中的 $[1-0.19(\kappa_c/\kappa_p)(1-\lambda_b\lambda_h^2)(1+a_p/h_0)]$ 即 $(1-0.5x/h_0)$，其值不得小于 0.80。显然，一旦断面的形状与 A_p 确定以后，假定一个 $\kappa_p(f_p)$ 即可由 $A_pf_p = \hat{N}\omega$ 求得断面相应的 $\kappa_c(\sigma_c)$。

对于仅由第一部分断面组成的虚拟全预应力混凝土 T 形断面(相当于体外预应力的情况)，如图 2.18(a)所示。上式中 $\lambda_b = 1$，式(2.82a)与式(2.83)蜕化为：

$$J \leqslant \frac{3.14}{\gamma_0 \kappa_p} \frac{(1-\lambda_h^2)[1-0.19(\kappa_c/\kappa_p)(1-\lambda_h^2)(1+a_p/h_0)]}{[2(1-\lambda_h^3)-(1-3\lambda_h^2+2\lambda_h^3)a_p/h_0]} = \overline{J} \quad (2.83)$$

对于矩形断面的全预应力混凝土断面，上式中 $\lambda_b = 0$，$\lambda_h = 0$，$\omega = 0.5$，式(2.82a)与式(2.83)式蜕化为：

$$J \leqslant \frac{3.14}{\gamma_0 \kappa_p} \frac{[1-0.19(\kappa_c/\kappa_p)(1+a_p/h_0)]}{2-a_p/h_0} = \overline{J} \quad (2.84)$$

式(2.82a)至式(2.84)的判别条件均可简单地表述为 $J \leqslant \overline{J}$。式(2.82a)至式(2.84)是根据受压区高度 $x \leqslant h_f$ 这种情况推导的，根据式(2.80)，可得 $x \leqslant h_f$ 的判别条件为 $x = \dfrac{0.758\,8\kappa_c}{\kappa_p}\omega h \leqslant h_f = h(1-\lambda_h)$，将 ω 代入可得 $\dfrac{0.758\,8\kappa_c}{\kappa_p}\dfrac{1-\lambda_b\lambda_h^2}{2(1-\lambda_h)}h \leqslant h$，化简后可得：

$$0.38\frac{\kappa_c}{\kappa_p}\lambda_b\lambda_h^2 - \lambda_h + \left(1-0.38\frac{\kappa_c}{\kappa_p}\right) \geqslant 0 \quad (2.85)$$

式(2.85)可以认为是个一元二次(或一次)不等式方程，通常可先决定 κ_p 与 κ_c，再假定一个 λ_b(或 λ_h)，然后即可求得相应的 λ_h(或 λ_b)。式(2.86)是有用的，但推导条件是断面的 $\sigma_c' = 0$。例如，当取 $\kappa_p = 1$、$\kappa_c = 1$、$\lambda_b = 0.9$ 时，解二次方程可得 $\lambda_h = 0.892$，这表示当 $\lambda_h \leqslant 0.89$ 时均可满足条件 $x \leqslant h_f$；当取 $\kappa_p = 0.95$、$\kappa_c = 0.5$、$\lambda_b = 0.9$ 时，可求得当 $\lambda_h \leqslant 0.97$ 时均可满足条件 $x \leqslant h_f$；当断面的形状已经确定，如已知 $\lambda_b = 0.92$、$\lambda_h = 0.9$ 和 $K_p = 0.97$，解一次不等式得当 $\kappa_c \leqslant 1.01$，这表示只要最大使用应力 σ_c 不超过 $1.01 \times 0.5f_{ck}$，该断面均可满足条件 $x \leqslant h_f$。

当 $x > h_f$ 时，其极限承载力 R 可按下式计算：

$$R = f_{cd}bx\left(h_0 - \frac{x}{2}\right) + f_{cd}(b_f - b)h_f\left(h_0 - \frac{h_f}{2}\right)$$

$$= f_{cd}(1-\lambda_b)b_fxh_0\left(1-\frac{x}{2h_0}\right) + f_{cd}\lambda_bb_f(1-\lambda_h)hh_0\left[1-\frac{(1-\lambda_h)h}{2h_0}\right]$$

$$= \frac{f_{cd}b_fh\sigma_ch_0}{\sigma_c}\left[\frac{x}{h}(1-\lambda_b)\left(1-\frac{x}{2h_0}\right) + \lambda_b(1-\lambda_h)\left(1-\frac{(1-\lambda_h)(h_0+a_p)}{2h_0}\right)\right]$$

将 $b_fh\sigma_c$、$\sigma_c/f_{cd} = 0.5k_af_{ck}/f_{cd}$ 分别用 $\hat{N}$、$0.725\kappa_c$ 代替，上式即可改写为：

$$R = \frac{\hat{N}h_0}{0.725\kappa_c}\left[\frac{x}{h}(1-\lambda_b)\left(1-\frac{x}{2h_0}\right)+\psi\right] \tag{2.86a}$$

式中，$\psi = \lambda_b(1-\lambda_h)\left[1-\frac{(1-\lambda_h)(h_0+a_p)}{2h_0}\right] = [\lambda_b-\lambda_b\lambda_h-0.5\lambda_b(1-\lambda_h)^2-$

$0.5\lambda_b(1-\lambda_h)^2 a_p/h_0]$。

或

$$\psi = [0.5\lambda_b(1-\lambda_h^2)-0.5\lambda_b(1-\lambda_h)^2 a_p/h_0] \tag{2.86b}$$

ψ 为一仅与 T 形断面形状系数和 a_p/h_0 比值有关的无量纲系数。式(2.86a)中 x 可按下式计算：

$$x = \frac{f_{pd}A_p-f_{cd}(b_f-b)h_f}{f_{cd}b} = \frac{(f_{pd}/f_p)f_pA_p-f_{cd}\lambda_b(1-\lambda_h)b_f h}{f_{cd}(1-\lambda_b)b_f}$$

$$= \frac{1.0466\hat{N}\omega}{\kappa_p f_{cd}(1-\lambda_b)b_f}-\frac{\lambda_b(1-\lambda_h)h}{(1-\lambda_b)} = \frac{1.0466 b_f h\sigma_c\omega}{\kappa_p f_{cd}(1-\lambda_b)b_f}-\frac{\lambda_b(1-\lambda_h)h}{(1-\lambda_b)}$$

或

$$x = h\left[\frac{0.7588\kappa_c\omega-\kappa_p\lambda_b(1-\lambda_h)}{\kappa_p(1-\lambda_b)}\right] \tag{2.87}$$

同样，令 $x>h_f$ 时，$\xi = \dfrac{0.7588\kappa_c\omega-\kappa_p\lambda_b(1-\lambda_h)}{\kappa_p(1-\lambda_b)} = x/h$，此处的 ξ 与 $x\leqslant h_f$ 时按式(2.80)计算的 ξ 含义相同但算法不同。代入上面 R 的表达式可得：

$$R = \frac{\hat{N}h_0}{0.725\kappa_c}\left[\xi(1-\lambda_b)\left(1-\frac{\xi h}{2h_0}\right)+\psi\right]$$

或

$$R = \frac{\hat{N}h_0}{0.725\kappa_c}\{\xi(1-\lambda_b)[1-0.5\xi(1+a_p/h_0)]+\psi\} \tag{2.88}$$

$x>h_f$ 时，M_k 仍按式(2.77)计算。根据式(2.73b)、式(2.77)与式(2.88)，再将式(2.73b)中的 M_j 用 JM_k 代替，此时的 T 形断面满足 04 桥规对承载能力极限状态要求的判别条件即可写为：

$$\frac{1}{6}\gamma_0 J\hat{N}h_0[2(1-\lambda_b\lambda_h^3)-(1-3\lambda_b\lambda_h^2+2\lambda_b\lambda_h^3)a_p/h_0]$$

$$\leqslant \frac{\hat{N}h_0}{0.725\kappa_c}\{\xi(1-\lambda_b)[1-0.5\xi(1+a_p/h_0)+\psi]\}$$

改写为用 J 表示的满足 04 桥规承载能力强度条件要求的判别条件为：

$$J \leqslant \frac{8.276}{\gamma_0\kappa_c}\frac{\xi(1-\lambda_b)(1-0.5\xi(1+a_p/h_0))+\psi}{[2(1-\lambda_b\lambda_h^3)-(1-3\lambda_b\lambda_h^2+2\lambda_b\lambda_h^3)a_p/h_0]} = \bar{J} \tag{2.89a}$$

式中，ψ 与 x 分别按式(2.86b)与式(2.87)计算。也可将 ξ 及 ψ 直接代入式(2.89a)，但表达式太烦琐，现仅将其代入对计算结果影响较大的第一个 ξ，上式即可改写为：

$$J \leqslant \frac{6.28}{\gamma_0\kappa_p}\frac{[\omega-1.3179(\kappa_p/\kappa_c)\lambda_b(1-\lambda_h)][1-0.5\xi(1+a_p/h_0)]}{[2(1-\lambda_b\lambda_h^3)-(1-3\lambda_b\lambda_h^2+2\lambda_b\lambda_h^3)a_p/h_0]}+$$

$$\frac{8.276}{\gamma_0 \kappa_c} \frac{\psi}{\left[2(1 - \lambda_b \lambda_h^3) - (1 - 3\lambda_b \lambda_h^2 + 2\lambda_b \lambda_h^3) a_p/h_0\right]} = \overline{J} \qquad (2.89\text{b})$$

式中,右端第一项为梁肋部分提供的计算 $\overline{J}$,第二项为剩余翼缘部分提供的计算 $\overline{J}$。

对于矩形断面的全预应力混凝土断面,可令上式中 λ_b 或 λ_h 为 0,此时 $\omega = 0.5$,$\xi = 0.379\ 4\kappa_c/\kappa_p$,$\psi = 0$,代入式(2.89a)与式(2.89b)也均可蜕化为式(2.84),这与由式(2.82a)与式(2.83)导出的矩形断面结果是一致的。由推导过程可知,当不符合条件 $x > h_f$ 时采用式(2.89a)计算,算得的 x 可能会为负值,这样算得的 $\overline{J}$ 结果是不可接受的。$x = h_f$ 时的判别条件式(2.85)也可由 $\xi h = \dfrac{0.758\ 8\kappa_c \omega - \kappa_p \lambda_b (1 - \lambda_h)}{\kappa_p (1 - \lambda_b)} h = (1 - \lambda_h) h$ 导出,其结果与式(2.85)一致。由推导过程也可看出,只要关系 $f_{ck} = 1.45 f_{cd}$ 与 $f_{pk} = 1.47 f_{pd}$ 成立,式(2.82a)至式(2.89a)均不与具体采用的混凝土强度等级发生关系。

中小跨径桥梁构件的断面 α 为 0.4 ~ 0.6,对应的 J 为 1.28 ~ 1.32,故计算 $\overline{J}$ 也应当大于此值才能满足设计要求。本节附录中的计算数据说明,当 $\sigma_c' = 0$ 且不考虑普通钢筋影响时,无论取 $\gamma_0 = 1.0$ 或 1.1,按式(2.82a)计算在正常的设计参数取值范围内,虽然断面可以满足 04 桥规应力限值的要求。但在很多情况下却不能满足 04 桥规的极限承载能力要求,κ_c 越接近 1.0 就越是如此。该结论可以充分说明,单一的容许应力法设计理论在预应力混凝土构件的设计领域内不能充分地保证断面的极限强度安全。

2.5.3 $\sigma_c' > 0$ 和 $\sigma_c' < 0$ 时 T 形断面的极限强度分析

以上讨论了图 2.17 中 $\sigma_c' = 0$ 时这种较为简单的情况。当 $\sigma_c' > 0$ 时,断面的应力如图 2.18(b)中 ABCD 4 点所连成的梯形状分布,此时可将断面梯形状的应力图形划分为 Ⅰ、Ⅱ 两个三角形部分。第 Ⅰ 部分 ABC 三角形分布的应力所产生的内力即上文讨论的 M_k,其对应的断面承载力即上文讨论的 R。现在讨论在 $\sigma_c(\kappa_c)$ 不变的条件下,增加了 σ_c' 对断面极限承载能力的影响。

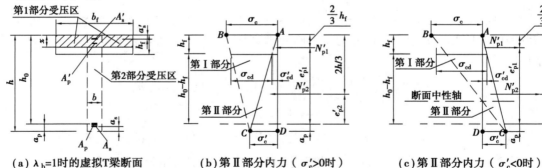

(a)$\lambda_b = 1$ 时的虚拟T梁断面 　(b)第 Ⅱ 部分内力 ($\sigma_c' > 0$ 时) 　(c)第 Ⅱ 部分内力 ($\sigma_c' < 0$ 时)

图 2.18 虚拟 T 形断面构件

以下只讨论 $x \leqslant h_f$ 这种情况。令 $v = \sigma_c'/\sigma_c$,第 Ⅰ 部分翼缘断面因 σ_c' 而引起的压力增量为 $\Delta N_{p1} = \lambda_b b_f h_f \sigma_{cd}'/2 = \lambda_b b_f (1 - \lambda_h) h (1 - \lambda_h) \sigma_c'/2 = v \dfrac{\lambda_b (1 - \lambda_h)^2}{2} \hat{N}$,内力臂为 $e_{p1}' = h_0 - 2(h_0 + a_p)(1 - \lambda_h)/3 = h_0 [1 - 2(1 - \lambda_h)(1 + a_p/h_0)/3]$,代入可得此部分的使用荷载增量为:

$$\Delta M_{k1} = v\frac{\lambda_b(1-\lambda_h)^2}{2}\hat{N}h_0\Big[1 - \frac{2}{3}(1-\lambda_h)(1+a_p/h_0)\Big]$$

$$= v\hat{N}h_0\Big[\frac{\lambda_b(1-\lambda_h)^2}{2} - \frac{\lambda_b(1-\lambda_h)^3}{3}(1+a_p/h_0)\Big]$$

第 Ⅱ 部分矩形断面因 σ_c' 而引起的压力增量为 $\Delta N_{p2} = (1-\lambda_b)b_f h\sigma_c'/2 = v\dfrac{(1-\lambda_b)}{2}\hat{N}$，内力臂为 $e_{p2}' = h_0 - 2(h_0+a_p)/3$，故：

$$\Delta M_{k2} = v\hat{N}h_0\frac{(1-\lambda_b)}{2}\Big(\frac{1}{3} - \frac{2a_p}{3h_0}\Big)$$

两式相加可得：

$$\Delta M = \Delta M_{k1} + \Delta M_{k2} = v\hat{N}h_0\Big\{\frac{1-\lambda_b}{6} + \frac{3\lambda_b(1-\lambda_h)^2}{6} - \frac{\lambda_b(1-\lambda_h)^3}{3} - \Big[\frac{(1-\lambda_b)}{3} + \frac{\lambda_b(1-\lambda_h)^3}{3}\Big]a_p/h_0\Big\}$$

$$= v\hat{N}h_0\Big(\frac{1-\lambda_b}{6} + \frac{3\lambda_b - 6\lambda_b\lambda_h + 3\lambda_b\lambda_h^2}{6} - \frac{2\lambda_b - 6\lambda_b\lambda_h + 6\lambda_b\lambda_h^2 - 2\lambda_b\lambda_h^3}{6}\Big) -$$

$$\Big(\frac{2-2\lambda_b}{6} + \frac{2\lambda_b - 6\lambda_b\lambda_h + 6\lambda_b\lambda_h^2 - 2\lambda_b\lambda_h^3}{6}\cdot\frac{a_p}{h_0}\Big)$$

$$= \frac{1}{6}v\hat{N}h_0\Big[1 - 3\lambda_b\lambda_h^2 + 2\lambda_b\lambda_h^3 - (2 - 6\lambda_b\lambda_h + 6\lambda_b\lambda_h^2 - 2\lambda_b\lambda_h^3)\Big(\frac{a_p}{h_0}\Big)\Big] = \frac{1}{6}v\hat{N}h_0 D$$

式中

$$D = 1 - 3\lambda_b\lambda_h^2 + 2\lambda_b\lambda_h^3 - \frac{a_p}{h_0}(2 - 6\lambda_b\lambda_h + 6\lambda_b\lambda_h^2 - 2\lambda_b\lambda_h^3) \tag{2.90}$$

当 $a_p = (0.25 \sim 0.5)h_0$ 时，$D = (0.5 + 1.5\lambda_b\lambda_h - 4.5\lambda_b\lambda_h^2 + 2.5\lambda_b\lambda_h^3) \sim (3\lambda_b\lambda_h - 6\lambda_b\lambda_h^2 + 3\lambda_b\lambda_h^3)$。对于桥梁常用的 T 形断面，$D$ 一般为 $0.10 \sim 0.20$，a_p/h_0 越小，D 越小，$a_p = h_0$ 时有可能为负值。

根据以上推导过程可知，因 σ_c 与 σ_c' 在断面产生的总压力为：

$$A_p f_p = \hat{N}\Big[\frac{1-\lambda_b\lambda_h^2}{2} + v\frac{\lambda_b(1-\lambda_h)^2}{2} + v\frac{(1-\lambda_b)}{2}\Big] = \hat{N}\omega'$$

式中

$$\omega' = \frac{1-\lambda_b\lambda_h^2}{2} + v\frac{\lambda_b(1-\lambda_h)^2}{2} + v\frac{(1-\lambda_b)}{2} \tag{2.91}$$

由式(2.80)的推导过程可知：

$$x = \frac{0.7588\kappa_c}{\kappa_p}\omega'h = \xi h \tag{2.92}$$

断面的 R 仍可按式(2.81)计算，但式中的 ξ 只能按上式而不能按式(2.80)或式(2.87)计算。对比式(2.80)与式(2.92)可知，两个相同的 T 形断面，当上缘应力相同时如果 $\sigma_c' > 0$，其断面算得的 ξ 一定较 $\sigma_c' = 0$ 时更大。仿照式(2.82a)的推导过程，最终可得考虑 σ_c' 影响后的判别条件为：

$$J \leqslant \frac{8.276}{\gamma_0\kappa_c}\frac{\xi[1 - 0.5\xi(1 + a_p/h_0)]}{[2(1-\lambda_b\lambda_h^3) - (1 - 3\lambda_b\lambda_h^2 + 2\lambda_b\lambda_h^3)a_p/h_0] + vD} = \bar{J} \tag{2.93a}$$

式中，$v = \sigma'_c/\sigma_c$，D、ω' 与 ξ 分别应采用式（2.90）、式（2.91）与式（2.92）计算。将式（2.93a）与式（2.82a）对比，两个相同的 T 形断面，式（2.93a）中的 ξ 将大于式（2.82a）中的 ξ，而式（2.93a）中的分母增加的 vD 对计算结果影响却非常有限；或者说当 $\sigma'_c > 0$ 时，因其存在对全断面的应力重心下降影响较大（即降低了计算 M_k 时的内力臂），但极限状态下的内力臂却降低得非常有限，故当 $\sigma'_c > 0$ 时总是可以提高断面的计算 $\bar{J}$，即可提高断面的 R/S 比值。

对于矩形断面的全预应力混凝土断面，式（2.93a）中 $\lambda_b = 0$，$\lambda_h = 0$，$D = 1 - 2(a_p/h_0)$，$\omega' = \dfrac{1-v}{2}$，将 ω' 与 ξ 代入，式（2.93a）可蜕化为：

$$J \leqslant \frac{3.14}{\gamma_0 \kappa_p} \cdot \frac{(1+v)[1 - 0.19(1+v)(\kappa_c/\kappa_p)(1+a_p/h_0)]}{2 + v - (1+2v)a_p/h_0} = \bar{J} \qquad (2.93b)$$

当断面为矩形时由式（2.93b）可看出，内力臂系数 $[1 - 0.19(1+v)(\kappa_c/\kappa_p)(1+a_p/h_0)]$ 的变化是极小的，与矩形断面的式（2.84）对比，σ'_c 对断面计算 $\bar{J}$ 的影响主要可以由比值 $\dfrac{(1+v)}{2 + v - (1+2v)a_p/h_0}$ 确定。当 $\sigma'_c > 0$（即 $v > 0$）时，该比值随 v 的增加而增加，这也能证明当 $\sigma'_c > 0$ 时可以提高断面的计算 $\bar{J}$。

当 $\sigma'_c < 0$ 时，断面应力分别如图 2.18（c）所示。只要假定 $\sigma'_c \leqslant f_{td}$（混凝土抗拉强度设计值），或者受拉区混凝土开裂，但假定开裂以后 A_p 与 A_s 的拉力（应力）增量等于这部分丢失的混凝土拉应力之总和且两者的重心位置相同（事实上两者总是很接近），则以上推导的式（2.93a）、式（2.93b）仍可成立，区别仅在于此时 $v = -\sigma'_c/\sigma_c$ 应取负值。由此对照式（2.93a）与式（2.93b）可得出以下结论：两个相同的预应力混凝土 T 形断面，当设计的 κ_p、κ_c 与 σ_c 取值相同时，$\sigma'_c < 0$ 断面的极限承载能力安全系数恒低于 $\sigma'_c \geqslant 0$ 时的断面极限承载能力安全系数。如果借用 85 桥规中的"预应力度"这一概念，这一结论尚可简单地表述为，提高设计断面的预应力度，可以提高断面的极限承载能力安全系数。

当 T 形断面的受压区高度 $x > h_f$ 时，σ'_c 对断面极限承载能力的影响基本规律与 $x \leqslant h_f$ 时的情况是完全相同的。也可仿照以上的推导过程推导出用计算 $\bar{J}$ 表达的强度判别条件，但非常烦琐且无此必要，因为按正常条件设计的 T 形断面预应力混凝土受弯构件断面其受压区高度 x 都不会或不应该超过 h_f，故对这种情况不再予以讨论。

2.5.4　箱形断面的极限强度分析

以下对箱形断面进行讨论。在桥梁工程中，实际采用的 T 形断面与箱形断面通常在腹板的下端设计成马蹄形或增设底板，即在受拉区增加 A_{cd} 部分混凝土面积，如图 2.19（a）、（c）所示。当 $\sigma'_c \geqslant 0$ 时，增加的 A_{cd} 面积可以提高断面的极限承载能力安全系数。设 A_{cd} 的平均压应力为 σ'_{cd} 且其合力的作用点位置距梁底距离为 a_c。当 a_c 与 A_p 的重心一致时，如图 2.19（b）所示，则 $A_{cd}\sigma'_{cd}$ 对 S 的计算无影响；当 a_c 小于 a_p 时，ΔM 及式（2.90）中的 D 还应当包括一项因 $A_{cd}\sigma'_{cd}$ 而产生的为负值的增量 ΔS_{cd}（即 ΔM_{k3}）。

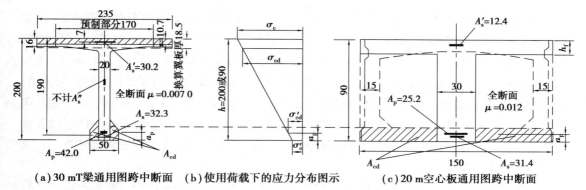

（a）30 m T梁通用图跨中断面　（b）使用荷载下的应力分布图示　（c）20 m空心板通用图跨中断面

图 2.19　30 m T 梁

其值可按以下步骤计算：

令 $\varepsilon_1 = \dfrac{A_{cd}}{hb_f}$，$\varepsilon_2 = \dfrac{\sigma'_{cd}}{\sigma_c} = \dfrac{a_c}{h} + v\dfrac{h - a_c}{h}$，$\varepsilon_3 = (a_p - a_c)/h_0$，$A_{cd} = \varepsilon_1 b_f h$，$\sigma'_{cd} = \varepsilon_2 \sigma_c$。

式中，$v = \sigma'_c / \sigma_c$ 含义同上，A_{cd} 上的内力总和为 $\Delta N_{p3} = \varepsilon_1 \varepsilon_2 b_f h \sigma_c = \varepsilon_1 \varepsilon_2 \hat{N}$，相应的内力臂为 $(a_p - a_c) = \varepsilon_3 h_0$，由此可得 $\Delta M_{k3} = -\varepsilon_1 \varepsilon_2 \varepsilon_3 \hat{N} h_0$，总的 ΔM 按下式计算：

$$\Delta M = \Delta M_{k1} + \Delta M_{k2} + \Delta M_{k3} = \frac{1}{6} v \hat{N} h_0 D - \varepsilon_1 \varepsilon_2 \varepsilon_3 \hat{N} h_0 = \left(\frac{1}{6} v D - \varepsilon_1 \varepsilon_2 \varepsilon_3 \right) \hat{N} h_0$$

$$(2.94a)$$

同样引用关系 $A_p f_p = \hat{N} \omega'$，但此时的 ω' 应按下式计算：

$$\omega' = \frac{1 - \lambda_b \lambda_h^2}{2} + v \frac{\lambda_b (1 - \lambda_h)^2}{2} + v \frac{(1 - \lambda_b)}{2} + \varepsilon_1 \varepsilon_2 \qquad (2.94b)$$

当 $x \leqslant h_f$ 时，x 与 ξ 仍可用式（2.92）计算，但式中的 ω' 应按式（2.94b）计算。

因 A_{cd} 而引起的对 R 的增量 ΔR_{cd} 可按下列步骤计算：

$\Delta A_p = A_{cd} \sigma'_{cd} / f_p$，$\Delta A_p$ 总是很小的，略去 ΔA_p 对计算 x 的影响，$\Delta R_{cd} = \dfrac{A_{cd} \sigma'_{cd} f_{pd}}{f_p} h_0 \big[1 - 0.5\xi (1 + a_p/h_0) \big]$，将 ε_1 与 ε_2 的关系代入，注意到 $f_{pd}/f_p = 1.047/\kappa_p$，于是可得：

$$\Delta R_{cd} = \frac{1.047}{\kappa_p} \varepsilon_1 \varepsilon_2 \hat{N} h_0 \big[1 - 0.5\xi (1 + a_p/h_0) \big]$$

或

$$\Delta R_{cd} = \varepsilon \hat{N} h_0 \big[1 - 0.5\xi (1 + a_p/h_0) \big] \qquad (2.95a)$$

式中

$$\varepsilon = \frac{1.047}{\kappa_p} \varepsilon_1 \varepsilon_2 = \frac{1.047 A_{cd}}{\kappa_p h b_f} \left(\frac{a_c}{h} + v \frac{h - a_c}{h} \right) \qquad (2.95b)$$

根据式（2.82a）与式（2.93a）的推导过程将式（2.94a）与式（2.95a）的结果加入，最终可得箱形断面的判别条件为：

$$J \leqslant \frac{8.276}{\gamma_0 \kappa_c} \frac{(0.725 \varepsilon \kappa_c + \xi) \big[1 - 0.5\xi (1 + a_p/h_0) \big]}{\big[2(1 - \lambda_b \lambda_h^3) - (1 - 3\lambda_b \lambda_h^2 - 2\lambda_b \lambda_h^3) a_p/h_0 \big] + vD - 6\varepsilon_1 \varepsilon_2 \varepsilon_3} \qquad (2.96)$$

对于带马蹄的 T 形断面,在设计控制断面处 A_{cd} 对极限承载能力的影响是很小的,通常可以略去这项影响仍按式(2.93a)计算。当 a_c 与 A_p 的重心一致时 $a_c = a_p$,式(2.96)中的 $6\varepsilon_1\varepsilon_2\varepsilon_3$ 项为 0,故当 a_c 与 a_p 相差不大时,可以略去分母这项的影响;当 $a_c > a_p$ 时 ε_3 为负值,但这种情况不太可能发生;$a_c < a_p$ 时因分母减少 $6\varepsilon_1\varepsilon_2\varepsilon_3$ 而提高断面计算 $\bar{J}$ 的作用极小。A_{cd} 对 $\bar{J}$ 的影响主要反映在分子增加的 $0.725\varepsilon k_c$ 项。对于图 2.19(c)所示的空心板断面与箱形断面,A_{cd} 面积是很大的,此项影响不可忽略,即当 $\sigma_c' \geq 0$ 时由于箱梁底板的存在可以有效地提高断面的计算 $\bar{J}$。对于设计的非控制断面,a_c 与 a_p 的差别很大,式(2.96)可用于对这类箱形断面的分析。

【例2.9】 图 2.20(a)为通用设计图中的 30 m 先简支后结构连续小箱梁的中跨中梁跨中断面,混凝土为 C50,全断面的 $A_{cd} = 1\ 233\ \text{cm}^2$。令图 2.20(a)中 $A_{cd} = 0$,断面转化为图 2.20(b)所示没有底板的 T 形断面。两个断面除 A_{cd} 外其余断面设计参数完全相同,现对这两个断面进行对比计算分析。断面的有关设计数据为:$\lambda_b = 0.876$,$\lambda_h = 0.883$,$a_c = 9$,$a_p = 17.3$,$a_p/h_0 = 0.121$,$\varepsilon_1 = \dfrac{A_{cd}}{hb_f} = 0.053$,$\varepsilon_3 = (17.3 - 9)/142.7 = 0.058\ 2$。断面的顶板平均厚度为 18.7,$h_0 = 142$,$A_p = 44.8(22.4)$,计算受压区高度 $x = 9.0$,如图 2.20 所示。

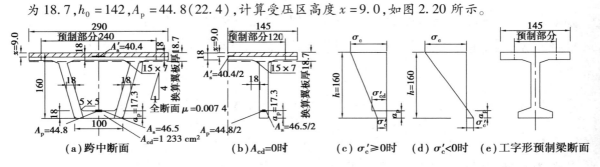

图 2.20 30 m 小箱梁

分析步骤为:第一步:假定 $\gamma_0 = 1.0$ 与 $\kappa_p = 0.97$,求得 $A_p f_p = 44.8 \times 1\ 860 \times 0.65 \times 0.97/2 = 2\ 626.9(\text{kN})$;第二步:假定 $v = -0.3 \sim 0.4$ 共取 8 个不同的值,由式(2.91)或式(2.94b)算得不同的 ω',再求不同的 8 个 ε_2;第三步:由关系 $A_p f_p = \hat{N}\omega' = b_f h\sigma_c\omega'$ 算得 σ_c,求得 $\kappa_c = \sigma_c/16.2 = A_p f_p/(b_f h\omega')/16.2$;第四步:由式(2.90)与式(2.92)求 D 与 ξ;第五步:将以上各值分别代入式(2.93a)与式(2.95a)求得图 2.20(a)箱形断面及图 2.20(b)T 形断面对应于不同 v 时的不同断面计算 $\bar{J}$。编程计算的最终结果如表 2.14 所示。

表 2.14 图 2.20 所示箱形(T 形)断面的计算结果(取 $\gamma_0 = 1.0$)

v	0.4	0.3	0.2	0.1	0	−0.1	−0.2	−0.3
计算 $\bar{J}$	1.519 (1.412)	1.465 (1.381)	1.411 (1.350)	1.355 (1.317)	1.298 (1.284)	1.249 (1.240)	1.180 (1.213)	1.119 (1.176)
κ_c	0.354 (0.376)	0.372 (0.391)	0.391 (0.406)	0.413 (0.423)	0.437 (0.441)	0.464 (0.461)	0.494 (0.482)	0.529 (0.506)
使用荷载 M_k 的相对比值	0.897 (0.909)	0.900 (0.929)	0.903 (0.951)	0.905 (0.974)	0.907 (1.0)	0.910 (1.027)	0.912 (1.057)	0.914 (1.091)

表 2.14 中数据带括号的全部为 T 梁的计算结果,不带括号的为箱梁的计算结果。设计最大使用荷载 M_k 的相对比值以 T 梁断面 $v=0(\sigma_c'=0)$ 时的使用荷载作为比较的基准。$v>0$ 表示预应力度大于 1,反之,$v<0$ 表示预应力度小于 1;$v=0.4$ 时的 $0.897(0.909)$ 表示在这种状态下断面的使用荷载只有基准使用荷载的 89.7%(90.9%)。计算全部没有考虑断面普通钢筋含量对计算 $\bar{J}$ 的影响,设计实际采用的 $A_s=46.5\text{ cm}^2$,考虑普通钢筋的影响以后,两种断面的极限承载能力均还可提高接近 23%(见下文分析)。由计算结果可以看出,在确定的断面与配筋条件下,断面计算 $\bar{J}$ 随 $v(\sigma_c')$ 的增加而增加,断面的极限承载能力不变,但最大使用荷载却在减小。本算例中箱梁断面与 T 形断面的 A_p 与 A_s 均为固定值,故其极限承载能力 R 都是一个常量。对于 T 形断面与 $a_c=a_p$ 的箱形断面,计算 $\bar{J}$ 与最大使用荷载有严格的反比关系,本例箱梁断面 a_c 略小于 a_p,这一反比关系也能近似成立。

图 2.20(a)所示箱形断面的实际 J 约为 1.27,按全预应力混凝土和 $\gamma_0=1.1$ 设计。当取 $v=0.1$ 时,$\sigma_c=16.2\times0.412=6.67\text{ MPa}$,$\sigma_c'=6.67\times0.1=0.67\text{ MPa}$,不考虑断面普通钢筋影响时计算 $\bar{J}=1.355/1.1=1.232<1.27$,这是不能满足 04 桥规要求的。考虑普通钢筋 $A_s=46.5\text{ cm}^2$ 影响后 J 提高接近 23%,只要 $v>-0.25(\sigma_c'>-2.07\text{ MPa})$,就都能满足 04 桥规对极限承载能力的要求。笔者并不清楚该箱形断面在最大使用荷载作用下的具体 σ_c 与 σ_c',但通过本例计算可以判定:如果按全预应力混凝土设计,由表 2.14 可以求得箱梁 κ_c 的最大值 0.437(与 $v=0$ 相对应,当 $v>0$ 时 κ_c 更小),即最大 $\sigma_c\leqslant16.2\times0.437=7.08\text{ MPa}$ 的关系一定成立。这说明该箱梁如按全预应力混凝土设计断面的混凝土强度利用效率很低,按部分预应力混凝土设计($v<0$)则可提高混凝土的强度利用效率,即此时断面的 κ_c 一定会大于 0.437。

本算例的分析误差只有来自 $\kappa_p=0.97$ 的假定,因为对于这片特定设计的梁,钢束的张拉控制吨位与跨中断面的预应力损失都是相同的,故 v 的取值对 κ_p 的影响极小。精确考虑在活载作用下钢束应力增量的差异与预应力损失的极小差异,以 $v=0(\sigma_c'=0)$ 的计算结果作为比较的基准。本例中当 $v=0.4$ 或 $v=-0.3$ 时,此项计算误差均不可能超过 1%,故以上的分析方法都在设计的容许误差范围以内,分析过程不再赘述。

以上的算例与讨论可以得出一个结论:对于全预应力混凝土的受弯构件,一般说来箱形断面因 A_{cd} 较大,其较 T 形断面更容易满足 04 桥规对断面极限承载能力的要求,代价是要多使用一定量的钢束。带马蹄的 T 形断面与相同的不带马蹄断面相比,在断面使用应力控制条件相同的条件下,马蹄面积越大越能稍许提高断面的极限承载能力。

2.5.5　普通钢筋对断面极限承载力的影响

对于 T 形断面的受弯构件,配置普通钢筋 A_s、A_s' 可以提高断面的极限承载力,尤其 A_s 的影响是不可忽略的。04 桥规对全预应力混凝土 T 形断面的普通钢筋含量没有直接规定,但对钢筋混凝土受压及偏心受压构件的普通钢筋含量是有明确规定的,这就是全部纵向普通钢筋的配筋百分率不应小于 0.5%,当混凝土强度等级为 C50 及以上时不应小于 0.6%。实际设计工作中,受压构件普通钢筋的配筋率范围一般为 0.5%(0.6%)~2.0%,接近轴心受压或实心断面(圆形、矩形)的配筋率取下限附近,偏心受压程度越大或挖空越多的断面取上限附近,且近年来配筋还有越来越多的趋势。预应力混凝土构件在使用阶段为小偏心受压构件,在极限受力阶段为大偏心受压构件,其普通钢筋的配置范围应该可以参照这一范围确定。T 形(箱形)断面预应力受弯构件均为高度挖空的断面,其普通钢筋的全断面配筋率达到 0.7% 左右或以上都应该是比较正常的设计。设 μ_{sf} 为 T 形全断面的普通钢筋含筋率,但计算时应扣除位于中性轴附近的少量腹板 A''_s 面积,如图 2.19(a)所示,即按 $\mu_{sf}=(A_s+A'_s)/A_c$(全面积)计算。图 2.19(a)、(c)中的 T 梁与空心板全断面的 μ_{sf} 按此计算分别为 0.70%、1.2%(后者为 A 类部分预应力构件)。图 2.20(a)中的箱梁的 $\mu_{sf}=0.74\%$,这几个断面都是比较有代表性的。按此计算实际工程中 C50 混凝土 T 形或箱形断面不计 A''_s 的 μ_{sf} 值一般都在 0.7% ~ 1.2%。

对于 T 形断面,先假定 $A_s=A'_s=0.5\mu_{sf}[(b_f-b)h_f+bh]=0.5\mu_{sf}[\lambda_b(1-\lambda_h)b_f h+(1-\lambda_b)b_f h]=0.5\mu_{sf}(1-\lambda_b\lambda_h)b_f h$,即假定 $A_s+A'_s$ 按全断面面积计算且各占一半并分别位于梁肋受拉区与翼板 $b_f h_f$ 部分。其次,假定梁肋受拉区普通钢筋 A_s 的重心与 A_p 重心重合即 $a_s=a_p$,这与 04 桥规的规定一致,即在确定 h_0 时要考虑 A_s 的影响;对于 A'_s 的重心,当 $x\leqslant h_f$ 时取 $a'_s=x/2$,即与受压区的重心吻合,当 $x>h_f$ 时取 $a'_s=h_f/2$,即与受压翼板的重心吻合。按照这些假定并根据式(2.83)、式(2.89a)的推导过程可知,当 $x\leqslant h_f$ 时 A_s 与 A'_s 在极限状态下形成的内力臂为 $h_0[1-0.5\xi(1+a_p/h_0)]$,当 $x>h_f$ 时的内力臂为 $h_0[1-0.5(1-\lambda_h)(1+a_p/h_0)]$。这些假定一般与实际情况非常吻合(如以上 3 例)。鉴于预应力混凝土 T 梁主要采用 C50 混凝土,为简化分析,以下只讨论混凝土为 C50、普通钢筋为 HRB335 钢筋的这种情况。

按照以上假定,当 $x\leqslant h_f$ 时因 A_s 与 A'_s 对 T 形断面增加的极限状态承载力可表示为:

$$\Delta R = f_{sd}A_s(h_0-a'_s) = \frac{280\times f_{pd}}{1\,260}\times 0.5\mu_{sf}(1-\lambda_b\lambda_h)b_f h h_0[1-0.5\xi(1+a_p/h_0)]$$

$$= 0.111\sigma_c\frac{f_{pd}}{0.5\kappa_c f_{ck}}b_f h h_0\mu_{sf}(1-\lambda_b\lambda_h)[1-0.5\xi(1+a_p/h_0)]$$

式中,$\sigma_c=0.5\kappa_c f_{ck}$,$f_{sd}=f'_{sd}=280$ MPa,钢筋面积已按设计强度换算为 $f_{pd}=1\,260$ MPa 的钢绞线,注意到 C50 混凝土的 $f_{pd}/f_{ck}=1\,260/32.4=38.9$,代入上式后可得:

$$\Delta R = 8.64\mu_{sf}\hat{N}h_0(1-\lambda_b\lambda_h)[1-0.5\xi(1+a_p/h_0)]/\kappa_c \qquad (2.97)$$

按断面的应力状态反算该断面的使用荷载时,A_s 与 A'_s 的应力值对断面最大使用荷载计算的影响是不能忽略的。现仍假定 $\sigma'_c=0$,再假定全部钢筋($A_s+A'_s$)的面积重心位于 $h/2$ 处,该处的混凝土压应力为 $0.5\sigma_c$,内力臂为 $0.5h-a_p$,因 A_s、A'_s 而引起的使用荷载的增量可表示为:

$$\Delta M_k = 0.5\sigma_c\times(n_s-1)(A'_s+A_s)\times(0.5h-a_p)$$

式中,n_s 为钢筋与混凝土的弹性模量比,C50 混凝土的 $(n_s-1)=4.80$,$A_s+A'_s=\mu_{sf}(1-\lambda_b\lambda_h)b_f h$,代入以上各值后可得:

$$\Delta M_k = 0.5\sigma_c\times 4.8\times\mu_{sf}(1-\lambda_b\lambda_h)b_f h\times(0.5h-a_p)$$

或

$$\Delta M_k = 1.2\mu_{sf}(1-\lambda_b\lambda_h)\hat{N}h_0(1-a_p/h_0) \qquad (2.98)$$

将式(2.97)与式(2.98)分别代入式(2.82a)的分子与分母,注意式(2.82a)在推导过程中分子与分母均乘以 6,这里的 ΔR 与 ΔM_k 也应乘以 6 后才能相加,化简后可得 $x\leqslant h_f$ 时考虑普通钢筋影响后 T 形断面满足强度条件要求的判别条件为：

$$J \leqslant \frac{[8.276\xi + 51.8\mu_{sf}(1 - \lambda_b\lambda_h)][1 - 0.5\xi(1 + a_p/h_0)]}{\gamma_0 k_c[2 - 2\lambda_b\lambda_h^3 - (1 - 3\lambda_b\lambda_h^2 + 2\lambda_b\lambda_h^3)a_p/h_0 + 7.2\mu_{sf}(1 - \lambda_b\lambda_h)(1 - a_p/h_0)]} = \bar{J} \tag{2.99}$$

当 $x > h_f$ 时，求 ΔR 只有内力臂不同，故由式(2.97)直接可得：

$$\Delta R = 8.64\mu_{sf}\hat{N}h_0(1 - \lambda_b\lambda_h)[1 - 0.5(1 - \lambda_h)(1 + a_p/h_0)]/\kappa_c$$

ΔM_k 仍按式(2.98)计算，将 ΔR 与 ΔM_k 分别代入式(2.89a)的分子与分母，化简后可得当 $x > h_f$ 时的判别条件为：

$$J \leqslant \frac{8.276\{\xi(1 - \lambda_b)[1 - 0.5\xi(1 + a_p/h_0)] + \psi\} + \psi_s}{\gamma_0 k_c[2 - 2\lambda_b\lambda_h^3 - (1 - 3\lambda_b\lambda_h^2 + 2\lambda_b\lambda_h^3)a_p/h_0 + 7.2\mu_{sf}(1 - \lambda_b\lambda_h)(1 - a_p/h)]} = \bar{J} \tag{2.100}$$

式中，$\psi_s = 51.8\mu_{sf}(1 - \lambda_b\lambda_h)[1 - 0.5(1 - \lambda_h)(1 + a_p/h_0)]$。

当 $A_s = A_s'$ 时，普通钢筋对 x 的计算无影响，故上两式中的 ξ 仍分别按式(2.80)或式(2.87)计算。

当实际 $A_s \neq A_s'$ 时，μ_{sf} 也可按 $2 \times A_s/$全面积计算。影响断面计算 J 的主要是 A_s，A_s' 的作用很小。对于正常设计的桥梁 T 形断面，μ_{sf} 按 $2 \times A_s/$全面积计算所引起的计算误差理论上都应该是一个高阶微量，理由可见后文的讨论。图 2.19(a)为 30 m 全预应力混凝土简支 T 梁通用设计的中梁跨中断面，断面的实际 $A_s = 32.3$ cm²，$A_s' = 30.2$ cm²，式(2.98)、式(2.99)可以按 $\mu_{sf} = 0.70\%$（即假定 $A_s = A_s' = 31.25$ cm²）计算，此时结果偏于安全；也可按 $\mu_{sf} = 0.72\%$（即假定 $A_s = A_s' = 32.3$ cm²）计算，此时结果有稍许高估，两种算法都很准确。如果设计时 A_s 与 A_s' 是未知的，对于全预应力的 T 梁可以假定 $\mu_{sf} = 0.7\%$，由此按式(2.99)、式(2.100)计算，其计算 $\bar{J}$ 的误差一般不会超过 1.0%。考察其他全预应力 T 梁和箱梁断面的普通钢筋配置情况，A_s 与 A_s' 的配置大体都相差不多，μ_{sf} 也均为 0.70% 左右或以上。设计中对于全预应力受弯构件断面 $A_s + A_s'$ 的取值，对于矩形断面 μ_{sf} 超过 0.7%，其他断面超过 0.8% ~ 1.0%，都是没有必要的，该值也不应该低于 0.7%。

还可以采用以下更为简单的方法来计算 A_s 与 A_s' 对断面极限承载能力的影响。将 A_s 按设计强度换算为钢绞线后的面积为 $\frac{280}{1260}A_s = 0.222A_s$，则可求得：

$$\kappa_p' = \kappa_p A_p/(0.222A_s + A_p) \tag{2.101}$$

这表示令 $A_s = 0$ 但配置预应力钢束面积由 A_p 增加到 $(0.222A_s + A_p)$，但钢束的利用系数由 κ_p 降低到 κ_p'。这与原来的设计状态相比两者在使用荷载作用下的应力状态(σ_c)基本相等且极限承载力完全相同，只需按式(2.101)对断面的计算 κ_p 进行修正，再采用式(2.82a)至式(2.84)等公式时就可近似计算出配置 A_s 与 A_s' 后断面的计算 $\bar{J}$。这样的简化计算将稍许高估计算 $\bar{J}$，因为这相当于令式(2.98)中的 $\Delta M_k = 0$ 或略去 A_s' 的作用，$\Delta M_k/M_k$ 的范围为 1% ~ 4%，故对 $\bar{J}$ 的影响较小，一般可以忽略不计。显然，当普通钢筋采用 HRB400 钢筋时，式(2.101)中的系数 0.222 改为 $330/1260 = 0.262$ 后仍可适用。

当按 04 桥规方法计算的 $x \leq h_f$ 时,断面的极限承载能力实际可以完全由 $(A_p + A_s)$ 的配置与内力臂 $(h_0 - h_f/2)$ 确定而与混凝土的强度等级无关。这是因为从严密的弹塑性理论出发来研究桥梁工程中的 T 形断面的极限受力状态,只要断面的 λ_b、λ_h 取值不要太小。极限状态下翼板受压区的重心永远应该是在 $h_f/2$ 位置而不该是在距顶面 $x/2$ 处,04 桥规公式 (2.73a) 实际只是一种近似的方法。当断面的 A_p、A_s 为已知且 $x \leq h_f$ 时,T 形断面的极限承载能力与不配置 A_s 的断面相比,其极限承载能力可以提高 $(0.222A_s + A_p)/A_p$ 倍,且与 A_s' 的大小基本无关,这一结论应当是严密的。以图 2.19(a) 的 T 梁断面为例,由于该断面 $A_s = 32.3 \text{ cm}^2$,$A_p = 43.4 \text{ cm}^2$,计算 $x = 10.5 < h_f = 19$,$(0.222A_s + A_p)/A_p = (0.222 \times 32.3 + 43.4)/43.4 = 1.165$,即考虑 A_s 以后断面的极限承载能力可以提高 16.5%,在 κ_c 取值相同的条件下可以近似认为计算 $\bar{J}$ 也提高 16.5%。以下结合一个算例对式(2.99)至式(2.101)简单讨论如下。

【例 2.10】 仍以图 2.19(a) 中特定的 C50 混凝土 T 梁断面为例,取 $\gamma_0 = 1.0$,假定 $\sigma_c' = 0$。该断面的 $\lambda_b = 0.915$,$\lambda_h = 0.905$,梁高 $h = 200$,$h_0 = 181.2$,$h_f = 19.0$,$a_p/h_0 = 0.103$,$\mu_{sf} = 0.70\%$,假定 $\kappa_p = 0.97$ 为常量,代入式(2.82a) 或式(2.98),可以据此计算出考虑或不考虑普通钢筋影响时断面在不同的使用荷载应力状态下(κ_c 取值不同)公式右端项的计算 $\bar{J}$,计算结果如表 2.15 所示。

表 2.15 确定配筋条件下断面计算 $\bar{J}$ 的变化规律

κ_c	1.0	0.9	0.8	0.7	0.6	0.5	0.4
计算 x/h	*0.130	0.088	0.078	0.069	0.059	0.049	0.039
不计 A_s 的计算 $\bar{J}'$	1.207	1.220	1.222	1.229	1.237	1.243	1.251
考虑 A_s 的计算 $\bar{J}$	1.285	1.302	1.326	1.350	1.381	1.416	1.475
$(\bar{J} - \bar{J}')/\bar{J}'$	6.5%	6.7%	8.5%	9.8%	11.7%	13.9%	17.9%

表 2.15 共计算了 7 组数据,每组数据对应有一个确定的 κ_c,x/h 栏数据带 * 者表示计算的 x 已超过了 h_f。这 7 组数据除 κ_c 外都按该断面的真实数据计算,但表中 x/h 的 h 均不一定是 200 cm。采用本文方法对 T 梁断面进行分析,每个确定的设计断面必有一组公式中的形状与设计参数与其对应,但同样一组断面形状和设计参数。理论上却可以对应很多个不同的具体尺寸的设计断面。本例中的 $b_f = 235$,$h = 200$,$0.5f_{ck} = 16.2 \text{ MPa}$,$A_p f_p = 43.4 \times 0.97 \times 186 \times 0.65 = 5\,090(\text{kN} \cdot \text{m})$,$\omega = (1 - 0.915 \times 0.905^2)/2 = 0.125$,这就可以求得不计钢筋影响时的 $\sigma_c = A_p f_p/\omega/b_f/h = 8.64 \text{ MPa}$,即可求得 $\kappa_c = 8.64/16.2 = 0.534$。用 $\kappa_c = 0.534$ 在表 2.15 中内插可求得 $x/h = 0.052\,5$,$x = 200 \times 0.052\,5 = 10.5$,这与实际结果相符,计算 $\bar{J} = 1.241$,考虑钢筋影响时的计算 $\bar{J} = 1.406$,即计算 $\bar{J}$ 提高 13.3%。前述已算得一个结果是本例考虑钢筋影响以后断面的极限承载能力可以提高 16.5%,近似认为 $\bar{J}$ 也提高 16.5%,则 $\bar{J}$ 应为 $1.241 \times 1.165 = 1.445$,近似算法与本例算法的比值为 $1.445/1.416 = 1.021$,两种算法的结果相差 2.1% 的原因正是前述近似算法忽略了 ΔM_k。当 $\sigma_c(\kappa_c)$ 相同时,有普通钢筋断面的使用荷载要多出一个 ΔM_k,这说明两者的使用荷载不相同或计算的假定有差异。本例 κ_c 很低,当 κ_c 接近 1.0 时忽略 ΔM_k 的影响对 $\bar{J}$ 的计算误差只有 1%。

本例中如果按不变内力臂 $= (h_0 - h_f/2) = 181.8 - 19/2 = 172.3$ 计算,与 04 桥规方法内力臂 $= 181.8 - x/2 = 176.6$ 相比,前者的极限承载力要降低 2.4%,前者的方法更为安全。当断面内力臂取 $(h_0 - h_f/2)$ 时,再考虑 A'_s 实际已经没有意义,此时因 A_s 的存在而使断面承载能力提高 16.5% 的结果则可认为是精确的。

本例中梁断面的实际 $\overline{J}$ 约为 1.28,是按 $\gamma_0 = 1.1$ 设计的,其(计算 $\overline{J}$)/(实际 $\overline{J}$) $= 1.406/1.1/1.28 = 1.00$,极限强度满足 04 桥规要求但没有富裕。以上分析的误差有 4 处:其一,来自 $\sigma'_c = 0$ 的假定,这个实际断面的 σ'_c 稍大于 0,考虑 $v(\sigma'_c)$ 可以提高计算 $\overline{J}$;其二,μ_{sf} 取 0.70% 比实际稍低,也可取 $\mu_{sf} = 0.72\%$;第三,断面带有一个下马蹄未考虑,这也使 $\overline{J}$ 计算结果偏低;第四,$\kappa_p = 0.97$ 的假定。考虑这几个因素,本例实际的断面 $\overline{J}/J$ 将一定会稍大于 1.0,但断面的 κ_c 也将略小于 0.534。该断面 $\kappa_c \leqslant 0.534$ 是与实际的设计情况相符的,$\sigma_c = 8.65$ MPa 是使用荷载作用下翼板预制部分与现浇湿接缝部分的平均最大压应力值,这个应力水平很低(容许 16.2 MPa)。如果考虑还有 8 cm 厚的混凝土现浇层或多或少总要参与该断面的后期活载受力,这个应力水平将更低,但极限状态下的承载力安全富裕度却不高。本例和本节其他的算例都说明,如果不考虑普通钢筋对断面极限承载能力的贡献,从理论上讲桥梁工程中正常设计的全预应力混凝土 T 形受弯构件的控制断面都很难满足 04 桥规对极限强度承载能力的要求。这就是说,T 形受弯构件断面一般由承载能力控制设计。容许应力法设计理论在这种情况下将不能保证断面的极限承载能力安全要求。

表 2.15 的计算结果虽然是针对图 2.20(a)中特定的断面算得的,但其反映出的某些规律对于全预应力混凝土的 T 形断面却是具有普遍性的,这就是当断面的形状与其他设计参数确定以后,断面的极限承载能力安全程度(计算 $\overline{J}$)随 κ_c 的减少而增加,但如果不计 A_s 的影响其作用就非常有限,κ_c 由 1.0 减小到 0.4,$\overline{J}$ 只增加 3.6%;配置 $A_s(A'_s)$ 后可以提高断面的计算 $\overline{J}$,其提高幅度随 κ_c 的降低而增加。同样的断面,当 σ'_c 相同与配置的 A_s 不变时,κ_c 小表示使用荷载较小,A_p 也较小,故 A_s/A_p 的比值更高,此时普通钢筋对提高断面极限承载能力的作用也将更大。本例与例 2.9 的区别在于,例 2.9 中 A_s 与 A_p 均为常量,本例中只有 A_s 为常量,表 2.15 中只有与 $\kappa_c = 0.534$ 对应的一列计算结果中 $A_p = 43.4$ 的关系才能成立,故计算 $\overline{J}$ 与 κ_c(使用荷载)之间没有如例 2.9 中那样的反比关系。例 2.9 和本例中取 $\kappa_p = 0.97$ 是比较准确的,一般 κ_p 也不可能太低。当 κ_p 降低时,断面计算 $\overline{J}$ 将增加,此时也将降低确定的普通钢筋含量对提高断面 $\overline{J}$ 的贡献。

图 2.20(c)为 20 m 跨预应力简支空心板通用设计的跨中断面,其全断面纵向普通钢筋的实际配筋率为 1.2%,顶板换算厚度为 12.5 cm,按全宽 150 cm 计配置 $A'_s = 12.4$ cm^2,含筋率为 0.66%,这也符合对 A'_s 含量范围的估计。该板是按部分预应力 A 类构件设计的,底板普通钢筋配置较多。$A_s = 31.4$ cm^2,$A_p = 25.2$ cm^2,计算 $x = 12.1 < 12.5 = h_f$,可以用式(2.101)近似评价 A_s 对该断面极限承载能力的贡献。方法为计算 $(0.222 \times 31.4)/25.2 = 1.27$,由此即可判定本例配置 $A_s = 31.4$ cm^2 后可以提高该断面极限承载能力接近 27%。

式(2.99)、式(2.100)虽然是按 C50 混凝土推导的,但仍然可以适用于 C40 或 C60 混凝土。以 C40 混凝土 $x \leqslant h_f$ 时为例说明理由如下:改用 C40 混凝土后,ΔR 表达式中系数 8.64 将提高 20%,但 κ_c 也要提高 20%,略去 ξ 的影响,两个因素基本抵消。对 ΔM_k 的影响为提高 7% , 但因 $\Delta M_k / M_k$ 一般为 2% 左右, 故其对最终 $\bar{J}$ 的影响不会超过 0.2% , 因此也可以忽略不计。式(2.99)的其他部分并未限定混凝土的强度等级, 故仍可以适用于 C40 或 C60 混凝土。同样类似的理由, 式(2.100)也可适用于 C40 ~ C60 混凝土。当普通钢筋采用 HRB400 钢筋时, 式(2.99)、式(2.100)仍可适用, 因 330/280 = 1.178 , 故只需将式中 μ_{sf} 乘以 1.178 后两式就均可适用。本节附录中的用表全部按断面 HRB335 钢筋含量为 0.7% 编制, 相当于采用 HRB400 钢筋但 μ_{sf} 取 0.594% ≈ 0.6% 时编制的表格。

2.5.6 受压区预应力筋 A_p' 对断面极限承载力的影响

正常设计的预应力混凝土受弯构件, 其断面受压区不应该配置 A_p'。有些断面由于构造上的原因配置了过多的 A_p , 少量 A_p' 的作用往往就是为克服在施工阶段因 A_p 而在断面受压区临时产生的过大拉应力。配置有较多 A_p' 的断面往往发生在荷载较小的非控制设计断面, 这些断面的极限承载能力一般都有很大的富裕。为简化分析, 先讨论构件断面 $x \leqslant h_f$ 这种最普遍的情况, 此时只要断面受压区配置有 A_p' , 其作用可以表现在以下两个方面:

①在按本节方法反算断面的使用荷载时, 所有求解 M_k 的有关公式均可适用, 但式中的 a_p 应为 A_p 与 A_p' 的重心至梁底的距离, 即考虑 A_p' 后 a_p 会加大。

②所有求解 R 的有关公式也可适用, 这些公式在求解 R 时是假定 A_p' 在受拉区的, 但实际是在受压区。极限状态下, 受压区的 A_p' 退化为 $f_{pd}' = 390$ MPa 的普通钢筋 A_s' , 其作用只能稍许影响 x 的计算。由于有假定 $x \leqslant h_f$, 根据前述对受压区 A_s' 作用的讨论, A_p' 的影响即可近似忽略不计。

断面配置有 A_p' 会降低该断面在使用状态下的有效承载能力, 即按本文方法会降低计算断面有可能达到的 M_k , 这是很不合算的, 除非构造上或应力控制的原因必须如此设计。一般说来, 配置有 A_p' 的断面对该断面的极限承载能力影响不大, 但因 M_k 较小, 故配置有 A_p' 的断面往往具有很高的极限承载能力安全系数。设有两个同样设计的全预应力混凝土受弯构件断面, 区别仅在于一个多配置 A_p'。设这两个断面在使用荷载作用下 σ_c 与 σ_c' 相同, 不配置 A_p' 断面的使用荷载必然更大。配有 A_p' 断面的设计很浪费, 后者一般不是一个正常设计的构件断面。

2.5.7 算例与讨论

本节的有关公式说明, 全预应力混凝土 T 形、箱形与矩形断面正截面抗弯承载能力是否满足规范要求以及还有多大的额外富裕程度可以用断面的计算 $\bar{J}$ 来加以衡量, 有关公式右端项的 $\bar{J}$ 越大, 断面的抗弯极限承载能力安全系数就越高。对于某个构件的特定验算断面, 可以根据其实际活载在全部荷载中所占之比先求得一个实际 J , $\bar{J} \geqslant J$ 时表示满足 04 桥规规定的承载能力要求, $J/\bar{J}$ 大于 1 的百分比值即为承载能力的额外富裕程度百分比。

一般说来, 当设计使用的材料与断面形状确定以后, 断面的计算 $\bar{J}$ 可以表示为下列因素的函数:

$$\bar{J} = F(\gamma_0, \kappa_c, \kappa_p, \lambda_b, \lambda_h, a_p/h_0, V, \mu_{sf}) \tag{2.102}$$

对于箱形断面, 上式中还应当增加两个与 A_{cd} 有关的变量 ε 与 ε_1。假定式(2.102)中 $v = 0$ 和 $\mu_{sf} = 0$ 的式(2.82a)至式(2.89a)是最基本的公式。这几个公式说明, T 形断面的计

算 $\bar{J}$ 可以与混凝土和钢绞线的应力水平无关而只与这两种材料的利用系数 κ_p 与 κ_c 有关,可以与具体的断面尺寸及高宽比值无关而只与其断面的形状系数 λ_b、λ_h 有关,还与钢束的重心位置即 a_p/h_0 有关。$\sigma'_c \neq 0$ 时,$v = \sigma'_c/\sigma'_c$ 的符号与数值以及普通钢筋含量 μ_{sf} 对 $\bar{J}$ 的影响前述两个算例已经作了讨论。现用以下算例说明 T 形断面不同 λ_b、λ_h 取值对计算 $\bar{J}$ 的影响。

【例 2.11】　编程取 $\gamma_0 = 1$、$\kappa_c = 1.00$、$\kappa_p = 0.97$、$a_p/h_0 = 0.10$,按式(2.82a)或式(2.89a)将各种可能的变化 T 形断面的 $\bar{J}$ 计算,如表 2.16 所示。

表 2.16　$\sigma'_c = 0$,$A_s = A'_s = 0$,按式(2.82a)、式(2.89a)算得的计算 $\bar{J}$ 表

λ_h	λ_b									
	1.00	0.95	0.90	0.85	0.80	0.70	0.60	0.40	0.20	0.00
1.00	—	1.086	1.094	1.103	1.113	1.137	1.165	1.233	1.302#	1.337#
0.95	1.337#	1.217*	1.168	1.151	1.148	1.158	1.179	1.239	1.303#	1.337#
0.90	1.337#	1.257*	1.221*	1.191	1.178	1.176	1.191	1.245	1.305#	1.337#
0.85	1.337#	1.276*	1.249*	1.224*	1.204	1.194	1.204	1.250	1.307#	1.337#
0.80	1.337#	1.289*	1.266*	1.247*	1.227	1.210	1.215	1.256	1.309#	1.337#
0.70	1.337#	1.305*	1.288*	1.275*	1.262*	1.238	1.237	1.267	1.312#	1.337#
0.60	1.337#	1.315#	1.301*	1.292*	1.283*	1.262	1.256	1.278	1.316#	1.337#
0.40	1.337#	1.326#	1.319#	1.327#	1.309*	1.299*	1.289	1.299#	1.323#	1.337#
0.20	1.337#	1.333#	1.330#	1.327#	1.325#	1.321#	1.316	1.319#	1.330#	1.337#
0.00	1.337#	1.337#	1.337#	1.337#	1.337#	1.337#	1.337#	1.337#	1.337#	1.337#

表 2.16 中计算 $\bar{J}$ 右上带 * 者,表示计算受压区高度 x 超过上翼缘厚度 $h_f = h(1 - \lambda_h)$;带#者表示 x/h_0 超过了 04 桥规规定的受压区高度界限系数 $\xi_b = 0.4$。$\kappa_c = 1.00$ 表示,当断面混凝土采用 C50(C40)时,T 梁上缘最大使用应力 σ_c 达到 16.2(13.4) MPa,都达到了 04 桥规容许的最大值。表 2.16 虽然根据特定的 κ_p、κ_c 与 a_p/h_0 等参数制订,但它反映的 λ_h、λ_b 对计算 $\bar{J}$ 的影响规律却是有一定代表性的。更多不同 κ_c 与 a_p/h_0 取值时按式(2.82a)、式(2.89a)以及式(2.99)、式(100)算得的计算 $\bar{J}$ 表可详见本节附录。

表 2.16 及附录的计算结果说明,当具体的 κ_p、κ_c 确定以后,矩形断面总是可以得到最大的计算 $\bar{J}$。系数 λ_b 与 λ_h 反映的是对矩形断面的挖空,断面挖空后可以节省材料降低构件自重,但必然也会降低断面的极限承载能力安全系数。λ_b 反映的是对断面的横向挖空,λ_b 越小,断面形状越接近矩形,故其计算 $\bar{J}$ 也必然随 λ_b 的增加而单调减小。λ_h 反映的是对矩形断面受拉区侧的竖向挖空,当 $\lambda_h = 0$ 和 $\lambda_h = 1$ 时断面都将回归到矩形,故 $\bar{J}$ 随 λ_h 的变化曲线为一条两头高的下凹圆滑曲线,其极小值在正常采用的 λ_b 取值范围内出现在 $\lambda_h = 0.7 \sim 0.6$。图 2.21 为当 $\lambda_b(\lambda_h)$ 确定时,计算 $\bar{J}$ 随 $\lambda_h(\lambda_b)$ 的变化曲线,各只绘出了两根(曲线参数

λ_b 与 λ_h 分别取为 0.9 与 0.8),参数的取值仍为 $\kappa_c = 1$、$\kappa_p = 0.97$、$a_p/h_0 = 0.10$。对于图 2.21 中这组特定的参数取值,曲线参数 λ_b、λ_h 减小到 0(回归到矩形),其对应的曲线形状都将逐渐回归为一条 $\bar{J} = 1.337$ 的水平直线。

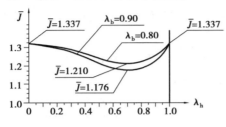 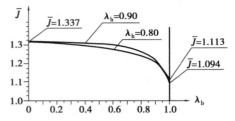

图 2.21 $(a_p/h_0 = 0.1 \quad \kappa_c = 1.0 \quad \kappa_p = 0.97)$

对于 κ_p,一般设计工作中都应追求钢束材料利用效率的最大化,即希望构件断面的 κ_p 尽量接近于 1。正常设计采用 $f_{pk} = 1\,860$ MPa 钢绞线的后张法预应力混凝土构件,钢束张拉控制应力都是按施工规范规定取最大值 $\sigma_{con} = 0.75f_{pk} = 1\,395$ MPa,扣除全部预应力损失再加活载引起的应力增量以后钢束应力 f_p 一般都比较接近容许应力 $0.65f_{pk} = 1\,209$ MPa,故在分析中如果取 $\kappa_p = 0.97$,误差一般也不会超过 $1\% \sim 3\%$。由式(2.82a)和式(2.89a)可以看出,κ_p 对 $\bar{J}$ 的影响很大且有与 $\bar{J}$ 成近似反比的关系,故降低钢束的张拉控制应力可以达到提高断面计算 $\bar{J}$ 的目的,或者说是构件预应力损失越大的断面其计算 $\bar{J}$ 越容易满足 04 桥规的要求。对于预应力构件靠降低 κ_p 来满足 04 桥规要求的这种做法是不可取的,因为这降低了钢束材料的利用效率。先张法生产的预应力混凝土构件由于预应力损失较大 κ_p 较小,比较容易满足 04 桥规的极限状态承载能力要求。以 $\lambda_b = 0.90$ 这类断面为例,不考虑普通钢筋影响,严格按 04 桥规方法考虑 κ_p 对计算 $\bar{J}$ 的影响规律,计算结果如表 2.17 所示。

表 2.17 κ_p 对计算 $\bar{J}$ 的影响($\gamma_0 = 1$、$\lambda_b = 0.90$、$\kappa_c = 0.90$、$a_p/h_0 = 0.10$)

κ_p	λ_h						
	0.92	0.90	0.88	0.84	0.80	0.76	0.72
1.0	1.297	1.286	1.279	1.272	1.272	1.277	1.284
0.95	1.329	1.320	1.311	1.304	1.304	1.307	1.314
0.90	1.340	1.331	1.323	1.315	1.314	1.318	1.325
0.80	1.406	1.402	1.396	1.386	1.384	1.386	1.391

表 2.17 是按式(2.82a)、式(2.89a)计算的,更详细地关于不同参数的变化规律可参见本节附录。当 $x \leqslant h_f$ 时,如果按严密的弹塑性理论考虑断面在极限荷载作用下的内力臂应为 $(h_0 - h_f/2)$,此时 κ_p 与计算 $\bar{J}$ 之间存在着严格的反比关系。表 2.17 按 04 桥规方法计算的结果没有这种严格的反比关系。

降低 κ_c(或提高混凝土强度等级)可以提高 $\bar{J}$ 但作用极小,这从式(2.82a)、式(2.89a)等公式中都可以看出。κ_c 只能影响 x 的计算,而内力臂 $(h_0 - x/2)$ 的变化幅度是很有限的,从例 2.9 中也可以验证这一结论。更详细的因 κ_c 变化而对计算 $\overline{J}$ 的影响数据可参见本节附录。

对于 T 形断面,当计算 $x \leqslant h_f$ 时,如果取极限荷载作用下的断面内力臂恒为 $(h_0 - h_f/2)$,则可以认为降低 κ_c 与计算 $\overline{J}$ 的计算无关,条件是 σ'_c 也取相同值,这在式(2.82b)中可以得到反映;当计算 $x > h_f$ 时,这个关系也应近似成立。这就是说,对于正常设计的 T 形断面构件,降低使用荷载作用下的断面应力 σ_c 看似可以提高断面的承载力安全系数但实际却达不到这个目的,除非同时提高断面的 σ'_c。对 κ_c 影响的讨论,还可参照前文算例中的一些分析。

a_p/h_0 的取值对 $\overline{J}$ 的影响较大,a_p/h_0 越大,计算 $\overline{J}$ 越高,但靠提高 a_p/h_0 来提高断面的极限承载能力是完全不可取的,因为加大了 a_p/h_0 设计会变得不经济,断面的计算 M_k 也会直线下降,最终实际是降低了断面的绝对承载能力。表 2.18 反映的是 a_p/h_0 对计算 $\overline{J}$ 的影响,该表也是按式(2.82a)、式(2.89a)计算的,更详细的有关数据可参见本节附录。在预应力混凝土连续梁接近恒载弯矩反弯点附近的非控制性断面处,a_p/h_0 可以很大,有时甚至可以达到 0.5。采用本节的计算方法,可以对这些断面进行极限承载能力的验算。

表 2.18　a_p/h_0 对计算 $\overline{J}$ 的影响($\gamma_0 = 1$、$\lambda_b = 0.90$、$\kappa_c = 1$、$\kappa_p = 0.97$)

a_p/h_0 ＼ λ_h	0.95	0.90	0.85	0.80	0.70	0.40	0.00 (矩形)
0.05	1.247 *	1.213 *	1.185	1.172	1.171	1.234	1.319#
0.10	1.257 *	1.221 *	1.191	1.178	1.176	1.245	1.469#
0.20	1.278 *	1.237 *	1.203	1.189	1.188	1.267#	1.376#
0.40	1.323 *	1.271 *	1.229	1.212	1.212	1.316#	1.469#

结构的重要性系数 γ_0 是影响断面抗弯承载能力是否满足要求的最重要因素之一。当 γ_0 取值为 1.1 时,与 $\gamma_0 = 1$ 相比,直接要求计算 $\overline{J}$ 提高 10%。对于实际 T 梁断面的设计 J,当 $\gamma_0 = 1.0(1.1)$ 时,一般在 $1.25 \sim 1.33(1.38 \sim 1.47)$。由本节的算例及附录计算结果可以看出,不考虑普通钢筋影响时,使承载能力极限状态计算要求控制断面的设计。例如,图 2.19(a)所示的断面,其在下马蹄中配置的 5Φ25 的普通钢筋其实就是为了满足 04 桥规的承载能力极限状态计算要求而配置。另外,活载占全部荷载的比值越小实际 J 越小,断面就越容易满足 04 桥规承载力验算的要求。这反映了 T 梁(箱梁)自重或跨径越大,一般就越容易满足 04 桥规的承载力要求。

$\sigma'_c \neq 0$ 时,v 及普通钢筋 A_s 对 $\overline{J}$ 的影响在上面两个算例已经进行讨论,此处不再重述。增加普通钢筋含量可以提高断面的计算 $\overline{J}$,其提高幅度大体有与 A_s 含量成正比的关系。提高 $v(\sigma'_c)$ 提高了全断面的平均应力水平看似更不安全,但却可以明显改善满足桥规要求的断面承载能力要求,这从例 2.9 中可以得到验证。这个关系也可简单地表述为断面的预应力度越高就越可以提高断面的计算 $\overline{J}$。

矩形断面可以认为是 T 形断面的特例。设矩形断面的计算 x 取 04 桥规容许的最大值 $x = 0.4h_0$，由矩形断面的式（2.84）可得 $[1 - 0.19(\kappa_c/\kappa_p)(1 + a_p/h_0)] = 0.8$，取 $\gamma_0 = 1.0$，$a_p/h_0 = 0.05$，$\kappa_p = 0.97$，代入式（2.84）可得计算 $\overline{J} = 1.328$。考虑到断面配置的普通钢筋，一般可以提高 $\overline{J}$ 的 10% ~ 15%（见本节附录），这说明当 γ_0 取最大值 1.1 时断面的计算 $\overline{J}$ 也不会低于 1.328。$\overline{J} = 1.328$ 表示活载在全部荷载中所占之比只要不大于 0.64 就都可以满足 04 桥规的承载能力极限状态验算要求。一般矩形断面构件的实际设计 J 均不会大于 1.32 左右，实际设计工作中 a_p/h_0 的取值几乎不可能小到 0.05，ξ 又总是要小于 0.4（因 κ_c 一般小于 1 较多），加之矩形断面构件一般在设计中取 $\gamma_0 = 1.0$。以上分析所得出的 $\overline{J} = 1.328$ 实际是在所有极端最不利组合下算得的一个最小的断面 $\overline{J}$。至此，已经证明，对于正常设计的全预应力混凝土矩形断面受弯构件（含实心板梁构件），只要断面满足应力 σ_c 与 f_p 的控制条件，即使不考虑普通钢筋的影响，一般也不再需要按式（2.73a）或式（2.73b）进行断面的极限承载能力验算；如果断面的普通钢筋含量 μ_{sf} 不低于 0.5% ~ 0.7%，那么在任何情况下都不需要再进行断面的极限承载能力验算。

对于矩形断面，假定 $A_s = A_s'$，当 x 取最大值 $0.4h_0$ 时，由式（2.83）可得 $0.19(\kappa_c/\kappa_p)(1 + a_p/h_0) = 0.2$，$\kappa_c$ 与 κ_p 均取最大值 1.0，由此可以求得 $a_p/h_0 = 0.052$。这个结果说明，只要矩形断面的设计 a_p/h_0 大于 0.052，从理论上讲就不可能设计出一个矩形断面全预应力构件可以使它的钢束与混凝土利用效率达到最大化（即 $\kappa_p = 1$、$\kappa_c = 1$），否则受压区高度 x 就一定要超限。这个结论也可从附录的算例中得到印证：$\kappa_c = 1$、$\kappa_p = 0.97$、$a_p/h_0 \geq 0.05$ 时，矩形断面的 x 全部超限。结论是为保证满足条件 $\xi \leq 0.4$，一般情况下矩形断面的设计 κ_c 应该小于 1.0。

对于例 2.9、例 2.10 中的 T 形断面，混凝土强度的利用效率之所以很低，有一个重要的原因就是，在施工期间对预制主梁张拉时梁体跨中断面下缘的混凝土压应力控制设计。对于例 2.10 中的这类 T 梁断面，张拉时下缘马蹄内的混凝土最大压应力一般都可达到 15 ~ 16 MPa，故这类 T 梁设计都要求混凝土强度达到设计强度 95% 以上后才能张拉，加之为了避免梁体在张拉以后的存梁期间过度上拱，所以预应力钢束的总张拉吨位必然在成桥以后显得很低，这由这种特定的预制安装施工工艺所决定。例 2.9 中的这类箱形断面可以大大降低张拉时断面下缘的混凝土最大压应力，理论上这类断面形式虽然增加自重要多用一点钢束，但可以提高混凝土的利用效率（即 κ_c 可以较大），综合考虑就有可能比 T 形断面更为经济。造成例 2.9 中断面的实际 κ_c 只有 0.437 实际是设计的问题。这片主梁断面完全可以增加 A_p 的配置提高断面的承载能力，并将主梁间距由 2.9 m 加大到 3.4 ~ 3.8 m，这样就可以提高设计 κ_c 来改善这类小箱梁设计的经济指标。现行预应力混凝土简支小箱梁桥的通用设计图纸中似乎都存在这个问题。当然，加大主梁间距以后还应兼顾张拉阶段底板的压应力限制与主梁斜截面的抗剪设计问题。

本节的算例与附录数据说明，一般情况下 T 形断面都不存在有 ξ 的超限问题，但如何提高预应力混凝土 T 形与箱形断面混凝土材料的利用效率值得认真研究。这个问题涉及的因素比较复杂，对于简支 T 梁而言，除了跨中断面的强度问题之外，还有其他断面的抗裂验算

问题需要通盘考虑。除其他因素之外,首先,最简单直接的办法就是降低构件的设计混凝土
强度等级。对例 2.9、例 2.10 中的主梁构件,将混凝土的设计强度等级由 C50 降低到 C40,
跨中断面的承载能力强度安全系数实际没有什么变化,但却可以直接将混凝土的材料利用
系数 κ_c 分别由 0.437、0.537 提高到 0.529、0.650。对于例 2.9 中的小箱梁断面,如果张拉
阶段底板的压应力不超限,其实采用 C30 混凝土在理论上也应该是安全的,此时的 κ_c 仍然
只有 0.701,而且受压区高度 x 也只有 14.6,远还没有超过顶板厚度 18.7 cm。其次,我国的
简支 T 梁设计习惯采用如图 2.19(a)所示的带马蹄 T 形断面,但如果采用如图 2.20(e)所示
的工字形断面,即可改善预制张拉时断面下缘的混凝土受力。在美国的预应力简支梁桥设
计中,预制梁部分一般都是采用的工字形断面,这看来是有一定道理的。工字形断面与箱形
断面在极限强度的验算方面基本相同,后者在抗扭刚度方面还要明显优于前者。这就是说
在施工有条件(吊装能力)的情况下,应当尽量采用梁距较大的箱形断面设计,这样或许可以
显得更为经济合理。

我国通用设计图纸中的预应力混凝土 T 梁(小箱梁)桥一般都采用混凝土加沥青混凝土
的桥面铺装。如果考虑下层混凝土现浇层参与 T 梁的后期联合受力,跨中断面的顶板混凝
土压应力实际上还要更低。为了降低张拉时跨中断面下缘的混凝土压应力,还可以采用二
次张拉的方法来解决这个问题。第二次张拉的时间,可以选在湿接缝混凝土完成之后,也可
选在下层混凝土现浇层浇筑后,这样或可大大提高断面混凝土的利用效率。有与 T 梁顶板
黏结良好的混凝土现浇层或铺装,其实质等于是稍微加大了顶板厚度和梁高,这样还可以有
效地提高 T 梁断面的绝对极限承载能力。当然,T 梁的设计在很多情况下还要由斜截面的
抗裂性控制,这个问题还需通盘考虑。

2.5.8　对 04 桥规相关问题的讨论

如无特别的说明,以下讨论中均假定断面受压区不配置预应力钢束,即 $A'_p = 0$。

1)关于 04 桥规第 5.2.2 与 5.2.3 条之规定

第 5.2.3 条的规定即公式(2.73a)。对于如图 2.19(a)那样的 T 形断面($x < h_f$),04 桥
规取极限状态下断面的内力臂为($h_0 - x/2$),这严格说来在理论上是有问题的。正如上文提
到的那样,对于任何 T 形断面,只要断面的 λ_b、λ_h 取值不要太小,极限状态下翼板受压区的
重心都应该是在 $h_f/2$ 位置附近而不该是在 $x/2$ 处。这是由力的传递途径与边界条件所决定
的,有限元的分析模型与 T 梁的极限抗弯承载力试验都会支持这样的结论。桥梁工程中的
T 形断面上翼板混凝土在极限状态下上缘应力达到 f_{cd}(或屈服)而下缘开裂应力为 0,这实
际是个很荒唐的假定。式(2.73a)根据对矩形断面的试验研究结论推导出。当 T 形断面的
λ_b 与 λ_h 均不小于 0.8 时,严格说来它就不适用。桥梁工程中的 T 形断面 λ_b 与 λ_h 一般均大
于 0.8,而建筑部门常用的 T 形断面 λ_h 与 λ_b 一般均小于 0.5~0.8,故建筑规范采用式(2.
73a)是没有问题的,04 桥规套用建筑规范的规定显然不妥。当 λ_b 与 λ_h 都很大时,严格说来
平截面假定也是有问题的,这就是开口薄壁 T 形与 Ⅱ 形构件的受力特点。另外,很容易证
明,当按 04 桥规算法 λ_b 与 λ_h 均不小于 0.8 且 $x < (0.50 \sim 0.7)h_f$ 时,极限状态下 T 形断面
翼板混凝土的压应力都不可能达到 f_{cd},因为此时翼板混凝土只有 $(0.5 \sim 0.7)f_{cd} < 0.48 f_{ck}$ 尚

处于弹性工作阶段,而钢束 $[1\,260/(0.5\sim0.7)]$ 已经超过了它的破断强度,这也与式 (2.73a)建立的基本假定相矛盾。这种情况不是个例,几乎大多数桥梁工程中的 T 形或箱形断面均能满足条件 $x<(0.50\sim0.7)h_f$。

如果考虑到上翼板在弯矩作用下始终会作为一个整体断面近似均匀受压,建议 04 桥规第 5.2.3 条应修改为:T 形截面当符合条件 $f_{pd}A_p\leqslant f_{cd}b_fh_f$ 且断面的 λ_b 与 λ_h 均不小于 0.8 时,其正截面抗弯承载力应满足下列条件:

$$\gamma_0M_j\leqslant f_{pd}A_p\left(h_0-\frac{h_f}{2}\right)+f_{sd}A_s\left(h-a_s-\frac{h_f}{2}\right) \qquad (2.103)$$

当不满足 λ_b 与 λ_h 均小于 0.8 的条件时,仍应以宽度为 b_f 的矩形截面按 04 桥规第 5.2.2 条计算。桥梁工程中的钢筋混凝土 T 形断面上翼板在弹性工作阶段受力大体均匀,在这点上似乎可以得到共识,进入极限状态下就更应该是趋于均匀,即钢筋混凝土 T 形断面在计算断面的极限承载力时也有这个问题。要求两个形状系数 λ_b 与 λ_h 均不小于 0.80 的条件是否合适当然还可再作研究,也许还应该不包括 b_fh 小于断面全面积 20% 左右的那些非正常设计的 T 形断面,但这样的限制条件是必须有的。例如,设断面的 $\lambda_b=0.3$ 与 $\lambda_h=0.9$,这样的断面受力特性实际应该是接近矩形断面的。与式(2.103)相比,04 桥规的式(2.73a)偏于不安全。例如,例 2.9、例 2.10 对极限承载能力的计算将会有 3.7% 与 2.5% 的差异。笔者认为,应该选用一个更加合理与安全的式(2.103)来代替 04 桥规的现有公式。

如果式(2.103)成立,根据式(2.83)即可直接得出如下结论:对于 T 形断面的极限抗弯承载能力(计算 $\overline{J}$),当 $x\leqslant h_f$ 时,与断面的设计参数 κ_c 无关但与 κ_p 成反比;当 $x>h_f$ 时,这一关系也能近似成立。与 κ_c 无关这点很重要,这就是说,当 $x\leqslant h_f$ 时断面的极限承载能力实际完全可以由 (A_p+A_s) 的配置与内力臂 $(h_0-h_f/2)$ 确定。例 2.9、例 2.10 中的两个梁体断面混凝土的强度等级由 C50 降低为 C40 后,关系 $x\leqslant h_f$ 仍然成立,这样并不会丝毫降低断面的极限抗弯承载能力。正常设计的 T 形与箱形断面几乎都满足条件 $x\leqslant h_f$,故这一结论几乎适用于所有的桥梁工程中正常设计的 T 形断面设计。

2)对 04 桥规第 5.2.4 条的讨论

当 $x>h_f$ 时,按 04 桥规第 5.2.3 条的规定,T 形与箱形断面的受压区高度 x 应按下式计算:

$$f_{pd}A_p+f_{sd}A_s=f_{cd}[bx+(b_f-b)h_f]+f'_{sd}A'_s \qquad (2.104)$$

式(2.104)即 04 桥规公式(5.2.3-3),但取 $A'_p=0$。如前所述,T 形与箱形断面为了保证断面的极限承载能力,往往需要加大 A_s 的配置,有时候从构造上也要求配置较多的 A_s,此时如果严格按上式计算 x,就有可能使部分设计断面的 x/h_0 超限。在连续刚构箱梁的负弯矩区断面中,由于构造上的原因,A_s 的配置一般都很大;对于那些不在控制设计断面上的验算断面,因 a_p 较大,h_0 较小,这个问题非常突出,很多就不可能满足条件 $x/h_0\leqslant0.4$。因此有一种说法,即第 5.2.3 条规定只适用于设计的控制断面(但又不能写入规范),但是,大跨桥梁中何为设计控制断面,这本身就没有一个严密的定义。

在一个严格满足 04 桥规要求 $x/h_0\leqslant0.4$ 的设计断面,如果其极限承载能力满足 04 桥规要求,此时再在其受拉区中多放一点受拉普通钢筋使 x/h_0 超限。从常理来分析这样也不会影响断面的安全,或者还可以稍许提高一点断面的绝对极限承载能力。控制 x/h_0 不是目的,目的最终还是要保证安全。稍许提高极限承载能力但 04 桥规不容许,这显然是很不合乎情理的。04 桥规在编制时已经注意到这个问题,于是增加了第 5.2.4 条,即"受弯构件在应用公式 $x/h_0 \leq \xi_b$ 的条件时,可不考虑按正常使用极限状态计算可能增加的纵向受拉钢筋截面面积和按构造要求配置的纵向受拉钢筋截面面积"。但这是一条含糊不清有问题的规定,相应的条文说明中对此也无解释。笔者的疑问是:首先,"可不考虑"太随意,也即"也可考虑";其次,按正常使用状态计算可能增加的受拉钢筋应是指抗裂验算需要增加的普通受拉钢筋,但 04 桥规第 6.3.1 条"抗裂验算"中没有对普通钢筋有配置要求(含部分预应力混凝土构件),理论上一切 A_s 的配置都是为了满足构造、抗裂的要求和保证断面的极限承载能力,因此这个"需要增加的受拉钢筋量"根本无法界定;第三,此处"受拉钢筋"应是指普通钢筋,但为何不能明确加上"普通"这个定语?第四,本条是否也适用于钢筋混凝土受弯构件的设计控制断面不清楚,如是则更有问题,如适用于部分预应力混凝土受弯构件的设计控制断面本条也是有问题的;第五,计算 x 时可以不考虑按……要求配置的纵向受拉钢筋面积,验算极限承载能力时是用哪个 x 没有交代。目前在设计实践中,设计人员使用这条规定时完全是各取所需,而且这条规定也完全与 04 桥规第 5.2.2 条中的有关规定相冲突。

条件 $x/h_0 \leq \xi_b$ 保证的是断面的破坏形态为延性或避免的是超筋设计,但脆性破坏的超筋设计本身并不可怕,只要构件断面具有足够大的安全度,历来的工程实践与研究文献中都是容许这种设计存在的,如型钢混凝土梁一般都是超筋设计。如果断面按 04 桥规第 5.2.2 条计算,不能满足条件 $x/h_0 \leq \xi_b$,引用 04 桥规第 5.2.4 条规定后满足设计要求,但该断面的破坏形态实际仍然是脆性。由此可见,04 桥规实际也是容许超筋设计的,但容许的条件由第 5.2.4 条规定规范,实在是有欠严密。

可靠性设计原理研究文献[5,6]认为,脆性破坏构件较延性破坏只需将构件的可靠指标 β_c 提高 0.5 即能成立,并且认为将 β_c 提高或降低 0.5 就相当于将结构的重要性系数 γ_0 提高 10% 或降低 10%,而 γ_0 提高 10% 也就相当于将本文的断面 J 提高 10%。结构或构件的可靠度计算方法在国内外的研究文献中有很多不同的方法,但都甚为烦琐。以引用最多最简单的"中心点法"为例,其可靠指标 β_c 定义为 $\beta_c = \dfrac{\mu_R - \mu_S}{\sqrt{\sigma_R^2 - \sigma_S^2}}$,式中 μ_R、μ_S 为结构抗力和作用效应的平均值,σ_R、σ_S 为结构抗力和作用效应的标准差。这个公式理论上没有问题,但仅就作用效应的标准差 σ_S 的确定问题,估计 20 年后也很难进入实用化的桥规条文,故"可靠指标 β_c"迄今仍是一个过于学术化或理想化的概念,设计人员根本无法具体计算。这些研究成果认为脆性破坏较延性破坏只需将 β_c 提高 0.5(γ_0 提高 10%)即可成立也是缺乏足够论证而且有时也很危险,可靠指标 β_T 提高 0.5 与 γ_0 提高 10% 之间的关系也缺乏必要的论证。另外,超筋的程度与要求提高可靠指标的多少是应该有所区别的,阶梯形的"一刀切"显然也不可取。但这些研究成果认为,脆性破坏构件可以用提高构件的可靠指标来保证安全这个思路无疑是对的。

本文提出的指标 $\bar{J}/J$ 实际就是一个非常直观实用和便于计算的构件断面强度安全度指

标,其含义就应该是与 β_c 的含义类似的。因此,脆性破坏构件只需将断面的 J 适当提高即可保证构件断面的安全。从这个认识出发,建议 04 桥规第 5.2.4 条可以删去。条件 $x/h_0 \leqslant \xi_b$ 与 04 桥规第 5.2.4 条的实质都是断面受压区高度 x 的限制问题,如何适当提高断面的 J 来保证 x/h_0 接近或超过 ξ_b 时的断面安全可见下文的建议。至于在非控制设计断面和因多配置纵向受拉钢筋面积而导致的 x/h_0 超限问题,这些断面的计算 $\overline{J}$ 毫无例外地都很高,此时用适当提高断面计算 J 的方法来代替 04 桥规第 5.2.4 条就更显得更为合理。

3)关于对 T 形断面受压区高度 x 的限制问题

04 桥规规定受压区高度 x 必须满足条件 $x/h_0 \leqslant \xi_b$,但 $\xi_b = 0.4$ 对于 T 形断面这条规定似乎过于宽松。在式(2.85)中令 $\kappa_c = 1$、$\kappa_p = 1$,直接可得 $x \leqslant h_f$ 的判别条件为 $1 - \lambda_b \lambda_h^2 \leqslant 2.636(1 - \lambda_h)$ 或

$$\lambda_b \geqslant (2.636\lambda_h - 1.636)/\lambda_h^2 \tag{2.105}$$

根据式(2.105)可算得当 λ_h 分别取值为 0.84、0.86、0.88、0.90、0.92 时,只要 λ_b 分别不小于 0.820、0.853、0.883、0.909、0.932 即可满足条件 $x \leqslant h_f$。这就是说,现行通用设计图纸中的所有 T 梁跨中断面和箱形梁桥(含连续刚构)控制断面基本都能满足式(2.105)对 λ_h 与 λ_b 的取值范围要求。取 $\kappa_p = 1$ 的分析误差一般不会超过 3%,κ_c 的取值范围一般为 1.0 ~ 0.40(见本节算例),而计算 x 时其值与 κ_c 呈正比的关系。这就是说,在上述 λ_h 与 λ_b 的常用取值范围内,满足条件 $x \leqslant h_f$ 一般还应有 20% ~ 40% 以上的富裕。上述分析与本节算例说明,几乎一切正常设计的 T 形(箱形)断面,受压区高度 x 均不会超过其翼板(顶板)厚度 h_f。

再换一个角度来研究这个问题。式(2.78)两端对 x 求导可得当 $x \leqslant h_f$ 时 $\dfrac{\mathrm{d}R_1}{\mathrm{d}x} = f_{cd} b_f (h_0 - x)$,式(2.86a)两端对 x 求导可得当 $x > h_f$ 时 $\dfrac{\mathrm{d}R_2}{\mathrm{d}x} = f_{cd} b (h_0 - x)$,由此可得:

$$\frac{\mathrm{d}R_1}{\mathrm{d}x} \Big/ \frac{\mathrm{d}R_2}{\mathrm{d}x} = b_f/b \tag{2.106}$$

式中,R_1 与 R_2 分别代表 $x \leqslant h_f$ 与 $x > h_f$ 时 T 形断面的极限抗弯承载力 R,$\dfrac{\mathrm{d}R}{\mathrm{d}x}$ 的含义为 $x(A_p)$ 增加以后对提高断面 R 的贡献(效率),其含义与 $\dfrac{\mathrm{d}R}{\mathrm{d}A_p}$ 或 $\dfrac{\mathrm{d}R}{\mathrm{d}\sigma_c}$ 应是相同的。如果不考虑预制张拉阶段压应力控制设计这个因素,通过加大 A_p 的配置可以使 x 增加或超过 h_f,并在同时加大 A_s 使其满足 04 桥规对极限承载力的要求,这样能提高断面的绝对 R,但在不同的情况下为此增加的 A_p 与 A_s 的利用效率却很不相同。式(2.106)说明,当 $x \leqslant h_f$ 与 $x > h_f$ 时这种情况相比,为使 $x > h_f$ 而增加的 A_p 与 A_s 材料的利用效率只有 $x \leqslant h_f$ 时材料利用效率的 b/b_f。对于 T 形与箱形断面(b_f/b),一般取值范围为 7 ~ 10。这就是说,即使可以设计出 $x > h_f$ 的 T 形或箱形断面并满足 04 桥规的有关要求,此时断面增加的钢材利用效率也将会急剧下降到 $x \leqslant h_f$ 时的 1/10 ~ 1/7。

另外,按照本节算法,由式(2.77)直接可得 $\dfrac{\mathrm{d}M_\mathrm{k}}{\mathrm{d}\sigma_\mathrm{c}}\left(\dfrac{\mathrm{d}M_\mathrm{k}}{\mathrm{d}x}\right)$ 为常数,这表示增加 A_p 使 $x>h_\mathrm{f}$ 后使用荷载会线性增加,但 R 的增加却会呈 7~10 倍的放缓,断面将更难满足对极限承载力的要求(即计算 $\bar{J}$ 会更低)。此时只有更多的配置 A_s,而对于全预应力混凝土断面配置过多的 A_s 显然是不合理的。综合以上对 $A_\mathrm{p}(A_\mathrm{s})$ 材料利用效率的分析,T 形与箱形断面的受压区高度 x 也不应该超过其翼板(顶板)厚度 h_f。

以上分析结论的假定条件虽然是 $\sigma'_\mathrm{c}=0$,但因 σ'_c 对 x 的计算影响很小且其本身数值无论正负都不会很大,故当 $\sigma'_\mathrm{c}\neq0$ 时并不会改变以上的分析结论。基于以上的认识,本文认为04 桥规对不同断面形式的构件断面一律取用 $x/h_0\leqslant\xi_\mathrm{b}=0.4$ 的限制规定不合理,建议04 桥规对预应力混凝土受弯构件正截面的受压区高度 x 可以修改为如下的限制规定:

矩形断面的受压区高度 x 一般应按条件 $x/h_0\leqslant0.5\xi_\mathrm{b}=0.20$ 控制,正常设计的 T 形断面受压区高度 $\hat{x}$ 一般应按条件 $x\leqslant h_\mathrm{f}$ 控制。对于矩形断面,当 $x/h_0=\xi_\mathrm{b}$ 时,条件 $\gamma_0 S\leqslant R$ 的左端项 S(或本节的 J)应乘以系数 1.10;当 $\xi_\mathrm{b}>x/h_0>0.5\xi_\mathrm{b}$ 时,S 的提高系数可在 1.0~1.10 之间内插。对于 T 形断面,当 $x/h_0=\xi_\mathrm{b}$ 时,S 应乘以提高系数 1.15;当 $\xi_\mathrm{b}>x/h_0>h_\mathrm{f}/h_0$ 时,S 的提高系数可在 1.0~1.15 之间内插。无论是矩形或 T 形断面,当按04 桥规第5.2.2 与第5.2.3 条计算的 $x/h_0>\xi_\mathrm{b}$ 时,x/h_0 每超过 ξ_b 的 10%,S 应在上述提高后的基础上再增加 10%,且此时在计算 $\gamma_0 S\leqslant R$ 的右端项 R 时,其混凝土的受压区高度 x 仍应按 $x=\xi_\mathrm{b}h_0$ 时取用。这里正常设计的 T 形断面指断面的 λ_b 与 λ_h 均不大于 0.8 的断面,也不包括 $b_\mathrm{f}h$ 小于断面全面积20%左右的那些非正常设计的 T 形断面。不满足这两个条件的 T 形断面 S 的提高系数仍应按矩形断面计算。

按照以上建议,对于矩形断面,当 $x/h_0=\xi_\mathrm{b}=0.4$ 时,要求断面的 S(或 J)乘以系数1.10;当 $x/h_0=1.1(1.2)\times0.4=0.44(0.48)$ 时,要求断面的 S(或 J)乘以 1.21(1.33)。对于 T 形断面,当 $x/h_0=\xi_\mathrm{b}$ 时,要求断面的 S(或 J)乘以系数 1.15;当 $x/h_0=0.44(0.48)$ 时,要求断面的 S(或 J)乘以 1.265(1.39)。对于 T 形断面,当 $x>h_\mathrm{f}$ 时,断面的超载能力急剧下降并且在正常情况下不会出现 $x>h_\mathrm{f}$ 的情况,故当 $x>h_\mathrm{f}$ 时理应要求较矩形断面提高更多一点的 S(或 J)。超筋设计是危险的,除非特殊情况一般都不应采用,但也不能绝对禁止,关键仍是断面应当具有足够高的承载能力安全度。只要断面的 $\bar{J}/J$ 接近或超过 1.2~1.3 倍或以上,因承载力不足而发生脆性破坏的可能实际上就已不再存在。

这些建议规定与04 桥规的规定实质上是一致和相互衔接的。x/h_0 接近 ξ_b 的设计就是接近脆性破坏的设计,故应该要求此时适当提高断面的安全度,这比建议 x/h_0 取为 ξ_b 的百分之几十更合理。明确超筋设计时,计算 R 只能按 $x=\xi_\mathrm{b}h_0$ 取用实际是假定多配置的钢筋对计算 R 没有贡献,这个假定很保守安全。如果采用以上建议,自然就可以取代04 桥规第5.2.4 条的规定。建议规定看似较04 桥规对承载力的要求严厉许多,但严格限制的仍然是超筋设计。根据本节的分析与笔者的测算,一般正常设计的预应力 T 形与箱形断面都能满足建议的这些规定。在大跨连续刚构 1/4 跨径附近的那些设计断面,因 a_p/h_0 很大,x/h_0 是有超限20%的可能的,以往设计遇上这类问题,往往是不了了之,现在则可以严格计算这类断面。这些断面的荷载很小,计算 $\bar{J}$ 往往都超过 2.0,故都很容易满足以上提高 J 的建议要求。

本节建议对受弯构件断面 x/h_0 接近 ξ_b 时要提高其对承载力的要求,但并不反对这样的设计。相反,对于活载占比较大的一般中小跨径桥梁,应该适当追求这样的设计(大跨径桥梁例外),因为这种设计可以提高混凝土材料的利用效率。一般来说,只有当 x/h_0 较大或接近 ξ_b 时,才可能得到 σ_c 接近其容许应力值的设计。本节附录中那些 $\kappa_c(\sigma_c)$ 越大或接近 1.0 的设计就是混凝土利用效率较高的设计,但预应力受弯构件 T 形断面一般由承载力控制设计,而提高断面计算 $\bar{J}$ 最有效的办法就是增加断面普通钢筋 A_s 的配置。我们似乎已经习惯低筋设计,习惯少用钢筋而没有注意到混凝土材料的利用效率。根据笔者的统计,设计实践中至少超过半数的混凝土(含预应力)T 形、矩形断面的最大混凝土压应力 σ_c 都只有容许值的一半(0.25f_{ck})左右或以下(见本节案例),这实际才是一种最大的设计浪费。用增加普通钢筋 A_s 的配置来换取对混凝土材料的高效利用,这是非常合算的,但如此也必然导致 x/h_0 较高的断面设计。由此看来,04 桥规第 5.2.2、5.2.3 条的说明中所谓美国规范不区分具体的断面形式,一律规定 $\rho \leqslant 0.75\rho_b$,$\rho_b$ 为界限配筋率。

以上建议规定与笔者中对钢筋混凝土受弯构件要求 S(或 J)的建议提高系数一致。由于预应力混凝土受弯构件断面在极限状态下的受力状态与钢筋混凝土构件并无本质的区别,故对其要求也理应一致。关于这些提高系数的选用理由,尚可参见文献[8]中的一些其他说明。

4)关于对断面设计合理性的讨论

最合理的受弯构件的控制断面强度设计除了应满足 04 桥规规定的承载能力极限状态计算与使用荷载作用下的应力限制条件而外,还应当追求 $\bar{J}/J$ 与 $1/\kappa_c$ 尽量相等或接近这个条件,这样才是最合理的设计。$\bar{J}/J$ 反映的是满足承载能力条件的额外富裕度系数,$1/\kappa_c$ 则为满足应力限制条件的额外富裕度系数。这两个系数相差太多,理论上都意味着是某种程度上的设计浪费。这个概念也可推广到整个桥梁主梁(或结构)的设计中,即主梁如有两个或两个以上的控制设计断面,各个控制断面的 $\bar{J}/J$ 与 $1/\kappa_c$ 也都应该尽量接近,否则这也可以认为是某种程度上的设计浪费。预应力混凝土受弯构件(或主梁)由于其构造与施工过程的特殊性,其控制断面的设计要做到这两个富裕度系数接近确实很难,但设计人员应有这样的概念。这实际也就是广义的等强度设计原则的概念,在工程结构的统一可靠性设计原理中似乎也应该引入这样的概念。

在桥梁设计工作中,传统上钢结构桥梁按此广义的等强度原则进行设计的工作做得比较好,不足的就是预应力混凝土桥梁。虽然目前世界各国的桥梁设计规范中都还没有引入过这样的概念,但我国的设计规范可以有自己的特点,建议今后在我国的桥规中可以增加一条关于强调结构应尽量按此广义的等强度设计原则进行设计的条文。在今后的桥梁(主梁)设计中,如能计算并对比所有控制断面的这两个富裕度系数,就有利于对结构总体安全度的了解,也可为进一步结构优化设计指出一个方向。

附录　预应力混凝土受弯构件正截面设计用表

表 1-1　$a_p/h_0=0.05$　$\kappa_c=1.00$　$\kappa_p=0.97$

$\lambda_b\backslash\lambda_h$	0.93	0.90	0.87	0.84	0.80	0.70	0.60	0.40	0.20
1.00	1.089(1.14)	1.093(1.15)	1.098(1.16)	1.104(1.16)	1.112(1.17)	1.134(1.20)	1.161(1.24)	1.223(1.32)	1.287(1.40)
0.93	1.211(1.29)*	1.186(1.26)	1.170(1.24)	1.161(1.23)	1.156(1.23)	1.161(1.24)	1.178(1.26)	1.231(1.33)	1.289(1.41)
0.90	1.233(1.32)*	1.213(1.30)*	1.194(1.27)	1.181(1.26)	1.172(1.25)	1.171(1.25)	1.185(1.27)	1.234(1.33)	1.290(1.41)
0.87	1.247(1.34)*	1.231(1.32)*	1.215(1.30)*	1.200(1.28)	1.188(1.27)	1.181(1.26)	1.192(1.28)	1.237(1.34)	1.291(1.41)
0.84	1.257(1.36)*	1.243(1.34)*	1.230(1.32)*	1.216(1.30)	1.202(1.29)	1.190(1.28)	1.198(1.29)	1.240(1.34)	1.292(1.41)
0.80	1.267(1.37)*	1.255(1.35)*	1.245(1.34)*	1.234(1.33)*	1.218(1.31)	1.202(1.29)	1.207(1.30)	1.245(1.35)	1.293(1.42)
0.70	1.283(1.40)*	1.275(1.39)*	1.268(1.37)*	1.261(1.36)*	1.251(1.35)*	1.229(1.33)	1.227(1.33)	1.255(1.37)	1.297(1.42)
0.60	1.294(1.42)*	1.287(1.41)*	1.282(1.40)*	1.277(1.39)*	1.270(1.38)*	1.251(1.36)	1.245(1.35)	1.265(1.38)	1.300(1.43)#
0.40	1.307(1.44)*	1.303(1.44)*	1.300(1.43)*	1.297(1.43)*	1.294(1.42)*	1.284(1.41)*	1.276(1.40)	1.284(1.41)	1.306(1.44)#
0.20	1.314(1.46)#	1.313(1.45)#	1.311(1.45)#	1.310(1.45)#	1.309(1.45)*	1.305(1.44)*	1.300(1.43)	1.302(1.44)	1.313(1.45)#
0.00	1.319(1.47)#	1.319(1.47)#	1.319(1.47)#	1.319(1.47)#	1.319(1.47)#	1.319(1.46)#	1.319(1.46)#	1.319(1.46)#	1.319(1.46)#

表 1-2　$a_p/h_0=0.05$　$\kappa_c=0.90$　$\kappa_p=0.97$

$\lambda_b\backslash\lambda_h$	0.93	0.90	0.87	0.84	0.80	0.70	0.60	0.40	0.20
1.00	1.092(1.15)	1.098(1.16)	1.104(1.17)	1.111(1.18)	1.121(1.19)	1.147(1.23)	1.178(1.26)	1.249(1.36)	1.318(1.45)
0.93	1.221(1.31)	1.192(1.28)	1.177(1.26)	1.170(1.25)	1.166(1.25)	1.175(1.26)	1.197(1.29)	1.257(1.37)	1.321(1.46)
0.90	1.254(1.35)*	1.223(1.32)	1.202(1.29)	1.191(1.28)	1.184(1.27)	1.186(1.28)	1.204(1.30)	1.260(1.37)	1.322(1.46)
0.87	1.273(1.38)*	1.248(1.35)*	1.225(1.32)	1.210(1.30)	1.199(1.29)	1.197(1.29)	1.211(1.31)	1.264(1.38)	1.323(1.46)
0.84	1.286(1.40)*	1.265(1.37)*	1.244(1.35)*	1.227(1.33)	1.214(1.31)	1.207(1.30)	1.218(1.32)	1.267(1.38)	1.324(1.46)
0.80	1.298(1.42)*	1.282(1.39)*	1.265(1.37)*	1.248(1.35)	1.232(1.33)	1.219(1.32)	1.228(1.33)	1.272(1.39)	1.325(1.46)

$\lambda_b \backslash \lambda_h$	0.93	0.90	0.87	0.84	0.80	0.70	0.60	0.40	0.20
0.70	1.317(1.45)*	1.306(1.43)*	1.296(1.42)	1.285(1.40)	1.269(1.38)	1.248(1.36)	1.249(1.36)	1.283(1.41)	1.329(1.47)
0.60	1.328(1.47)*	1.321(1.46)*	1.313(1.44)*	1.306(1.43)*	1.295(1.42)*	1.272(1.39)	1.269(1.39)	1.294(1.42)	1.332(1.48)
0.40	1.341(1.50)*	1.337(1.49)*	1.333(1.48)*	1.330(1.47)*	1.325(1.47)*	1.310(1.45)	1.303(1.44)	1.315(1.46)	1.339(1.49)
0.20	1.348(1.51)*	1.347(1.51)*	1.345(1.50)*	1.344(1.50)*	1.342(1.50)*	1.336(1.49)*	1.331(1.48)	1.335(1.49)	1.346(1.50)
0.00	1.353(1.52)*	1.353(1.52)*	1.353(1.52)*	1.353(1.52)*	1.353(1.52)*	1.353(1.52)*	1.353(1.52)	1.353(1.52)	1.353(1.52)

表1-3 $a_p/h_0=0.05$ $\kappa_c=0.80$ $\kappa_p=0.97$

$\lambda_b \backslash \lambda_h$	0.93	0.90	0.87	0.84	0.80	0.70	0.60	0.40	0.20
1.00	1.095(1.17)	1.102(1.17)	1.110(1.18)	1.118(1.20)	1.129(1.21)	1.161(1.25)	1.196(1.29)	1.274(1.40)	1.350(1.50)
0.93	1.227(1.33)	1.199(1.30)	1.185(1.28)	1.179(1.27)	1.177(1.27)	1.190(1.29)	1.215(1.32)	1.283(1.41)	1.352(1.51)
0.90	1.265(1.38)	1.230(1.34)	1.211(1.31)	1.201(1.30)	1.195(1.30)	1.201(1.31)	1.223(1.33)	1.287(1.42)	1.354(1.51)
0.87	1.292(1.41)	1.257(1.37)	1.234(1.34)	1.220(1.33)	1.211(1.32)	1.212(1.32)	1.231(1.34)	1.290(1.42)	1.355(1.51)
0.84	1.310(1.44)*	1.280(1.40)*	1.254(1.37)	1.238(1.35)	1.227(1.34)	1.223(1.33)	1.239(1.36)	1.294(1.43)	1.356(1.51)
0.80	1.326(1.46)*	1.303(1.43)*	1.278(1.40)*	1.260(1.38)	1.245(1.36)	1.237(1.35)	1.248(1.37)	1.299(1.44)	1.357(1.52)
0.70	1.349(1.50)*	1.335(1.48)*	1.320(1.46)*	1.303(1.44)	1.285(1.42)	1.267(1.40)	1.272(1.40)	1.311(1.45)	1.361(1.52)
0.60	1.362(1.53)*	1.352(1.51)*	1.342(1.49)*	1.331(1.48)*	1.315(1.46)	1.293(1.43)	1.293(1.43)	1.323(1.47)	1.365(1.53)
0.40	1.375(1.55)*	1.371(1.54)*	1.366(1.53)*	1.361(1.53)*	1.354(1.52)*	1.336(1.49)*	1.330(1.49)	1.345(1.51)	1.372(1.55)
0.20	1.383(1.57)*	1.381(1.56)*	1.379(1.56)*	1.377(1.56)*	1.375(1.55)*	1.366(1.54)*	1.361(1.54)	1.367(1.54)	1.380(1.56)
0.00	1.387(1.58)*	1.387(1.58)*	1.387(1.58)*	1.387(1.58)*	1.387(1.58)*	1.387(1.58)*	1.387(1.58)	1.387(1.58)	1.387(1.58)

表 1-4 $a_p/h_0=0.05$ $\kappa_c=0.70$ $\kappa_p=0.97$

$\lambda_b \backslash \lambda_h$	0.93	0.90	0.87	0.84	0.80	0.70	0.60	0.40	0.20
1.00	1.098(1.18)	1.107(1.19)	1.116(1.20)	1.125(1.21)	1.138(1.23)	1.174(1.28)	1.213(1.33)	1.300(1.44)	1.381(1.56)
0.93	1.232(1.35)	1.205(1.32)	1.192(1.30)	1.187(1.30)	1.187(1.30)	1.204(1.32)	1.234(1.36)	1.309(1.46)	1.384(1.57)
0.90	1.271(1.40)	1.237(1.36)	1.219(1.34)	1.210(1.33)	1.206(1.32)	1.217(1.34)	1.242(1.37)	1.313(1.46)	1.385(1.57)
0.87	1.302(1.45)	1.265(1.40)	1.243(1.37)	1.231(1.36)	1.223(1.35)	1.228(1.35)	1.250(1.38)	1.317(1.47)	1.387(1.57)
0.84	1.327(1.48)*	1.288(1.43)	1.264(1.40)	1.250(1.38)	1.239(1.37)	1.239(1.37)	1.259(1.39)	1.321(1.48)	1.388(1.57)
0.80	1.350(1.51)*	1.315(1.47)	1.289(1.43)	1.272(1.41)	1.259(1.40)	1.254(1.39)	1.269(1.41)	1.326(1.49)	1.389(1.58)
0.70	1.379(1.56)*	1.359(1.53)*	1.337(1.50)	1.318(1.47)	1.301(1.45)	1.286(1.44)	1.294(1.45)	1.339(1.51)	1.393(1.58)
0.60	1.394(1.58)*	1.381(1.56)*	1.367(1.54)*	1.351(1.52)	1.334(1.50)	1.315(1.48)	1.317(1.48)	1.352(1.53)	1.398(1.59)
0.40	1.409(1.62)*	1.404(1.60)*	1.397(1.59)*	1.391(1.58)*	1.380(1.57)*	1.361(1.55)	1.357(1.54)	1.376(1.57)	1.406(1.61)
0.20	1.417(1.63)*	1.415(1.63)*	1.412(1.62)*	1.410(1.62)*	1.406(1.61)*	1.396(1.60)	1.392(1.59)	1.399(1.60)	1.413(1.62)
0.00	1.421(1.64)*	1.421(1.64)*	1.421(1.64)*	1.421(1.64)*	1.421(1.64)*	1.421(1.64)	1.421(1.64)	1.421(1.64)	1.421(1.64)

表 1-5 $a_p/h_0=0.05$ $\kappa_c=0.60$ $\kappa_p=0.97$

$\lambda_b \backslash \lambda_h$	0.93	0.90	0.87	0.84	0.80	0.70	0.60	0.40	0.20
1.00	1.101(1.20)	1.111(1.21)	1.121(1.22)	1.132(1.24)	1.147(1.26)	1.187(1.31)	1.231(1.37)	1.325(1.50)	1.413(1.63)
0.93	1.237(1.38)	1.211(1.35)	1.200(1.33)	1.196(1.33)	1.198(1.33)	1.219(1.36)	1.252(1.40)	1.335(1.51)	1.416(1.63)
0.90	1.277(1.43)	1.244(1.39)	1.228(1.37)	1.220(1.36)	1.217(1.36)	1.232(1.38)	1.261(1.41)	1.339(1.52)	1.417(1.63)
0.87	1.309(1.48)	1.273(1.43)	1.252(1.40)	1.241(1.39)	1.235(1.38)	1.244(1.39)	1.270(1.43)	1.344(1.53)	1.419(1.64)
0.84	1.336(1.52)	1.297(1.47)	1.274(1.44)	1.261(1.42)	1.252(1.41)	1.256(1.41)	1.279(1.44)	1.348(1.53)	1.420(1.64)
0.80	1.366(1.56)*	1.325(1.50)	1.300(1.47)	1.284(1.45)	1.273(1.44)	1.271(1.43)	1.290(1.46)	1.353(1.54)	1.422(1.64)

续表

λ_b\λ_h	0.70	0.60	0.40	0.20	0.00
0.20	1.426(1.65)	1.430(1.66)	1.439(1.68)	1.447(1.70)	1.455(1.72)
0.40	1.367(1.57)	1.380(1.59)	1.406(1.63)	1.431(1.68)	1.455(1.72)
0.60	1.316(1.50)	1.341(1.54)	1.385(1.60)	1.423(1.66)	1.455(1.72)
0.70	1.305(1.48)	1.336(1.53)	1.386(1.61)	1.425(1.67)	1.455(1.72)
0.80	1.317(1.50)	1.352(1.55)	1.404(1.63)	1.436(1.68)*	1.455(1.72)*
0.84	1.332(1.52)	1.369(1.57)	1.417(1.65)*	1.442(1.69)*	1.455(1.72)*
0.87	1.351(1.54)	1.387(1.60)	1.427(1.66)*	1.445(1.70)*	1.455(1.72)*
0.90	1.377(1.58)*	1.407(1.62)*	1.435(1.67)*	1.448(1.70)*	1.455(1.72)*
0.93	1.406(1.62)*	1.424(1.65)*	1.442(1.69)*	1.451(1.71)*	1.455(1.72)*

表 1-6 $a_p/h_0 = 0.05$ $\kappa_c = 0.50$ $\kappa_p = 0.97$

λ_b\λ_h	1.00	0.93	0.90	0.87	0.84	0.80	0.70	0.60	0.40	0.20	0.00
0.20	1.445(1.71)	1.448(1.71)	1.449(1.72)	1.450(1.72)	1.452(1.72)	1.454(1.73)	1.458(1.74)	1.463(1.75)	1.472(1.77)	1.481(1.79)	1.490(1.81)
0.40	1.351(1.56)	1.361(1.58)	1.366(1.59)	1.370(1.59)	1.375(1.60)	1.380(1.61)	1.395(1.64)	1.409(1.67)	1.437(1.72)	1.464(1.76)	1.490(1.81)
0.60	1.248(1.42)	1.271(1.45)	1.280(1.47)	1.290(1.48)	1.299(1.50)	1.310(1.52)	1.338(1.56)	1.364(1.60)	1.412(1.68)	1.453(1.75)	1.490(1.81)
0.70	1.200(1.35)	1.234(1.40)	1.247(1.42)	1.260(1.44)	1.272(1.46)	1.288(1.49)	1.325(1.54)	1.357(1.59)	1.412(1.68)	1.455(1.75)	1.490(1.81)
0.80	1.156(1.29)	1.208(1.37)	1.228(1.40)	1.247(1.43)	1.265(1.45)	1.286(1.49)	1.333(1.56)	1.371(1.61)	1.427(1.70)	1.465(1.77)	1.490(1.81)
0.84	1.139(1.27)	1.205(1.37)	1.229(1.40)	1.251(1.43)	1.272(1.46)	1.296(1.50)	1.347(1.58)	1.386(1.64)	1.440(1.72)	1.472(1.78)*	1.490(1.81)*
0.87	1.127(1.25)	1.208(1.37)	1.236(1.41)	1.261(1.45)	1.284(1.48)	1.311(1.52)	1.365(1.60)	1.404(1.66)	1.453(1.74)*	1.477(1.78)*	1.490(1.81)*
0.90	1.115(1.24)	1.218(1.38)	1.251(1.43)	1.281(1.48)	1.306(1.51)	1.335(1.55)	1.390(1.64)	1.427(1.69)*	1.465(1.76)*	1.481(1.79)*	1.490(1.81)*
0.93	1.104(1.22)	1.242(1.42)	1.283(1.48)	1.316(1.52)	1.344(1.56)	1.375(1.61)	1.426(1.69)*	1.452(1.73)*	1.475(1.77)*	1.484(1.80)*	1.490(1.81)*

表 1-7 $a_p/h_0 = 0.05$ $\kappa_c = 0.40$ $\kappa_p = 0.97$

$\lambda_b \backslash \lambda_h$	0.20	0.40	0.60	0.70	0.80	0.84	0.87	0.90	0.93
1.00	1.476(1.81)	1.376(1.64)	1.266(1.48)	1.214(1.41)	1.165(1.34)	1.146(1.31)	1.133(1.29)	1.120(1.28)	1.107(1.26)
0.93	1.479(1.82)	1.387(1.66)	1.290(1.52)	1.248(1.46)	1.219(1.42)	1.214(1.42)	1.215(1.42)	1.224(1.44)	1.247(1.47)
0.90	1.481(1.82)	1.392(1.67)	1.300(1.54)	1.262(1.49)	1.240(1.46)	1.239(1.46)	1.244(1.47)	1.258(1.49)	1.289(1.54)
0.87	1.482(1.83)	1.397(1.68)	1.309(1.55)	1.276(1.51)	1.259(1.49)	1.262(1.49)	1.270(1.51)	1.289(1.54)	1.323(1.59)
0.84	1.484(1.83)	1.401(1.69)	1.319(1.57)	1.289(1.53)	1.277(1.52)	1.283(1.53)	1.294(1.55)	1.315(1.58)	1.352(1.63)
0.80	1.486(1.83)	1.408(1.70)	1.331(1.59)	1.305(1.56)	1.300(1.55)	1.308(1.57)	1.322(1.59)	1.345(1.63)	1.384(1.68)
0.70	1.490(1.85)	1.423(1.74)	1.361(1.64)	1.344(1.62)	1.349(1.63)	1.362(1.65)	1.378(1.68)	1.403(1.72)	1.440(1.77)
0.60	1.495(1.86)	1.438(1.77)	1.388(1.69)	1.378(1.68)	1.389(1.70)	1.404(1.72)	1.420(1.75)	1.443(1.78)	1.474(1.83) *
0.40	1.505(1.89)	1.468(1.82)	1.439(1.78)	1.437(1.78)	1.451(1.80)	1.463(1.82)	1.475(1.84)	1.491(1.86) *	1.505(1.89) *
0.20	1.514(1.91)	1.496(1.88)	1.484(1.86)	1.485(1.87)	1.494(1.88)	1.500(1.89)	1.507(1.90) *	1.513(1.91) *	1.517(1.92) *
0.00	1.524(1.93)	1.524(1.93)	1.524(1.93)	1.524(1.93)	1.524(1.93)	1.524(1.93)	1.524(1.94) *	1.524(1.94) *	1.524(1.94) *

表 2-1 $a_p/h_0 = 0.10$ $\kappa_c = 1.00$ $\kappa_p = 0.97$

$\lambda_b \backslash \lambda_h$	0.20	0.40	0.60	0.70	0.80	0.84	0.87	0.90	0.93
1.00	1.302(1.42) #	1.233(1.33)	1.165(1.24)	1.137(1.21)	1.113(1.18)	1.105(1.16)	1.099(1.16)	1.094(1.15)	1.089(1.14)
0.93	1.304(1.43) #	1.241(1.34)	1.184(1.27)	1.165(1.24)	1.160(1.23)	1.166(1.24)	1.175(1.25)	1.192(1.27)	1.219(1.30) *
0.90	1.305(1.43) #	1.245(1.35)	1.191(1.28)	1.176(1.26)	1.178(1.26)	1.187(1.27)	1.201(1.28)	1.221(1.30)	1.242(1.33) *
0.87	1.306(1.43) #	1.248(1.35)	1.199(1.29)	1.187(1.27)	1.194(1.28)	1.207(1.29)	1.223(1.31) *	1.240(1.33) *	1.257(1.35) *
0.84	1.307(1.43) #	1.251(1.36)	1.206(1.30)	1.197(1.28)	1.209(1.30)	1.224(1.31)	1.239(1.33) *	1.253(1.35) *	1.268(1.37) *
0.80	1.309(1.43) #	1.256(1.36)	1.215(1.31)	1.210(1.30)	1.227(1.32)	1.243(1.34) *	1.255(1.35) *	1.266(1.37) *	1.279(1.39) *

$\lambda_b \backslash \lambda_h$	0.93	0.90	0.87	0.84	0.80	0.70	0.60	0.40	0.20
0.70	1.297(1.42)*	1.288(1.40)*	1.280(1.39)*	1.272(1.38)*	1.262(1.36)*	1.238(1.34)	1.237(1.34)	1.267(1.38)	1.312(1.44)#
0.60	1.309(1.44)#	1.301(1.42)#	1.295(1.41)*	1.290(1.41)*	1.283(1.39)*	1.262(1.37)	1.256(1.37)	1.278(1.40)	1.316(1.45)#
0.40	1.323(1.46)#	1.319(1.45)#	1.316(1.45)#	1.313(1.44)*	1.309(1.44)*	1.299(1.42)*	1.289(1.41)	1.299(1.43)#	1.323(1.46)#
0.20	1.331(1.48)#	1.330(1.47)#	1.328(1.47)#	1.327(1.47)#	1.325(1.47)#	1.321(1.46)#	1.316(1.45)	1.319(1.46)#	1.330(1.47)#
0.00	1.337(1.49)#	1.337(1.49)#	1.337(1.49)#	1.337(1.49)#	1.337(1.49)#	1.337(1.49)#	1.337(1.48)#	1.337(1.48)#	1.337(1.48)#

表 2-2 $a_p/h_0 = 0.10$ $\kappa_c = 0.90$ $\kappa_p = 0.97$

$\lambda_b \backslash \lambda_h$	0.93	0.90	0.87	0.84	0.80	0.70	0.60	0.40	0.20
1.00	1.092(1.15)	1.099(1.16)	1.105(1.17)	1.113(1.18)	1.123(1.19)	1.151(1.23)	1.184(1.27)	1.260(1.37)	1.335(1.47)
0.93	1.229(1.32)	1.199(1.28)	1.183(1.27)	1.175(1.26)	1.171(1.25)	1.181(1.27)	1.204(1.30)	1.269(1.38)	1.338(1.48)
0.90	1.264(1.36)*	1.231(1.32)	1.210(1.30)	1.197(1.29)	1.190(1.28)	1.193(1.28)	1.212(1.31)	1.273(1.39)	1.339(1.48)
0.87	1.284(1.39)*	1.258(1.36)*	1.233(1.33)	1.218(1.31)	1.206(1.30)	1.204(1.30)	1.220(1.32)	1.276(1.39)	1.341(1.48)
0.84	1.299(1.41)*	1.277(1.38)*	1.254(1.36)*	1.236(1.34)	1.222(1.32)	1.214(1.31)	1.227(1.33)	1.280(1.40)	1.342(1.48)
0.80	1.312(1.43)*	1.294(1.41)*	1.277(1.39)*	1.258(1.36)	1.241(1.34)	1.228(1.33)	1.237(1.34)	1.285(1.41)	1.343(1.49)
0.70	1.333(1.47)*	1.321(1.45)*	1.310(1.43)*	1.298(1.42)*	1.281(1.40)	1.259(1.37)	1.260(1.38)	1.297(1.42)	1.347(1.49)
0.60	1.345(1.49)*	1.337(1.48)*	1.329(1.46)*	1.321(1.45)*	1.310(1.44)*	1.285(1.41)*	1.282(1.41)	1.309(1.44)	1.351(1.50)
0.40	1.360(1.52)*	1.356(1.51)*	1.351(1.50)*	1.348(1.49)*	1.342(1.49)*	1.326(1.47)*	1.319(1.46)	1.332(1.48)	1.359(1.51)
0.20	1.368(1.53)*	1.366(1.53)*	1.365(1.53)*	1.363(1.52)*	1.361(1.52)*	1.355(1.51)*	1.349(1.50)	1.353(1.51)	1.366(1.53)
0.00	1.374(1.54)*	1.374(1.54)*	1.374(1.54)*	1.374(1.54)*	1.374(1.54)*	1.374(1.54)*	1.374(1.54)	1.374(1.54)	1.374(1.54)

表 2-3　$a_p/h_0 = 0.10$　$\kappa_c = 0.80$　$\kappa_p = 0.97$

$\lambda_b \backslash \lambda_h$	0.93	0.90	0.87	0.84	0.80	0.70	0.60	0.40	0.20
1.00	1.096(1.17)	1.103(1.18)	1.111(1.19)	1.120(1.20)	1.132(1.21)	1.165(1.25)	1.203(1.30)	1.287(1.41)	1.369(1.53)
0.93	1.235(1.34)	1.205(1.30)	1.191(1.29)	1.184(1.28)	1.182(1.28)	1.196(1.30)	1.223(1.33)	1.297(1.43)	1.372(1.53)
0.90	1.276(1.39)	1.238(1.35)	1.218(1.32)	1.207(1.31)	1.201(1.30)	1.209(1.31)	1.232(1.34)	1.301(1.43)	1.374(1.53)
0.87	1.305(1.43)*	1.267(1.38)	1.243(1.35)	1.229(1.34)	1.219(1.33)	1.220(1.33)	1.240(1.36)	1.305(1.44)	1.375(1.54)
0.84	1.324(1.46)*	1.292(1.41)*	1.265(1.38)	1.248(1.36)	1.235(1.35)	1.232(1.34)	1.248(1.37)	1.309(1.44)	1.376(1.54)
0.80	1.342(1.48)*	1.316(1.45)*	1.290(1.41)	1.271(1.39)	1.256(1.37)	1.246(1.36)	1.259(1.38)	1.314(1.45)	1.378(1.54)
0.70	1.367(1.52)*	1.351(1.50)*	1.335(1.48)*	1.317(1.45)	1.298(1.43)	1.279(1.41)	1.284(1.42)	1.327(1.47)	1.382(1.55)
0.60	1.381(1.55)*	1.371(1.53)*	1.360(1.51)*	1.348(1.50)*	1.331(1.48)	1.308(1.45)	1.307(1.45)	1.340(1.49)	1.386(1.56)
0.40	1.397(1.58)*	1.392(1.57)*	1.386(1.56)*	1.381(1.55)*	1.373(1.54)*	1.353(1.51)	1.348(1.51)	1.364(1.53)	1.394(1.57)
0.20	1.405(1.59)*	1.403(1.59)*	1.401(1.59)*	1.399(1.58)*	1.396(1.58)*	1.387(1.56)	1.382(1.56)	1.388(1.57)	1.402(1.59)
0.00	1.410(1.61)*	1.410(1.61)*	1.410(1.60)*	1.410(1.60)*	1.410(1.60)*	1.410(1.60)*	1.410(1.60)	1.410(1.60)	1.410(1.60)

表 2-4　$a_p/h_0 = 0.10$　$\kappa_c = 0.70$　$\kappa_p = 0.97$

$\lambda_b \backslash \lambda_h$	0.93	0.90	0.87	0.84	0.80	0.70	0.60	0.40	0.20
1.00	1.099(1.18)	1.108(1.19)	1.118(1.20)	1.128(1.22)	1.141(1.24)	1.179(1.28)	1.221(1.34)	1.314(1.46)	1.403(1.59)
0.93	1.240(1.36)	1.212(1.33)	1.199(1.31)	1.193(1.30)	1.193(1.30)	1.212(1.33)	1.243(1.37)	1.324(1.48)	1.406(1.59)
0.90	1.282(1.42)	1.246(1.37)	1.227(1.35)	1.218(1.34)	1.213(1.33)	1.225(1.35)	1.252(1.38)	1.329(1.48)	1.408(1.59)
0.87	1.316(1.46)	1.275(1.41)	1.253(1.38)	1.240(1.37)	1.232(1.36)	1.237(1.36)	1.261(1.39)	1.333(1.49)	1.409(1.60)
0.84	1.343(1.50)*	1.301(1.44)	1.275(1.41)	1.260(1.39)	1.249(1.38)	1.249(1.38)	1.270(1.41)	1.337(1.50)	1.410(1.60)
0.80	1.367(1.53)*	1.330(1.48)	1.302(1.45)	1.284(1.43)	1.270(1.41)	1.265(1.40)	1.281(1.42)	1.343(1.51)	1.412(1.60)

续表

$\lambda_b \backslash \lambda_h$	0.93	0.90	0.87	0.84	0.80	0.70	0.60	0.40	0.20
0.70	1.399(1.58)*	1.377(1.55)*	1.353(1.52)	1.333(1.49)	1.315(1.47)	1.299(1.45)	1.308(1.46)	1.357(1.53)	1.417(1.61)
0.60	1.416(1.61)*	1.402(1.59)*	1.386(1.56)*	1.369(1.54)	1.351(1.52)	1.330(1.50)	1.333(1.50)	1.371(1.55)	1.421(1.62)
0.40	1.433(1.64)*	1.427(1.63)*	1.420(1.62)*	1.412(1.61)*	1.401(1.59)*	1.381(1.57)	1.377(1.56)	1.397(1.59)	1.430(1.64)
0.20	1.442(1.66)*	1.439(1.66)*	1.437(1.65)*	1.434(1.65)*	1.430(1.64)*	1.419(1.63)	1.415(1.62)	1.423(1.63)	1.438(1.65)
0.00	1.447(1.67)*	1.447(1.67)*	1.447(1.67)*	1.447(1.67)*	1.447(1.67)*	1.447(1.67)	1.447(1.67)	1.447(1.67)	1.447(1.67)

表 2-5 $a_p/h_0 = 0.10$ $\kappa_c = 0.60$ $\kappa_p = 0.97$

$\lambda_b \backslash \lambda_h$	0.93	0.90	0.87	0.84	0.80	0.70	0.60	0.40	0.20
1.00	1.102(1.20)	1.113(1.21)	1.124(1.23)	1.135(1.24)	1.151(1.26)	1.193(1.32)	1.240(1.38)	1.341(1.51)	1.437(1.65)
0.93	1.246(1.39)	1.219(1.36)	1.207(1.34)	1.203(1.34)	1.205(1.34)	1.227(1.37)	1.263(1.41)	1.352(1.53)	1.440(1.66)
0.90	1.288(1.45)	1.254(1.40)	1.236(1.38)	1.228(1.37)	1.225(1.37)	1.241(1.39)	1.273(1.43)	1.357(1.54)	1.442(1.66)
0.87	1.323(1.49)	1.284(1.44)	1.262(1.42)	1.250(1.40)	1.244(1.39)	1.254(1.40)	1.282(1.44)	1.361(1.55)	1.443(1.67)
0.84	1.352(1.53)	1.310(1.48)	1.286(1.45)	1.271(1.43)	1.262(1.42)	1.267(1.42)	1.291(1.45)	1.366(1.56)	1.445(1.67)
0.80	1.384(1.58)*	1.341(1.52)	1.313(1.49)	1.297(1.47)	1.284(1.45)	1.283(1.45)	1.303(1.47)	1.372(1.57)	1.447(1.67)
0.70	1.427(1.64)*	1.397(1.60)*	1.368(1.56)	1.349(1.54)	1.332(1.52)	1.320(1.50)	1.331(1.52)	1.387(1.59)	1.451(1.68)
0.60	1.448(1.68)*	1.429(1.65)*	1.407(1.62)	1.388(1.60)	1.370(1.57)	1.353(1.55)	1.358(1.56)	1.402(1.61)	1.456(1.69)
0.40	1.469(1.72)*	1.460(1.70)*	1.451(1.69)*	1.441(1.67)*	1.426(1.66)	1.408(1.63)	1.406(1.63)	1.430(1.66)	1.465(1.71)
0.20	1.478(1.74)*	1.475(1.73)*	1.472(1.73)*	1.468(1.72)*	1.462(1.71)*	1.451(1.70)	1.448(1.69)	1.457(1.71)	1.475(1.73)
0.00	1.484(1.75)*	1.484(1.75)*	1.484(1.75)*	1.484(1.75)*	1.484(1.75)*	1.484(1.75)	1.484(1.75)	1.484(1.75)	1.484(1.75)

表 2-6 $a_p/h_0 = 0.10$ $\kappa_c = 0.50$ $\kappa_p = 0.97$

$\lambda_b \backslash \lambda_h$	0.93	0.90	0.87	0.84	0.80	0.70	0.60	0.40	0.20
1.00	1.105(1.22)	1.117(1.24)	1.130(1.26)	1.142(1.27)	1.160(1.30)	1.207(1.36)	1.259(1.43)	1.369(1.58)	1.471(1.74)
0.93	1.251(1.43)	1.225(1.39)	1.215(1.38)	1.212(1.37)	1.216(1.38)	1.243(1.41)	1.283(1.47)	1.380(1.60)	1.474(1.75)
0.90	1.295(1.49)	1.261(1.44)	1.245(1.42)	1.238(1.41)	1.237(1.41)	1.257(1.43)	1.293(1.48)	1.385(1.61)	1.476(1.75)
0.87	1.331(1.54)	1.292(1.49)	1.272(1.46)	1.261(1.45)	1.257(1.44)	1.271(1.46)	1.303(1.50)	1.390(1.62)	1.477(1.75)
0.84	1.361(1.58)	1.320(1.53)	1.296(1.50)	1.283(1.48)	1.276(1.47)	1.284(1.48)	1.312(1.51)	1.395(1.63)	1.479(1.76)
0.80	1.394(1.63)	1.351(1.57)	1.325(1.54)	1.309(1.52)	1.299(1.50)	1.301(1.50)	1.325(1.53)	1.401(1.64)	1.481(1.76)
0.70	1.450(1.71)*	1.410(1.66)	1.383(1.62)	1.364(1.60)	1.349(1.58)	1.340(1.56)	1.355(1.58)	1.417(1.67)	1.486(1.77)
0.60	1.478(1.76)*	1.451(1.72)*	1.425(1.69)	1.407(1.66)	1.390(1.64)	1.375(1.62)	1.383(1.63)	1.432(1.69)	1.491(1.78)
0.40	1.503(1.81)*	1.492(1.79)*	1.479(1.77)*	1.465(1.75)	1.452(1.73)	1.435(1.71)	1.435(1.71)	1.463(1.75)	1.501(1.80)
0.20	1.514(1.84)*	1.510(1.83)*	1.506(1.82)*	1.501(1.81)*	1.493(1.80)	1.482(1.79)	1.480(1.78)	1.492(1.80)	1.511(1.83)
0.00	1.520(1.85)	1.520(1.85)*	1.520(1.85)*	1.520(1.85)*	1.520(1.85)	1.520(1.85)	1.520(1.85)	1.520(1.85)	1.520(1.85)

表 2-7 $a_p/h_0 = 0.10$ $\kappa_c = 0.40$ $\kappa_p = 0.97$

$\lambda_b \backslash \lambda_h$	0.93	0.90	0.87	0.84	0.80	0.70	0.60	0.40	0.20
1.00	1.109(1.26)	1.122(1.28)	1.136(1.30)	1.150(1.32)	1.169(1.34)	1.221(1.41)	1.277(1.49)	1.396(1.67)	1.505(1.85)
0.93	1.256(1.48)	1.232(1.45)	1.223(1.43)	1.221(1.43)	1.227(1.43)	1.258(1.47)	1.303(1.54)	1.408(1.69)	1.509(1.85)
0.90	1.301(1.55)	1.269(1.50)	1.254(1.48)	1.248(1.47)	1.249(1.47)	1.273(1.50)	1.313(1.55)	1.413(1.70)	1.510(1.86)
0.87	1.338(1.61)	1.301(1.55)	1.282(1.52)	1.272(1.51)	1.269(1.50)	1.287(1.52)	1.323(1.57)	1.418(1.71)	1.512(1.86)
0.84	1.369(1.65)	1.329(1.59)	1.307(1.56)	1.295(1.54)	1.289(1.53)	1.301(1.55)	1.334(1.59)	1.423(1.72)	1.513(1.87)
0.80	1.403(1.71)	1.362(1.65)	1.337(1.61)	1.322(1.59)	1.313(1.57)	1.319(1.58)	1.347(1.61)	1.430(1.73)	1.515(1.87)

续表

λ_b\λ_h	0.20	0.40	0.60	0.70	0.80	0.84	0.87	0.90	0.93
0.70	1.521(1.89)	1.447(1.76)	1.379(1.67)	1.361(1.64)	1.366(1.66)	1.380(1.68)	1.398(1.70)	1.424(1.74)	1.464(1.80)
0.60	1.526(1.90)	1.463(1.80)	1.409(1.72)	1.398(1.71)	1.410(1.73)	1.425(1.75)	1.443(1.78)	1.468(1.81)	1.501(1.86) *
0.40	1.536(1.93)	1.495(1.86)	1.464(1.81)	1.462(1.81)	1.477(1.84)	1.490(1.86)	1.503(1.88)	1.520(1.90) *	1.536(1.93) *
0.20	1.547(1.95)	1.527(1.92)	1.513(1.90)	1.514(1.90)	1.524(1.92)	1.531(1.93)	1.538(1.94) *	1.545(1.95) *	1.550(1.96) *
0.00	1.557(1.98)	1.557(1.98)	1.557(1.98)	1.557(1.98)	1.557(1.98)	1.557(1.98)	1.557(1.98) *	1.557(1.98) *	1.557(1.98) *

表 3-1　$a_p/h_0 = 0.20$　$\kappa_c = 1.00$　$\kappa_p = 0.97$

λ_b\λ_h	0.20	0.40	0.60	0.70	0.80	0.84	0.87	0.90	0.93
1.00	1.334(1.46) #	1.253(1.35)	1.176(1.25)	1.144(1.21)	1.117(1.18)	1.108(1.17)	1.101(1.16)	1.095(1.15)	1.090(1.14)
0.93	1.337(1.46) #	1.263(1.37)	1.196(1.28)	1.175(1.25)	1.169(1.24)	1.175(1.25)	1.185(1.26)	1.204(1.28)	1.234(1.32)
0.90	1.338(1.47) #	1.267(1.37)	1.205(1.29)	1.188(1.27)	1.189(1.27)	1.199(1.28)	1.214(1.30)	1.237(1.32)	1.260(1.35) *
0.87	1.339(1.47) #	1.271(1.38)	1.213(1.30)	1.200(1.29)	1.207(1.29)	1.221(1.31)	1.239(1.33) *	1.258(1.35) *	1.278(1.38) *
0.84	1.341(1.47) #	1.275(1.38)	1.222(1.31)	1.211(1.30)	1.224(1.31)	1.241(1.33)	1.258(1.35) *	1.274(1.37) *	1.291(1.39) *
0.80	1.342(1.47) #	1.280(1.39)	1.232(1.33)	1.226(1.32)	1.244(1.34)	1.263(1.36) *	1.276(1.37) *	1.289(1.39) *	1.304(1.41) *
0.70	1.347(1.48) #	1.293(1.41)	1.257(1.36)	1.258(1.36)	1.284(1.39) *	1.297(1.40) *	1.305(1.42) *	1.315(1.43) *	1.326(1.45) #
0.60	1.351(1.49) #	1.306(1.43)	1.279(1.39)	1.286(1.40)	1.309(1.42) *	1.318(1.44) *	1.324(1.45) #	1.331(1.46) #	1.340(1.47) #
0.40	1.359(1.50) #	1.331(1.46) #	1.319(1.45) #	1.329(1.46) *	1.341(1.47) #	1.345(1.48) #	1.349(1.49) #	1.353(1.49) #	1.358(1.50) #
0.20	1.368(1.52) #	1.354(1.50) #	1.351(1.49) #	1.357(1.50) #	1.361(1.51) #	1.363(1.51) #	1.365(1.51) #	1.367(1.52) #	1.369(1.52) #
0.00	1.376(1.53) #	1.376(1.53) #	1.376(1.53) #	1.376(1.53) #	1.376(1.53) #	1.376(1.53) #	1.376(1.53) #	1.376(1.53) #	1.376(1.53) #

表 3-2　$a_p/h_0=0.20$　$\kappa_c=0.90$　$\kappa_p=0.97$

$\lambda_b\backslash\lambda_h$	0.93	0.90	0.87	0.84	0.80	0.70	0.60	0.40	0.20
1.00	1.094(1.16)	1.101(1.16)	1.108(1.17)	1.116(1.18)	1.127(1.20)	1.159(1.24)	1.196(1.29)	1.284(1.40)	1.373(1.51)#
0.93	1.246(1.34)	1.211(1.30)	1.194(1.28)	1.185(1.27)	1.181(1.27)	1.192(1.28)	1.219(1.31)	1.294(1.41)	1.376(1.52)#
0.90	1.285(1.39)*	1.248(1.34)	1.224(1.32)	1.210(1.30)	1.202(1.29)	1.206(1.30)	1.228(1.33)	1.298(1.42)	1.377(1.52)#
0.87	1.309(1.42)*	1.278(1.38)*	1.251(1.35)	1.233(1.33)	1.221(1.32)	1.218(1.32)	1.237(1.34)	1.303(1.42)	1.379(1.52)#
0.84	1.325(1.44)*	1.300(1.41)*	1.274(1.38)	1.254(1.36)	1.239(1.34)	1.231(1.33)	1.245(1.35)	1.307(1.43)	1.380(1.53)#
0.80	1.341(1.47)*	1.321(1.44)*	1.300(1.41)*	1.279(1.39)	1.260(1.37)	1.246(1.35)	1.257(1.37)	1.313(1.44)	1.382(1.53)#
0.70	1.367(1.51)*	1.352(1.48)*	1.339(1.46)*	1.325(1.45)*	1.306(1.42)	1.281(1.40)	1.284(1.40)	1.327(1.46)	1.387(1.54)#
0.60	1.382(1.53)*	1.372(1.51)*	1.362(1.50)*	1.353(1.49)*	1.340(1.47)*	1.312(1.44)	1.308(1.44)	1.341(1.48)	1.391(1.55)#
0.40	1.401(1.56)#	1.395(1.55)*	1.390(1.55)*	1.385(1.54)*	1.379(1.53)*	1.360(1.51)	1.352(1.50)	1.368(1.52)	1.400(1.56)#
0.20	1.411(1.58)#	1.409(1.58)#	1.407(1.57)#	1.405(1.57)#	1.402(1.57)#	1.395(1.56)*	1.388(1.55)	1.394(1.56)#	1.409(1.58)#
0.00	1.419(1.60)#	1.419(1.60)#	1.419(1.60)#	1.419(1.60)#	1.419(1.59)#	1.419(1.59)#	1.419(1.59)#	1.419(1.59)#	1.419(1.59)#

表 3-3　$a_p/h_0=0.20$　$\kappa_c=0.80$　$\kappa_p=0.97$

$\lambda_b\backslash\lambda_h$	0.93	0.90	0.87	0.84	0.80	0.70	0.60	0.40	0.20
1.00	1.097(1.17)	1.106(1.18)	1.115(1.19)	1.124(1.20)	1.138(1.22)	1.175(1.27)	1.217(1.32)	1.314(1.44)	1.411(1.57)
0.93	1.252(1.36)	1.219(1.32)	1.203(1.30)	1.195(1.29)	1.194(1.29)	1.210(1.31)	1.241(1.35)	1.326(1.46)	1.415(1.58)
0.90	1.298(1.41)	1.256(1.37)	1.234(1.34)	1.222(1.33)	1.215(1.32)	1.224(1.33)	1.250(1.36)	1.330(1.47)	1.416(1.58)
0.87	1.332(1.46)*	1.289(1.41)	1.261(1.37)	1.246(1.36)	1.235(1.34)	1.237(1.35)	1.260(1.38)	1.335(1.47)	1.418(1.59)
0.84	1.354(1.49)*	1.317(1.44)*	1.286(1.41)	1.267(1.38)	1.254(1.37)	1.250(1.37)	1.269(1.39)	1.340(1.48)	1.419(1.59)
0.80	1.375(1.52)*	1.345(1.48)*	1.315(1.44)	1.294(1.42)	1.276(1.40)	1.266(1.39)	1.281(1.41)	1.346(1.49)	1.421(1.59)

续表

$\lambda_b \backslash \lambda_h$	0.93	0.90	0.87	0.84	0.80	0.70	0.60	0.40	0.20
0.70	1.406(1.57)*	1.387(1.54)*	1.367(1.51)*	1.347(1.49)	1.325(1.46)	1.304(1.44)	1.310(1.45)	1.361(1.51)	1.426(1.60)
0.60	1.423(1.59)*	1.410(1.57)*	1.397(1.55)*	1.383(1.54)*	1.364(1.51)	1.337(1.48)	1.337(1.48)	1.376(1.53)	1.431(1.61)
0.40	1.443(1.63)*	1.436(1.62)*	1.430(1.61)*	1.423(1.60)*	1.414(1.59)*	1.391(1.56)	1.385(1.55)	1.405(1.58)	1.441(1.63)
0.20	1.454(1.65)*	1.451(1.65)*	1.448(1.64)*	1.446(1.64)*	1.442(1.63)*	1.432(1.62)	1.426(1.61)	1.434(1.62)	1.451(1.64)
0.00	1.461(1.66)*	1.461(1.66)*	1.461(1.66)*	1.461(1.66)*	1.461(1.66)*	1.461(1.66)*	1.461(1.66)	1.461(1.66)	1.461(1.66)

表 3-4　$a_p/h_0 = 0.20$　$\kappa_c = 0.70$　$\kappa_p = 0.97$

$\lambda_b \backslash \lambda_h$	0.93	0.90	0.87	0.84	0.80	0.70	0.60	0.40	0.20
1.00	1.101(1.18)	1.111(1.20)	1.121(1.21)	1.132(1.22)	1.148(1.24)	1.190(1.30)	1.238(1.36)	1.345(1.50)	1.450(1.64)
0.93	1.258(1.38)	1.226(1.34)	1.212(1.33)	1.206(1.32)	1.206(1.32)	1.227(1.35)	1.263(1.39)	1.357(1.51)	1.454(1.65)
0.90	1.305(1.44)	1.265(1.39)	1.244(1.37)	1.233(1.35)	1.228(1.35)	1.241(1.37)	1.273(1.41)	1.362(1.52)	1.456(1.65)
0.87	1.344(1.49)	1.298(1.44)	1.272(1.40)	1.258(1.39)	1.249(1.38)	1.256(1.39)	1.283(1.42)	1.367(1.53)	1.457(1.65)
0.84	1.375(1.53)*	1.327(1.47)	1.298(1.44)	1.280(1.42)	1.268(1.40)	1.269(1.40)	1.293(1.43)	1.372(1.54)	1.459(1.66)
0.80	1.403(1.57)*	1.360(1.52)*	1.328(1.48)	1.308(1.45)	1.293(1.43)	1.287(1.43)	1.306(1.45)	1.379(1.55)	1.461(1.66)
0.70	1.442(1.63)*	1.416(1.59)*	1.388(1.56)	1.365(1.53)	1.344(1.50)	1.327(1.48)	1.337(1.50)	1.395(1.57)	1.466(1.67)
0.60	1.462(1.66)*	1.445(1.64)*	1.427(1.61)*	1.408(1.59)	1.386(1.56)	1.363(1.53)	1.366(1.54)	1.411(1.60)	1.471(1.68)
0.40	1.484(1.70)*	1.476(1.69)*	1.468(1.68)*	1.459(1.66)*	1.446(1.65)*	1.422(1.62)	1.418(1.61)	1.443(1.64)	1.482(1.70)
0.20	1.496(1.73)*	1.493(1.72)*	1.489(1.71)*	1.486(1.71)*	1.481(1.70)*	1.468(1.68)	1.464(1.68)	1.473(1.69)	1.492(1.72)
0.00	1.503(1.74)*	1.503(1.74)*	1.503(1.74)*	1.503(1.74)*	1.503(1.74)	1.503(1.74)	1.503(1.74)	1.503(1.74)	1.503(1.74)

表 3-5　$a_p/h_0 = 0.20$　$\kappa_c = 0.60$　$\kappa_p = 0.97$

$\lambda_b \backslash \lambda_h$	0.93	0.90	0.87	0.84	0.80	0.70	0.60	0.40	0.20
1.00	1.104(1.20)	1.116(1.22)	1.128(1.23)	1.141(1.25)	1.158(1.27)	1.206(1.33)	1.259(1.40)	1.376(1.55)	1.489(1.72)
0.93	1.264(1.41)	1.234(1.37)	1.220(1.36)	1.216(1.35)	1.218(1.35)	1.244(1.39)	1.285(1.44)	1.389(1.57)	1.493(1.72)
0.90	1.312(1.47)	1.273(1.43)	1.253(1.40)	1.244(1.39)	1.241(1.38)	1.259(1.41)	1.296(1.45)	1.394(1.58)	1.495(1.73)
0.87	1.352(1.53)	1.308(1.47)	1.283(1.44)	1.270(1.42)	1.263(1.41)	1.274(1.43)	1.307(1.47)	1.399(1.59)	1.496(1.73)
0.84	1.386(1.57)	1.338(1.51)	1.310(1.48)	1.294(1.46)	1.283(1.44)	1.289(1.45)	1.317(1.49)	1.405(1.60)	1.498(1.73)
0.80	1.422(1.62)*	1.372(1.56)	1.342(1.52)	1.322(1.49)	1.309(1.48)	1.307(1.47)	1.331(1.51)	1.412(1.61)	1.500(1.74)
0.70	1.474(1.70)*	1.438(1.65)*	1.405(1.61)	1.382(1.58)	1.363(1.55)	1.350(1.54)	1.364(1.55)	1.429(1.64)	1.506(1.75)
0.60	1.499(1.74)*	1.476(1.70)*	1.451(1.67)	1.429(1.64)	1.408(1.62)	1.388(1.59)	1.395(1.60)	1.447(1.67)	1.512(1.76)
0.40	1.525(1.78)*	1.515(1.77)*	1.504(1.75)*	1.491(1.73)*	1.475(1.71)	1.453(1.69)	1.451(1.68)	1.480(1.72)	1.523(1.78)
0.20	1.538(1.81)*	1.534(1.80)*	1.530(1.80)*	1.525(1.79)*	1.518(1.78)*	1.505(1.76)	1.501(1.76)	1.513(1.77)	1.534(1.80)
0.00	1.545(1.83)*	1.545(1.83)*	1.545(1.83)*	1.545(1.83)*	1.545(1.83)*	1.545(1.83)	1.545(1.83)	1.545(1.83)	1.545(1.83)

表 3-6　$a_p/h_0 = 0.20$　$\kappa_c = 0.50$　$\kappa_p = 0.97$

$\lambda_b \backslash \lambda_h$	0.93	0.90	0.87	0.84	0.80	0.70	0.60	0.40	0.20
1.00	1.108(1.23)	1.121(1.24)	1.135(1.26)	1.149(1.28)	1.168(1.31)	1.221(1.38)	1.279(1.45)	1.407(1.63)	1.528(1.81)
0.93	1.270(1.45)	1.241(1.41)	1.229(1.39)	1.226(1.39)	1.230(1.39)	1.261(1.43)	1.307(1.49)	1.420(1.65)	1.532(1.81)
0.90	1.319(1.52)	1.282(1.47)	1.263(1.44)	1.255(1.43)	1.254(1.43)	1.277(1.46)	1.319(1.51)	1.426(1.66)	1.534(1.82)
0.87	1.360(1.58)	1.317(1.52)	1.294(1.49)	1.282(1.47)	1.277(1.46)	1.293(1.48)	1.330(1.53)	1.432(1.67)	1.536(1.82)
0.84	1.395(1.62)	1.348(1.56)	1.322(1.53)	1.307(1.50)	1.298(1.49)	1.308(1.50)	1.341(1.55)	1.437(1.68)	1.537(1.83)
0.80	1.433(1.68)	1.384(1.61)	1.355(1.57)	1.337(1.55)	1.325(1.53)	1.328(1.53)	1.356(1.57)	1.445(1.69)	1.540(1.83)

$\lambda_b \backslash \lambda_h$	0.93	0.90	0.87	0.84	0.80	0.70	0.60	0.40	0.20
0.70	1.499(1.77)*	1.453(1.71)*	1.421(1.67)	1.400(1.64)	1.383(1.62)	1.373(1.60)	1.391(1.62)	1.463(1.72)	1.546(1.84)
0.60	1.533(1.82)*	1.501(1.78)*	1.471(1.74)	1.450(1.71)	1.431(1.69)	1.414(1.66)	1.424(1.67)	1.482(1.75)	1.552(1.86)
0.40	1.564(1.88)*	1.551(1.86)*	1.535(1.84)*	1.519(1.82)	1.503(1.80)	1.484(1.77)	1.485(1.77)	1.518(1.81)	1.564(1.88)
0.20	1.579(1.91)*	1.574(1.91)*	1.569(1.90)*	1.562(1.89)*	1.554(1.87)	1.541(1.86)	1.539(1.85)	1.553(1.87)	1.575(1.91)
0.00	1.587(1.93)*	1.587(1.93)*	1.587(1.93)*	1.587(1.93)*	1.587(1.93)	1.587(1.93)	1.587(1.93)	1.587(1.93)	1.587(1.93)

表3-7 $a_p/h_0 = 0.20$ $\kappa_c = 0.40$ $\kappa_p = 0.97$

$\lambda_b \backslash \lambda_h$	0.93	0.90	0.87	0.84	0.80	0.70	0.60	0.40	0.20
1.00	1.111(1.26)	1.126(1.28)	1.141(1.30)	1.157(1.32)	1.179(1.35)	1.237(1.43)	1.300(1.52)	1.437(1.72)	1.567(1.92)
0.93	1.276(1.51)	1.248(1.47)	1.238(1.45)	1.237(1.45)	1.243(1.45)	1.278(1.50)	1.329(1.57)	1.452(1.74)	1.571(1.93)
0.90	1.326(1.58)	1.290(1.53)	1.273(1.50)	1.267(1.49)	1.268(1.49)	1.295(1.53)	1.341(1.59)	1.458(1.75)	1.573(1.94)
0.87	1.368(1.64)	1.326(1.58)	1.305(1.55)	1.294(1.53)	1.291(1.53)	1.312(1.55)	1.353(1.61)	1.464(1.77)	1.575(1.94)
0.84	1.404(1.70)	1.359(1.63)	1.333(1.59)	1.320(1.57)	1.313(1.56)	1.328(1.58)	1.365(1.63)	1.470(1.78)	1.577(1.95)
0.80	1.444(1.75)	1.396(1.69)	1.368(1.65)	1.351(1.62)	1.341(1.60)	1.348(1.61)	1.380(1.65)	1.478(1.79)	1.579(1.95)
0.70	1.515(1.86)	1.469(1.80)	1.438(1.75)	1.418(1.72)	1.402(1.70)	1.396(1.69)	1.417(1.71)	1.497(1.83)	1.586(1.97)
0.60	1.560(1.93)*	1.520(1.88)	1.491(1.84)	1.471(1.81)	1.453(1.78)	1.439(1.76)	1.453(1.77)	1.517(1.86)	1.592(1.98)
0.40	1.602(2.01)*	1.583(1.98)*	1.563(1.95)	1.547(1.93)	1.532(1.91)	1.515(1.88)	1.518(1.88)	1.555(1.93)	1.604(2.01)
0.20	1.620(2.05)*	1.613(2.04)*	1.605(2.02)*	1.597(2.01)	1.589(2.00)	1.578(1.98)	1.576(1.98)	1.593(2.00)	1.617(2.04)
0.00	1.630(2.07)*	1.630(2.07)*	1.630(2.07)*	1.630(2.07)	1.630(2.07)	1.630(2.07)	1.630(2.07)	1.630(2.07)	1.630(2.07)

表 4-1 $a_p/h_0 = 0.30$ $\kappa_c = 1.00$ $\kappa_p = 0.97$

λ_b\\λ_h	0.93	0.90	0.87	0.84	0.80	0.70	0.60	0.40	0.20
1.00	1.091(1.15)	1.097(1.15)	1.103(1.16)	1.110(1.17)	1.121(1.18)	1.150(1.22)	1.186(1.27)	1.275(1.38)#	1.370(1.50)#
0.93	1.250(1.33)*	1.217(1.29)	1.196(1.27)	1.184(1.26)	1.178(1.25)	1.185(1.27)	1.210(1.30)	1.286(1.39)	1.373(1.51)#
0.90	1.280(1.37)*	1.253(1.34)*	1.228(1.31)	1.212(1.29)	1.200(1.28)	1.199(1.28)	1.219(1.31)	1.291(1.40)	1.375(1.51)#
0.87	1.300(1.40)*	1.278(1.37)*	1.256(1.34)*	1.236(1.32)	1.221(1.31)	1.213(1.30)	1.229(1.32)	1.295(1.41)	1.376(1.51)#
0.84	1.315(1.42)*	1.295(1.39)*	1.277(1.37)*	1.259(1.35)	1.239(1.33)	1.226(1.32)	1.238(1.33)	1.300(1.41)	1.378(1.51)#
0.80	1.330(1.44)#	1.313(1.42)*	1.298(1.40)*	1.283(1.38)*	1.263(1.36)	1.242(1.34)	1.250(1.35)	1.306(1.42)	1.380(1.52)#
0.70	1.357(1.48)#	1.343(1.46)*	1.332(1.45)#	1.322(1.43)*	1.309(1.42)*	1.280(1.39)	1.279(1.39)	1.321(1.44)	1.385(1.52)#
0.60	1.375(1.51)#	1.364(1.49)#	1.355(1.48)#	1.348(1.47)#	1.338(1.46)*	1.312(1.43)	1.305(1.42)	1.336(1.46)	1.390(1.53)#
0.40	1.397(1.55)#	1.391(1.54)#	1.385(1.53)#	1.381(1.52)#	1.376(1.51)#	1.362(1.49)#	1.351(1.48)#	1.365(1.50)#	1.400(1.55)#
0.20	1.411(1.57)#	1.408(1.57)#	1.405(1.56)#	1.403(1.56)#	1.401(1.55)#	1.395(1.54)#	1.389(1.54)#	1.393(1.54)#	1.410(1.56)#
0.00	1.420(1.59)#	1.420(1.58)#	1.420(1.58)#	1.420(1.58)#	1.420(1.58)#	1.420(1.58)#	1.420(1.58)#	1.420(1.58)#	1.420(1.58)#

表 4-2 $a_p/h_0 = 0.30$ $\kappa_c = 0.90$ $\kappa_p = 0.97$

λ_b\\λ_h	0.93	0.90	0.87	0.84	0.80	0.70	0.60	0.40	0.20
1.00	1.095(1.16)	1.103(1.17)	1.111(1.18)	1.119(1.19)	1.132(1.20)	1.167(1.25)	1.209(1.30)	1.309(1.42)	1.414(1.56)#
0.93	1.263(1.36)	1.225(1.31)	1.205(1.29)	1.196(1.28)	1.192(1.28)	1.204(1.29)	1.234(1.33)	1.321(1.44)	1.418(1.57)#
0.90	1.307(1.41)*	1.265(1.36)	1.239(1.33)	1.224(1.32)	1.215(1.31)	1.219(1.31)	1.245(1.35)	1.326(1.45)	1.419(1.57)#
0.87	1.334(1.45)*	1.300(1.40)*	1.269(1.37)	1.250(1.35)	1.236(1.33)	1.234(1.33)	1.255(1.36)	1.332(1.46)	1.421(1.57)#
0.84	1.353(1.47)*	1.325(1.44)*	1.296(1.40)	1.273(1.38)	1.256(1.36)	1.247(1.35)	1.265(1.37)	1.337(1.46)	1.423(1.58)#
0.80	1.372(1.50)*	1.348(1.47)*	1.325(1.44)*	1.302(1.41)	1.281(1.39)	1.265(1.37)	1.278(1.39)	1.343(1.47)	1.425(1.58)#

续表

$\lambda_b \backslash \lambda_h$	0.93	0.90	0.87	0.84	0.80	0.70	0.60	0.40	0.20
0.70	1.403(1.55)*	1.386(1.52)*	1.370(1.50)*	1.355(1.48)*	1.333(1.45)	1.305(1.42)	1.309(1.43)	1.360(1.50)	1.430(1.59)#
0.60	1.422(1.58)#	1.409(1.56)*	1.398(1.54)*	1.387(1.52)*	1.372(1.51)*	1.340(1.47)	1.337(1.47)	1.376(1.52)	1.436(1.60)#
0.40	1.445(1.62)#	1.438(1.60)#	1.432(1.59)#	1.426(1.58)*	1.419(1.57)*	1.398(1.55)	1.388(1.54)	1.408(1.56)	1.447(1.62)#
0.20	1.459(1.64)#	1.456(1.63)#	1.453(1.63)#	1.451(1.62)#	1.448(1.62)#	1.439(1.61)#	1.432(1.60)#	1.439(1.61)#	1.458(1.63)#
0.00	1.468(1.66)#	1.468(1.65)#	1.468(1.65)#	1.468(1.65)#	1.468(1.65)#	1.468(1.65)#	1.468(1.65)#	1.468(1.65)#	1.468(1.65)#

表 4-3　$a_p/h_0 = 0.30$　$\kappa_c = 0.80$　$\kappa_p = 0.97$

$\lambda_b \backslash \lambda_h$	0.93	0.90	0.87	0.84	0.80	0.70	0.60	0.40	0.20
1.00	1.099(1.17)	1.108(1.18)	1.118(1.19)	1.128(1.21)	1.143(1.23)	1.184(1.28)	1.232(1.34)	1.344(1.48)	1.458(1.63)
0.93	1.270(1.38)	1.233(1.33)	1.215(1.31)	1.207(1.31)	1.205(1.30)	1.223(1.33)	1.259(1.37)	1.357(1.50)	1.462(1.63)
0.90	1.321(1.44)	1.275(1.39)	1.250(1.36)	1.236(1.34)	1.229(1.33)	1.239(1.35)	1.270(1.39)	1.362(1.50)	1.464(1.64)
0.87	1.360(1.49)*	1.311(1.43)	1.281(1.40)	1.263(1.38)	1.252(1.36)	1.254(1.37)	1.281(1.40)	1.368(1.51)	1.466(1.64)
0.84	1.386(1.52)*	1.343(1.47)*	1.309(1.43)	1.288(1.41)	1.273(1.39)	1.269(1.39)	1.291(1.42)	1.373(1.52)	1.467(1.64)
0.80	1.410(1.56)*	1.376(1.51)*	1.342(1.47)	1.318(1.44)	1.298(1.42)	1.288(1.41)	1.305(1.43)	1.380(1.53)	1.470(1.65)
0.70	1.447(1.61)*	1.424(1.58)*	1.402(1.55)*	1.379(1.52)	1.354(1.49)	1.331(1.47)	1.339(1.48)	1.398(1.56)	1.476(1.66)
0.60	1.468(1.65)#	1.452(1.62)*	1.437(1.60)*	1.421(1.58)*	1.399(1.55)	1.369(1.52)	1.370(1.52)	1.416(1.58)	1.482(1.67)
0.40	1.493(1.69)#	1.485(1.67)*	1.477(1.66)*	1.469(1.65)*	1.459(1.64)*	1.433(1.61)	1.426(1.60)	1.451(1.63)	1.493(1.69)#
0.20	1.507(1.71)#	1.504(1.71)*	1.501(1.70)*	1.498(1.70)*	1.493(1.69)*	1.481(1.67)	1.475(1.67)	1.484(1.68)	1.505(1.71)#
0.00	1.517(1.73)#	1.517(1.73)#	1.517(1.73)#	1.517(1.73)#	1.517(1.73)#	1.517(1.73)#	1.517(1.73)#	1.517(1.73)#	1.517(1.73)#

表 4-4　$a_p/h_0 = 0.30$　$\kappa_c = 0.70$　$\kappa_p = 0.97$

$\lambda_b \backslash \lambda_h$	0.93	0.90	0.87	0.84	0.80	0.70	0.60	0.40	0.20
1.00	1.103(1.19)	1.114(1.20)	1.125(1.21)	1.137(1.23)	1.154(1.25)	1.202(1.31)	1.255(1.38)	1.379(1.53)	1.502(1.70)
0.93	1.276(1.40)	1.241(1.36)	1.225(1.34)	1.218(1.33)	1.219(1.33)	1.242(1.36)	1.284(1.42)	1.392(1.55)	1.507(1.71)
0.90	1.329(1.47)	1.284(1.41)	1.261(1.39)	1.249(1.37)	1.244(1.37)	1.259(1.39)	1.295(1.43)	1.398(1.56)	1.509(1.71)
0.87	1.373(1.52)	1.322(1.46)	1.293(1.43)	1.277(1.41)	1.267(1.40)	1.275(1.41)	1.307(1.45)	1.404(1.57)	1.510(1.71)
0.84	1.409(1.57) *	1.355(1.50)	1.322(1.46)	1.302(1.44)	1.289(1.43)	1.291(1.43)	1.318(1.46)	1.410(1.58)	1.512(1.72)
0.80	1.441(1.61) *	1.393(1.55)	1.356(1.51)	1.334(1.48)	1.316(1.46)	1.310(1.45)	1.333(1.48)	1.418(1.59)	1.515(1.72)
0.70	1.487(1.68) *	1.457(1.64) *	1.425(1.60)	1.399(1.57)	1.376(1.54)	1.357(1.52)	1.369(1.53)	1.437(1.62)	1.521(1.73)
0.60	1.513(1.72) *	1.492(1.69) *	1.471(1.66) *	1.448(1.63)	1.424(1.60)	1.398(1.57)	1.402(1.58)	1.456(1.65)	1.527(1.74)
0.40	1.540(1.77) *	1.531(1.75) *	1.521(1.74) *	1.510(1.72) *	1.495(1.70) *	1.468(1.67)	1.463(1.67)	1.493(1.70)	1.540(1.77)
0.20	1.556(1.80) *	1.552(1.79) *	1.548(1.78) *	1.544(1.78) *	1.538(1.77) *	1.523(1.75)	1.518(1.74)	1.530(1.76)	1.553(1.79)
0.00	1.565(1.81) *	1.565(1.81) *	1.565(1.81) *	1.565(1.81) *	1.565(1.81) *	1.565(1.81)	1.565(1.81)	1.565(1.81)	1.565(1.81)

表 4-5　$a_p/h_0 = 0.30$　$\kappa_c = 0.60$　$\kappa_p = 0.97$

$\lambda_b \backslash \lambda_h$	0.93	0.90	0.87	0.84	0.80	0.70	0.60	0.40	0.20
1.00	1.107(1.20)	1.119(1.22)	1.132(1.24)	1.146(1.25)	1.166(1.28)	1.219(1.35)	1.278(1.42)	1.413(1.60)	1.546(1.78)
0.93	1.283(1.43)	1.249(1.39)	1.235(1.37)	1.230(1.37)	1.232(1.37)	1.261(1.41)	1.308(1.46)	1.428(1.62)	1.551(1.79)
0.90	1.337(1.50)	1.293(1.45)	1.271(1.42)	1.261(1.41)	1.258(1.40)	1.279(1.43)	1.321(1.48)	1.434(1.63)	1.553(1.79)
0.87	1.382(1.56)	1.332(1.50)	1.305(1.46)	1.290(1.45)	1.283(1.44)	1.296(1.45)	1.333(1.50)	1.440(1.64)	1.555(1.80)
0.84	1.421(1.61)	1.366(1.54)	1.335(1.50)	1.317(1.48)	1.306(1.47)	1.312(1.48)	1.345(1.52)	1.447(1.65)	1.557(1.80)
0.80	1.463(1.67) *	1.406(1.60)	1.371(1.55)	1.350(1.53)	1.334(1.51)	1.333(1.50)	1.361(1.54)	1.455(1.66)	1.560(1.81)

续表

$\lambda_b \backslash \lambda_h$	0.93	0.90	0.87	0.84	0.80	0.70	0.60	0.40	0.20
0.70	1.523(1.75)*	1.482(1.70)*	1.444(1.65)	1.418(1.62)	1.397(1.59)	1.382(1.57)	1.399(1.59)	1.475(1.69)	1.567(1.82)
0.60	1.555(1.80)*	1.527(1.76)*	1.498(1.72)	1.472(1.69)	1.449(1.66)	1.427(1.64)	1.435(1.65)	1.496(1.73)	1.573(1.83)
0.40	1.587(1.86)*	1.574(1.84)*	1.561(1.82)*	1.546(1.80)*	1.527(1.77)	1.503(1.74)	1.501(1.74)	1.536(1.79)	1.587(1.86)
0.20	1.603(1.89)*	1.599(1.88)*	1.594(1.87)*	1.588(1.86)*	1.580(1.85)*	1.564(1.83)	1.561(1.83)	1.575(1.85)	1.600(1.88)
0.00	1.614(1.91)*	1.614(1.91)*	1.614(1.91)*	1.614(1.91)*	1.614(1.91)*	1.614(1.91)	1.614(1.91)	1.614(1.91)	1.614(1.91)

表 4-6 $a_p/h_0=0.30$ $\kappa_c=0.50$ $\kappa_p=0.97$

$\lambda_b \backslash \lambda_h$	0.93	0.90	0.87	0.84	0.80	0.70	0.60	0.40	0.20
1.00	1.110(1.23)	1.125(1.25)	1.140(1.27)	1.155(1.29)	1.177(1.32)	1.236(1.39)	1.301(1.48)	1.448(1.67)	1.591(1.88)
0.93	1.289(1.47)	1.257(1.43)	1.244(1.41)	1.241(1.41)	1.246(1.41)	1.280(1.46)	1.333(1.52)	1.463(1.70)	1.596(1.89)
0.90	1.345(1.55)	1.303(1.49)	1.282(1.46)	1.274(1.45)	1.273(1.45)	1.299(1.48)	1.346(1.54)	1.470(1.71)	1.598(1.89)
0.87	1.391(1.61)	1.343(1.55)	1.317(1.51)	1.304(1.49)	1.298(1.49)	1.316(1.51)	1.359(1.56)	1.477(1.72)	1.600(1.90)
0.84	1.431(1.67)	1.378(1.60)	1.348(1.56)	1.331(1.53)	1.322(1.52)	1.334(1.53)	1.372(1.58)	1.483(1.73)	1.602(1.90)
0.80	1.475(1.73)	1.419(1.65)	1.386(1.61)	1.366(1.58)	1.352(1.56)	1.356(1.57)	1.388(1.61)	1.492(1.75)	1.605(1.91)
0.70	1.552(1.83)*	1.499(1.76)	1.463(1.72)	1.438(1.68)	1.418(1.66)	1.408(1.64)	1.429(1.67)	1.514(1.78)	1.612(1.92)
0.60	1.592(1.90)*	1.555(1.84)*	1.520(1.80)	1.496(1.77)	1.474(1.74)	1.455(1.71)	1.467(1.73)	1.536(1.82)	1.619(1.94)
0.40	1.632(1.96)*	1.616(1.94)*	1.597(1.91)*	1.579(1.89)	1.560(1.86)	1.538(1.83)	1.539(1.83)	1.579(1.89)	1.633(1.97)
0.20	1.651(2.00)*	1.645(1.99)*	1.638(1.98)*	1.631(1.97)*	1.620(1.96)	1.606(1.94)	1.603(1.93)	1.621(1.96)	1.648(1.99)
0.00	1.662(2.03)*	1.662(2.03)*	1.662(2.03)*	1.662(2.02)*	1.662(2.02)	1.662(2.02)	1.662(2.02)	1.662(2.02)	1.662(2.02)

表 4-7　$a_p/h_0=0.30$　$\kappa_c=0.40$　$\kappa_p=0.97$

$\lambda_b \backslash \lambda_h$	0.93	0.90	0.87	0.84	0.80	0.70	0.60	0.40	0.20
1.00	1.114(1.27)	1.130(1.29)	1.147(1.31)	1.164(1.33)	1.188(1.36)	1.253(1.45)	1.324(1.55)	1.482(1.77)	1.635(2.01)
0.93	1.296(1.53)	1.265(1.49)	1.254(1.47)	1.253(1.46)	1.259(1.47)	1.300(1.52)	1.357(1.60)	1.499(1.80)	1.640(2.02)
0.90	1.353(1.61)	1.312(1.55)	1.293(1.53)	1.286(1.51)	1.287(1.51)	1.319(1.55)	1.371(1.62)	1.506(1.81)	1.642(2.02)
0.87	1.400(1.68)	1.353(1.61)	1.329(1.58)	1.317(1.56)	1.314(1.55)	1.337(1.58)	1.385(1.65)	1.513(1.83)	1.645(2.03)
0.84	1.441(1.74)	1.390(1.67)	1.361(1.63)	1.346(1.60)	1.339(1.59)	1.355(1.61)	1.398(1.67)	1.520(1.84)	1.647(2.03)
0.80	1.487(1.81)	1.433(1.73)	1.400(1.68)	1.382(1.66)	1.370(1.64)	1.379(1.65)	1.416(1.70)	1.529(1.85)	1.650(2.04)
0.70	1.570(1.93)	1.517(1.86)	1.481(1.81)	1.458(1.77)	1.440(1.75)	1.434(1.73)	1.459(1.77)	1.552(1.90)	1.657(2.06)
0.60	1.623(2.01)*	1.577(1.95)	1.543(1.90)	1.519(1.87)	1.499(1.84)	1.484(1.81)	1.500(1.83)	1.576(1.94)	1.665(2.07)
0.40	1.674(2.10)*	1.652(2.07)	1.629(2.03)	1.610(2.01)	1.592(1.98)	1.573(1.95)	1.576(1.96)	1.621(2.02)	1.680(2.11)
0.20	1.698(2.15)*	1.690(2.13)*	1.680(2.12)*	1.671(2.10)	1.661(2.09)	1.647(2.07)	1.646(2.07)	1.666(2.10)	1.695(2.14)
0.00	1.710(2.18)*	1.710(2.18)*	1.710(2.17)*	1.710(2.17)	1.710(2.17)	1.710(2.17)	1.710(2.17)	1.710(2.17)	1.710(2.17)

本表使用说明：

①本表为全预应力混凝土受弯构件断面的设计用表,按使用 C30~C60 混凝土、$f_{pk}=1860$ MPa 的钢绞线与 HRB335 普通钢筋编制,计算中假定在荷载作用下断面受拉边缘 $\sigma'_c=0$。桥梁结构的重要性系数 γ_0 取 1.0,当 $\gamma_0=1.1$ 时表中的全部计算 $\bar{J}$ 均应用下表,κ_c 按 0.97 取用,κ_p 按 1.0~0.4 取用。一般设计均可将定 $\kappa_p=0.97$,当实际 κ_p 与 0.97 相差较大时,可按计算 $\bar{J}$ 与 κ_p 呈反比的关系对表值进行修正。$\kappa_c=1.00$ 表示当断面混凝土采用 C50(C40)时,上缘混凝土最大使用应力达到 16.2(13.4)MPa,即断达到 04 桥规容许最大值的 0.5;$\kappa_c=0.4$ 表示最大使用应力到 04 桥规容许最大值的 40%,即 6.48(4.96)MPa。本表考虑普通钢筋影响时按 C50 混凝土计算,当采用 C30、C40 或 C60 混凝土时的 $\bar{J}$ 计算提差极小,一般不会超过 0.5%,该表也可使用。

②本表 a_p/h_0 的范围为 0.05~0.3,κ_c 的范围为 0.4~1.0,λ_b 与 λ_h 的范围均为 0~1.0,按 a_p/h_0 与 κ_c 的不同组合共计 4×7 个用表。每一本表中,$\lambda_b=1.00$ 的第一行为只有受压翼板、没有有腹板的虚拟 T 形断面,这相当于配置有预应力钢束外的计算断面,按照本节 $\bar{J}$ 的计算方法,此时的计算 $\bar{J}$ 与矩形断面的高宽比无关,设计中计算 $\bar{J}$ 全按矩形计算;$\lambda_b=1.00$ 和 0.00 的两列未列出,这两列的断面都回归为矩形,其计算 $\bar{J}$ 全部与最后一行相等。

③表中不带括号的数据为按本节式(2.82a)或式(2.89a)算得的断面计算 $\bar{J}$;指号内的数据为按本节式(2.99)或式(2.100)算得的断面为按本节 $\bar{J}$,指号内算得的计算 $\bar{J}$,计算中全部取受拉区普通钢筋面积 A_s/T 形断面全面积=0.35% 或断面普通钢筋含量 $\mu_{sf}=0.007$。当实际含量大于 0.35%(例如再提高 20%),可以按再提高 0.35% 计算;普通钢筋实际含量超过 0.35% 计算(例如含量为 0.42%,0.42/0.35=1.2)时,计算 $\bar{J}$ 固配置 A_s 而提高百分比(即括号内数值/括号外数)。所有数据中,计算 $\bar{J}$ 右侧带 * 者,表示计算受压区高度 x 超过了上翼缘厚度 $h_f=h(1-\lambda_h)$ 者,表示计算 $\bar{J}$ 右侧无实际意义;带 # 者带号意义;带 # 者表示 x/h_0 超过了 04 桥规规定值。

定的受压区高度界限系数 0.4。对于 T 形断面,设计一般应考虑采用受压区高度 $x \leq h_f$ 的设计。

④本表的一般使用方法为,先拟订断面确定 λ_b 与 λ_h,计算 ω,计算 $\bar{J}$,即可求得断面的计算 $\bar{J}$,根据配筋的 A_p 按式(2.82b)即可求得断面的 A_p,根据断面的 a_p/h_0,κ_c,κ_c 与 $\kappa_p = 0.97$ 选定适用的表,由断面的 λ_b、λ_h,即可求得断面的计算 $\bar{J}$,由此即可对设计作出判断。使用本表有利于对设计断面的优化,其他用法可参考本节的计算示例。

⑤当 $\gamma_0 = 1.0$ 或 1.1 时,一般计算 $\bar{J}$ 只要大于 1.32 或 $1.32 \times 1.1 = 1.45$ 左右时即可满足 04 桥规对抗弯承载力要求。本表数据已足够密集,故一般情况下查表取值都不需要进行双向内插。当断面为工字形、箱形或带马蹄的 T 形时,因受压区面积的增加在同等条件 $\sigma'_c = 0$ 下都会提高断面的计算 $\bar{J}$。其提高幅度可参见本节的有关计算公式与计算示例。

本节参考文献

［1］中华人民共和国交通运输部. 公路钢筋混凝土及预应力混凝土桥涵设计规范: JTG D62—2004［S］. 北京: 人民交通出版社, 2004.

［2］中华人民共和国交通运输部. 公路钢筋混凝土及预应力混凝土桥涵设计规范: JTG 023—85［S］. 北京: 人民交通出版社, 1985.

［3］中华人民共和国交通运输部. 公路桥涵设计通用规范: JTG D60—2004［S］. 北京: 人民交通出版社, 2004.

［4］叶见曙. 结构设计原理［M］. 北京: 人民交通出版社, 2001.

［5］曹双寅. 工程结构设计原理［M］. 南京: 东南大学出版社, 2008.

［6］贡金鑫, 魏巍巍. 工程结构可靠性设计原理［M］. 北京: 机械工业出版社, 2007.

［7］中华人民共和国住房和城乡建设部. 混凝土结构设计规范: GB 50010—2002［S］. 北京: 中国建筑工业出版社, 2002.

第3章　桥梁设计施工

3.1　关于拱桥问题的建议

中国被誉为"拱桥之乡"。但众所周知,近二三十年来,我国在公路桥梁建设中采用的各类拱桥桥型(特别是传统意义上的圬工拱桥)却是越来越少。这里只讨论钢筋混凝土(箱形)拱桥与石拱桥,因为这是两类预期使用寿命最长、最经济又最环保的桥型,但又恰恰是在当前我国的高速公路建设高潮中几乎被遗忘的桥型。以下的讨论中如无特别地指明,所说的拱桥一般都是指上承式拱桥。

以钢筋混凝土箱形拱桥为例,近一二十年来,它在技术发展成熟以后却又逐渐陷入了目前十分尴尬的处境。这就是一方面它为国家节约了大量的经费,另一方面却是长期科研施工经费投入不足,经费不足带来施工安全隐患。出于对施工安全的担忧,建设和设计单位都不愿再选用这种桥型,或者要求不断地提高这类桥梁设计的安全系数。但是对于这种桥型,设计单位的钢筋与混凝土用得再多也不能解决施工安全与费用的不合理问题,加之这种桥型在国内确实也出过一些事故,于是建设、设计与施工单位最终都不愿意再采用这种桥型。

造成这种状况的主要原因还是我国现行设计施工招投标体制方面的原因。从20世纪七八十年代开始,在我国四川、广西、湖南等西南、中南地区,曾经修建过大量的钢筋混凝土箱形拱桥。如果将这些拱桥的工程造价与同期发展起来的预应力混凝土刚构桥梁相比,箱形拱桥一般只有后者的一半左右。即使是现在,设计合理的 60～150 m 箱形拱桥设计方案,其工程造价估计也只有同类预应力混凝土桥型方案的 50%～70%,从节约工程造价以及减少钢材用量的角度出发,我们都应该大力发展这种桥型。

还有一个更重要的问题,近几十年来,我国共修建了几万座桥梁,其中预应力混凝土桥梁所占的比重越来越高,这不是一件好事。预应力混凝土桥梁的使用寿命从现代工程的角度来看还应是一个不确定的未知数,也许二三十年后我们就会面临着每年有数万座以上的预应力桥梁需要维修、加固或重建。为了维持几十年辛辛苦苦建立起来的庞大公路网络,今后全国桥梁的养护维修与报废重建问题可能会是一个非常棘手的难题。石拱桥与(钢筋)混凝土拱桥是公认的使用寿命最长、养护费用最低的桥梁。如果要从战略的角度应对这一问题,最好的办法就是今后要尽量多地修建石拱桥与混凝土拱桥。

应当从政策方面着手解决这类桥型的科研施工经费不足问题,只有这样才能进一步解决好它的施工安全问题。为了鼓励这种既节约又环保桥型的发展,笔者认为,有如下的具体建议。

3.1.1 促进钢筋混凝土箱形拱桥发展

①尽快编制 50~150 m 范围内的上承式钢筋混凝土箱形拱桥标准图设计。对于这种桥型,我国已经有了几十年的设计施工经验,从设计到施工工艺都应该说是十分成熟的。既然这样,我们早就应该用标准图的形式来总结这些设计与施工经验。20 世纪 80 年代初,四川省交通厅公路设计院曾经编制过一套 60~100 m 的钢筋混凝土箱形拱桥标准图(仅限于无支架吊装法施工)。就是这样一本通用的设计参考图纸,其后对我国的钢筋混凝土箱形拱桥建设发挥了较大的作用。时间又过去二十余年,以跨径在 150 m 的钢筋混凝土箱形拱桥为例,国内大约已经修建了 10 座,至今只有一座桥梁在施工中出过问题。这些桥梁的营运状态基本都非常好,因此笔者认为作为标准图现在的跨径范围应该包括 150 m。编制这种桥型标准图的意义还在于:首先,可以解决设计院出于安全担心而不愿意设计钢筋混凝土箱形拱桥的问题,因为设计的责任问题可以主要由标准图承担;其次,可以保证设计质量,解决设计人员水平参差不齐以及由此而带来的设计浪费问题。另外,对于用支架法施工的钢筋混凝土箱形拱桥(包括跨径较小的板拱),从来都没有出过标准图。没有标准图也没有标准的拱架设计,设计人员一般就不大愿意设计。因此,要编制这种桥型的标准图纸设计还必须包含有支架的与无支架的两种基本施工方法。钢筋混凝土箱形拱桥是一种非常节省并且预期使用年限很长的桥型,但要发展这种桥型首先应当组织编制这种桥型的标准设计。

全国这几十年来修建了很多座钢筋混凝土箱形拱桥,这些桥梁的设计情况与使用情况如何,这种桥型到底有什么问题,我们现在其实并不完全清楚。因为现在还没有数据,还见不到有关这个问题的任何研究报告。建议有关部门组织一家权威的科研单位牵头做一次这个问题的详细调查研究,课题研究最好还能包括所有其他各种类型的坼工拱桥。在设计理论方面,拱桥比梁式桥要复杂得多,桥规中对拱桥的个别规定理论界至今或者还有一些分歧,但我们觉得这些并不重要,重要的是应该用实践来检验我们的规范与设计。如果在某一个跨径范围内,我们已经修建了几百座这样的箱形拱桥,使用的情况又都非常好,但是用 04 桥规验算却通不过,笔者认为这就应该修改桥规而不是修改这么多已经经过实践考验过的设计。应该以这些设计中的优秀者为基础,尽快把它们完善成为经过批准的标准设计图纸,只有这样才可以使这种箱形拱桥发挥出最大的经济效益。

②拱桥主要施工设备中的拱架费用或缆索吊机费用应当由设计部门根据施工方案在预算文件中确定,建议这部分费用不纳入投标范围。设计单位对拱架或缆索吊机的具体要求应当在设计文件中细化,如可以要求拱架的材质或设计生产厂家,对缆索吊机可以要求设计起重吨位或主缆采用密封钢绳等。施工招标时,这笔费用不能打折扣,并且要向所有投标人公开。开标以后这笔费用仍应由建设单位掌握使用,施工单位只能用于设计要求的拱架制作或购置缆索吊机的设备,用不完的费用也不能归施工单位所有。这样就可以从制度上保证拱桥施工中主要设备的充分投入,并且有利于今后拱桥施工技术的更新换代。当然,这样对设计单位的要求就很高,而这个问题仍可通过提高编制标准设计来解决。

③应当从政策上保证拱桥施工过程中的技术经费投入问题。长期以来,正因为拱桥的施工技术成熟,预算定额比较准确,投标时各家施工单位为得到任务就只有压低投标价格,

中标以后经费上往往就捉襟见肘。如何解决施工招投标中的合理标价问题,不在本书的讨论范围之内,这个问题太复杂,相信有关部门都清楚这个问题。笔者想建议的是,应该在所有的拱桥施工预算费用中增列一项"施工监控与安全保障科研费用",建议其金额不得低于项目预算第1类建筑安装总费用的10%,而且这在今后要形成一种惯例。现在所有的斜拉桥以及其他一些大型桥梁的施工都有"施工监控"这项开支,拱桥施工的安全问题比其他任何桥型都要突出,当然更是应该列上这笔施工安全保障费用。建议对于拱桥的施工,要明确"施工监控"的任务就是保障施工安全并且要求在拱桥施工的全过程中为施工单位提供技术支持。按照这一要求,能够承担这项任务的设计单位、科研单位或大专院校都应该是有相应资质的单位,要能够对拱桥的主要施工方案(拱架或无支架施工方案)具有实质性的审核能力。"施工监控"应由建设单位委托,应当下决心拿出第1类建筑安装费用的10%用于这项开支,这样就可以解决拱桥施工中经常出现的技术力量投入不足的问题。

④对于跨径100 m及其以下的钢筋混凝土箱形拱桥,建议今后应当主要考虑采用钢拱架现浇的施工方案,这样可能有利于提高这种桥型施工方法的工业化程度以及保障施工中的安全。钢拱架应当是由设计部门作为"产品"专门开发设计和委托工厂专门制造的,应当便于分块运输与现场安装,应有较大的承载能力以保证施工安全,在大部分拱上建筑施工完成以后方可拆除,其卸架的过程应当依靠液压装置安全完成。我国几十年来采用支架法修建了很多座拱桥(含石拱桥),但严格说来从来就没有出现过用工厂化方法生产的比较现代化的钢拱架产品供设计与施工单位使用。如果说以前是因为国家财力所限,现在条件已经成熟。重庆菜园坝长江大桥与广西南宁市南宁大桥,这两座大桥的施工缆索吊机费用达3亿元以上。为什么不能投入300万或3 000万元解决这个拱架施工的现代化问题,从而打消掉人们对这种桥型施工安全过程中的担心呢?建议有关部门拿出一笔专款在全国范围内公开招标征求为拱桥施工使用的现代化钢拱架设计方案。有了这样的现代化的钢拱架,实际也就解决了其他形式各类混凝土拱桥的支架施工法的安全与效率问题。

⑤设计单位也要力图创新。高速公路中的桥梁设计,高桥长桥很多,对于3~5孔以上的中小跨径(30~60 m)拱桥的设计问题,如20~30孔的连拱制动墩问题、高墩上的连拱问题等,设计单位还应当努力探索、力图创新,因为这些都基本是以前没有遇见过的问题。无支架缆索吊装施工方法也应该有所发展,以前认为箱拱桥的主拱圈由三段吊发展到五段、七段吊是进步,笔者认为,今后对于有些多孔的长桥,最安全与快捷的主拱安装方法应是采用一段或两段整体吊装的办法。在多孔的30~80 m这个跨径范围内,在进行经济比选时预应力混凝土桥梁一般竞争不过混凝土拱式体系,但这需要设计单位做工作。混凝土拱式体系桥梁基本退出我国高速公路建设主战场的这个现状,要说原因主要还在于设计部门,设计部门也应当反思一下这个问题。核心还是一个拱桥施工的安全问题,这个问题解决好了,设计院也就愿意设计钢筋混凝土箱形拱桥或其他类型的圬工拱桥了。

3.1.2 推广修建石拱桥

石拱桥是最古老的桥型,也是预期使用寿命最长、超载能力最强和最环保的桥型。由于种种原因,现在我国公路建设中基本已经淘汰了这种桥型。笔者认为,随着我国工业化水平的提高和人民环保意识的加强,应该回过头来重新认真地审视这种古老的桥型。现在采用现代工业化的生产方式重新振兴这种古老桥型的条件可能已经具备。笔者初步设想如下:

①要用现代化的类似加工装饰用花岗岩板材的方法生产砌筑拱圈的细料石或精料石。所谓精料石,是指采用现代工厂化方法生产的料石,其外形尺寸及砌筑灰缝宽度都完全符合设计图纸的要求,其尺寸精度也超过传统意义上的细料石。现在我国生产建筑装饰用的天然石材的设备能力已经大大过剩,应当利用或改造这些生产能力为现代的桥梁建设生产石材。从生产成本的角度来考虑,现在的时机也已成熟,以建材市场的花岗岩板材为例,1 m² 的地砖切割加工面积约为 2 m²,其加工费用约为 50 元;加工 25 cm × 35 cm × 80 cm 的一块精料石,切割加工面积为 1.13 m²,成本约 28 元,体积为 0.07 m³,换算为每立方米(14块)精料石的加工费约为 400 元,加上采石费用和运输费用,运到施工现场的精料石价格估计不会超过 500 ~ 700 元。这就已经是一个当前我们可以接受的作为主拱圈材料的价格。

以上成本计算是最保守的估算,还有以下因素可以降低工业化方法生产的料石(含粗料石)成本:第一,桥梁用料石的加工面不需要建筑板材那样要求抛光,相反,要求加工面具有一定的糙度,这可能还要求石材加工行业为此开发一种新的石材加工工艺,但其成本肯定会低于建筑石板材的单位面积加工成本;第二,MU40 及其以上标号的石料都可以用于桥梁工程,其强度在大多数情况下低于花岗岩石材,其加工成本平均也应更低;第三,设想中的料石加工厂应当是公路(桥梁)修到哪里,哪里附近有料场就把设备搬到哪里,运距如果较近成本还可降低。

能够生产精料石,那就能够生产细料石和粗料石。这个桥梁石材生产产业发展起来以后,桥规有关料石与块石的标准恐怕都需要重新予以审定。04 桥规中有关块石的标准随意性太大,其砌筑的施工质量很难控制。近年来,随着水泥砂石材料价格的上涨,细料石和粗料石运到工地的成本只要能降低到 300 ~ 400 元,应该都是可以接受的价格。

②应在多孔 30 m 左右跨径的石拱桥设计与施工上寻求突破。石拱桥的主要适用范围应当是中小跨径的桥梁,如跨径为 16 ~ 50 m,而 30 m 是比较有代表性的跨径。为了提高钢拱架的周转利用率,建议设计部门先统一采用一个固定的 1/4 矢跨比。矢跨比取 1/4 是因为这是一个受力较好和比较常用的矢跨比。多孔石拱桥设计应当在制动墩的设计上寻求一个突破,其墩身材料与制动的措施应不同于一般的桥墩设计。设想中这样的多孔 30 m 跨石拱桥,除主拱圈为浆砌料石外,其他墩台与拱上结构采用的都应是混凝土砌片石或浆砌块石材料,墩台基础则应采用明挖扩大基础。只要其最终的工程造价不超过同样跨径的 30 m 预应力混凝土 T 梁的造价太多,这就很值得。

③这种石拱桥的施工应是现代化的和安全的。初步设想,主拱圈和大部分拱上建筑(护拱、拱上腹拱及实腹段侧墙)都应在钢拱架上施工。钢拱架应当由设计部门专门开发和工厂专门制造,对其要求是,基本应与上文对箱形拱桥的拱架要求相同。对于 5 孔以上的连拱桥梁,这样的钢拱架至少也应当有 3 ~ 5 套,用以保证多跨拱桥施工的安全与施工进度。

主拱圈和大部分拱上建筑的施工过程都应当在覆盖全工作面的缆索吊机配合下进行。缆索吊机的主缆索应当采用密封钢丝绳以提高工作效率,当然也可以采用其他吊机配合施工。为了加强施工单位的技术力量,拱桥的施工必须要配合开展"施工监控",其经费也应单列并由建设单位掌握。只要有足够的投入,相信就可以高效安全地完成这种多跨的中小跨径石拱桥的施工。

④建议拿出 200 万~1 000 万元的科研经费来完成以上 1~3 项的石拱桥科研课题,并为这一课题组在某待建的高速公路上寻找数座多跨 30 m 预应力混凝土 T 梁桥(或总长 1 000 m 以上)的施工任务,并将其变更为同样跨径与总长的石拱桥设计作为该课题的依托工程。鉴于多年来拱桥(石拱桥)的工程造价往往大大低于同类的预应力混凝土桥梁,按照笔者的估计,只要将这个课题在全国范围内公开招标,通过公正评议选择愿意承担的单位,虽然花了 200 万~1 000 万元的科研经费,但是完全有可能在总长 1 000 m 以上的依托工程中节约出比这更多的费用。

3.1.3 推广修建圬工拱桥的一些其他建议

①客观地说,在我国现有的设计院中有丰富的圬工桥梁或拱桥设计经验的单位并不多,很多工作了一二十年的桥梁设计技术骨干就从来没有接触过圬工拱桥的设计。因此,可以说,很多设计人员甚至部分设计院都并不了解圬工拱桥可能会产生的巨大经济效益与社会效益。当我国全面进入小康社会以后,站在绿色环保与可持续发展的角度,现在就应该全面地反思一下还有其他几种圬工拱桥桥型是否也应该在今后我国的公路建设中占有更重要的地位。这几种圬工拱桥桥型是现浇(钢筋、少筋或片石)混凝土板拱桥、预制混凝土块砌板拱桥、混凝土砌片石板拱桥以及混凝土桁架拱桥。

钢筋混凝土板拱桥是设计人员最放心设计的拱桥,因为那里面可以放很多钢筋。钢筋的作用主要就是防止混凝土收缩,在营运期间其实作用不大,只要适当地控制施工程序并采取措施抵消掉混凝土的收缩效应,少筋或无筋的片石混凝土板拱桥都应该是更为绿色与环保的桥型方案。用混凝土砌片石代替片石混凝土修建的板拱桥也是成立的(早期我国还成功地修建过跨径不小的浆砌片石或卵石拱桥甚至干砌拱桥,当然,现在不应再提倡),这样修建的混凝土砌片石拱桥应当是仅次于石拱桥的最环保的绿色桥梁。

浆砌预制混凝土块拱桥就是用混凝土预制块代替料石的拱桥。这种桥型基本没有现浇拱桥的混凝土收缩问题,也应该是一种值得推广使用的桥型。原来这种桥型的最大缺点在于施工程序复杂,不便于机械化,施工效率低下。在当前新的历史条件下重新开发这种桥型,除了拱架问题之外,它的预制块件重量每块都可以在 1~5 t,也就是在设计的理念上应该完全打破原来用预制块代替料石的思维限制。如果在某条高速公路上有一座 50 孔 30 m 跨径的这种桥梁施工,至少应该为它配备 6 套现代化的施工钢拱架和一套可以涵盖全桥的缆索吊机或其他吊机系统。混凝土预制块甚至可以设计为每块 15 t 以上,这样大的预制块件也许是用少筋片石混凝土或混凝土砌片石预制的,设想中的拱上结构也应该是全预制安装的。按照笔者的估计,如果该桥不是太高,这样的设计即使在工程造价上也应该是优于 50 孔 30 m 的预应力混凝土梁桥方案的。多孔拱桥的恒载单向推力墩设计问题还是一个暂时不确定的问题。04 桥规规定,恒载单向推力墩一般每 3~5 孔设置一个,5 孔 100 m 的拱桥可以不设恒载单向推力墩,它的总长达到了 500 m,但 10 孔 30 m 跨径的拱桥总长才 300 m,是否也可以不设恒载单向推力墩? 这些还涉及 04 桥规的有关规定是否有必要修改的问题? 另外,类似拉索这样的结构部件也可运用到恒载单向推力墩的设计中去。这些还都是笔者的初步构思,具体如何解决,这还有待于设计单位的努力。

关于混凝土桁架拱桥,以前我国华东与西南地区也修建过不少,但跨径一般不大,多用于普通公路或低等级公路。有很多这类桥梁采用转体法施工,一般经济效益都非常好,高速公路上则未见报道使用过这种桥型。1998 年,重庆市黔彭二级公路上修建过一座用转体法施工的主跨达 95 m 的钢筋混凝土桁架拱桥。这是笔者知道的为数不多跨径较大并且是在高等级公路上修建的混凝土桁架拱桥。该桥是在原设计预应力混凝土连续刚构桥型方案基础上施工时临时变更的方案,施工过程也非常成功,仅此一座桥梁的设计变更就为建设单位节约了约 500 万元。由此也可看出,这种桥型还是可以用于高等级公路建设的,并且与预应力混凝土刚构桥梁比较起来,在一定的条件下仍是应该采用的一种经济效益很好的钢筋混凝土拱桥桥型。

如同石拱桥与钢筋混凝土拱桥中的问题一样,施工安全问题仍然是推广以上各类拱桥发展的一个关键,但施工安全问题说到底仍是一个设计与施工水平问题和招投标的管理问题。对待这些桥型,在节省 20% ~60% 经费的前提下又要求它们尽善尽美,这样恐怕并不公平;只要有足够的费用能够用于保证施工安全,问题应该是可以解决的。

②要允许在一定的条件下,施工单位中标进场后自行委托另外的设计单位变更桥型设计方案。如前所述,我国有些设计院对于圬工桥梁或拱桥的设计缺乏经验,还有个别的设计单位不思进取,因此它们不愿意设计圬工拱桥。还有些设计单位,它们只重经济效益,因为工程造价越高,设计费用也就越高。圬工拱桥造价一般较低,设计工作量往往也较大,加之怕承担责任,这种种原因也会让他们不愿意设计圬工拱桥。笔者认为,可以考虑建立一种制约那些不思进取设计单位的办法,即当施工单位进场以后,如果它们承建的桥梁具备以下几个条件,就应当允许施工单位中标进场后立即自行委托另外的设计单位变更桥型设计方案。这些条件是:

①桥梁设计方案变更后,应能满足原设计方案的全部功能与总体施工进度要求,总的施工费用不得增加,并且应能满足原设计方案的美观与环保相应要求。

②设计方案变更后,桥梁的绿色环保指标与预期使用年限必须有所提高。本条实际是限制了设计方案只能变更为更加合理的桥型,如圬工拱桥。

建议配套的政策还应有:如果变更为圬工拱桥,新增加的设计费用可以考虑由建设单位补助;新增加的施工监控费用可由施工单位承担,但方案节约下来的费用应基本归施工单位所有;施工单位自己如果有设计资质,变更设计可由施工单位自己承担;自己如果没有设计资质,施工单位聘请哪家设计单位承担变更设计任务,建设单位原则上不得干涉。

鉴于圬工拱桥的实际工程造价一般可以低于其他预应力混凝土桥梁很多,这样的政策在设计很不合理的情况下对施工单位是应该有吸引力的。这样最大的好处是可以在设计单位中真正地引入竞争机制,可以鼓励施工单位关心或适当介入设计工作,更可鼓励设计单位进取与创新。

③对圬工拱桥的科研工作还应该加强,相应各种圬工拱桥桥型的标准设计图纸更应当

加紧编制。部颁标准设计图的示范力量是巨大的,中华人民共和国成立以来,除了很早以前有过石拱桥的标准图外,其他所有的各种圬工拱桥类型都没有过经过认可的标准设计,在这个问题上应当是有遗憾的。有了圬工拱桥的标准设计,设计单位套用它进行设计,可以解除承担责任这个沉重的压力,这恐怕才是振兴圬工拱桥的根本之举。

3.2　关于开发大跨径公路钢拱桥设计的若干认识与建议

3.2.1　问题的提出

长期以来,我国大跨径公路钢拱桥的发展因受国内市场钢材产量不足、价格偏高的影响,加之对钢桥养护技术与费用的担心,在这个领域内的设计与施工技术一直与国外存在着较大的差距。进入 20 世纪 80 年代以后,随着改革开放政策的深入与社会主义建设事业的发展,我国在大跨径混凝土拱桥、预应力混凝土连续刚构、斜拉桥以及特大跨径公路悬索桥等一系列领域内全面地赶超上了国际先进水平,唯有在大跨径公路钢拱桥的发展领域内一直停滞不前。大跨径公路钢拱桥的建设是有发展前景的,它的经济适用跨径一般可达到200 ~ 600 m。在这个跨径范围内,其下限与预应力混凝土连续刚构的最大经济适用跨径(240 m 以下)相接,上限左右则基本上为悬索桥的最小适用跨径。近年来,国内首创的钢管混凝土拱桥的发展虽然很快,但这种桥型由于在钢管连接构造细节上设计固有的不规范缺陷以及难于对施工制作的全过程实施有效地监理,其发展是带有一定局限性的。斜拉桥的经济适用跨径也在 200 ~ 600 m 以内,但这种桥型的拉索防护问题不能认为是完善的,再者,这种桥型施工复杂,造价也太贵。我国在山川河谷地带修建桥梁很多情况下是适宜于选用拱桥方案的,但混凝土拱桥的跨越能力又确实有限。应该认识到,一种桥型方案的发展滞后首先是设计的滞后。对于大跨径或特大跨径的钢拱桥桥型方案,铁路钢拱因其桥面较窄、宽跨比太小,稳定问题无法解决,因此注定是没有发展前途的。开发这种桥型的责任就必然落在公路桥梁设计部门的肩上。

3.2.2　公路大跨径钢拱桥的发展现状

在国外,美国 1977 年 10 月建成的新河谷桥钢拱桥主跨为 518 m,是当时世界上跨径最大的公路钢拱桥。该桥为上承式二铰钢桁架拱,主拱圈矢跨比为 1/4.6,截面高度为 10.3 ~ 16.2 m;引桥靠近拱脚处的横向排架高达 119.3 m,全桥总宽 22.4 m,总长 924 m,造价为3 400 万美元(图 3.1)。在此之前的 1931 年和 1932 年,美国新泽西州贝荣建成的基凡库钢桁拱桥和澳大利亚悉尼港建成的钢桁拱桥(图 3.2)主跨分别已达到了 503.5 m 和 502.9 m,是新河谷桥建成以前世界上跨度最大的钢拱桥。此外,英国 1961 年建成的主跨为 330 m 的麦塞河钢桁拱桥(图 3.3),拱的结构新颖、曲线优美,也很具特色。

以上的钢拱桥皆为钢桁架拱,另一类钢拱桥则可称为钢箱肋拱。美国 1990 年建成的罗斯福湖桥主拱跨度为 329 m,是当时世界上跨度最大的中承式钢箱肋拱桥。该桥拱肋箱宽1.2 m,箱高 6.0 ~ 2.44 m,最高设计水位以下的主拱圈过渡为钢筋混凝土结构,或者就是说用钢筋混凝土包裹。日本 1979 年 5 月建成的位于本四联络线上的大三岛桥主跨为 297 m,为日本跨度最大的中承式二铰钢箱肋拱桥,该桥跨度当时在同类钢肋拱桥梁中居世界第一。

钢肋拱桥的适用跨径范围基本与钢管混凝土拱桥相同,国外在城市桥梁的设计中出于美观上的考虑也常常选用这种桥型,此处不再一一举例。

此外,日本在 1970 年 3 月建成的神户大桥也很有特色,该桥为主跨 217 m 的三孔连续自锚式双层桥面钢拱桥(图 3.4),纵向桁架的下层兼作系杆平衡了主拱圈的推力,其主桁的上下弦与主拱圈截面皆为箱形。我国九江长江大桥(图 3.5)的钢梁柔拱组合体系双层钢桥面的设计在某些构思方面无疑也是借鉴了这座桥梁的设计。

我国目前跨度最大的钢拱桥是 1969 年左右修建的攀枝花市跨越金沙江的 02、03 号桥,两桥皆为上承式钢桁架拱,跨度皆为 180 m。此外,未见有其他大跨度钢拱桥的设计修建报道。铁路部门于 20 世纪 80 年代建成的九江长江大桥为钢梁柔拱组合体系桥梁,不能称为完全意义上的钢拱桥。由此可以看出,我国在公路钢拱桥的发展上与国外的差距是很大的。

图 3.1　美国新河谷桥

图 3.2　1931 年澳大利亚建成的悉尼港钢桁拱桥

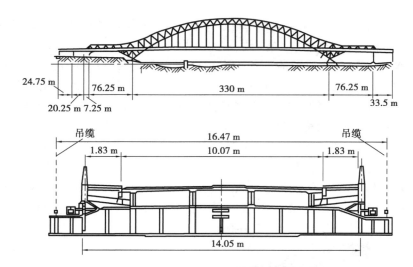

图 3.3　1961 年英国建成的麦塞河钢桁拱桥

图 3.4　1970 年日本建成的神户大桥

图 3.5　九江长江大桥

3.2.3　我国当前发展大跨度钢拱桥的现有条件分析

一定时期的建筑技术发展水平取决于那个时期的经济基础。美国自 20 世纪 30 年代资本主义世界爆发第一次经济危机以来,长期处于钢材大大供过于求的局面,政府制定政策引导土木工程建筑大量使用钢材,因此当时世界上跨度最大的悬索桥(金门大桥)与钢拱桥(基凡库桥)都是始建于 20 世纪 30 年代,而且迄今美国仍是世界修建各种形式钢桥数量最多的国家。日本于 20 世纪 70 年代末期以后钢材产量开始供大于求,进入 20 世纪 80 年代以后,政府非但鼓励用钢,有时甚至指令性地规定建筑设计要用钢结构。20 世纪 70 年代开始修建的日本本州四国联络桥的三条线路上号称现代桥梁博物馆,其总计 25 座大跨或特大跨径桥梁中,只有规模较小中的 4 座采用了预应力混凝土结构,其余都是钢桥。前文提到的大三岛桥即为其中的一座钢拱桥。我国钢产量长期供不应求,但近几年来情况出现了可喜的变化,在建筑钢材领域内已经迎来了供大于求的买方市场,而且普通钢材的价格持续稳中有降。这个局面来之不易,同时也预示着国内大型公用建筑广泛大量采用钢结构时代的到来。国内建筑钢材生产的相对过剩是开展大跨径钢拱桥建设的根本物质条件。这条件也可以说是刚刚具备,我们必须抓紧这一机遇。

以下从技术的角度出发,详细就发展大跨径钢拱桥建设中的若干问题进行讨论,看看我们到底具备了哪些条件,哪些方面还同国外存在着差距。

1)建筑钢材品质方面

国外的大跨径钢桥近年来广泛地采用了高强度低合金钢材和高强度耐候性钢材。以 1990 年建成的美国罗斯福湖桥为例,其主拱圈钢板采用美国标准 ASTM572 号钢(相当于 st.52 结构钢),其强度大约与我国九江长江大桥采用的高强钢材强度相当;其余部位钢材用的是 A36 号钢,其强度大约与我国的 16Mq 钢强度相当。国外 20 世纪 30 年代修建的两座主跨超过 500 m 的钢桁拱桥采用的钢板强度级别未查到准确数据,但相信当时的欧美冶金工业水平应落后于我国的当前水平。欧美其他近年来修建的大跨度钢桥所采用的高强钢材强度也未见有超过罗斯福湖桥的报道。例如,1994 年 5 月底完工的德国南腾巴赫美因河铁路桥,为主跨 208 m 的三跨拱形桁梁桥,主桁材料为 st.52 结构钢;日本神户大桥主拱圈采用的是 SMA58、SMA50 耐候钢,其强度分别为 580 ~ 680 MPa 与 500 ~ 600 MPa,主桁部分采用 SMA41、SS 耐候钢,其强度大约也与我国的 16Mq 钢相当。

现代钢桥的构件大量地使用了栓焊连接技术,故这里所说的钢材主要就是指钢板,其厚度一般要求 16 ~ 50 mm 以上,属厚板范畴。美国新河谷桥主拱上下弦杆箱形断面的最大腹壁厚达 10 cm,但是否是采用了双层压合技术目前尚不清楚。由于单个构件通常都采用工厂化焊接制作,这就要求钢板不仅要具有强度指标,同样对钢材的可焊性要求也十分严格,否则也不能满足现代钢桥建设的需要。厚板,特别是高强度厚板的焊接问题,公路部门应该是缺乏经验的,但就国内目前的焊接技术水平而言,铁路部门在修建九江长江大桥的过程中可说是已经较好地解决了这一问题。

我国铁路部门在长江上不同年代修建的三座公铁两用大桥,即武汉长江大桥、南京长江大桥与九江长江大桥,标志着我国铁路钢桥建设的 3 个水平。这 3 座大桥上部结构主桁钢材强度(屈服点)由武汉长江大桥的 240 MPa、南京长江大桥的 330 MPa 增至九江长江大桥的 410 MPa,最大板厚由 24 mm 增至 56 mm。根据冶金部、铁道部 1990 年 12 月对用于九江长江大桥的 2 万 t 栓焊桥梁用 15MnVNq(15 锰钒氮桥)钢材的联合部级鉴定结果,我国鞍钢生产的 15MnVNq 桥用钢板已经形成了 A、B、C 3 个品质系列,可供板厚范围为 16 ~ 56 mm,其 C 类极限强度 ≥550 MPa,屈服点 ≥410 MPa,并且在强度、韧性、可焊性等一系列综合指标上都已达到了国际先进水平。另外,国产的 16Mnq 钢材综合性能也不低于国外的同类钢板,价格也比较低廉。因此可以说,我国的高强度低合金钢板品质一般并不低于国外。

要说落后,我国落后的是在高强耐候钢材的生产方面,迄今为止鲜有见到国内有采用高强耐候钢材建造大跨桥梁的报道。候性钢是指在钢材中添加了 Cu、Cr 等少量特有元素,可以在钢材表面形成氧化铁薄膜以抗锈蚀,但该层氧化铁薄膜并不耐水流冲蚀。国外耐候钢不仅品种多,强度高,而且从焊接材料到连接高强螺栓都已形成了耐候产品系列。国外选用耐候钢建桥都是有特殊理由的,因为任何桥梁都有建筑成本问题。美国新河谷桥采川耐候钢是因为该桥太高(谷底以上最高达 267 m),养护过分困难;日本神户大桥处于海水氯盐粒子与大气二氧化硫的双重恶劣环境下,所以全部使用了耐候钢材。罗斯福湖桥就没有使用耐候钢材,日本 1968 年以后才开始对耐候钢材在桥梁上的应用着手进行调查,神户大桥应是日本采用耐候钢修建的第一座大型钢桥(其表而仍作了多层的涂漆防护)。考虑到当今钢材防锈蚀技术的发展与完善,这个问题不应成为我国现在发展大跨度公路钢拱桥的一个障碍。

2) 钢桥的防锈蚀问题

长期以来,钢材在大气作用下受侵蚀,易生锈、要经常涂油漆养护,被当成了一个主要的缺点,但笔者认为,户外露天桥梁钢结构的防锈蚀养护问题从根本上来说是一个已经解决得比较好的问题,与混凝土桥梁的区别仅在于钢桥在营运以后需要支出一定的养护费用。从技术上考察,国内外早期的钢桥主要采用的都是以红丹为主的防护涂漆,效果也都很好。1889 年建成的苏格兰福斯海湾桥为一座两孔 518.2 m 的钢悬臂桁架桥,现在仍在通行火车;1917 年加拿大建成的魁北克拱桁式连续钢梁桥,主跨达 548.6 m,现在也是完好的;上次提到的国外两座建于 20 世纪 30 年代的主跨超过 500 m 的钢拱桥,现在都能正常工作。这些都说明钢桥的防护问题虽然花钱,但技术上并无解决不了的问题。

近几十年来,国内外新开发了一系列高分子有机系列和无机系列钢材防护涂料,有机涂料如环氧树脂类、聚氨酯类、氯化橡胶类和乙烯树脂类涂料;无机涂料则有品种繁多的各种氧化铁系列的涂料(包括红丹)等,这些新产品的性能一般都优于红丹。近年来,国内外采用的热喷涂锌(铝)及锌(铝)含金涂层被认为是一种很有效的钢结构防护办法。对于钢桥,热喷涂锌(铝)以后通常还要求再用防锈油漆封闭,在这方面我国不仅在技术上是成熟的,而且还形成了一整套完整的国家标准,防锈技术的进步延长了钢桥营运以后的养护周期,使得钢桥的使用前景更加被看好。我国铁路桥梁、船舶、机械等部门都积累有大量的钢结构防护经验,公路部门在修建的众多钢管混凝土拱桥中也积累了很多有效的钢桥防护技术,在发展大跨径公路钢拱桥建设的问题上,防锈蚀与养护不应视为问题,而应视为一项成熟的技术。

必须指出,钢结构防锈技术的关键在于涂层基体表面的处理或底基层涂料的质量。这里没有高深的技术,但涂装之前的表面去污、除锈以及喷砂清洁粗化处理却是至关重要的环节,更需要严格的技术管理与监督。

另外,后期防护问题是可以通过编制建桥费用量化的。国外在确定钢桥建设费用的总投标价时,通常要加入今后 15—20 年的涂漆养护费用,这样与混凝土桥梁方案就有了可比性。对于不同的钢桥防护方式,这 15—20 年的养护费用如何计算,尚值得公路部门探讨。

3)设计方面

大跨径钢拱桥结构形式变化丰富,但国内外的所有钢拱桥设计计算分析理论都属于现有成熟的弹性理论或弹塑性理论。公路与铁路部门的桥梁设计规范对此也都有相应的设计规定,应该说我们还是熟悉的。但与混凝土拱桥或钢管混凝土拱桥相比,有些问题我们还缺乏经验,有些个别的专题问题则可与有关科研部门和大专院校合作或委托它们解决。由于材料强度高,构件刚度较混凝土拱桥相对为小,计算分析中,大跨径钢拱桥的静动力稳定问题是比较突出的,抗震与抗风设计、钢板与焊缝的疲劳强度等问题也都需要认真地研究。设计中还有些问题可能是我们比较生疏的,如钢桥施工中可能产生的安装应力问题、焊接构件产生的焊接变形与焊接残余应力问题、高强厚板的焊接工艺问题等,但这些问题都是可以解决的。我们面临的是一个开放的世界,国内外已建成的很多大跨度钢拱桥的设计施工经验都可以在有关的文献中查阅,相关的设计数据也都可供参考,这应是现在发展大跨度钢拱桥在设计方面的最大有利条件。

由于钢材是一种拉压强相同的理想高强弹性材料,而杆件在受压状态下有个压屈失稳问题,其材料的使用效率还不如受拉,这点与混凝土构件刚好相反。拱桥主拱圈是一个以受压为主的结构,故对大跨度的钢拱桥而言,减轻拱上结构自重的问题就显得比混凝土拱桥更为重要。现代的大跨径钢拱桥拱上立柱(横向排架)一般也采用钢结构,桥面系则主要是用工字形截面的钢梁与混凝土桥面板组成的联合受力纵横梁格,这些构造措施都是有利于减轻自重。无论对于肋拱还是桁架式拱,中承式的钢拱桥都特别受到青睐,这是因为中承式钢拱造型比较优美;不至于将桥面抬得太高;桥道系与主拱圈相交处便于设置一根强大的横梁,加之桥道系本身的横向刚度,特别有利于拱桥的整体稳定;横向排架相对较矮因而压屈折减系数较小,吊杆的重量又较轻;另外,施工也相对比较容易。二铰拱在钢拱桥,尤其是钢肋拱中用得比较多,这是因为铰可以保证主拱拱脚附近断面受力均匀,这对钢结构的主拱圈非常重要;另外,理论研究的结论也指出,从定性的角度看,两铰拱在极限状态下的基本强度特征也与无铰拱相同,这就从根本上保证了二铰钢拱受力的合理性。现代钢拱桥的设计对构件而言,大量选用由钢板焊接的箱形截面,次要构造(如主桁腹杆、风构等)则有时也选用 H 形截面。因为箱形或 H 形截面都是受力最合理而又最便于连接的截面形式。工厂化制作的构件尽量长大,工地连接则以高强螺栓连接为主,但也有工地采用全焊接方法的报道。以上设计经验基本可以拿过来为我所用,或者作为设计中的重要参考。

一个好的设计构造细节往往是至关重要的。在设计方面,我们的问题不在结构形式与断面的选择上,最可能会出现在构造细节的合理性方面,如节点板构造、焊缝细节、连接栓孔布置、加工精度要求等。在这个问题上,我们必须引起足够的重视。

4)设计与施工规范

发展大跨径钢桥建设,我国现有的公路、铁路桥涵设计与施工规范肯定是不够使用的。日本为了修建本四联络线上的 25 座大桥,花了大约 10 年时间,才大致准备齐全了"本四桥上部构造设计标准""抗风设计标准""抗震设计标准""桥面铺装标准""钢桥制造标准""钢铸锻成品制造标准"等一系列专用规范。此外,为了对本四桥钢板(包括厚为 55 ~ 90 mm)、主缆材料、涂料等的设计、制造、施工和质量管理实行统一,还编制了 29 种所谓 HBS 标准以补充 JIS(日本工业标准)、JBS(日本国有铁路标准)与 WES(日本焊接工程标准)等标准的不足。我国铁路部门在设计施工长江九江大桥长达 20 年的过程中,针对首次使用的 15MnVNq 钢材的技术标准、容许应力、设计细节与加工制造等一系列新问题也编制了相应的内部标准,用以弥补现行规范的不足。上述这些"标准"实际可称为"准规范",它们往往是以一两个成功的特大型钢桥的设计施工经验作为基础汇集而成,里面不乏很多专题研究的成果结晶。这些准规范通常并不属于保密,欧美有很多的类似设计与施工"建议"或"指南"之类的专题文献,不时可以看到他们在技术文献期刊上公开发表。在开展公路大跨径钢拱桥设计的初期,首先是要收集、学习、消化国内外的这些相关标准用以弥补现行公路桥规的不足。另外,我国建筑、机械、冶金等部门多年来也制定了不少与钢结构有关的规范或标准,都可以拿来作为设计参考。规范或标准的制定是一个时期设计、施工与科研成果的最高总结,在这方面也可以看出我国公路钢桥建设与国内铁路部门和国外的较大差距。

5)钢拱桥的施工

现代大跨钢桥上部结构施工的主要特点就是主要构件尽量采用工厂化的方式制作,故这里的施工包括构件的工厂制作与现场的构件架设两个方面。由于钢板的焊接与栓接技术相比有着无可争议的优点,随着现代冶金技术与焊接技术的发展,钢桥构件的工厂化制作都无例外地广泛采用了焊接技术。工厂焊接可以从设备、工艺和管理 3 个方面充分保证焊缝的质量,能够大量采用全自动焊接(或半自动焊),可以对钢板在焊接前充分预热等,这些都是工地焊接无法办到的。另外,在焊缝质量的检测技术方面,工厂除了超声波探伤技术外,日本在修建神户大桥时,在工厂内还对全部焊缝进行了染色渗透检查或磁粉探伤检查。

有两个构件加工问题是我们不熟悉的。其一,由于拱桥的主拱圈是以受压为主的构件,美国新河谷桥对钢拱圈厚板承压表面的加工,要求有 75% 的表面完全接触,其余 25% 的间隙也要求在 ±0.25 mm 以下,这对钢板的加工要求是很高的。这一加工精度高于美国铁路工程协会(AREA)的有关标准,我国的"桥规"中则只有一句承压断面要求"磨光顶紧"的简单叙述。在承压构件的工地高强螺栓连接设计中,通常要考虑磨光(实际应为刨光)顶紧面的传力,考虑多少值得研究。在这个问题上,我国铁路桥梁是有一些经验的。其二,现代钢桥大型构件的工地主流连接方式为采用节点板的高强螺栓连接,节点板的孔眼加工精度就是加工中的一个关键。从已知资料上看,国外对节点板的孔眼加工已广泛采用了数控机床技术,可以很好地保证加工精度。数控机床(钻床)我国很多厂家有,但由于节点板尺寸大、钢板厚,加工可能也有一定的难度。从保证大跨钢拱桥的安装精度出发,这种加工方式值得借鉴。

关于大跨钢拱桥主拱圈的工地架设方式,通常也都是采用比较熟悉的缆索吊装法和斜扣吊悬臂安装法,或者两法的结合。美国罗斯福湖桥的施工未用缆索吊机,拱肋块件最重达 90 t,从湖上运至工地再用浮吊逐块悬臂拼装施工。这些吊装方法国内在修大跨拱桥时都用过,并无特殊难点,故此处不再赘述。钢桥的工地架设速度是比较快的,这是它优于混凝土桥的地方。

最后,关于大跨钢拱桥的施工控制。这个问题笔者认为其难度远低于同等跨度的其他混凝土桥和斜拉桥的施工。钢材是一种理想的弹性材料,在工地施工的全过程中,只要工厂化加工的构件质量精度合格,通常在各加载阶段全桥的内力(应力)与变形发展都会与理论计算结果高度吻合,这本身就是钢桥方案的最大优点之一。九江长江大桥主孔钢梁合拢时,安装栓孔的对位误差据说只有几毫米,只需用千斤顶轻轻一顶也就顺利合龙。因此可以说,钢桥施工控制的最关键一环在工厂,而工厂化的生产最有利于产品质量的保证。

3.2.4　发展大跨钢拱桥设计的思路

开发一种新的桥型包含设计、施工、科研 3 个方面,在这三者中设计往往起着主导性作用。设计的发展总是建立在先前积叠的设计经验基础之上,在开发大跨度钢拱桥时,应尽量利用国内外的已有成熟设计经验与资料,并结合自身条件确定一个投入较少(主要是指科研方面)的突破方向。可以首先在以下 3 个方向中结合生产任务情况选择一个立题开展设计与研究。

1)刚肋拱桥

本书讨论的大跨径实际是指在 200～600 m 内的特大跨径,但对于钢肋拱桥,其适用跨径范围也可以小到几十米。要发展这种桥型,可以先选择一个主跨为 80～130 m 范围内的桥梁开展工作,形式最好用中承式,因为这样设计中可能遇上的问题较少,并且可供参考的资料也最多。主拱圈节段采用工厂制作的全焊构件,箱形断面。吊杆可用我们熟悉的钢绞线柔性吊索(罗斯福湖桥也是用的钢绞线),立柱可在钢结构与钢管混凝土结构中比选。要充分研究二铰钢拱的合理性并在拱铰的设计问题上寻求突破。由于任何自重都要耗用钢材的承载能力,减轻拱上结构自重是一切钢拱桥设计都要重点考虑的问题,因此桥面系应当吸取别人的经验采用纵横钢梁与混凝土桥面板的组合受力结构,这也是国外绝大多数钢桥采用的桥面系结构形式。

构件在工地架设过程中的连接全部采用配以节点板的高强螺栓连接。设计中,拱箱薄壁腹板的局部压屈稳定问题及其解决构造措施可能会成为一个主要问题。此外,要研究受压主拱圈构件刨光顶紧后再用高强螺栓连接的计算方法,还要探讨高强螺栓与焊缝混合连接的工地接头形式。这两个问题国内铁路部门已经积叠了一些成功的经验可供参考。钢材可优先考虑用国产的 q345C(16Mnq)类钢材,因为 q345C 较为熟悉,货源充足并且价格也比较低廉。由于钢肋拱桥在外观上纤细柔美,优于钢管拱桥,城市桥中选用这种桥型应该较受欢迎。

主跨 80～130 m 大约就是哑铃形断面钢管混凝土拱的适用范围。选择这个跨径先作一个钢肋拱桥有以下好处:

①需要解决的问题最少;

②风险最小;

③有利于与哑铃形断面的钢管混凝土拱桥作技术经济指标的全面比较;

④可以为今后更大跨径的钢肋拱桥与桁架式钢拱桥设计积累经验和打好基础。

预计 80～130 m 跨径的钢肋拱桥经济指标将略高于同等跨径的钢管混凝土拱桥。与钢管混凝土拱相比,钢肋拱桥的优点在于以下 3 个方面:

①质量更可控的全施工过程,因而其内在品质更为可靠;

②工期较短;

③外形更美观。

这第一步走扎实了,下一个设计目标应是主跨300 m左右或以上的钢肋拱桥。在这个跨径范围内,并在一定具体桥址的地形条件下与斜拉桥方案相比,钢肋拱桥就有可能更为经济合理。

2)钢桁拱架

最好是在取得一个中等规模的钢肋拱桥设计施工经验以后再开发这种桥型。因为在钢桁拱桥设计与施工中,可能发生的问题绝大多数在钢肋拱桥中都会出现。但也可以绕过第一步直接开展钢桁拱桥的设计,并且要设计就要把主跨做到400 m左右或者以上。美国20世纪30年代初能做到的事,我们现在是一定能办得更好,这里实际上也不存在风险。问题可能是,设计的周期可能较长,投入的力量可能较多,而且相应的依托工程可能比较难找。

主跨600 m左右或以上的钢拱主拱圈一定要采用国产的15MnVNq优质高强度低合金钢,要在全盘学习与借鉴国外与我国九江长江大桥的成功设计与施工经验基础上开展设计,进而总结发展自己的特色。任何桥型都不是万能的,都有其特定的适用范围。在400~600 m主跨范围内,钢拱桥与斜拉桥或悬索桥相比应是很有竞争力的一种桥型方案。

3)钢箱混凝土拱桥

钢材与混凝土联合受力的组合式构件广泛应用于工程实践,除钢管混凝土之外,还有很多钢材与混凝土的组合结构形式可供我们在桥梁设计时选择。这一思路的基本出发点是在吸取现代钢桥建设的若干成功经验基础上,对现有的钢管混凝土拱桥加以改进,其要点为:

①用截面为矩形的由钢板工厂化焊制的箱形构件取代钢管,钢箱内充填高等级混凝土,形成钢箱混凝土;

②钢箱在顶部是开口的,填注的混凝土可以用机械振捣,因此可以充分保证混凝土的浇注质量;

③钢箱节段吊装后的连接采用加节点板的高强螺栓连接形式,可以充分保证接头的工地连接质量。横向连接系构件全部采用H断面或箱形断面的钢梁,与主拱圈的工地连接也采用高强螺栓。

钢管混凝土的致命弱点有以下两点:

①圆形钢管相交处角度形状各异的弧形焊缝在工厂无法采用全自动焊与半自动焊等先进技术,焊缝质量难于保证,不少部位甚至难以用仪器检测。尤其是工地的高空接头焊缝,从技术与监理的角度来看都不具备保证焊接质量的条件。

②泵压混凝土未经振捣,无法保证混凝土完全充填钢管,也不能保证混凝土完全密实。

此外,圆形截面与同面积的矩形截面相比惯矩更小,弯曲或偏心受压时截面的利用系数较低;圆形截面形式不仅不利于焊接,更不利于栓接,而栓接是现代钢桥构件工地连接的主流手段。这些缺点都是由钢管混凝土结构本身所确定的,并且一般说来是不可改进的。将钢管更改为钢箱,可以从根本上改进钢管混凝土的以上缺点,并且原则上可以保留下钢管混凝土的主要优点。钢箱混凝土拱桥涉及的问题较多,不可能一一详述,但这是一个有发展前途的思路,值得深入地探讨。

3.3　犍为岷江大桥主跨斜拉桥钢筋混凝土索塔的施工

3.3.1　工程概述

四川省犍为岷江大桥为主跨 240 m 的预应力混凝土斜拉桥。该桥两个主墩之上的钢筋混凝土索塔高度为 59.5 m，高出水面以上 90 余 m，为该桥上部构造的重点施工项目之一。

索塔为矩形断面双柱式双层门形刚架结构，上段垂直，下段略为倾斜，坡度为 12.56∶1。索塔单柱断面外轮廓尺寸为 3.20 m×2.00 m，其上段垂直部分为适应锚固斜拉索改变为 H 形截面。一个索塔在上段共锚固 13 对拉索，另有一对拉索在下横梁上锚固。索塔外形如图 3.6 所示。

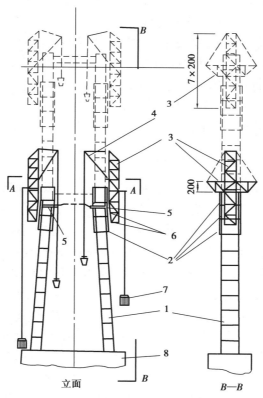

图 3.6　索塔外形

1—已修建成的塔柱；2——套三节钢模；3—滑升桁架；
4—扒杆；5—脚手架；6—钢夹头；7—吊笼；8—桥墩

犍为岷江大桥由四川省桥梁工程公司承建。在索塔动工之前，曾就各种建塔施工方案进行了比较。

根据调查，国内斜拉桥的索塔施工方法主要都采用支架法。施工支架必须与索塔同高或超过索塔。支架法均为附塔支架，建造一座与本桥同等规模的斜拉桥索塔，通常要占用 500 t 以上万能杆件。该法虽然可靠，但施工周期长，占用常备式钢构件多，拼拆钢件工作量大，因而造价也高。国外除个别特大跨径桥外，目前也多用此法[1]。

对采用滑模技术修建本桥索塔进行了研究,结果认为有两个问题难以解决。首先是安全,因滑模混凝土出模强度极低,施工安全无保证。尤其是下段倾斜塔柱部分,双肢联滑技术上较困难,单肢倾斜滑升技术上几乎不允许。另外,滑模施工要求昼夜连续作业,高空夜间施工也不安全。其次,钢筋多、预埋钢件多且要求精确定位也是一个问题。这可能使钢筋工作业跟不上滑模滑升速度,造成多次停滑局面,停滑次数太多就会丢失滑模的优点。鉴于以上两点认识,工地最终否定了这一方案。

国内目前已知有一座斜拉桥索塔(为单柱垂直塔)采用滑模施工,但在实施过程中实际上也搭满了附塔支架。根据查阅的资料及相关文献[1],国外目前也都不使用此法。

曾有国外使用爬升式模板施工索塔的报道,但未见有任何细节资料。经过对支架法大模板技术与滑模技术的仔细研究,施工单位最终选定了"滑升翻模"方法施工索塔。滑升翻模技术综合了滑模和大模板的基本原理与特点,既保留了滑模自升不用庞大脚手架的优点,克服了滑模必须连续作业的缺点,又吸收了支架法大模技术简便和可以分段逐次浇筑的优点,为四川省桥梁工程公司在国内首创的索塔施工工艺。四川省科学技术情报研究所于1989年对滑升翻模工艺进行了国内外资料检索,结果确认本工艺国内外均无先例。这项施工技术目前已申请中国专利局发明专利,专利号90105766.5。

以下将对本桥采用滑升翻模工艺施工索塔的情况做简要介绍。

3.3.2 本桥滑升翻模工艺的基本构思

每个索塔的两根塔柱各单独使用一套钢模(即翻模),每套3节,每节高2.5 m,双柱对称施工,每次灌注混凝土一节钢模高度为2.5 m。

灌注混凝土后不立即拆模,一节钢模紧接一节灌注。每节钢模由4块钢制大模板组成,围成矩形截面,其尺寸与塔柱外形尺寸相符。相邻模板之间用螺栓连接,上下节钢模之间也为栓接。连续灌注3节钢模以后开始在"背模"上组拼滑升桁架,准备开始滑升翻模作业。

滑升桁架为翻模作业的主工作桁架,由万能杆件与工地自加工异形杆件组拼而成。一个滑升桁架通过6个特制的钢夹头在节点处与背模滑道钢轨连接,松开夹头固定螺栓,桁架可沿背模滑道上下滑动而不致脱开,并可在背模滑轨的任意位置固定。由于三节钢模的背模滑道设计为连续,故滑升桁架可以由下节钢模滑升到上一节钢模并再重新固定。

在3节连续已灌注混凝土的钢模外侧滑道上拼装滑升桁架,每个桁架上安装两副起重量为1.5 t的扒杆和电焊机、氧焰切制机等必要的施工机械,充分利用已灌注索塔单柱的强大承载能力,全部施工荷载即可通过钢模传递到钢模以下已硬化的钢筋混凝土结构上。

利用滑升桁架上扒杆拆除最下一节钢模,安装到最上一节钢模上,灌注最上一节钢模内的混凝土,养生混凝土,同时绑扎待灌节段塔柱的钢筋,待灌注的混凝土达到一定强度后,用倒链将滑升桁架沿背模轨道向上提升2.5 m,再拆除最下一节钢模,安装钢模……如此循环操作,全部施工设备随索塔塔柱的升高而升高,这就是本桥滑升翻模工艺的基本作业步骤。

全桥两塔同时施工,故共制作12节钢模、4个滑升桁架,组成4套翻模作业系统。为了方便工人操作,每套钢模三周均设有可提升的轻型脚手架(另一边为滑升架)。脚手架也靠钢模外侧支承,并可随滑升桁架的提升而提升。一个索塔的施工总体布置如图3.6所示。

滑升翻模工艺的标准作业操作示意如图 3.7 所示,垂直塔柱段的作业与倾斜段相同。

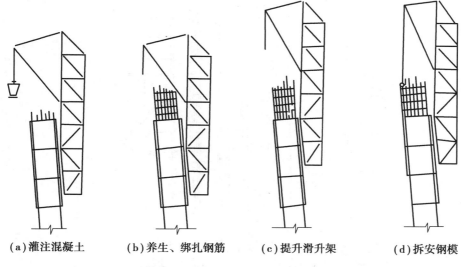

|(a)灌注混凝土|(b)养生、绑扎钢筋|(c)提升滑升架|(d)拆安钢模|

图 3.7　滑升翻模工艺的标准操作示意图

3.3.3　模板与滑升桁架的设计

为了操作方便,节省模板拉杆钢材,本桥钢模设计为大板无拉杆结构。由于在本施工方法中,钢模不仅要承受混凝土侧压力,同时还要承受全部施工荷载,故钢模的强度必须充分保证。设计时,混凝土灌注过程中最大侧压力取 40 kN/m^2。前模、背模选用 22# 槽钢为主受力框架,侧模选用 16# 槽钢;背模因承受滑升桁架重量受力特别大,模面选用 5.5 cm 厚钢板,钢板与槽钢焊连为整体,其余三面模面则选用的是可以拆卸的定型组合钢模。

一节钢模的高度是根据下述两个原则确定的。首先,要便于混凝土的振捣。由于塔柱配筋密集,下人振捣很困难,从在模板上端采用插入式振捣器操作的角度考虑,模板不宜太高,否则应另设计振捣方式。其次,一块模板的最大重量受扒杆起质量 1.5 t 限制。背模质量最大,安拆也较困难。最后,确定钢模高度为 2.5 m,此时一块背模质量正好接近 1.5 t。

背模滑道选用 18 kg 级重轨,加工时要求轨道间距尺寸准确,上下两节之间衔接平顺,以利于工作桁架沿滑道向上提升。

在倾斜塔柱段,滑升桁架的下端两个节间由异形杆体组拼,目的在于使这两个节间的内侧弦杆与倾斜的滑道平行,同时又能使上段桁架保持垂直。为了扩展必要的工作面,滑升桁架设计为十字形,并在十字悬臂上形成一个 2 m×10 m 大小的扒杆操作平台。

滑升架在节点处通过钢夹头与背模重轨滑道相连,故钢夹头的设计质量也对本施工方法至关重要。犍为岷江大桥设计的钢夹头如图 3.8 所示。当滑升桁架用万能杆体制作时,这种钢夹头易于安拆,并经实际使用证明尚属安全可靠。

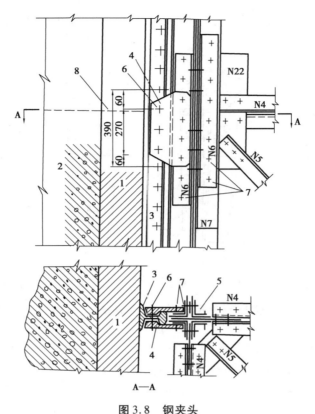

图3.8 钢夹头
1—背模;2—已灌注的混凝土;3—重轨;4—钢夹头;5—滑升节点;
6—M30固定螺栓;7—M27连接螺栓;8—节段分节点

3.3.4 上下横梁的灌注与塔柱转折的处理

为了增加钢模与已灌注混凝土的连接强度,每块钢模都安设有适当数量的 $\phi22$ 锚固螺栓,通过焊接在螺帽上的锚固钢筋与混凝土相连接。拆模时,松开螺栓后则可将螺帽与锚筋留在混凝土内。锚固螺栓的数量可以根据需要增加,再计入钢模与混凝土的黏结力,背模与塔柱混凝土的连接即可做得十分牢靠,故在翻模作业的任一阶段,均可根据需要提前拆除任意一块前模。当两根塔柱灌注到一定高度,即可拆除最上一节钢模的前模,在两塔柱间安装脚手支架,再在支架上灌注上下横梁。

曾考虑连续翻模作业直至灌注完一节 2.5 m 高垂直段塔柱以后,拆除上两节钢模的前模,然后再立支架单独灌注下横梁。实际施工时,发现横梁与一节垂直段塔柱整体灌注并不十分困难,而这样处理混凝土的整体性也较前法更好,故最终仍决定整体灌注。实际施工布置如图3.9所示。由图3.9可以看出,最下节钢模的前模通过顶面承受了很大部分的横梁施工荷载。

上横梁的灌注方法与下横梁类似。因为灌注横梁时主要承受滑升架荷载的那节钢模已没有前模,从安全角度考虑,除适当增加背模、侧模上的锚固螺栓数量以外,在两侧模开口边上另还加了数根拉杆,这样处理后在安全上就更有了保证。

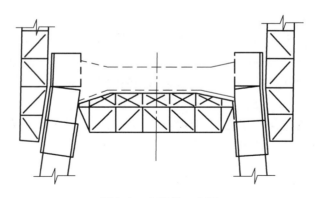

图 3.9　实际施工布置

实际上,只要背模上设置有足够数量的锚固螺栓,或再辅以其他安全措施,在翻模作业的任一阶段,任意位置处的侧模都可以提前拆除。这就使得滑升翻模工艺在处理框架结构的施工时变得较为简易,这也是本工艺的特点之一。

索塔在 28.9 m 高度下横梁处塔柱由倾斜变为垂直,滑升桁架在此塔柱折线段的处理方式为停滑 5 m,加高 4 m 滑升架,重新安设一次扒杆;一段垂直段灌注完毕以后,只拆最下面的一对钢夹头,重新安装在桁架上一个节点处与垂直背模上的滑道相连;灌完两节垂直段塔柱,依次将全部夹头更换到垂直段背模滑道上后,拆除最下两节滑升架,这样就完成了塔柱折线段的转换。本桥的实践表明,这种转折的处理方法非常简单有效,是一种成功的处理方案。

3.3.5　施工组织与安全

一个索塔分 24 次浇筑完成,成其中 1 次为起步段 1.4 m,11 次下倾斜段 11×2.5 m,1 次下横梁加一节垂直段 2.5 m,10 次垂直段 10×2.5 m,最后一次灌注上横梁与剩余 3.1 m 高垂直段塔柱。

混凝土拌制好后由施工天线运至塔下箱梁顶面,再由滑升架上摇头扒杆垂直提升入模。翻模作业施工速度主要受混凝土早期强度控制,规定只有当混凝土强度达到 20 MPa 以后才能提升滑升桁架。索塔混凝土下段塔柱设计为 50 号,其余为 40 号(现已改为强度等级)。适当提高混凝土的配合比设计加入具有早强效果的减水剂,施工单位一般在灌注混凝土后1.5 ~ 2.0 d 即可进行滑升桁架提升(当地气温较暖和)。

原计划一个索塔的总工期为 100 d,实际工期 12 号墩为 84 d,13 号墩为 90 d,这里还包括等待钢模加工及多次修改钢模所占用的时间。随着当地气候的转暖,无论是倾斜段还是垂直段塔柱,一次翻模作业周期均达到 2 d。

一个索塔施工需要 1 t 卷扬机共 10 部,其中 8 部用于 4 副摇头扒杆,2 部用于载人吊笼。其他所需皆为常规设备,故本工艺要求设备条件不高,普通工地均能办到。

施工一个索塔共耗用各类钢材 29.15 t,其中钢模板 21.9 t,万能杆件 20.12 t,组合钢模5.19 t,后两项回收后完全不影响重复使用。

实际上,由于本工艺施工速度很快,在正常翻模作业时,只要天气暖和,塔柱每日平均可以升高 1.25 m。只要全桥总体施工安排得当,完全可以安排两塔先后施工,如是则全桥索塔的施工设备及耗用钢材数量还可减半。

本桥施工缆索吊跨度达 562 m,索塔又是高空作业,施工单位对施工安全自始至终都给予高度重视。由于在施工设计阶段充分吸取了有关专家及广大工人同志的意见,对于安全措施制定得比较完善,故索塔在施工中基本未出任何安全事故,现场操作工人也普遍对工艺的使用效果表示满意。

新工艺与原拟订的支架法相比,工期提前 80 d 以上,直接间接经济效益超过 140 万元,因此可以认为是一种成功的施工工艺。

3.3.6　关于几个技术问题的讨论

1)滑升桁架的提升

犍为岷江大桥一个滑升架连钢夹头总质量为 8.95 t,计入卷扬机等全部施工机械与脚手木板重量之后,提升时总质量不超过 13.5 t。这样的质量采用倒链提升是合适的,实际操作起来也不太困难。但用人力提升毕竟是辛苦的,这个问题尚有很大改进余地。

改进的途径为变人力提升为机械提升,例如考虑采用卷扬机提升或液压自动顶升,这在设计上都是完全可以做到的。但要实现机械提升滑升桁架并且做到操作简易、安全、可靠,似乎还需要做一些细致的工作。这也是本工艺今后需要改进的问题之一。

2)提升滑升桁架时对混凝土的强度要求

本工艺实施前,原规定上节钢模内混凝土强度达到 15 MPa 以后即可提升滑升桁架。实际操作时为了进一步确保安全,规定改为达到 20 MPa 以后才准提升。由于混凝土在提升时的强度直接影响工期,这个问题值得仔细讨论。

笔者认为,只要由若干块钢大模组成的钢模具有足够的强度与刚度,上下两节钢横之间的连接能够传递足够大的轴力与弯矩,实际上本方法在提升如犍为岷江大桥那样不对称布置的滑升桁架时,对上节钢模内混凝土的强度并无太高要求。主要的(甚至全部)滑升桁架荷载可以通过上节钢模传递到下节钢模上,然后再通过第二节钢模内已达较高强度的混凝土将荷载传递到已建好的钢筋混凝土塔柱上,但此时应对下段的塔柱混凝土强度进行验算。如果设计时再细致一点,进行一次假定最上节钢模内混凝土强度为零的空模滑升桁架提升验算,只要钢模能够承受滑架的荷载并且刚度良好,理论上则不需要上节钢模内的混凝土达到强度即可提升滑升桁架。当然,以上讨论以采用 3 节钢模组成的一套翻模操作系统为基础。当只采用两节钢模时,无论是提升滑架还是拆模安模时,对于混凝土的强度都应做仔细验算。对于图 3.6 所示犍为岷江大桥所采用的翻模形式,实践证明,要求上节混凝土强度达到 15～20 MPa 以后再提升滑升桁架进行翻模作业还是比较安全合适的。

3)关于一套翻模应采用几节钢模的问题

理论上,只要采用两节钢模即可实现翻模作业,因此一套翻模当然也可以只采用两节钢模。背模是支承滑升桁架主要施工荷载的受力结构,当用两节钢模时,背模应按单独一节内承受滑架荷载验算。无论采用几节钢模,一套钢模的总高越大,一般越趋向于安全,但耗用的钢材也就越多。每节钢模的高度又受混凝土的振捣条件限制,因此这个问题还不能一概而论之。

实际上,支承滑架重量的背模数量可以多于侧模与前模数量。例如,背模用 3 块,首模侧模分别只用 2 块；也可采用背模高度与前模侧模高度不等的形式，灌注一次混凝土拆装两次前模与侧模，分别如图 3.10 所示。由此看来，对于不同的结构物和施工条件，一套翻模采用的钢模节数与具体形式完全有可能具有多种变化。

湖北郧阳汉江大桥为主跨 414 m 的预应力混凝土斜拉桥，索塔呈倒 Y 形，高 110 m，塔柱截面为空心。在其所采用的滑升翻模施工技术中，一套翻模的配置如图 3.10(a)所示，同样取得满意的效果。

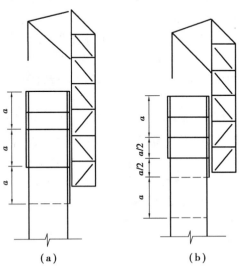

图 3.10　翻模施工

爬模工艺的特点在于施工高塔高墩等建筑物时，除使用一套由大模组成的模板外，另外还必须有一套模架系统，而后者支撑在预埋在已建成的钢筋混凝土中的锚钉（有时也称履座）上。模板与模架系统可以交替定位上升。全部施工荷载由结构预埋钢体承受（文献[3]中系由未灌注的钢筋承受）还是由未拆模的钢模承受，是采用一节钢模还是至少两节完全相同的钢模，据此可以区分这两种类似的施工技术。

爬模工艺与翻模工艺有很多相同的优点，如都保留了滑模自升不用脚手架的优点；不像滑模那样必须连续作业，都较滑模施工更为安全；都采用了大模技术，可以使混凝土结构尺寸精确，表面光滑；施工高度均不受限制；都不像滑模技术必须配置很多如穿心式千斤顶等的专用设备。爬模工艺是一种正在发展着的施工工艺，而翻模工艺是否适合于修建其他形式的高塔高墩结构物，则更待我们去发展。

本桥采用的滑升翻模工艺并非尽善尽美，但是从本桥实践中总结出来的翻模施工一般原理，却可以推广应用于其他高塔高墩结构物施工中去。与爬模工艺相比，本工艺的优点在于它可以巧妙地利用未脱模钢模与结构混凝土之间的强大黏结力，从而使下节钢模支承全部施工荷载成为可能，这比爬模将全部施工荷载支承在结构物表面的混凝土预埋件上更加安全可靠和节省材料。至于如像本桥所用翻模工艺，主工作桁架不对称布置并沿钢模背面倾斜（或垂直）向上滑升，则有别于任何爬模技术而具有自己鲜明的特色。

3.4 郧阳汉江大桥索塔施工

3.4.1 工程概述

湖北郧阳汉江大桥为主跨414 m的地锚式预应力混凝土斜拉桥。该桥两个索塔基础为挖孔桩桩基,其上承台厚6 m,承台以上塔高108.5 m,为大桥的重点施工项目之一。

索塔在横梁以下的双肢下斜腿部分设计为向内倾斜,横梁以上呈倒Y形,最上段直柱部分为拉索锚固区。索塔顺桥向尺寸为6.6 m,横向水平宽度:下斜腿、直柱部分为4 m,上斜腿为3.5 m,全部为空心截面。为抵抗锚固区来自拉索的强大拉力,直柱与中结部分纵横水平方向设计有数量较多的预应力筋。此外,横梁部分也设计有预应力。索塔构造如图3.11所示。

索塔下斜腿采用翻模法施工(指外模,下同),横梁以支架法现浇。从上斜腿起,在下斜腿翻模基础上安装滑升桁架,形成滑升翻模系统,并采用该技术直至建成全部索塔。

本桥索塔是继四川犍为岷江大桥、云南皎平渡桥之后采用滑升翻模技术修建完成的又一座斜拉桥索塔。滑升翻模施工技术由四川省桥梁工程公司首创于四川犍为岷江大桥[1],本桥采用的滑升翻模技术的基本原理仍同犍为岷江大桥,但由于本桥索塔塔高,建筑体量大,截面为空心,又多处设计有预应力,施工难度远比犍为岷江大桥大,故在很多方面对犍为岷江大桥的方法有所改进和发展。

3.4.2 基本构思

从上斜腿塔柱开始,每个索塔的两根塔柱各使用一套滑升翻模装置,同时对称施工。

滑升翻模装置由钢模(即翻模)、滑升桁架及脚手支架3部分组成。一套钢模有两节半钢模,每节钢模由6块钢大模组成,高度为2.5 m。

一节钢模由支承滑升架主承重模板的两块背模、两块前模及左右各一块侧模组成。6块模板组合后,其内框尺寸为6.6 m×3.5 m(4 m),与塔柱的外形尺寸相符。为了有效地支承滑升架的重量,两节钢模下又增加两块背模,即所谓的两节半钢模。每次混凝土的灌注高度与犍为岷江大桥相同,为2.5 m。

一节6块钢大模之间及上下两节钢模用螺栓连接。灌注混凝土后不立即拆模,一节钢模紧接一节灌注。混凝土硬化后,钢模就牢靠地箍固在已成的塔柱上。

两块背模上各焊有一条竖向钢轨,栓接成一块整体背模后,两钢轨间距为2 m(与万能杆件的标准间距相符),共同形成滑道。钢轨腹板上每隔10 cm钻一φ31 mm定位栓孔。两节混凝土灌注完后,即可在连续的两节背模上拼装滑升架。

滑升架为滑升翻模施工作业的主工作桁架,由万能杆件和工地自加工异形杆件组拼而成。一个滑升架通过6个特制的钢夹头在节点处与背模滑道钢轨相连,松开夹头固定螺栓,滑升架可沿背模轨道上下滑动而不致脱开,并可在背模轨道的任意位置固定。由于3节背模的轨道设计为连续,故滑升架可以由下节钢模滑升到上一节钢模并重新固定。

每个滑升架上安装两副起重量为2 t的摇头扒杆,电焊机、氧焰切割机等必要的施工设备均放置其上。利用已灌注索塔单柱自身的强大承载能力,全部施工设备荷载即可通过钢

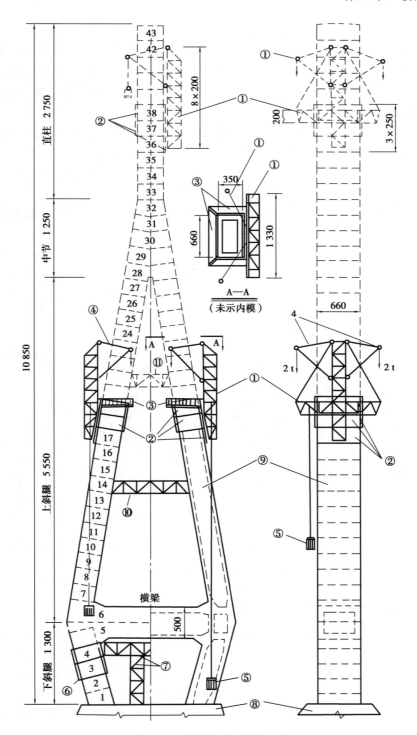

图 3.11　索塔构造(单位:cm)

1—滑升桁架;2—钢模;3—脚手平台;4—摇头扒杆;5—上人吊笼;6—翻模;7—现浇支架;
8—承台;9—已成塔柱;10—第一道临时支撑;11—第二道临时支撑

模传递到钢模以下已硬化的钢筋混凝土结构物上。

利用滑升架上的起重设备(本桥的扒杆)拆除最下一节钢模,将其安装到最上一节钢模上,灌注上节钢模内的混凝土,养生,同时绑扎待灌节段塔柱的钢筋,待灌注的混凝土达到一定强度后,用倒链将滑升架沿背模轨道向上提升,再拆除最下一节钢模。如此循环操作,全部施工设备随塔柱的升高而升高。

全桥两塔同时施工,故共制作了8节钢模加4节8块背模,4个滑升架,从上斜腿开始组成4套滑升翻模作业系统。中节施工完毕后,一个索塔的两套装置合为一套。为了方便工人操作,钢模三周均设有可提升的轻型脚手支架(另一边为滑升架的主工作平台)。脚手架也靠钢模外侧支承,并可随滑升架的提升而提升(图3.11)。

本桥上斜腿滑升翻模施工方法的标准作业操作示意如图3.12所示,直柱段作业步骤与倾斜段塔柱相同。

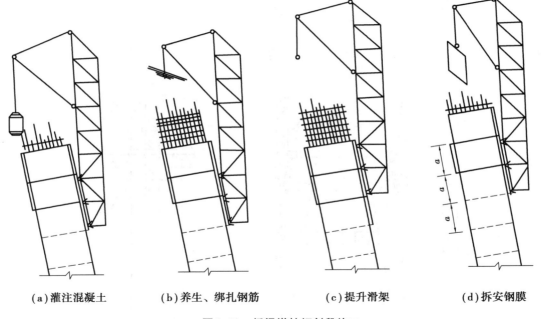

| (a)灌注混凝土 | (b)养生、绑扎钢筋 | (c)提升滑架 | (d)拆安钢膜 |

图3.12 桥梁塔柱倾斜段施工

3.4.3 滑升翻模施工装置的设计

为了操作方便,节省模板拉杆钢材,钢模原则上设计成无拉杆的大板结构。由于本施工钢模不仅承受灌注混凝土时的侧压力,同时还要承受全部施工荷载,故钢模的强度与刚度必须充分保证,尤其是背模。背模选用22#槽钢作主受力框架,模面分别选用5.5 mm与5 mm厚钢板,再加钢轨滑道与角钢竖肋,整体焊接而成,故强度、刚度都有充分保证。前模与侧模则选用14#槽钢,模面为5 mm厚钢板,也为整体焊接结构。犍为岷江大桥的前模与侧模为节省钢材,只用槽钢焊成受力框架,模面则选用可以拆卸的定型组合钢模。

一节钢模的高度是根据以下两个原则确定的。首先,要便于混凝土的振捣。由于塔柱配筋密集,下人振捣很困难,从在模板上端采用插入式振捣器操作的角度考虑,模板高度不宜超过 2.5 m,否则应另设计振捣方式,或者从设计上予以配合,使配筋易于下人振捣。其次,一块模板的最大重量受扒杆起重能力的限制,太重,高空安拆不便。故最后确定的钢模高度为 2.5 m,最重一块钢模(背模)的质量为 1.3 t。

前(背)模因受扒杆起重量限制分为两块,在混凝土侧压力作用下,断开处正好为承受弯矩最大断面,故两块前(背)模之间除用螺栓连接外,另加有水平连接角钢,以承受弯矩。此外,还利用塔柱通气孔增设一道强劲的可回收拉杆,位置在 6.6 m×2.5 m 面积的中心点。采取这些措施后,有效地保证了前模与背模在灌注混凝土与支承滑升架过程中的强度与稳定。除前、背模加有上述可回收的拉杆及在模板上另加有少量锚固螺栓外,本桥索塔基本上未耗用常规的埋入式拉杆,节省了拉杆材料,也提高了立模工效。

背模滑道选用 38 kg 级重轨,虽稍嫌保守,但安全可靠。滑道加工时要求轨道间距尺寸准确,上下两节之间衔接平顺,以便于滑升架沿滑道向上提升。

滑升架的设计要考虑其上能布置两副摇头扒杆(或其他吊机),要能放置卷扬机、电焊机等所有施工机械。为节省钢材,滑升架主要由万能杆件拼制,只是在施工倾斜的塔柱段时,为了使最下两个节间的内侧弦杆与倾斜的滑道平行,同时又能保证上段桁架垂直,才使用了部分自制异形杆件。滑升架高度为 16 m(犍为岷江大桥为 14 m),为了扩展必要的工作面,滑升架设计成十字形,并在十字悬臂上形成一个 2 m×13.3 m 宽敞的扒杆操作平台。

滑升架在节点处通过钢夹头与背模重轨相连,故钢夹头的设计质量也对本施工方法至关重要。钢夹头的特点在于可以通过它传递上下左右及前后方向的强大反力。当滑升架是由万能杆件制作时,这种钢夹头易于安拆,并经实际使用证明安全可靠[1,2]。

滑升架的设计应考虑塔柱立面外形尺寸的转折。从上斜腿施工过渡到直柱段时,因滑升架外形与塔柱转折处的尺寸相匹配,在该处滑升架只需停滑一次,将最下方钢夹头更换到垂直桁架的内侧节点处,拆除下段 4 m 桁架,加高 4 m 滑升架,如此即可自然过渡到中节。转换前后的滑升架外形如图 3.11 所示。这种处理塔柱转折的方式简便有效。

一个滑升架设计质量为 8.5 t。除万能杆件外,实际只耗用 1.5 t 钢材,加上全部施工设备及脚手木板,滑升架提升时的最大质量不超过 14 t。采用 4 部 5 t 倒链提升,另外 2 部用于保险。这种布置方式足够安全,实际操作也不费劲。

施工设计阶段,上斜腿内模原设计为钢大模结构,只用一节,逐块提升。实际制作时,施工单位根据自己的具体材料情况与施工经验,均各自作了改动。十堰岸基本采用木模,逐节拆除提升安装;郧县岸采用由组合钢模组成的大模结构,两节,形成内翻模结构。直柱段因内壁设计为 1 cm 厚钢板,可以兼作内模模面,施工中实际只需加设支撑。内模因有悬吊的内工作平台,相对比较简单,不再赘述。

上斜腿在施工过程中根据计算加设两道临时支撑。支撑用万能杆件在塔下拼制,利用滑升架上的扒杆可以直接起吊到位。为了消除倾斜的塔柱在施工过程中因自重和施工设备在根部所积聚的次弯矩,每加一道支撑均要求作内力调整。方法为在支撑的四肢上用千斤顶均匀施顶,钢楔打入间隙后再松顶。第一道支撑设计顶力为 400 kN,第二道为 200 kN。双肢合龙前,在中节处也要求在水平方向施以 100 kN 顶力,以后才能合龙。

3.4.4　施工组织与安全

一个索塔分 43 次浇筑,其中滑升翻模作业从 7 号块开始起步,共浇筑 37 次。混凝土拌制好后,由扒杆或天线运至塔下,再由滑升架上摇头扒杆垂直起吊入模。索塔混凝土设计为C50,规定只有当混凝土强度达到20 MPa后才能提升滑升架,这一规定非常安全。为了提高混凝土的早期强度,配合比设计时加入FDN高效减水剂,故早期强度很快。本桥索塔钢筋作业控制工期,一般不因等混凝土强度而耽误工期。

采用滑升翻模技术修建索塔的施工进度是很快的。犍为岷江大桥索塔高59.5 m,实际工期80 d左右。这还包括处理两道横梁与双肢塔柱由倾斜转为垂直的滑升架的转换时间。本桥索塔在修建过程中曾几次停工,虽从开工到建成历时一年,但实际工期只有6个半月左右。犍为岷江大桥塔柱截面为实心,无论是倾斜的下段塔柱或是垂直的上段锚固区塔柱,最快进度都达到了两天灌注一次混凝土。本桥在上斜腿施工区段,正常进行滑升翻模作业时,两岸最快均达到3 d灌注一个塔柱节段。在直柱段的标准作业区段,进度为平均每4 d灌注一次混凝土,塔柱上升2.5 m。考虑到直柱段为空心截面,锚座需要精确定位,加之设有密集的水平纵横预应力管道,高度又平均近100 m,这样的施工速度还是很快的。

一个索塔施工需要1 t卷扬机10部,其中8部用于摇头扒杆,2部用于载人吊笼。其他设备如电焊机等均为普通设备,故本施工法对设备条件要求很低。一个索塔耗用的施工钢材主要用于制作钢模,施工用钢量为国内外各种建塔方法中最省。全部滑升翻模装置都为工地加工,成本也很低廉。

工地非常重视这种新施工方法的安全,安全措施比较完善。

施工直柱段时,临时决定两个滑升架同时对称滑升到顶,一则有4副扒杆可以加快混凝土灌注速度,二则滑升架扒杆全部留在塔顶可供以后挂索使用。

3.4.5 几个技术问题的讨论

1)关于一套滑升翻模装置应采用几节钢模

只采用两节钢模即可实现翻模作业。滑升翻模装置中模板是支承施工荷载的受力结构,当用二节时,模板只有一节能承受全部施工荷载,故其高度应稍大。犍为岷江大桥采用完全相同的3节钢模,且每节由4块整模组成[图3.13(a)],安全系数很大,理论上无须设置任何模板锚固螺栓。本桥采用两节半钢模,是对犍为岷江大桥的改进。当然也可采用图3.13(b)的形式。每次灌注2.5 m高混凝土,高度稍小。当每次灌注高度可以达到4 m时,两节最合适,这样还可加快施工进度。

一套钢模的总高越大,一般越趋向于安全,但耗用的钢材也就越多。由于每次钢模的高度受设备起吊能力与混凝土振捣条件的限制,因此,这个问题还不能一概而论。

2)关于滑升架的布置与形状

滑升架在施工上斜腿时呈单边不对称布置,外形仍保留为竖向桁架,这是本施工方法的主要特点之一。滑升架沿倾斜坡面向上滑升,荷载的水平分力在背模上,改善了背模的受力条件,还可减小全部施工荷载对塔柱根部的弯矩。这种不对称布置方式特别适宜于修建倾斜的塔柱,是一种成功的布置形式。

作为一般情况,滑升架当然可以对称布置。当施工对象为垂直的塔柱或高墩时,滑升架宜布置成门形刚架形式,其受力更为合理。本施工法对滑升架的要求如下:

①能在其上安装所有必要的施工设备,解决翻模作业与混凝土的入模问题;

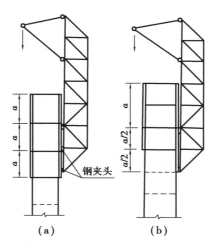

图 3.13　滑升翻模施工

②能提供足够大的操作平台；

③能通过有限个连接夹头与钢模外侧的滑道相连,并且可以整体沿滑道向上提升重新固定。

只要满足以上 3 点,都可以构成本施工方法中的滑升架。至于滑升架上配置什么起重设备,完全可以根据实际情况确定。有条件时,应在滑升架顶端安装定制的塔吊端头部分,或设计其他专用吊机代替扒杆,使滑升架上的起吊操作走机械化的路子。当然,滑升架的提升也可由人力倒链改进为机械的逐级液压顶升。

3)滑升翻模工艺与爬模工艺的比较

爬模工艺是欧洲 20 世纪 70 年代以后发展起来的一种钢筋混凝土高塔、高墩、高层建筑的施工工艺,并在近年来有取代滑模的发展趋势。

爬模系统一般由大模板、支承架、爬升架和提升设备组成,也就是原来用吊机提升的大模板,装上了爬升设施,模板系统自身就能向上爬升[3]。爬模解决的问题实质上是模板与脚手支架的自升问题[4]。滑升翻模所要解决的实质问题是吊机与脚手支架的自升问题,模板的拆卸与安装仍靠吊机(扒杆)。故爬模施工仍需要用塔吊解决混凝土的入模或材料垂直运输[5],而滑升翻模则不需要吊机。

从模板技术的角度看,爬模与滑升翻模都采用了大模板结构。爬模技术采用常规大模,远不如滑升翻模钢模强劲,故必须有模板支承架或模板拉杆。滑升翻模则是模板与支承架合一的大模结构,甚至可如犍为岷江大桥那样完全不用拉杆。但模板(尤其是背模)必须强劲,这是因为模板要承受全部施工设备荷载,包括吊机的冲击荷载;为了方便吊机(扒杆)操作,还要求背模有一定厚度,以尽量拉开扒杆与结构物之间的距离。以上两点都要求模板设计得相当保守。滑升翻模模板看似笨重,但也有一些意想不到的好处。首先,自重大,高空作业不易受风荷载影响,不会在有风时"放风筝",一般大模则不行;其次,因选用较大号槽钢作横肋,模板外侧面自然形成了上下左右的"爬梯",工人在任何位置都可爬上爬下并悬挂安全带。至于可省去拉杆,简化操作,更是不容置疑的好处。

滑升翻模工艺要求至少采用两套完全相同的钢模,爬模却只用一套,这也是两种工艺的主要区别之一。两套以上钢模即可形成翻模,上下两节模板之间可设计有企口,彼此用螺栓连接,具有易于安装定位、两段混凝土之间的施工缝平整光洁等优点,类似于建筑部门的"三分段翻转施工工艺"。文献[6]中为了消除塔柱混凝土接口分隔缝,在一节钢模(翻转片模)之上增加上下两节高度为 40 cm 的接口模,即有类似滑升翻模工艺的优点,但文献[6]中仍只能认为使用了一套钢模。

任何爬模的施工荷载都由预埋在结构物表面的锚旋钢件(锚钉、锚固螺栓或拉杆)承受的,都要求锚碇件预埋位置准确,承载能力可靠。而滑升翻模工艺重要的区别之一是全部施工荷载由钢模承受,并巧妙地利用模板与混凝土之间的黏结力,荷载可以通过模板直接传递到结构物上。再者,当翻模由 4 节强劲的钢模组成时,一节钢模实际形成了一个钢箍包裹在结构物上,即使黏结力破坏,不加任何拉杆与锚固螺栓,钢模也能箍在塔柱上,并支承全部施工荷载。为更安全,本桥在模板上也加了少量锚固螺栓(主要是背模),下节 6 块钢模仍能形成一个钢箍。

滑升翻模工艺中的锚固螺栓是锚固模板的,拆模以后即不起作用;爬模则是锚固爬升架(支承架)的,拆模以后才供爬架用。前者锚固螺栓无精确定位要求,方法为在钢模的开孔处倒装螺杆,埋入混凝土中的只是螺帽与焊在螺帽上的锚筋,数量和位置均很自由。只要模板上锚固螺栓数量足够多,任一单块大模就可以具有足够的承载力,故施工的任一阶段都可以有计划地提前拆卸除支承滑升架以外的任一块模板,这样在处理框架结构的施工时就显得特别方便。犍为岷江大桥施工横梁的方法就是提前拆除上一节钢模的前模,横梁的施工支架则主要由下节前模承受,因此施工很快。本桥上斜腿在中节处交会时,也采用取消前模的方法,增加拼模调整侧模尺寸,于是自然由中节过渡到直柱段塔柱。

爬模装置基本上都沿模板周边布置,而滑升翻模装置通常却不需要那样,两者在外形上也有区别。至少像本桥与犍为岷江大桥那样,滑升桁架在塔柱断面上呈单边不对称状布置,无疑特点鲜明。

爬模工艺是一种正在发展中的工艺,在建筑业,其方向是从"架子爬架子"发展到"架子爬模板,模板爬架子",进而再到"模板爬模板"滑升翻模工艺实现了架子爬模板。从这个角度看与爬模技术类似,但滑升翻模工艺不是模板爬架子。传统高层建筑的爬模技术虽然变化很多,但不经过改造很难用于倾斜索塔塔柱。国外高塔、高墩的爬模技术以德国、日本为代表,但大都比较昂贵,尤其是德国的爬模,不改造就无法适应我国的国情。滑升翻模工艺占用机具设备少,用料省,爬模工艺所无法比拟。

4)滑升翻模工艺的改进方向

滑升翻模工艺并非尽善尽美,但从数座大桥的施工实践中总结出来的滑升翻模施工一般原理,却是可以推广到其他高塔、高墩结构物施工中去。本桥施工中原准备在下节模板四周再悬挂一层拆模脚手架,但操作工人因模板好爬,嫌麻烦,不愿要,但这不是方向。今后此类装置尚应完善下节钢模的拆卸脚手支架。

有条件时,滑升架可以选用其他钢材专门制作,这样可以减轻滑升架的自重。可以考虑在滑升架上采用其他更先进的轻便吊机,提升设备也不应仅限于人力倒链;每次灌注混凝土的高度对于索塔似还应提高到 4 m 左右,从而减少工作接缝,加快施工进度。

本章参考文献

［1］吉中仁.滑升翻模施工装置［J］.发明专利公报,1991.

［2］吉中仁.犍为岷江大桥主跨斜拉桥钢筋混凝土索塔的施工［J］.科技动态报告文集：铁路桥梁工程分册,1992.

［3］陈宗严.我国自动爬升模板发展情况［J］.土木工程学报,1992,025(001):74-76.

［4］糜嘉平.我国模板、脚手架的施工技术进步［J］.施工技术,1992(3):4.

［5］五十岚恒夫.采用株式会社"爬模法"施工高墩桥梁的现状及将来［J］.桥梁,1982.

［6］陆云.南浦大桥塔墩斜爬模施工实践［J］.桥梁建设,1991(2):1-6.